최신 개정판

데이터와 트렌드로
쉽게 취득하는
OPIc IM

데이터와 트렌드로
쉽게 취득하는
OPIc IM

1판 1쇄 발행 2019. 10. 21.
1판 3쇄 발행 2022. 9. 10.

저자 멀티캠퍼스 외국어연구소
기획 멀티캠퍼스 외국어연구소

펴낸이 박민우
기획팀 송인성, 김선명, 김선호
편집팀 박우진, 김영주, 김정아, 최미라, 전혜련
관리팀 임선희, 정철호, 김성언, 권주련
펴낸곳 멀티캠퍼스 하우
주소 서울시 중랑구 망우로68길 48
전화 (02)922-7090
팩스 (02)922-7092
홈페이지 http://www.hawoo.co.kr
e-mail hawoo@hawoo.co.kr
등록번호 제2014-18호

값 29,000원
ISBN 979-11-87549-11-6 13740

 모범 답변 MP3 다운로드 www.multicampus.com
상단 메뉴 OPIc/외국어에서 교재 MP3 다운로드 클릭

OPIc
주관사
MULTICAMPUS

데이터와 트렌드로
쉽게 취득하는

OPIc IM

multicampus

목차

교재 100% 활용법

1) 학습 Schedule

■ 2주 완성: 주 5일 (20H)

Week	월	화	수	목	금
Week 1	Chapter 1/2/3	Chapter 4/5/6	Chapter 7/8/9	Chapter 10/11/12	Chapter 13/14/15
Week 2	Chapter 16/17/18	Chapter 19/20/21	Chapter 22/23/24	Chapter 25/26/27	Chapter 28/29/30

■ 한 달 완성: 주 5일 (20H)

Week	월	화	수	목	금
Week 1	Chapter 1	Chapter 2/3	Chapter 4	Chapter 5	Chapter 6/7
Week 2	Chapter 8/9	Chapter 10	Chapter 11	Chapter 12	Chapter 13
Week 3	Chapter 14/15	Chapter 16	Chapter 17	Chapter 18/19	Chapter 20/21
Week 4	Chapter 22	Chapter 23/24	Chapter 25/26	Chapter 27/28	Chapter 29/30

데이터와 트렌드로 쉽게 취득하는 OPIc IM

■ 두 달 완성: 주 3일 (24H)

Week	월	수	금
Week 1	Chapter 1	Chapter 2	Chapter 3
Week 2	Chapter 4	Chapter 5	Chapter 6
Week 3	Chapter 7	Chapter 8	Chapter 9
Week 4	Chapter 10	Chapter 11	Chapter 12
Week 5	Chapter 13	Chapter 14	Chapter 15
Week 6	Chapter 16	Chapter 17	Chapter 18
Week 7	Chapter 19/20	Chapter 21/22	Chapter 23/24
Week 8	Chapter 25/26	Chapter 27/28	Chapter 29/30

2) 교재 구성

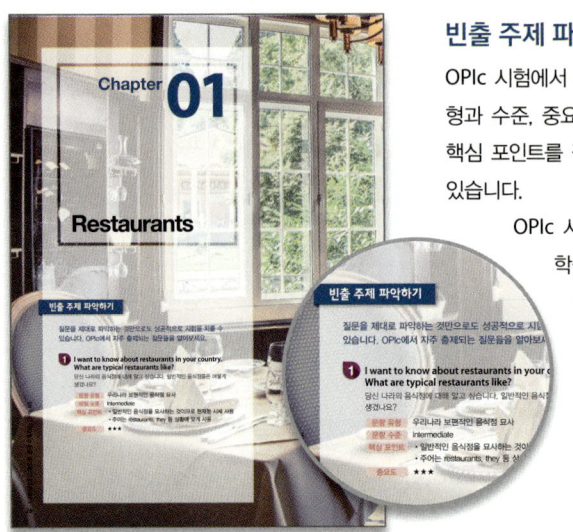

빈출 주제 파악하기

OPIc 시험에서 자주 출제되는 질문이 무엇인지 알아보고, 질문의 유형과 수준, 중요도를 파악할 수 있습니다. 그리고 답변 구성을 위한 핵심 포인트를 접목시켜 고득점을 획득할 수 있는 답변을 준비할 수 있습니다.

OPIc 시험 첫 준비 단계로 빈출 주제를 파악하는 것으로도 학습할 수 있고, OPIc 시험 준비 마무리 단계로 각 질문별로 답변의 아이디어를 구상하는 용도로 활용하여도 좋습니다.

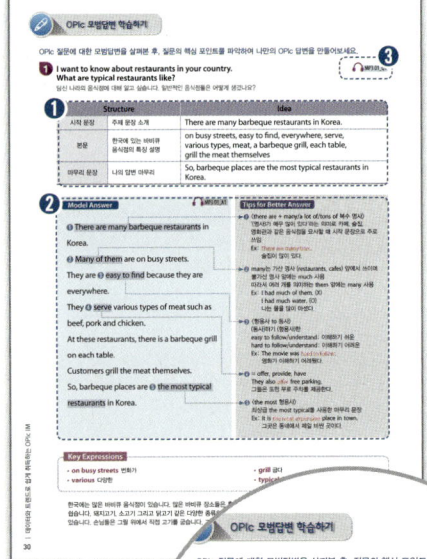

OPIc 모범답변 학습하기

❶ 질문별 답변을 구성하는 Idea를 서론–본론–결론 순으로 브레인스토밍 하고, 각 부분별로 key words를 간단히 작성하여 이야기를 만들 수 있도록 연습할 수 있습니다.

❷ 모범 답변(Model Answer)은 어떻게 제시되는지 살펴보고, 중요 표현, 문법 등 언어적인 부분에 대한 Tip과 고득점을 받기 위한 답변 전략 등이 모범 답변 오른편에 주어집니다. 이러한 Tip과 전략을 통해 학습자 여러분들의 OPIc 답변을 만들어 보세요.

❸ 질문과 답변을 원어민의 음성으로 들어볼 수 있습니다.

하나의 답변을 여러 질문의 답변으로도 활용할 수 있습니다. 예를 들어 Q1. 공원을 가게 된 계기와 이유 변화 설명 Q2. 산책을 시작하게 된 계기와 이유 변화 설명에 있어서 답변으로 공원에 가서 산책을 하게 된 과거의 이유와 현재의 이유에 대해 말한다면 Q1과 Q2의 답변으로 모두 활용할 수 있습니다. 이렇게 OPIc 시험을 준비할 때 주제는 다르지만 비슷한 내용을 묻는 질문에 범용적으로 사용할 수 있는 답변을 준비한다면 시험을 좀 더 효율적으로 준비할 수 있습니다.

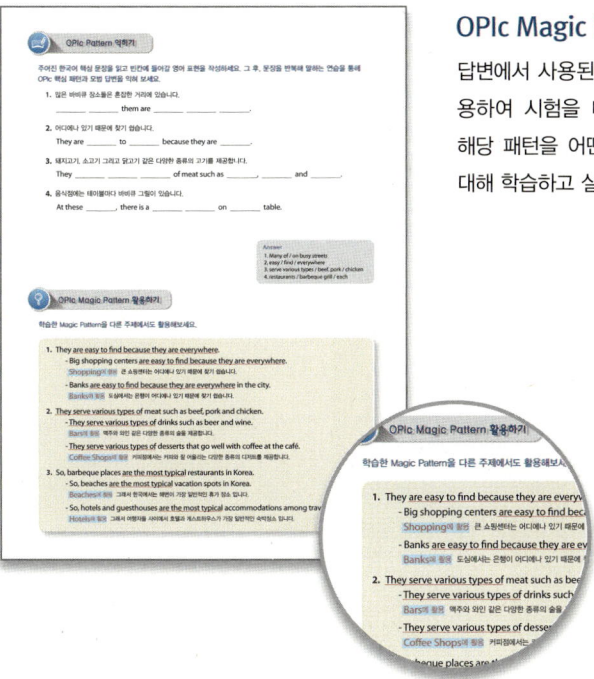

OPIc 핵심 문장 익히기

학습한 모범 답변 중 핵심 패턴과 표현을 익히고 암기하기 위한 연습 활동입니다. 빈칸에 들어갈 영어 표현을 작성하고 여러 번 반복 말하기 연습을 통해 시험장에서도 해당 주제와 질문에 대한 답변을 정확하고 유창하게 할 수 있도록 합니다.

OPIc Magic Pattern 활용하기

답변에서 사용된 주요 패턴을 다른 주제의 질문에 답변할 때에도 활용하여 시험을 더욱 효율적이고 효과적으로 준비할 수 있습니다. 해당 패턴을 어떤 주제에서, 어떻게 답변할 때 응용할 수 있는지에 대해 학습하고 실제 답변 시에 적용해 볼 수 있도록 연습합니다.

OPIc 평가란?

OPIc이란?

OPIc(Oral Proficiency Interview-computer)은 면대면 외국어 인터뷰인 OPI와 최대한 가깝게 만든 iBT 기반의 외국어 말하기 평가로서, 외국어 전문 교육 연구 단체인 ACTFL(American Council on the Teaching of Foreign Languages)에서 개발한 공신력 있는 말하기 평가입니다. OPIc은 단순히 문법이나 어휘 등을 얼마나 많이 알고 있는가보다는 실제 상황에서 얼마나 효과적이고 적절하게 언어를 구사하는지를 측정하는 객관적인 평가로, 국내에서는 2007년 시작되어 현재 약 1,700여 개 기업 및 기관에서 OPIc을 채용과 인사고과 등에 활발하게 활용하고 있습니다. 현재 OPIc은 영어뿐만 아니라 중국어, 일본어, 러시아어, 스페인어, 한국어 그리고 최근 추가된 베트남어까지 총 7개의 언어 평가를 제공함으로써 다양한 언어를 동일한 기준으로 평가할 수 있는 유일한 외국어 말하기 평가로 자리매김하였습니다.

OPIc 진행과정

ORIENTATION(20분)

1 Background Survey
인터뷰 문항을 위한 사전 설문

2 Self Assessment
시험의 난이도 결정을 위한 자가 평가

3 Overview of OPIc
화면 구성, 문항 청취 및 답변 방법 안내

4 Sample Question
실제 답변 방법 연습

시험시간(40분)

1 1st Session
– 개인 맞춤형 문항   – 질문 청취 2회
– 문항별 답변 시간 제한 無   – 약 7문항 출제

2 난이도 재조정
– Self Assessment(2차 시험 난이도 선택)
– 쉬운 질문 / 비슷한 질문 / 어려운 질문 中 선택

3 2nd Session
– 개인 맞춤형 문항   – 질문 청취 2회
– 문항별 답변 시간 제한 無   – 약 5~8문항 출제

OPIc 등급

OPIc의 등급은 크게 세 가지, 작게는 일곱 가지로 세분화됩니다.

- Novice: '초보자'라는 뜻으로 OPIc에서는 '초급' 단계입니다.
- Intermediate: '중간'이라는 뜻으로 OPIc에서는 '중급' 단계입니다.
- Advanced: '고급의'라는 뜻으로 OPIc에서는 가장 높은 '고급' 단계입니다.

이 세 가지의 등급을 세분화해서 다음과 같이 구분하게 됩니다.

- Novice Low, Novice Mid, Novice High
- Intermediate Low, Intermediate Mid(1~3), Intermediate High
- Advanced Low

OPIc의 모체인 OPI에서는 Advanced도 Low, Mid, High로 구분되지만, 컴퓨터로 시험을 보는 OPIc에서는 Advanced Low라는 등급 하나만 부여됩니다.

AL	**Advanced LOW**	사건을 서술할 때 일괄적으로 동사 시제를 관리하고, 사람과 사물을 묘사할 때 다양한 형용사를 사용한다. 적절한 위치에서 접속사를 사용하기 때문에 문장 간의 결속력도 높고 문단의 구조를 능숙하게 구성할 수 있다. 익숙하지 않은 복잡한 상황에서도 문제를 설명하고 해결할 수 있는 수준의 능숙도이다.
IH	**Intermediate HIGH**	개인에게 익숙하지 않거나 예측하지 못한 복잡한 상황을 만날 때, 대부분의 상황에서 사건을 설명하고 문제를 효과적으로 해결한다. 발화량이 많고, 다양한 어휘를 사용한다.
IM	**Intermediate MID**	일상적인 소재뿐 아니라 개인적으로 익숙한 상황에서는 문장을 나열하며 자연스럽게 말할 수 있다. 다양한 문장 형식이나 어휘를 실험적으로 사용하려고 하며 상대방이 조금만 배려해 주면 오랜 시간 대화가 가능하다.
IL	**Intermediate LOW**	일상적인 소재에서는 문장으로 말할 수 있다. 대화에 참여하고 선호하는 소재에서는 자신감을 가지고 말할 수 있다.
NH	**Novice HIGH**	일상적인 대부분의 소재에 대해서 문장으로 말할 수 있다. 개인 정보라면 질문을 하고 응답을 할 수 있다.
NM	**Novice MID**	이미 암기한 단어나 문장으로 말하기를 할 수 있다.
NL	**Novice LOW**	제한적인 수준이지만 영어 단어를 나열하며 말할 수 있다.

＊ Intermediate Mid의 경우 Mid 1, Mid 2, Mid 3로 세분화하여 제공합니다.

Background Survey (배경 설문)

OPIc의 개인 맞춤형 문제는 Background Survey에 대한 응답을 기초로 출제됩니다. 나에게는 어떤 맞춤형 문제가 출제될지 미리 생각해 보세요.

---

1 현재 귀하는 어느 분야에 종사하고 계십니까?
☐ 사업/회사   ☐ 재택근무/재택사업   ☐ 교사/교육자   ☐ 군 복무   ☐ 일 경험 없음

1.1. 현재 귀하는 직업이 있으십니까?
☐ 네   ☐ 아니요

1.1.1. 귀하의 근무 기간은 얼마나 되십니까?
☐ 첫 직장 – 2개월 미만   ☐ 첫 직장 – 2개월 이상   ☐ 첫 직장 아님 – 경험 많음

1.1.1.1. 당신은 부하 직원을 관리하는 관리직을 맡고 있습니까?
☐ 네   ☐ 아니요

문항 1에서 교사/교육자로 답변했을 경우

1.1. 당신은 어디에서 학생을 가르치십니까?
☐ 대학 이상   ☐ 초등/중/고등학교   ☐ 평생교육

1.1.1. 현재 귀하는 직업이 있으십니까?
☐ 네   ☐ 아니요

1.1.1.1. 귀하의 근무 기간은 얼마나 되십니까?
☐ 2개월 미만 – 첫 직장
☐ 2개월 미만 – 교직은 처음이지만 이전에 다른 직업을 가진 적이 있음
☐ 2개월 이상

1.1.1.1.1. 귀하는 부하직원을 관리하는 관리직을 맡고 있습니까?
☐ 네   ☐ 아니요

---

2 현재 귀하는 학생이십니까?
☐ 네   ☐ 아니요

2.1. 현재 어떤 강의를 듣고 있습니까?
☐ 학위 과정 수업   ☐ 전문 기술 향상을 위한 평생 학습   ☐ 어학 수업

2.2. 최근 어떤 강의를 수강했습니까?
☐ 학위 과정 수업
☐ 전문 기술 향상을 위한 평생 학습
☐ 어학 수업
☐ 수업 등록 후 5년 이상 지남

3 현재 귀하는 어디에 살고 계십니까?
- ☐ 개인주택이나 아파트에 홀로 거주
- ☐ 친구나 룸메이트와 함께 주택이나 아파트에 거주
- ☐ 가족(배우자/자녀/기타 가족 일원)과 함께 주택이나 아파트에 거주
- ☐ 학교 기숙사   ☐ 군대 막사

아래의 4~7번 문항에서 12개 이상을 선택해 주시기 바랍니다.

4 귀하는 여가 활동으로 주로 무엇을 하십니까? (두 개 이상 선택)
- ☐ 영화 보기   ☐ 클럽/나이트클럽 가기   ☐ 공연 보기   ☐ 콘서트 보기
- ☐ 박물관 가기   ☐ 공원 가기   ☐ 캠핑하기   ☐ 해변 가기
- ☐ 스포츠 관람   ☐ 주거 개선   ☐ 술집/바에 가기   ☐ 카페/커피전문점 가기
- ☐ 게임하기(비디오, 카드, 보드, 휴대폰 등)   ☐ 당구 치기   ☐ 체스하기
- ☐ SNS에 글 올리기   ☐ 친구들과 문자대화하기   ☐ 시험 대비 과정 수강하기
- ☐ 뉴스를 보거나 듣기   ☐ 차로 드라이브하기   ☐ 스파/마사지샵 가기
- ☐ 구직활동하기   ☐ 자원봉사하기   ☐ 쇼핑하기
- ☐ TV 시청하기   ☐ 리얼리티 쇼 시청하기   ☐ 요리 관련 프로그램 시청하기

5 귀하의 취미나 관심사는 무엇입니까? (한 개 이상 선택)
- ☐ 아이에게 책 읽어주기   ☐ 음악 감상하기   ☐ 악기 연주하기
- ☐ 혼자 노래 부르거나 합창하기   ☐ 춤추기   ☐ 글쓰기(편지, 단문, 시 등)
- ☐ 그림 그리기   ☐ 요리하기   ☐ 애완동물 기르기
- ☐ 주식투자하기   ☐ 신문읽기   ☐ 여행 관련 잡지나 블로그 읽기
- ☐ 사진촬영하기   ☐ 독서

6 귀하는 주로 어떤 운동을 즐기십니까? (한 개 이상 선택)
- ☐ 농구   ☐ 야구/소프트볼   ☐ 축구   ☐ 미식축구
- ☐ 하키   ☐ 크리켓   ☐ 골프   ☐ 배구
- ☐ 테니스   ☐ 배드민턴   ☐ 탁구   ☐ 수영
- ☐ 자전거   ☐ 스키/스노보드   ☐ 아이스 스케이트   ☐ 조깅
- ☐ 걷기   ☐ 요가   ☐ 하이킹/트레킹   ☐ 낚시
- ☐ 헬스   ☐ 태권도   ☐ 운동 수업 수강하기   ☐ 운동을 전혀 하지 않음

7 당신은 어떤 휴가나 출장을 다녀온 경험이 있습니까? (한 개 이상 선택)
- ☐ 국내 출장   ☐ 해외 출장   ☐ 집에서 보내는 휴가   ☐ 국내 여행   ☐ 해외여행

OPIc FAQ

01 OPIc 시험 중 필기구를 사용하여 답변을 준비해도 되나요?

OPIc 응시자는 필기구를 가지고 시험장에 입실할 수 없습니다. 따라서 시험 중에 필기구를 이용하여 메모 등을 하실 수 없으며, 적발 시 부정행위로 처리되어 OPIc 시험 규정에 따라 향후 시험 응시 기회에 제한을 받습니다.

02 무조건 길게 말하는 것이 도움이 되나요?

짜임새 없이 내용으로 길게만 말하는 것보다는 질문이 요구하는 내용에 충실한 답변을 정확한 문법과 표현을 사용하여 논리적으로 표현할 때 좋은 평가를 받을 수 있습니다. 또한 기-승-전-결 혹은 서론-본론-결론의 짜임새 있는 구성으로 답변해야 합니다. 공식적인 수치는 아니지만 주어진 시간 내 모든 문제에 풍부한 내용으로 답변을 하려면 한 문항당 짧으면 1분, 일반적으로 2분~2분 30초 이상 말할 수 있도록 준비하는 것이 좋습니다.

03 Background Survey 응답 내용으로만 출제되나요?

아닙니다. 시험 전에 체크한 Background Survey 결과는 나에게 맞는 맞춤형 문항이 출제되는 데 영향을 주지만, 그 외 시스템적으로 선별된 문항도 출제됩니다. 즉, 여러분이 선택하지 않은 내용에서도 문제가 출제됩니다. 일반적으로 여러분의 일상생활에서 일어나는 일들을 위주로 문제가 출제되며 전문적인 내용이 출제되더라도 일상생활과 연결되어 있는 질문들이 출제됩니다. OPIc 등급 향상을 위해서는 Background Survey 항목에 관련된 답변만을 무조건 외우기보다는 평소에 다양한 말하기 연습을 하는 것이 도움이 될 것입니다.

04 OPIc 문제 중 Background Survey 내용과 관련이 없는 내용이 나오면 답변하지 않아도 되나요?

아닙니다. 수험자는 주어진 문항에 대해서 모두 답변을 진행해야 합니다. OPIc은 Background Survey를 통해 수험자의 개인 맞춤형 문항의 출제가 가능하지만 다른 영역의 질문 또한 출제되어 수험자의 예상하지 못한 문제에 대해 답변을 하는 능력 또한 평가합니다. 따라서, 질문에 대한 답변이 진행되지 않은 경우 감점의 요인이 될 수 있습니다. 그러므로 Background Survey에서 선택한 내용과 다른 문제가 출제되더라도 당황하지 말고 최선을 다해 성실히 답변하는 것이 좋습니다.

05 시험 보는 중간에 Self-Assessment로 레벨을 변경하는 것이 성적에 영향이 있나요?

처음에 높은 레벨로 시작했다가 중간에 낮은 레벨로 바꾸거나, 그 반대로 낮은 레벨에서 높은 레벨로 바꾸는 그 자체로 성적이 바뀌지는 않습니다. 철저히 주어진 답변에 얼마나 충실하게 답변하는지가 성적을 좌우한다고 보면 됩니다. 그러나, 나의 영어 실력과 너무 동떨어진 레벨을 선택하는 것은 바람직하지 않습니다.

06 모범 답안을 외워서 답변하면 성적에 영향을 주나요?

질문과 무관한 답변 및 시중의 모범 답안을 그대로 외워서 대답하는 것은 성적 결과에 좋지 않은 영향을 줄 수 있습니다.

07 문제를 반복해서 들으면 성적이 좋지 않게 나오는 것이 사실인가요?

문제 풀기 전략 중 하나로 문제를 습관적으로 반복해서 듣는 사람들이 있습니다. 문제를 반복 청취하는 것이 성적에 직접적으로 영향을 미치는 것은 아니지만, 문제를 반복 청취했을 때 답변 시간이 줄어들 수밖에 없으므로 시간 관리에 어려움을 느낄 수 있습니다. OPIc 문제의 답변 시간은 질문 청취 시간을 제외하고 약 35분 가량입니다. 따라서 주어진 시간 내 모든 문제를 효율적으로 답변할 수 있도록 시간을 활용해야 합니다.

08 발음이 안 좋거나 더듬거리면 성적에 나쁜 영향을 주나요?

발음은 이해가 가능한 수준일 경우 크게 영향을 미치지 않는 것으로 알려져 있습니다. 그러나 메시지 전달이 안 될 정도로 말이 매끄럽지 못한 경우에는 당연히 채점이 어려울 수밖에 없습니다.

09 OPIc 시험은 현장에서 결과를 직접 확인할 수 있나요?

OPIc은 응시일로부터 일주일 후 OPIc 홈페이지에서 성적 확인이 가능합니다. (일반적으로 오후 1시 발표이나 사정에 따라 변경될 수 있습니다.) 취업 시즌 등의 경우 수험자 편의를 위해 성적 조기 발표 (시험일로부터 3~5일)를 시행합니다.

10 OPIc 시험 일정은 1년에 몇 번 정도 있나요?

OPIc은 연중 상시 시행 시험입니다. (일부 공휴일 제외) 다만 지역/센터별로 차이가 있을 수 있으니 자세한 사항은 OPIc 홈페이지(http://opic.or.kr)에서 확인해주시기 바랍니다.

11 성적이 UR이라고 나오는 것은 무엇을 의미하나요?

'UR'은 Unable to rate을 의미합니다. UR이 나오는 경우는 녹음 불량, 녹음 음량이 너무 작은 경우, 수험자가 자신이 없어 답변을 하지 않은 경우입니다. 수험자의 과실인 경우 응시료 환불은 없으며 재시험의 기회도 없습니다. 시스템적인 오류로 UR이 나왔을 경우 한 번의 재시험 기회를 드립니다.

12 시험에 필요한 규정 신분증은 무엇인가요?

OPIc의 규정신분증은 주민등록증, 운전면허증, 공무원증, 기간만료 전 여권이며, 군인 등 특정 할인 신청의 경우 규정신분증 외 시험 당일 추가 증명 서류를 지참하여야 응시 가능합니다. 자세한 사항은 OPIc 홈페이지(http://opic.or.kr)에서 확인해 주시기 바랍니다.

13 OPIc 세부진단서란 무엇인가요?

OPIc Rater(채점자)가 수험자 답변 내용을 바탕으로 언어 항목에 대해 진단 및 안내를 제공하는 유료 피드백 서비스이며 가격은 30,000원입니다.

OPIc 고득점 전략

1) OPIc 시험 대비 요령

OPIc IM 고등급을 받기 위해 어떤 노력이 필요하고 어떤 시험 대비 요령이 필요할까요? 최신 데이터와 트렌드를 바탕으로 OPIc IM2/IM3를 받기 위한 전략을 알아봅시다.

■ OPIc 평가 기준에 맞춰 답변 전략 짜기

① TEXT TYPE: 문장 구조 난이도 + 관용구 빈도

– 문장 구조를 고급화하기

> **AL:** Phones have become a lot better in quality over the years.
> **IH:** Phones have become a lot better than in the past. (현재완료 + 비교급 강조)
> **IM:** Phones are much better than the past. (비교급 강조)
> **IL:** Phones are very good these days.

② CONTEXT & CONTENT: 주제 연관도 높은 표현 빈도

– 주제에 관련된 다양한 단어들이 적재적소에 들어가야 함
– 답변의 양적 팽창과 질적 팽창을 함께 해야 함

> **AL:** Vegetables are rich in healthy vitamins, fiber and minerals.
> **IH:** Vegetables contain a lot of vitamins and fiber.
> **IM:** Vegetables have a lot of vitamins in them.
> **IL:** Vegetables are good for our health.

③ TASK & FUNCTION: OPIc 질문 난이도 과제 수행 능력

– Advanced 수준의 질문에 특히 공을 들여 준비

> **1. [Int]** 좋아하는 음악 장르, 좋아하는 가수 묘사 (성향 질문/현재형)
> What kinds of music do you listen to?
> Who are some of your favorite musicians or composers?
>
> **2. [Int]** 음악을 듣는 장소, 시간 묘사 (습관/현재형)
> When and where do you usually go to listen to music?
> Do you listen to the radio? Do you go to concerts?
>
> **3. [Adv]** 음악을 처음 관심 갖게 된 계기, 음악 취향 변화 설명 (과거와 현재 비교 등)
> When did you first become interested in music?
> How did your interest in music develop from your childhood until today?
>
> ☞ 콤보 3문제 중, 가장 난이도가 높은 3번 문항의 답변 연습을 가장 많이 해야 한다.

14. [Int] 우리나라 보편적인 음식점

I want to know about restaurants in your country.
What are typical restaurants like?

15. [Int] 상대가 가는 음식점에 대해서 역으로 질문

I enjoy eating at restaurants as well.
Ask me three to four questions about the places I like to eat at.

☞ 14번은 일반적인 묘사 질문이 나오고 이어서 15번에서는 에바에게 역으로 질문하기 유형이 출제된다.
질문 유형을 정확하게 알고 있어야 시험에 바로 대비할 수 있다.

④ **COMPREHENSIBILITY: 전달력(발음 + 강세)**

— 원어민이 이해하기 쉽게 발화 전달력 (정확한 발음과 속도)을 높여야 함

OPIc에서는 발음/강세 공략이 반드시 필요!
강세 오류 e**vent** / **re**cently
발음 오류 **fe**ver / **ri**ver
* f/p, l/r의 발음 구분 중요하므로 반드시 연습 필요

중요한 내용어에 강세 (명사, 동사, 형용사, 부사) – I **use** my **cell** phone **all** day.

2) 영어 말하기 전략

① 발음

대체적으로 등급이 올라갈수록 발음 오류의 발생 빈도가 적어지나 한국인들은 고질적으로 /f/나 /v/를 /p/나 /b/로 발음하거나 /ʃ/를 /s/ 또는 한국의 /ㅅ/ 소리로 발음하는 경우가 많고, /l/ /r/ 발음이 구분이 안 되거나 반대로 발음하는 경우가 많습니다. 예를 들어, 'liver' 과 'river'의 음가 차이를 구분하여 발음하지 못하여 원어민이 이해를 못하는 경우가 그런 것이죠. 뿐만 아니라, 모음 발음을 잘못하여 오해를 불러일으키기도 합니다. 한국인들의 대표적인 발음 오류에 대해 짚어보고, 원어민처럼 발음하려면 어떻게 해야 하는지 알아봅시다.

■ 모음 발음 오류

• /오/가 아니라 /어/로 발음해야 함

on the internet [언] / online shopping [언] / concert [컨] / option [업] / office [어]
often 입을 완전히 벌려서 [어] vs open [오우~쁜]
song [썽] / sorry [써뤼] / audio [어~리오]
sauce [써쓰] / sausage [써씨쥐]
because [비커z] / cost [커] / lost [러]

• /al/은 입을 3센티 이상 벌리고 /어/로 발음하기

all / tall / ball / mall / small / fall [어~얼]
all the time / always / also / almost [어~얼]
talk [어] / walk [워] vs. work (입을 벌리지 않아야 함) / solve [써~얼]

• 슈와(schwa) 현상 [ə]: 강세가 없는 음절의 모음 발음이 중성모음 [으]로 약화되는 현상

about [으] / among [으] / another [으]
accessories [윽/쓰] / apartment [으/믄] / department [드/믄]
before [브] / ticket [껫] / market [껫]
wallet [룻] / bullet train [룻] / outlet mall [룻]
today [트] / tonight [트] / tomorrow [트] / separately [쁘룻]
computer [큼] / compare [큼] / concern [큰] / contain [큰]
device [드] / student [튼] / recently [쓴] / freshman [믄]
police [프] / percent [프] / perform [프] / performance [프/믄]
anniversary [느/쓰] / participate [프/쓰] / candidate [드듯]
security [쓰] / Korea [크] / Japan [즈]
different [F으] / interested [트르] / mountains [튼]

■ 자음 발음 오류

• 설탄음 발음 오류 (미국 영어): [t], [d]가 모음 발음 사이에서 [ㄹ]처럼 발음되는 현상

water / butter / meeting / computer / cosmetics / creative / quality
eat out / eat in
radio / video / model [머를] / modern [머런] / comedy [커므리] / medical [메르끌]
* 설탄음 현상으로 metal과 medal이 [메를]으로 발음이 똑같음

• 경음화 발음 오류: 단어 중간에 된소리 p[ㅃ] t[ㄸ] k/c[ㄲ]로 발음되는 현상

open / paper / people / experience / responsibility
studying / stress / stay / steak / sky / skip / local [로우끌]
working / walking / talking / parking

- **L vs. R 발음:** L은 혀끝이 윗니 뒤에 닿고, R은 닿지 않음

  leader [리러] / reader [뤼러]
  liver [리v어] / river [뤼v어]
  recently [뤼쓴리] / release [뤼리쓰]
  law [러] / raw fish [뤄]
  long [러엉] / wrong [뤄엉]
  lion [라] / Ryan [롸]
  alive [라] / arrive [롸]
  learn [러r언] / run [뤈]
  restaurant [뤠스뜨뤈트] / renovate [뤠노베잇]

- **TH 발음:** 혀끝을 윗니 아랫니 사이에 끼고 발음

  this / that / Thursday / thank / thousand / three
  worth / health / healthier / healthiest / birthday / bathroom / Bluetooth

- **F/V 발음:** F/V는 윗니로 아랫입술을 깨물어 발음

  friendly / fashionable / follow / fall / ferry / very / vegetable

- **Z 발음:** /z/ 떠는 발음

  dizzy / busy / busier / easy / easier / business / use

■ 영어 강세 오류

- **내용어 강세:** 영어는 강세 중심 언어이므로 내용어에 강세를 줌

  - 내용어 강세 (O): 명사, 동사, 형용사, 부사, 부정어, 강조어, 지시대명사, 지시형용사
  - 기능어 강세 (X): 인칭대명사, 조동사, 전치사, 관사, 소유격

    I live in a house with my family.
    I live in a big house with my family.
    I live in a very big house with my family.

- **합성어 강세:** 두 개의 단어가 결합되면 앞 단어에 강세를 줌

  staff dinner 회식 / concert hall 콘서트 홀
  good-looking 외모가 준수한 / well-known 잘 알려진
  eco-friendly 환경 친화적인 / mobile-friendly 모바일 친화적인
  beachside hotel 해변가 호텔 / riverside parks 강가 주변 공원

• **구동사 강세**: 뒷 단어에 강세를 줌

> eat out 나가서 먹다 / eat in 안에서 먹다 / work out 운동하다 / take out 내다 버리다
> clean up 치우다 / meet up 만나다 / picked up 주웠다 / called up 불렀다

② 어휘

등급이 올라갈수록 발화량이 증가하고 어휘의 총량 및 어휘 유형수가 증가는 경향이 있습니다. 특히, AL 등급이 IL 등급 수험자보다 3배 많은 단어를 사용하고, 특히 IH와 AL 사이의 증가폭이 큽니다. 하지만 동일 어휘의 반복 사용이 잦습니다. 단, 등급이 올라갈수록 좀 더 고난이도 어휘를 구사합니다. 그러므로 동일 어휘를 반복하지 않으려면 다양한 형용사와 동사들을 사용할 수 있어야 합니다.
예) clean (저난이도 어휘) vs. well-organize (고난이도 어휘)
주제별로 어휘를 정리하여 학습하는 방법이 어휘량을 높이는 가장 좋은 방법입니다.

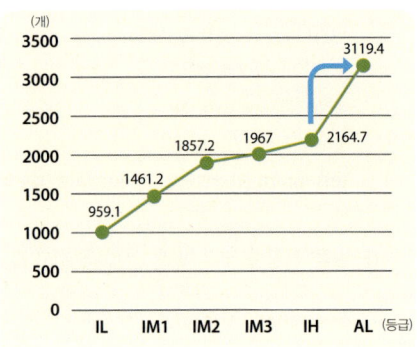

Housing (집)

- **high-rise apartment** 고층 아파트
- **spacious** 넓은
- **utility room** 다용도실
- **home appliances** 가전기기
- **do the laundry** 빨래를 하다
- **do the dishes** 설거지하다
- **take out the garbage** 쓰레기를 내다버리다
- **renovate** 새단장하다
- **redo (redid)** 다시하다
- **rearrange** 재배치하다
- **replace** 교체하다
- **break (broke)** 깨다
- **break down (broke down)** 고장 나다
- **kick back and relax** 긴장을 풀고 쉬다
- **get some rest** 쉬다
- **get some sleep** 잠을 청하다
- **nightstand** 협탁

Music (음악)

- **melody** 멜로디
- **lyrics** 가사
- **catchy** 귀에 쏙 들어오는
- **trendy** 유행을 앞서가는
- **overwhelming** 압도적인, 가슴이 벅찬
- **sensational** 선풍적 인기를 누리는
- **incredible/amazing singer** 대단한 가수
- **good-looking** 외모가 준수한
- **talented** 재능이 뛰어난
- **unique voice** 개성 있는 목소리
- **release a new single** 신곡을 발표하다

Movies (영화)

- **movie star** 영화 배우
- **movie theater** 영화관
- **star v.** (주연으로) 출연하다
- **sequel** 속편
- **storyline** 줄거리
- **twist** 반전
- **acting** 연기력
- **funny lines** 웃긴 대사
- **very fun to watch** 재미 있는
- **touching** 감동적인
- **entertaining** 흥미진진한
- **do very well at the box office** 흥행에 성공하다
- **a box-office hit** 흥행대작
- **a killer movie** 대박 영화
- **hit the all-time record** 역대 기록을 경신하다
- **newly-released movie** 새로운 개봉작

데이터와 트렌드로 쉽게 취득하는 OPIc IM

Restaurants (음식점)

- barbeque restaurant / barbeque place 고깃집
- take-out restaurant / delivery place 배달 음식점
- decent restaurant 괜찮은 식당
- juicy and tender 육즙이 많고 부드러운
- crispy and crunchy 매우 바삭한

- eat out = go out to eat 외식하다
- order in 음식을 시켜 먹다
- get the food to go 음식을 포장해서 나오다
  ★ 구동사를 많이 쓰는 것이 고득점을 받는 지름길!!
- food delivery app 음식 배달앱

Bars (술집)

- fancy bar 근사한 술집
- local bar 동네 술집
- have some drinks / grab some drinks
  가볍게 술 한 잔 하다
- break the ice 서먹한 분위기를 깨다
- spice up the mood 분위기를 띄우다

- bond with co-workers 동료와 친해지다
- hang out with my friends 친구들과 어울리다
- got drunk (drunken (x)) 술 취했다
- got wasted and blacked out 만취해서 필름이 끊겼다
- had a hangover 숙취가 있었다
- sober up 술을 깨다

Trips (여행)

- go on trips 여행 가다
- go on vacations 휴가 가다
- travel overseas 해외여행 가다
- popular vacation spot 인기 휴가지
- tourist 관광객
- tourist attraction 관광 명소
- landmark 명소

- historic site 역사적 유적지
- take a lot of pictures 사진을 많이 찍다
- do some shopping 쇼핑을 하다
- buy some souvenirs 기념품을 사다
- go to duty free shops 면세점에 가다
- get gifts 선물을 사다

Food (음식)

- eat healthy 건강하게 먹다
- eat properly 제대로 먹다
- cut back on unhealthy food 건강하지 않은 음식
  섭취량을 줄이다
- contain 함유하다
- be rich in 함유량이 풍부하다
- vitamins 비타민
- minerals 미네랄
- fiber 섬유질

- protein 단백질
- organic food 유기농 음식
- strengthen our immune system 면역 체계를
  강화하다
- go bad / went bad 상하다
- get food poisoning 식중독에 걸리다
- get indigestion 소화불량에 걸리다
- get enteritis 장염에 걸리다

Internet (인터넷)

- get access to the internet 인터넷에 접속하다
- surf the internet 인터넷 서핑을 하다
- do online searches 인터넷 검색하다
- stream music 음악을 스트리밍 하다
- watch video clips 동영상을 보다
- check the news and the weather forecast 뉴스와
  일기예보를 확인하다

- play online games 인터넷 게임을 하다
- take online classes 인강을 듣다
- check email 이메일 확인하다
- shop online 인터넷 쇼핑을 하다
- do online banking 인터넷 뱅킹을 하다
- mobile-friendly 모바일 친화적인
- tech-savvy 기계를 잘 다루는

Phones (Technology) 전화기 (기술)

- **run out of** battery [배러뤼] 배터리가 다 떨어지다
- **my phone died** 전화기가 꺼졌다
- **my phone was dead** 전화기가 꺼져 있었다
- **charge** 충전하다
- **charger** 충전기
- **backup battery** 보조 배터리

- **carry around** 휴대하고 다니다
- **be addicted to their phones** 휴대폰에 중독되어 있다
- **phone addiction** 휴대폰 중독
- **make phone calls** 전화통화를 하다
- **over the phone** 전화통화상으로

③ 문법

문법 빈출 오류는 관사 〉 어형 〉 단수·복수 사용 〉 시제 〉 전치사 순으로 나타납니다. 답변의 정확성을 높이기 위해 관사, 단/복수, 전치사 사용에 유념해야 합니다.

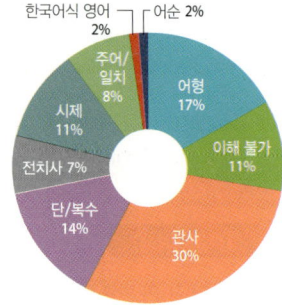

한국어식 영어 2% / 어순 2% / 어형 17% / 이해 불가 11% / 관사 30% / 단/복수 14% / 전치사 7% / 시제 11% / 주어/일치 8%

■ 관사

• 부정관사 **a/an**: 처음 언급할 때 '하나'

> There is a small park where I can take walks.
> There is a sofa, a TV and an air—conditioner.
> We went to a decent Thai restaurant.
> In the kitchen, there is a sink and a dining table.

• 정관사 **the**: 앞에서 언급한 것을 지정할 때, 일반화, 관용구

> (지정) I fold the clothes and put them in the dresser.
> (지정) I hang the laundry on the laundry rack.
> (지정) The food tasted so good because I was starving.
> (일반화) I clean the bathroom after I take showers.
> (일반화) There are various types of furniture in the living room.
> (관용구) They had the best Thai food in town.
> (관용구) I do the dishes after I have meals.
> (관용구) I do the laundry on weekends.
> (관용구) I take the subway most often.
> (관용구) I do various types of things on the internet.

■ 단수 / 복수

★ 일반화 시킬 때는 복수형을 써야 함!
(단수) My favorite bar is a local pub near my house.
(단수) One of the biggest concerns is safety.
(복수형 일반화) I like to go to parks to take walks.
(복수형 일반화) I can read books or watch movies in my room.
(복수형 일반화) I sometimes play games or take online classes.
(복수형 일반화) Phones have changed a lot over the years.
(복수형 일반화) Vegetables have a lot of vitamins in them.
(복수형 일반화) People use their cell phones to surf the internet.

■ 시제

• 현재 시제 / 과거 시제 / 미래 시제

(현재) I live in a three-bedroom apartment.
(현재/미래) The weather forecast says it will rain tomorrow.
(과거) I lived in a big house when I was a kid.
(과거) I got drunk that day because I drank too much.
(과거) The store did NOT have my size in stock.
(과거 진행) I was chatting with my friend.
(조동사 과거) I used to play there with my friends.
(조동사 과거) I had to get a lot of rest.

• 현재완료: 고득점을 받기 위해서는 꼭 써야 함!

I have lived in this apartment for five years.
I have tried various things for my health.
Phones have changed a lot over the years.
Coffee shops have NOT changed much over the years.
Transportation has become a lot faster than in the past.
Travelling has become a lot easier than in the past.
Bars have become much better than in the past.

■ 전치사

(장소) in my room
(장소) on the beach / at the beach / near the beach / along the beach
(장소) swim in the ocean / stay at a hotel ★ 'in'보다 더 넓은 공간을 나타낼 때는 'at'을 씀.
(기간) during my vacation / on my vacation
(기간) throughout the concert / before the movie / after the movie
without heating / within walking distance
went to my home (x) / went home (o)
I had a great time at there. (x) / I had a great time there. (o) 'there' 자체가 부사임

④ 문단·문장 구조

등급이 높아질수록 중문(대등접속사로 연결되는 문장 등), 복문(when, where과 같은 관계사를 사용한 종속절을 사용하는 문장 등)의 사용과 총 어휘수가 점진적으로 상승하여 유창성이 높아집니다. 단순히 문장의 길이가 길어진다는 내용이 아니라, 문장 간의 인과관계를 설명할 수 있다거나 개연성이 높은 조건절과 같은 문장들을 사용하여 일관성 있고 짜임새 있는 문장을 구성(Coherence)할 수 있다는 의미입니다.

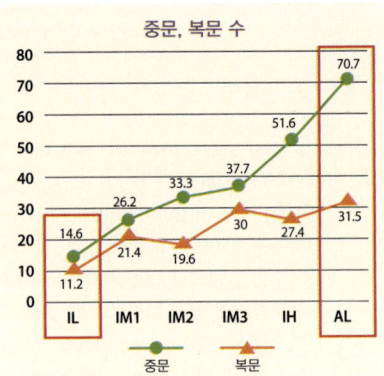

■ 중문 / 복문

· 평서문

> I do not use Bluetooth myself, but people around me do.
> I sometimes get the food to go, but sometimes eat it on the spot.
> There is a park where I can take walks.
> There is free wi-fi, so I can get access to the internet.
> When I was kid, trains used to be slower.
> I try to be more careful when I am eating something.
> My favorite furniture is my bed because I love to sleep.
> Because there are many mountains, people often go hiking.

· 의문문

> What do you think? → Can you tell me what you think?
> How much is it? → Can you tell me how much it is?
> If you got it online, can you tell me which site it was?
> Are there any promotions? → I wonder if there are any promotions.
> Could you please check if you have my bag?

■ 형용사 비교급 / 최상급

> The internet has become a lot faster than in the past.
> Korean movies have become much better than in the past.
> Shopping has become much easier over the years.
> It was one of the best concerts in my life.
> Kimchi is one of the healthiest foods in the world.
> It was one of the most memorable movies in my life.
> ★ 'one of the 최상급' 사용할 때 동사는 무조건 단수!

■ 구동사

> ★ 구동사 빈도가 높을수록 고득점 받을 확률이 더 높다!
> I try to work out as often as I can. 운동하다
> I take out the garbage on my way out.
> People eat out or order in more often. 나가 먹다 / 시켜 먹다
> I first go to the front desk to check in. 체크인하다
> I had to clean up the glass. 치우다
> I wiped off the water from the floor. 닦아 내다
> I called up a person to fix the problem. 부르다

■ 복합관계사

I just watch whatever is fun. 재미 있으면 뭐든지
I just listen to whatever is good. 좋으면 뭐든지
I can do whatever I want to. 원하는 것 무엇이든지
I listen to music whenever I want to. 원할 때 언제든지
I can go wherever I want to. 원하는 곳 어디든지
I clean the house whenever I can. 할 수 있을 때마다
I can shop online wherever I am. 어디 있든지 간에
I was very excited whenever I went there. 거기 갈 때마다

■ 연결어

★ 이야기의 기승전결을 보여주기 위해 꼭 필요함
(마무리) So 정리하자면 / Once again 다시 한번 얘기하자면 / Looking back 되돌아 보면, 돌이켜 보면 /
　　　　Since then 그 이후로
(연결) When it comes to ~에 있어서 / Among them 그중에서
(역접) However + S + V 그러나 / But now 그러나 지금은 / But these days 그러나 요즘에는 /
　　　On the other hand 반면 / Meanwhile 한편
(순서) Next, Plus, Also 또한, 더불어 / And then, After that 그리고 난 후에
(예시) For example, For example + S + V 예를 들면
　　　n. + such as + n. + n. + and n. ~와 같은
(시점) In the past 과거에는 / Back in the day 옛날 옛적에는 / When I was a kid 내가 어렸을 때는
(추가) In fact 실은 / Or 아니면 / If so 만약 그렇다면 / If not 만약 아니면 [Role-play 때 많이 사용]
(전환) Frankly (Speaking) / To be honest 솔직히 말해서

■ 답변 시작

I remember going to a concert.
I remember eating something that went bad.
I remember when water leaked from the water cooler.
　　　　　　　　　　　　　　　　　　　　　　과거 사건을 서술할 때 답변 첫마디로
　　　　　　　　　　　　　　　　　　　　　　아주 유용하게 사용됨
When I was a kid, my main responsibility was studying.
Back in the day, people did the recycle at home.
Frankly, travelling has become a lot easier than in the past.
To be honest, I have never rented a car in my life.

■ 답변 마무리

★ IM 2 이상을 받기 위해서는 답변 마무리를 꼭 하기!
So, this is what my place is like.
So, this was the first bar I went to.
So, these are the things I do when I go to coffee shops.
Looking back, it was very enjoyable dinner.
Looking back, it was one of the most memorable trips in my life.
Since then, I try to be more careful.
Once again, phones have become a lot better than in the past.

Chapter 01

Restaurants

질문을 제대로 파악하는 것만으로도 성공적으로 시험을 치를 수 있습니다. OPIc에서 자주 출제되는 질문들을 알아보세요.

1 **I want to know about restaurants in your country. What are typical restaurants like?**

당신 나라의 음식점에 대해 알고 싶습니다. 일반적인 음식점들은 어떻게 생겼나요?

문항 유형	우리나라 보편적인 음식점 묘사
문항 수준	Intermediate
핵심 포인트	• 일반적인 음식점을 묘사하는 것이므로 현재형 시제 사용 • 주어는 restaurants, they 등 상황에 맞게 사용
중요도	★★★

2 Tell me about a restaurant you ate out at recently. What kind of restaurant was it? What did you eat there and who did you go with? Did you like how the food tasted?

최근에 갔던 음식점에 대해 말해 주세요. 어떤 음식점이었나요? 무엇을 먹었고 누구와 함께 갔었나요? 음식 맛은 어땠나요?

문항 유형	최근에 음식점에 갔었던 경험 묘사
문항 수준	Advanced
핵심 포인트	• 최근에 간 음식점에서 먹은 음식과 맛을 과거형 시제로 묘사
	• 가족이나 직장 동료와 갔다면 주어는 we 사용하며 음식점에 대해 말할 때는 주어 they 사용
중요도	★★★★★

3 Now, tell me about a restaurant you used to go to as a child. What was it like? What do you remember most about that place? Tell me about that restaurant in as much detail as possible.

어렸을 때 갔던 음식점에 대해 말해 주세요. 그곳은 어땠나요? 무엇을 먹었나요? 그곳에서 가장 기억에 남는 것은 무엇인가요? 그 음식점에 대해 가능한 한 자세히 말해 주세요.

문항 유형	어렸을 때 갔었던 음식점 묘사
문항 수준	Advanced
핵심 포인트	• 음식점 주제의 '테이크아웃/배달 음식점에서 최근 음식을 사본 경험' 답변에 활용
	• 과거형 시제 사용하여 설명
중요도	★★★★★

4 Talk about your favorite take-out or delivery food restaurant. What kinds of food do they commonly offer?

가장 좋아하는 테이크아웃 음식점이나 배달 음식점에 대해 이야기해 보세요. 그곳은 보통 어떤 종류의 음식을 제공하나요?

문항 유형	본인이 가장 좋아하는 테이크아웃 음식점 / 배달 음식점 묘사
문항 수준	Intermediate
핵심 포인트	• 테이크아웃 음식점을 현재형 시제 사용하여 묘사
	• 본인의 습관을 이야기할 때는 주어 I 사용, 음식점을 묘사할 때는 they 사용
중요도	★★★

5 **Talk about the last time you used a take-out or delivery food service. What did you get? What do you remember about that experience?**

최근에 테이크아웃이나 배달 음식 서비스를 이용했던 경험에 대해 말해 주세요. 무엇을 주문했나요? 그 경험에 대해 무엇을 기억하나요?

문항 유형	테이크아웃 / 배달 음식점에서 최근 음식을 사본 경험 묘사
문항 수준	Advanced
핵심 포인트	• 음식점 주제의 '어렸을 때 갔던 음식점 묘사' 답변 활용 • 어렸을 때 본인이 먹은 음식이기 때문에 주어 I와 과거형 시제 사용
중요도	★★★

6 **Talk about a time when you prepared for a special occasion using a take-out or a delivery service. What kinds of food did you get from the restaurant? Tell me about that experience with lots of details.**

테이크아웃이나 배달 서비스를 이용해 특별한 행사를 준비했던 경험에 대해 이야기해 보세요. 음식점에서 어떤 종류의 음식을 주문했나요? 그 경험을 자세히 말해 주세요.

문항 유형	테이크아웃 / 배달 음식점을 통해 특별한 행사 준비 경험
문항 수준	Advanced
핵심 포인트	• 집 주제의 '집에서 가족들과 있었던 추억 묘사'의 답변 활용 • 여러 명이 과거에 한 파티에 대한 내용이기 때문에 주어 we와 과거형 시제 사용
중요도	★★★

7 **How do busy working people usually get their meals on weekdays? Do they order food or go to restaurants? What do they usually do?**

바쁜 사람들은 보통 평일에 어떻게 식사를 하나요? 음식을 주문하나요 아니면 음식점에 가나요? 보통 무엇을 하나요?

문항 유형	직장인들이 평일 식사를 주로 어떻게 해결하는지 묘사
문항 수준	Intermediate
핵심 포인트	• 직장인들이 식사하는 방식을 현재형 시제를 사용하여 나열 • 직장인들의 습관에 관한 내용이기 때문에 주어 people, they 사용
중요도	★★★

8 **What do you usually do for dinner during the week? Do you cook your own meals or go out to eat? Does someone else cook for you? Do you eat alone or eat with other people?**

주로 주중 저녁에 무엇을 먹나요? 스스로 요리를 하나요 아니면 외식하러 나가나요? 누군가 요리를 해 주나요? 혼자 먹나요, 아니면 다른 사람들과 먹나요?

문항 유형	본인이 주로 평일에 저녁식사를 어떻게 하는지 묘사
문항 수준	Intermediate
핵심 포인트	• 평소 식사하는 방식을 현재형 시제로 묘사 • 평소 본인의 습관이기 때문에 주어 I 사용
중요도	★★★

9 **Tell me about how you found out about a special grocery store. Maybe a new specialty store opened in your community, or a new farmer's market opened and you wanted to check that place out. How did you find out about this new store?**

어떻게 특별한 식료품점에 대해 알게 되었는지 말해 주세요. 아마도 지역에 새로운 전문 가게가 생겼거나 새로운 농산물 직판장이 열려서 그곳을 가보고 싶어했을 수도 있습니다. 이 새로운 가게에 대해 어떻게 알게 되었나요?

문항 유형	새로운 식료품점을 알게 된 계기 설명
문항 수준	Advanced
핵심 포인트	• 온라인으로 찾게 된 식료품점을 과거형 시제로 묘사 • 본인이 한 행동을 이야기할 때는 주어 I 사용하며 식료품점을 묘사할 때는 they 사용
중요도	★★★

OPIc 질문에 대한 모범답변을 살펴본 후, 질문의 핵심 포인트를 파악하여 나만의 OPIc 답변을 만들어 보세요.

1 **I want to know about restaurants in your country.
What are typical restaurants like?**

당신 나라의 음식점에 대해 알고 싶습니다. 일반적인 음식점들은 어떻게 생겼나요?

Structure		Idea
시작 문장	주제 문장 소개	There are many barbeque restaurants in Korea.
본문	한국에 있는 바비큐 음식점의 특징 설명	on busy streets, easy to find, everywhere, serve, various types, meat, a barbeque grill, each table, grill the meat themselves
마무리 문장	나의 답변 마무리	So, barbeque places are the most typical restaurants in Korea.

Model Answer　MP3 01_A1

❶ There are many barbeque restaurants in Korea.

❷ Many of them are on busy streets.

They are ❸ easy to find because they are everywhere.

They ❹ serve various types of meat such as beef, pork and chicken.

At these restaurants, there is a barbeque grill on each table.

Customers grill the meat themselves.

So, barbeque places are ❺ the most typical restaurants in Korea.

Tips for Better Answer

❶ 〈there are + many/a lot of/tons of 복수 명사〉
'(명사)가 매우 많이 있다'라는 의미로 카페, 술집, 영화관과 같은 음식점을 묘사할 때 시작 문장으로 주로 쓰임
Ex: There are many bars.
　　술집이 많이 있다.

❷ many는 가산 명사 (restaurants, cafes) 앞에서 쓰이며 불가산 명사 앞에는 much 사용
따라서 여러 개를 의미하는 them 앞에는 many 사용
Ex: I had much of them. (X)
　　I had much water. (O)
　　나는 물을 많이 마셨다.

❸ 〈형용사 to 동사〉
(동사)하기 (형용사)한
easy to follow/understand: 이해하기 쉬운
hard to follow/understand: 이해하기 어려운
Ex: The movie was hard to follow.
　　영화가 이해하기 어려웠다.

❹ = offer, provide, have
They also offer free parking.
그들은 또한 무료 주차를 제공한다.

❺ 〈the most 형용사〉
최상급 the most typical를 사용한 마무리 문장
Ex: It is the most expensive place in town.
　　그곳은 동네에서 제일 비싼 곳이다.

Key Expressions

- **on busy streets** 번화가
- **various** 다양한
- **grill** 굽다
- **typical** 흔한, 전형적인

한국에는 많은 바비큐 음식점이 있습니다. 많은 바비큐 장소들은 혼잡한 거리에 있습니다. 어디에나 있기 때문에 찾기 쉽습니다. 돼지고기, 소고기 그리고 닭고기 같은 다양한 종류의 고기를 제공합니다. 음식점에는 테이블마다 바비큐 그릴이 있습니다. 손님들은 그릴 위에서 직접 고기를 굽습니다. 그래서 바비큐 장소는 한국에서 가장 대표적인 음식점입니다.

데이터와 트렌드로 쉽게 취득하는 OPIc IM

 **OPIc Pattern 익히기**

주어진 한국어 핵심 문장을 읽고 빈칸에 들어갈 영어 표현을 작성하세요. 그 후, 문장을 반복해 말하는 연습을 통해 OPIc 핵심 패턴과 모범 답변을 익혀 보세요.

1. 많은 바비큐 장소들은 혼잡한 거리에 있습니다.

_____ _____ them are _____ _____ _____.

2. 어디에나 있기 때문에 찾기 쉽습니다.

They are _____ to _____ because they are _____.

3. 돼지고기, 소고기 그리고 닭고기 같은 다양한 종류의 고기를 제공합니다.

They _____ _____ _____ of meat such as _____, _____ and _____.

4. 음식점에는 테이블마다 바비큐 그릴이 있습니다.

At these _____, there is a _____ _____ on _____ table.

Answer
1. Many of / on busy streets
2. easy / find / everywhere
3. serve various types / beef, pork / chicken
4. restaurants / barbeque grill / each

 **OPIc Magic Pattern 활용하기**

학습한 Magic Pattern을 다른 주제에서도 활용해 보세요.

1. They <u>are easy to find because they are everywhere</u>.
- Big shopping centers <u>are easy to find because they are everywhere</u>.
  Shopping에 활용 큰 쇼핑센터는 어디에나 있기 때문에 찾기 쉽습니다.
- Banks <u>are easy to find because they are everywhere</u> in the city.
  Banks에 활용 도심에서는 은행이 어디에나 있기 때문에 찾기 쉽습니다.

2. <u>They serve various types of</u> meat such as beef, pork and chicken.
- <u>They serve various types of</u> drinks such as beer and wine.
  Bars에 활용 맥주와 와인 같은 다양한 종류의 술을 제공합니다.
- <u>They serve various types of</u> desserts that go well with coffee at the café.
  Coffee Shops에 활용 커피점에서는 커피와 잘 어울리는 다양한 종류의 디저트를 제공합니다.

3. So, barbeque places <u>are the most typical</u> restaurants in Korea.
- So, beaches <u>are the most typical</u> vacation spots in Korea.
  Beaches에 활용 그래서 한국에서는 해변이 가장 일반적인 휴가 장소입니다.
- So, hotels and guesthouses <u>are the most typical</u> accommodations among travelers.
  Hotels에 활용 그래서 여행자들 사이에서 호텔과 게스트하우스가 가장 일반적인 숙박장소입니다.

OPIc 질문에 대한 모범답변을 살펴본 후, 질문의 핵심 포인트를 파악하여 나만의 OPIc 답변을 만들어 보세요.

2 Tell me about a restaurant you ate out at recently. What kind of restaurant was it? 🎧 MP3 01_Q2
What did you eat there and who did you go with? Did you like how the food tasted?

최근에 갔던 음식점에 대해 말해 주세요. 어떤 음식점이었나요? 무엇을 먹었고 누구와 함께 갔었나요? 음식 맛은 어땠나요?

	Structure	Idea
시작 문장	주제 문장 소개	My family and I had dinner last weekend.
본문	최근 음식점에 간 경험 묘사	went to, restaurant, had the best, in town, food tasted good, hungry, ordered, juicy, tender, had some beer
마무리 문장	나의 답변 마무리	Looking back, it was a very memorable dinner.

Model Answer 🎧 MP3 01_A2

❶ My family and I ❷ had dinner ❸ last weekend.
+ My friends and I had lunch a few weeks ago.
+ My co-workers and I had a staff dinner a few days ago.
We ❹ went to a great Mexican restaurant.
+ Italian + Thai + Japanese + Chinese + American + Vietnamese
They ❺ had the best tacos in town.
+ burgers + steak + pizza + pasta + Korean barbeque + rice noodles
The food tasted good because I was so hungry.
The shrimp I ordered was very juicy and tender.
+ fish + beef + pork + chicken + crab + lobster + squid + octopus
Plus, we had some beer with the meal.
+ red/white wine + soft drinks + cocktails
Looking back, it was a very ❻ memorable dinner.

Tips for Better Answer

▶ ❶ I 와 다른 주어가 쓰일 때는 언제나 I 가 제일 뒤로 감
I and my family (x)
my family and I (o)

▶ ❷ dinner와 어울리는 동사는 eat이 아닌 have
eat은 특정 음식을 먹을 때 주로 사용
Ex: I want to eat some steak.
나는 스테이크가 먹고 싶어.

▶ ❸ weekend, Monday와 같은 시간 명사 앞에 last, this, next가 쓰일 때는 전치사 in/on을 사용하지 않음
Ex: I saw him on this Friday. (X)
I saw him this Friday. (O)

▶ ❹ = visited

▶ ❺ = serve, provide, offer: 제공하다
Ex: They offer the best sushi in town.
동네에서 제일 맛있는 스시를 제공한다.

▶ ❻ memorable 대신 마무리 문장에 사용할 수 있는 형용사
= pleasing, enjoyable: 기분 좋은, 재미있는
Ex: It was a very pleasing vacation.
매우 기분 좋은 휴가였다.
It was a very enjoyable trip.
매우 재미있었던 여행이었다.

Key Expressions

• **co-workers** 직장 동료
• **staff-dinner** 회식
• **juicy** 즙이 많은
• **tender** 부드러운

저는 지난 주말에 가족과 저녁을 먹었습니다. (+ 제 친구들과 저는 몇 주 전에 점심을 먹었습니다. + 며칠 전 직장 동료들과 회식을 했습니다.) 우리는 멋진 멕시칸 음식점에 갔습니다. (+ 이탈리아 + 태국 + 일본 + 중국 + 미국 + 베트남) 그곳은 동네에서 가장 맛있는 타코가 있습니다. (+ 햄버거 + 스테이크 + 피자 + 파스타 + 한국식 바비큐 + 쌀국수) 배가 고파서 음식이 더 맛있었습니다. 제가 주문한 새우는 육즙이 많고 부드러웠습니다. (+ 생선 + 소고기 + 돼지고기 + 닭고기 + 게 + 랍스터 + 오징어 + 문어) 또한, 우리는 식사와 함께 맥주를 마셨습니다. (+ 레드 / 화이트 와인 + 탄산음료 + 칵테일) 돌이켜 보면, 매우 기억에 남는 저녁 식사였습니다.

네이티브 트렌디로 쉽게 취득하는 OPIc IM

주어진 한국어 핵심 문장을 읽고 빈칸에 들어갈 영어 표현을 작성하세요. 그 후, 문장을 반복해 말하는 연습을 통해
OPIc 핵심 패턴과 모범 답변을 익혀 보세요.

1. 저는 지난 주말에 가족과 저녁을 먹었습니다.

My family and I _____ _____ last _____.

2. 며칠 전 직장 동료들과 회식을 했습니다.

My _____ and I had a _____ _____ a _____ _____ _____.

3. 우리는 멋진 멕시칸 음식점에 갔습니다. 그곳은 동네에서 가장 맛있는 타코가 있습니다.

We went to a great _____ restaurant. They _____ the _____ _____ _____

_____.

4. 제가 주문한 새우는 육즙이 많고 부드러웠습니다.

The _____ I _____ was very _____ and _____.

> **Answer**
> 1. had dinner / weekend
> 2. co-workers / staff dinner / few days ago
> 3. Mexican / had / best tacos in town
> 4. shrimp / ordered / juicy / tender

 OPIc Magic Pattern 활용하기

학습한 Magic Pattern을 다른 주제에서도 활용해 보세요.

1. My family and I had dinner last weekend.
- My family and I went on a trip to Jeju Island last weekend.
Domestic Trips에 활용 가족과 저는 저번 주에 제주도로 여행을 갔습니다.
- My family and I went to a riverside park last weekend.
Parks에 활용 가족과 저는 저번 주에 강가에 있는 공원에 갔습니다.

2. They had the best tacos in town.
- They had the best sports facilities in town.
Health에 활용 그곳은 동네에서 제일 좋은 운동 시설을 가지고 있습니다.
- They had the best coffee beans in town.
Coffee Shops에 활용 그곳은 동네에서 제일 좋은 커피콩을 가지고 있습니다.

3. Looking back, it was a very memorable dinner.
- Looking back, it was a very memorable trip I had with my family.
Domestic Trips에 활용 돌이켜 보면, 가족과 함께 한 기억에 남는 여행이었습니다.
- Looking back, it was a very memorable holiday I had.
Holidays에 활용 돌이켜 보면, 기억에 남는 휴일이었습니다.

OPIc 질문에 대한 모범답변을 살펴본 후, 질문의 핵심 포인트를 파악하여 나만의 OPIc 답변을 만들어 보세요.

3 Now, tell me about a restaurant you used to go to as a child. What was it like? 🎧 MP3 01_Q3
What do you remember most about that place? Tell me about that restaurant
in as much detail as possible.

어렸을 때 갔던 음식점에 대해 말해 주세요. 그곳은 어땠나요? 무엇을 먹었나요? 그곳에서 가장 기억에 남는 것은 무엇인가요?
그 음식점에 대해 가능한 한 자세히 말해 주세요.

Structure		Idea
시작 문장	주제 문장 소개	I remember going to McDonald's near my house when I was a kid.
본문	패스트푸드점에 가서 주문한 음식 묘사	tasted amazing, french fries, crispy, crunchy, other side dishes, tasty, remember how good
마무리 문장	나의 답변 마무리	Looking back, it was a very memorable restaurant.

Model Answer 🎧 MP3 01_A3

I ❶ remember going to ❷ McDonald's near my house
when I was a kid.

+ Burger King + KFC

+ I ❸ got a cheese burger combo.

+ I also got chicken nuggets and chicken tenders.

The burger ❹ tasted amazing.

The french fries were very crispy and crunchy.

Other side dishes were really tasty ❺ as well.

I still remember ❻ how good the food was.

Looking back, it was a very memorable restaurant.

Tips for Better Answer

❶ 〈remember + 명사/동명사〉
(명사/동명사)가 기억에 난다.
Ex: I remember the trip I had.
내가 간 여행이 기억에 난다.

❷ '테이크아웃/배달 음식점에서 최근 음식을 사본 경험'에 대한 답변과 함께 사용할 수 있도록 테이크아웃 가능한 음식점 선택

❸ 주문한 음식에 대해 이야기할 때 쓰는 동사
have, get, buy
Ex: I got some fried chicken to go.
나는 후라이드 치킨을 포장 주문했다.

❹ 맛을 묘사할 때 사용할 수 있는 형용사
super delicious: 엄청 맛있는
delish: (delicious를 줄인 말) 맛있는

❺ = also
Ex: Other side dishes were also really tasty.

❻ 〈how + 형용사 + 명사 + be 동사〉
(명사)가 얼마나 형용사 했는지
Ex: I remember how salty the pizza was.
피자가 얼마나 짰던지 기억에 난다.

Key Expressions

- **side dish** 반찬, 사이드 메뉴
- **taste A** 맛이 A하다
- **crispy** 바삭바삭한
- **crunchy** 아삭아삭한
- **memorable** 기억에 남는

어렸을 때 집 근처에 있는 맥도날드에 갔던 기억이 납니다. (+ 버거킹 + KFC + 치즈버거 콤보를 샀습니다. + 치킨 너겟과 텐더도 샀습니다.) 버거 맛이 끝내줬습니다. 프렌치 프라이가 너무 바삭바삭하고 아삭아삭했습니다. 다른 사이드도 아주 맛있었습니다. 음식이 얼마나 맛있었는지 아직도 기억할 수 있습니다. 돌이켜 보면, 이 곳이 제 어린 시절에 가장 기억에 남는 음식점이었습니다.

OPIc Pattern 익히기

주어진 한국어 핵심 문장을 읽고 빈칸에 들어갈 영어 표현을 작성하세요. 그 후, 문장을 반복해 말하는 연습을 통해 OPIc 핵심 패턴과 모범 답변을 익혀 보세요.

1. 어렸을 때 집 근처에 있는 맥도날드에 갔던 기억이 납니다.

I _____ _____ to McDonald's _____ my house _____ _____ _____ a kid.

2. 프렌치 프라이가 바삭바삭하고 아삭아삭했습니다.

The french fries were very _____ and _____ .

3. 음식이 얼마나 맛있었는지 아직도 기억할 수 있습니다.

I _____ remember _____ _____ the food _____ .

4. 돌이켜 보면, 제 어린 시절에 가장 기억에 남는 음식점이었습니다.

_____ _____ , it was a very _____ _____ .

Answer
1. remember going / near / when I was
2. crispy / crunchy
3. still / how good / was
4. Looking back / memorable restaurant

OPIc Magic Pattern 활용하기

학습한 Magic Pattern을 다른 주제에서도 활용해 보세요.

1. The burger <u>tasted amazing</u>.
   - The holiday food we prepared <u>tasted amazing</u>.
     Holidays에 활용 우리가 준비한 명절 음식이 매우 맛있었습니다.

   - We went to an expensive restaurant at the hotel and everything <u>tasted amazing</u>.
     Hotels에 활용 우리는 호텔에 있는 비싼 음식점에 갔고 모든 것이 매우 맛있었습니다.

2. <u>Other</u> side dishes <u>were really</u> tasty <u>as well</u>.
   - <u>Other</u> landmarks <u>were really</u> impressive <u>as well</u>.
     Overseas Trips에 활용 다른 관광명소도 역시 인상적이었습니다.

   - <u>Other</u> beaches <u>were really</u> beautiful <u>as well</u>.
     Beaches에 활용 다른 해변도 역시 아름다웠습니다.

3. I <u>still remember how good</u> the food <u>was</u>.
   - <u>I still remember how good</u> the taste of coffee <u>was</u>.
     Coffee Shops에 활용 커피 맛이 얼마나 좋았는지 아직도 기억에 납니다.

   - <u>I still remember how good</u> the view <u>was</u> at the hotel.
     Hotels에 활용 호텔에서의 경치가 얼마나 좋았는지 아직도 기억에 납니다.

OPIc 질문에 대한 모범답변을 살펴본 후, 질문의 핵심 포인트를 파악하여 나만의 OPIc 답변을 만들어 보세요.

4 Talk about your favorite take-out or delivery food restaurant.
What kinds of food do they commonly offer?

가장 좋아하는 테이크아웃 음식점이나 배달 음식점에 대해 이야기해 보세요. 그곳은 보통 어떤 종류의 음식을 제공하나요?

	Structure		Idea
시작 문장	주제 문장 소개		There are many take out restaurants in Korea.
본문	한국에 있는 테이크아웃/ 배달 음식점의 특징 묘사		busy streets, everywhere, what to get, pre-set menu, for example, always order, get the food to go, on the spot
마무리 문장	나의 답변 마무리		So, this is what take out places in Korea are like.

Model Answer 🎧 MP3 01_A4

There are many ❶ take out restaurants in Korea.

Many of them are ❷ on busy streets.

They are easy to find because they are everywhere.

When I go to these places, I know ❸ what to get.

That's ❹ because they have a pre-set menu.

For example, when I go to Burger King, I always

order the Whopper combo.

I sometimes get the food to go or sometimes eat it

❺ on the spot.

So, this is what take out places in Korea are like.

Tips for Better Answer

➤ ❶ 포장이 가능한 음식점을 take-out restaurants
라고 표현할 수 있지만 '포장하다'라는 동사로
쓰이지 않음
to go: 포장 주문하다
Ex: I got the burger to go.
햄버거를 포장 주문했다.

❷ 번화가
= main streets, downtown

❸ 명사 역할을 하며 목적어로 쓰인
〈what + to 부정사〉
Ex: I don't know what to do tomorrow.
내일 무엇을 해야 할지 모르겠다.

➤ ❹ 〈because + 주어 + 동사〉 = 〈because of
명사〉
Ex: Because of the pre-set menu, I can
order easily.
미리 설정된 메뉴 덕분에 쉽게 주문할 수
있다.

➤ ❺ = 그 자리에서, 즉석에서
〈put somebody on the spot〉
'~를 곤혹스럽게 만들다'라는 의미도 포함됨

Key Expressions

• **on busy streets** 번화가
• **pre-set menu** 미리 설정된 메뉴

• **to go** 포장하다
• **on the spot** 그 자리에서

한국에는 많은 테이크아웃 음식점이 있습니다. 많은 테이크아웃 장소들이 번화가에 있습니다. 어디에나 있기 때문에 찾기
쉽습니다. 그곳에 가면 미리 무엇을 주문해야 할지 알고 있습니다. 미리 설정된 메뉴가 있기 때문입니다. 예를 들어, 버거킹에
갈 때, 저는 항상 와퍼 콤보를 주문합니다. 저는 가끔 음식을 포장해 가거나 즉석에서 먹습니다. 즉 한국의 테이크아웃 음식점은
이렇습니다.

주어진 한국어 핵심 문장을 읽고 빈칸에 들어갈 영어 표현을 작성하세요. 그 후, 문장을 반복해 말하는 연습을 통해 OPIc 핵심 패턴과 모범 답변을 익혀 보세요.

1. 어디에나 있기 때문에 찾기 쉽습니다.

They are _____ _____ _____ because they are _____.

2. 그곳에 가면 미리 무엇을 주문해야 할지 알고 있습니다.

When _____ _____ _____ these places, I know _____ _____ _____.

3. 미리 설정된 메뉴가 있기 때문입니다.

That's _____ they have a _____ _____.

4. 저는 가끔 음식을 포장해 가거나 즉석에서 먹습니다.

I sometimes _____ the food _____ _____ or sometimes eat it _____ _____ _____.

Answer
1. easy to find / everywhere
2. I go to / what to get
3. because / pre-set menu
4. get / to go / on the spot

 OPIc Magic Pattern 활용하기

학습한 Magic Pattern을 다른 주제에서도 활용해 보세요.

1. Many of them are on busy streets.
  - Most movie theaters are on busy streets.
    Movies에 활용 대부분의 극장은 번화가에 있습니다.
  - Most shopping centers are on busy streets.
    Shopping에 활용 대부분의 쇼핑센터는 번화가에 있습니다.

2. They are easy to find because they are everywhere.
  - Bars are easy to find because people go there very often.
    Bars에 활용 사람들이 자주 가기 때문에 술집은 찾기 쉽습니다.
  - Cafes are easy to find because they are everywhere.
    Coffee Shops에 활용 카페는 어디에나 있기 때문에 찾기 쉽습니다.

3. When I go to these places, I know what to get
  - When I go to hotels for vacations, I know what to do.
    Hotels에 활용 저는 휴가를 위해 호텔에 가면 무엇을 해야 할지 알고 있습니다.
  - When I go to parks with my family, I know what to do.
    Parks에 활용 저는 가족과 함께 공원에 가면 무엇을 해야 할지 알고 있습니다.

OPIc 질문에 대한 모범답변을 살펴본 후, 질문의 핵심 포인트를 파악하여 나만의 OPIc 답변을 만들어 보세요.

5 Talk about the last time you used a take-out or delivery food service. What did you get? What do you remember about that experience?

🎧 MP3 01_Q5

최근에 테이크아웃이나 배달 음식 서비스를 이용했던 경험에 대해 말해 주세요. 무엇을 주문했나요?
그 경험에 대해 무엇을 기억하나요?

	Structure	Idea
시작 문장	주제 문장 소개	I remember going to McDonald's near my house recently.
본문	패스트푸드점에 가서 주문한 음식 묘사	tasted amazing, french fries crispy, crunchy, other side dishes, tasty, remember how good
마무리 문장	나의 답변 마무리	Looking back, it was a very memorable lunch.

Model Answer 🎧 MP3 01_A5

I remember going to McDonald's ❶ near my house
recently.
+ Burger King + KFC
+ I got a cheese burger combo.
+ I also got chicken nuggets and chicken tenders.

I ❷ got the food to go and ❸ left the restaurant.

The burger ❹ tasted amazing.
The french fries were very crispy and crunchy.
Other side dishes were so tasty as well.
I still remember how good the food was.
Looking back, it was a very memorable lunch.

Tips for Better Answer

* 음식점 주제의 '어렸을 때 갔던 음식점 묘사' 답변 그대로 활용

▶❶ = nearby
정확히 어디 근처인지 언급하는 대신 사용할 수 있는 형용사
Ex: There is a café nearby.
근처에 카페가 있어.

▶❷ 〈get 명사 to go〉
(명사)를 포장 주문하다
Ex: I got the coffee to go.
나는 커피를 포장 주문했다.
* 미국은 to go라고 표현하지만 영국의 경우 takeaway 사용

▶❸ 특정한 장소를 떠날 때 쓰는 동사
Ex: I left the bank in a hurry.
나는 서둘러 은행을 떠났다.

▶❹ 맛을 표현할 때는 동사 taste 또는 be 사용
(맛을 묘사할 때 사용할 수 있는 형용사)
bland: 싱거운
refreshing: 상쾌한
salty: 짠 / sweet: 단
Ex: The cake is very sweet.
이 케이크는 매우 달다.

Key Expressions

- **side dish** 반찬, 사이드 메뉴
- **taste A** 맛이 A하다
- **crispy** 바삭바삭한
- **crunchy** 아삭아삭한
- **memorable** 기억에 남는

최근에 집 근처에 있는 맥도날드에 갔던 기억이 납니다. (+ 버거킹 + KFC + 치즈버거 콤보를 샀습니다. + 치킨 너겟과 텐더도 샀습니다.) 음식을 포장해서 음식점을 나왔습니다. 버거 맛이 끝내줬습니다. 프렌치 프라이가 너무 바삭바삭하고 아삭아삭했습니다. 다른 사이드도 아주 맛있었습니다. 음식이 얼마나 맛있었는지 아직도 기억납니다. 돌이켜 보면, 가장 기억에 남는 점심식사 였습니다.

OPIc Pattern 익히기

주어진 한국어 핵심 문장을 읽고 빈칸에 들어갈 영어 표현을 작성하세요. 그 후, 문장을 반복해 말하는 연습을 통해 OPIc 핵심 패턴과 모범 답변을 익혀 보세요.

1. 음식을 포장해서 음식점을 나왔습니다.

I _____ the food _____ _____ and _____ the _____.

2. 버거 맛이 끝내줬습니다.

The burger _____ _____.

3. 음식이 얼마나 맛있었는지 아직도 기억납니다.

I _____ remember _____ _____ the _____ _____.

4. 돌이켜 보면, 가장 기억에 남는 점심식사였습니다.

_____ _____, it was a very _____ _____.

Answer
1. got / to go / left / restaurant
2. tasted amazing
3. still / how good / food was
4. Looking back / memorable lunch

OPIc Magic Pattern 활용하기

학습한 Magic Pattern을 다른 주제에서도 활용해 보세요.

1. I remember going to McDonald's near my house recently.
- I remember going to a very nice hotel to enjoy the vacation recently.
  Hotels에 활용 최근 휴가를 즐기기 위해 매우 멋진 호텔에 간 기억이 납니다.

- I remember going to a newly-opened café near my office recently.
  Coffee Shops에 활용 가족과 저는 저번 주에 강가에 있는 공원에 갔습니다.

2. The burger tasted amazing.
- The coffee and desserts I had tasted amazing.
  Coffee Shops에 활용 제가 마신 커피와 디저트가 매우 맛있었습니다.

- Every type of food I had while traveling overseas tasted amazing.
  Overseas Trips에 활용 해외여행하던 도중에 먹은 모든 종류의 음식이 매우 맛있었습니다.

✎ **OPIc 모범 답변 학습하기**

OPIc 질문에 대한 모범답변을 살펴본 후, 질문의 핵심 포인트를 파악하여 나만의 OPIc 답변을 만들어 보세요.

6 Talk about a time when you prepared for a special occasion using a take-out or delivery service. What kinds of food did you order from the restaurant? Tell me about that experience with lots of details. 🎧 MP3 01_Q6

테이크아웃이나 배달 서비스를 이용해 특별한 행사를 준비했던 경험에 대해 이야기해 보세요. 음식점에서 어떤 종류의 음식을 주문했나요? 그 경험을 자세히 말해 주세요.

Structure		Idea
시작 문장	주제 문장 소개	I remember having my son's birthday party at home.
본문	음식을 주문해서 집에서 가족들과 파티한 이야기	7th birthday, cooked some food, ordered some, tasted good, after the party, clean up
마무리 문장	나의 답변 마무리	Looking back, it was a very memorable birthday.

Model Answer 🎧 MP3 01_A6

I remember having my son's birthday party ❶ at home.

It was his 7th birthday.

+ dad's+ mom's + daughter's + sister's + brother's +

wife's + husband's + father in law's + mother in law's

We ❷ cooked some food for the party.

❸ Plus, we ❹ ordered some fried chicken.

❺ + some pizza + some Chinese food + some raw fish

The food tasted good because I was so ❻ hungry.

After the party, I helped clean up.

Looking back, it was a very memorable birthday.

Tips for Better Answer

▶ ❶ 집 주제의 '집에서 가족들과 있었던 추억 묘사'에 활용할 수 있도록 파티한 장소는 at home으로 말하기

▶ ❷ = prepare, make
Ex: We prepared some Italian food.
우리는 이탈리안 음식을 준비했다.

▶ ❸ 내용을 추가할 때는 자연스러운 연결을 위해 접속사 사용하기
= next, in addition, also

❹ order: 주문하다
order in: (전화로) 음식을 배달시키다
I ordered in some pizza.
나는 피자를 배달 주문했다.

❺ 답변 양 확보를 위해 주문한 음식 종류 나열
Ex: We ordered in some Italian pizza and tomato pasta.
우리는 이탈리안 피자와 토마토 파스타를 주문했다.

▶ ❻ 배가 많이 고플 때는 starving 사용
Ex: I ordered a lot because I was starving.
나는 배가 너무 고파서 많이 주문했다.

Key Expressions

• **birthday party** 생일 파티
• **cook** 요리하다
• **clean up** 치우다
• **memorable** 기억에 남는

집에서 아들의 생일 파티를 했던 기억이 납니다. 그의 7번째 생일이었습니다. (+ 아빠의 + 엄마의 + 딸의 + 여자 형제의 + 남자 형제의 + 아내의 + 남편의 + 장인어른의/시아버지의 + 장모님의/시어머니의) 우리는 파티를 위해 음식을 요리했습니다. 게다가, 우리는 치킨을 주문했습니다. (+ 피자 + 중국음식 + 회) 배가 고파서 음식이 더 맛있었습니다. 저는 파티가 끝난 후 청소를 도왔습니다. 돌이켜 보면, 매우 기억에 남는 생일이었습니다.

데이터어 트렌드로 쉽게 취득하는 OPIc IM

📖 OPIc Pattern 익히기

주어진 한국어 핵심 문장을 읽고 빈칸에 들어갈 영어 표현을 작성하세요. 그 후, 문장을 반복해 말하는 연습을 통해 OPIc 핵심 패턴과 모범 답변을 익혀 보세요.

1. 집에서 아들의 생일 파티를 했던 기억이 납니다.

I _____ _____ my son's _____ _____ at home.

2. 배가 고파서 음식이 더 맛있었습니다.

The food _____ _____ because I was _____ _____.

3. 저는 파티가 끝난 후 청소를 도왔습니다.

_____ the party, I _____ _____ _____.

4. 돌이켜 보면, 매우 기억에 남는 생일이었습니다.

_____ _____, it was a very _____ _____.

> **Answer**
> 1. remember having / birthday party
> 2. tasted good / so hungry
> 3. After / helped clean up
> 4. Looking back / memorable birthday

🔍 OPIc Magic Pattern 활용하기

학습한 Magic Pattern을 다른 주제에서도 활용해 보세요.

1. We <u>cooked some food</u> for the party.

- I had a housewarming party, so I <u>cooked some food</u> for the guests.

  Gatherings에 활용 집들이 파티를 해서 손님들을 위해 요리를 조금 했습니다.

- It was Korean Thanksgiving Day, so I <u>cooked some food</u> for my family.

  Holidays에 활용 추석이어서 저는 가족을 위해 요리를 조금 했습니다.

2. Plus, we <u>ordered some</u> fried chicken.

- I was enjoying staycation, so I did not want to cook. I <u>ordered some</u> pizza.

  Vacations at Home에 활용 집에서 휴가를 즐기는 중이어서 요리하기 싫었습니다. 피자를 주문했습니다.

- My friends visited my place. I <u>ordered some</u> Chinese food for them.

  Gatherings에 활용 친구들이 우리 집에 방문했습니다. 그들을 위해 중식을 주문했습니다.

OPIc 질문에 대한 모범답변을 살펴본 후, 질문의 핵심 포인트를 파악하여 나만의 OPIc 답변을 만들어 보세요.

7 How do busy working people usually get their meals on weekdays?
Do they order food or go to restaurants? What do they usually do?
바쁜 사람들은 보통 평일에 어떻게 식사를 하나요? 음식을 주문하나요, 아니면 음식점에 가나요? 보통 무엇을 하나요?

Structure		Idea
시작 문장	주제 문장 소개	People are a lot busier than in the past.
본문	사람들이 건강의 중요성을 인식하면서 변화된 음식점에 대해 묘사	do NOT have time, eat out more often, meanwhile, about their health, go out to eat, due to this trend, restaurants, healthy dishes
마무리 문장	나의 답변 마무리	So, on weekdays, busy working people eat out very often.

Model Answer
MP3 01_A7

People are ❶ a lot busier than in the past.

They ❷ sometimes do NOT have time to cook.

So, they ❸ eat out more often.

Meanwhile, people ❹ think about their health when they go out to eat.

They like to go to places that serve ❺ healthy food.

Due to this trend, many restaurants serve healthy dishes.

So, on weekdays, ❻ busy working people eat out very often.

Tips for Better Answer
* 음식점 주제의 '음식점들의 건강식 메뉴로의 변화 추세 설명'의 답변 활용

▶❶ 비교급 busier을 강조하기 위해 a lot 사용
= much
Ex: People are much busier than in the past.
사람들이 과거보다 훨씬 더 바빠졌다.

▶❷ 항상 시간이 없는 것은 아니기 때문에 빈도 부사 sometimes 사용
= from time to time

▶❸ dine out
eating out보다 고급 표현
Ex: People like to dine out on special occasions.
사람들은 특별한 날 외식하는 것을 좋아한다.

▶❹ = care about
Ex: Now, people care about their health.
이제 사람들은 자신의 건강에 대해 신경 쓴다.

▶❺ healthy는 food를 꾸며주는 형용사
미국 영어에서는 부사의 역할도 함
Ex: People eat healthy. (= healthily)
사람들은 건강하게 먹는다.

▶❻ 바쁘게 일하는 사람들
= people who are busy working

Key Expressions
- **busier** 더 바빠지다
- **eat out** 외식하다
- **meanwhile** 한편으로
- **serve** 제공하다
- **healthy** 건강한

사람들은 과거보다 훨씬 더 바빠졌습니다. 직접 요리할 시간이 많이 없습니다. 그래서 외식을 자주 합니다. 한편, 사람들은 외식하러 나갈 때 자신의 건강에 대해 생각합니다. 사람들은 건강한 음식을 제공하는 곳에 가는 것을 선호합니다. 이런 추세 때문에 많은 음식점들이 건강한 메뉴를 제공합니다. 그래서 바쁜 직장인들은 꽤 자주 평일에 외식을 합니다.

OPIc Pattern 익히기

주어진 한국어 핵심 문장을 읽고 빈칸에 들어갈 영어 표현을 작성하세요. 그 후, 문장을 반복해 말하는 연습을 통해
OPIc 핵심 패턴과 모범 답변을 익혀 보세요.

1. 사람들은 과거보다 훨씬 더 바빠졌습니다.

People are _____ _____ _____ than in the _____.

2. 한편, 사람들은 외식하러 나갈 때 자신의 건강에 대해 생각합니다.

_____, people think about _____ _____ when they _____ _____ _____

_____.

3. 사람들은 건강한 음식을 제공하는 곳에 가는 것을 선호합니다.

They _____ _____ _____ _____ places that _____ _____ food.

4. 이런 추세 때문에 많은 음식점들이 건강한 메뉴를 제공합니다.

_____ _____ this _____, many restaurants _____ _____ _____.

Answer
1. a lot busier / past
2. Meanwhile / their health / go out to eat
3. like to go to / serve healthy
4. Due to / trend / serve healthy dishes

OPIc Magic Pattern 활용하기

학습한 Magic Pattern을 다른 주제에서도 활용해 보세요.

1. People <u>are a lot</u> busier <u>than in the past.</u>
  - Trains <u>are a lot</u> faster <u>than in the past.</u>
    Transportation에 활용   기차는 과거보다 훨씬 더 빨라졌습니다.
  - Parks in the city <u>are a lot</u> bigger <u>than in the past.</u>
    Parks에 활용   도심에 있는 공원이 과거보다 훨씬 더 커졌습니다.

2. <u>Meanwhile, people think about</u> their health when they go out to eat.
  - <u>Meanwhile, people think about</u> safety when they travel abroad.
    Overseas Trips에 활용   한편, 사람들은 해외여행을 할 때 안전을 생각합니다.
  - <u>Meanwhile, people think about</u> the price when they eat out.
    Restaurants에 활용   한편, 사람들은 외식을 할 때 가격을 생각합니다.

3. <u>Due to this trend, many</u> restaurants serve healthy dishes.
  - <u>Due to this trend, many</u> people enjoy traveling in their free time.
    Domestic Trips에 활용   이러한 추세 때문에 많은 사람들은 그들의 자유시간에 여행을 즐깁니다.
  - <u>Due to this trend, many</u> people buy newly released smartphones.
    Phones에 활용   이러한 추세 때문에 많은 사람들이 새로 출시되는 휴대폰을 삽니다.

 **OPIc 모범 답변 학습하기**

OPIc 질문에 대한 모범답변을 살펴본 후, 질문의 핵심 포인트를 파악하여 나만의 OPIc 답변을 만들어 보세요.

8 **What do you usually do for dinner during the week? Do you cook your own meals or go out to eat? Does someone else cook for you? Do you eat alone or eat with other people?**  MP3 01_Q8

주로 주중 저녁에 무엇을 먹나요? 스스로 요리를 하나요 아니면 외식하러 나가나요? 누군가 요리를 해 주나요?
혼자 먹나요, 아니면 다른 사람들과 먹나요?

	Structure	Idea
시작 문장	주제 문장 소개	Well, I think it's fifty fifty.
본문	평상시에 본인이 식사하는 방법 묘사	sometimes eat out, cook, busy, grab a bite, on the other hand, have time, cook, NOT a great cook, basic things
마무리 문장	나의 답변 마무리	So, this is what I do for dinner during the week.

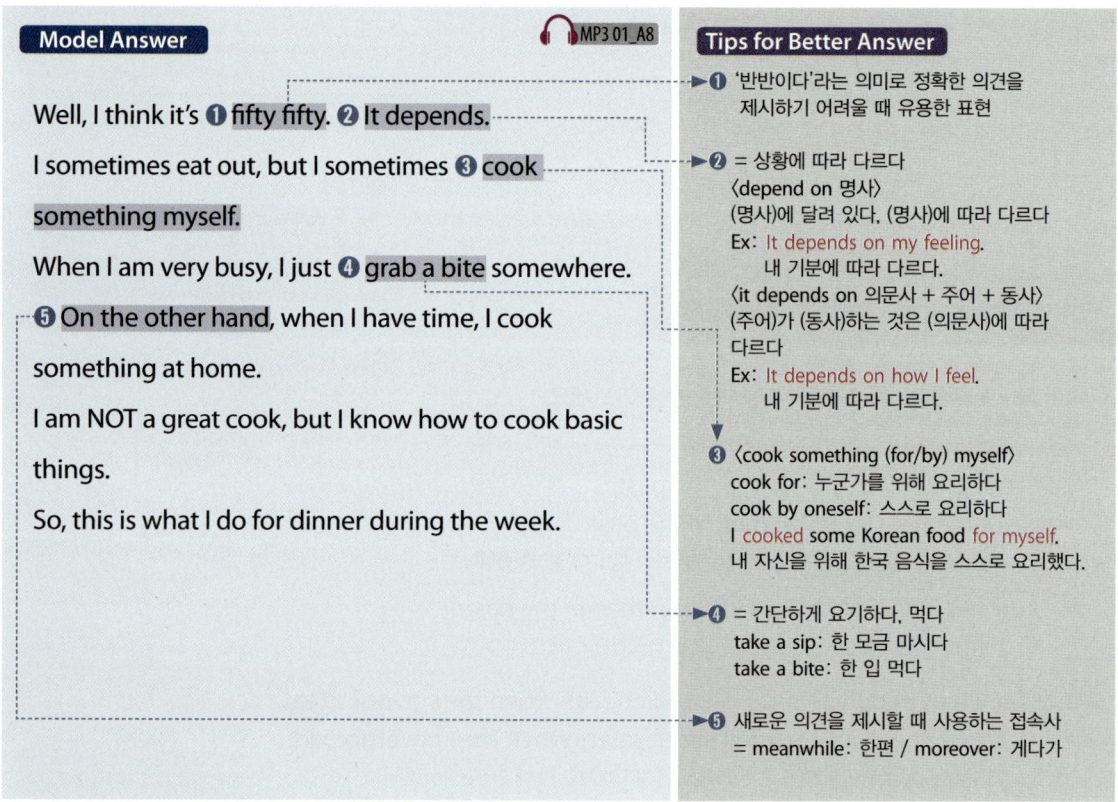

Model Answer MP3 01_A8

Well, I think it's ❶ fifty fifty. ❷ It depends. I sometimes eat out, but I sometimes ❸ cook something myself.

When I am very busy, I just ❹ grab a bite somewhere.

❺ On the other hand, when I have time, I cook something at home.

I am NOT a great cook, but I know how to cook basic things.

So, this is what I do for dinner during the week.

Tips for Better Answer

❶ '반반이다'라는 의미로 정확한 의견을 제시하기 어려울 때 유용한 표현

❷ = 상황에 따라 다르다
〈depend on 명사〉
(명사)에 달려 있다. (명사)에 따라 다르다
Ex: It depends on my feeling.
내 기분에 따라 다르다.
〈it depends on 의문사 + 주어 + 동사〉
(주어)가 (동사)하는 것은 (의문사)에 따라 다르다
Ex: It depends on how I feel.
내 기분에 따라 다르다.

❸ 〈cook something (for/by) myself〉
cook for: 누군가를 위해 요리하다
cook by oneself: 스스로 요리하다
I cooked some Korean food for myself.
내 자신을 위해 한국 음식을 스스로 요리했다.

❹ = 간단하게 요기하다. 먹다
take a sip: 한 모금 마시다
take a bite: 한 입 먹다

❺ 새로운 의견을 제시할 때 사용하는 접속사
= meanwhile: 한편 / moreover: 게다가

Key Expressions
- **fifty fifty** 반반
- **depend** 에 따라 다르다, ~에 달려있다
- **eat out** 외식
- **grab a bite** 간단하게 먹다
- **cook** 요리하다, 요리사
- **basic things** 기본적인 것들

음, 반반인 거 같습니다. 그건 상황에 따라 다릅니다. 가끔 외식을 하지만, 가끔 음식을 요리하기도 합니다. 바쁠 때는 밖에서 간단히 먹습니다. 반면에, 시간이 날 때, 저는 집에서 무언가를 요리합니다. 저는 훌륭한 요리사는 아니지만 기본적인 요리법은 알고 있습니다. 즉 이것은 제가 주중에 저녁식사를 위해 하는 일입니다.

주어진 한국어 핵심 문장을 읽고 빈칸에 들어갈 영어 표현을 작성하세요. 그 후, 문장을 반복해 말하는 연습을 통해 OPIc 핵심 패턴과 모범 답변을 익혀 보세요.

1. 음, 반반인 거 같습니다. 그건 상황에 따라 다릅니다.

   Well, I think it's _____ _____. It _____.

2. 저는 바쁠 때는 밖에서 간단히 먹습니다.

   _____ I am very _____, I just _____ _____ _____ somewhere.

3. 반면에, 시간이 날 때, 저는 집에서 무언가를 요리합니다.

   _____ _____ _____ _____, when I _____ _____, I _____ something at home.

4. 저는 훌륭한 요리사는 아니지만 기본적인 요리법은 알고 있습니다.

   I am NOT a _____ _____, but I know how to _____ _____ _____.

Answer
1. fifty fifty / depends
2. When / busy / grab a bite
3. On the other hand / have time / cook
4. great cook / cook basic things

학습한 Magic Pattern을 다른 주제에서도 활용해 보세요.

1. I <u>sometimes</u> eat out, <u>but I sometimes</u> cook something myself.
   - I <u>sometimes</u> travel in Korea, <u>but I sometimes</u> travel abroad.
     Domestic Trips / Overseas Trips에 활용 저는 가끔 한국에서 여행을 하지만 가끔 해외여행도 합니다.

   - I <u>sometimes</u> have beer, <u>but I sometimes</u> drink wine.
     Bars에 활용 저는 가끔 맥주를 마시지만 가끔 와인도 마십니다.

2. <u>When I am very busy,</u> I just grab a bite somewhere.
   - <u>When I am very busy,</u> I just stay at home even when I have vacations.
     Vacations at Home에 활용 저는 매우 바쁠 때면 휴가여도 집에서 보냅니다.

   - <u>When I am very busy,</u> I get groceries online.
     Shopping에 활용 저는 매우 바쁠 때면 인터넷에서 장을 봅니다.

3. <u>On the other hand, when I have time,</u> I cook something at home.
   - <u>On the other hand, when I have time,</u> I go to parks to walk my dog.
     Parks에 활용 그와 반면에 저는 시간이 있으면 강아지와 공원에 가서 산책을 합니다.

   - <u>On the other hand, when I have time,</u> I go to shopping centers to do some shopping .
     Shopping에 활용 그와 반면에 저는 시간이 있으면 쇼핑을 하기 위해 쇼핑센터에 갑니다.

OPIc 질문에 대한 모범답변을 살펴본 후, 질문의 핵심 포인트를 파악하여 나만의 OPIc 답변을 만들어 보세요.

9 **Tell me about how you found out about a special grocery store. Maybe a new specialty store opened in your community, or a new farmer's market opened and you wanted to check that place out. How did you find out about this new store?** 🎧 MP3 01_Q9

어떻게 특별한 식료품점에 대해 알게 되었는지 말해 주세요. 아마도 지역에 새로운 전문 가게가 열렸거나 새로운 농산물 직판장이 열려서 그곳을 가보고 싶어했을 수도 있습니다. 이 새로운 가게에 대해 어떻게 알게 되었나요?

Structure		Idea
시작 문장	주제 문장 소개	I did a search online for a grocery store recently.
본문	새로 알게 된 식료품점에 대해 설명	good prices, good-quality goods, get great deals, a regular, go there, on average
마무리 문장	나의 답변 마무리	So, this was how I found a new grocery store.

Model Answer 🎧 MP3 01_A9

I ❶ did a search online for ❷ a grocery store recently.

They had good prices and ❸ quality goods.

I ❹ was able to get great deals there. Now, I am ❺ a regular. I think I go there once a week on average. So, this was how I found a new grocery store.

Tips for Better Answer

➡ ❶ 한 가지의 정보를 찾을 때는 do a search
여러 가지 정보를 찾을 때는 do searches
search를 동사로 사용 가능
Ex: I do online searches when I am bored.
난 심심하면 온라인 검색을 한다.
I searched online to get some information.
나는 정보를 찾기 위해 온라인 검색을 했다.

➡ ❷ = do grocery shopping, get groceries
Ex: I get groceries online.
나는 인터넷으로 장을 본다.

➡ ❸ 〈quality + 명사〉
'질 좋은 명사'라는 의미로 quality 앞에 best, excellent 등 다른 형용사가 올 수 있음
quality products: 질 좋은 물건
best-quality products: 최고로 질 좋은 물건

➡ ❹ 〈be able to + 동사〉
조동사 can과 의미는 같지만 과거형, 현재형, 미래형 시제로 바꾸기 쉽기 때문에 유용하게 사용
Ex: I was able to get discounts.
할인을 받을 수 있었다.

➡ ❺ 명사로 쓰일 경우에는 '단골'이라는 의미
부사 regularly도 자주 쓰이며 '주기적으로'라는 의미
Ex: I go there regularly.
나는 그곳에 주기적으로 간다.

Key Expressions

- **do a search online** 인터넷으로 검색하다
- **grocery store** 식료품점
- **recently** 최근에
- **good prices** 좋은 가격
- **good-quality goods** 좋은 품질의 물건
- **regular** 단골
- **on average** 평균적으로

최근에 인터넷으로 식료품점을 검색했습니다. 그곳은 좋은 가격과 좋은 품질의 상품을 가지고 있었습니다. 거기서 많은 할인을 받을 수 있었습니다. 이제, 저는 그곳의 단골입니다. 평균적으로 일주일에 한 번은 가는 것 같습니다. 이렇게 해서 새로운 식료품점을 찾았습니다.

주어진 한국어 핵심 문장을 읽고 빈칸에 들어갈 영어 표현을 작성하세요. 그 후, 문장을 반복해 말하는 연습을 통해 OPIc 핵심 패턴과 모범 답변을 익혀 보세요.

1. 최근에 인터넷으로 식료품점을 검색했습니다.

   I did a _____ _____ for a _____ _____ recently.

2. 그곳은 좋은 가격과 좋은 품질의 상품을 가지고 있었습니다.

   They had _____ _____ and _____ _____.

3. 거기서 많은 할인을 받을 수 있었습니다.

   I was _____ to _____ _____ _____ there.

4. 이제, 저는 그곳의 단골입니다. 평균적으로 일주일에 한 번은 가는 것 같습니다.

   Now, I am a _____. I think I go there _____ _____ _____ on _____.

Answer
1. search online / grocery store
2. good prices / quality goods
3. able / get great deals
4. regular / once a week / average

학습한 Magic Pattern을 다른 주제에서도 활용해 보세요.

1. I did a search online for a grocery store recently.
   - I did a search online to find a nice hotel in Jeju Island.
     Hotels에 활용 제주도에 있는 멋진 호텔을 찾기 위해 인터넷으로 검색을 했습니다.
   - I did a search online to buy a brand new smartphone.
     Phones에 활용 신상 휴대폰을 사기 위해 인터넷으로 검색을 했습니다.

2. They had good prices and quality goods.
   - The café had good prices and quality coffee beans.
     Coffee Shops에 활용 그 카페는 좋은 가격과 질 좋은 커피콩을 가지고 있습니다.
   - The clothing store had good prices and quality products.
     Shopping에 활용 그 옷가게는 좋은 가격과 질 좋은 물건을 가지고 있습니다.

3. I was able to get great deals there.
   - I was able to get draft beer at reasonable prices there.
     Bars에 활용 그곳에서 합리적인 가격에 생맥주를 마실 수 있었습니다.
   - I was able to get discounts at the shopping center because of the coupon I had.
     Shopping에 활용 제가 가지고 있던 쿠폰 덕분에 쇼핑센터에서 할인을 받을 수 있었습니다.

Chapter 02

Bars

빈출 주제 파악하기

질문을 제대로 파악하는 것만으로도 성공적으로 시험을 치를 수 있습니다. OPIc에서 자주 출제되는 질문들을 알아보세요.

1 You indicated that you go to bars. Describe the bar you go to most often. Tell me everything about that place in detail.

설문조사에서 당신은 술집에 간다고 했습니다. 가장 즐겨 가는 술집을 설명해 주세요. 그곳에 대해 자세히 말해 주세요.

문항 유형	본인이 즐겨 가는 술집 묘사
문항 수준	Intermediate
핵심 포인트	• 술집 주제의 '본인이 자주 가는 맥주집 묘사'와 같은 답변 활용 • 술집 묘사이므로 주어는 bars, pubs, they 사용하며 현재형 시제로 묘사
중요도	★★★★★

2 **Tell me about what you normally do at bars. Who do you usually go with? Tell me everything about your experience of going to bars.**

술집에서 주로 무엇을 하나요? 보통 누구와 가나요? 술집에 간 경험에 대해 전부 말해 주세요.

문항 유형	술집에 주로 언제 가고 무엇을 하는지 묘사
문항 수준	Advanced
핵심 포인트	• 술집 주제의 '본인이 맥주집에서 하는 일들 묘사" 답변 활용
	• 본인의 술 마시는 습관을 이야기하므로 주어 I와 현재형 시제 사용
중요도	★★★★★

3 **Tell me about a memorable incident that happened at a bar. What exactly happened and why was it special? Tell me everything about that unforgettable incident at a bar.**

술집에서 있었던 기억에 남는 사건에 대해 말해 주세요. 정확히 무슨 일이 일어났고 왜 기억에 남나요? 술집에서 있었던 잊을 수 없는 사건에 대해 자세히 말해 주세요.

문항 유형	술집에 있었던 에피소드 묘사
문항 수준	Advanced
핵심 포인트	• 술집 주제의 '최근 술집에서 한 기억에 남는 모임 묘사'와 답변 같이 활용
	• 본인의 과거 경험이므로 주어 I와 과거형 시제 사용
중요도	★★★★★

4 **Tell me about your favorite pub that you like to go to.**

당신이 가장 좋아하는 맥주집에 대해 말해 주세요.

문항 유형	본인이 자주 가는 맥주집 묘사
문항 수준	Intermediate
핵심 포인트	• 술집 주제의 '본인이 즐겨 가는 술집 묘사' 답변 활용
	• 술집 묘사이므로 주어는 bars, pubs, they, 시제는 현재형으로 사용
중요도	★★★★★

5 **What do you normally do when you have gatherings at pubs? Do you call your friends first or go to the bank to get cash? Talk about what you do when you get together with your friends at pubs.**

맥주집에서 모임을 할 때 보통 무엇을 하나요? 친구에게 먼저 전화를 거나요 아니면 은행에 가서 돈을 찾나요? 친구들과 맥주집에서 만날 때 무엇을 하는지 이야기해 주세요.

문항 유형	본인이 맥주집에서 하는 일들 묘사
문항 수준	Intermediate
핵심 포인트	• 술집 주제의 '술집에 주로 언제 가고 무엇을 하는지 묘사'와 같은 답변 활용
	• 본인의 술 마시는 습관에 대해 이야기하므로 주어 I와 현재형 시제 사용
중요도	★★★★★

6 **How have pubs changed over the years? How were they in the past and how are they now? What are the differences and the similarities?**

지난 몇 년 동안 맥주집은 어떻게 변했나요? 과거에는 어땠고 지금은 어떤가요? 차이점과 유사점은 무엇인가요?

문항 유형	맥주집 과거와 현재 비교
문항 수준	Advanced
핵심 포인트	• 과거와 현재 비교이므로 과거형, 현재형, 현재완료형을 상황에 맞게 사용
	• 술집 묘사이므로 주어는 bars, pubs, people, they 사용
중요도	★★★

7 **Most bars and pubs have a special area to make drinks. Tell me what this area is like at your favorite bar or pub.**

대부분의 술집과 맥주집에는 술을 제조하는 특별한 장소가 있습니다. 가장 좋아하는 술집이나 맥주집의 그 공간에 대해 말해 주세요.

문항 유형	본인이 가장 좋아하는 술집에 술 만드는 공간 묘사
문항 수준	Intermediate
핵심 포인트	• 좋아하는 술집에 술 만드는 공간이 없다고 말하기
	• 술 만드는 공간이 있다면 현재형 시제로 그 공간에 대해 간단하게 묘사
중요도	★★★

8 Tell me about the first bar you remember going to. What did it look like? Describe the first bar you went to with lots of details.

당신이 처음 갔던 술집에 대해 말해 주세요. 어떻게 생겼나요? 처음 가본 술집에 대해 자세히 설명해 주세요.

문항 유형	본인이 처음으로 가본 술집 묘사
문항 수준	Advanced
핵심 포인트	• 대학 때 가본 술집 묘사하기 • 본인의 경험이므로 과거형 시제와 주어 I 사용
중요도	★★★

9 Tell me about a special visit to a bar or a pub. Maybe you celebrated your birthday there. How did you spend your time at the bar?

술집이나 맥주집에 방문한 특별한 경험에 대해 말해 주세요. 아마 당신은 그곳에서 생일 파티를 했을 수도 있습니다. 그곳에서 어떻게 시간을 보냈는지 말해 주세요.

문항 유형	술집에서의 기억에 남는 모임 묘사
문항 수준	Advanced
핵심 포인트	• 술집 주제의 '술집에서 있었던 에피소드 묘사'와 답변 같이 활용 • 과거의 본인 경험이므로 주어 I와 과거형 시제로 묘사
중요도	★★★★★

10 What is a typical routine for a bartender? How do they start their day? What do they do while they work? How do they end their day?

바텐더에게 있어 전형적인 일상은 무엇인가요? 그들은 하루를 어떻게 시작하나요? 일하는 동안 무엇을 하고, 그들은 하루를 어떻게 끝내나요?

문항 유형	바텐더들의 출근, 근무, 퇴근업무 묘사
문항 수준	Intermediate
핵심 포인트	• 바텐더가 술집에서 하는 일을 현재형 시제로 묘사 • 바텐더의 일상에 관한 이야기이기 때문에 주어 bartenders, they 사용
중요도	★★★

OPIc 질문에 대한 모범답변을 살펴본 후, 질문의 핵심 포인트를 파악하여 나만의 OPIc 답변을 만들어 보세요.

1-1 **You indicated that you go to bars. Describe the bar you go to most often. Tell me everything about that place in detail.** 🎧 MP3 02_Q1-1

설문조사에서 당신은 술집에 간다고 했습니다. 가장 즐겨 가는 가는 술집을 설명해 주세요. 그곳에 대해 자세히 말해 주세요.

1-2 **Tell me about your favorite pub that you like to go to.** 🎧 MP3 02_Q1-2

당신이 가장 좋아하는 맥주집에 대해 말해 주세요.

	Structure	Idea
시작 문장	주제 문장 소개	There are many bars in Korea.
본문	평소 본인이 가는 술집과 맥주집에 대해 묘사	on busy streets, everywhere, personally, near my office, mood, a regular there, go there once a month
마무리 문장	나의 답변 마무리	So, this is what my favorite bar is like.

Model Answer 🎧 MP3 02_A1

❶ There are many bars in Korea.

Many of them are on busy streets.

They are easy to find because they are everywhere.

❷ Personally, I often go to a pub near my office (house).

+ It is a nice pub that serves ❸ various types of beer.

+ It is a ❹ local pub that serves draft beer.

I like that place because I like the mood.

+ Also, their food is very tasty.

+ Plus, it is close to my office (house).

+ Also, the staff are very friendly.

I am a regular there. I think I go there once a month ❺ on average.

So, this is what my favorite bar is like.

Tips for Better Answer

❶ 〈there are + 복수 명사〉
영업점을 묘사할 때 시작 문장으로 가장 유용한 문법
* 나라 앞에는 전치사 in 사용
Ex: There are many coffee shops in Korea.
한국에는 커피숍이 많다.

❷ = in my case, in case of me
Ex: In my case, I like going to exotic wine bars.
내 경우에 이국적인 와인바에 가는 것을 좋아한다.

❸ = many types of, a variety of
Ex: There are a variety of drinks at the bar.
술집에 다양한 종류의 술이 있다.

❹ '지역의, 현지의'라는 의미의 local 뒤에는 다양한 명사가 쓰임
local time: 현지 시간
local market: 동네 시장
local people: 현지인

❺ = 평균적으로, 대체적으로
문장의 제일 앞에 올 수 있음
Ex: On average, I go there once a week.
평균적으로 나는 그곳에 일주일에 한 번 간다.

Key Expressions

- **on busy streets** 번화가
- **serve** 제공하다
- **regular** 단골
- **on average** 평균적으로

한국에는 술집이 많습니다. 술집은 대부분 번화가에 있습니다. 어디에나 있기 때문에 쉽게 찾을 수 있습니다. 개인적으로 저의 사무실(집) 근처에 있는 맥주집에 가는 것을 좋아합니다. (+ 다양한 종류의 맥주를 제공하는 멋진 맥주집입니다. + 생맥주를 파는 동네 맥주집입니다.) 분위기가 좋아서 그곳을 좋아합니다. (+ 게다가, 음식이 맛있습니다. + 또한, 제 사무실(집)과 가깝습니다. + 직원들도 매우 친절합니다.) 저는 단골손님입니다. 평균적으로 한 달에 한 번은 가는 것 같습니다. 즉, 제가 좋아하는 술집은 이렇습니다.

주어진 한국어 핵심 문장을 읽고 빈칸에 들어갈 영어 표현을 작성하세요. 그 후, 문장을 반복해 말하는 연습을 통해 OPIc 핵심 패턴과 모범 답변을 익혀 보세요.

1. 어디에나 있기 때문에 쉽게 찾을 수 있습니다.

They are _____ _____ _____ because they are _____.

2. 다양한 종류의 맥주를 제공하는 멋진 맥주집입니다.

It is a nice _____ that _____ _____ _____ of beer.

3. 저는 단골입니다. 평균적으로 한 달에 한 번은 가는 것 같습니다.

I am a _____ there. I think I go there _____ _____ _____ _____ _____.

4. 즉, 제가 좋아하는 술집은 이렇습니다.

So, this is _____ my _____ _____ is _____.

Answer
1. easy to find / everywhere
2. pub / serves various types
3. regular / once a month on average
4. what / favorite bar / like

학습한 Magic Pattern을 다른 주제에서도 활용해 보세요.

1. Personally, I often go to a pub near my office (house).
   - Personally, I often go to a park near my house to take walks.
     Parks에 활용 개인적으로 저는 산책하기 위해 집 근처에 있는 공원에 자주 갑니다.
   - Personally, I often go to the beach on the east side of Korea.
     Beaches에 활용 개인적으로 저는 한국의 동쪽에 있는 해변에 자주 갑니다.

2. It is a nice pub that serves various types of beer.
   - It is a nice restaurant that serves Chinese food.
     Restaurants에 활용 중국 음식을 제공하는 멋진 음식점입니다.
   - It is a nice cafe that serves delicious desserts as well as coffee.
     Coffee Shops에 활용 커피와 함께 맛있는 디저트도 제공하는 멋진 카페입니다.

3. So, this is what my favorite bar is like.
   - So, this is what my favorite beach is like.
     Beaches에 활용 그래서 제가 제일 좋아하는 바다는 이렇습니다.
   - So, this is what my favorite café is like.
     Coffee Shops에 활용 그래서 제가 제일 좋아하는 카페는 이렇습니다.

OPIc 질문에 대한 모범답변을 살펴본 후, 질문의 핵심 포인트를 파악하여 나만의 OPIc 답변을 만들어 보세요.

2-1 Tell me about what you normally do at bars. Who do you usually go with? Tell me everything about your experience of going to bars. 🎧 MP3 02_Q2-1

술집에서 주로 무엇을 하나요? 보통 누구와 가나요? 술집에 간 경험에 대해 전부 말해 주세요.

2-2 What do you normally do when you have gatherings at pubs? Do you call your friends first or go to the bank to get cash? Talk about what you do when you get together with your friends at pubs. 🎧 MP3 02_Q2-2

맥주집에서 모임을 할 때 보통 무엇을 하나요? 친구에게 먼저 전화를 거나요 아니면 은행에 가서 돈을 찾나요? 친구들과 맥주집에서 만날 때 무엇을 하는지 이야기해 주세요.

	Structure	Idea
시작 문장	주제 문장 소개	I often go to bars for social gatherings.
본문	평상시 술집에 누구와 가는지, 가서 무엇을 하는지 묘사	have some drinks, break the ice, drinking games, several rounds, staff-dinners, bond with, special occasions
마무리 문장	나의 답변 마무리	So, I usually go to bars to hang out with my friends or co-workers.

Model Answer 🎧 MP3 02_A2

I ❶ often go to bars for ❷ social gatherings.

I ❸ have some drinks with my friends.

❹ Drinks break the ice and make the mood better.

+ We sometimes play drinking games.

+ We sometimes do several rounds.

Plus, I sometimes go to bars for ❺ staff dinners.

It is a good chance to bond with my co-workers.

Next, I sometimes go to bars for special occasions such as birthday parties.

So, I usually go to bars to ❻ hang out with my friends or co-workers.

Tips for Better Answer

❶ = '자주'라는 의미의 부사로 보통 주어 뒤에 나옴
normally: 보통 때는
usually: 보통, 대개
generally: 일반적으로
Ex: I normally go to bars to have some beer.
보통 맥주를 마시려고 술집에 간다.

❷ 생일 파티, 송년회, 환영회 등 사람들이 모이는 모임은 social gatherings로 표현
= have a get-together
Ex: People like to have social gatherings.
사람들은 친목 도모를 위한 만남을 가지는 것을 좋아한다.

❸ = grab drinks with
Ex: I like to grab drinks with my friends.
친구들과 술 마시는 것을 좋아한다.

❹ 관용 문구
break the ice: 어색함을 깨다
make the mood better: 분위기를 더 좋게 하다

❺ = company dinners

❻ play는 아이들에게 쓰는 표현이므로 어른들에 대해 이야기할 때는 hang out with 사용
Ex: I hang out with my friends every day.
나는 친구들과 매일 어울려 논다.

Key Expressions

- **social gathering** 사교 모임
- **break the ice** 어색함을 깨다
- **do several rounds** 몇 차례 마시다
- **staff-dinners** 회식
- **bond with** ~와 친해지다, 유대감이 형성되다
- **special occasions** 특별한 경우

저는 주로 친목 도모를 위해 술집에 갑니다. 친구들과 술을 마십니다. 술은 어색함을 깨고 분위기를 좋게 만들어 줍니다. (+ 우리는 가끔 술 게임을 합니다. + 가끔 몇 차까지 마십니다.) 또한, 저는 가끔 회식을 위해 술집에 갑니다. 동료들과 친해질 수 있는 좋은 기회입니다. 또한 생일 파티 같이 특별한 날에도 술집에 갑니다. 즉, 저는 주로 친구나 직장 동료들과 어울리기 위해 술집에 갑니다.

데이터와 트렌드로 쉽게 취득하는 OPIc IM

주어진 한국어 핵심 문장을 읽고 빈칸에 들어갈 영어 표현을 작성하세요. 그 후, 문장을 반복해 말하는 연습을 통해 OPIc 핵심 패턴과 모범 답변을 익혀 보세요.

1. 저는 주로 친목 도모를 위해 술집에 갑니다.

   I _____ go to _____ for _____ _____.

2. 술은 어색함을 깨고 분위기를 좋게 만들어 줍니다.

   Drinks _____ _____ _____ and _____ the _____ better.

3. 동료들과 친해질 수 있는 좋은 기회입니다.

   It is a _____ _____ to _____ with my _____.

4. 또한 생일 파티 같이 특별한 날에도 술집에 갑니다.

   _____, I sometimes go to bars for _____ _____ such as _____ _____.

Answer
1. often / bars / social gatherings
2. break the ice / make / mood
3. good chance / bond / co-workers
4. Next / special occasions / birthday parties

 OPIc Magic Pattern 활용하기

학습한 Magic Pattern을 다른 주제에서도 활용해 보세요.

1. I often go to bars for social gatherings.
   - I often go to nice hotels to enjoy weekends.
     Hotels에 활용 저는 주말을 즐기기 위해 좋은 호텔에 자주 갑니다.
   - I often go to exotic restaurants with my friends.
     Restaurants에 활용 저는 친구들과 이국적인 음식점에 자주 갑니다.

2. It is a good chance to bond with my co-workers.
   - Travelling is a good chance to bond with my friends.
     Domestic Trips에 활용 여행은 친구들과 가까워질 수 있는 좋은 기회입니다.
   - Having regular gatherings is a good chance to bond with my co-workers.
     Gatherings에 활용 정기적으로 가지는 모임은 직장 동료들과 가까워 질 수 있는 좋은 기회입니다.

3. So, I usually go to bars to hang out with my friends or co-workers.
   - So, I usually go to shopping centers to hang out with my friends and do some shopping.
     Shopping에 활용 그래서 저는 친구들과 어울려 놀고 쇼핑을 하기 위해 쇼핑센터에 자주 갑니다.
   - So, I usually go to nice cafes to hang out with my friends.
     Coffee Shops에 활용 그래서 저는 친구들과 어울려 놀기 위해 멋진 카페에 자주 갑니다.

OPIc 질문에 대한 모범답변을 살펴본 후, 질문의 핵심 포인트를 파악하여 나만의 OPIc 답변을 만들어 보세요.

3-1 Tell me about a memorable incident that happened at a bar. What exactly happened and why was it special? Tell me everything about that unforgettable incident at a bar. 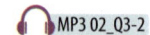 MP3 02_Q3-1

술집에서 있었던 기억에 남는 사건에 대해 말해 주세요. 정확히 무슨 일이 일어났고 왜 기억에 남나요? 술집에서 있었던 잊을 수 없는 사건에 대해 자세히 말해 주세요.

3-2 Tell me about a special visit to a bar or a pub. Maybe you celebrated your birthday there. How did you spend your time at the bar? MP3 02_Q3-2

술집이나 맥주집에 방문한 특별한 경험에 대해 말해 주세요. 아마 당신은 그곳에서 생일 파티를 했을 수도 있습니다. 그곳에서 어떻게 시간을 보냈는지 말해 주세요.

Structure		Idea
시작 문장	주제 문장 소개	I remember going to a gathering recently.
본문	모임에 나가서 만취했던 경험 묘사	held at, drank beer, got very drunk, felt like throwing up, dizzy, walk straight, hangover, took me a long time to sober up
마무리 문장	나의 답변 마무리	Since then, I try to be more careful.

Model Answer
MP3 02_A3

I remember ❶ going to a gathering recently.

+ a staff dinner + a birthday party

It ❷ was held at a Korean bar and we ❸ drank beer there.

However, I drank a lot that day.

I ❹ got very drunk because I drank too much.

+ I drank too fast + I drank on an empty stomach + I mixed drinks

I ❺ felt like throwing up.

Plus, I felt dizzy and I could NOT walk straight.

+ I ❻ got wasted and blacked out.

+ I do NOT even remember how I got home.

I had a hangover the next day. It took me a long time to sober up.

Since then, I try to be more careful.

Tips for Better Answer

▶❶ 모임을 가지다
= have a get-together
Ex: I had a get-together with my friends yesterday.
어제 친구들과 모임을 가졌다.

▶❷ 〈be held at + 장소〉
특정한 이벤트나 모임이 열리는 장소에 대해 이야기할 때 쓰이는 동사 hold (수동태로 쓰임)
Ex: The party was held at a small restaurant.
작은 음식점에서 파티가 열렸다.

▶❸ 술을 마시다
= have beer, grab beer
Ex: I wanted to grab some wine.
나는 와인을 조금 마시고 싶었다.

▶❹ 술에 취했다
= be drunk
I am drunken. (X)
drunken 뒤에는 일반적으로 명사가 쓰임
Ex: I am drunk.
나는 술에 쉬었다.
I saw a drunken man.
나는 술 취한 남자를 봤어.

▶❺ 〈feel like + 동명사〉
(동명사) 할 것 같은 기분이다
Ex: I feel like vomiting.
토할 것 같았다.

▶❻ 술 취한 상태를 묘사하는 형용사
get wasted: 완전히 취하다
tippy: 약간 취한

Key Expressions

- **gathering** 모임
- **empty stomach** 빈속
- **dizzy** 어지러운
- **get blacked out** 정신을 잃다
- **hangover** 숙취
- **sober up** 술이 깨다

최근에 모임에 갔던 기억이 납니다. (+ 회식 + 생일 파티) 한국식 술집이었고 우리는 거기서 맥주를 마셨습니다. 결국 그날 술을 많이 마셨습니다. 술을 너무 많이 마셔서 많이 취했습니다. (+ 너무 빨리 마셔서 + 빈속에 마셔서 + 섞어 마셔서) 속이 너무 안 좋았습니다. 게다가 어지러웠고 똑바로 걸을 수도 없었습니다. (+ 완전히 취해서 정신을 잃었습니다. + 집에 어떻게 왔는지 기억도 나지 않습니다.) 다음날 숙취에 시달렸습니다. 술이 깨는 데 꽤 오래 걸렸습니다. 그 이후로, 저는 술을 마실 때 더 조심하려고 노력합니다.

 **OPIc Pattern 익히기**

주어진 한국어 핵심 문장을 읽고 빈칸에 들어갈 영어 표현을 작성하세요. 그 후, 문장을 반복해 말하는 연습을 통해 OPIc 핵심 패턴과 모범 답변을 익혀 보세요.

1. 한국식 술집이었고 우리는 거기서 맥주를 마셨습니다.

It _____ _____ at a Korean bar and we _____ _____ there.

2. 술을 너무 많이 마셔서 많이 취했습니다.

I _____ very _____ because I _____ _____ _____.

3. 게다가 어지러웠고 똑바로 걸을 수도 없었습니다.

Plus, I _____ _____ and I could _____ _____ _____.

4. 다음날 숙취에 시달렸습니다. 술이 깨는 데 꽤 오래 걸렸습니다.

I _____ a _____ the next day. It _____ _____ a long time to _____ _____.

Answer
1. was held / drank beer
2. got / drunk / drank too much
3. felt dizzy / NOT walk straight
4. had / hangover / took me / sober up

OPIc Magic Pattern 활용하기

학습한 Magic Pattern을 다른 주제에서도 활용해 보세요.

1. It <u>was held at</u> a Korean bar and we drank beer there.
  - My birthday party <u>was held at</u> a fancy restaurant.
    Restaurants에 활용   제 생일 파티는 화려한 식당에서 열렸습니다.
  - The staff-dinner <u>was held at</u> a bar near the company.
    Gatherings에 활용   회식은 회사 근처의 술집에서 열렸습니다.

2. Plus, <u>I felt dizzy and I could NOT walk straight</u>.
  - I had food poisoning while travelling. <u>I felt dizzy and I could NOT walk straight</u>.
    Domestic Trips에 활용   여행하던 중에 식중독에 걸렸습니다. 어지러웠고 똑바로 걸을 수가 없었습니다.
  - I had the flu during the holiday. <u>I felt dizzy and I could NOT walk straight</u>.
    Holidays에 활용   휴일 동안에 독감에 걸렸습니다. 어지러웠고 똑바로 걸을 수가 없었습니다.

3. <u>Since then, I try to be more careful</u>.
  - <u>Since then, I try to be more careful</u> when I swim at the beach.
    Beaches에 활용   그때 이후로 해변에서 수영할 때 조심하려고 노력합니다.
  - <u>Since then, I try to be more careful</u> when I eat something in summer at restaurants.
    Restaurants에 활용   그때 이후로 여름에 음식점에서 무엇인가를 먹을 때 조심하려고 노력합니다.

OPIc 질문에 대한 모범답변을 살펴본 후, 질문의 핵심 포인트를 파악하여 나만의 OPIc 답변을 만들어 보세요.

4 How have pubs changed over the years?
How were they in the past and how are they now? What are the differences and the similarities? 🎧 MP3 02_Q4

지난 몇 년 동안 맥주집은 어떻게 변했나요? 과거에는 어땠고 지금은 어떤가요? 차이점과 유사점은 무엇인가요?

Structure		Idea
시작 문장	주제 문장 소개	Pubs in Korea have changed a lot over the years.
본문	맥주의 종류가 많지 않았던 과거의 맥주집과 반대의 상황인 현재 맥주집 묘사	past, served domestic beer, but these days, various types of, all over the world, a lot of options, plus, in the past, most beer places, local pubs, beer chains
마무리 문장	나의 답변 마무리	So, pubs are a lot better than in the past.

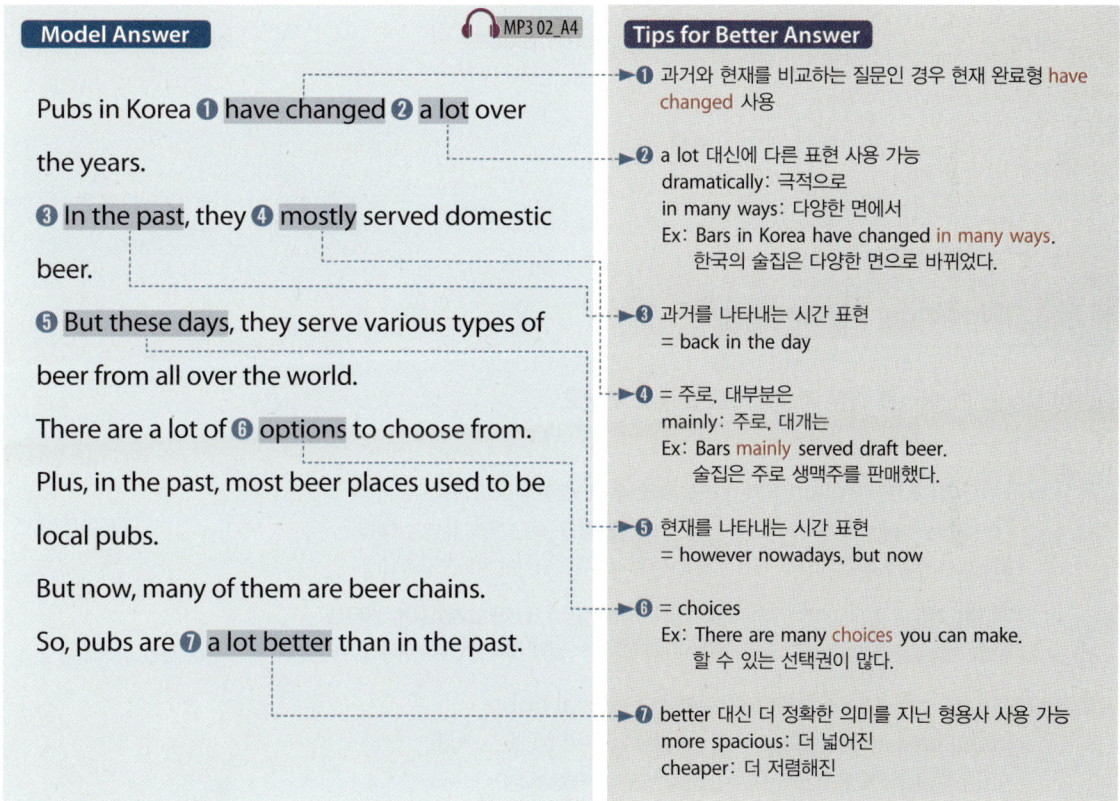

Model Answer 🎧 MP3 02_A4

Pubs in Korea ❶ have changed ❷ a lot over the years.
❸ In the past, they ❹ mostly served domestic beer.
❺ But these days, they serve various types of beer from all over the world.
There are a lot of ❻ options to choose from.
Plus, in the past, most beer places used to be local pubs.
But now, many of them are beer chains.
So, pubs are ❼ a lot better than in the past.

Tips for Better Answer

❶ 과거와 현재를 비교하는 질문인 경우 현재 완료형 have changed 사용

❷ a lot 대신에 다른 표현 사용 가능
dramatically: 극적으로
in many ways: 다양한 면에서
Ex: Bars in Korea have changed in many ways.
한국의 술집은 다양한 면으로 바뀌었다.

❸ 과거를 나타내는 시간 표현
= back in the day

❹ = 주로, 대부분은
mainly: 주로, 대개는
Ex: Bars mainly served draft beer.
술집은 주로 생맥주를 판매했다.

❺ 현재를 나타내는 시간 표현
= however nowadays, but now

❻ = choices
Ex: There are many choices you can make.
할 수 있는 선택권이 많다.

❼ better 대신 더 정확한 의미를 지닌 형용사 사용 가능
more spacious: 더 넓어진
cheaper: 더 저렴해진

Key Expressions

- **serve** 제공하다
- **various** 다양한
- **domestic beer** 국산 맥주
- **options** 선택권
- **local pubs** 동네, 지역의 맥주집
- **beer chains** 맥주 체인점

한국의 맥주집은 지난 몇 년 사이에 많이 변했습니다. 과거에는 주로 국산 맥주를 제공했습니다. 하지만 요즘, 맥주집은 전 세계의 다양한 맥주를 제공합니다. 이제 많은 선택권이 있습니다. 게다가 과거에는 대부분의 맥주집이 동네 술집이었습니다. 하지만 지금은 맥주 체인점이 많습니다. 즉, 맥주집은 과거보다 훨씬 좋아졌습니다.

주어진 한국어 핵심 문장을 읽고 빈칸에 들어갈 영어 표현을 작성하세요. 그 후, 문장을 반복해 말하는 연습을 통해 OPIc 핵심 패턴과 모범 답변을 익혀 보세요.

1. 한국의 맥주집은 지난 몇 년 사이에 많이 변했습니다.

_____ in Korea _____ _____ a lot _____ _____ _____.

2. 하지만 요즘, 맥주집은 전세계의 다양한 맥주를 제공합니다.

But _____ _____, they _____ _____ _____ of beer from _____ _____ the _____.

3. 이제 많은 선택권이 있습니다.

There are _____ _____ of _____ to _____ _____.

4. 게다가 과거에는 대부분의 맥주집이 동네 술집이었습니다.

Plus, _____ _____ _____, most beer places _____ _____ be _____ _____.

Answer
1. Pubs / have changed / over the years
2. these days / serve various types / all over / world
3. a lot / options / choose from
4. in the past / used to / local pubs

OPIc Magic Pattern 활용하기

학습한 Magic Pattern을 다른 주제에서도 활용해 보세요.

1. Pubs in Korea <u>have changed a lot over the years</u>.
  - The way people buy food <u>has changed a lot over the years</u>.
    Shopping에 활용 지난 몇 년간 사람들이 음식을 사는 방식이 많이 변했습니다.
  - What people do on holidays <u>has changed a lot over the years</u>.
    Holidays에 활용 지난 몇 년간 사람들이 휴일에 하는 일이 많이 변했습니다.

2. <u>In the past</u>, most beer places <u>used to be</u> local pubs.
  - <u>In the past</u>, most shopping centers <u>used to be</u> small.
    Shopping에 활용 과거에는 대부분의 쇼핑센터가 작았습니다.
  - <u>In the past</u>, transportations in Korea <u>used to be</u> inconvenient.
    Transportation에 활용 과거에는 한국의 교통수단이 불편했습니다.

3. <u>But now, many of them</u> are beer chains.
  - <u>But now, many of them</u> serve exotic food.
    Restaurants에 활용 하지만 지금은 대부분 이국적인 음식을 제공합니다.
  - <u>But now, many of them</u> have various types of sports facilities.
    Parks에 활용 하지만 지금은 대부분 다양한 종류의 스포츠 시설이 있습니다.

OPIc 질문에 대한 모범답변을 살펴본 후, 질문의 핵심 포인트를 파악하여 나만의 OPIc 답변을 만들어 보세요.

5 **Most bars and pubs have a special area to make drinks.**
Tell me what this area is like at your favorite bar or pub.

 MP3 2_Q5

대부분의 술집과 맥주집에는 술을 제조하는 특별한 장소가 있습니다. 가장 좋아하는 술집이나 맥주집의 그 공간에 대해 말해 주세요.

	Structure	Idea
시작 문장	주제 문장 소개	At my favorite bar, there is a very small bar area.
본문	좋아하는 술집의 술 만드는 공간 묘사	enter, counter, right, behind, bartenders prepare, beverages, liquor shelves, various types
마무리 문장	나의 답변 마무리	So, this is what the bar area looks like.

Model Answer
MP3 02_A5-1

Answer 1

At my favorite bar, there is NO bar area.

They make the food and drinks inside the kitchen.

❶ So, I really do NOT have much to say about this topic.

Answer 2
MP3 02_A5-2

At my favorite bar, there is a very small bar area.

❷ When you enter the bar, you ❸ can see a counter on the right.

❹ Behind the counter, bartenders prepare alcoholic or non-alcoholic beverages for customers.

There are liquor shelves, and you can see various types of alcohol.

So, this is what the bar area looks like.

Tips for Better Answer

Answer 1
* 경험해 본 적이 없거나 잘 알지 못하는 부분에 관한 질문이 나왔을 때 활용할 수 있는 답변

▶ ❶ 주제를 잘 이해하지 못했거나 할 이야기가 없을 때 사용할 수 있는 문장
Ex: I do not like watching TV. So, I really do NOT have much to say about this topic.
나는 TV를 보지 않는다. 그래서 이 주제에 대해 별로 할 말이 없다.

Answer 2
▶ ❷ 거주지, 영화관과 같이 공간 묘사 시 주어 people 대신 you 사용 가능
Ex: When you enter the house, you can see a very spacious bedroom.
집에 들어오면 매우 넓은 침실이 보일 것이다.

▶ ❸ can 대신 will 사용 가능
Ex: You will see a counter on the right.
오른쪽에 카운터가 보일 것이다.

▶ ❹ 장소 묘사하는 전치사
behind: ~뒤에
in front of: ~앞에
on: ~위에 (표면에 닿은 상태)
next to: ~옆에

Key Expressions

- **bar area** 술 만드는 구역
- **prepare** 준비하다
- **alcoholic** 술이 들어간
- **non-alcoholic** 술이 들어가지 않은
- **beverage** 음료
- **customer** 고객, 손님
- **liquor shelf** 술 놓는 선반

Answer 1
제가 좋아하는 술집에는 술을 만드는 구역이 없습니다. 주방에서 음식과 음료를 만듭니다. 그래서 이 주제에 대해 별로 할 말이 없습니다.

Answer 2
제가 좋아하는 술집에는 술을 만드는 작은 구역이 있습니다. 술집에 들어가면 오른쪽에 카운터가 보입니다. 카운터 뒤에서 바텐더들이 손님들을 위해 알코올 또는 무 알코올 음료를 준비하고 있습니다. 술을 놓는 선반이 있고 많은 종류의 술을 볼 수 있습니다. 술을 만드는 장소는 이렇게 생겼습니다.

주어진 한국어 핵심 문장을 읽고 빈칸에 들어갈 영어 표현을 작성하세요. 그 후, 문장을 반복해 말하는 연습을 통해 OPIc 핵심 패턴과 모범 답변을 익혀 보세요.

1. 그래서 이 주제에 대해 별로 할 말이 없습니다.

So, I really _____ _____ _____ _____ to say about _____ _____.

2. 술집에 들어가면 오른쪽에 카운터가 보입니다.

When you _____ _____ _____, you can _____ a _____ on the _____.

3. 카운터 뒤에서 바텐더들이 손님들을 위해 알코올 또는 무 알코올 음료를 준비하고 있습니다.

_____ the _____, bartenders prepare _____ or _____ _____ for customers.

4. 술을 놓는 선반이 있고 많은 종류의 술을 볼 수 있습니다.

There are _____ _____, and you can see _____ _____ of _____.

Answer
1. do NOT have much / this topic
2. enter the bar / see / counter / right
3. Behind / counter / alcoholic / non-alcoholic beverages
4. liquor shelves / various types / alcohol

 **OPIc Magic Pattern 활용하기**

학습한 Magic Pattern을 다른 주제에서도 활용해 보세요.

1. At my favorite bar, there is a very small bar area.
  - At my favorite park, there are a lot of sports facilities.
    Parks에 활용 제가 제일 좋아하는 공원에는 운동 시설이 많이 있습니다.

  - At my favorite restaurant, there is enough parking space.
    Restaurants에 활용 제가 제일 좋아하는 음식점에는 주차 공간이 충분히 있습니다.

2. When you enter the bar, you can see a counter on the right.
  - When you enter the café, you can see many tables and chairs.
    Coffee Shops에 활용 카페에 들어가면 많은 테이블과 의자가 보입니다.

  - When you enter the hotel, you can see a counter for check-in.
    Hotels에 활용 호텔에 들어가면 체크인을 위한 카운터가 보입니다.

OPIc 질문에 대한 모범답변을 살펴본 후, 질문의 핵심 포인트를 파악하여 나만의 OPIc 답변을 만들어 보세요.

6 **What is a typical routine for a bartender? How do they start their day?**
What do they do while they work? How do they end their day? MP3 02_Q6

바텐더에게 있어 전형적인 일상은 무엇인가요? 그들은 하루를 어떻게 시작하나요? 일하는 동안 무엇을 하고,
그들은 하루를 어떻게 끝내나요?

	Structure	Idea
시작 문장	주제 문장 소개	Bartenders get to work and get ready to serve drinks.
본문	바텐더가 하는 일 묘사	customers come, take orders, make drinks, end of the day, clean the bar, bar area and the floor, get ready for
마무리 문장	나의 답변 마무리	So, these are the things bartenders do at work.

Model Answer MP3 02_A6

Bartenders ❶ get to work and ❷ get ready to serve drinks.

When the customers come, they ❸ take orders and make drinks for them.

At the end of the day, bartenders clean the bar.

They clean the bar area and the floors.

Plus, they ❹ get ready for business for the next day.

So, these are the things bartenders do at work.

Tips for Better Answer

❶ 출근하다: get to work, go to work
work 앞에 소유격 대명사나 관사가 쓰이지 않음
Ex: I get to my work. (X)

❷ 〈get ready to 동사〉
(동사) 할 준비하다
Ex: I get ready to go to work.
나는 출근할 준비를 한다.

❸ 주문 받다: take orders
주문하다: make orders, order
Ex: May I take your order?
주문하시겠어요?
I would like to make an order.
주문하고 싶습니다.

❹ 〈get ready for 명사〉
(명사)에 대비하다
Ex: I need to get ready for the exam tomorrow.
내일 있을 시험에 대비해야 해.

Key Expressions

- **get ready** 준비하다
- **serve** 제공하다
- **customer** 고객
- **take order** 주문 받다

바텐더들은 일하러 가서 술을 제공할 준비를 합니다. 손님이 오면 주문을 받아 술을 만들어 줍니다. 하루가 끝나면 바텐더들은 술집을 청소합니다. 술 만드는 공간과 바닥을 청소합니다. 또한 그들은 다음 날 영업을 준비합니다. 이것이 바텐더가 직장에서 하는 일입니다.

주어진 한국어 핵심 문장을 읽고 빈칸에 들어갈 영어 표현을 작성하세요. 그 후, 문장을 반복해 말하는 연습을 통해 OPIc 핵심 패턴과 모범 답변을 익혀 보세요.

1. 바텐더들은 일하러 가서 술을 제공할 준비를 합니다.

Bartenders _____ _____ _____ and _____ _____ to _____ drinks.

2. 손님이 오면 주문을 받아 술을 만들어 줍니다.

When the _____ _____, they _____ _____ and _____ _____ for them.

3. 또한 그들은 다음날 영업을 준비합니다.

Plus, they _____ _____ for _____ for the _____ _____.

4. 그래서 이것이 바텐더가 직장에서 하는 일입니다.

So, _____ _____ the things bartenders _____ _____ _____.

> **Answer**
> 1. get to work / get ready / serve
> 2. customers come / take orders / make drinks
> 3. get ready / business / next day
> 4. these are / do at work

 OPIc Magic Pattern 활용하기

학습한 Magic Pattern을 다른 주제에서도 활용해 보세요.

1. Bartenders get to work <u>and get ready to</u> serve drinks.
   - I get to work <u>and get ready to</u> have meetings.
     Work에 활용 저는 회사를 가서 미팅할 준비를 합니다.
   - I go to the beach early in the morning <u>and get ready to</u> swim.
     Beaches에 활용 저는 아침 일찍 해변에 가서 수영할 준비를 합니다.

2. <u>At the end of the day</u>, bartenders clean the bar.
   - <u>At the end of the day</u>, I go home and sleep because I work long hours.
     Work에 활용 일과가 끝나면 저는 장시간 일하기 때문에 집에 가서 잠을 잡니다.
   - <u>At the end of the day</u>, I go to a gym to work out.
     Health에 활용 일과가 끝나면 저는 헬스클럽에 가서 운동을 합니다.

OPIc 질문에 대한 모범답변을 살펴본 후, 질문의 핵심 포인트를 파악하여 나만의 OPIc 답변을 만들어 보세요.

 7 Tell me about the first bar you remember going to. What did it look like?  Describe the first bar you went to with lots of details.

당신이 처음 갔던 술집에 대해 말해 주세요. 어떻게 생겼나요? 처음 가본 술집에 대해 자세히 설명해 주세요.

Structure		Idea
시작 문장	주제 문장 소개	I remember going to a bar for the first time when I was a college freshman.
본문	처음 간 술집의 분위기와 술 종류 묘사	went to a pub near, with my classmates, served various types of beer, liked that place, mood, close to, the staff
마무리 문장	나의 답변 마무리	So, this was the first bar I went to.

Model Answer MP3 02_A7

I ❶ remember going to a bar ❷ for the first time when I was a college ❸ freshman.

I went to a pub near my school with my classmates.

+ It was a nice ❹ pub that served various types of beer.

+ It was a local pub that served draft beer.

I liked that place because the mood was very ❺ nice.

+ Also, their food was very tasty.

+ Plus, it was close to my school.

+ Next, the staff were very friendly.

+ Also, it was cheaper than other pubs.

So, this was the first bar I went to.

Tips for Better Answer

❶ 〈remember + 동명사/명사〉
(동명사/명사)한 것이 기억이 난다
= recall
Ex: I recall going to a bar.
술집에 간 기억이 난다.

❷ 첫 번째로, 처음으로
time 앞에 다른 숫자가 나올 수 있음
Ex: I went there for the second time.
나는 그곳에 두 번째로 다시 갔다.

❸ freshmen: 1학년
sophomore: 2학년
junior: 3학년
senior: 4학년

❹ 〈명사 + that + 동사〉
that은 명사를 수식하는 관계대명사
= offer, provide
Ex: I went to the restaurant that provided Korean food.
나는 한국 음식을 제공하는 식당에 갔다.

❺ mood 묘사에 쓰이는 형용사
= atmosphere
cozy: 안락한
friendly: 친절한
Ex: The atmosphere of the bar was friendly and cozy.
술집의 분위기가 친절하고 안락했다.

Key Expressions

- **freshman** 대학교 1학년
- **serve** 제공하다
- **draft beer** 생맥주
- **mood** 분위기
- **staff** 직원
- **friendly** 친절한

대학 1학년 때 처음 간 술집이 기억에 납니다. 학교 근처 맥주집에 학교 친구들과 갔습니다. (+ 다양한 종류의 맥주를 제공하는 멋진 맥주집입니다. + 생맥주를 파는 동네 맥주집입니다.) 저는 분위기가 좋아서 그곳을 좋아했습니다. (+ 게다가, 음식이 맛있었습니다. + 또한, 우리 학교와 가까웠습니다. + 직원들도 매우 친절했습니다. + 그리고, 다른 술집들보다 저렴했습니다.) 이곳이 제가 처음으로 간 술집입니다.

주어진 한국어 핵심 문장을 읽고 빈칸에 들어갈 영어 표현을 작성하세요. 그 후, 문장을 반복해 말하는 연습을 통해
OPIc 핵심 패턴과 모범 답변을 익혀 보세요.

1. 대학 1학년 때 처음 간 술집이 기억에 납니다.

I remember _____ _____ a bar _____ _____ _____ when I was a _____

_____ .

2. 학교 근처 맥주집에 학교 친구들과 갔습니다.

I _____ to a _____ _____ my school _____ my _____ .

3. 저는 분위기가 좋아서 그곳을 좋아했습니다.

I _____ that _____ because the _____ was very _____ .

4. 직원들도 매우 친절했습니다. 그리고, 다른 술집들보다 저렴했습니다.

Next, the _____ were very _____ . Also, it was _____ _____ other pubs.

Answer
1. going to / for the first time / college freshman
2. went / pub near / with / classmates
3. liked / place / mood / nice
4. staff / friendly / cheaper than

OPIc Magic Pattern 활용하기

학습한 Magic Pattern을 다른 주제에서도 활용해 보세요.

1. I remember going to a bar <u>for the first time when I was</u> a college freshman.
 - I travelled abroad <u>for the first time when I was</u> 20 years old.
  Overseas Trips에 활용 제가 20살이었을 때 처음으로 해외여행을 갔습니다.

 - I went to a high-end restaurant <u>for the first time when I was</u> having a birthday party.
  Restaurants에 활용 제가 생일 파티를 했을 때 처음으로 고급 음식점에 갔습니다.

2. I liked that place <u>because the mood was</u> very nice.
 - I used to go to the café every day <u>because the mood was</u> very relaxing.
  Coffee Shops에 활용 분위기가 매우 여유로워서 그 카페에 매일 가고는 했습니다.

 - I used to go the hotel every summer <u>because the mood was</u> very exotic.
  Hotels에 활용 분위기가 매우 이국적이어서 그 호텔에 여름마다 가고는 했습니다.

3. <u>The staff were very friendly.</u>
 - I used to get groceries there because <u>the staff were very friendly.</u>
  Food에 활용 직원들이 매우 친절해서 그곳에서 장을 보고는 했습니다.

 - I used to work out at the gym near my house because <u>the staff were very friendly.</u>
  Health에 활용 직원들이 매우 친절해서 집 근처 헬스클럽에서 운동하고는 했습니다.

데이터어 트렌드로 쉽게 취득하는 OPIc IM

Chapter 03

Coffee Shops / Gatherings

빈출 주제 파악하기

질문을 제대로 파악하는 것만으로도 성공적으로 시험을 치를 수 있습니다. OPIc에서 자주 출제되는 질문들을 알아보세요.

Coffee Shops

1 You indicated in the survey that you go to coffee shops. Tell me about the cafes or coffee houses in your community.

설문조사를 통해 당신은 커피숍에 간다고 했습니다. 당신의 동네에 있는 카페나 커피숍에 대해 말해 주세요.

문항 유형	본인 동네 커피숍들 묘사
문항 수준	Intermediate
핵심 포인트	• 동네에 있는 커피 전문점을 현재형 시제로 묘사 • 커피숍에 관한 내용이기 때문에 주어는 they, coffee places 등 상황에 맞게 사용
중요도	★

데이터와 트렌드로 쉽게 취득하는 OPIc IM

2 What do you normally do when you go to coffee shops? Are there meetings or gatherings there? Tell me what you like to do.

당신은 커피숍에 갈 때 보통 무엇을 하나요? 그곳에서 회의나 모임을 하나요? 무엇을 하는 것을 좋아하는지 말해 주세요.

문항 유형	커피숍에서 본인이 주로 하는 일 묘사
문항 수준	Advanced
핵심 포인트	• 커피숍에서 하는 일을 현재형 시제로 나열 • 본인이 하는 일이기 때문에 주어 I 사용
중요도	★

3 Tell me about a memorable incident that happened at a coffee shop. What happened? Who was involved? Tell me everything about that incident from beginning to end.

커피숍에서 있었던 기억에 남는 사건에 대해 말해 주세요. 무슨 일이 있었나요? 누가 관여되어 있나요? 무슨 일이 있었는지 처음부터 끝까지 이야기해 주세요.

문항 유형	커피숍에서 있었던 기억에 남는 에피소드 묘사
문항 수준	Advanced
핵심 포인트	• 친구와 우연히 만난 경험을 과거형 시제로 묘사 • 본인의 경험이기 때문에 주어 I 사용
중요도	★★★

4 Talk about the first coffee shop you went to. What was special about that place? What do you remember the most?

당신이 처음 갔던 커피숍에 대해 이야기해 보세요. 그곳의 어떤 점이 특별했나요? 무엇이 가장 기억에 남나요?

문항 유형	처음으로 가본 커피숍 묘사
문항 수준	Advanced
핵심 포인트	• 처음으로 가본 커피숍이 잘 기억에 나지 않는다고 답변 • 과거의 본인 경험이기 때문에 과거형 시제와 주어 I 사용
중요도	★

Gatherings

5 **Talk about gatherings or celebrations in your country. What do people do when they get together to celebrate things?**

당신이 살고 있는 나라에서 열리는 사교 모임이나 축하 행사에 대해 이야기해 주세요. 사람들은 이러한 일들을 축하하기 위해 모였을 때 무엇을 하나요?

문항 유형	사람들이 가는 모임 묘사
문항 수준	Intermediate
핵심 포인트	• 모임 주제의 '사람들이 주로 가는 파티를 하는 장소 묘사'와 같은 답변 활용 • 모임의 종류를 다양한 접속사와 현재형 시제 활용하여 나열 • 일반적인 모임 방법에 대해 묘사하기 때문에 주어 people, they 사용
중요도	★

6 **What did you do at your last gathering or celebration? What was the occasion? Give me all the details.**

지난번 사교 모임이나 축하 행사에서 무엇을 했나요? 무엇 때문에 모였나요? 자세하게 말해 주세요.

문항 유형	지난번 모임에서 있었던 일들 묘사
문항 수준	Intermediate
핵심 포인트	• 음식점 주제의 '최근에 간 식당에서 먹은 음식과 맛 묘사' 답변 활용 • 가족이나 직장 동료와 갔다면 주어는 we를 사용하며 식당에 대해 말할 때는 주어 they 사용 • 과거의 경험이기 때문에 과거형 시제 사용
중요도	★

7 **Talk about a memorable incident that happened at a gathering or a celebration. Why was it memorable or unforgettable?**

사교 모임이나 축하 행사에서 일어났던 기억에 남는 사건에 대해 이야기해 보세요. 무엇이 기억에 남거나 잊을 수 없게 하나요?

문항 유형	모임에서 기억나는 에피소드 묘사
문항 수준	Advanced
핵심 포인트	• 모임 주제의 '최근 본인이 간 휴일 파티에서 했던 일 묘사'와 같은 답변 활용 • 술에 취한 경험을 과거형 시제로 묘사 • 본인이 겪은 경험이기 때문에 주어 I 사용
중요도	★

8 **Where do people usually have celebrations or parties in your area? Is it at someone's home, a park, or someplace else? Tell me everything about that place in as much detail as you can.**

사람들은 주로 어디에서 축하 행사나 파티를 하나요? 누군가의 집인가요? 공원인가요? 아니면 다른 곳이 있나요? 그 장소에 대해 가능한 한 자세히 말해 주세요.

문항 유형	사람들이 주로 가는 파티를 하는 장소 묘사
문항 수준	Intermediate
핵심 포인트	• 모임 주제의 '사람들이 가는 모임 묘사'와 같은 답변 활용
	• 사람들의 일반적으로 모여서 하는 일을 현재형 시제와 주어 people, they 사용하여 묘사
중요도	★

9 **Tell me about the last holiday party or celebration that you attended. Give me lots of details about what happened. Who was there with you? Tell me about what you did from beginning to end.**

최근 참석한 휴일 파티나 축하 파티에 대해 말해 주세요. 누구와 함께 있었나요? 처음부터 끝까지 그때 한 일에 대해 말해 주세요.

문항 유형	최근에 본인이 간 휴일 파티에서 했던 일 묘사
문항 수준	Advanced
핵심 포인트	• 모임 주제의 '모임에서 기억나는 에피소드 묘사'와 같은 답변 활용
	• 술에 취한 경험을 과거형 시제로 묘사
	• 본인이 겪은 경험이기 때문에 주어 I 사용
중요도	★

10 **Talk about a time when you helped prepare for a party or a celebration. Perhaps you helped invite people, or you helped decorate the venue, or you helped get the food or drinks. Tell me about this experience from the beginning to the end.**

직접 파티나 축하 행사의 준비를 도왔던 경험에 대해 이야기하세요. 아마도 손님 초대, 행사장 장식, 또는 음식이나 술을 준비하는 것을 도왔을 것입니다. 이 경험에 대해 처음부터 끝까지 말해 주세요.

문항 유형	파티 준비를 도와준 경험 묘사
문항 수준	Advanced
핵심 포인트	• 음식점 주제의 '테이크아웃 / 배달 음식점을 통해 특별한 행사 준비 경험' 답변 내용 활용
	• 음식을 준비했던 과거의 경험에 대해 이야기하므로 과거형 시제 사용
	• 여러 명이 참석한 파티에 관한 이야기이기 때문에 주어 we 사용
중요도	★

OPIc 질문에 대한 모범답변을 살펴본 후, 질문의 핵심 포인트를 파악하여 나만의 OPIc 답변을 만들어 보세요.

1 You indicated in the survey that you go to coffee shops. Tell me about the cafes or 🎧 MP3 03_Q1
coffee houses in your community.
설문조사를 통해 당신은 커피숍에 간다고 했습니다. 당신의 동네에 있는 카페나 커피숍에 대해 말해 주세요.

Structure		Idea
시작 문장	주제 문장 소개	There are many coffee shops in my neighborhood.
본문	동네의 커피숍 묘사	on busy streets, everywhere, major coffee chains, Starbucks and Coffee Bean, quite big, various types of drinks, free Wi-Fi at most coffee places, get access, open 24/7
마무리 문장	나의 답변 마무리	So, this is what my coffee shops in my neighborhood are like.

Model Answer 🎧 MP3 03_A1

There are many coffee shops ❶ in my neighborhood.
Many of them are on busy streets.
They are easy to find because they are everywhere.
Many of them are ❷ major coffee chains such as Starbucks and Coffee Bean.
These coffee shop chains are ❸ quite big.
People can get various types of drinks or food there.
❹ There is free Wi-Fi at most coffee places, so people can ❺ get access to the internet.
Some places are open ❻ 24/7 (twenty four seven).
So, this is what my coffee shops in my neighborhood are like.

Tips for Better Answer

❶ = in town, in downtown, in downtown area
Ex: There are many cafes in downtown.
도심에는 카페가 많이 있습니다.

❷ 커피 전문점은 major coffee chains라고 표현하며 답변 양 확보를 위해 커피 전문점
Ex: There are Starbucks and Coffee Bean from America and Angelinus which is a coffee chain from Korea.
미국에서 온 스타벅스와 커피빈이 있고 한국의 커피 전문점인 엔젤리너스가 있습니다.

❸ quite은 '꽤, 상당히'라는 의미로 big을 꾸며주는 부사 역할
유용한 〈부사+ 형용사〉 조합
Ex: The cafes are quite small in size. (꽤 작은)
The cafes are very big in size. (매우 큰)
The cafes are extremely small in size. (매우 작은)
The cafes are a little bit small in size. (약간 작은)

❹ = Most coffee shops offer free Wi-Fi.
대부분의 카페는 무료로 와이파이를 제공한다.

❺ = use the internet

❻ '하루 24시간 7일 내내'란 의미로 twenty–four seven 이라고 읽음
실제 24시간 여는 것이 아니더라도 오래 지속된 일을 강조할 때 사용 가능
Ex: I feel like I work 24/7.
나는 하루 종일 일하는 기분이다.

Key Expressions

- **on busy streets** 번화가
- **easy to find** 찾기 쉬운
- **major coffee chains** 커피 전문점
- **quite** 꽤
- **various** 다양한
- **get access to** ~에 접속하다, 접근하다

우리 동네에는 커피숍이 많습니다. 커피숍 대부분 번화가에 있습니다. 어디에나 있기 때문에 쉽게 찾을 수 있습니다. 그들 중 다수는 스타벅스와 커피빈과 같은 주요 커피 체인점입니다. 이 커피숍 체인들은 꽤 큽니다. 사람들은 그곳에서 다양한 종류의 음료나 음식을 살 수 있습니다. 대부분의 커피숍에는 무료 와이파이가 있어서 사람들이 인터넷에 접속할 수 있습니다. 어떤 곳은 연중무휴입니다. 우리 동네의 커피숍은 이렇습니다.

주어진 한국어 핵심 문장을 읽고 빈칸에 들어갈 영어 표현을 작성하세요. 그 후, 문장을 반복해 말하는 연습을 통해 OPIc 핵심 패턴과 모범 답변을 익혀 보세요.

1. 어디에나 있기 때문에 쉽게 찾을 수 있습니다.

They are _____ _____ _____ because they are _____.

2. 사람들은 그곳에서 다양한 종류의 음료나 음식을 살 수 있습니다.

People can _____ _____ _____ of _____ or _____ there.

3. 대부분의 커피숍에는 무료 와이파이가 있어서 사람들이 인터넷에 접속할 수 있습니다.

There is _____ Wi-Fi at _____ _____ _____, so people can _____ _____ to the _____.

4. 즉, 우리 동네의 커피숍은 이렇습니다.

So, this is _____ my _____ _____ in my _____ are _____.

Answer
1. easy to find / everywhere
2. get various types / drinks / food
3. free / most coffee places / get access / internet
4. what / coffee shops / neighborhood / like

 OPIc Magic Pattern 활용하기

학습한 Magic Pattern을 다른 주제에서도 활용해 보세요.

1. There is free Wi-Fi at most coffee places, so <u>people can get access to the internet</u>.
   - Thanks to the smartphone, <u>people can get access to the internet</u> anytime anywhere.
   Phones에 활용 스마트폰 덕분에 사람들은 언제 어디서든 인터넷에 접속할 수 있습니다.

   - <u>People can get access to the internet</u> even in the flights.
   Transportation에 활용 사람들은 비행기 안에서도 인터넷에 접속할 수 있습니다.

2. Some places are <u>open 24/7 (twenty four seven)</u>.
   - It is easy to find bars that <u>open 24/7 (twenty four seven)</u>.
   Bars에 활용 연중무휴로 여는 술집을 찾기 쉽습니다.

   - It is not easy to find restaurants that <u>open 24/7 (twenty four seven)</u>.
   Restaurants에 활용 연중무휴로 여는 음식점을 찾기는 쉽지 않습니다.

3. <u>So, this is what</u> my coffee shops <u>in my neighborhood are like.</u>
   - <u>So, this is what</u> the movie theaters <u>in my neighborhood are like.</u>
   Movies에 활용 즉 우리 동네의 극장은 이렇습니다.

   - <u>So, this is what</u> the parks <u>in my neighborhood are like.</u>
   Parks에 활용 즉 우리 동네의 공원은 이렇습니다.

OPIc 질문에 대한 모범답변을 살펴본 후, 질문의 핵심 포인트를 파악하여 나만의 OPIc 답변을 만들어 보세요.

2 **What do you normally do when you go to coffee shops? Are there meetings or gatherings there? Tell me what you like to do.**
당신은 커피숍에 갈 때 보통 무엇을 하나요? 그곳에서 회의나 모임을 하나요? 무엇을 하는 것을 좋아하는지 말해 주세요.

🎧 MP3 03_Q2

	Structure	Idea
시작 문장	주제 문장 소개	I mostly go to coffee shops to hang out with my friends.
본문	커피숍에서 본인이 하는 일 나열	sometimes, to go, drink it on the spot, grab a bite, hungry, have meetings, kill time, work, study or read
마무리 문장	나의 답변 마무리	So, these are the things I do at coffee shops.

Model Answer 🎧 MP3 03_A2

I ❶mostly go to coffee shops to ❷hang out with my friends.
I sometimes get coffee ❸to go or sometimes drink it on the spot.
I sometimes grab a bite when I am hungry.
Plus, I sometimes ❹have meetings at coffee places.
+ Also, I sometimes ❺kill time at coffee places.
+ ❻Plus, I sometimes work at coffee places.
+ Also, I sometimes study or read books at coffee places.
So, these are the things I do at coffee shops.

Tips for Better Answer

❶ 일반화를 피하기 위해 사용한 mostly
often: 자주
usually: 주로
generally: 일반적으로
sometimes: 가끔

❷ = spend time with
Ex: I usually hang out with my friends at coffee shops or bars.
나는 보통 친구들과 카페나 술집에서 어울려 논다.
I like to spend time with my family at coffee shops.
나는 가족들과 카페에서 시간 보내는 것을 좋아한다.

❸ take out은 broken English!
Ex: Many people get their coffee to go and I am one of them.
많은 사람들이 커피를 포장해 가고 나도 그중 하나다.

❹ 한 번 이상의 미팅을 하기 때문에 복수 명사 사용

❺ = 시간을 때우다, 시간을 보내다
Ex: I listen to music to kill time.
나는 시간을 때우기 위해 음악을 듣는다.

❻ 답변 양 확보를 위해 커피숍에서 할 수 있는 다양한 활동을 주어 I와 현재형 시제 사용하여 나열하기

Key Expressions

- **hang out with** 어울려 놀다
- **to go** 테이크아웃, 포장
- **on the spot** 그 자리에서
- **grab a bite** 한 입 먹다, 간단하게 먹다
- **kill time** 시간을 때우다, 시간을 보내다

저는 주로 친구들과 어울리기 위해 커피숍에 갑니다. 커피를 테이크아웃 하거나 그 자리에서 마시기도 합니다. 저는 가끔 배가 고플 때 간단하게 요기합니다. 또한 저는 가끔 커피숍에서 미팅을 합니다. (+ 또한 저는 가끔 커피숍에서 시간을 보냅니다. + 또한 저는 가끔 커피숍에서 일을 합니다. + 그리고, 저는 가끔 공부하거나 책을 읽습니다.) 즉, 이것이 제가 커피숍에서 하는 일들입니다.

OPIc Pattern 익히기

주어진 한국어 핵심 문장을 읽고 빈칸에 들어갈 영어 표현을 작성하세요. 그 후, 문장을 반복해 말하는 연습을 통해 OPIc 핵심 패턴과 모범 답변을 익혀 보세요.

1. 저는 주로 친구들과 어울리기 위해 커피숍에 갑니다.

I mostly _____ _____ coffee shops to _____ _____ with my friends.

2. 커피를 테이크아웃 하거나 그 자리에서 마시기도 합니다.

I sometimes _____ _____ _____ _____ or sometimes drink it _____ _____ _____.

3. 저는 가끔 배가 고플 때 간단하게 먹습니다.

I sometimes _____ _____ _____ when I am _____.

4. 그리고 저는 가끔 커피숍에서 시간을 보냅니다.

Also, I sometimes _____ _____ at _____ _____.

Answer
1. go to / hang out
2. get coffee to go / on the spot
3. grab a bite / hungry
4. kill time / coffee places

OPIc Magic Pattern 활용하기

학습한 Magic Pattern을 다른 주제에서도 활용해 보세요.

1. <u>Also, I sometimes kill time</u> at coffee places.

- <u>Also I sometimes kill time</u> at parks while listening to music.
  Music / Parks에 활용 또한 저는 공원에서 음악을 들으면서 시간을 보냅니다.

- <u>Also I sometimes kill time</u> while watching action movies at home.
  Movies에 활용 또한 저는 집에서 액션 영화를 보면서 시간을 보냅니다.

2. <u>So, these are the things I do</u> at coffee shops.

- <u>So, these are the things I do</u> when I meet people to have gatherings.
  Gatherings에 활용 그래서 모임을 위해 사람들을 만나면 저는 이런 것을 합니다.

- <u>So, these are the things I do</u> when I have enough free time.
  Free Time에 활용 그래서 저는 자유시간이 충분하게 있으면 이런 것을 합니다.

OPIc 질문에 대한 모범답변을 살펴본 후, 질문의 핵심 포인트를 파악하여 나만의 OPIc 답변을 만들어 보세요.

3 Tell me about a memorable incident that happened at a coffee shop. What happened? Who was involved? Tell me everything about that incident from beginning to end.

🎧 MP3 03_Q3

커피숍에서 있었던 기억에 남는 사건에 대해 말해 주세요. 무슨 일이 있었나요? 누가 관여되어 있나요?
무슨 일이 있었는지 처음부터 끝까지 이야기해 주세요.

Structure		Idea
시작 문장	주제 문장 소개	I remember bumping into my friend at a coffee shop.
본문	커피숍에서 친구와 우연히 마주친 이야기 묘사	chatting with, suddenly, saw, very happy to, asked how each other was doing, catching up
마무리 문장	나의 답변 마무리	So, this was the incident I remember.

Model Answer 🎧 MP3 03_A3

I remember ❶ bumping into my friend at a coffee shop.

+ my co-worker + my boss + my professor + my ex-boyfriend

❷ I was chatting with my friend.

+ I was standing in line to ❸ make my order.

❹ Suddenly, I saw my friend there. I went to him and said hi.

+ Suddenly, someone called my name.

I looked back and saw my friend.

I was very happy to see him.

We asked how each other was doing and

❺ did some catching up.

So, this was the incident I remember.

Tips for Better Answer

* 커피숍에서 기억에 남는 사건으로 '친구와 우연히 마주친 에피소드' 활용

▶❶ = 우연히 마주치다
주제가 커피숍이기 때문에 coffee shop 언급하기
Ex: I bumped into my friend at a coffee shop near my house.
나는 집 근처에 있는 카페에서 친구와 마주쳤다.

▶❷ 마주친 당시에 본인이 하고 있었던 행동은 과거 진행형으로 묘사
Ex: I was just enjoying coffee.
나는 그냥 커피를 즐기고 있었다.
I was reading a book.
책을 읽고 있었다.

▶❸ = order
Ex: I ordered coffee to go.
커피를 포장 주문했다.

▶❹ 예상하지 못한 사건이 발생할 때 부사 suddenly 활용
= but then, but suddenly

▶❺ = 못다 한 이야기를 하다
Ex: I want to do some catching up with you.
너랑 못다 한 이야기를 하고 싶어.

Key Expressions

• **bump into** 우연히 마주치다
• **suddenly** 갑자기
• **look back** 뒤돌아보다

• **catch up** 못다 한 이야기를 하다
• **incident** 사건, 사고

커피숍에서 친구와 마주쳤던 기억이 납니다. (+ 동료 + 상사 + 교수님 + 전 남자 친구) 전 친구와 대화하고 있었습니다.
(+ 주문하려고 줄을 서서 기다리고 있었습니다.) 갑자기, 그곳에서 제 친구 중 한 명을 보았습니다. 그에게 가서 인사했습니다.
(+ 갑자기 누군가 제 이름을 불렀습니다. 뒤를 돌아보니 친구가 보였습니다.) 그를 만나서 매우 기뻤습니다. 서로 어떻게
지내는지 물어보고 못다 한 이야기를 했습니다. 그래서, 이것이 제가 기억하는 사건입니다.

데이터와 트렌드로 쉽게 취득하는 OPIc IM

OPIc Pattern 익히기

주어진 한국어 핵심 문장을 읽고 빈칸에 들어갈 영어 표현을 작성하세요. 그 후, 문장을 반복해 말하는 연습을 통해 OPIc 핵심 패턴과 모범 답변을 익혀 보세요.

1. 커피숍에서 친구와 마주쳤던 기억이 납니다.

I _____ _____ _____ my friend at a _____ _____.

2. 갑자기, 그곳에서 제 친구 중 한 명을 보았습니다. 그에게 가서 인사했습니다.

_____, I _____ my friend there. I _____ _____ him and _____ hi.

3. 서로 어떻게 지내는지 물어보고 못다 한 이야기를 했습니다.

We asked _____ _____ _____ was _____ and did some _____ _____.

4. 그래서, 이것이 제가 기억하는 사건입니다.

So, this was the _____ I _____.

Answer
1. remember bumping into / coffee shop
2. Suddenly / saw / went to / said
3. how each other / doing / catching up
4. incident / remember

OPIc Magic Pattern 활용하기

학습한 Magic Pattern을 다른 주제에서도 활용해 보세요.

1. I remember bumping into my friend at a coffee shop.
- I remember bumping into my co-worker at the movie theater.
  Movies에 활용 극장에서 직장 동료와 우연히 마주친 기억이 납니다.

- I remember bumping into my friend from high school at the concert.
  Music에 활용 콘서트장에서 고등학교 때 친구와 우연히 마주친 기억이 납니다.

2. I was chatting with my friend.
- I was chatting with my friend when I dropped my phone. It was completely broken.
  Phones에 활용 제 휴대폰을 떨어트렸을 때 친구와 이야기하는 중이었습니다. 완전히 고장 났습니다.

- I was chatting with my friend at the bar when I bumped into my co-worker.
  Bars에 활용 제 직장 동료와 마주쳤을 때 저는 친구와 술집에서 이야기하는 중이었습니다.

3. We asked how each other was doing and did some catching up.
- I visited my relative's place during the holiday. We asked how each other was doing and did some catching up.
  Holidays에 활용 휴일 때 친척 집에 갔습니다. 서로 어떻게 지내는지 물어보고 못다 한 이야기를 했습니다.

- I visited my friend who lives abroad. We asked how each other was doing and did some catching up.
  Overseas Trips에 활용 외국에 사는 친구 집에 방문했습니다. 서로 어떻게 지내는지 물어보고 못다 한 이야기를 했습니다.

OPIc 질문에 대한 모범답변을 살펴본 후, 질문의 핵심 포인트를 파악하여 나만의 OPIc 답변을 만들어 보세요.

4 Talk about the first coffee shop you went to. What was special about that place? 🎧 MP3 03_Q4
What do you remember the most?

당신이 처음 갔던 커피숍에 대해 이야기해 보세요. 그곳이 어떤 점이 특별했나요? 무엇이 가장 기억에 남나요?

Structure		Idea
시작 문장	주제 문장 소개	Frankly, I do NOT remember the first coffee shop I went to
본문	처음 간 커피숍이 잘 기억에 나지 않기 때문에 간단하게 설명	started to go to coffee shops, back then, often went there, hang out with
마무리 문장	나의 답변 마무리	They were one of our hangouts

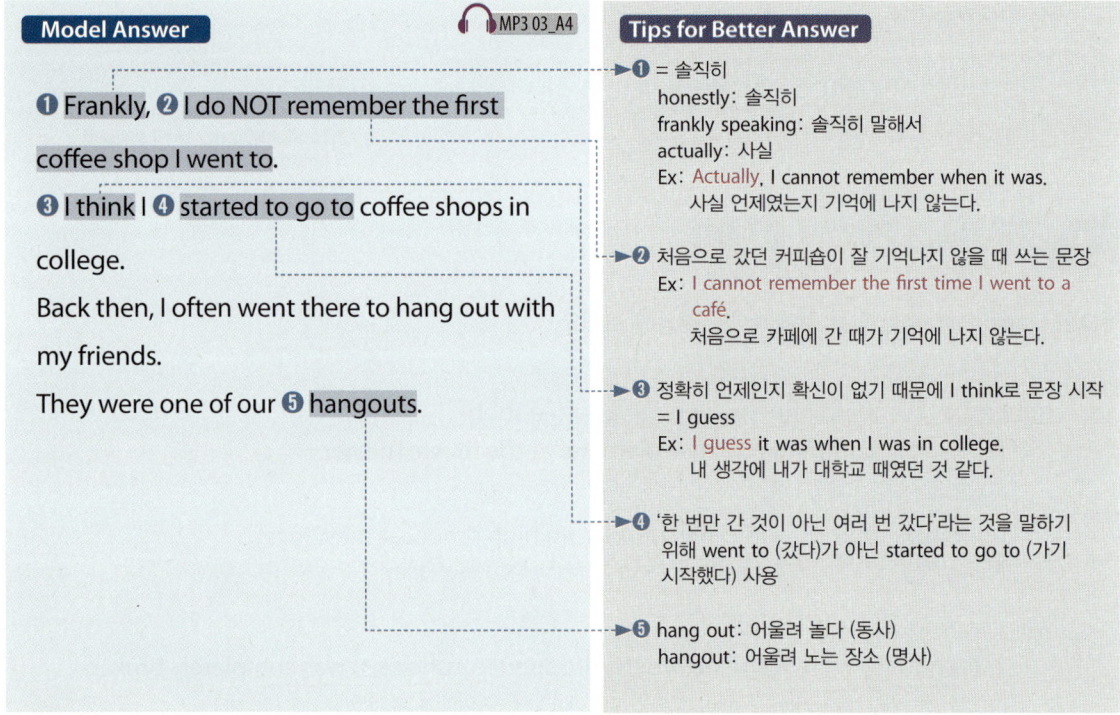

Model Answer 🎧 MP3 03_A4

❶ Frankly, ❷ I do NOT remember the first coffee shop I went to.
❸ I think I ❹ started to go to coffee shops in college.
Back then, I often went there to hang out with my friends.
They were one of our ❺ hangouts.

Tips for Better Answer

▶❶ = 솔직히
honestly: 솔직히
frankly speaking: 솔직히 말해서
actually: 사실
Ex: Actually, I cannot remember when it was.
사실 언제였는지 기억에 나지 않는다.

▶❷ 처음으로 갔던 커피숍이 잘 기억나지 않을 때 쓰는 문장
Ex: I cannot remember the first time I went to a café.
처음으로 카페에 간 때가 기억에 나지 않는다.

▶❸ 정확히 언제인지 확신이 없기 때문에 I think로 문장 시작
= I guess
Ex: I guess it was when I was in college.
내 생각에 내가 대학교 때였던 것 같다.

▶❹ '한 번만 간 것이 아닌 여러 번 갔다'라는 것을 말하기 위해 went to (갔다)가 아닌 started to go to (가기 시작했다) 사용

▶❺ hang out: 어울려 놀다 (동사)
hangout: 어울려 노는 장소 (명사)

Key Expressions

• **college** 대학
• **hang out with** ～와 어울려 놀다
• **hangouts** 사람들이 모이는 집합소, 장소

솔직히, 저는 제가 처음 간 커피숍을 기억하지 못합니다. 대학시절부터 커피숍에 다니기 시작한 것 같습니다. 그때는 주로 친구들과 놀기 위해 갔었습니다. 그곳은 우리가 자주 어울려 놀던 장소였습니다.

OPIc Pattern 익히기

주어진 한국어 핵심 문장을 읽고 빈칸에 들어갈 영어 표현을 작성하세요. 그 후, 문장을 반복해 말하는 연습을 통해 OPIc 핵심 패턴과 모범 답변을 익혀 보세요.

1. 솔직히, 저는 제가 처음 간 커피숍을 기억하지 못합니다.

_____, I do NOT remember the _____ _____ _____ I _____ _____.

2. 대학시절부터 커피숍에 다니기 시작한 것 같습니다.

I think I _____ _____ _____ to coffee shops _____ _____.

3. 그때는 주로 친구들과 놀기 위해 갔었습니다.

_____ _____, I often _____ _____ to _____ _____ with my friends.

4. 그곳은 우리가 자주 어울려 놀던 장소였습니다.

They were _____ _____ _____ _____.

Answer
1. Frankly / first coffee shop / went to
2. started to go / in college
3. Back then / went there / hang out
4. one of our hangouts

OPIc Magic Pattern 활용하기

학습한 Magic Pattern을 다른 주제에서도 활용해 보세요.

1. Frankly, I do NOT remember the first coffee shop I went to.
   - Frankly, I do NOT remember the first bar I went to.
      Bars에 활용 솔직히, 저는 제가 처음 간 술집을 기억하지 못합니다.

   - Frankly, I do NOT remember the first overseas trip I went on.
      Overseas Trips에 활용 솔직히, 저는 제가 처음 간 해외여행을 기억하지 못합니다.

2. I think I started to go to coffee shops in college.
   - I think I started to listen to pop music when I was in high school.
      Music에 활용 제 생각에 고등학교 때부터 팝뮤직을 듣기 시작한 것 같습니다.

   - I think I started to go to parks to do jogging for my health.
      Health에 활용 제 생각에 건강을 위해 공원에서 조깅을 시작한 것 같습니다.

OPIc 질문에 대한 모범답변을 살펴본 후, 질문의 핵심 포인트를 파악하여 나만의 OPIc 답변을 만들어 보세요.

5-1 Talk about gatherings or celebrations in your country. What do people do when 🎧 MP3 03_Q5-1
they get together to celebrate things?

당신이 살고 있는 나라에서 열리는 사교 모임이나 축하 행사에 대해 이야기해 주세요. 사람들은 이러한 일들을 축하하기 위해 모였을 때 무엇을 하나요?

5-2 Where do people usually have celebrations or parties in your area? 🎧 MP3 03_Q5-2
Is it at someone's home, a park, or someplace else? Tell me everything about that place in as much detail as you can.

사람들은 주로 어디에서 축하 행사나 파티를 하나요? 누군가의 집인가요? 공원인가요? 아니면 다른 곳이 있나요? 그 장소에 대해 가능한 한 자세히 말해 주세요.

Structure		Idea
시작 문장	주제 문장 소개	People often go to bars for social gatherings.
본문	사람들이 모임 가지는 장소로 술집 묘사	have some drinks, break the ice, drinking games, several rounds, staff-dinners, bond with, special occasions
마무리 문장	나의 답변 마무리	So, people often have gatherings at bars with their friends or co-workers.

Model Answer 🎧 MP3 03_A5

People often go to bars for social gatherings.

They ❶ have some drinks with their friends.

Drinks break the ice and ❷ make the mood

better.

❸ + They sometimes play drinking games.

+ They sometimes do several rounds.

Plus, people sometimes go to bars for ❹ staff

dinners.

It is a good chance to bond with my co-

workers.

Next, people sometimes go to bars for special

occasions such as birthday parties.

So, people often have gatherings at bars with

their friends or co-workers.

Tips for Better Answer

* 술집 주제의 '술집에서 하는 일들 과거와 현재 비교' 답변 활용

▶❶ = ~와 술을 마시다
have drinks는 alcohol이라는 단어가 들어가 있지 않아도 일반적으로 술을 의미
Ex: Let's have some drinks tonight.
오늘 술 마시자.
다른 음료가 마시고 싶을 때는 정확히 언급하기
Ex: I want to drink some water.
나는 물이 조금 마시고 싶어.

▶❷ make 대신 동사 create 사용 가능
Ex: Drinks create a better mood.
술은 분위기를 더 좋게 만든다
mood는 사람의 감정을 나타낼 때도 자주 사용
Ex: I am not in a good mood.
나는 지금 기분이 좋지 않다.

▶❸ 답변 양 확보를 위해 술집에서 하는 일을 빈도 부사 sometimes 사용하여 나열하기
Ex: They sometimes go to karaoke.
그들은 가끔 노래방에 간다.

▶❹ = company dinners
한 번 하는 회식이 아닌 일반적인 회식 또는 모임에 대해 말하기 때문에 복수 명사 사용

네이티브 트렌드로 쉽게 취득하는 OPIc IM

- **social gathering** 사교 모임
- **break the ice** 어색함을 깨다
- **do several rounds** 몇 차례 마시다

- **staff-dinners** 회식
- **bond with** ~와 친해지다, 유대감이 형성되다
- **special occasions** 특별한 경우

사람들은 주로 친목 도모를 위해 술집에 갑니다. 친구들과 술을 마십니다. 술은 어색함을 깨고 분위기를 더 좋게 만듭니다. (+ 사람들은 가끔 술 게임을 합니다. + 가끔 몇 차까지 마십니다.) 또한, 가끔 회식을 위해 술집에 갑니다. 동료들과 친해질 수 있는 좋은 기회입니다. 또한 사람들은 생일 파티 같이 특별한 날에도 술집에 갑니다. 그래서, 사람들은 종종 친구들이나 동료들과 술집에서 모임을 가집니다.

주어진 한국어 핵심 문장을 읽고 빈칸에 들어갈 영어 표현을 작성하세요. 그 후, 문장을 반복해 말하는 연습을 통해 OPIc 핵심 패턴과 모범 답변을 익혀 보세요.

1. 술은 어색함을 깨고 분위기를 더 좋게 만듭니다.

Drinks _____ _____ _____ and _____ the _____ _____.

2. 또한, 가끔 회식을 위해 술집에 갑니다. 동료들과 친해질 수 있는 좋은 기회입니다.

Plus, people sometimes go to bars for _____ _____. It is a _____ _____ to _____ _____ my _____.

3. 또한 사람들은 생일 파티 같이 특별한 날에도 술집에 갑니다.

Next, people sometimes go to bars for _____ _____ such as _____ _____.

4. 그래서, 사람들은 종종 친구들이나 동료들과 술집에서 모임을 가집니다.

So, people often _____ _____ _____ _____ with their friends or co-workers.

> **Answer**
> 1. break the ice / make / mood better
> 2. staff dinners / good chance / bond with / co-workers
> 3. special occasions / birthday parties
> 4. have gatherings at bars

학습한 Magic Pattern을 다른 주제에서도 활용해 보세요.

1. Drinks break the ice and <u>make the mood better</u>.
- Many people order wine at restaurants because it <u>makes the mood better</u>.
  <u>Restaurants</u>에 활용 분위기를 더 좋게 하기 때문에 많은 사람들이 음식점에 가면 와인을 주문합니다.
- Many people choose a hotel room with the ocean view because it <u>makes the mood better</u>.
  <u>Hotels</u>에 활용 분위기를 더 좋게 하기 때문에 많은 사람들이 오션뷰가 있는 호텔방을 선택합니다.

2. <u>So, people often</u> have gatherings at bars <u>with their friends or co-workers</u>.
- <u>So, people often</u> eat out <u>with their friends or co-workers</u>.
  <u>Restaurants</u>에 활용 그래서 사람들은 친구나 직장 동료들과 자주 외식을 합니다.
- <u>So, people often</u> go to parks <u>with their friends or co-workers</u> to get some fresh air.
  <u>Parks</u>에 활용 그래서 사람들은 친구나 직장 동료들과 상쾌한 공기를 마시기 위해 공원에 자주 갑니다.

OPIc 질문에 대한 모범답변을 살펴본 후, 질문의 핵심 포인트를 파악하여 나만의 OPIc 답변을 만들어 보세요.

6 **What did you do at your last gathering or celebration? What was the occasion? Give me all the details.** 🎧 MP3 03_Q6

지난번 사교 모임이나 축하 행사에서 무엇을 했나요? 무엇 때문에 모였나요? 자세하게 말해 주세요.

Structure		Idea
시작 문장	주제 문장 소개	My family and I had dinner last weekend.
본문	최근 음식점에 간 경험 묘사	restaurant, best, in town, food tasted good, ordered, juicy, tender, had some beer
마무리 문장	나의 답변 마무리	Looking back, it was a very memorable dinner.

Model Answer 🎧 MP3 03_A6

❶ My family and I had dinner last weekend.

+ My friends and I had lunch ❷ a few weeks ago.

+ My co-workers and I had a staff dinner a few days ago.

We went to a ❸ great Mexican restaurant.

+ Italian + Thai + Japanese + Chinese + American + Vietnamese

They had the best tacos ❹ in town.

+ burgers + steak + pizza + pasta + Korean barbeque + rice noodles

The food tasted good because I was so hungry.

The shrimp I ordered was very ❺ juicy and tender.

+ fish + beef + pork + chicken + crab + lobster + squid + octopus

Plus, we had some beer with the meal.

+ red/white wine + soft drinks + cocktails

Looking back, it was a very memorable dinner.

Tips for Better Answer

* 음식점 주제의 '최근에 간 식당에서 먹은 음식과 맛 묘사' 답변 그대로 활용

▶❶ I가 다른 주어와 함께 쓰일 때는 언제나 제일 뒤에 위치
I and my friends had a gathering. (X)
Ex: My friends and I had a gathering (O)
내 친구들과 나는 모임을 가졌다.

▶❷ 언제 (when) 갔는지에 대한 정보로 문장 시작하는 것도 추천 방법
Ex: A few days ago, I had lunch with my friends.
며칠 전 나는 친구들과 점심식사를 했다.

▶❸ 음식점 묘사에 쓰일 수 있는 형용사
expensive: 비싼
high-end: 고급인
affordable: 감당할 수 있는

▶❹ = in my neighborhood, in downtown, in downtown area

▶❺ 맛 표현에 쓰이는 형용사
bland: 싱거운
bitter: 쓴
savory: 풍미가 좋은

- **co-workers** 직장 동료
- **staff-dinner** 회식
- **taste** 맛이 ~하다
- **juicy** 즙이 많은
- **tender** 부드러운
- **memorable** 기억에 남는

저는 지난 주말에 가족들과 저녁 식사를 했습니다. (+ 몇 주 전에 친구와 점심을 먹었습니다. + 며칠 전 직장 동료들과 회식을 했습니다.) 우리는 괜찮은 멕시칸 음식점에 갔습니다. (+ 이탈리아 + 태국 + 일본 + 중국 + 미국 + 베트남) 그곳은 동네에서 가장 맛있는 타코를 제공합니다. (+ 버거 + 스테이크 + 피자 + 파스타 + 한국식 바비큐 + 쌀국수) 배가 고파서 음식이 더 맛있었습니다. 우리가 주문한 새우는 육즙이 많고 부드러웠습니다. (+ 생선 + 소고기 + 돼지고기 + 닭고기 + 게 + 랍스터 + 오징어 + 문어) 우리는 식사와 함께 맥주를 조금 마셨습니다. (+ 레드/화이트 와인 + 탄산음료 + 칵테일) 돌이켜 보면, 매우 기억에 남는 저녁 식사였습니다.

OPIc Pattern 익히기

주어진 한국어 핵심 문장을 읽고 빈칸에 들어갈 영어 표현을 작성하세요. 그 후, 문장을 반복해 말하는 연습을 통해 OPIc 핵심 패턴과 모범 답변을 익혀 보세요.

1. 며칠 전 직장 동료들과 회식을 했습니다.

My _____ and I _____ a _____ _____ a few days ago.

2. 우리는 괜찮은 멕시칸 음식점에 갔습니다. 그곳은 동네에서 가장 맛있는 타코를 제공합니다.

We _____ _____ a great Mexican _____. They had the _____ _____ _____ _____.

3. 배가 고파서 음식이 더 맛있었습니다.

The _____ _____ _____ because I was so _____.

4. 우리가 주문한 새우는 육즙이 많고 부드러웠습니다. 우리는 식사와 함께 맥주를 조금 마셨습니다.

The shrimp I _____ was very _____ and _____. Plus, we _____ some beer _____ _____ _____.

Answer
1. co-workers / had / staff dinner
2. went to / restaurant / best tacos in town
3. food tasted good / hungry
4. ordered / juicy / tender / had / with the meal

OPIc Magic Pattern 활용하기

학습한 Magic Pattern을 다른 주제에서도 활용해 보세요.

1. **My family and I had dinner** last weekend.
   - **My family and I had dinner** after swimming at the beach all day long.
     Beaches에 활용 우리 가족은 해변에서 하루 종일 수영을 한 후에 저녁 식사를 했습니다.

   - **My family and I had dinner** at an expensive restaurant during the last holiday.
     Holidays에 활용 우리 가족은 최근 휴일 때 비싼 음식점에 가서 저녁 식사를 했습니다.

2. **They had the best tacos in town.**
   - **They had the best** jogging track **in town.**
     Parks에 활용 그곳은 동네에서 제일 좋은 조깅 트랙을 가지고 있습니다.

   - **They had the best** movie theater **in town.**
     Movies에 활용 그곳은 동네에서 제일 좋은 극장을 가지고 있습니다.

3. **The shrimp I ordered was very** juicy and tender.
   - **The beer I ordered was very** savory.
     Bars에 활용 제가 주문한 맥주는 풍미가 매우 좋습니다.

   - **The seafood I ordered was very** fresh, but the sauce was too sweet for me.
     Restaurants에 활용 제가 주문한 해산물은 매우 신선했지만 소스는 저에게는 너무 달았습니다.

OPIc 질문에 대한 모범답변을 살펴본 후, 질문의 핵심 포인트를 파악하여 나만의 OPIc 답변을 만들어 보세요.

7-1 Talk about a memorable incident that happened at a gathering or a celebration. 🎧MP3 03_Q7-1
Why was it memorable or unforgettable?

사교 모임이나 축하 행사에서 일어났던 기억에 남는 사건에 대해 이야기해 보세요. 무엇이 기억에 남거나 잊을 수 없게 하나요?

7-2 Tell me about the last holiday party or celebration that you attended. 🎧MP3 03_Q7-2
Give me lots of details about what happened. Who was there with you?
Tell me about what you did from beginning to end.

최근 참석한 휴일 파티나 축하 파티에 대해 말해 주세요. 누구와 함께 있었나요? 처음부터 끝까지 그때 한 일에 대해 말해 주세요.

Structure		Idea
시작 문장	주제 문장 소개	I remember going to a gathering recently.
본문	모임에 나가서 만취했던 경험 묘사	held at, drank beer, got very drunk, stomach, dizzy, walk straight, hangover, took me, sober up
마무리 문장	나의 답변 마무리	Since then, I try to be more careful.

Model Answer 🎧MP3 03_A7

I remember going to a gathering ❶ recently.

+ ❷ a staff dinner + a birthday party

It ❸ was held at a Korean bar and we drank beer there.

I drank a lot that day.

I got very drunk because I drank too much.

+ I drank too ❹ fast + I drank on an empty stomach + I mixed drinks

❺ I felt like throwing up.

Plus, I felt dizzy and I could NOT walk straight.

+ I got wasted and blacked out.

+ I do NOT even remember how I got home.

I had a hangover the next day.

It took me a long time to ❻ sober up.

Since then, I try to be more careful.

Tips for Better Answer

* 술집 주제의 '최근 술집에서 한 기억에 남는 술자리 묘사'의 표현과 답변 그대로 활용

▶❶ recently 대신 쓸 수 있는 표현
a few days ago: 며칠 전에
the other day: 예전에
the other night: 며칠 전 밤에
Ex: I had a gathering the other day.
예전에 모임이 있었다.

▶❷ 다양한 종류의 모임
year-end party: 송년회
welcoming party: 환영회
farewell party: 송별회

▶❸ 〈be held at〉
장소를 언급할 때 주로 쓰이는 동사 hold
수동태로 사용
Ex: The party was held at a nice bar.
파티는 멋진 술집에서 열렸다.

▶❹ fast는 형용사와 부사 둘 다 쓰임
fastly (X)
Ex: He is a fast learner. (형용사) 그는 빨리 배운다.
He learns fast. (부사) 그는 빨리 배운다.

▶❺ 술에 취한 경험을 이야기할 때 반복되어 쓰이는 표현
★암기 필수!

▶❻ = 술에서 깨다
Ex: I need to sober up before I leave the bar.
술집에서 나가기 전에 술이 깨야 해.

데이터와 트렌드로 쉽게 취득하는 OPIc IM

Key Expressions

- **gathering** 모임
- **get drunk** 술에 취하다
- **empty stomach** 빈속
- **dizzy** 어지러운

- **get wasted** 만취하다
- **get blacked out** 정신을 잃다
- **hangover** 숙취
- **sober up** 술이 깨

최근에 모임에 갔던 기억이 납니다. (+ 회식 + 생일 파티) 한국식 술집이었고 저는 거기서 맥주를 마셨습니다. 그날 술을 꽤 많이 마셨습니다. 술을 너무 많이 마셔서 많이 취했습니다. (+ 너무 빨리 마셔서 + 빈속에 마셔서 + 섞어 마셔서) 속이 너무 안 좋았습니다. 현기증이 나서 똑바로 걸을 수가 없었습니다. (+ 완전히 취해서 정신을 잃었습니다. + 집에 어떻게 왔는지 기억도 나지 않습니다.) 다음날 숙취에 시달렸습니다. 술이 깨는 데 꽤 오래 걸렸습니다. 그 이후로, 저는 더 조심하려고 노력합니다.

주어진 한국어 핵심 문장을 읽고 빈칸에 들어갈 영어 표현을 작성하세요. 그 후, 문장을 반복해 말하는 연습을 통해 OPIc 핵심 패턴과 모범 답변을 익혀 보세요.

1. 한국식 술집이었고 저는 거기서 맥주를 마셨습니다.

It was _____ _____ a Korean bar and we _____ _____ there.

2. 술을 너무 많이 마셔서 많이 취했습니다.

I _____ very _____ because I _____ _____ _____.

3. 현기증이 나서 똑바로 걸을 수가 없었습니다. 완전히 취해서 정신을 잃었습니다.

Plus, I _____ _____ and I could NOT _____ _____. I _____ _____ and _____ _____.

4. 다음날 숙취에 시달렸습니다. 술이 깨는 데 꽤 오래 걸렸습니다.

I _____ a _____ the next day. It _____ _____ a long time to _____ _____.

Answer
1. held at / drank beer
2. got / drunk / drank too much
3. felt dizzy / walk straight / got wasted / blacked out
4. had / hangover / took me / sober up

OPIc Magic Pattern 활용하기

학습한 Magic Pattern을 다른 주제에서도 활용해 보세요.

1. I had a hangover the next day.

- I had a hangover, so I could not go to the gym on that day.
  Health에 활용 그날 숙취가 있어서 헬스장에 갈 수 없었습니다.

- I had a hangover, so I could not concentrate on my work.
  Work에 활용 그날 숙취가 있어서 제 일에 집중할 수가 없었습니다.

2. It took me a long time to sober up.

- It took me a long time to learn how to swim at the beach.
  Beaches에 활용 해변에서 수영하는 것을 배우는 데 시간이 매우 오래 걸렸습니다.

- It took me a long time to quit smoking for my health.
  Health에 활용 제 건강을 위해 담배를 끊는 데 시간이 매우 오래 걸렸습니다.

데이터와 트렌드로 쉽게 취득하는 OPIc IM

OPIc 질문에 대한 모범답변을 살펴본 후, 질문의 핵심 포인트를 파악하여 나만의 OPIc 답변을 만들어 보세요.

8 Talk about a time when you helped prepare for a party or a celebration. Perhaps you helped invite people, or you helped decorate the venue, or you helped get the food or drinks. Tell me about this experience from the beginning to the end. 🎧 MP3 03_Q8

직접 파티나 축하 행사의 준비를 도왔던 경험에 대해 이야기하세요. 아마도 손님 초대, 행사장 장식, 또는 음식이나 술을 준비하는 것을 도왔을 것입니다. 이 경험에 대해 처음부터 끝까지 말해 주세요.

	Structure	Idea
시작 문장	주제 문장 소개	I remember having my son's birthday party at home.
본문	음식을 주문해서 집에서 가족들과 파티한 이야기	7th birthday, cooked some food, ordered some, tasted good, after the party, clean up
마무리 문장	나의 답변 마무리	Looking back, it was a very memorable birthday.

Model Answer 🎧 MP3 03_A8

I remember ❶ having my son's birthday party at home.

It was his 7th birthday.

+ dad's + mom's + daughter's + sister's + brother's

+ wife's + husband's + father-in-law's + mother-in-law's

We ❷ cooked some food for the party.

❸ Plus, we ordered some fried chicken.

+ some pizza + some Chinese food + some raw fish

The food ❹ tasted good because I was so hungry.

After the party, I helped clean up.

Looking back, it was a very memorable birthday.

Tips for Better Answer

* 음식점 주제의 '테이크아웃/배달 음식점을 통해 특별한 행사 준비경험' 답변 그대로 활용

▶❶ 직접 파티를 열었다는 것을 강조하고 싶을 때 throw 사용
Ex: I threw a big party for my father.
아버지를 위해 큰 파티를 열었다.

▶❷ = prepared, made
Ex: I made some delicious food for the party.
나는 파티를 위해 맛있는 음식을 만들었다.

▶❸ 새로운 정보를 줄 때 필요한 접속사
in addition: 추가로
next: 그 다음으로
also: 또한

▶❹ 맛에 대해 이야기할 때 동사 taste 대신 be 사용 가능
Ex: It was so good.
너무 맛있었다.

Key Expressions

- **birthday party** 생일 파티
- **order** 주문하다
- **clean up** 치우다
- **look back** 돌이켜 보면

집에서 아들의 생일 파티를 했던 기억이 납니다. 그의 7번째 생일이었습니다. (+ 아빠의 + 엄마의 + 딸의 + 여자 형제의 + 남자 형제의 + 아내의 + 남편의 + 장인어른/시아버지의 + 장모님/시어머니의) 우리는 파티를 위해 음식을 요리했습니다. 게다가, 우리는 치킨을 주문했습니다. (+ 피자 + 중국음식 + 회) 배가 고파서 음식이 더 맛있었습니다. 파티가 끝난 후, 저는 청소를 도왔습니다. 돌이켜 보면, 매우 기억에 남는 생일이었습니다.

주어진 한국어 핵심 문장을 읽고 빈칸에 들어갈 영어 표현을 작성하세요. 그 후, 문장을 반복해 말하는 연습을 통해 OPIc 핵심 패턴과 모범 답변을 익혀 보세요.

1. 집에서 아들의 생일 파티를 했던 기억이 납니다. 그의 7번째 생일이었습니다.

   I _____ _____ my son's _____ _____ at home. It was his _____ _____.

2. 우리는 파티를 위해 음식을 요리했습니다. 게다가, 우리는 치킨을 주문했습니다.

   We _____ _____ _____ for the party. Plus, we _____ _____ fried chicken.

3. 배가 고파서 음식이 더 맛있었습니다. 파티가 끝난 후, 저는 청소를 도왔습니다.

   The _____ _____ _____ because I was so hungry. After the party, I _____ _____ _____.

4. 돌이켜 보면, 매우 기억에 남는 생일이었습니다.

   _____ _____, it was a very _____ _____.

Answer
1. remember having / birthday party / 7th birthday
2. cooked some food / ordered some
3. food tasted good / helped clean up
4. Looking back / memorable birthday

 OPIc Magic Pattern 활용하기

학습한 Magic Pattern을 다른 주제에서도 활용해 보세요.

1. The food tasted good <u>because I was so hungry.</u>
   - I ate a lot at the restaurant <u>because I was so hungry.</u>
     Restaurants에 활용 저는 너무 배가 고파서 음식점에서 많이 먹었습니다.
   - I could not walk at the park anymore <u>because I was so hungry.</u>
     Parks에 활용 저는 너무 배가 고파서 공원에서 더 이상 산책을 할 수 없었습니다.

2. After the party, <u>I helped clean up.</u>
   - After the holiday dinner, <u>I helped clean up.</u>
     Holidays에 활용 휴일에 저녁 식사를 한 후에 치우는 것을 도왔습니다.
   - In my free time, my family and I had a small party. After the party, <u>I helped clean up.</u>
     Free Time에 활용 자유시간에 가족들과 저는 작은 파티를 했습니다. 파티 후에 저는 치우는 것을 도왔습니다.

데이터와 트렌드로 쉽게 취득하는 OPIc IM

Chapter 04

Food / Health

질문을 제대로 파악하는 것만으로도 성공적으로 시험을 치를 수 있습니다. OPIc에서 자주 출제되는 질문들을 알아보세요.

Food

1 **Many people try to eat healthy these days. What kinds of foods are healthy and why are they healthy for us?**

요즘 많은 사람들이 건강한 식습관을 가지려고 노력합니다. 어떤 종류의 음식이 건강에 좋고 왜 그것이 우리 건강에 좋을까요?

문항 유형	건강식 종류와 건강에 좋은 이유 설명
문항 수준	Intermediate
핵심 포인트	• 음식 주제의 '본인이 먹는 일상 음식 소개'와 같은 답변 활용 • 현재형 시제를 사용하여 채소, 과일, 생선 등 건강에 좋은 음식 나열 및 이유 설명 • 음식 관련 이야기는 they, 본인이 먹는 음식에 대한 이야기는 I 사용
중요도	★★★

2 Tell me how you found out about eating healthy. Did your family eat healthy when you were growing up? Describe to me in detail about how you started to eat healthy.

건강한 식사에 대해 어떻게 알게 되었는지 말해 주세요. 당신이 자랄 때 당신의 가족은 건강한 식습관을 가졌었나요? 어떻게 건강식을 먹기 시작했는지 자세히 설명해 주세요.

문항 유형	본인이 건강식을 처음 먹게 된 계기 설명
문항 수준	Advanced
핵심 포인트	• 과거의 식습관은 과거형 시제, 현재의 식습관은 현재형 시제로 묘사 • 어머니와 본인의 식습관에 대해 이야기하므로 주어는 she, I 사용
중요도	★★★

3 When was the last time you had some healthy food? Who were you with and how did you feel? What was special about that experience?

마지막으로 건강에 좋은 음식을 먹은 게 언제인가요? 누구랑 같이 있었고 기분이 어땠나요? 그 경험에서 특별한 점은 무엇인가요?

문항 유형	건강식을 최근에 먹어 본 경험 묘사
문항 수준	Advanced
핵심 포인트	• 음식 주제의 '우리나라 대표 음식'과 같은 답변 활용 • 우리나라 대표 음식 / 건강한 음식으로 김치를 선택하여 주어 kimchi, it 사용 • 평상시 먹는 건강한 음식이므로 현재형 시제로 묘사
중요도	★★★★★

4 What is a popular dish in your country? What is special about the dish? Please describe that dish in detail.

당신의 나라에서 인기 있는 요리는 무엇인가요? 이것이 왜 특별하나요? 이 요리에 대해 자세히 설명해 주세요.

문항 유형	우리나라 대표 음식 묘사
문항 수준	Intermediate
핵심 포인트	• 음식 주제의 '건강식을 최근에 먹어 본 경험 묘사'와 함께 답변 대비 • 우리나라 대표 음식 / 건강한 음식으로 김치를 선택하여 주어 kimchi, it 사용 • 평상시 먹는 음식 설명이므로 현재형 시제 사용
중요도	★★★★★

5 **What do you eat on a regular day? Tell me everything that you eat in detail.**

평소에 무엇을 먹나요? 당신이 먹는 모든 것을 자세히 말해 주세요.

문항 유형	본인이 먹는 일상 음식 묘사
문항 수준	Intermediate
핵심 포인트	• 음식 주제의 '건강식 종류와 건강에 좋은 이유 설명'과 같은 답변 활용 • 현재형 시제로 채소, 과일, 생선 등 건강에 좋은 음식을 나열 후 이유 설명 • 음식에 대한 이야기할 때는 they, 본인이 먹는 음식 설명은 I 사용
중요도	★★★★★

6 **Tell me about a memorable experience you had while eating something. It could have been something good or bad. What happened? Why was it so memorable or special? Tell me everything with lots of details.**

무언가를 먹으면서 겪었던 기억에 남는 경험을 말해 주세요. 좋은 일이거나 나쁜 일이었을 수도 있습니다. 어떤 일이었나요? 왜 그렇게 기억에 남거나 특별했나요? 가능한 한 모든 것을 자세히 말해 주세요.

문항 유형	음식 관련 기억에 남는 에피소드 묘사
문항 수준	Advanced
핵심 포인트	• 식중독에 걸려 고생한 경험 이야기 • 본인의 경험이므로 주어 I 사용, 과거형 시제로 묘사
중요도	★★★★★

Health

7 **Describe a healthy person you know of. What makes that person healthy? Tell me everything that makes that person healthier.**

당신이 알고 있는 건강한 사람을 묘사하세요. 왜 그 사람이 건강한가요? 그 사람을 더 건강하게 만드는 것에 대해 자세히 말해 주세요.

문항 유형	본인이 아는 건강한 사람 습관 묘사
문항 수준	Intermediate
핵심 포인트	• 본인이 아는 건강한 사람의 운동 습관과 식습관을 현재형 시제로 묘사 • 다른 사람에 대한 이야기이므로 주어는 he / she 사용
중요도	★★

8 Have you ever changed a habit or a certain lifestyle for your health? Maybe you started to work out or started to eat healthy. Tell me about that change you made.

건강을 위해 습관이나 특정한 생활 방식을 바꾼 적이 있나요? 아마도 운동을 시작했거나 건강한 식습관을 갖기 시작했을 수도 있습니다. 변화에 대해 말해 주세요.

문항 유형	본인이 건강을 위해 생활 방식에 변화를 준 경험
문항 수준	Advanced
핵심 포인트	• 건강을 유지하기 위해 시도한 다양한 변화를 과거형 시제 사용하여 묘사 • 본인의 생활방식에 대한 이야기이므로 주어 I 사용
중요도	★★★★

9 Talk about one thing that you did for your health in detail. What kind of impact did it have on your health?

건강을 위해 당신이 한 일에 대해 자세히 말해 주세요. 당신의 건강에 어떤 영향을 끼쳤나요?

문항 유형	본인이 건강을 위해서 했던 일 한 가지의 효과 설명
문항 수준	Advanced
핵심 포인트	• 음식 주제의 '건강식 종류와 건강에 좋은 이유 설명'의 답변 그대로 활용 • 본인의 경험 이야기이므로 주어 I 사용 • 과거의 노력이므로 시제는 과거형 사용
중요도	★★

OPIc 질문에 대한 모범답변을 살펴본 후, 질문의 핵심 포인트를 파악하여 나만의 OPIc 답변을 만들어 보세요.

1 Many people try to eat healthy these days. What kinds of foods are healthy and why are they healthy for us? 🎧 MP3 04_Q1

요즘 많은 사람들이 건강한 식습관을 가지려고 노력합니다. 어떤 종류의 음식이 건강에 좋고 왜 그것이 우리 건강에 좋을까요?

Structure		Idea
시작 문장	주제 문장 소개	People try to eat healthy these days.
본문	일상 음식으로 건강에 좋은 음식 선택 후 묘사	first, vegetables, fruits, vitamins, eat, fish, chicken breasts, protein, organic food, healthier, NOT have any chemicals
마무리 문장	나의 답변 마무리	So, these are the types of food that are healthy.

Model Answer 🎧 MP3 04_A1

People try to ❶ eat healthy ❷ these days.

First, they ❸ try to eat vegetables and fruits often.

They have a lot of ❹ vitamins in them.

Next, people try to eat beans and tofu often.

+ fish + chicken breasts + beef + pork

They have a lot of healthy ❺ protein in them.

Also, people try to have organic food whenever they can.

It is much healthier because it does NOT have any chemicals in it.

So, these are the types of food that are healthy.

Tips for Better Answer

▶❶ healthy는 형용사이나 미국식 영어에선 부사로도 자주 쓰임
= eat healthily, eat healthy food
Ex: People eat healthily for their health.
사람들은 자신의 건강을 위해 건강하게 먹는다.

▶❷ = now, nowadays

▶❸ 〈try to + 동사원형〉
일반화를 피하기 위해 동사 try 사용
Ex: I do not eat chocolate.
나는 초콜릿을 안 먹는다. (절대 먹지 않는다는 의미)
I try not to eat chocolate.
나는 초콜릿을 먹지 않으려고 노력한다. (가끔 먹기도 함)

▶❹ 답변 양 확보를 위해 비타민의 종류와 효능 나열
Ex: There are vitamins C and D which are necessary for a healthy immune system.
건강한 면역 체계를 위해 필수인 비타민 C와 D가 있다.

▶❺ vegetables, fruits, vitamins는 가산 명사이나 protein은 불가산 명사
가산 명사, 불가산 명사 수식 시 함께 쓸 수 있는 부사 a lot of, tons of, some
Ex: Fruits have tons of vitamin C.
과일에는 비타민 C가 많이 있다.

Key Expressions

- **healthy** 건강한
- **vegetables** 채소
- **beans** 콩
- **protein** 단백질
- **organic food** 유기농 음식
- **chemicals** 화학제품, 화학약품

사람들은 식사를 할 때 건강하게 먹으려고 노력합니다. 첫 번째로 사람들은 채소와 과일을 자주 먹으려고 노력합니다. 그것은 많은 비타민을 포함하고 있습니다. 게다가 콩이나 두부도 많이 먹으려고 합니다. (+ 생선 + 닭가슴살 + 소고기 + 돼지고기) 여기에는 건강한 단백질이 풍부하게 함유되어 있습니다. 또한, 사람들은 할 수 있을 때마다 유기농 음식을 많이 먹으려고 노력합니다. 그것은 화학약품을 사용하지 않기 때문에 훨씬 더 건강합니다. 즉 이것이 건강에 좋은 음식의 종류입니다.

주어진 한국어 핵심 문장을 읽고 빈칸에 들어갈 영어 표현을 작성하세요. 그 후, 문장을 반복해 말하는 연습을 통해 OPIc 핵심 패턴과 모범 답변을 익혀 보세요.

1. 사람들은 식사를 할 때 건강하게 먹으려고 노력합니다.

   First, they _____ _____ eat _____ and _____ often.

2. 게다가 사람들은 콩이나 두부도 많이 먹으려고 합니다.

   Next, people _____ _____ eat _____ and _____ often.

3. 그것에는 건강한 단백질이 풍부합니다.

   They have _____ _____ of _____ _____ in _____.

4. 즉 이것들이 건강에 좋은 음식의 종류입니다.

   So, _____ _____ the _____ of food that are _____.

Answer
1. try to / vegetables / fruits
2. try to / beans / tofu
3. a lot / healthy protein / them
4. these are / types / healthy

 OPIc Magic Pattern 활용하기

학습한 Magic Pattern을 다른 주제에서도 활용해 보세요.

1. People try to eat healthy these days.
   - People try to eat healthy and exercise regularly for their health these days.
     Health에 활용 요즘 사람들은 건강을 위해 건강하게 먹고 정기적으로 운동하려고 노력합니다.

   - I try to eat healthy and drink less even when I have gatherings these days.
     Gatherings에 활용 저는 요즘 모임을 가져도 건강하게 먹고 술을 덜 마시려고 노력합니다.

2. Also, people try to have organic food whenever they can.
   - Also, people try to travel abroad whenever they can since flight tickets are getting cheaper.
     Overseas Trips에 활용 또한 비행기 티켓이 저렴해지면서 사람들은 할 수 있을 때마다 해외여행을 가려고 합니다.

   - Also, people try to eat out whenever they can because it is convenient.
     Restaurants에 활용 또한 편리하기 때문에 사람들은 할 수 있을 때마다 외식을 하려고 합니다.

OPIc 질문에 대한 모범답변을 살펴본 후, 질문의 핵심 포인트를 파악하여 나만의 OPIc 답변을 만들어 보세요.

2 **Tell me how you found out about eating healthy. Did your family eat healthy when you were growing up? Describe to me in detail about how you started to eat healthy.** 🎧 MP3 04_Q2

건강한 식사에 대해 어떻게 알게 되었는지 말해 주세요. 당신이 자랄 때 당신의 가족은 건강한 식습관을 가졌었나요? 어떻게 건강식을 먹기 시작했는지 자세히 설명해 주세요.

	Structure	Idea
시작 문장	주제 문장 소개	When I was a kid, my mom used to make me eat healthy.
본문	어렸을 때와 현재 식습관 비교	made me eat vegetables, fruits, made me drink milk, less junk food, eat well, her top priority
마무리 문장	나의 답변 마무리	So, I first learned about eating healthy from my mom.

Model Answer 🎧 MP3 04_A2

When I was a kid, my mom used to ❶ make me eat healthy.

She made me eat vegetables and fruits ❷ every day.

Plus, she made me drink ❸ milk every day.

Also, she made me eat ❹ less junk food.

Making me ❺ eat well was always her ❻ top priority.

So, I first learned about eating healthy from my mom.

Tips for Better Answer

❶ 〈make + 목적어 + 동사원형〉
(목적어)가 (동사)하게 만들다
Ex: My mom made me exercise.
엄마는 나를 운동하게 만들었다.

❷ 매일 먹은 것을 강조하고 싶을 때는
every single day 사용
Ex: I had to eat vegetables every single day.
나는 하루도 빠짐없이 채소를 먹어야 했다.

❸ milk는 불가산 명사
a carton of milk: 우유 한 통
a glass of milk: 우유 한 잔

❹ junk food는 불가산 명사이므로 앞에 less가 옴
junk food의 예시를 들면 답변 양 늘리기 가능
Ex: I did not eat junk food such as candy, sweet desserts, and salted snacks.
나는 캔디, 달달한 디저트나 짠 과자와 같은 정크푸드를 먹지 않았다.

❺ = 잘 먹다
Ex: It is important to eat well.
잘 먹는 것은 중요하다.

❻ = first priority
Ex: Eating well was my first priority.
잘 먹는 것은 내 최우선 순위였다.

Key Expressions

• **eat well** 잘 먹다
• **always** 항상
• **top priority** 최우선 순위
• **learn** 배우다

어렸을 때, 저의 어머니는 제가 건강식을 먹도록 했습니다. 그녀는 제가 채소와 과일을 매일 먹도록 했습니다. 또한 매일 우유를 마시게 했습니다. 그리고 정크푸드도 덜 먹도록 했습니다. 그녀는 저를 잘 먹이는 것을 가장 중요하게 생각했습니다. 즉, 저는 어렸을 때 어머니를 통해 건강하게 먹는 것을 처음 배우게 되었습니다.

주어진 한국어 핵심 문장을 읽고 빈칸에 들어갈 영어 표현을 작성하세요. 그 후, 문장을 반복해 말하는 연습을 통해 OPIc 핵심 패턴과 모범 답변을 익혀 보세요.

1. 어렸을 때, 저의 어머니는 제가 건강식을 먹도록 했습니다.

When I was _____ _____, my mom _____ _____ _____ _____ eat healthy.

2. 그녀는 제가 야채와 과일을 매일 먹도록 했습니다.

She _____ _____ eat _____ and _____ every day.

3. 제가 잘 먹는 것이 항상 그녀의 최우선 과제였습니다.

_____ _____ eat _____ was always her _____ _____.

4. 즉, 저는 어렸을 때 어머니를 통해 건강하게 먹는 것을 처음 알게 되었습니다.

So, I first _____ _____ eating _____ _____ my mom.

Answer
1. a kid / used to make me
2. made me / vegetables / fruits
3. Making me / well / top priority
4. learned about / healthy from

OPIc Magic Pattern 활용하기

학습한 Magic Pattern을 다른 주제에서도 활용해 보세요.

1. <u>She made me</u> eat vegetables and fruits <u>every day</u>.
- <u>She made me</u> go to a park to run <u>every day</u>.
Parks에 활용 그녀는 저를 공원에 가서 매일 뛰게 했습니다.

- <u>She made me</u> vacuum and mop the floors <u>every day</u>.
Housing에 활용 그녀는 제게 매일 청소기를 돌리고 바닥을 닦게 시켰습니다.

2. Making me eat well <u>was always her top priority</u>.
- Having regular family gatherings <u>was always her top priority</u>.
Gatherings에 활용 정기적으로 가족 모임을 가지는 것은 항상 그녀의 최우선 순위였습니다.

- Going to a gym near her place <u>was always her top priority</u>.
Health에 활용 집 근처에 있는 체육관에 가는 것은 항상 그녀의 최우선 순위였습니다.

3. <u>So, I first learned</u> about eating healthy from my mom.
- <u>So, I first learned</u> about the importance of exercising from my mom.
Health에 활용 그래서 어머니로부터 처음으로 운동의 중요성을 배웠습니다.

- <u>So, I first learned</u> how to swim at the beach.
Beaches에 활용 그래서 저는 처음으로 바다에서 수영하는 법을 배웠습니다.

OPIc 질문에 대한 모범답변을 살펴본 후, 질문의 핵심 포인트를 파악하여 나만의 OPIc 답변을 만들어 보세요.

3-1 When was the last time you had some healthy food? Who were you with and how did you feel? What was special about that experience? 🎧 MP3 04_Q3-1

마지막으로 건강에 좋은 음식을 먹은 게 언제인가요? 누구랑 같이 있었고 기분이 어땠나요? 그 경험에서 특별한 점은 무엇인가요?

3-2 What is a popular dish in your country? What is special about the dish? Please describe that dish in detail. 🎧 MP3 04_Q3-2

당신의 나라에서 인기 있는 요리는 무엇인가요? 이것이 왜 특별하나요? 이 요리에 대해 자세히 설명해 주세요.

	Structure	Idea
시작 문장	주제 문장 소개	The most common food in Korea is kimchi.
본문	한국의 인기 있는 요리로 김치를 소개 후 최근 먹은 경험 묘사	good for our health, strengthens, immune system, have, every day when I have meals, had some yesterday
마무리 문장	나의 답변 마무리	So, kimchi is a healthy dish I have every day.

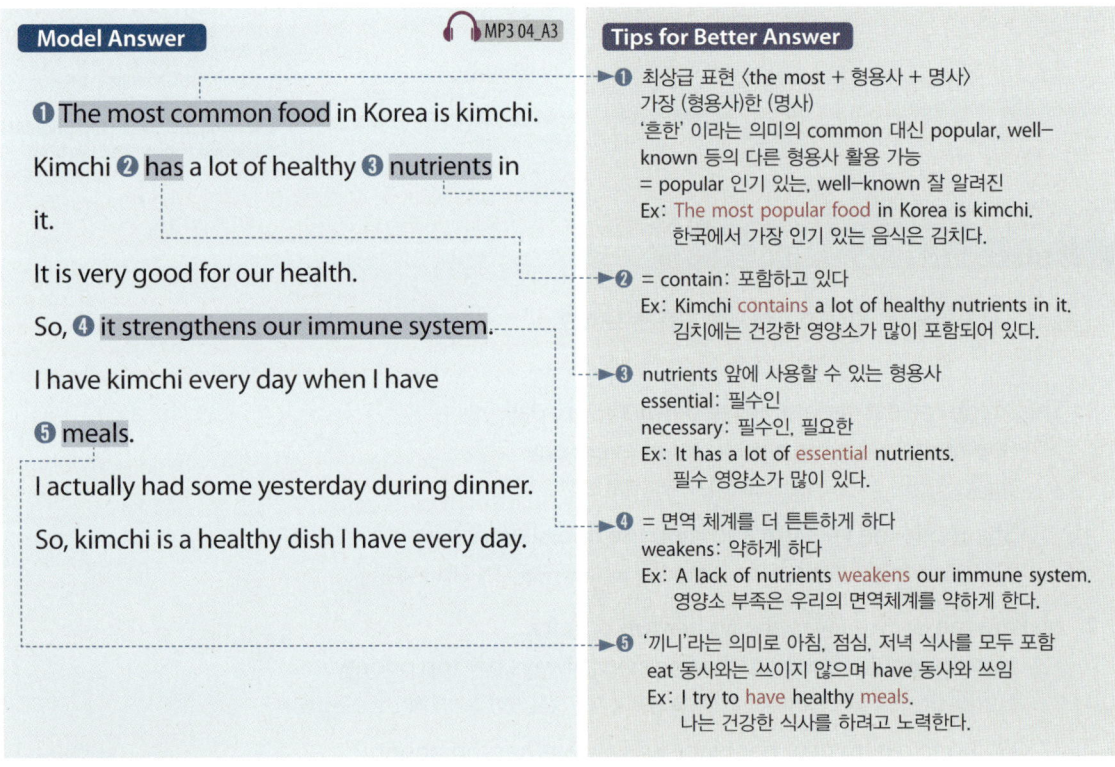

Model Answer 🎧 MP3 04_A3

❶ The most common food in Korea is kimchi.

Kimchi ❷ has a lot of healthy ❸ nutrients in it.

It is very good for our health.

So, ❹ it strengthens our immune system.

I have kimchi every day when I have ❺ meals.

I actually had some yesterday during dinner.

So, kimchi is a healthy dish I have every day.

Tips for Better Answer

▶❶ 최상급 표현 〈the most + 형용사 + 명사〉
가장 (형용사)한 (명사)
'흔한' 이라는 의미의 common 대신 popular, well-known 등의 다른 형용사 활용 가능
= popular 인기 있는, well-known 잘 알려진
Ex: The most popular food in Korea is kimchi.
한국에서 가장 인기 있는 음식은 김치이다.

▶❷ = contain: 포함하고 있다
Ex: Kimchi contains a lot of healthy nutrients in it.
김치에는 건강한 영양소가 많이 포함되어 있다.

▶❸ nutrients 앞에 사용할 수 있는 형용사
essential: 필수인
necessary: 필수인, 필요한
Ex: It has a lot of essential nutrients.
필수 영양소가 많이 있다.

▶❹ = 면역 체계를 더 튼튼하게 하다
weakens: 약하게 하다
Ex: A lack of nutrients weakens our immune system.
영양소 부족은 우리의 면역체계를 약하게 한다.

▶❺ '끼니'라는 의미로 아침, 점심, 저녁 식사를 모두 포함
eat 동사와는 쓰이지 않으며 have 동사와 쓰임
Ex: I try to have healthy meals.
나는 건강한 식사를 하려고 노력한다.

Key Expressions

• **common** 흔한
• **nutrients** 영양소
• **strengthen** 강화하다, 튼튼하게 하다
• **immune system** 면역 체계
• **meal** 식사
• **actually** 사실은

한국에서 가장 흔한 음식 중 하나는 김치입니다. 김치에는 건강에 좋은 영양소가 많이 들어 있습니다. 김치는 우리의 건강에 매우 좋습니다. 그것은 우리의 면역 체계를 강화시킵니다. 저는 매일 밥을 먹을 때 김치를 먹습니다. 사실 어제 저녁 식사 때도 먹었습니다. 즉, 김치는 제가 매일 먹는 가장 건강에 좋은 음식 중 하나입니다.

주어진 한국어 핵심 문장을 읽고 빈칸에 들어갈 영어 표현을 작성하세요. 그 후, 문장을 반복해 말하는 연습을 통해 OPIc 핵심 패턴과 모범 답변을 익혀 보세요.

1. 한국에서 가장 흔한 음식 중 하나는 김치입니다. 김치에는 건강에 좋은 영양소가 많이 들어 있습니다.

   The _____ _____ _____ in Korea is kimchi. Kimchi has a lot _____ _____ in it.

2. 김치는 우리의 건강에 매우 좋습니다. 그것은 우리의 면역 체계를 강화시킵니다.

   It is very _____ _____ our _____. So, it _____ our _____ _____.

3. 저는 매일 밥을 먹을 때 김치를 먹습니다.

   I _____ kimchi every day when I _____ _____.

4. 즉, 김치는 제가 매일 먹는 가장 건강에 좋은 음식 중 하나입니다.

   So, kimchi is a _____ _____ I _____ every day.

Answer
1. most common food / healthy nutrients
2. good for / health / strengthens / immune system
3. have / have meals
4. healthy dish / have

 OPIc Magic Pattern 활용하기

학습한 Magic Pattern을 다른 주제에서도 활용해 보세요.

1. <u>The most common</u> food in Korea is kimchi.
   - <u>The most common</u> type of appointments is the hair appointment.
     Appointment에 활용 가장 흔한 종류의 예약은 미용실 예약입니다.
   - <u>The most common</u> type of exercises is taking walks at parks.
     Parks에 활용 가장 흔한 종류의 운동은 공원에서 산책을 하는 것입니다.

2. Kimchi <u>has a lot of</u> healthy nutrients in it.
   - Hotels <u>have a lot of</u> entertaining facilities for children.
     Hotels에 활용 호텔에는 아이들을 위한 재미있는 시설이 많이 있습니다.
   - Korea <u>has a lot of</u> mountains and beaches.
     Geography에 활용 한국에는 산과 바다가 많이 있습니다.

3. It <u>is very good for</u> our health.
   - Green tea <u>is very good for</u> health, so I try to have one cup of tea every day.
     Health에 활용 녹차는 건강에 좋다고 해서 저는 매일 한 잔씩 마시려고 합니다.
   - Travelling <u>is very good for</u> people's mental health.
     Domestic Trips에 활용 여행은 사람들의 정신 건강에 좋습니다.

OPIc 질문에 대한 모범답변을 살펴본 후, 질문의 핵심 포인트를 파악하여 나만의 OPIc 답변을 만들어 보세요.

4 **What do you eat on a regular day? Tell me everything that you eat in detail.**  MP3 04_Q4

평소에 무엇을 먹나요? 당신이 먹는 모든 것을 자세히 말해 주세요.

Structure		Idea
시작 문장	주제 문장 소개	I try to eat healthy these days.
본문	일상 음식으로 건강에 좋은 음식 선택 후 묘사	first, vegetables, fruits, vitamins, eat, fish, chicken breasts, protein, organic food, healthier, NOT have any chemicals
마무리 문장	나의 답변 마무리	So, these are the types of food that are healthy.

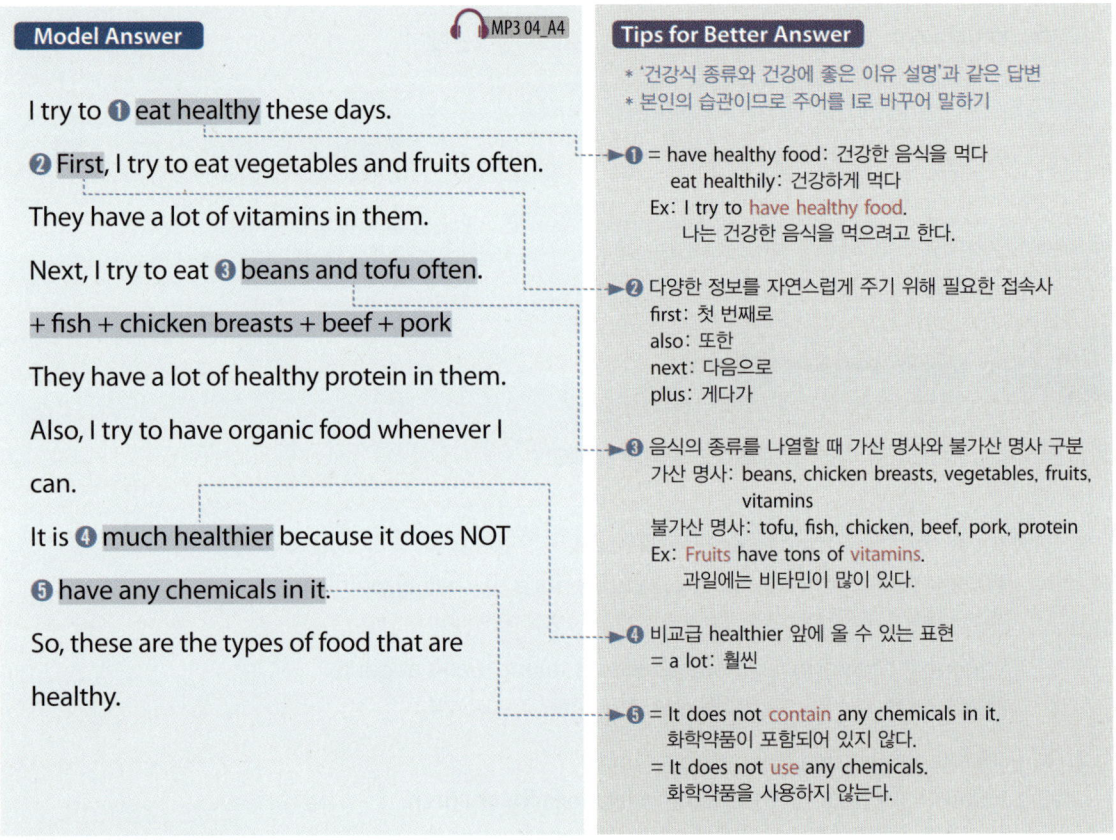

Model Answer MP3 04_A4

I try to ❶ eat healthy these days.

❷ First, I try to eat vegetables and fruits often.

They have a lot of vitamins in them.

Next, I try to eat ❸ beans and tofu often.

+ fish + chicken breasts + beef + pork

They have a lot of healthy protein in them.

Also, I try to have organic food whenever I can.

It is ❹ much healthier because it does NOT

❺ have any chemicals in it.

So, these are the types of food that are healthy.

Tips for Better Answer

＊ '건강식 종류와 건강에 좋은 이유 설명'과 같은 답변
＊ 본인의 습관이므로 주어를 I로 바꾸어 말하기

▶❶ = have healthy food: 건강한 음식을 먹다
   eat healthily: 건강하게 먹다
   Ex: I try to have healthy food.
   나는 건강한 음식을 먹으려고 한다.

▶❷ 다양한 정보를 자연스럽게 주기 위해 필요한 접속사
   first: 첫 번째로
   also: 또한
   next: 다음으로
   plus: 게다가

▶❸ 음식의 종류를 나열할 때 가산 명사와 불가산 명사 구분
   가산 명사: beans, chicken breasts, vegetables, fruits, vitamins
   불가산 명사: tofu, fish, chicken, beef, pork, protein
   Ex: Fruits have tons of vitamins.
   과일에는 비타민이 많이 있다.

▶❹ 비교급 healthier 앞에 올 수 있는 표현
   = a lot: 훨씬

▶❺ = It does not contain any chemicals in it.
   화학약품이 포함되어 있지 않다.
   = It does not use any chemicals.
   화학약품을 사용하지 않는다.

Key Expressions

• **bean** 콩
• **tofu** 두부
• **chicken breasts** 닭가슴살

• **protein** 단백질
• **organic food** 유기농 음식

저는 식사를 할 때 건강하게 먹으려고 노력합니다. 첫 번째로 저는 채소와 과일을 자주 먹으려고 노력합니다. 그것은 많은 비타민을 포함하고 있습니다. 게다가 콩이나 두부도 많이 먹으려고 합니다. (+ 생선 + 닭가슴살 + 소고기 + 돼지고기) 그것에는 건강한 단백질이 풍부합니다. 또한, 저는 할 수 있을 때마다 유기농 음식을 많이 먹으려고 노력합니다. 그들은 화학약품을 사용하지 않기 때문에 훨씬 더 건강합니다. 즉 이것들이 건강에 좋은 음식의 종류입니다.

OPIc Pattern 익히기

주어진 한국어 핵심 문장을 읽고 빈칸에 들어갈 영어 표현을 작성하세요. 그 후, 문장을 반복해 말하는 연습을 통해 OPIc 핵심 패턴과 모범 답변을 익혀 보세요.

1. 그것들은 많은 비타민을 포함하고 있습니다.

They _____ _____ _____ of _____ _____ them.

2. 그것에는 건강한 단백질이 풍부합니다.

They _____ _____ _____ of _____ _____ _____ them.

3. 또한, 저는 할 수 있을 때마다 유기농 음식을 많이 먹으려고 노력합니다.

Also, I _____ _____ have _____ food _____ _____ _____.

4. 그들은 화학약품을 사용하지 않기 때문에 훨씬 더 건강합니다.

It is _____ _____ because it does NOT _____ _____ _____ in it.

Answer
1. have a lot / vitamins in
2. have a lot / healthy protein in
3. try to / organic / whenever I can
4. much healthier / have any chemicals

 OPIc Magic Pattern 활용하기

학습한 Magic Pattern을 다른 주제에서도 활용해 보세요.

1. It is much healthier <u>because it does NOT have</u> any chemicals in it.
- I do not want to go to the café, and <u>because it does not have</u> enough tables.
  Coffee Shops에 활용 그 카페에는 테이블이 충분하지 않아서 저는 그곳에 가고 싶지 않습니다.
- I do not like that shopping center and <u>because it does not</u> have enough parking space.
  Shopping에 활용 그 쇼핑센터에는 주차장이 충분하지 않아서 저는 그곳을 좋아하지 않습니다.

2. <u>So, these are the types</u> of food that are healthy.
- <u>So, these are the types</u> of exercises I do for my health.
  Health에 활용 즉, 이것들이 저의 건강을 위해 하는 운동의 종류입니다.
- <u>So, these are the types</u> of restaurants I often visit when my family.
  Restaurants에 활용 즉, 이곳들이 제가 가족들과 자주 방문하는 음식점의 종류입니다.

OPIc 질문에 대한 모범답변을 살펴본 후, 질문의 핵심 포인트를 파악하여 나만의 OPIc 답변을 만들어 보세요.

5 Tell me about a memorable experience you had while eating something. It could have been something good or bad. What happened? Why was it so memorable or special? Tell me everything with lots of details.

 MP3 04_Q5

무언가를 먹으면서 겪었던 기억에 남는 경험을 말해 주세요. 좋은 일이거나 나쁜 일이었을 수도 있습니다. 어떤 일이 있었나요? 왜 그렇게 기억에 남거나 특별했나요? 가능한 한 모든 것을 자세히 말해 주세요.

Structure		Idea
시작 문장	주제 문장 소개	I remember eating something that went bad recently.
본문	음식 때문에 고생한 경험 답변 활용	got food poisoning, pretty bad, upset stomach, took some medicine, stay inside, get a lot of rest
마무리 문장	나의 답변 마무리	Since then, I try to be more careful.

Model Answer
🎧 MP3 04_A5

I remember eating something that ❶ went bad
❷ recently.

+ eating too fast + eating too much

+ eating too much spicy food

+ eating food that ❸ was undercooked

I got food poisoning and it was pretty bad.

+ got indigestion + got enteritis

❹ I had an upset stomach.

+ I got rashes and my body was itchy.

+ I had heartburn and had a stomachache.

+ I had a fever and I felt light-headed.

+ I went to the bathroom again and again because I had the runs.

I took some medicine to ❺ get better.

I had to stay inside and get a lot of rest.

Since then, I try to be more careful.

Tips for Better Answer

* '음식에 관련된 기억에 남는 에피소드'의 내용 활용

▶❶ = 상하다
go stale: 상하다
Ex: It went stale because of the hot weather.
이것이 뜨거운 날씨 때문에 상했다.

▶❷ recently 대신 과거를 나타내는 정확한 시간 표현을 사용하는 것도 가능
a few days ago: 며칠 전에
about a couple of months ago: 대략 2~3개월쯤 전에
the other day: 예전에

▶❸ '덜 익었다'라는 의미의 undercook은 수동태 사용
Ex: This pork is undercooked.
이 돼지고기가 덜 익었다.

▶❹ 식중독 증상을 묘사하는 표현은 활용도가 높으므로 최소 2개 이상 ★암기 필수!

▶❺ get better: 몸이 나아지다, 좋아지다
feel better: 기분이 나아지다, 좋아지다
Ex: I got better, so I feel much better.
몸이 나으니 기분도 훨씬 좋아졌다.

- **go bad** 상하다
- **spicy food** 매운 음식
- **undercooked** 덜 익은
- **food poisoning** 식중독
- **indigestion** 소화불량
- **enteritis** 장염
- **stomach** 배
- **upset** 아픈

- **light-headed** 머리가 어지러운
- **have a fever** 열이 나다
- **heartburn** (소화불량에 의한) 속 쓰림
- **stomachache** 복통
- **get rashes** 두드러기 나다
- **itchy** 간지럽다
- **had the runs** 설사하다

최근에 뭔가 상한 걸 먹은 기억이 납니다. (+ 너무 빨리 먹었습니다. + 너무 많이 먹었습니다. + 너무 매운 음식을 많이 먹었습니다. + 덜 익힌 것을 먹었습니다.) 식중독에 걸렸는데 꽤 심했습니다. (+ 소화불량 + 장염) 복통이 심했습니다. (+ 발진이 나서 몸이 가려웠습니다. + 속이 쓰리고 복통이 심했습니다. + 열이 나서 머리가 어지러웠습니다. + 설사 때문에 화장실을 들락날락했습니다.) 낫기 위해 약을 먹었습니다. 실내에 있으면서 많이 쉬어야 했습니다. 그 이후로, 저는 더 조심하려고 노력합니다.

주어진 한국어 핵심 문장을 읽고 빈칸에 들어갈 영어 표현을 작성하세요. 그 후, 문장을 반복해 말하는 연습을 통해
OPic 핵심 패턴과 모범 답변을 익혀 보세요.

1. 최근에 뭔가 상한걸 먹은 기억이 납니다.

I _____ _____ something that _____ _____ recently.

2. 식중독에 걸렸는데 꽤 심했습니다. 복통이 심했습니다.

I got _____ _____ and it was _____ _____. I had an _____ _____.

3. 설사 때문에 화장실을 들락날락했습니다.

I went to the bathroom _____ _____ _____ because I _____ _____ _____.

4. 낫기 위해 약을 먹었습니다. 실내에 있으면서 많이 쉬어야 했습니다.

I _____ some _____ to _____ _____. I had to _____ _____ and _____ a lot
of _____.

> **Answer**
> 1. remember eating / went bad
> 2. food poisoning / pretty bad / upset stomach
> 3. again and again / had the runs
> 4. took / medicine / get better / stay inside / get / rest

 OPic Magic Pattern 활용하기

학습한 Magic Pattern을 다른 주제에서도 활용해 보세요.

1. I remember eating <u>something that went bad</u> recently.
  - I ate <u>something that went bad</u>, so I had to cancel my trip to Busan.
    Domestic Trips에 활용 상한 것을 먹어서 부산 여행을 취소해야만 했습니다.

  - During the holiday, I could not do anything because I ate <u>something that went bad</u>.
    Holidays에 활용 휴일 동안에 상한 것을 먹어서 아무것도 할 수 없었습니다.

2. I got food poisoning, <u>and it was pretty</u> bad.
  - I went to a newly-opened shopping center, <u>and it was pretty</u> luxurious.
    Shopping에 활용 새로 연 쇼핑센터에 다녀왔는데 그곳은 꽤 호화스러웠습니다.

  - I went to an Italian restaurant near my house, and <u>it was pretty</u> delicious.
    Restaurants에 활용 집 근처에 있는 이탈리안 음식점에 다녀왔는데 꽤 맛있었습니다.

OPIc 질문에 대한 모범답변을 살펴본 후, 질문의 핵심 포인트를 파악하여 나만의 OPIc 답변을 만들어 보세요.

6 Describe a healthy person you know of. What makes that person healthy? Tell me everything that makes that person healthier.  MP3 04_Q6

당신이 알고 있는 건강한 사람을 묘사하세요. 왜 그 사람이 건강한가요? 그 사람을 더 건강하게 만드는 것에 대해 자세히 말해 주세요.

	Structure	Idea
시작 문장	주제 문장 소개	One of my friends is very health conscious.
본문	본인이 아는 건강한 사람의 생활 습관 묘사	works out, gets some exercise, tries to walk, eats healthy, cut back on unhealthy food, junk food
마무리 문장	나의 답변 마무리	So, these are the things that make my friend healthy.

Model Answer MP3 04_A6

❶ One of my friends is very ❷ health-conscious.

+ my dad + my mom + my brother + my sister +

my wife + my husband

First, ❸ he works out whenever he can.

He gets some exercise at the gym.

He also tries to ❹ take walks often.

Plus, he always eats healthy.

He also tries to cut back on unhealthy food such

as junk food

So, these are the things that ❺ make my friend

healthy.

Tips for Better Answer

▶❶ 〈one of + 소유격 대명사 + 복수 명사 + 단수 동사〉
(소유격 대명사)의 (명사) 중 한 명 (한 개)는
Ex: One of my co-workers is very healthy.
내 직장 동료 중 한 명은 매우 건강하다.

▶❷ 건강과 음식에 대해 이야기할 때 쓰이는 필수 합성어
〈명사-conscious〉: (명사)를 의식하는
environment-conscious: 환경에 대해 의식하는
fashion-conscious: 유행에 민감한
Ex: He is not environment-conscious, so
he does not do recycling.
그는 환경을 의식하지 않아서 재활용을 하지
않는다.

▶❸ 주어가 he /she 일 때는 3인칭 단수 동사 사용
Ex: He exercises every day.
그는 매일 운동한다.
He is exercising at the gym.
그는 체육관에서 운동하는 중이다.
(정기적인 것은 아님)

▶❹ 산책을 한 번만 가는 것이 아니므로 복수 명사 사용
Ex: I took a walk yesterday.
나 어제 산책 갔다 왔어. (한 번 다녀옴)

▶❺ 〈make + 목적어 + 형용사〉
(목적어)를 (형용사)하게 만들다
Ex: Travelling makes me happy.
여행은 나를 행복하게 만든다.

Key Expressions

- **health-conscious** 건강을 의식하는
- **work out** 운동하다
- **walk around** 걸어서 다니다
- **eat healthy** 건강하게 먹다
- **cut back on A** A를 줄이다

제 친구 중 한 명이 건강에 신경을 많이 씁니다. (+ 아빠 + 엄마 + 남자 형제 + 여자 형제 + 아내 + 남편) 첫째, 그 친구는 틈날 때마다 운동을 합니다. 체육관에서 운동을 합니다. 또 자주 걸으려고 합니다. 게다가, 항상 건강하게 먹습니다. 정크푸드와 같은 건강에 좋지 않은 음식을 줄이려고도 노력합니다. 즉, 이러한 노력들이 제 친구를 건강하게 만듭니다.

OPIc Pattern 익히기

주어진 한국어 핵심 문장을 읽고 빈칸에 들어갈 영어 표현을 작성하세요. 그 후, 문장을 반복해 말하는 연습을 통해 OPIc 핵심 패턴과 모범 답변을 익혀 보세요.

1. 친구 중 한 명이 건강에 신경을 많이 씁니다.

_____ of my _____ is very _____ _____.

2. 첫째, 제 친구는 틈날 때마다 운동을 합니다. 그는 체육관에서 운동을 합니다.

First, he _____ _____ _____ he can. He _____ some _____ at the _____.

3. 그는 정크푸드와 같은 건강에 좋지 않은 음식을 줄이려고도 노력합니다.

He also _____ to _____ _____ _____ unhealthy food such as _____ _____.

4. 즉, 이러한 노력들이 제 친구를 건강하게 만듭니다.

So, _____ _____ the _____ that _____ my friend _____.

> **Answer**
> 1. One / friends / health conscious
> 2. works out whenever / gets / exercise / gym
> 3. tries / cut back on / junk food
> 4. these are / things / make / healthy

OPIc Magic Pattern 활용하기

학습한 Magic Pattern을 다른 주제에서도 활용해 보세요.

1. <u>One of my friends is</u> very health conscious.
  - <u>One of my friends is</u> addicted to the internet.
    Internet에 활용 제 친구 중 한 명은 인터넷에 중독되었습니다.
  - <u>One of my friends is</u> a meat-person. He does not like vegetables.
    Food에 활용 제 친구 중 한 명은 고기를 매우 좋아합니다. 그는 채소를 좋아하지 않습니다.

2. First, he works out <u>whenever he can</u>.
  - My father tries to go to parks to exercise <u>whenever he can</u>.
    Parks에 활용 아버지는 가능할 때마다 공원에 가서 운동을 하려고 하십니다.
  - My co-worker travels abroad <u>whenever he can</u>.
    Overseas Trips에 활용 제 직장 동료는 할 수 있을 때마다 해외여행을 갑니다.

3. He also tries <u>to cut back on</u> unhealthy food such as junk food
  - I try <u>to cut back on</u> shopping for clothes.
    Shopping에 활용 저는 옷 쇼핑에 쓰는 지출을 줄이려고 노력합니다.
  - I try <u>to cut back on</u> eating fatty food for my health.
    Food에 활용 저는 건강을 위해 살찌는 음식 먹는 것을 줄이려고 노력합니다.

OPIc 질문에 대한 모범답변을 살펴본 후, 질문의 핵심 포인트를 파악하여 나만의 OPIc 답변을 만들어 보세요.

7 Have you ever changed a habit or a certain lifestyle for your health? Maybe you started to work out or started to eat healthy. Tell me about that change you made. 🎧 MP3 04_Q7

건강을 위해 습관이나 특정한 생활 방식을 바꾼 적이 있나요? 아마도 운동을 시작했거나 건강한 식습관을 갖기 시작했을 수도 있습니다. 변화에 대해 말해 주세요.

Structure		Idea
시작 문장	주제 문장 소개	To stay healthy, I tried to work out whenever I could.
본문	건강을 위해 과거에 했던 행동 묘사	tried to get some exercise, go for runs, tried to eat well and properly, have balanced meals, NOT to eat too much or too late, positive mindset, look on the bright side, able to get less stress
마무리 문장	나의 답변 마무리	So, these are the things I have tried to stay healthy.

Model Answer 🎧 MP3 04_A7

❶ To stay healthy, I tried to work out

❷ whenever I could.

❸ I tried to get some exercise at the gym.

I tried to go for runs at the park.

+ ride bikes + go hiking + go swimming

+ play soccer/basketball

+ take yoga lessons + take pilates classes

+ take cross-fit classes

Plus, I tried to ❹ eat well and properly.

I tried to have balanced meals.

❺ I tried NOT to eat too much or too late.

+ eat too fast + eat too much salty food

+ eat too much fatty or greasy food

Also, I tried to have ❻ a positive mindset.

I tried to look on the bright side of things.

❼ This way, I was able to get less stress.

❽ So, these are the things I have tried to stay healthy.

Tips for Better Answer

▶❶ = 건강을 유지하다
maintain my health: 나의 건강을 유지하다
= keep my health
stay in fit: 건강을 유지하다

▶❷ 〈whenever + 주어 + 동사〉
(주어)가 (동사) 할 때는 언제든지
과거의 습관에 대한 이야기이므로 과거형 동사 could 사용

▶❸ 답변 양 확보를 위해 본인이 한 운동 종류 나열
Ex: I tried all kinds of exercises such as pilates and running.
나는 필라테스와 달리기 같이 모든 종류의 운동을 시도해 봤다.

▶❹ well과 properly 외에 eat과 어울리는 부사
regularly: 주기적으로
Ex: I tried to eat regularly.
나는 주기적으로 먹으려고 노력했다.

▶❺ 답변 양 확보를 위해 건강을 위해 먹지 않는 음식의 종류 나열
Ex: I tried to avoid eating instant or junk food for my health.
건강을 위해 인스턴트나 정크푸드는 피하려고 했다.

▶❻ = positive thinking: 긍정적인 생각
think positively: 긍정적으로 생각하다

▶❼ = 이처럼, 이렇게 해서

▶❽ 과거부터 지금까지 하고 있는 행동일 경우 현재 완료형 have tried 사용
Ex: These are the things I have done for my health.
이것이 내가 지금까지 나의 건강을 위해 한 일들이다.

- **work out** 운동하다
- **go for runs** 조깅하다
- **eat well** 잘 먹다
- **properly** 제대로, 적정하게
- **balanced** 균형 잡힌

- **salty** 짠
- **fatty** 살찌는
- **greasy** 기름진, 느끼한
- **positive mindset** 긍정적인 마음, 사고방식
- **bright side** 좋은 면, 밝은 면

저는 건강을 유지하기 위해서 틈틈이 운동을 하려고 노력했습니다. 헬스장에서 운동을 하려고 노력했습니다. 공원에서 달리기를 하려고 노력했습니다. (+ 자전거 + 하이킹 + 수영 + 축구, 농구 + 요가 수업 + 필라테스 수업 + 크로스핏 수업) 그리고 제대로 잘 먹으려고 노력했습니다. 저는 균형 잡힌 식사를 하려고 노력했습니다. 너무 많이 먹거나 너무 늦게 먹지 않도록 노력했습니다. (+ 너무 빨리 먹거나 + 너무 짜게 먹거나 + 살찌거나 기름진 음식을 먹거나) 또한, 저는 항상 긍정적인 사고방식을 가지려고 노력했습니다. 모든 것의 밝은 면을 보려고 노력했습니다. 그래서 스트레스를 덜 받을 수 있었습니다. 이것이 제가 건강을 유지하기 위해 노력한 것들입니다.

주어진 한국어 핵심 문장을 읽고 빈칸에 들어갈 영어 표현을 작성하세요. 그 후, 문장을 반복해 말하는 연습을 통해 OPIc 핵심 패턴과 모범 답변을 익혀 보세요.

1. 건강을 유지하기 위해서 틈틈이 운동을 하려고 노력했습니다.

_____ _____ healthy, I tried to _____ _____ _____ I could.

2. 그리고 제대로 잘 먹으려고 노력했습니다. 저는 균형 잡힌 식사를 하려고 노력했습니다.

Plus, I tried to _____ _____ and _____. I tried to have _____ _____.

3. 또한, 저는 항상 긍정적인 사고방식을 가지려고 노력했습니다. 모든 것의 밝은 면을 보려고 노력했습니다.

Also, I tried to have a _____ _____. I tried to _____ _____ the _____ _____ of things.

4. 그래서 스트레스를 덜 받을 수 있었습니다.

This way, I was _____ _____ get _____ _____.

Answer
1. To stay / work out whenever
2. eat well /properly / balanced meals
3. positive mindset / look on / bright side
4. able to / less stress

 OPIc Magic Pattern 활용하기

학습한 Magic Pattern을 다른 주제에서도 활용해 보세요.

1. To stay healthy, I tried to work out <u>whenever I could</u>.
- I tried to clean the house <u>whenever I could</u>.
  Housing에 활용 저는 할 수 있을 때마다 집을 치우려고 노력했습니다.
- I listened to music using my phone <u>whenever I could</u>.
  Music / Phones에 활용 저는 할 수 있을 때마다 휴대폰으로 음악을 들었습니다.

2. I tried to <u>have balanced</u> meals.
- I try to <u>have a balanced</u> lifestyle between my work and my personal life.
  Work에 활용 저는 회사와 개인의 삶에서 균형 잡힌 생활방식을 가지려고 노력합니다.
- It is very important to <u>have a balanced</u> diet every day.
  Food에 활용 매일 균형 잡힌 식사를 하는 것은 매우 중요합니다.

3. This way, <u>I was able to get</u> less stress.
- <u>I was able to get</u> discounts at the shopping center because I had coupons.
  Shopping에 활용 쿠폰이 있었기 때문에 쇼핑센터에서 할인을 받을 수 있었습니다.
- <u>I was able to get</u> fresh ingredients at the food store.
  Restaurants에 활용 식료품점에서 신선한 재료를 살 수 있었습니다.

OPIc 질문에 대한 모범답변을 살펴본 후, 질문의 핵심 포인트를 파악하여 나만의 OPIc 답변을 만들어 보세요.

8 Talk about one thing that you did for your health in detail. What kind of impact did it have on your health? 🎧 MP3 04_Q8

건강을 위해 당신이 한 일에 대해 자세히 말해 주세요. 당신의 건강에 어떤 영향을 끼쳤나요?

Structure		Idea
시작 문장	주제 문장 소개	Eating healthy helped me stay healthy and lose some weight.
본문	본인이 과거부터 지금까지 건강을 위해 했던 습관 묘사	tried to eat vegetables, fruits, vitamins, fish, chicken breasts, protein, organic food, NOT have any chemicals, healthier
마무리 문장	나의 답변 마무리	Once again, eating healthy helped me stay healthy and lose some weight.

Model Answer 🎧 MP3 04_A8

❶ Eating healthy helped me stay healthy and

❷ lose some weight.

❸ First, I tried to eat vegetables and fruits often.

They have a lot of vitamins in them.

Next, I tried to eat beans and tofu often.

+ fish + chicken breasts + beef + pork

They have a lot of healthy protein in them.

Also, I tried to have organic food whenever I could.

It is much healthier because it does NOT have any

chemicals in it.

❹ Once again, eating healthy helped me stay

healthy and lose some weight.

Tips for Better Answer

* 음식 주제의 '건강식 종류와 건강에 좋은 이유 설명'의 답변 활용

▶❶ 동명사로 주어 만들기
eating healthy: 건강하게 먹는 것
exercising regularly: 주기적으로 운동하는 것
thinking positively: 긍정적으로 생각하는 것
= Exercising regularly is good for my health.
운동을 주기적으로 하는 것이 나의 건강에 좋다.
= I exercise regularly for my health.
나는 나의 건강을 위해 주기적으로 운동한다.

▶❷ lose weight: 살이 빠지다
gain weight: 살이 찌다
Ex: I try not to gain weight.
나는 살이 찌지 않기 위해 노력한다.

▶❸ 답변 양 확보를 위해 건강을 위해 먹은 음식 나열
Ex: I eat food that has a lot of protein in it.
나는 단백질이 많이 있는 음식을 먹는다.

▶❹ 마무리 문장을 시작할 때 유용한 접속사는
once again, so, anyway
시작 문장의 표현을 마무리 문장으로 그대로 활용하기

Key Expressions

• **stay healthy** 건강을 유지하다
• **lose weight** 살이 빠지다
• **chicken breast** 닭가슴살

• **protein** 단백질
• **organic food** 유기농 음식

건강하게 먹는 것은 건강을 유지하고 살을 빼는 데 도움이 되었습니다. 첫 번째로 채소와 과일을 자주 먹으려고 노력했습니다. 그것은 많은 비타민을 포함하고 있습니다. 게다가 콩과 두부도 많이 먹으려고 했습니다. (+ 생선 + 닭가슴살 + 소고기 + 돼지고기) 이러한 음식들은 건강한 단백질이 풍부합니다. 또 유기농 음식을 먹으려고 틈틈이 노력했습니다. 화학약품을 사용하지 않기 때문에 훨씬 더 건강합니다. 다시 한번 말하자면, 건강하게 먹으니 건강을 유지하고 살을 뺄 수 있었습니다.

데이터와 트렌드로 쉽게 취득하는 OPIc IM

주어진 한국어 핵심 문장을 읽고 빈칸에 들어갈 영어 표현을 작성하세요. 그 후, 문장을 반복해 말하는 연습을 통해 OPIc 핵심 패턴과 모범 답변을 익혀 보세요.

1. 건강하게 먹는 것은 건강을 유지하고 살을 빼는 데 도움이 되었습니다.

_____ _____ _____ me _____ _____ and _____ some weight.

2. 게다가 저는 콩과 두부도 많이 먹으려고 했습니다.

Next, I _____ _____ eat _____ and _____ often.

3. 이러한 음식들은 건강한 단백질이 풍부합니다.

They _____ _____ _____ of _____ _____ in them.

4. 또 유기농 음식을 먹으려고 틈틈이 노력했습니다.

Also, I _____ _____ have _____ _____ _____ I could.

> **Answer**
> 1. Eating healthy helped / stay healthy / lose
> 2. tried to / beans / tofu
> 3. have a lot / healthy protein
> 4. tried to / organic food whenever

 OPIc Magic Pattern 활용하기

학습한 Magic Pattern을 다른 주제에서도 활용해 보세요.

1. Eating healthy helped me stay healthy and <u>lose some weight</u>.
- Working out at the park helped me <u>lose some weight</u>.
  Parks에 활용 공원에서 운동하는 것은 제가 살을 빼는 데 도움이 되었습니다.

- Eating a lot of vegetables helped me <u>lose some weight</u>.
  Food에 활용 채소를 많이 먹는 것은 제가 살을 빼는 데 도움이 되었습니다.

2. It is much healthier <u>because it does NOT have any chemicals in it</u>.
- I like to have organic food <u>because it does NOT have any chemicals in it</u>.
  Food에 활용 화학약품을 사용하지 않았기 때문에 저는 유기농 음식을 좋아합니다.

- People get groceries at organic food stores <u>because it does NOT have any chemicals in it</u>.
  Shopping에 활용 화학약품을 사용하지 않았기 때문에 사람들은 유기농 식료품점에서 장을 봅니다.

Chapter 05

Beaches / Geography

빈출 주제 파악하기

질문을 제대로 파악하는 것만으로도 성공적으로 시험을 치를 수 있습니다. OPIc에서 자주 출제되는 질문들을 알아보세요.

Beaches

1 **You indicated that you like to go to the beach. Tell me about a beach that you like to go to. What does this place look like?**

당신은 해변에 가는 것을 좋아한다고 했습니다. 가고 싶은 해변에 대해 말해 주세요. 어떻게 생겼나요?

문항 유형	본인이 즐겨 가는 해변 묘사
문항 수준	Intermediate
핵심 포인트	• '좋아하는 국내 여행 장소들 묘사'와 같은 답변 활용 • 본인이 평소에 자주 가는 여행 장소에 대한 이야기이므로 현재형 시제와 주어 I 사용
중요도	★★★★

2 **What types of things do you like to do when you go to the beach? Tell me about the activities you typically do when you go to the beach.**

해변에 갈 때 어떤 활동을 하고 싶나요? 해변에 갈 때 주로 하는 활동에 대해 말해 주세요.

문항 유형	본인이 해변에 가서 주로 하는 일들 묘사
문항 수준	Intermediate
핵심 포인트	• 해변에서 할 수 있는 다양한 활동을 현재형 시제로 묘사 • 본인이 하는 일이므로 주어 I 사용
중요도	★★

3 **Tell me about a particularly memorable or beautiful beach that you visited. What did this place look like? What was your impression of that place?**

방문했던 해변 중 특별히 기억에 남거나 아름다웠던 곳에 대해 말해 주세요. 어떻게 생겼나요? 그곳의 인상은 어땠나요?

문항 유형	특별히 기억에 남는 해변 모습 묘사
문항 수준	Advanced
핵심 포인트	• 최근 간 해변을 주어 I, coastline, sunset 등 해변과 관련된 명사 사용하여 묘사 • 과거의 경험이므로 과거형 시제 사용
중요도	★★

4 **Tell me about a particularly memorable trip to the beach. Who were you with? What did you do there? What made this trip to the beach more memorable that others? Tell me everything about this trip to the beach.**

기억에 남는 해변 여행에 대해 말해 주세요. 누구와 함께 갔나요? 그곳에서 무엇을 했나요? 이 해변 여행이 다른 여행보다 더 기억에 남은 이유가 무엇인가요? 그때의 해변 여행에 대한 모든 것을 말해 주세요.

문항 유형	특별히 기억에 남는 해변 여행 설명
문항 수준	Advanced
핵심 포인트	• 해변에 가서 한 다양한 활동들을 과거형 시제로 묘사 • 가족 여행이므로 주어 we 사용
중요도	★★★★

Geography

5 **Describe your country's geography for me. Are there mountains, lakes or rivers? What is your country like?**

당신 나라의 지형에 대해 설명해 주세요. 산, 호수, 강이 있나요? 어떻게 생겼나요?

문항 유형	우리나라의 지형적 특징 묘사
문항 수준	Intermediate
핵심 포인트	• 산과 바다가 많은 한국의 지형적 특징을 현재형 시제로 묘사 • 한국의 지형 묘사이므로 주어는 Korea, there, beaches 등 상황에 맞게 사용
중요도	★★

6 I would like you to pick a favorite place in your country from your childhood. Describe that place in detail. What do you remember about that place?

어릴 때부터 좋아했던 그 나라의 장소를 선택하고 그곳에 대해 자세히 설명해 주세요. 그 장소에 대해 어떤 기억이 있나요?

문항 유형	어렸을 때 국내에서 가보았던 가장 좋았던 장소 묘사
문항 수준	Advanced
핵심 포인트	• 국내 여행 주제의 '좋아하는 국내 여행 장소들 묘사'의 답변 최대한 활용 • 지형 주제의 '어렸을 때 기억나는 지형 관련 추억 묘사'와 같은 답변 준비 • 본인의 과거 경험이므로 주어 I와 과거형 시제 사용
중요도	★★

7 People often have memorable experiences of exploring their country's geography. You might have climbed a famous mountain or might have swum at a beautiful beach. Tell me a story of when you visited a natural place in your country.

사람들은 종종 국내를 여행하면서 기억에 남거나 감동적인 경험을 합니다. 유명한 산을 올랐을 수도 있고 아름다운 해변에서 수영을 했을 수도 있습니다. 당신 나라의 자연적인 장소를 방문했을 때의 경험에 대해 말해 주세요.

문항 유형	최근 가보았던 지형적으로 유명한 장소에서의 추억 묘사
문항 수준	Advanced
핵심 포인트	• 국내 여행 주제의 '어렸을 때 갔었던 여행들 설명' 답변의 표현과 어휘 최대한 활용 • 본인의 과거 경험이므로 주어 I와 과거형 시제 사용
중요도	★★

8 Tell me about the outdoor activities that are popular in your country. Do people go hiking, bike or swim? What do people typically do outdoors?

인기 있는 야외 활동에 대해 말해 주세요. 사람들은 하이킹을 가나요, 자전거를 타나요, 아니면 수영을 하나요? 사람들은 보통 야외에서 무엇을 하나요?

문항 유형	우리나라 사람들의 보편적인 야외 활동 묘사
문항 수준	Intermediate
핵심 포인트	• 사람들이 보편적으로 하는 야외 활동을 현재형 시제로 묘사 • 주어는 people, they, there 등 상황에 맞게 사용
중요도	★★

9 Tell me about an early memory of your country's geography. Perhaps it was a special place or an important landmark. What were your memories about that place?

국내 지형과 관련된 어릴 적 기억에 대해 말해 주세요. 아마도 특별한 곳이었거나 중요한 랜드마크였을 수도 있습니다. 그곳에 대한 기억은 어땠나요?

문항 유형	어렸을 때 기억나는 지형 관련 추억 묘사
문항 수준	Advanced
핵심 포인트	• 국내 여행 주제의 '좋아하는 국내 여행 장소들 묘사'의 답변 최대한 활용 • 지형 주제의 '어렸을 때 국내에서 가보았던 가장 좋았던 장소' 묘사와 같은 답변 대비 • 본인의 경험이므로 주어 I와 과거형 시제 사용하여 답변
중요도	★★

10 Tell me about a country close to your country. Talk about what the country is like. And then, tell me about its people and some of its traditions.

이웃나라에 대해 말해 주세요. 그 나라는 어떤지 말해 주세요. 그리고 그곳의 사람들과 전통은 어떠한지에 대해 이야기해 주세요.

문항 유형	이웃국가 모습과 그 나라 사람들 성향 / 전통 묘사
문항 수준	Intermediate
핵심 포인트	• 이웃 나라로 일본을 선택하여 그 나라의 지형적 특징을 현재형 시제로 묘사 • 나라의 지형적 특징을 묘사하기 때문에 Japan, they, beach, mountains 등 지형과 관련된 명사를 주어로 사용
중요도	★★★★

11 How has your country changed in the past decade? Perhaps there were changes in urban development or tourism. Choose one area of change and describe it with a lot of details.

지난 10년간 당신의 나라는 어떻게 변했나요? 아마도 도시 개발이나 관광 분야에서 변화가 있었을 것입니다. 변화된 분야를 선택하여 자세히 말해 주세요.

문항 유형	우리나라가 최근 10년간 겪은 변화 중 하나 설명
문항 수준	Advanced
핵심 포인트	• 국내 여행 주제의 '지난 5년간 여행이 더 어려워진 이유 설명'의 답변 활용 • 교통수단의 변화에 대해 이야기하기 때문에 주어는 Korea, transportation, trains, plane tickets, driving 등 상황에 맞게 다양하게 사용 • 과거에 대해 이야기할 때는 과거형 시제, 현재에 대해 이야기할 때는 현재형 시제 사용
중요도	★★

OPIc 질문에 대한 모범답변을 살펴본 후, 질문의 핵심 포인트를 파악하여 나만의 OPIc 답변을 만들어 보세요.

1 You indicated that you like to go to the beach.
Tell me about a beach that you like to go to. What does this place look like?

당신은 해변에 가는 것을 좋아한다고 했습니다. 가고 싶은 해변에 대해 말해 주세요. 어떻게 생겼나요?

Structure		Idea
시작 문장	주제 문장 소개	There are many beaches in Korea.
본문	자주 가는 해변 묘사	whenever I want to, favorite, south coast, well-known beach, popular vacation spot, gets very crowded, a lot of things
마무리 문장	나의 답변 마무리	So, this is what my favorite beach is like.

Model Answer
🎧 MP3 05_A1

There are many ❶ beaches in Korea.

I can ❷ go to the beach ❸ whenever I want to.

One of my favorite beaches is on the south

coast of Korea.

It is a ❹ very well-known beach.

It is a popular vacation spot among people.

It gets very crowded during the peak season.

There are a lot of things to do near the beach.

So, this is what my favorite beach is like.

Tips for Better Answer

▶ ❶ 한 개 이상의 해변에 대한 이야기이므로 복수 명사 beaches 사용

▶ ❷ = visit: 방문하다
Ex: I can visit there whenever wherever.
나는 언제든 어디에 있든 그곳에 방문할 수 있다.

▶ ❸ 〈whenever 주어+ 동사〉
(주어)가 (동사)할 때는 언제든지
문장의 제일 앞이나 끝에 옴
Ex: Whenever I want to, I can go to the beaches.
내가 원할 때는 언제든지 해변에 갈 수 있다.
= anytime I want: 내가 원할 때는 언제든지
일반적으로 문장의 끝에 옴
Ex: I go to the beach anytime I want.
내가 원할 때는 언제나 해변에 간다.

▶ ❹ 형용사 well-known을 꾸미는 부사
extremely: 매우
super: 엄청난, 매우 (원어민이 자주 쓰는 비격식 표현)
Ex: The beach is super crowded.
해변이 엄청 붐빈다.

Key Expressions

- **whenever** 언제든지
- **favorite** 가장 좋아하는
- **south coast** 남해안
- **well-known** 유명한

- **popular** 인기 있는
- **vacation spot** 휴양지
- **get crowded** 복잡해지다, 혼잡해지다
- **peak season** 성수기

한국에는 많은 해변이 있습니다. 저는 제가 원할 때 언제든지 해변에 갈 수 있습니다. 제가 가장 좋아하는 해변 중 하나는
한국의 남해안에 있습니다. 그곳은 매우 잘 알려진 해변입니다. 그곳은 사람들 사이에서 인기 있는 휴양지입니다.
성수기에는 굉장히 혼잡해집니다. 그 바닷가 근처에는 할 수 있는 일이 많습니다. 즉, 제가 가장 좋아하는 해변은 이렇습니다.

데이터와 트렌드로 쉽게 취득하는 OPIc IM

OPIc Pattern 익히기

주어진 한국어 핵심 문장을 읽고 빈칸에 들어갈 영어 표현을 작성하세요. 그 후, 문장을 반복해 말하는 연습을 통해 OPIc 핵심 패턴과 모범 답변을 익혀 보세요.

1. 저는 제가 원할 때 언제든지 해변에 갈 수 있습니다.

I can _____ _____ the _____ _____ I _____ to.

2. 제가 가장 좋아하는 해변 중 하나는 한국의 남해안에 있습니다.

One of my _____ _____ is on the _____ _____ of _____.

3. 그곳은 매우 잘 알려진 해변입니다. 그곳은 사람들 사이에서 인기 있는 휴양지입니다.

It is a very _____ _____. It is a popular _____ _____ _____ people.

4. 성수기에는 굉장히 혼잡해집니다.

It _____ very _____ _____ the _____ _____.

Answer
1. go to / beach whenever / want
2. favorite beaches / south coast / Korea
3. well-known beach / vacation spot among
4. gets /crowded during / peak season

OPIc Magic Pattern 활용하기

학습한 Magic Pattern을 다른 주제에서도 활용해 보세요.

1. I can go to the beach whenever I want to.
- I can go to the bars in my town whenever I want to.
  Bars에 활용 제가 원할 때는 언제든지 동네에 있는 술집에 갈 수 있습니다.
- I can go to the movie theater near my office whenever I want to.
  Movies에 활용 제가 원할 때는 언제든지 회사 근처에 있는 영화관에 갈 수 있습니다.

2. One of my favorite beaches is on the south coast of Korea.
- One of my favorite restaurants is in the center of the city.
  Restaurants에 활용 제가 좋아하는 음식점 중 하나는 도시 중심부에 있습니다.
- One of my favorite parks is not far from my place.
  Parks에 활용 제가 좋아하는 공원 중 하나는 우리 집에서 멀지 않습니다.

3. It is a very well-known beach.
- It is a very well-known hotel because of its amazing facilities.
  Hotels에 활용 멋진 시설들 덕분에 매우 잘 알려진 호텔입니다.
- It is a very well-known movie thanks to its interesting plot.
  Movies에 활용 흥미로운 줄거리 덕분에 매우 잘 알려진 영화입니다.

OPIc 질문에 대한 모범답변을 살펴본 후, 질문의 핵심 포인트를 파악하여 나만의 OPIc 답변을 만들어 보세요.

2 **What types of things do you like to do when you go to the beach?**
Tell me about the activities you typically do when you go to the beach. 🎧 MP3 05_Q2

해변에 갈 때 어떤 활동을 하고 싶나요? 해변에 갈 때 주로 하는 활동에 대해 말해 주세요.

Structure		Idea
시작 문장	주제 문장 소개	When I go to the beach, I do various types of activities.
본문	평상시 해변에서 하는 활동 나열	day, swim in the ocean, get a tan, evening, go out for, have a barbeque, grill, on the grill, night, take walks along, feels great, fresh air
마무리 문장	나의 답변 마무리	So, these are the things I do when I go to the beach.

Model Answer 🎧 MP3 05_A2

When I go to the beach, I do various types of activities.

During the day, I often ❶ swim in the ocean.

Plus, I ❷ get a tan on the beach.

In the evening, I go out for food or drinks.

I sometimes have a barbeque at my cabin.

I ❸ grill meat or seafood on the grill.

At night, I often take walks along the beach.

It feels great to ❹ breathe the fresh air.

So, these are the things I do when I go to the beach.

Tips for Better Answer

❶ swim: 수영하다 (현재형)
swam: 수영했다 (과거형)
동사 과거형 시제 사용 시 문법 실수를 줄이기 위해 〈enjoy + 동명사〉와 〈used to + 동사〉 사용
Ex: I swam in the ocean. 바다에서 수영했다.
I enjoyed swimming in the ocean.
바다에서 수영을 즐겼다.
I used to swim in the ocean.
바다에서 수영을 하고는 했었다.

❷ 선탠하다, 햇볕에 태우다
tan: 햇볕에 타다, 그을리다 (동사/능동태)
get tanned: 내가 햇볕에 타다, 선탠을 하다 (동사/수동태)
해변에서 선탠을 하는 것은 get a tan 또는 수동태 get tanned 사용
Ex: I don't want to get tanned, so I put on a lot of sunblock.
나는 살 타는 것이 싫어서 선크림을 많이 바른다.

❸ grill: 굽다 (동사) 또는 석쇠, 그릴 (명사)
Ex: Grilling meat on the grill is fun.
그릴 위에서 고기를 굽는 것은 재미있다.

❹ breath: 숨 (명사)
breathe: 숨쉬다 (동사)
breathe in: 숨을 들이쉬다 (동사)
Ex: I like to breath in some fresh air.
상쾌한 공기를 마시는 것을 좋아한다.

Key Expressions

- **various** 다양한
- **activity** 활동
- **tan** 햇볕에 타다, 그을리다
- **cabin** 펜션
- **grill** 굽다
- **take walks** 산책하다
- **breathe** 숨쉬다

저는 해변에 가면 다양한 활동을 합니다. 낮에는 바다에서 수영을 자주 합니다. 게다가, 저는 해변에서 선탠을 합니다. 저녁에는 음식을 먹거나 술을 마시러 나갑니다. 저는 가끔 펜션에서 바비큐를 합니다. 그릴에 고기나 해산물을 굽습니다. 밤에는 종종 해변을 따라 산책을 합니다. 신선한 공기를 마시면 기분이 좋습니다. 이것이 제가 해변에 가면 하는 것들입니다.

데이터 트렌드로 쉽게 취득하는 OPIc IM

주어진 한국어 핵심 문장을 읽고 빈칸에 들어갈 영어 표현을 작성하세요. 그 후, 문장을 반복해 말하는 연습을 통해 OPIc 핵심 패턴과 모범 답변을 익혀 보세요.

1. 저는 해변에 가면 다양한 활동을 합니다.

When I _____ _____ the _____, I do _____ _____ of _____.

2. 낮에는 바다에서 수영을 자주 합니다.

During the _____, I often _____ _____ the _____. Plus, I _____ a _____ _____ the beach.

3. 밤에는 종종 해변을 따라 산책을 합니다. 신선한 공기를 마시면 기분이 좋습니다.

At night, I often _____ _____ _____ the beach. It _____ _____ to _____ the _____ _____.

4. 이것이 제가 해변에 가면 하는 것들입니다.

So, these are the _____ I _____ when I _____ _____ the beach.

Answer
1. go to / beach / various types / activities
2. day / swim in / ocean / get / tan on
3. take walks along / feels great / breathe / fresh air
4. things / do / go to

학습한 Magic Pattern을 다른 주제에서도 활용해 보세요.

1. <u>When I go to</u> the beach, <u>I do various types of</u> activities.
- <u>When I go to</u> hotels, <u>I do various types of</u> activities, such as swimming and getting a massage.
  Hotels에 활용 저는 호텔에 가면 수영이나 마사지 같은 다양한 종류의 활동을 합니다.
- <u>When I go to</u> the park, <u>I do various types of</u> activities, such as jogging and riding bicycles.
  Parks에 활용 저는 공원에 가면 조깅이나 자전거 타기 같은 다양한 종류의 활동을 합니다.

2. <u>In the evening, I go out</u> for food or drinks.
- <u>In the evening, I go out</u> to watch movies.
  Movies에 활용 저는 저녁에는 나가서 영화를 봅니다.
- <u>In the evening, I go out</u> to have drinks with my friends at bars.
  Bars에 활용 저는 저녁에는 친구들과 술집에서 술을 마시기 위해 나갑니다.

3. <u>It feels great to</u> breathe the fresh air.
- <u>It feels great to</u> work out for my health.
  Health에 활용 저의 건강을 위해 운동을 하면 기분이 좋습니다.
- <u>It feels great to</u> listen to speedy music while taking walks.
  Music에 활용 산책을 하면서 빠른 음악을 들으면 기분이 좋습니다.

OPIc 질문에 대한 모범답변을 살펴본 후, 질문의 핵심 포인트를 파악하여 나만의 OPIc 답변을 만들어 보세요.

3 Now, tell me about a restaurant you used to go to as a child. What was it like? 🎧 MP3 05_Q3
Tell me about a particularly memorable or beautiful beach that you visited.
What did this place look like? What was your impression of that place?

방문했던 해변 중에 특별히 기억에 남거나 아름다웠던 곳에 대해 말해 주세요. 어떻게 생겼나요? 그곳의 인상은 어땠나요?

Structure		Idea
시작 문장	주제 문장 소개	I remember going to the beach on the east coast of Korea last year.
본문	최근 해변에서 한 활동 묘사	well-known beach, coastline, scenic, sunset, sunrise, amazing, mood, peaceful, restaurants and bars
마무리 문장	나의 답변 마무리	So, this was the beach I went to recently.

Model Answer 🎧 MP3 05_A3

I remember going to the beach on the east coast of Korea ❶ last year.

+ on the west coast of Korea + on an island ❷ in Korea

+ in Italy + ❸ in the US + in Japan + in China

+ in Thailand + in Indonesia + in Vietnam

It was a very well-known beach there.

The coastline was very ❹ scenic.

The sunset and the sunrise were amazing.

+ The ❺ mood was very peaceful.

+ There were many restaurants and bars near the beach.

So, this was the beach I went to recently.

Tips for Better Answer

❶ year, month, time 등 시간을 지칭하는 명사 앞 this, last, next가 있을 때는 전치사 쓰지 않음
in next year (X) / next year (O)
in this March (X) / this March (O)

❷ 나라 이름 앞에는 항상 전치사 in 사용

❸ 일반적으로 나라 이름 앞에는 관사 the를 사용하지 않으나 예외로 연합 국가 또는 섬이 만나서 이루어진 나라는 the 사용
The United States of America: 미국
The United Kingdom: 영국
The Philippines: 필리핀
The Netherlands: 네덜란드
Ex: I used to go to the beaches in the Philippines.
나는 필리핀에 있는 해변에 가고는 했었다.

❹ 경치를 묘사할 때 사용하는 형용사
quaint: 예스러운
picturesque: 그림 같은
striking: 놀라운
panoramic: 전경인
Ex: The view of the beach was striking and panoramic.
해변의 경치가 놀랍고 전경이었다.

❺ = atmosphere
Ex: The atmosphere was very relaxing.
분위기가 매우 편안했다.

Key Expressions

- **east coast** 동해안
- **island** 섬
- **well-known** 유명한, 잘 알려진
- **coastline** 해안가
- **scenic** 경치 좋은
- **sunset** 일몰
- **sunrise** 일출
- **amazing** 멋진
- **mood** 분위기
- **peaceful** 평화로운
- **recently** 최근에

작년에 한국의 동해안 바다에 간 기억이 납니다. (+ 한국의 서해안에 + 한국의 섬에 + 이탈리아에 + 미국에 + 일본에 + 중국에 + 태국에 + 인도네시아에 + 베트남에) 그곳은 아주 유명한 해변이었습니다. 해안선은 매우 경치가 좋았습니다. 일몰과 일출은 놀라웠습니다. (+ 분위기가 매우 평화로웠습니다. + 해안가 주변에 음식점과 술집이 많았습니다.) 즉, 이곳이 제가 최근에 간 해변입니다.

OPIc Pattern 익히기

주어진 한국어 핵심 문장을 읽고 빈칸에 들어갈 영어 표현을 작성하세요. 그 후, 문장을 반복해 말하는 연습을 통해 OPIc 핵심 패턴과 모범 답변을 익혀 보세요.

1. 작년에 한국의 동해안 바다에 간 기억에 납니다.

I _____ _____ to the _____ on the _____ _____ of Korea _____ _____.

2. 해안선은 매우 경치가 좋았습니다.

The _____ was very _____.

3. 일몰과 일출은 놀라웠습니다.

The _____ and the _____ were _____.

4. 해안가 주변에 음식점과 술집이 많았습니다.

There were _____ _____ and _____ _____ the beach.

Answer
1. remember going / beach / east coast / last year
2. coastline / scenic
3. sunset / sunrise / amazing
4. many restaurants / bars near

OPIc Magic Pattern 활용하기

학습한 Magic Pattern을 다른 주제에서도 활용해 보세요.

1. The coastline <u>was very scenic</u>.
- I went hiking in my free time. The view from the mountain <u>was very scenic</u>.
  Free Time에 활용 저는 자유시간에 등산을 갔습니다. 산에서 본 경치가 매우 좋았습니다.

- I went to Italy with my family. Everywhere <u>was very scenic</u>.
  Overseas Trips에 활용 저는 가족들과 이탈리아에 갔습니다. 모든 곳의 경치가 매우 좋았습니다.

2. <u>The mood was very</u> peaceful.
- I went to a concert yesterday. <u>The mood was very</u> lively.
  Music에 활용 저는 어제 콘서트에 갔다 왔습니다. 분위기가 활기찼습니다.

- I had a birthday party with my friends. <u>The mood was very</u> lively and exciting.
  Gatherings에 활용 저는 친구들과 생일 파티를 했습니다. 분위기가 활기차고 신났습니다.

3. <u>There were many</u> restaurants and bars near the beach.
- <u>There were many</u> exotic restaurants near my place.
  Restaurants에 활용 집 근처에 이국적인 음식점이 많았습니다.

- <u>There were many</u> beautiful beaches in Italy.
  Geography에 활용 이탈리아에는 아름다운 해변이 많았습니다.

OPIc 질문에 대한 모범답변을 살펴본 후, 질문의 핵심 포인트를 파악하여 나만의 OPIc 답변을 만들어 보세요.

4 Tell me about a particularly memorable trip to the beach. Who were you with? 🎧MP3 05_Q4
What did you do there? What made this trip to the beach more memorable that others?
Tell me everything about this trip to the beach.

기억에 남는 해변 여행에 대해 말해 주세요. 누구와 함께 갔나요? 그곳에서 무엇을 했나요? 이 해변 여행이 다른 여행보다 더 기억에 남은 이유가 무엇인가요? 그때의 해변 여행에 대한 모든 것을 말해 주세요.

	Structure	Idea
시작 문장	주제 문장 소개	I remember going to the beach with my family recently.
본문	해변에 가서 있었던 즐거웠던 경험 묘사	during, took a walk, took a lot of pictures, lunch, went out for, raw fish and shrimp, dinner, had a barbeque, food tasted, so hungry, had some drinks, dinner, partied
마무리 문장	나의 답변 마무리	Looking back, it was a very memorable trip.

Model Answer 🎧MP3 05_A4

I remember going to the beach with my family recently.

During the day, we ❶took a walk ❷along the beach.

Plus, we took a lot of pictures ❸near the beach.

For lunch, we went out for some seafood.

We had some raw fish and shrimp.

For dinner, we had a barbeque at our cabin.

The food tasted good because I was so hungry.

We had some drinks with the meal.

❹After having dinner, we partied all night long.

❺Looking back, it was a very memorable trip.

Tips for Better Answer

▶❶ 평상시에 하는 습관은 복수 명사 take walks를 사용하나 과거에 한번 한 경험에 대해 이야기할 때는 단수 명사 take a walk 사용
Ex: I love taking walks at the beach.
나는 해변에서 산책하는 것을 매우 좋아한다. (평상시 습관)

▶❷ 해변을 따라서
= along the coast, along the coastline
Ex: We walked along the coast.
우리는 해안가를 따라 걸었다.

▶❸ 근처
= around
Ex: We took some pictures around the beach.
해변 근처에서 사진을 조금 찍었다.

▶❹ 〈after + 동명사〉 = 〈after + 주어 + 동사〉
Ex: After we had dinner, we partied.
우리는 저녁을 먹은 후에 파티를 했다.

❺ 돌이켜 보면
in hindsight: 지나고 나서 보니까
in retrospective: 돌이켜 생각해 보면
Ex: In retrospect, it was the best trip.
돌이켜 생각해 보면 최고의 여행이었다.

Key Expressions

- **raw fish** 회
- **cabin** 펜션
- **taste** 맛이 ~하다
- **hungry** 배고픈
- **meal** 식사
- **memorable** 기억에 남는

최근에 가족들과 바닷가에 갔던 기억이 납니다. 낮에는 바닷가를 산책했습니다. 게다가, 우리는 해변 근처에서 사진을 많이 찍었습니다. 점심으로, 해산물을 먹으러 나갔습니다. 회와 새우를 먹었습니다. 저녁으로, 펜션에서 바비큐를 먹었습니다. 배가 너무 고파서 음식이 맛있었습니다. 우리는 식사와 함께 술을 조금 마셨습니다. 저녁을 먹고 나서, 밤새도록 파티를 했습니다. 돌이켜 보면, 매우 기억에 남는 여행이었습니다.

주어진 한국어 핵심 문장을 읽고 빈칸에 들어갈 영어 표현을 작성하세요. 그 후, 문장을 반복해 말하는 연습을 통해 OPIc 핵심 패턴과 모범 답변을 익혀 보세요.

1. 낮에는 바닷가를 산책했습니다.

   During the day, we _____ a _____ _____ the _____.

2. 점심으로, 해산물을 먹으러 나갔습니다. 회와 새우를 먹었습니다.

   For _____, we _____ _____ for some _____. We _____ some _____ _____ and shrimp.

3. 우리는 식사와 함께 술을 조금 마셨습니다.

   We _____ some drinks _____ the _____.

4. 저녁을 먹고 나서, 우리는 밤새도록 파티를 했습니다.

   After _____ _____, we partied _____ _____ _____.

Answer
1. took / walk along / beach
2. lunch / went out / seafood / had / raw fish
3. had / with / meal
4. having dinner/ all night long

OPIc Magic Pattern 활용하기

학습한 Magic Pattern을 다른 주제에서도 활용해 보세요.

1. Plus, we took a lot of pictures near the beach.
   - When I visited Paris, I took a lot of pictures.
     Overseas Trips에 활용 제가 파리에 방문했을 때 사진을 많이 찍었습니다.

   - When I met my relatives during the last holiday, I took a lot of pictures with them.
     Holidays에 활용 저는 최근 휴일에 친척들을 만났을 때 그들과 사진을 많이 찍었습니다.

2. For lunch, we went out for some seafood.
   - During the vacation at home, we went out for a movie late at night.
     Vacations at Home에 활용 집에서 휴가를 보내는 중에 밤 늦게 영화를 보러 나갔습니다.

   - We went out for some Chinese food yesterday because I did not want to cook in my free time.
     Free Time에 활용 저는 자유시간에 요리하고 싶지 않아서 어제 우리는 중국 음식을 먹으러 나갔습니다.

OPIc 질문에 대한 모범답변을 살펴본 후, 질문의 핵심 포인트를 파악하여 나만의 OPIc 답변을 만들어 보세요.

5 Describe your country's geography for me. Are there mountains, lakes or rivers? What is your country like? 🎧 MP3 05_Q5

당신 나라의 지형에 대해 설명해 주세요. 산, 호수, 강이 있나요? 어떻게 생겼나요?

	Structure	Idea
시작 문장	주제 문장 소개	Korea has a diverse geography.
본문	산과 바다가 많은 한국의 지형적 특징 묘사	first, there are, mountains, 70 percent, plus, popular vacation spots, coastline, scenic, rivers that run through
마무리 문장	나의 답변 마무리	Once again, Korea has a diverse geography.

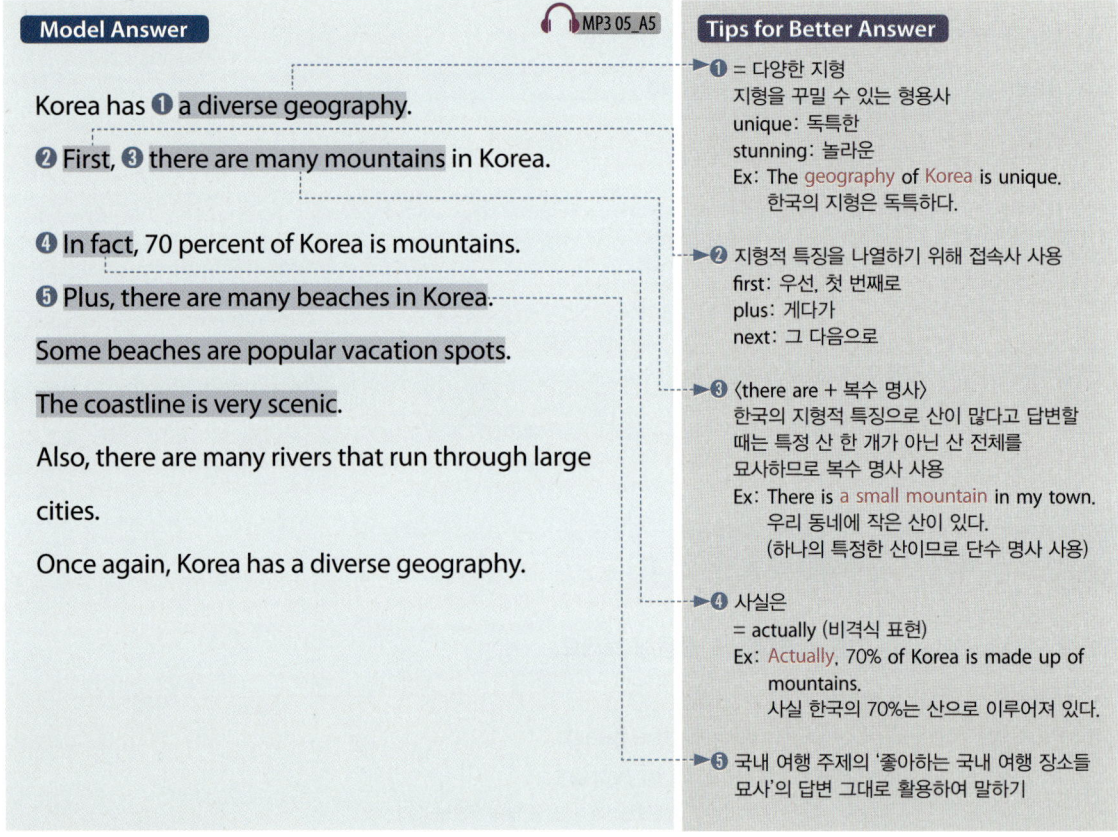

Model Answer 🎧 MP3 05_A5

Korea has ❶ a diverse geography.

❷ First, ❸ there are many mountains in Korea.

❹ In fact, 70 percent of Korea is mountains.

❺ Plus, there are many beaches in Korea.

Some beaches are popular vacation spots.

The coastline is very scenic.

Also, there are many rivers that run through large cities.

Once again, Korea has a diverse geography.

Tips for Better Answer

▶❶ = 다양한 지형
지형을 꾸밀 수 있는 형용사
unique: 독특한
stunning: 놀라운
Ex: The geography of Korea is unique.
　　한국의 지형은 독특하다.

▶❷ 지형적 특징을 나열하기 위해 접속사 사용
first: 우선, 첫 번째로
plus: 게다가
next: 그 다음으로

▶❸ 〈there are + 복수 명사〉
한국의 지형적 특징으로 산이 많다고 답변할 때는 특정 산 한 개가 아닌 산 전체를 묘사하므로 복수 명사 사용
Ex: There is a small mountain in my town.
　　우리 동네에 작은 산이 있다.
　　(하나의 특정한 산이므로 단수 명사 사용)

▶❹ 사실은
= actually (비격식 표현)
Ex: Actually, 70% of Korea is made up of mountains.
　　사실 한국의 70%는 산으로 이루어져 있다.

▶❺ 국내 여행 주제의 '좋아하는 국내 여행 장소들 묘사'의 답변 그대로 활용하여 말하기

Key Expressions

- **diverse** 다양한
- **popular** 인기 있는
- **vacation spots** 휴가 장소
- **coastline** 해안가
- **scenic** 경치 좋은, 멋진
- **run through** 흐르는

한국에는 다양한 지형이 있습니다. 첫째, 한국에는 산이 많습니다. 사실 한국의 70%는 산입니다. 게다가 해변도 많습니다. 몇몇 해변은 유명한 휴양지입니다. 해안선은 매우 경치가 좋습니다. 또한 대도시를 흐르는 강이 많습니다. 즉, 한국에는 지형이 다양합니다.

메이터어 트렌드로 쉽게 취득하는 OPIc IM

주어진 한국어 핵심 문장을 읽고 빈칸에 들어갈 영어 표현을 작성하세요. 그 후, 문장을 반복해 말하는 연습을 통해 OPIc 핵심 패턴과 모범 답변을 익혀 보세요.

1. 한국에는 다양한 지형이 있습니다.

Korea has a _____ _____.

2. 사실 한국의 70%는 산입니다. 게다가 해변도 많습니다.

In fact, _____ _____ of _____ is _____. Plus, there are _____ _____ in Korea.

3. 몇몇 해변은 유명한 휴양지입니다. 해안선은 매우 경치가 좋습니다.

Some _____ are popular _____ _____. The _____ is very _____.

4. 또한 대도시를 흐르는 강이 많습니다.

Also, there are many _____ that _____ _____ large _____.

🔍 **OPIc Magic Pattern 활용하기**

학습한 Magic Pattern을 다른 주제에서도 활용해 보세요.

1. Korea has a <u>diverse</u> geography.
- New York is a very culturally <u>diverse</u> city, so I had a lot of fun there.
  Overseas Trips에 활용 뉴욕은 문화적으로 다양한 도시라 저는 그곳에서 즐거운 시간을 보냈습니다.

- When I have gatherings with my friends, we talk a lot because we have <u>diverse</u> views.
  Gatherings에 활용 친구들과 모임을 가질 때면, 우리는 다양한 관점을 가지고 있어서 이야기를 많이 합니다.

2. First, <u>there are many</u> mountains in Korea.
- <u>There are many</u> types of public transportations in Korea and they are quite punctual.
  Transportation에 활용 한국에는 대중교통의 종류가 많이 있는데 그것은 꽤 정확합니다.

- <u>There are many</u> things I can do whenever I have some free time.
  Free Time에 활용 자유시간이 있을 때마다 제가 할 수 있는 일이 많이 있습니다.

OPIc 질문에 대한 모범답변을 살펴본 후, 질문의 핵심 포인트를 파악하여 나만의 OPIc 답변을 만들어 보세요.

6 Tell me about a country close to your country. Talk about what the country is like. 🎧 MP3 05_Q6
And then, tell me about its people and some of its traditions.

이웃나라에 대해 말해 주세요. 그 나라는 어떤지 말해 주세요. 그리고 그곳의 사람들과 전통은 어떠한지에 대해 이야기해 주세요.

Structure		Idea
시작 문장	주제 문장 소개	Japan is one of our closest neighboring countries.
본문	이웃 국가인 일본을 선택하여 특징 묘사	many mountains, popular vacation spots, coastline, scenic, meanwhile, Japanese people, friendly
마무리 문장	나의 답변 마무리	That is the impression I got from them.

Model Answer 🎧 MP3 05_A6

Japan is ❶ one of our closest neighboring countries.

There are many mountains in Japan.

❷ In fact, half of Japan is mountains.

Also, there are many beaches in Japan.

Some beaches are ❸ popular vacation spots.

The coastline is very scenic.

Meanwhile, ❹ Japanese people are very friendly.

That is the ❺ impression I got from them.

Tips for Better Answer

❶ 〈one of the + 최상급 형용사+ 복수 명사〉
가장 (형용사)한 (명사)들 중에 하나
Ex: Japan is a close country.
→ Japan is one of our closest neighboring countries.
일본은 가까운 나라다. → 일본은 가까운 이웃 국가들 중 하나다.

❷ = as a matter of fact
Ex: As a matter of fact, more than half of Japan is mountains.
사실 일본의 반 이상은 산이다.

❸ 인기 있는
= well-known: 잘 알려진
famous: 유명한
sought-after: 인기 있는, 수요가 있는
Ex: There are many sought-after beaches in Japan.
일본에는 인기 있는 해변이 많다.

❹ 그 나라 사람들의 성향을 표현할 때 필요한 문장
= generous: 너그러운
Ex: Also, people from Japan are quite thoughtful.
또한 일본에서 온 사람들은 꽤 배려심이 있다.

❺ impress: 감동시키다, 감명시키다 (동사/능동태)
be impressed: 감동받다, 감명받다 (동사/수동태)
impressive: 감동적인, 감동적인 (형용사)
impression: 감명, 인상, 느낌 (명사)
Ex: The first impression is very important.
첫 인상은 매우 중요하다.
I was impressed by their kindness.
나는 그들의 친절에 감동받았다.

Key Expressions

- **closest** 가장 가까운
- **neighboring** 이웃
- **mountains** 산
- **popular** 인기 있는
- **vacation spot** 휴가 장소
- **coastline** 해안선
- **scenic** 경치 좋은
- **friendly** 친절한
- **impression** 인상

일본은 우리나라에서 가까운 이웃 국가들 중 하나입니다. 일본에는 산이 많습니다. 사실, 일본의 절반은 산입니다. 또한 일본은 해변이 많습니다. 몇몇 해변은 유명한 휴양지입니다. 해안선은 매우 경치가 좋습니다. 한편, 일본 사람들은 대체로 꽤 친절한 편입니다. 이것이 제가 일본 사람들로부터 받은 인상입니다.

네이티브 트렌드로 쉽게 취득하는 OPIc IM

OPIc Pattern 익히기

주어진 한국어 핵심 문장을 읽고 빈칸에 들어갈 영어 표현을 작성하세요. 그 후, 문장을 반복해 말하는 연습을 통해 OPIc 핵심 패턴과 모범 답변을 익혀 보세요.

1. 일본은 우리나라에서 가까운 이웃 국가들 중 하나입니다.

　　Japan is _____ of our _____ _____ countries.

2. 사실, 일본의 절반은 산입니다.

　　In fact, _____ of _____ is _____.

3. 한편, 일본 사람들은 대체로 꽤 친절한 편입니다.

　　Meanwhile, _____ _____ are very _____.

4. 이것이 제가 일본 사람들로부터 받은 인상입니다.

　　That is the _____ I _____ _____ them.

Answer
1. one / closest neighboring
2. half / Japan / mountains
3. Japanese people / friendly
4. impression / got from

OPIc Magic Pattern 활용하기

학습한 Magic Pattern을 다른 주제에서도 활용해 보세요.

1. Japan <u>is one of</u> our closest neighboring countries.
- Tom Curse <u>is one of</u> the most well-known movie stars in the world.
  Movies에 활용 탐 크루즈는 세계에서 가장 잘 알려진 배우 중 한 명입니다.
- BTS <u>is one of</u> the most popular boy bands in Korea.
  Music에 활용 BTS는 한국에서 가장 유명한 아이돌 그룹 중 하나입니다.

2. Some beaches are <u>popular vacation spots</u>.
- Some hotels are <u>popular vacation spots</u> because there are many entertaining facilities.
  Hotels에 활용 어떤 호텔들은 재미있는 시설이 많기 때문에 유명한 휴가 장소입니다.
- Beaches on the east side of Korea are <u>popular vacation spots</u> because waters are crystal clear.
  Beaches에 활용 한국의 동해안에 있는 해변은 물이 매우 깨끗하기 때문에 유명한 휴가 장소입니다.

OPIc 질문에 대한 모범답변을 살펴본 후, 질문의 핵심 포인트를 파악하여 나만의 OPIc 답변을 만들어 보세요.

7 Tell me about the outdoor activities that are popular in your country. Do people go hiking, bike or swim? What do people typically do outdoors?

 MP3 05_Q7

인기 있는 야외 활동에 대해 말해 주세요. 사람들은 하이킹을 가나요, 자전거를 타나요, 아니면 수영을 하나요? 사람들은 보통 야외에서 무엇을 하나요?

Structure		Idea
시작 문장	주제 문장 소개	Koreans do various types of outdoor activities.
본문	사람들이 자유시간에 즐길 수 있는 다양한 야외 활동 나열	because, many mountains, go hiking, camping to the mountains, next, beaches, go on vacations to coastal areas, many rivers, riverside parks, exercise there
마무리 문장	나의 답변 마무리	Once again, Koreans do various types of outdoor activities.

Model Answer
MP3 05_A7

Koreans do ❶ various types of outdoor activities.
❷ Because there are many mountains, people like to go hiking or camping to the mountains. Next, because there are many beaches, people like to ❸ go on vacations to coastal areas.
Also, because there are many rivers, there are ❹ riverside parks along the river.
People can get some exercise there.
Once again, Koreans do various types of outdoor activities.

Tips for Better Answer

▶❶ 다양한 종류의
= many types of, diverse types of
Ex: There are so many types of outdoor activities people can do in Korea.
한국에서 사람들이 할 수 있는 야외활동의 종류가 매우 많다.

▶❷ ~이기 때문에
= since, as
Ex: As there are many mountains, people go hiking very often.
산이 많이 있기 때문에 사람들은 자주 등산을 간다.

▶❸ 휴가 가다
= go on a trip, take a vacation
Ex: Whenever I take a vacation, I go to the beaches.
나는 휴가를 갈 때마다 해변에 간다.

▶❹ 강가에 있는
beachside: 해안가에 있는
lakeside: 호숫가에 있는
mountainside: 산 옆에 있는
Ex: There are many beachside hotels.
해안가에 있는 호텔이 많다.

Key Expressions

- **outdoor activities** 야외 활동
- **coastal areas** 해안 지역
- **riverside park** 강가 공원
- **exercise** 운동하다

한국인들은 다양한 종류의 야외 활동을 합니다. 산이 많기 때문에 사람들은 산으로 등산이나 캠핑하러 가는 것을 좋아합니다. 그리고 해변이 많기 때문에, 사람들은 해안 지역으로 휴가 가는 것을 좋아합니다. 또한, 강이 많기 때문에, 강을 따라 강변 공원이 있습니다. 사람들은 그곳에서 운동을 할 수 있습니다. 즉, 한국인들은 다양한 종류의 야외 활동을 합니다.

데이터어 트렌드로 쉽게 취득하는 OPIc IM

OPIc Pattern 익히기

주어진 한국어 핵심 문장을 읽고 빈칸에 들어갈 영어 표현을 작성하세요. 그 후, 문장을 반복해 말하는 연습을 통해 OPIc 핵심 패턴과 모범 답변을 익혀 보세요.

1. 한국인들은 다양한 종류의 야외 활동을 합니다.

Koreans do _____ _____ of _____ _____.

2. 산이 많기 때문에 사람들은 산으로 등산이나 캠핑하러 가는 것을 좋아합니다.

_____ there are _____ _____, people _____ to go _____ or _____ to the _____.

3. 그리고 해변이 많기 때문에, 사람들은 해안 지역으로 휴가 가는 것을 좋아합니다.

Next, _____ there are many _____, people _____ to go _____ _____ to _____ _____.

4. 또한, 강이 많기 때문에, 강을 따라 강변 공원이 있습니다.

Also, _____ there are many _____, there are _____ parks _____ the _____.

Answer
1. various types / outdoor activities
2. Because / many mountains / like / hiking / camping / mountains
3. because / beaches / like / on vacations / coastal areas
4. because / rivers / riverside / along / river

OPIc Magic Pattern 활용하기

학습한 Magic Pattern을 다른 주제에서도 활용해 보세요.

1. Koreans do <u>various types of outdoor activities</u>.
   - Since Korea has four distinct seasons, people can enjoy doing <u>various types of outdoor activities</u>.
   Weather에 활용 한국은 사계절이 뚜렷하기 때문에 사람들은 다양한 종류의 야외 활동을 할 수 있습니다.
   - There are many big parks in my neighborhood, so I can do <u>various types of outdoor activities</u>.
   Parks에 활용 우리 동네에는 큰 공원이 많이 있어서 저는 다양한 종류의 야외 활동을 할 수 있습니다.

2. People can <u>get some exercise</u> there.
   - Whenever I have some free time, I try to <u>get some exercise</u> at a gym near my house.
   Free Time에 활용 저는 자유시간이 있을 때마다 집 근처에 있는 체육관에서 운동을 하려고 노력합니다.
   - I go to a park in my town to <u>get some exercise</u>, such as taking walks.
   Walking에 활용 저는 산책과 같은 운동을 하려고 동네에 있는 공원에 갑니다.

OPIc 질문에 대한 모범답변을 살펴본 후, 질문의 핵심 포인트를 파악하여 나만의 OPIc 답변을 만들어 보세요.

8-1 I would like you to pick a favorite place in your country from your childhood. 🎧 MP3 05_Q8-1
Describe that place in detail. What do you remember about that place?

어릴 때부터 좋아했던 그 나라의 장소를 선택하고 그곳에 대해 자세히 설명해 주세요. 그 장소에 대해 어떤 기억이 있나요?

8-2 Tell me about an early memory of your country's geography. 🎧 MP3 05_Q8-2
Perhaps it was a special place or an important landmark. What were your memories about that place?

국내 지형과 관련된 어릴 적 기억에 대해 말해 주세요. 아마도 특별한 곳이었거나 중요한 랜드마크였을 수도 있습니다. 그곳에 대한 기억은 어땠나요?

Structure		Idea
시작 문장	주제 문장 소개	I remember going to the beach often when I was a kid.
본문	어렸을 때 가본 장소로 해변 선택하여 묘사	one of my favorite, used to be, south coast, well-known, crowded, peak season, coastline, scenic
마무리 문장	나의 답변 마무리	Once again, I remember going to the beach often when I was a kid.

Model Answer 🎧 MP3 05_A8

I remember going to the beach often ❶ when I was a kid.

One of my favorite beaches ❷ used to be on the south coast of Korea.

It was a very well-known beach.

It was a popular ❸ vacation spot ❹ among people.

It got very crowded during the peak season.

There were a lot of things to do near the beach.

The coastline was very scenic.

The sunset and the sunrise were amazing.

Once again, I remember going to the beach often when I was a kid.

Tips for Better Answer

* 국내 여행 주제의 '좋아하는 국내 여행 장소들 묘사'의 답변 최대한 활용

▶❶ 내가 어렸을 때
= when I was young, when I was a child
문장의 앞으로 올 수 있음
Ex: When I was young, I went to the beach.
내가 어렸을 때 해변에 갔다.

▶❷ 〈used to + 동사〉: 과거에 ~하고는 했었다
Ex: I went to the beach.
해변에 갔었다. (몇 번 갔는지 알 수 없음)
I used to go to the beach.
해변에 가고는 했었다. (여러 번 갔음)

▶❸ = vacation place

▶❹ 〈between A and B〉 2개를 비교할 때 between 사용
Ex: These are the differences between the two countries.
이게 두 나라 사이의 차이점이다.
〈among + 복수 명사〉
3개 이상의 것에 대해 이야기할 때는 among 사용
Ex: These are the differences among Asian countries.
이게 아시아 나라들의 차이점이다.

Key Expressions

- **south coast** 남해안
- **well-known** 유명한, 잘 알려진
- **get crowded** 복잡해지다, 북적이다
- **peak season** 성수기
- **coastline** 해안가
- **scenic** 멋진

어렸을 때 가족들과 종종 바닷가에 갔던 기억이 납니다. 제가 가장 좋아하는 해변 중 하나는 한국의 남해안에 있었습니다. 그곳은 유명한 해변이었습니다. 사람들 사이에서 인기 있는 휴양지였습니다. 성수기 때는 매우 붐볐습니다. 바닷가 근처에는 할 일이 많았습니다. 해안 지대는 경치가 좋았습니다. 일몰과 일출은 놀라웠습니다. 다시 한번 말하자면, 어렸을 때 종종 바닷가에 갔던 기억이 납니다.

OPIc Pattern 익히기

주어진 한국어 핵심 문장을 읽고 빈칸에 들어갈 영어 표현을 작성하세요. 그 후, 문장을 반복해 말하는 연습을 통해 OPIc 핵심 패턴과 모범 답변을 익혀 보세요.

1. 제가 가장 좋아하는 해변 중 하나는 한국의 남해안에 있었습니다.

One of my _____ _____ used to be _____ the _____ _____ of Korea.

2. 성수기 때는 매우 붐볐습니다.

It _____ very _____ during the _____ _____.

3. 바닷가 근처에는 할 일이 많았습니다.

There were _____ _____ of _____ to _____ _____ the beach.

4. 일몰과 일출은 놀라웠습니다.

The _____ and the _____ were _____.

> **Answer**
> 1. favorite beaches / on / south coast
> 2. got / crowded / peak season
> 3. a lot / things / do near
> 4. sunset / sunrise / amazing

OPIc Magic Pattern 활용하기

학습한 Magic Pattern을 다른 주제에서도 활용해 보세요.

1. <u>There were a lot of things to do</u> near the beach.

- <u>There were a lot of things to do</u> during the last holiday because my relatives visited my place.
  Holidays에 활용 지난 휴일 때 친척들이 우리집으로 왔기 때문에 해야 할 일이 많았습니다.

- <u>There were a lot of things to do</u> at home, such as vacuuming and mopping the floor.
  Housing에 활용 청소기를 돌리거나 바닥을 닦는 등 집에서 해야 할 일이 많았습니다.

2. <u>I remember</u> going to the beach often <u>when I was a kid</u>.

- <u>I remember</u> getting on the express train for the first time <u>when I was a kid</u>.
  Transportation에 활용 제가 어렸을 때 처음으로 고속 열차를 탔던 기억이 납니다.

- <u>I remember</u> when I made a dentist's appointment <u>when I was a kid</u>.
  Appointment에 활용 제가 어렸을 때 치과 예약을 한 기억이 납니다.

OPIc 질문에 대한 모범답변을 살펴본 후, 질문의 핵심 포인트를 파악하여 나만의 OPIc 답변을 만들어 보세요.

9 **People often have memorable experiences of exploring their country's geography.** 🎧 MP3 05_Q9
You might have climbed a famous mountain or might have swum at a beautiful beach.
Tell me a story of when you visited a natural place in your country.

사람들은 종종 국내를 여행하면서 기억에 남거나 감동적인 경험을 합니다. 유명한 산을 올랐을 수도 있고 아름다운 해변에서 수영을 했을 수도 있습니다. 당신 나라의 자연적인 장소를 방문했을 때의 경험에 대해 말해 주세요.

Structure		Idea
시작 문장	주제 문장 소개	I remember going to the beach with my family recently.
본문	지형적으로 유명한 장소로 여행 가서 한 일 묘사	during the day, took a walk, took a lot of pictures, went out for some seafood, raw fish, shrimp, food tasted, had some drinks, after having dinner, partied
마무리 문장	나의 답변 마무리	Looking back, it was a very memorable trip.

Model Answer 🎧 MP3 05_A9

I remember going to the beach with my family recently.
❶ During the day, we took a walk **❷** along the beach.
Plus, we took a lot of pictures near the beach.
For lunch, we **❸** went out for some seafood.
We had some raw fish and shrimp.
For dinner, we had a barbeque at our **❹** cabin.
The food tasted good because I was so hungry.
We had some drinks with the meal.
After having dinner, we partied all night long.
❺ Looking back, it was a very memorable trip.

Tips for Better Answer

▶**❶** = 낮 동안에는
in the day time: 낮 시간에는
in the afternoon: 오후에는
at night: 밤에는

▶**❷** '~를 따라, 따라서'라는 의미의 전치사
Ex: We walked along the river.
우리는 강을 따라 걸었다.

▶**❸** 해산물을 먹으러 나가다
eat이라는 단어가 없어도 외식하러 간다는 의미 내포됨
= dine out, eat out
Ex: We decided to eat out.
우리는 외식하기로 결정했다.

▶**❹** 펜션은 원어민이 사용하는 단어가 아니므로 사용하지 않기
vacation rentals: 빌려서 휴가를 보낼 수 있는 장소
vacation rentals의 종류
beach house: 해변가에 있는 집
cabin: 오두막
condos: 콘도
villa: 빌라

▶**❺** 기억에 남는 과거의 경험에 대해 이야기한 후에 유용하게 쓰일 수 있는 마무리 문장
Ex: Looking back, it was one of the most memorable experiences I had.
돌이켜 보면 가장 기억에 남는 경험들 중 하나였다.

Key Expressions

- **raw fish** 회, 익히지 않은 생선
- **have drinks** 술 마시다
- **meal** 식사
- **party** 파티, 파티하다
- **all night long** 밤새도록
- **memorable** 기억에 남는

최근에 가족들과 바닷가에 갔던 기억이 납니다. 낮에는 바닷가를 산책했습니다. 또한, 우리는 해변 근처에서 사진을 많이 찍었습니다. 점심으로, 우리는 해산물을 먹으러 나갔습니다. 회와 새우를 먹었습니다. 저녁으로, 우리는 펜션에서 바비큐를 했습니다. 배가 고파서 음식이 더 맛있었습니다. 식사를 하면서 술을 좀 마셨습니다. 저녁을 먹고 나서, 밤새도록 파티를 했습니다. 돌이켜 보면, 매우 기억에 남는 여행이었습니다.

OPIc Pattern 익히기

주어진 한국어 핵심 문장을 읽고 빈칸에 들어갈 영어 표현을 작성하세요. 그 후, 문장을 반복해 말하는 연습을 통해 OPIc 핵심 패턴과 모범 답변을 익혀 보세요.

1. 최근에 가족들과 바닷가에 갔던 기억이 납니다.

   I _____ _____ to the _____ with my _____ _____ .

2. 낮 동안에는 바닷가를 산책했습니다.

   _____ the _____, we _____ a _____ _____ the _____

3. 저녁으로, 우리는 펜션에서 바비큐를 했습니다.

   For dinner, we _____ a _____ at our _____ .

4. 저녁을 먹고 나서, 우리는 밤새도록 파티를 했습니다.

   _____ _____ dinner, we partied _____ _____ _____ .

Answer
1. remember going / beach / family recently
2. During / day / took / walk along / beach
3. had / barbeque / cabin
4. After having / all night long

OPIc Magic Pattern 활용하기

학습한 Magic Pattern을 다른 주제에서도 활용해 보세요.

1. <u>During the day</u>, we took a walk along the beach.
   - My family and I visited the beach in Busan, and <u>during the day</u>, we enjoyed swimming.
     Beaches에 활용 저는 가족들과 부산에 있는 해변에 가서 낮에는 수영을 즐겼습니다.
   - <u>During the day</u>, I watched a movie, but it was so unrealistic.
     Movies에 활용 낮에 영화를 봤는데 너무 비현실적이었습니다.

2. We <u>had some drinks</u> with the meal.
   - I threw a birthday party for my mother. We <u>had some drinks</u> while talking with each other.
     Gatherings에 활용 어머니를 위해 생일 파티를 열었습니다. 우리는 함께 이야기를 하면서 술을 마셨습니다.
   - We <u>had some drinks</u> at the beach while enjoying the sunset.
     Beaches에 활용 우리는 일몰을 즐기면서 술을 마셨습니다.

OPIc 질문에 대한 모범답변을 살펴본 후, 질문의 핵심 포인트를 파악하여 나만의 OPIc 답변을 만들어 보세요.

10 How has your country changed in the past decade? Perhaps there were changes 🎧 MP3 05_Q10
in urban development or tourism. Choose one area of change and describe it with a lot of
details.

지난 10년간 당신의 나라는 어떻게 변했나요? 아마도 도시 개발이나 관광 분야에서 변화가 있었을 것입니다. 변화된 분야를 선택하여 자세히 말해 주세요.

Structure		Idea
시작 문장	주제 문장 소개	Transportation in Korea has changed a lot over the last 10 years.
본문	한국의 변화로 교통수단 사용하여 묘사	trains, faster, half the time, plane tickets, cheaper, thanks to low-cost carriers, half the price, driving, much easier, GPS tells us where to go
마무리 문장	나의 답변 마무리	So, transportation in Korea has changed a lot over the last 10 years.

Model Answer 🎧 MP3 05_A10

❶ Transportation in Korea ❷ has changed
a lot ❸ over the last 10 years.
First, ❹ trains are much faster than in the
past.
It takes half the time to get somewhere
now.
Plus, plane tickets are much cheaper now
❺ thanks to low-cost carriers.
Some flights only cost half the price.
Also, driving is much easier now because we
now have GPS.
The GPS tells us where to go.
So, transportation in Korea has changed a
lot over the last 10 years.

Tips for Better Answer

* 국내 여행 주제의 '지난 5년간 여행이 더 어려워진 이유 설명' 답변 그대로 활용

❶ 지난 10년 동안 생긴 한국의 변화로 transportation 선택
   public transportation: 대중교통
   means of transportation: 대중교통 수단

❷ 과거와 현재의 변화이므로 현재 완료형 has changed 시제 사용
   Ex: Many things have changed in Korea.
   한국에는 많은 것이 변했다.

❸ 10년 전과 비교하므로 over the last 10 years라는 표현 언급
   비교할 시간이 정확하지 않을 경우 사용하는 표현
   in the past: 과거에는 / back in the day: 예전에는

❹ transportation이 좋아진 이유를 설명하기 위해 다양한 예시 제공 (trains, plane tickets, driving)
   비교급 사용하여 과거와 현재의 교통 비교
   much faster: 훨씬 빨라진 / much cheaper: 훨씬 저렴한
   much easier: 훨씬 쉬워진 / much better: 훨씬 나아진

❺ 〈thanks to + 명사〉 대신 〈because of + 명사〉,
   〈due to + 명사〉, 〈because + 주어 + 동사〉 사용 가능
   Ex: Because of GPS, driving has become much easier.
   내비게이션 덕에 운전이 훨씬 더 쉬워졌다.
   Due to GPS, it has become easier.
   내비게이션 덕에 훨씬 더 쉬워졌다.

Key Expressions
- **transportation** 교통
- **half the time** 절반의 시간
- **thanks to** ~덕분에
- **low-cost carriers** 저가 항공사
- **half the price** 반값
- **GPS** 내비게이션

한국의 교통수단은 지난 10년 동안 많이 변했습니다. 첫째, 기차는 과거보다 훨씬 빠릅니다. 지금은 어디론가 가는 데 시간이 절반밖에 안 걸립니다. 게다가 저가 항공사들 덕분에 비행기표 값도 훨씬 저렴해졌습니다. 일부 항공편은 반값밖에 안 합니다. 또한, 내비게이션을 사용해서 운전이 훨씬 더 쉬워졌습니다. 내비게이션이 어디로 가야 하는지 알려줍니다. 즉, 한국의 교통수단은 지난 10년 동안 많이 변했습니다.

데이터로 트렌드로 쉽게 취득하는 OPIc IM

주어진 한국어 핵심 문장을 읽고 빈칸에 들어갈 영어 표현을 작성하세요. 그 후, 문장을 반복해 말하는 연습을 통해 OPIc 핵심 패턴과 모범 답변을 익혀 보세요.

1. 한국의 교통은 지난 10년 동안 많이 변했습니다.

_____ in Korea _____ _____ a _____ _____ the last 10 years.

2. 첫째, 기차는 과거보다 훨씬 빠릅니다. 지금은 어디론가 가는 데 시간이 절반밖에 안 걸립니다.

First, trains are _____ _____ than in the past. It _____ _____ the _____ to get somewhere now.

3. 게다가 저가 항공사들 덕분에 비행기표 값도 훨씬 저렴해졌습니다.

Plus, plane tickets are _____ _____ now _____ _____ low-cost carriers.

4. 또한, 내비게이션을 사용해서 운전이 훨씬 더 쉬워졌습니다. 내비게이션이 어디로 가야 하는지 알려줍니다.

Also, _____ is _____ _____ now because we now _____ _____.
The _____ _____ us _____ _____ go.

Answer
1. Transportation / has changed / lot over
2. much faster / takes half / time
3. much cheaper / thanks to
4. driving / much easier / have GPS / GPS tells / where to

학습한 Magic Pattern을 다른 주제에서도 활용해 보세요.

1. Transportation in Korea <u>has changed a lot over the last 10 years</u>.
- The way people communicate <u>has changed a lot over the last 10 years</u> due to social media.
 소셜 미디어 때문에 사람들이 대화하는 방식이 지난 10년간 많이 바뀌었습니다.

- The way people get groceries <u>has changed a lot over the last 10 years</u> because they have become health-conscious.
Health / Shopping에 활용 사람들이 건강을 의식하기 때문에 장을 보는 방식이 지난 10년간 많이 바뀌었습니다.

2. <u>It takes half the time to</u> get somewhere now.
- There are two express trains in Korea, so <u>it takes half the time to</u> get somewhere.
Transportation에 활용 한국에서 고속열차가 두 개 있기 때문에 어디든지 시간이 절반밖에 안 걸립니다.

- I have worked in this field for 5 years. So <u>it takes half the time to</u> finish my work.
Work에 활용 저는 이 분야에서 5년 동안 일했습니다. 그래서 이제 제 일을 끝내는 데 시간이 절반밖에 안 걸립니다.

Chapter 06

Domestic Trips / Overseas Trips

질문을 제대로 파악하는 것만으로도 성공적으로 시험을 치를 수 있습니다. OPIc에서 자주 출제되는 질문들을 알아보세요.

Domestic Trips

1 **You indicated in the survey that you take vacations domestically. Tell me about some of the places you like to travel to and why you like going there.**

당신은 국내에서 휴가를 보낸다고 했습니다. 당신이 여행하고 싶은 장소와 그곳에 가는 것을 좋아하는 이유에 대해 말해 주세요.

문항 유형	좋아하는 국내 여행 장소들 묘사
문항 수준	Intermediate
핵심 포인트	• 좋아하는 여행 장소로 해변 묘사 • 본인이 평소에 자주 가는 여행 장소 이야기이므로 현재형 시제와 주어 I 사용
중요도	★★★

2 **Can you tell me about the things you do in order to prepare for trips?**

여행 준비를 위해 당신이 하는 일에 대해 말해 주세요.

문항 유형	여행가기 전에 하는 준비 설명
문항 수준	Intermediate
핵심 포인트	• 평소 해변갈 때 가져가는 준비물을 현재형으로 설명
	• 본인이 준비하는 것이므로 주어 I 사용
	• 다양한 부사를 활용하여 준비물 종류 나열
중요도	★★★

3 **Tell me about some of the trips that you took in your youth. Where did you go? Who did you go with? And what did you do or see during those early trips?**

당신이 어렸을 때 갔던 여행에 대해 말해 주세요. 어디를 갔나요? 누구와 같이 갔나요? 그리고 당신은 그 여행에서 무엇을 했거나 보았나요?

문항 유형	어렸을 때 갔었던 여행 설명
문항 수준	Advanced
핵심 포인트	• 어렸을 때 간 여행 장소로 해변 선택
	• 과거 경험을 이야기하므로 과거형 시제 사용
중요도	★★★★★

4 **Traveling can lead to many kinds of interesting, funny and unexpected experiences. Tell me about one travel experience you had that was unforgettable. Start by telling me when this happened, where you were, and who you were with. And then, tell me about all the things that happened that made this experience so memorable.**

여행 중엔 흥미롭고, 재미있고, 예상치 못한 경험이 많이 생길 수 있습니다. 잊을 수 없는 여행 경험에 대해 말해 주세요. 먼저 언제, 어디서, 누구와 함께 있었는지 말해 주세요. 그리고 나서 이 경험이 기억에 남는 이유를 말해 주세요.

문항 유형	여행 중에 있었던 잊을 수 없는 에피소드 설명
문항 수준	Advanced
핵심 포인트	• 음식 때문에 고생한 경험 답변 활용
	• 본인이 겪은 기억에 남는 경험이므로 주어 I 사용
	• 과거의 경험으로 과거형 시제 사용
중요도	★★★

Overseas Trips

5 You indicated in the survey that you travel internationally. Could you describe for me one of the countries you've visited? What was it like and what were the people like there?

설문조사에서 당신은 해외로 휴가를 간다고 했습니다. 방문한 나라들 중 한 곳을 설명해 주시겠어요? 어떤 모습이었고 그곳 사람들은 어땠나요?

문항 유형	본인이 가본 해외 국가나 도시, 현지인 묘사
문항 수준	Intermediate
핵심 포인트	• 본인이 가본 해외여행지의 특징 묘사 • 주어 I 사용하며 그 나라의 특징을 묘사할 때는 현재형 사용
중요도	★★★★★

6 Talk about the things that you typically do when you visit another country or city overseas.

다른 나라나 해외 도시를 방문할 때 주로 하는 것들에 대해 말해 주세요.

문항 유형	해외여행지에 가서 본인이 주로 하는 일들 묘사
문항 수준	Intermediate
핵심 포인트	• 해외여행지에 가서 할 수 있는 일을 현재형 시제로 나열 • 본인의 경험이므로 주어 I 사용
중요도	★★★

7 Tell me about your first trip to another country or city. When did you go? Where did you visit? What did you do there? Who did you go with? Tell me everything about that trip with lots of details.

다른 나라나 도시를 처음 여행한 경험에 대해 말해 주세요. 언제 갔나요? 어디로 갔나요? 무엇을 했나요? 누구와 같이 갔나요? 그 여행에 대해 자세히 말해 주세요.

문항 유형	처음으로 가본 해외 국가나 도시 묘사
문항 수준	Advanced
핵심 포인트	• '본인이 어렸을 때 가보았던 해외 국가 묘사'와 함께 답변 대비 • 실제 가봤던 장소를 선택한 후 가서 한 활동을 과거형 시제로 나열 • 혼자 간 여행이라면 주어는 I, 여러 명이 간 여행이라면 주어 we 사용
중요도	★★★★★

8 Sometimes, something out of the ordinary happens while traveling. I wonder if you have ever experienced anything surprising, unexpected or unusual during a trip. Tell me about that experience in detail. Start by telling where you were traveling, and then give me all the details of what you did.

여행 중에 예상치 못한 일이 종종 생길 수 있습니다. 여행 중에 놀랐거나 특이했던 경험을 한 적이 있다면 그 경험에 대해 말해 주세요. 먼저 어디를 여행하고 있었는지 말하고, 그 경험에 대해 자세히 말해 주세요.

문항 유형	해외여행 중에 겪은 기억에 남는 에피소드 설명

문항 수준	Advanced
핵심 포인트	• 국내 여행 주제에 나온 '음식 때문에 고생한 경험' 내용 활용
	• 과거에 겪은 기억에 남는 경험이므로 주어 I 사용하며 과거형 시제로 묘사
중요도	★★★

9 Tell me about a popular place tourists like to go to when traveling outside your country. Why do they like visiting those locations?

해외여행 시, 관광객들이 좋아하는 인기 있는 장소에 대해 말해 주세요. 왜 그러한 곳에 가는 것을 좋아하나요?

문항 유형	우리나라 사람들이 주로 가는 해외여행지 묘사
문항 수준	Intermediate
핵심 포인트	• '본인이 가본 해외 국가나 도시, 현지인 묘사'와 같은 답변 활용
	• 평소 사람들이 즐겨 가는 여행지이므로 현재형 시제 사용
	• 우리나라 사람들이 좋아하는 여행지 묘사이므로 주어 we 사용
중요도	★★★

10 Think about another country that you visited when you were young. Describe what that country was like with lots of details. What were your impressions of the place?

어릴 때 방문했던 나라를 생각해 보세요. 그 나라에 대해 자세히 설명해 주세요. 그곳은 어땠나요?

문항 유형	본인이 어렸을 때 가보았던 외국 국가 묘사
문항 수준	Advanced
핵심 포인트	• '처음으로 가본 해외 국가나 도시 묘사'와 함께 답변 대비
	• 실제 가봤던 장소를 선택 후 가서 한 활동을 과거형 시제로 나열
	• 혼자 간 여행이라면 주어는 I, 여러 명이 간 여행이라면 주어 we 사용
중요도	★★★★★

11 Talk about a specific incident you remember while you were travelling outside your country. Perhaps something happened that was funny, interesting, frightening, etc. Tell me what happened from beginning to end.

외국 여행 중에 겪었던 구체적인 경험에 대해 말해 주세요. 아마도 재미있었거나, 흥미로웠거나, 무서웠던 일이 일어났을 수도 있습니다. 처음부터 끝까지 무슨 일이 있었는지 말해 주세요.

문항 유형	해외여행 중에 겪은 기억에 남는 에피소드 설명
문항 수준	Advanced
핵심 포인트	• 국내 여행 주제에 나온 '음식 때문에 고생한 경험' 내용 활용
	• 본인이 과거에 겪은 기억에 남는 경험이므로 주어 I, 과거형 시제 사용
중요도	★★★

OPIc 질문에 대한 모범답변을 살펴본 후, 질문의 핵심 포인트를 파악하여 나만의 OPIc 답변을 만들어 보세요.

1 You indicated in the survey that you take vacations domestically. 🎧 MP3 06_Q1
Tell me about some of the places you like to travel to and why you like going there.

당신은 국내에서 휴가를 보낸다고 했습니다. 당신이 여행하고 싶은 장소와 그곳에 가는 것을 좋아하는 이유에 대해 말해 주세요.

Structure		Idea
시작 문장	주제 문장 소개	There are many beaches in Korea.
본문	좋아하는 여행 장소로 해변 선택 후 장소 및 자주 가는 식당 묘사	favorite beaches, on the south coast, well-known beach, popular vacation spot, gets extremely crowded, peak season
마무리 문장	나의 답변 마무리	So, this is what my favorite beach is like.

Model Answer 🎧 MP3 06_A1

❶ There are many beaches in Korea.

I like to go to the beach ❷ whenever I want to.

❸ One of my favorite beaches is on the

❹ south coast of Korea.

It is a very ❺ well-known beach.

It is a popular vacation spot ❻ among people.

It ❼ gets extremely crowded during the

❽ peak season.

There are a lot of things to do near the beach.

❾ So, this is what my favorite beach is like.

Tips for Better Answer

* 해변 주제가 나왔을 때 활용할 수 있도록 좋아하는 국내 여행 장소는 해변을 위주로 묘사

▶❶ (복수 명사)가 있다. (시작 문장으로 강력 추천)
  Ex: There are many people in the café.
     카페에 사람들이 많이 있다.

▶❷ 복합관계부사: 내가 원할 때는 언제든지
  whenever 주어 (S) + 동사 (V): 언제든지 S가 V 하더라도… 문장의 제일 앞이나 끝에 옴
  Ex: Whenever I have time, I go to cafes.
     시간이 날 때마다 카페에 간다.

▶❸ one of the + 최상급 형용사 + 복수 명사: 가장 (형용사)한 (명사)들 중의 하나
  Ex: Jeju Island is one of the most famous vacations places in Korea.
     제주도는 한국에서 가장 유명한 휴가 장소들 중 하나이다.

▶❹ = southern coast
  east / eastern 동쪽   west / western 서쪽
  north / northern 남쪽

▶❺ = popular 인기 있는 / famous: 유명한

▶❻ between은 2명 또는 2개 이상 있을 때 쓰이며 among은 3명 또는 3개 이상 있을 때 쓰임
  Ex: There is no difference between park A and park B.
     Park A와 park B 사이에 차이가 없다.
     There are no differences among parks in Seoul.
     서울에 있는 공원들 사이에는 차이가 없다.

▶❼ = It gets super crowded.

▶❽ = high season

▶❾ 마지막 문장은 주제의 핵심 표현인 'my favorite beach'를 다시 한번 언급

데이터와 트렌드로 쉽게 취득하는 OPIc IM

- **favorite** 가장 좋아하는
- **whenever I want to** 내가 원할 때는 언제든지
- **south coast** 남쪽 해안가
- **vacation spot** 여행 장소
- **well-known** 잘 알려진
- **get crowded** 사람들로 북적이다, 혼잡해지다
- **peak season** 성수기

한국에는 해변이 많이 있습니다. 저는 제가 원할 때마다 해변에 가는 것을 좋아합니다. 제가 제일 좋아하는 해변은 한국의 남쪽 해안가에 위치해 있습니다. 이곳은 한국에서 매우 잘 알려진 해변입니다. 사람들에게 인기 있는 휴가 장소입니다. 성수기 때 그곳은 매우 혼잡 해집니다. 해변 근처에서 할 수 있는 일은 매우 많습니다. 제가 좋아하는 해변은 이렇게 생겼습니다.

주어진 한국어 핵심 문장을 읽고 빈칸에 들어갈 영어 표현을 작성하세요. 그 후, 문장을 반복해 말하는 연습을 통해 OPIc 핵심 패턴과 모범 답변을 익혀 보세요.

1. 한국에는 해변이 많이 있습니다.

    _____ _____ many _____ _____ Korea.

2. 저는 제가 원할 때마다 해변에 가는 것을 좋아합니다.

    I _____ _____ _____ _____ the beach _____ _____ _____ _____.

3. 제가 제일 좋아하는 해변은 한국의 남쪽 해안가에 위치에 있습니다.

    _____ _____ _____ _____ beaches is on the _____ _____ of Korea.

4. 성수기 때 그곳은 매우 혼잡해집니다.

    It _____ _____ _____ during the _____ _____.

5. 제가 좋아하는 해변은 이렇게 생겼습니다.

    This is _____ _____ _____ _____ is like.

> **Answer**
> 1. There are / beaches in
> 2. like to go to / whenever I want to
> 3. One of my favorite / south coast
> 4. gets extremely crowded / peak season
> 5. what my favorite beach

학습한 Magic Pattern을 다른 주제에서도 활용해 보세요.

1. I like to go to the beach whenever I want to.
- I like to go to exotic local cafes whenever I want to.
  - **Cafes**에 활용 저는 제가 원할 때는 언제든지 이국적인 동네 커피숍에 가는 것을 좋아합니다.
- I like to go to a park near my place to take a walk whenever I want to.
  - **Parks / Jogging**에 활용 저는 제가 원할 때는 언제든지 집 근처에 있는 공원에 가서 조깅하는 것을 좋아합니다.

2. One of my favorite beaches is on the south coast of Korea.
- One of my favorite places to travel abroad is Italy because there are so many landmarks.
  - **Overseas Trips**에 활용 관광 명소가 많기 때문에 제가 외국에서 여행가기 제일 좋아하는 장소는 이탈리아입니다.
- One of my favorite movie stars is Jennifer Lawrence because she is so talented.
  - **Movies**에 활용 제가 좋아하는 영화 배우들 중 하나는 제니퍼 로렌스인데 그녀가 재능이 많기 때문입니다.

3. It gets extremely crowded during the peak season.
- It gets extremely crowded even on weekdays because it is a very popular restaurant.
  - **Restaurants**에 활용 매우 인기 있는 식당이기 때문에 평일에도 사람들이 많습니다.
- The park gets extremely crowded when the weather is nice.
  - **Parks**에 활용 날씨가 좋을 때는 공원에 사람들이 많아집니다.

데이터와 트렌드로 쉽게 취득하는 OPIc IM

OPlc 질문에 대한 모범답변을 살펴본 후, 질문의 핵심 포인트를 파악하여 나만의 OPlc 답변을 만들어 보세요.

2 Can you tell me about the things you do in order to prepare for trips?  MP3 06_Q2

여행 준비를 위해 당신이 하는 일에 대해 말해 주세요.

Structure		Idea
시작 문장	주제 문장 소개	I pack many things before I go on trips.
본문	평상시 여행 갈 때 가져가는 준비물 나열	pack suitable clothes, for the weather, pack my swimsuit, sunglasses, toiletries, cosmetics couch, razor, shaving cream, toothbrush, toothpaste emergency medicine
마무리 문장	나의 답변 마무리	So, these are the things I pack before I go on trips.

Model Answer 🎧 MP3 06_A2

I pack ❶ many things before I go on ❷ trips.

First, I pack suitable clothes for the weather.
I always pack my swimsuit and my sunglasses.
+ a cap + a hat + a warm jacket + my flip-flops + my rash guard

Also, I ❸ pack my toiletries and cosmetics pouch.

I pack my razor, shaving cream, toothbrush, toothpaste and shampoo.
I also pack ❹ my own towel and some sunblock.
Plus, I always pack ❺ some emergency medicine.

So, these are the things I pack before ❻ I go on trips.

Tips for Better Answer

* '해변 갈 때 가져가는 준비물'과 동시에 대비할 수 있도록 여행 갈 때 가져가는 준비물로 해변과 관련된 물건 반드시 언급하기

▶❶ = various things, a variety of things, tons of things

▶❷ 여행을 갈 때마다 가져가는 준비물을 이야기하므로 trips 복수 명사 사용

여행갈 때 하나만 가져가는 준비물이라면 단수 명사 사용
Ex: I pack a camera.
난 카메라를 가져간다.

▶❸ = prepare, bring
Ex: I like to prepare for trips in advance.
나는 여행 준비를 미리 하는 것을 좋아한다.
I always bring my sunglasses when I travel.
나는 여행할 때 항상 내 선글라스를 가져간다.

▶❹ own 명사: 본인 소유임을 강조하기 위한 표현
Ex: I don't like using others' things.
I always bring my own toiletries.
나는 다른 사람들 물건을 사용하는 것을 좋아하지 않는다. 나는 항상 내 세면도구를 가져간다.

▶❺ medicine에 s를 붙여 복수 명사로 바꾸는 것도 가능하지만 일반적으로 불가산 명사로 사용
가산 명사와 불가산 명사 앞에 올 수 있는 some을 사용하여 실수 줄이기

▶❻ = before I travel

06 Domestic Trips / Overseas Trips

145

- **heavy packer** 짐을 무겁게 싸는 사람
- **light packer** 짐을 가볍게 싸는 사람
- **pack** 싸다, 가져가다
- **suitable** 어울리는
- **make sure** ~를 확실히 하다

- **swimsuit** 수영복
- **toiletries** 세면도구
- **razor** 면도기
- **shaving cream** 면도 크림
- **emergency medicine** 응급 약품

저는 여행을 가기 전에 많은 물건을 쌉니다. 첫 번째로 저는 날씨에 맞는 옷을 챙깁니다. 수영복과 선글라스를 꼭 챙깁니다. (+ 캡모자, 모자, 따뜻한 재킷, 슬리퍼 샌들, 래쉬 가드) 또한, 저는 세면도구와 화장품 파우치를 가져갑니다. 면도기, 면도 크림, 칫솔, 치약 그리고 샴푸를 쌉니다. 제가 쓰는 수건과 선크림을 가져갑니다. 또한 저는 응급 약품을 꼭 가져갑니다. 이것들이 제가 여행을 가기 전에 싸는 것들입니다.

주어진 한국어 핵심 문장을 읽고 빈칸에 들어갈 영어 표현을 작성하세요. 그 후, 문장을 반복해 말하는 연습을 통해 OPIc 핵심 패턴과 모범 답변을 익혀 보세요.

1. 저는 여행을 가기 전에 많은 물건을 삽니다.

   I _____ _____ _____ before I _____ _____ _____.

2. 첫 번째로 저는 날씨에 맞는 옷을 챙깁니다.

   First, I _____ _____ _____ for the weather.

3. 저는 세면도구와 화장품 파우치를 가져갑니다.

   I pack _____ and _____ _____.

4. 저는 응급 약품을 꼭 가져갑니다.

   I _____ _____ some _____ _____.

5. 이것들이 제가 여행을 가기 전에 싸는 것들입니다.

   _____ _____ the things _____ _____ before I _____ _____ _____.

Answer
1. pack many things / go on trips.
2. pack suitable clothes
3. toiletries / cosmetics pouch.
4. always pack / emergency medicine.
5. These are / I pack / go on trips.

🔍 OPIc Magic Pattern 활용하기

학습한 Magic Pattern을 다른 주제에서도 활용해 보세요.

1. I pack <u>many things before</u> I go on trips.
   - I do <u>many things before</u> I go out to have a gathering with my friends.
     Gatherings에 활용 친구들과 모임을 하러 나가기 전에 많은 것을 합니다.

   - I do <u>many things before</u> I travel overseas because I am detail-oriented.
     Overseas Trips에 활용 저는 세부사항에 신경쓰기 때문에 해외여행을 가기 전에 많은 것을 합니다.

2. I pack <u>suitable clothes</u> for the weather.
   - I wear <u>suitable clothes</u> before going to the park to do jogging.
     Parks / Jogging에 활용 조깅하러 공원에 가기 전에 알맞은 옷을 입습니다.

   - I pack <u>suitable clothes</u>, a hat, sunglasses and shoes for the trip to Europe.
     Overseas Trips에 활용 유럽 여행에 알맞은 옷, 모자, 선글라스 그리고 신발을 쌉니다.

3. <u>So, these are the things</u> I pack before I go on trips.
   - <u>So, these are the things</u> I do during the holidays with my family.
     Holidays에 활용 이것들이 제가 가족들과 명절 때 하는 일들입니다.

   - <u>So, these are the things</u> I do before inviting my friends over to my place.
     Vacation at Home에 활용 이것들이 제가 친구들을 집으로 초대하기 전에 하는 일들입니다.

OPIc 질문에 대한 모범답변을 살펴본 후, 질문의 핵심 포인트를 파악하여 나만의 OPIc 답변을 만들어 보세요.

3 Tell me about some of the trips that you took in your youth. Where did you go? Who did you go with? And what did you do or see during those early trips?  MP3 06_Q3

당신이 어렸을 때 갔던 여행에 대해 말해 주세요. 어디를 갔나요? 누구와 같이 갔나요?
그리고 당신은 그 여행에서 무엇을 했거나 보았나요?

	Structure	Idea
시작 문장	주제 문장 소개	I remember going to the beach when I was a kid.
본문	어렸을 때 갔던 해변에서 한 일들과 즐겨 먹었던 음식 묘사	used to stay at a beachside hotel, ocean view, used to swim, play in the sand, pick up seashells, on the seashore, go out for some food, have a barbeque
마무리 문장	나의 답변 마무리	Looking back, these were very memorable trips

Model Answer 🎧 MP3 06_A3

❶ I remember going to the beach when I was a kid.
We used to stay at a beachside hotel that had a
❷ great ocean view.

During the day, ❸ we used to swim in the ocean.
+ Also, we used to play in the sand on the beach.
+ Also, we used to pick up seashells on the seashore.

For lunch or dinner, we used to ❹ go out for some
food.
❺ I remember having steak, pizza, hamburgers and
pasta.
+ raw fish + shrimp + octopus + squid + lobster
+ crab + shell fish

Tips for Better Answer

* '어렸을 때 간 해변에서의 경험'을 묻는
질문에도 동시에 대비 할 수 있도록 동일하게
해변으로 묘사

▶ ❶ I remember + 동명사, 명사: 나는 (동명사,
명사) 한 것을 기억한다
과거의 경험에 대해 이야기할 때 시작 문장으로
추천
Ex: I remember going to a nice restaurant
with my friend last week.
저번 주에 친구와 멋진 음식점에 간 기억이
난다.

▶ ❷ 경치를 꾸며주는 다양한 형용사 사용
impressive: 인상적인
beautiful: 아름다운
stunning: 놀라운
picturesque: 그림같이 아름다운
breathtaking: 숨이 멎을 듯한

▶ ❸ used to 동사: 과거에 자주 (동사) 하곤 했었다
과거에 여러 번 반복했던 행동
지금은 더 이상 그 행동을 하지 않는다는 의미도
포함되어 있음
Ex: My family used to go skiing in winter.
우리 가족은 겨울에 스키를 타러 가곤
했었다. (지금은 타지 않음)

▶ ❹ have lunch는 어디에서 점심 식사를 하는지 알
수 없지만 go out for lunch를 사용할 경우 밖에
나가 외식한다는 의미가 포함
= go out for dinner
Ex: I prefer eating out.
나는 외식하는 것을 선호한다.

▶ ❺ 쉽게 충분한 답변 양을 확보하는 방법으로 추천
다양한 종류의 음식을 생각하듯이 천천히 말하기

Sometimes, we used to have a barbeque at our cabin.

The food always tasted good because ❻ I was so hungry.

At night, we used to play with some firecrackers on the beach.

❼ Looking back, these were very memorable trips.

▶ ❻ = I was so starving.
(hungry를 강조하고 싶을 때)

▶ ❼ 과거의 경험을 이야기한 후 마무리할 때 사용할 수 있는 가장 유용한 문장이므로 ★암기 필수!!

Ex: Looking back, it was a very unforgettable experience.
돌이켜 보면, 잊을 수 없는 기억이다.

Key Expressions

- **quite often** 꽤 자주
- **beachside** 해안가 옆
- **ocean view** 해변이 보이는 뷰
- **seashell** 조개
- **seashore** 바닷가
- **play with the sand** 모래를 가지고 놀다
- **clam, crab** 조개, 게

- **raw fish** 회
- **octopus** 문어
- **squid** 오징어
- **grill** 화로, 굽다
- **be starving** 배가 매우 고프다
- **firecracker** 불꽃놀이
- **memorable** 기억에 남는

어렸을 때 바닷가에 갔던 기억이 납니다. 우리는 종종 바다가 보이는 해변가 호텔에 묵었습니다. 낮에는 바다에서 수영을 하곤 했습니다. (+ 또한, 우리는 해변에서 모래를 가지고 놀곤 했습니다. + 또한, 우리는 바닷가에서 조개를 줍곤 했습니다.) 점심이나 저녁 때는 나가서 외식을 하곤 했습니다. 그때 스테이크, 피자, 햄버거, 파스타를 먹은 기억이 납니다. (+ 회, 새우, 문어, 오징어, 랍스터, 게, 조개) 가끔은 숙소에서 바비큐를 하곤 했습니다. 저는 항상 배가 고팠기 때문에 음식이 맛있었습니다. 밤에는 해변에서 불꽃놀이를 했습니다. 돌이켜 보면, 기억에 남는 여행이었습니다.

주어진 한국어 핵심 문장을 읽고 빈칸에 들어갈 영어 표현을 작성하세요. 그 후, 문장을 반복해 말하는 연습을 통해 OPIc 핵심 패턴과 모범 답변을 익혀 보세요.

1. 어렸을 때 바닷가에 갔던 기억이 납니다.

I _____ _____ to the beach _____ _____ _____ a kid.

2. 우리는 종종 바다가 보이는 해변가 호텔에 묵었습니다.

We _____ _____ _____ at a _____ _____ that had a _____ _____ _____.

3. 낮에는 바다에서 수영을 하곤 했습니다.

_____ the day, we _____ _____ _____ in the ocean.

4. 저는 항상 배가 고팠기 때문에 음식이 맛있었습니다.

The food _____ _____ _____ because _____ _____ _____.

5. 돌이켜 보면, 기억에 남는 여행이었습니다.

_____ _____, these were _____ _____ _____.

OPIc Magic Pattern 활용하기

Answer
1 remember going / when I was
2. used to stay / beachside hotel / great ocean view.
3. During / used to swim
4. always tasted good / I was starving.
5. Looking back / very memorable trips.

학습한 Magic Pattern을 다른 주제에서도 활용해 보세요.

1. <u>We used to</u> stay at a beachside hotel that had a great ocean view.

- <u>We used to</u> go to banks in person, but now, everyone uses mobile banking.

  Banks에 활용 우리는 직접 은행에 갔었지만, 지금은 모두가 모바일 뱅킹을 사용합니다.

- <u>We used to</u> go to live concerts because we loved jazz.

  Music에 활용 우리가 재즈를 좋아했기 때문에 라이브 콘서트에 가곤 했습니다.

2. <u>During the</u> day, we used to swim in the ocean.

- <u>During the</u> day, I cleaned the whole house and did recycling.

  Housing / Recycling에 활용 낮에는 집 전체를 치우고 재활용을 했습니다.

- <u>During the</u> holiday, my family visited my father's hometown.

  Holidays에 활용 명절 때 우리 가족은 아버지의 고향에 방문했습니다.

3. <u>Looking back, these were</u> very memorable trips.

- <u>Looking back, these were very</u> memorable days I had in my free time.

  Free Time에 활용 돌이켜 보면, 자유시간이 있었을 때가 매우 기억에 남는 나날들이었습니다.

- <u>Looking back, this was a very</u> memorable day I had at the beach.

  Beaches에 활용 돌이켜 보면, 해변에서의 시간이 매우 기억에 남는 하루였습니다.

데이터와 트렌드로 쉽게 취득하는 OPIc IM

OPIc 질문에 대한 모범답변을 살펴본 후, 질문의 핵심 포인트를 파악하여 나만의 OPIc 답변을 만들어 보세요.

4 Traveling can lead to many kinds of interesting, funny and unexpected experiences. Tell me about one travel experience you had that was unforgettable. Start by telling me when this happened, where you were, and who you were with. And then, tell me about all the things that happened that made this experience so memorable.   🎧 MP3 06_Q4

여행 중엔 흥미롭고, 재미있고, 예상치 못한 경험이 많이 생길 수 있습니다. 잊을 수 없는 여행 경험에 대해 말해 주세요. 먼저 언제, 어디서, 누구와 함께 있었는지 말해 주세요. 그리고 나서 이 경험이 기억에 남는 이유를 말해 주세요.

Structure		Idea
시작 문장	주제 문장 소개	I remember eating something that went bad during a trip.
본문	음식 때문에 고생한 경험 답변 활용	something that went bad, food poisoning, pretty bad, stomach, upset, fever, light-headed, went to the bathroom, had the runs, took some medicine, get a lot of rest
마무리 문장	나의 답변 마무리	since then, I try to be more careful.

Model Answer 🎧 MP3 06_A4

I remember eating ❶ something that went bad during a trip.
+ eating too fast + eating too much
+ eating too much spicy food
+ eating food that was ❷ undercooked

I got food poisoning and it was ❸ pretty bad.
+ got indigestion + got enteritis
I had an upset stomach.
+ I got rashes and my body was itchy.
+ I had heartburn and had a stomachache.
+ I had a fever and I felt light-headed.
+ I went to the bathroom ❹ again and again because I had the runs.

I took some medicine to get better.
I had to stay inside and ❺ get a lot of rest.
❻ Since then, I try to be more careful.

Tips for Better Answer

* '음식에 관련된 기억에 남는 에피소드' 답변 활용

▶❶ 상하다
= something wrong 무엇인가 잘못된
Ex: I remember eating something wrong.
뭔가 잘못된 걸 먹은 기억이 난다.

▶❷ 덜 익은
overcooked: 너무 익은

▶❸ pretty가 형용사와 함께 쓰이면 부사의 역할로 '꽤'란 의미
Ex: The concert was pretty good.
그 콘서트는 꽤 괜찮았다.

▶❹ 같은 행동이 여러 번 반복 한 것을 강조하고 싶을 때 쓰는 표현
Ex: I called you again and again.
너에게 계속해서 전화를 걸었다.

▶❺ take a rest는 broken English! 절대 사용하지 않기
쉬는 것을 나타낼 때 쓸 수 있는 표현
get some rest
rest
relax
take a break (짧은 시간)

▶❻ 사건이나 사고와 관련된 경험을 이야기한 후에는 반드시 마무리 문장 사용하여 답변 정리하기 (사건을 통해 느낀 점, 또는 배운 점)
Ex: Since then, I try not to go there.
그때 이후로, 거기에는 안 가려고 한다.

- **go bad** 상하다
- **undercooked** 덜 익은
- **food poisoning** 식중독
- **indigestion** 소화불량
- **enteritis** 장염
- **upset stomach** 복통
- **rashes** 두드러기

- **itchy** 간지러운
- **stomachache** 복통
- **throw up** 토하다
- **light-headed** 머리가 어지러운
- **had the runs** 설사하다
- **have a fever** 열이 나다
- **drugstore** 약국

여행 중에 뭔가 잘못된 것을 먹은 기억이 납니다. (+ 너무 빨리 먹은 + 너무 많이 먹은 + 너무 매운 것을 먹은 + 익지 않은 것을 먹은) 식중독에 걸렸는데 꽤 심했습니다. (+ 소화불량 + 장염에 걸렸습니다.) 배가 아팠습니다. (+ 두드러기가 나고 몸이 간지러웠습니다. + 속이 쓰렸고 복통이 있었습니다. + 열이 나고 머리가 어지러웠습니다. + 설사 때문에 화장실을 들락날락 했습니다.) 낫기 위해 약을 먹었습니다. 실내에 있으면서 많이 쉬어야 했습니다. 그 이후로, 더 조심하려고 노력합니다.

주어진 한국어 핵심 문장을 읽고 빈칸에 들어갈 영어 표현을 작성하세요. 그 후, 문장을 반복해 말하는 연습을 통해 OPIc 핵심 패턴과 모범 답변을 익혀 보세요.

1. 여행 중에 뭔가 잘못된 것을 먹은 기억이 납니다.

I _____ _____ _____ that _____ _____ during a trip.

2. 식중독에 걸렸는데 꽤 심했습니다.

I _____ _____ _____ and it was _____ _____.

3. 낫기 위해 약을 먹었습니다.

I _____ _____ _____ to get better.

4. 실내에 있으면서 많이 쉬어야 했습니다.

I had to _____ _____ and get a _____ _____ _____ _____.

5. 그 이후로, 더 조심하려고 노력합니다.

Since then, I try to _____ _____ _____.

Answer
1. remember eating something / went bad
2. got food poisoning / pretty bad.
3. took some medicine
4. stay inside / a lot of rest.
5. be more careful.

OPIc Magic Pattern 활용하기

학습한 Magic Pattern을 다른 주제에서도 활용해 보세요.

1. I remember eating something wrong during a trip.
- I remember having a birthday party with my friends last year. It was amazing.
  Gatherings에 활용 작년에 친구들과 생일 파티한 기억이 납니다. 너무 좋았습니다.

- I remember visiting one of the most expensive restaurants in Seoul.
  Restaurants에 활용 서울에서 가장 비싼 식당들 중 한 곳에 간 기억이 납니다.

2. I got food poisoning and it was pretty bad.
- I fell down and sprained my ankle while jogging, and it was pretty bad.
  Jogging에 활용 조깅하다 넘어져서 발목을 삐끗했는데 꽤 심각했습니다.

- I had the flu last week, and it was pretty bad. I had to cancel the appointment.
  Appointment에 활용 저번 주에 독감에 걸렸는데 꽤 심각했습니다. 예약을 취소해야만 했습니다.

3. Since then, I try to be more careful.
- Since then, I try to be more careful when I go jogging at the park.
  Jogging에 활용 그때 이후에 저는 공원으로 조깅을 가면 조금 더 조심하려고 합니다.

- Since then, I try to be more active when I travel overseas to have more fun.
  Overseas Trips에 활용 그때 이후에 해외여행을 가면 더 재밌게 놀기 위해 조금 더 활동적이 되려고 노력합니다.

OPIc 질문에 대한 모범답변을 살펴본 후, 질문의 핵심 포인트를 파악하여 나만의 OPIc 답변을 만들어 보세요.

5 You indicated in the survey that you travel internationally.
Could you describe for me one of the countries you've visited?
What was it like and what were the people like there?

MP3 06_Q5

설문조사에서 당신은 해외로 휴가를 간다고 했습니다. 방문한 나라들 중 한 곳을 설명해 주시겠어요? 어떤 모습이었고 그곳 사람들은 어땠나요?

	Structure	Idea
시작 문장	주제 문장 소개	I remember going to Japan a few years ago.
본문	해외여행 가본 장소의 위치, 특징 설명	our closest neighboring countries, many mountains, popular vacation spots, coastline, scenic, meanwhile, Japanese people, friendly, impression I got from
마무리 문장	나의 답변 마무리	So, Japan is the country I have been to.

Model Answer　　MP3 06_A5

I remember going to ❶ Japan a few years ago.

Japan is one of our ❷ closest neighboring countries.

There are many ❸ mountains in Japan.

❹ In fact, ❺ half of Japan is mountains.

Also, there are many beaches in Japan.

Some beaches are popular vacation spots.

The coastline is very ❻ scenic.

❼ Meanwhile, Japanese people are very friendly.

That is the impression I got from them.

So, Japan is the country I have been to.

Tips for Better Answer

▶❶ 가본 해외 국가를 시작 문장에 언급
　Ex: I visited China about 3 years ago.
　　나는 3년 전에 중국을 방문했다.

▶❷ = nearest
　가장 가까운
　neighboring: 이웃의, 근접한
　neighborhood: 주변환경, 동네
　neighbor: 이웃 사람
　Ex: I live in a friendly neighborhood and my neighbors are very kind.
　　나는 친절한 동네에 살고 내 이웃들은 매우 착하다.

▶❸ 산이 한 개 이상 있기 때문에 복수형 명사 사용
　나라 (Japan)앞에는 항상 전치사 in 사용하기
　Ex: There are many beaches in Korea.
　　한국에는 해변이 많다.

▶❹ = actually (비격식 표현)

▶❺ half of를 꾸밀 수 있는 표현
　more than half of: 반 이상의
　almost half of: 거의 반이

▶❻ 경치 묘사에 쓸 수 있는 형용사
　impressive: 인상적인
　picturesque: 그림같은
　Ex: The view from the lake was picturesque.
　　호수에서 본 경치가 그림 같았다.

▶❼ 새로운 의견을 제시할 때 사용하는 접속사
　= on the other hand
　Ex: On the other hand, they are very polite.
　　한편 그들은 매우 예의 바르다

- **closest** 가장 가까운
- **neighboring** 이웃
- **mountains** 산
- **popular** 인기 있는
- **vacation spot** 휴가 장소

- **coastline** 해안선
- **scenic** 경치 좋은
- **friendly** 친절한
- **impression** 인상

몇 년 전 일본에 갔던 기억이 납니다. 일본은 우리나라에서 가까운 이웃 국가들 중 하나입니다. 일본에는 산이 많습니다. 사실, 일본의 절반은 산입니다. 또한 일본은 해변이 많습니다. 몇몇 해변은 유명한 휴양지입니다. 해안선은 매우 경치가 좋습니다. 한편, 일본 사람들은 굉장히 친절합니다. 이것이 제가 일본 사람들로부터 받은 인상입니다. 즉, 제가 가 본 나라는 일본입니다.

주어진 한국어 핵심 문장을 읽고 빈칸에 들어갈 영어 표현을 작성하세요. 그 후, 문장을 반복해 말하는 연습을 통해 OPIc 핵심 패턴과 모범 답변을 익혀 보세요.

1. 몇 년 전 일본에 갔던 기억이 납니다.

I _____ _____ _____ Japan a few _____ _____.

2. 일본은 우리나라에서 가까운 이웃 국가들 중 하나입니다.

Japan is _____ of our _____ _____ countries.

3. 몇몇 해변은 유명한 휴양지입니다.

_____ _____ are popular _____ _____.

4. 한편, 일본 사람들은 굉장히 친절합니다.

_____, Japanese people are _____ _____.

> **Answer**
> 1. remember going to / years ago
> 2. one / closest neighboring
> 3. Some beaches / vacation spots
> 4. Meanwhile / very friendly

학습한 Magic Pattern을 다른 주제에서도 활용해 보세요.

1. Japan <u>is one of our closest neighboring</u> countries.

 - Japan <u>is one of our closest neighboring countries</u>, so it takes only 2 hours to get there by plane.
   Transportation에 활용 일본은 우리나라와 가장 가까운 나라이기 때문에 비행기로 2시간이면 갑니다.

 - China <u>is one of our closest neighboring countries</u>, so many Koreans go there during the holidays.
   Holidays에 활용 중국은 우리나라와 가장 가까운 나라이기 때문에 휴일 때 많은 한국 사람들이 그곳에 갑니다.

2. <u>In fact</u>, half of Japan is <u>mountains</u>.

 - <u>In fact</u>, more than <u>half of</u> Korea is <u>mountains</u>, so many Koreans go hiking in their free time.
   Free Time에 활용 사실 한국의 절반 이상이 산이기 때문에 많은 한국인들은 자유시간에 등산을 갑니다.

 - <u>In fact</u>, almost <u>half of</u> Korea is <u>mountains</u>, so there are many amazing places to travel.
   Domestic Trips에 활용 사실 한국의 절반 가까이가 산이기 때문에 여행할 수 있는 멋진 장소가 많습니다.

3. Some beaches <u>are popular vacation</u> spots.

 - Some hotels <u>are popular vacation</u> places because they have many entertaining facilities.
   Hotels에 활용 재미있는 시설이 많기 때문에 몇몇 호텔은 인기 있는 휴가 장소입니다.

 - All the European countries <u>are popular vacation</u> places, so many people go there on holidays.
   Holidays에 활용 유럽의 모든 나라들이 인기 있는 휴가 장소이기 때문에 휴일에 많은 사람들이 그곳에 갑니다.

네이티어 트렌드로 쉽게 취득하는 OPIc IM

OPIc 질문에 대한 모범답변을 살펴본 후, 질문의 핵심 포인트를 파악하여 나만의 OPIc 답변을 만들어 보세요.

6 Tell me about a popular place tourists like to go to when traveling outside your country. Why do they like visiting those locations?  MP3 06_Q6

해외여행 시, 관광객들이 좋아하는 인기 있는 장소에 대해 말해 주세요. 왜 그러한 곳에 가는 것을 좋아하나요?

Structure		Idea
시작 문장	주제 문장 소개	Koreans often go to Japan when they travel overseas.
본문	한국 사람들이 좋아하는 여행지의 지리적 특징과 유명한 장소 묘사	our closest neighboring countries, many mountains, in fact, half of, beaches, popular vacation spots, coastline, scenic
마무리 문장	나의 답변 마무리	Once again, Koreans often go to Japan when they travel overseas.

Model Answer 🎧 MP3 06_A6

Koreans ❶ often go to Japan when they

❷ travel overseas.

Japan is one of our closest neighboring

countries.

There are many mountains in Japan.

In fact, half of Japan is mountains.

❸ Also, there are many beaches in Japan.

Some beaches are ❹ popular vacation

spots.

The coastline is very scenic.

❺ Once again, Koreans often go to Japan

when they travel overseas.

Tips for Better Answer

* '본인이 가본 해외 국가나 도시, 현지인 묘사'의 답변 그대로 활용

▶❶ 모든 한국 사람들이 가는 것은 아니므로 일반화를 피하기 위한 빈도 부사 often 사용
sometimes: 가끔
usually: 자주
generally: 일반적으로
주어 Koreans 다음에 빈도 부사 사용하기
Ex: Koreans often travel abroad.
　　한국 사람들은 자주 해외여행을 간다.

▶❷ = travel abroad
travel oversea (X)
Ex: Koreans travel abroad whenever they have time.
　　한국인들은 시간이 있을 때마다 해외여행을 한다.

▶❸ 여러 가지 정보 및 의견 나열 시 사용하는 접속사
= next, plus, in addition
Ex: Plus, there are many hot springs in Japan.
　　게다가 일본에는 온천이 많이 있다.

▶❹ = famous, well-known, preferred
Ex: There are many well-known beaches.
　　유명한 해변이 많이 있다.

▶❺ '다시 한번 더'라는 의미로 문장 마무리 시 사용하는 접속사
= so

Key Expressions

• **closest** 가장 가까운
• **neighboring** 이웃
• **mountains** 산
• **popular** 인기 있는

• **vacation spot** 휴가 장소
• **coastline** 해안선
• **scenic** 경치 좋은

한국인들은 종종 일본으로 해외여행을 갑니다. 일본은 우리나라에서 가장 가까운 이웃 국가들 중 하나입니다. 일본에는 산이 많습니다. 사실, 일본의 절반은 산입니다. 또한 일본은 해변이 많습니다. 몇몇 해변은 유명한 휴양지입니다. 해안선은 매우 경치가 좋습니다. 다시 한번 말하자면, 한국인들은 일본으로 자주 해외여행을 갑니다.

주어진 한국어 핵심 문장을 읽고 빈칸에 들어갈 영어 표현을 작성하세요. 그 후, 문장을 반복해 말하는 연습을 통해 OPIc 핵심 패턴과 모범 답변을 익혀 보세요.

1. 한국인들은 종종 일본으로 해외여행을 갑니다.

Koreans _____ _____ to Japan _____ they _____ _____.

2. 일본에는 산이 많습니다. 사실, 일본의 절반은 산입니다.

There are _____ _____ in Japan. _____ _____, _____ of _____ is mountains.

3. 해안선은 매우 경치가 좋습니다.

The _____ is very _____.

4. 다시 한번 말하자면, 한국인들은 일본으로 자주 해외여행을 갑니다.

_____ _____, Koreans _____ _____ _____ Japan _____ they _____ _____.

> **Answer**
> 1. often go / when / travel overseas
> 2. many mountains / In fact, half / Japan
> 3. coastline / scenic
> 4. Once again / often go to / when / travel overseas

학습한 Magic Pattern을 다른 주제에서도 활용해 보세요.

1. <u>Koreans often go to</u> Japan <u>when they</u> travel overseas.
  - <u>Koreans often go to</u> bars <u>when they</u> hang out with their friends.
    Bars에 활용 한국인들은 친구들과 어울려 놀 때 자주 술집에 갑니다.
  - <u>Koreans often go to</u> parks to take walks <u>when they</u> need some fresh air.
    Parks / Walking에 활용 한국인들은 신선한 공기가 마시고 싶을 때 산책을 하러 공원에 갑니다.

2. <u>There are many</u> mountains in Japan.
  - <u>There are many</u> breathtaking places to visit in Korea.
    Domestic Trips에 활용 한국에는 방문할 수 있는 숨이 멎을 듯한 장소가 많이 있습니다.
  - <u>There are many</u> exotic restaurants in my town.
    Restaurants에 활용 우리 동네에는 이국적인 음식점이 많이 있습니다.

데이터와 트렌드로 쉽게 취득하는 OPIc IM

OPIc 질문에 대한 모범답변을 살펴본 후, 질문의 핵심 포인트를 파악하여 나만의 OPIc 답변을 만들어 보세요.

7 **Talk about the things that you typically do when you visit another country or city overseas.**   MP3 06_Q7

다른 나라나 해외 도시를 방문할 때 주로 하는 것들에 대해 말해 주세요.

Structure		Idea
시작 문장	주제 문장 소개	When I travel overseas, I like to go to tourist attractions.
본문	여행을 가서 하는 다양한 활동 나열	historic sites, landmarks, take a lot of pictures, do a lot of shopping, buy some souvenirs, duty free shops, get gifts, local food
마무리 문장	나의 답변 마무리	So, these are the things I do when I travel overseas.

Model Answer   MP3 06_A7

When I travel overseas, I ❶ like to go to ❷ tourist attractions.

I go to ❸ historic sites or landmarks in the country.

I take a lot of pictures there.

Plus, I do ❹ a lot of shopping and buy some souvenirs.

Also, I go to duty free shops to ❺ get gifts.

Next, I go to ❻ nice restaurants to ❼ try the local food.

So, these are the things I do when I travel overseas.

Tips for Better Answer

* 어느 도시, 나라를 묘사해도 어울리는 답변
  실제 본인이 가는 여행지를 선택하여 시작 문장에 언급하기

▶❶ = 〈enjoy + 동명사〉
(동명사)하는 것을 즐기다
Ex: I enjoy going to tourist attractions.

▶❷ = 관광지
must-visit attractions: 반드시 방문해야 하는 명소
popular attractions: 인기 있는 명소

▶❸ 한 곳 이상의 유적지와 명소가 있으므로 복수 명사 사용
Ex: I go to a historical site. (X)

▶❹ '많은'이라는 의미의 a lot of와 '조금'이라는 의미의 'some'은 명사 앞에서 형용사 역할
= lots of, tons of
불가산 명사 (shopping) 뿐 아니라 가산 명사 (souvenirs) 앞에도 올 수 있음

▶❺ = buy presents
Ex: I went there to get some gifts for my friends.
친구 줄 선물을 조금 사기 위해 그곳에 갔다.

▶❻ 장소 묘사에 유용한 형용사
high-end restaurants: 고급 식당
Ex: Whenever I travel abroad, I really want to go to high-end restaurants.
해외여행을 갈 때마다 나는 고급 식당에 가고 싶다.

▶❼ '새로운 음식을 먹어보다'에는 동사 eat이 아닌 try 또는 have 사용
Ex: I want to eat local food. (X) 문법상 가능하나 어색한 표현

Key Expressions

- **tourist attractions** 관광 명소
- **travel overseas** 해외여행 가다
- **historical sites** 유적지
- **landmarks** 명소

- **souvenirs** 기념품
- **duty free shops** 면세점
- **get gifts** 선물 사다
- **local food** 지역의 음식 (로컬 음식)

저는 해외에 가면 관광 명소에 가는 것을 좋아합니다. 저는 그 나라의 유적지나 명소에 갑니다. 그곳에서 사진을 많이 찍습니다. 게다가, 저는 해외여행을 가면 쇼핑을 많이 하고 기념품을 삽니다. 또, 선물을 사기 위해 면세점에 갑니다. 다음으로, 저는 현지 음식을 먹어보기 위해 괜찮은 음식점에 갑니다. 이러한 일들이 제가 해외여행을 갈 때 하는 일들입니다.

주어진 한국어 핵심 문장을 읽고 빈칸에 들어갈 영어 표현을 작성하세요. 그 후, 문장을 반복해 말하는 연습을 통해 OPIc 핵심 패턴과 모범 답변을 익혀 보세요.

1. 저는 해외에 가면 관광 명소에 가는 것을 좋아합니다.

When I _____ _____, I _____ to go to _____ _____.

2. 저는 그 나라의 유적지나 명소에 갑니다.

I go to _____ _____ or _____ in the country.

3. 게다가, 저는 해외여행을 가면 쇼핑을 많이 하고 기념품을 삽니다.

Plus, I do _____ _____ of _____ and buy some _____.

4. 다음으로, 저는 현지 음식을 먹어보기 위해 괜찮은 음식점에 갑니다.

_____, I go to _____ _____ to _____ the _____ _____.

Answer
1. travel overseas / like / tourist attractions
2. historic sites / landmarks
3. a lot / shopping / souvenirs
4. Next / nice restaurants / try / local food

OPIc Magic Pattern 활용하기

학습한 Magic Pattern을 다른 주제에서도 활용해 보세요.

1. I take a lot of pictures there.

- Whenever my friends and I go to the beaches, we take a lot of pictures there.
  Beaches에 활용 친구들과 해변에 갈 때마다 우리는 그곳에서 사진을 많이 찍습니다.

- Whenever I have gatherings with my friends at bars, I take a lot of pictures there.
  Gatherings에 활용 친구들과 술집에서 모임을 가질 때마다 저는 그곳에서 사진을 많이 찍습니다.

2. Plus, I do a lot of shopping and buy some souvenirs.

- There is a big shopping center near my place, so I do a lot of shopping there.
  Shopping에 활용 집 근처에 큰 쇼핑센터가 있어서 저는 그곳에서 쇼핑을 많이 합니다.

- On holidays, I do a lot of shopping to buy gifts for my family.
  Holidays에 활용 휴일 때, 저는 가족을 위한 선물을 사기 위해 쇼핑을 많이 합니다.

3. So, these are the things I do when I travel overseas.

- So, these are the things I do when I stay at home for vacations.
  Vacations at Home에 활용 그래서 이것이 제가 집에서 휴가를 보낼 때마다 하는 일입니다.

- So, these are the things I do when I go to parks with my family.
  Parks에 활용 그래서 이것이 제가 가족들과 공원에 갈 때마다 하는 일입니다.

데이터와 트렌드로 쉽게 취득하는 OPIc IM

OPIc 질문에 대한 모범답변을 살펴본 후, 질문의 핵심 포인트를 파악하여 나만의 OPIc 답변을 만들어 보세요.

8-1 Tell me about your first trip to another country or city. When did you go? 🎧 MP3 06_Q8-1
Where did you visit? What did you do there? Who did you go with?
Tell me everything about that trip with lots of details.

다른 나라나 도시를 처음 여행한 경험에 대해 말해 주세요. 언제 갔나요? 어디로 갔나요? 무엇을 했나요? 누구와 같이 갔나요?
그 여행에 대해 자세히 말해 주세요.

8-2 Think about another country that you visited when you were young. 🎧 MP3 06_Q8-2
Describe what that country was like with lots of details. What were your impressions
of the place?

어릴 때 방문했던 나라를 생각해 보세요. 그 나라에 대해 자세히 설명해 주세요. 그곳은 어땠나요?

	Structure	Idea
시작 문장	주제 문장 소개	I remember going to Thailand when I was a kid.
본문	어렸을 때 또는 처음으로 가본 해외 국가나 도시 묘사	one of my first trips, excited, arrived, went straight to the hotel, check in, went on a tour, amused by the things, dining at, restaurants, local food, exotic
마무리 문장	나의 답변 마무리	Looking back, it was a very memorable trip.

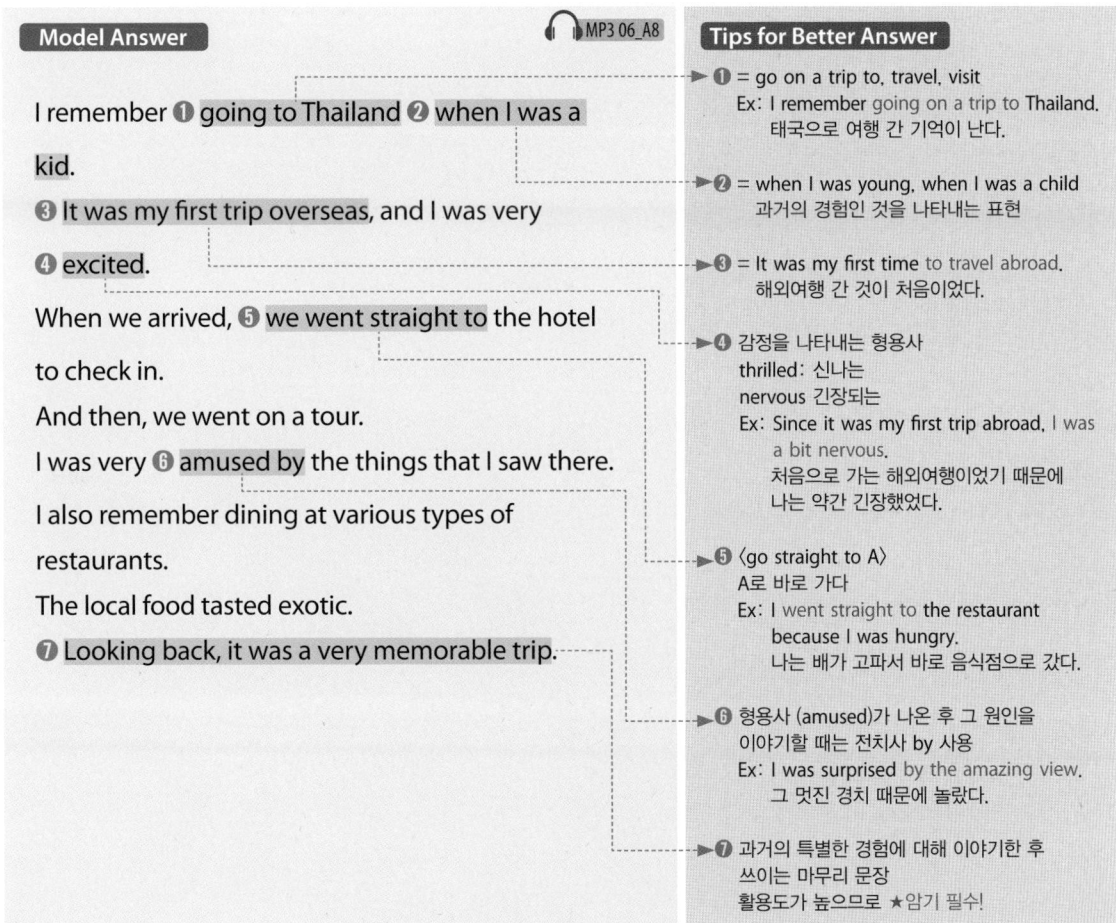

Model Answer 🎧 MP3 06_A8

I remember ❶ going to Thailand ❷ when I was a kid.
❸ It was my first trip overseas, and I was very ❹ excited.
When we arrived, ❺ we went straight to the hotel to check in.
And then, we went on a tour.
I was very ❻ amused by the things that I saw there.
I also remember dining at various types of restaurants.
The local food tasted exotic.
❼ Looking back, it was a very memorable trip.

Tips for Better Answer

▶ ❶ = go on a trip to, travel, visit
Ex: I remember going on a trip to Thailand.
태국으로 여행 간 기억이 난다.

▶ ❷ = when I was young, when I was a child
과거의 경험인 것을 나타내는 표현

▶ ❸ = It was my first time to travel abroad.
해외여행 간 것이 처음이었다.

▶ ❹ 감정을 나타내는 형용사
thrilled: 신나는
nervous 긴장되는
Ex: Since it was my first trip abroad, I was a bit nervous.
처음으로 가는 해외여행이었기 때문에 나는 약간 긴장했었다.

▶ ❺ 〈go straight to A〉
A로 바로 가다
Ex: I went straight to the restaurant because I was hungry.
나는 배가 고파서 바로 음식점으로 갔다.

▶ ❻ 형용사 (amused)가 나온 후 그 원인을 이야기할 때는 전치사 by 사용
Ex: I was surprised by the amazing view.
그 멋진 경치 때문에 놀랐다.

▶ ❼ 과거의 특별한 경험에 대해 이야기한 후 쓰이는 마무리 문장
활용도가 높으므로 ★암기 필수!

Key Expressions

- **go on a trip** 여행 가다
- **excited** 신난, 흥분된
- **arrive** 도착하다
- **go straight to** ~로 바로 가다
- **check in** 체크인하다
- **go on a tour** 관광하다
- **amused** 신기한, 놀란
- **dining** 외식
- **local food** 지역의 음식
- **exotic** 이국적인

어릴 때 태국에 여행 간 기억이 납니다. 첫 해외여행이었기 때문에 무척 신이 났었습니다. 도착하자마자 우리는 체크인하기 위해 곧장 호텔로 갔습니다. 그리고 나서, 투어를 했습니다. 거기서 본 것들이 너무 재미있었습니다. 다양한 종류의 음식점에서 식사를 했던 것도 기억납니다. 현지 음식은 이국적이었습니다. 돌이켜 보면, 가장 기억에 남는 여행입니다.

데이터와 트렌드로 쉽게 취득하는 OPIc IM

주어진 한국어 핵심 문장을 읽고 빈칸에 들어갈 영어 표현을 작성하세요. 그 후, 문장을 반복해 말하는 연습을 통해 OPIc 핵심 패턴과 모범 답변을 익혀 보세요.

1. 첫 해외여행이었기 때문에 무척 신이 났습니다.

It was my first _____ _____, and I was very _____.

2. 도착하자마자 우리는 체크인하기 위해 곧장 호텔로 갔습니다.

When we _____, we went _____ _____ the hotel to _____ _____.

3. 다양한 종류의 음식점에서 식사를 했던 것도 기억납니다.

I also _____ _____ at _____ _____ of restaurants.

4. 현지 음식은 이국적이었습니다.

The _____ food _____ _____.

Answer

1. trip overseas / excited
2. arrived / straight to / check in
3. remember dining / various types
4. local / tasted exotic

 OPIc Magic Pattern 활용하기

학습한 Magic Pattern을 다른 주제에서도 활용해 보세요.

1. I remember going to Thailand when I was a kid.
- I remember going to the dentist clinic when I was a kid.
  Appointment에 활용 제가 어렸을 때 치과에 간 기억이 납니다.

- I remember going to an exotic restaurant when I was a kid.
  Restaurants에 활용 제가 어렸을 때 이국적인 음식점에 간 기억이 납니다.

2. It was my first trip overseas, and I was very excited.
- It was my first time to learn surfing at the beach and I was very excited.
  Beaches에 활용 해변에서 서핑을 배우는 것이 처음이어서 저는 매우 신이 났습니다.

- It was my first time to go to a 5-star hotel and I was very excited.
  Hotels에 활용 5성급 호텔에 가는 것이 처음이어서 저는 매우 신이 났습니다.

3. Looking back, it was a very memorable trip.
- Looking back, it was a very memorable trip I had in Jeju Island.
  Domestic Trips에 활용 돌이켜 보면, 제주도가 매우 기억에 남는 여행이었습니다.

- Looking back, it was a very memorable day I had at the park.
  Parks에 활용 돌이켜 보면, 공원에서의 시간이 매우 기억에 남는 하루였습니다.

OPIc 질문에 대한 모범답변을 살펴본 후, 질문의 핵심 포인트를 파악하여 나만의 OPIc 답변을 만들어 보세요.

9-1 Sometimes, something out of the ordinary happens while traveling. 🎧 MP3 06_Q9-1
I wonder if you have ever experienced anything surprising, unexpected or unusual during a trip. Tell me about that experience in detail.
Start by telling where you were traveling, and then give me all the details of what you did.

여행 중에 예상치 못한 일이 종종 생길 수 있습니다. 여행 중에 놀랐거나 특이했던 경험을 한 적이 있다면 그 경험에 대해 말해 주세요.
먼저 어디를 여행하고 있었는지 말하고, 그 경험에 대해 자세히 말해 주세요.

9-2 Talk about a specific incident you remember while you were travelling 🎧 MP3 06_Q9-2
outside your country. Perhaps something happened that was funny, interesting, frightening, etc. Tell me what happened from beginning to end.

외국 여행 중에 겪었던 구체적인 경험에 대해 말해 주세요. 아마도 재미있었거나, 흥미로웠거나, 무서웠던 일이 일어났을 수도 있습니다.
처음부터 끝까지 무슨 일이 있었는지 말해 주세요.

Structure		Idea
시작 문장	주제 문장 소개	I remember eating something that went bad during a trip overseas.
본문	음식 때문에 고생한 이야기하기	food poisoning, pretty bad, upset stomach, took some medicine to get better, stay inside, get a lot of rest
마무리 문장	나의 답변 마무리	Since then, I try to be more careful.

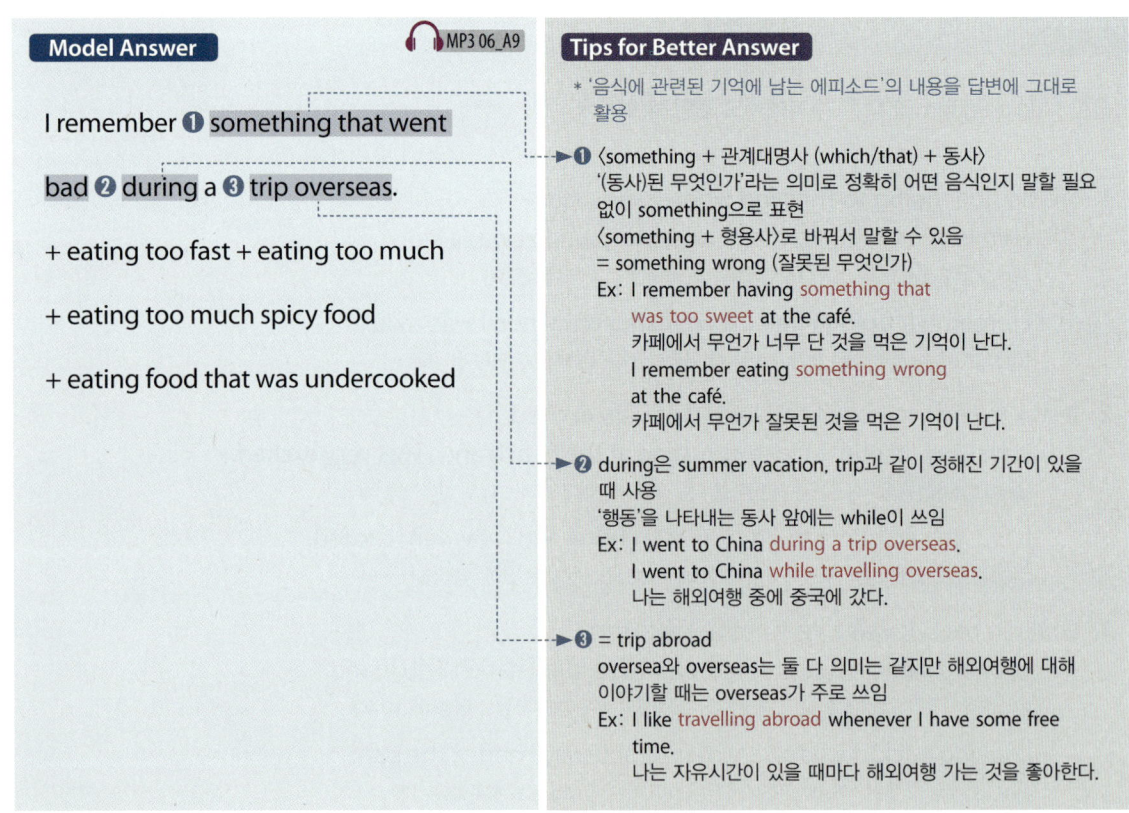

Model Answer 🎧 MP3 06_A9

I remember ❶ something that went
bad ❷ during a ❸ trip overseas.

+ eating too fast + eating too much

+ eating too much spicy food

+ eating food that was undercooked

Tips for Better Answer

* '음식에 관련된 기억에 남는 에피소드'의 내용을 답변에 그대로 활용

▶ ❶ 〈something + 관계대명사 (which/that) + 동사〉
'(동사)된 무엇인가'라는 의미로 정확히 어떤 음식인지 말할 필요 없이 something으로 표현
〈something + 형용사〉로 바꿔서 말할 수 있음
= something wrong (잘못된 무엇인가)
Ex: I remember having something that was too sweet at the café.
카페에서 무언가 너무 단 것을 먹은 기억이 난다.
I remember eating something wrong at the café.
카페에서 무언가 잘못된 것을 먹은 기억이 난다.

▶ ❷ during은 summer vacation, trip과 같이 정해진 기간이 있을 때 사용
'행동'을 나타내는 동사 앞에는 while이 쓰임
Ex: I went to China during a trip overseas.
I went to China while travelling overseas.
나는 해외여행 중에 중국에 갔다.

▶ ❸ = trip abroad
oversea와 overseas는 둘 다 의미는 같지만 해외여행에 대해 이야기할 때는 overseas가 주로 쓰임
Ex: I like travelling abroad whenever I have some free time.
나는 자유시간이 있을 때마다 해외여행 가는 것을 좋아한다.

I got food poisoning and it was ❹ pretty bad.

+ got indigestion + got enteritis

❺ I had an upset stomach.

+ I got rashes and my body was itchy.

+ I had heartburn and had a stomachache.

+ I had a fever and I felt light headed.

+ I went to the bathroom again and again because I had the runs.

I took some medicine ❻ to get better.

I had to stay inside and get a lot of rest.

Since then, I try to be more careful.

❹ pretty는 '꽤, 상당히'라는 의미로 bad를 꾸미는 부사
조금 더 강도가 강한 표현으로 quite 사용 가능
Ex: The concert was pretty good.
콘서트가 꽤 괜찮았다.
The pizza was quite greasy.
그 피자는 꽤 느끼했다.

❺ 식중독 관련 증상 설명 표현으로 다른 주제에서도 유용하게
활용되므로 최소 2개 이상 암기하기

❻ 〈get better〉 몸의 상태가 나아지다
〈feel better〉 기분이 나아지다

Key Expressions

- **go bad** 상하다
- **food poisoning** 식중독
- **indigestion** 소화불량
- **enteritis** 장염
- **stomach** 배
- **upset** 아픈
- **light-headed** 머리가 어지러운
- **have a fever** 열이 나다

해외여행 중에 상한 음식을 먹은 기억이 납니다. (+ 너무 빨리 먹은 + 너무 많이 먹은 + 매운 음식을 너무 많이 먹은 + 덜 익은 음식을 먹은) 식중독에 걸렸는데 꽤 심했습니다. (+ 소화불량 + 장염) 배가 아팠습니다. (+ 두드러기가 나서 몸이 간지러웠습니다. + 속 쓰림과 복통이 있었습니다. + 열이 나서 머리가 어지러웠습니다. + 설사 때문에 화장실을 들락날락했습니다.) 낫기 위해 약을 먹었습니다. 실내에 있으면서 많이 쉬어야 했습니다. 그 이후로, 저는 무언가를 먹을 때 더 조심하려고 노력합니다.

주어진 한국어 핵심 문장을 읽고 빈칸에 들어갈 영어 표현을 작성하세요. 그 후, 문장을 반복해 말하는 연습을 통해 OPIc 핵심 패턴과 모범 답변을 익혀 보세요.

1. 해외여행 중에 상한 음식을 먹은 기억이 납니다.

I remember _____ _____ that _____ _____ during a _____ _____.

2. 식중독에 걸렸는데 꽤 심했습니다.

I got _____ _____ and it was _____ _____.

3. 열이 나서 머리가 어지러웠습니다.

I _____ a _____ and I felt _____ _____.

4. 낫기 위해 약을 먹었습니다.

I _____ some _____ to _____ _____.

Answer
1. eating something / went bad / trip overseas
2. food poisoning / pretty bad
3. had / fever / light headed
4. took / medicine / get better

OPIc Magic Pattern 활용하기

학습한 Magic Pattern을 다른 주제에서도 활용해 보세요.

1. I remember eating something that went bad during a trip overseas.
- I remember eating something that went bad at a newly-opened restaurant.
  Restaurants에 활용 새로 개업한 식당에서 상한 무언가를 먹은 기억이 납니다.
- I remember eating something that went bad at a café near my place.
  Coffee Shops에 활용 집 근처에 있는 카페에서 상한 무언가를 먹은 기억이 납니다.

2. I took some medicine to get better.
- I got food poisoning because of the seafood I had at the restaurant. I took some medicine to get better.
  Restaurants에 활용 음식점에서 먹은 해산물 때문에 식중독에 걸렸습니다. 낫기 위해 약을 먹었습니다.
- I had the flu while travelling in Busan. I took some medicine to get better.
  Domestic Trips에 활용 부산에서 여행하던 중 독감에 걸렸습니다. 낫기 위해 약을 먹었습니다.

3. I had to stay inside and get a lot of rest.
- I went to the hospital because I had the flu. The doctor told me that I had to stay inside and get a lot of rest.
  Appointment에 활용 독감에 걸려서 병원에 다녀왔습니다. 의사는 저에게 실내에 있으면서 충분히 쉬라고 했습니다.
- I had the flu during the last holiday, so I had to stay inside and get a lot of rest.
  Holidays에 활용 지난 휴일 때 독감에 걸렸습니다. 그래서 저는 실내에 있으면서 충분히 쉬어야 했습니다.

데이터여 트렌드를 쉽게 취득하는 OPIc IM

Chapter 07

Vacations at Home

빈출 주제 파악하기

질문을 제대로 파악하는 것만으로도 성공적으로 시험을 치를 수 있습니다. OPIc에서 자주 출제되는 질문들을 알아보세요.

1 **You indicated that you take vacations at home. Who are the people you meet and spend time with on your vacation?**

집에서 휴가를 보낸다고 했습니다. 누구를 만나 함께 휴가 때 시간을 보내고 싶나요?

문항 유형	집에서 보내는 휴가 중 만나고 싶은 사람 묘사
문항 수준	Intermediate
핵심 포인트	• 휴가 때 친구들과 나누는 대화 주제를 현재형으로 나열하기
	• 평상시 하는 행동을 이야기하므로 현재형, 주어는 I, we 사용
중요도	★★★★★

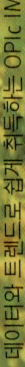

2 Describe exactly what you did during your last vacation at home. Tell me what you did from the first to the last day. Talk about all the people you saw and what you did with them.

최근 집에서 보낸 휴가 때 정확히 무엇을 했는지 말해 주세요. 첫날부터 마지막 날까지 무엇을 했는지 설명해 주세요. 그때 만난 사람들이 누구인지, 그리고 그들과 했던 모든 것에 대해 말해 주세요.

문항 유형	지난번 휴가 때 했던 일들 자세히 묘사
문항 수준	Advanced
핵심 포인트	• 영화 주제의 '최근 영화관에 영화 보러 가서 한 일들 설명'의 답변 그대로 활용
	• 다른 사람들과 한 일이므로 주어 I, we 사용
	• 과거의 경험이므로 과거형 시제로 묘사
중요도	★★★

3 Could you tell me about an unusual or unexpected experience you had during a vacation you had at home? What happened? Who was involved? Why was this experience so memorable?

집에서 보낸 휴가 동안 겪었던 이상하거나 예상치 못한 경험에 대해 말해 주세요. 무슨 일이 생겼었나요? 누가 연관되어 있나요? 그리고 왜 이 경험이 기억에 남나요?

문항 유형	집에서 보낸 휴가 중에 기억에 남는 경험 묘사
문항 수준	Advanced
핵심 포인트	• '음식에 관련된 기억에 남는 에피소드' 답변 활용
	• 본인의 경험을 이야기하므로 주어 I 사용
	• 과거의 경험이므로 과거형 시제로 묘사
중요도	★★★

OPIc 질문에 대한 모범답변을 살펴본 후, 질문의 핵심 포인트를 파악하여 나만의 OPIc 답변을 만들어 보세요.

1 You indicated that you take vacations at home.
Who are the people you meet and spend time with on your vacation?    MP3 07_Q1

집에서 휴가를 보낸다고 했습니다. 누구를 만나 함께 휴가 때 시간을 보내고 싶나요?

Structure		Idea
시작 문장	주제 문장 소개	During my vacations at home, I often meet my close friends.
본문	친구들과 집에서 휴가를 보낼 때의 대화 주제 나열	some catching up, talk about, work, careers, family, friends, marriage plans, movies, gatherings, trips, sports, music
마무리 문장	나의 답변 마무리	So, these are the things I do with my friends.

Model Answer   MP3 07_A1

❶During my ❷vacations at home, I often ❸meet my close friends.

❹We ask how each other is doing and do some catching up.

+ Plus, ❺we talk about our work or careers.

+ Also, we talk about our family members or children.

+ Also, we talk about our mutual friends.

+ Also, we talk about boyfriends or girlfriends.

+ Plus, we talk about each other's marriage plans.

+ Plus, we talk about movies we watched recently.

+ Next, we talk about gatherings we went to.

+ Next, we talk about trips we went on.

+ Next, we talk about sports or music we both like.

So, ❻these are the things I do with my friends.

Tips for Better Answer

➤❶ vacation (휴가), semester (학기), holiday (명절) 등 정해진 기간이 올 때는 전치사 during 사용
Ex: I travelled during the last holiday.
최근 휴일 때 여행을 갔다.

➤❷ 집에서 보내는 휴가
= staycation (stay + vacation 합성어)
Ex: Whenever I have staycations, I meet my friends.
나는 집에서 휴가를 보낼 때마다 친구들을 만난다.

➤❸ = hang out with
meet: 만나다
hang out with: ~와 만나서 어울리다
meet up with: ~와 (목적을 가지고, 약속을 잡고) 만나다
모임을 가질 때는 meet up with가 주로 쓰임
Ex: I am going to meet up with my friends this Saturday.
나 이번 주 토요일에 친구들 만날 거야.

➤❹ 모임, 술집, 커피숍 등에서 유용하게 쓰이는 문장으로
★암기 필수!
catch up은 오랜만에 만난 사람과 못다 한 이야기를 할 때 쓰이며 동사/명사로 쓰임
Ex: We met up to catch up. (동사)
우리는 못다 한 이야기를 하기 위해 만났다.

➤❺ 답변 양 확보를 위해 친구들과 이야기하는 다양한 주제를 접속사를 사용하여 나열
친구들과 가볍게 하는 대화는 talk about
심각하거나 토론이 필요할 경우 discuss (discuss 뒤에는 전치사 about이 나오지 않음)
Ex: We discuss about many things. (X)
We discuss many things. (O)
우리는 많은 것에 대해 의논한다.

➤❻ 〈these are the things + 주어 + 동사〉
다양한 대화 주제를 나열한 후 마무리하기 가장 좋은 방법
Ex: These are the things I do during the staycation.
이것이 내가 집에서 휴가를 보낼 때 하는 일들이다.

- **catch up** 못다 한 이야기를 하다
- **mutual friends** 같이 아는 친구
- **marriage plan** 결혼 계획
- **gathering** 모임

집에서 휴가를 보낼 때 저는 보통 친한 친구들을 만납니다. 서로 어떻게 지내는지 묻고 못다 한 이야기를 하기도 합니다. (+ 또한, 우리의 일이나 직업에 대해 이야기합니다. + 또한, 가족이나 아이들에 대해 이야기합니다. + 또한, 서로 아는 친구에 대해 이야기합니다. + 또한, 남자 친구나 여자 친구에 대해서도 이야기합니다. + 그리고, 서로의 결혼 계획에 대해 이야기합니다. + 또한, 최근에 본 영화에 대해 이야기합니다. + 다음으로, 우리가 갔던 모임에 대해 이야기합니다. + 그리고, 우리가 갔던 여행에 대해 이야기합니다. + 또한, 모두가 좋아하는 스포츠나 음악에 대해 이야기합니다.) 이것이 제가 친구들을 만나면 하는 일들입니다.

OPIc Pattern 익히기

주어진 한국어 핵심 문장을 읽고 빈칸에 들어갈 영어 표현을 작성하세요. 그 후, 문장을 반복해 말하는 연습을 통해 OPIc 핵심 패턴과 모범 답변을 익혀 보세요.

1. 집에서 휴가를 보낼 때 저는 보통 친한 친구들을 만납니다.

_____ my _____ _____ _____, I often _____ my _____ _____.

2. 서로 어떻게 지내는지 묻고 못다 한 이야기를 하기도 합니다.

We ask how _____ _____ _____ _____ and do some _____ _____.

3. 다음으로, 우리가 갔던 모임에 대해 이야기합니다.

Next, we talk about _____ _____ _____ _____.

4. 또한, 모두가 좋아하는 스포츠나 음악에 대해 이야기합니다.

Next, we talk about _____ or _____ we _____ _____.

> **Answer**
> 1. During / vacations at home / meet / close friends
> 2. each other is doing / catching up
> 3. gatherings we went to
> 4. sports / music / both like

OPIc Magic Pattern 활용하기

학습한 Magic Pattern을 다른 주제에서도 활용해 보세요.

1. During my vacations at home, I often meet my close friends.
   - During my vacations, I travelled overseas with my family.
     Overseas Trips에 활용 휴가 동안에 가족들과 해외여행을 다녀왔습니다.
   - During my vacations, I watched a lot of movies at home.
     Movies에 활용 휴가 동안에 집에서 많은 영화를 봤습니다.

2. We ask how each other is doing and do some catching up.
   - My friends and I had a gathering last week. We asked how each other was doing and did some catching up.
     Gatherings에 활용 저는 친구들과 저번 주에 모임을 가졌습니다. 서로 어떻게 지내는지 묻고 못다 한 이야기를 했습니다.
   - On holidays, families ask how each other is doing and do some catching up.
     Holidays에 활용 휴일에는 가족들이 서로 어떻게 지내는지 묻고 못다 한 이야기를 합니다.

3. Plus, we talk about our work or careers.
   - When I talk on the phone with my friends, we talk about our work or careers.
     Phones에 활용 저는 친구들과 전화로 이야기할 때 일이나 직업에 대해 이야기합니다.
   - We talk about our work or careers whenever we have gatherings.
     Gatherings에 활용 저는 친구들과 모임이 있을 때마다 일이나 직업에 대해 이야기합니다.

172

네이티브 트렌드로 쉽게 취득하는 OPIc IM

OPIc 질문에 대한 모범답변을 살펴본 후, 질문의 핵심 포인트를 파악하여 나만의 OPIc 답변을 만들어 보세요.

2 **Describe exactly what you did during your last vacation at home.** 🎧MP3 07_Q2
Tell me what you did from the first to the last day.
Talk about all the people you saw and what you did with them.

최근 집에서 보낸 휴가 때 정확히 무엇을 했는지 말해 주세요. 첫날부터 마지막 날까지 무엇을 했는지 설명해 주세요. 그때 만난 사람들은 누구인지, 그리고 그들과 했던 모든 것에 대해 말해 주세요.

Structure		Idea
시작 문장	주제 문장 소개	I remember watching a movie with my family during my last vacation.
본문	최근 휴가 때 영화 본 후 음식점에 간 경험 묘사	before watching, popcorn, soft drinks, after watching, restaurant, food tasted, juicy, tender, had some beer
마무리 문장	나의 답변 마무리	Looking back, it was a very memorable dinner.

Model Answer 🎧MP3 07_A2

I remember ❶ watching a movie with my family
❷ during my last vacation.
❸ Before watching the movie, we got ❹ some
popcorn and soft drinks.
❺ After watching the movie, we went to a great
Mexican restaurant.
+ Italian + Thai + Japanese + Chinese + American
+ Vietnamese
They had the best tacos in town.
+ burgers + steak + pizza + pasta
+ Korean barbeque + rice noodles
The food tasted good because I was so hungry.
The shrimp I ordered was very ❻ juicy and tender.
+ fish + beef + pork + chicken + crab + lobster
+ squid + octopus
Plus, we had some beer with the meal.
+ red/white wine + soft drinks + cocktails
Looking back, it was a very memorable dinner.

Tips for Better Answer

＊ 영화 주제의 '최근 영화관에 영화 보러 가서 한 일들 설명' 답변 그대로 활용

▶❶ 과거에 본 영화 이야기를 할 때는 한 편에 대해 이야기하므로 복수 명사가 아닌 단수 명사 a movie 사용하기

▶❷ 최근 휴가 때 생긴 일이므로 핵심 표현 during my last vacation 언급
= during the last staycation: 집에서 휴가 보내던 중에
when I had the vacation at home: 집에서 휴가를 보냈을 때

▶❸ 〈before + 동명사〉, 〈before + 주어 + 동사〉
= before we watched the movie: 우리가 영화를 보기 전에
시작 문장에 a movie가 언급되었기 때문에 이후에는 the movie로 관사 the 사용

▶❹ 가산 명사 (soft drinks)와 불가산 명사 (pop-corn) 앞에 둘 다 가능한 some을 사용하여 문법 실수 줄이기
많은 양을 주문했을 때는 a lot of 사용

▶❺ = after we watched the movie

▶❻ 음식 표현하는 형용사
greasy 느끼한 / bitter 쓴 / sweet 단 / bland 싱거운 / spicy 매운 / savory 풍미 있는 / rich 맛이 진한

최근 휴가 때 가족과 함께 영화를 보러 갔던 것이 기억에 납니다. 영화를 보기 전에 우리는 팝콘과 탄산음료를 샀습니다. 영화를 보고 나서 우리는 괜찮은 멕시칸 음식점으로 갔습니다. (+ 이탈리아 + 태국 + 일본 + 중국 + 미국 + 베트남) 그곳은 동네에서 가장 맛있는 타코를 제공합니다. (+ 버거 + 스테이크 + 피자 + 파스타 + 한국식 바비큐 + 쌀국수) 배가 고파서 음식이 더 맛있었습니다. 우리가 주문한 새우는 육즙이 많고 부드러웠습니다. (생선 + 소고기 + 돼지고기 + 닭고기 + 게 + 랍스터 + 오징어 + 문어) 또한, 우리는 식사와 함께 맥주를 조금 마셨습니다. (+ 레드/화이트 와인 + 탄산 음료 + 칵테일) 돌이켜 보면, 매우 기억에 남는 저녁 식사였습니다.

OPIc Pattern 익히기

주어진 한국어 핵심 문장을 읽고 빈칸에 들어갈 영어 표현을 작성하세요. 그 후, 문장을 반복해 말하는 연습을 통해 OPIc 핵심 패턴과 모범 답변을 익혀 보세요.

1. 최근 휴가 때 가족과 함께 영화를 보러 갔던 것이 기억에 납니다.

I _____ _____ a movie with my family _____ my _____ _____.

2. 영화를 보기 전에 우리는 팝콘과 탄산음료를 샀습니다.

_____ _____ the movie, we _____ _____ _____ and _____ _____.

3. 그곳은 동네에서 가장 맛있는 타코를 제공합니다.

They _____ the _____ tacos _____ _____.

4. 또한, 우리는 식사와 함께 맥주를 좀 마셨습니다.

Plus, we _____ _____ _____ with the _____.

> **Answer**
> 1. remember watching / during / last vacation
> 2. Before watching / got some popcorn / soft drinks
> 3. had / best / in town
> 4. had some beer / meal

OPIc Magic Pattern 활용하기

학습한 Magic Pattern을 다른 주제에서도 활용해 보세요.

1. I remember watching a movie with my family <u>during my last vacation</u>.
  - I went to the beach on the south part of Korea <u>during my last vacation</u>.
    Beaches에 활용 저는 최근 휴가 때 한국의 남쪽에 있는 해변에 갔습니다.

  - I went to a jazz concert <u>during my last vacation</u>.
    Music에 활용 저는 최근 휴가 때 재즈 콘서트에 갔습니다.

2. <u>Before watching the movie</u>, we got some popcorn and soft drinks.
  - <u>Before watching the movie</u>, we did some shopping at the mall.
    Shopping에 활용 영화 보기 전에 우리는 백화점에서 쇼핑을 조금 했습니다.

  - I got some coffee to go <u>before watching the movie</u>.
    Coffee Shops에 활용 영화 보기 전에 저는 커피를 포장 주문했습니다.

OPIc 질문에 대한 모범답변을 살펴본 후, 질문의 핵심 포인트를 파악하여 나만의 OPIc 답변을 만들어 보세요.

3 **Could you tell me about an unusual or unexpected experience you had during a vacation you had at home? What happened? Who was involved? Why was this experience so memorable?** 🎧 MP3 07_Q3

집에서 보낸 휴가 동안 겪었던 이상하거나 예상치 못한 경험에 대해 말해 주세요. 무슨 일이 생겼었나요? 누가 연관되어 있나요? 그리고 왜 이 경험이 기억에 남나요?

Structure		Idea
시작 문장	주제 문장 소개	I remember eating something that went bad during my vacation at home.
본문	음식 때문에 고생한 이야기하기	food poisoning, pretty bad, upset stomach, took some medicine to get better, stay inside, get a lot of rest
마무리 문장	나의 답변 마무리	Since then, I try to be more careful.

Model Answer 🎧 MP3 07_A3

I remember eating ❶ something that went bad during my vacation at home.

+ eating too fast + eating ❷ too much

+ eating too much spicy food

+ eating food that was undercooked

I got food poisoning and it was ❸ pretty bad.

+ got indigestion + got enteritis

I had an upset stomach.

+ ❹ I got rashes and my body was itchy.

+ I had heartburn and had a stomachache.

+ I had a fever and I felt light-headed.

+ I went to the bathroom again and again because I had the runs.

I took some medicine to get better.

I had to stay inside and ❺ get a lot of rest.

Since then, I try to be more careful.

Tips for Better Answer

* '음식에 관련된 기억에 남는 에피소드' 답변을 그대로 활용

▶❶ = 상한 무엇
⟨something + 형용사⟩로 사용 가능
something wrong: 잘못된 무엇
Ex: I remember having something wrong at the restaurant.
음식점에서 잘못된 무언가를 먹은 기억이 난다.

▶❷ 먹은 것을 강조하고 싶을 때 부사 way 사용
Ex: I ate too much.
나 너무 많이 먹었어.
I ate way too much.
나 정말로 너무 많이 먹었어.

▶❸ 상황이 더 심각할 때는 pretty 대신 quite 사용
Ex: It was quite bad. 상당히 심했다.
bad 대신 사용할 수 있는 형용사
= serious: 심각한
Ex: It was pretty serious. 꽤 심각했다.

▶❹ 병 (sickness)와 관련된 이야기를 할 때 어울리는 동사는 have와 get
Ex: I got the flu.
나 독감 걸렸어.
I have the food poisoning, so I cannot go to work today.
나 식중독 걸려서 오늘 출근 못해.

▶❺ take a rest는 broken English이기 때문에 절대 사용하지 않기
= get some rest, relax, rest
Ex: I am sick, so I need to get some rest.
나는 아파서 조금 쉬어야 해.

- **something wrong** 무엇인가 잘못된
- **go bad** 상하다
- **food poisoning** 식중독
- **indigestion** 소화불량
- **enteritis** 장염

- **stomach** 배
- **upset** 아픈
- **light-headed** 머리가 어지러운
- **have a fever** 열이 나다
- **drugstore** 약국

집에서 휴가를 보내던 중에 상한 음식을 먹은 기억이 납니다. (+ 너무 빨리 먹은 + 너무 많이 먹은 + 너무 매운 음식을 먹은 + 덜 익은 음식을 먹은) 식중독에 걸렸는데 꽤 심했습니다. (+ 소화불량 + 장염) 배가 아팠습니다. (+ 두드러기가 나서 몸이 간지러웠습니다. + 속이 안좋고 배가 아팠습니다. + 열이 나서 머리가 어지러웠습니다. + 설사 때문에 화장실을 들락날락했습니다.) 낫기 위해 약을 먹었습니다. 실내에 있으면서 많이 쉬어야 했습니다. 그 이후로, 저는 더 조심하려고 노력합니다.

주어진 한국어 핵심 문장을 읽고 빈칸에 들어갈 영어 표현을 작성하세요. 그 후, 문장을 반복해 말하는 연습을 통해 OPIc 핵심 패턴과 모범 답변을 익혀 보세요.

1. 집에서 휴가를 보내던 중에 상한 음식을 먹은 기억이 납니다.

I remember _____ _____ that _____ _____ during my _____ _____ _____.

2. 식중독에 걸렸는데 꽤 심했습니다. 배가 아팠습니다.

I _____ _____ _____ and it was _____ _____. I had an _____ _____.

3. 설사 때문에 화장실을 들락날락했습니다.

I went to the bathroom _____ _____ _____ because I _____ the _____.

4. 낫기 위해 약을 먹었습니다. 실내에 있으면서 많이 쉬어야 했습니다.

I _____ _____ _____ to get better. I had to _____ _____ and _____ a lot of _____.

Answer
1. eating something / went bad / vacation at home
2. got food poisoning / pretty bad / upset stomach
3. again and again / had / runs
4. took some medicine / stay inside / get / rest

🔍 **OPIc Magic Pattern 활용하기**

학습한 Magic Pattern을 다른 주제에서도 활용해 보세요.

1. I had an upset stomach.
- I had an upset stomach, so I had to take a sick day at work.
  Work에 활용 저는 복통이 있어서 회사에 병가를 내야 했습니다.

- While travelling abroad, I could not enjoy sightseeing because I had an upset stomach.
  Overseas Trips에 활용 해외여행중에 복통이 있어서 관광을 즐기지 못했습니다.

2. I had to stay inside and get a lot of rest.
- Last weekend, it was raining heavily so I had to stay inside.
  Weather에 활용 저번 주말에 비가 많이 와서 실내에 있어야만 했습니다.

- During the last holiday, I had the flu, so I had to stay inside.
  Holidays에 활용 최근 휴일에 독감에 걸려서 실내에 있어야만 했습니다.

Chapter 08

Parks / Walking

빈출 주제 파악하기

질문을 제대로 파악하는 것만으로도 성공적으로 시험을 치를 수 있습니다. OPIc에서 자주 출제되는 질문들을 알아보세요.

Parks

1 **You indicated in the survey that you go to parks with adults. Tell me about the parks that you like to visit. What are they like and what is special about them?**

어른들과 함께 공원에 간다고 했습니다. 즐겨 가는 공원에 대해 말해 주세요. 공원은 어떻게 생겼고 무엇이 특별한가요?

문항 유형	본인이 즐겨 가는 공원들 묘사
문항 수준	Intermediate
핵심 포인트	• 걷기 주제의 '본인의 평상이 산책 습관 묘사'와 함께 답변 대비
	• 본인이 즐겨 가는 공원이므로 주어 I, it 사용
	• 평상시 산책하는 습관에 대해 이야기하므로 현재형 시제 사용
중요도	★

2 Describe what a typical visit to the park is like for you. Tell me about the things you do and see at parks.

일반적인 당신의 공원 방문에 대해 묘사해 보세요. 공원에서 무엇을 하고 보는지에 대해 말해 주세요.

문항 유형	공원에 가서 주로 하는 활동, 보는 것들 묘사
문항 수준	Intermediate
핵심 포인트	· 공원에 가서 할 수 있는 활동을 다양한 접속사 사용하여 나열
	· 평소 본인의 활동이기 때문에 주어 I와 현재형 시제 사용
중요도	★

3 Tell me about the last time you went to a park. Which park was it? When was it that you went? Tell me everything you did from the moment you arrived at the park to the time you left.

최근 공원에 간 경험에 대해 말해 주세요. 어떤 공원인가요? 그곳에 간 것이 언제인가요? 공원에 도착한 순간부터 떠나기 전까지 한 모든 것을 말해 주세요.

문항 유형	가장 최근에 공원에 가서 했던 일 묘사
문항 수준	Advanced
핵심 포인트	· 걷기 주제의 '최근 산책 경험 묘사'와 함께 답변 준비
	· 과거에 공원에서 산책한 경험을 이야기하므로 과거형 시제 사용
	· 본인의 경험이므로 주어 I로 묘사
중요도	★

4 How did you first start going to parks? What made you visit parks in the first place? Why do you go to parks now?

어떻게 처음 공원에 가기 시작했나요? 무엇 때문에 공원을 방문했나요? 지금은 왜 공원에 가나요?

문항 유형	공원에 처음 가기 시작한 계기와 이유 변화 설명
문항 수준	Advanced
핵심 포인트	· 산책 주제의 '처음으로 산책을 하게 된 계기와 이유 변화 설명'과 함께 답변 준비
	· 처음 공원에 간 경험은 과거형 시제와 주어 I로 묘사
	· 현재 공원에 가서 걷는 습관은 현재형 시제와 주어 I로 묘사
중요도	★

5 Tell me about a memorable incident you had at the park. Maybe there was a special event going on, or maybe something unexpected happened. Start by giving me some background. And then, give me all the details about what happened.

공원에서 겪었던 기억에 남는 경험을 말해 주세요. 특별한 행사가 있었을 수도 있고, 예상치 못한 일이 발생했을 수도 있습니다. 사건의 배경에 대해 알려 주세요. 그리고 무슨 일이 일어났는지 자세히 말해 주세요.

문항 유형	공원에서 기억에 남는 에피소드 설명
문항 수준	Advanced
핵심 포인트	• 공원에서 우연히 아는 사람을 마주친 경험 설명 • 본인의 과거 경험이므로 주어 I와 과거형 시제 사용하여 묘사
중요도	★

Walking

6 You indicated in the survey that you like to take walks. Talk about the things you do when you go for walks. Where do you normally go and how do you feel after taking walks?

산책하는 것을 좋아한다고 했습니다. 산책할 때 하는 것들에 대해 이야기하세요. 보통 어디를 가고, 산책을 한 후의 기분은 어떤가요?

문항 유형	본인의 평상시 산책 습관 묘사
문항 수준	Intermediate
핵심 포인트	• 공원 주제의 '본인의 즐겨가는 공원 묘사'와 함께 답변 대비 • 본인이 즐겨가는 공원이므로 주어 I, it 사용 • 평상시 산책하는 습관에 대해 이야기하므로 현재형 시제 사용
중요도	★

7 Tell me about the last time you went for a walk. Where did you go to and what happened? What did you do to prepare for the walk? What did you do after you were done?

최근 산책을 갔던 경험에 대해 말해 주세요. 어디로 갔고, 무슨 일이 있었나요? 산책 준비로 무엇을 했나요? 끝난 후에 무엇을 했나요?

문항 유형	최근 산책 경험 묘사
문항 수준	Advanced
핵심 포인트	• 공원 주제의 '가장 최근 공원에 가서 했던 일 묘사'와 함께 답변 준비 • 과거에 공원에서 산책한 경험을 이야기하므로 과거형 시제 사용 • 본인의 경험이므로 주어 I로 묘사
중요도	★

8 **Now, tell me why you started to take walks in the first place. How has your interest in taking walks changed over the years? Why do you take walks now?**

왜 산책을 시작하게 되었는지 말해 주세요. 그동안 산책에 대한 관심이 어떻게 바뀌었나요? 지금은 왜 산책을 하나요?

문항 유형	처음으로 산책을 하게 된 계기와 이유 변화 설명
문항 수준	Advanced
핵심 포인트	• 공원 주제의 '공원에 처음 가기 시작한 계기와 이유 변화 설명'과 함께 답변 준비 • 처음 공원에 간 경험은 과거형 시제와 주어 I로 묘사 • 현재 공원에 가서 걷는 습관은 현재형 시제와 주어 I로 묘사
중요도	★

OPIc 질문에 대한 모범답변을 살펴본 후, 질문의 핵심 포인트를 파악하여 나만의 OPIc 답변을 만들어 보세요.

1-1 You indicated in the survey that you go to parks with adults. 🎧 MP3 08_Q1-1
Tell me about the parks that you like to visit. What are they like and what is special about them?
어른들과 함께 공원에 간다고 했습니다. 즐겨가는 공원에 대해 말해 주세요. 공원은 어떻게 생겼고 무엇이 특별한가요?

1-2 You indicated in the survey that you like to take walks. 🎧 MP3 08_Q1-2
Talk about the things you do when you go for walks. Where do you normally go and how do you feel after taking walks?
산책하는 것을 좋아한다고 했습니다. 산책할 때 하는 것들에 대해 이야기하세요. 보통 어디를 가고, 산책을 한 후의 기분은 어떤가요?

Structure		Idea
시작 문장	주제 문장 소개	There is a small park near my home.
본문	산책하기 위해 자주 가는 공원 두 개 비교	exercise, walk my dog, sports facilities, another park, bigger, riverside park, nice view, take walks, sculptures, fountains, camping grounds, swimming pools
마무리 문장	나의 답변 마무리	So, these are the parks where I take walks.

Model Answer 🎧 MP3 08_A1

❶ There is a small park ❷ near my home.

❸ I can take walks or get some exercise there.

+ I can walk my dog there ❹ as well.

+ There are a lot of ❺ sports facilities such as tennis courts.

❻ Meanwhile, there is another park that is much bigger.

It is a riverside park along the river.

I can enjoy the nice view when I take walks there.

+ There are some sculptures and fountains at that park.

+ There are also some camping grounds and outdoor swimming pools.

So, these are the ❼ parks where I take walks.

Tips for Better Answer

▶❶ 〈there is + 단수 명사〉
동네에 있는 하나의 공원을 묘사하므로 단수 명사 사용
많은 공원 중 하나만 골라 말하고 싶은 경우 쓸 수 있는 문장
Ex: There are many parks, and I will talk about my favorite park.
공원이 많이 있는데 그중 내가 가장 좋아하는 공원에 대해 말하겠다.

▶❷ 장소를 묘사할 때 쓰는 전치사
near: 근처에 (뒤에 명사가 나와야 함)
nearby: 근처에 (뒤에 명사가 나오지 않아도 됨)
around: 근처에, 부근에

▶❸ 공원과 걷기 주제에 둘 다 활용할 수 있도록 공원에서 하는 활동으로 산책 (take walks) 언급하기
산책은 한 번만 하는 것이 아닌 습관적으로 하기 때문에 take a walk가 아닌 take walks 사용

▶❹ 또한, 역시
= too, also

▶❺ 답변 양 확보를 위해 공원의 다양한 시설 나열
Ex: There are various types of sports facilities at the park such as tennis courts, and a jogging track.
공원에는 테니스장이나 조깅 트랙 같은 다양한 종류의 운동 시설이 있다.

▶❻ '한편으로는'이라는 의미로 새로운 내용을 제시할 때 유용
= moreover, on the other hand

▶❼ 〈장소 + where + 주어 + 동사〉
(주어)가 (동사) 할 수 있는 (장소)
장소 관련 선행사 where을 사용하여 문장 늘리기
Ex: I went to the hotel where I can get some massage.
나는 마사지 받을 수 있는 호텔에 갔다.

네이티브 트렌드로 쉽게 취득하는 OPIc IM

- **exercise** 운동하다
- **walk dogs** 강아지 산책시키다
- **sports facilities** 운동 시설
- **riverside park** 강가에 있는 공원, 강변 공원
- **take walks** 산책하다
- **sculptures** 조각품
- **fountains** 분수
- **camping grounds** 캠핑장

저희 집 근처에는 작은 공원이 있습니다. 거기서 산책을 하거나 운동을 할 수 있습니다. (+ 거기서 강아지를 산책시킬 수도 있습니다. + 공원에는 테니스 코트 등 스포츠 시설이 많습니다.) 한편, 훨씬 더 큰 공원이 하나 더 있습니다. 강을 따라 있는 강변 공원입니다. 거기서 산책을 하면 멋진 경치를 즐길 수 있습니다. (+ 공원에는 조각품과 분수가 있습니다. + 캠핑장과 야외수영장도 있습니다.) 즉, 이 공원들이 제가 산책하는 곳입니다.

OPIc Pattern 익히기

주어진 한국어 핵심 문장을 읽고 빈칸에 들어갈 영어 표현을 작성하세요. 그 후, 문장을 반복해 말하는 연습을 통해 OPIc 핵심 패턴과 모범 답변을 익혀 보세요.

1. 거기서 산책을 하거나 운동을 할 수 있습니다.

I can _____ _____ or _____ _____ _____ there.

2. 한편, 훨씬 더 큰 공원이 하나 더 있습니다.

_____, there is _____ _____ that is _____ _____.

3. 거기서 산책을 하면 멋진 경치를 즐길 수 있습니다.

I can _____ the _____ _____ when I _____ _____ _____.

4. 즉, 이 공원들이 제가 산책하는 곳입니다.

So, _____ _____ the_____ where I _____ _____.

Answer
1. take walks / get some exercise
2. Meanwhile / another park / much bigger
3. enjoy / nice view / take walks there
4. these are / parks / take walks

OPIc Magic Pattern 활용하기

학습한 Magic Pattern을 다른 주제에서도 활용해 보세요.

1. There is a small park near my home.
  - There is a very big movie theater near my home, and the screen is really big.
    Movies에 활용 집 근처에 매우 큰 극장이 있는데 스크린이 매우 큽니다.
  - There is a very cheap and delicious Italian restaurant near my home.
    Restaurants에 활용 집 근처에 매우 저렴하고 맛있는 이탈리안 식당이 있습니다.

2. Meanwhile, there is another park that is much bigger.
  - Meanwhile, there is another beach that is much more beautiful and scenic.
    Beaches에 활용 한편 훨씬 더 아름답고 경치 좋은 해변이 하나 더 있습니다.
  - Meanwhile, there is another hotel that is much more sophisticated and modern.
    Hotels에 활용 한편 훨씬 더 세련되고 현대적인 호텔이 하나 더 있습니다.

3. I can enjoy the nice view when I take walks there.
  - I can enjoy various types of outdoor activities when I go there on a trip.
    Domestic Trips에 활용 여행으로 그곳에 가면 다양한 종류의 야외활동을 즐길 수 있습니다.
  - I can enjoy hiking when I have some free time.
    Free Time에 활용 저는 자유시간이 있으면 등산을 즐길 수 있습니다.

네이티브 트렌드로 쉽게 취득하는 OPIc IM

OPIc 질문에 대한 모범답변을 살펴본 후, 질문의 핵심 포인트를 파악하여 나만의 OPIc 답변을 만들어 보세요.

2 Describe what a typical visit to the park is like for you.
Tell me about the things you do and see at parks. 🎧 MP3 08_Q2

일반적인 당신의 공원 방문에 대해 묘사해 보세요. 공원에서 무엇을 하고 보는지에 대해 말해 주세요.

Structure		Idea
시작 문장	주제 문장 소개	I often go to parks to get some air.
본문	평소 공원에서 하는 활동 나열	take walks, walk my dog, sit, relax, enjoy the breeze, trees and flowers, pictures, from time to time
마무리 문장	나의 답변 마무리	So, these are the things I often do at parks.

Model Answer 🎧 MP3 08_A2

I ❶ often go to parks to ❷ get some air.

I ❸ sometimes take walks at the park.

Also, I sometimes walk my dog there.

Plus, I sometimes sit on a bench and ❹ relax.

Also, I sometimes just enjoy the breeze.

Plus, I sometimes just enjoy the trees and flowers.

Also, I ❺ take pictures at the park from time to time.

So, these are the things I often do at parks.

Tips for Better Answer

❶ 평소 습관에 대해 묘사하므로 빈도 부사 often 사용
= normally, usually
Ex: I usually go to parks to take walks.
나는 산책하기 위해 공원에 자주 간다.

❷ get some air 대신 사용할 수 있는 표현
get some fresh air: 상쾌한 공기를 마시다
get cool air: 시원한 공기를 마시다
enjoy the cool breeze: 시원한 공기를 즐기다

❸ sometimes는 usually 보다 낮은 빈도수를 의미하는 부사
= from time to time
Ex: I go to parks from time to time.
나는 가끔 공원에 간다.

❹ 잠깐 쉴 때는 take a break
조금 길게 쉴 때는 relax, rest, get some rest
Ex: I cannot run anymore. Let's take a short break.
나 더 이상은 못 뛰겠어. 잠깐만 쉬자.

❺ 사진을 한 장만 찍는 것이 아니므로 반드시 복수 명사 사용
I take a picture. 나는 사진을 한 장만 찍는다. (어색한 표현)
I take pictures: 나는 사진(들)을 찍는다.
read books, watch movies 등 평상시 취미 생활에 대해 이야기할 때는 항상 복수 명사 사용

Key Expressions

- **get some air** 공기를 마시다
- **take walks** 산책하다
- **walk dog** 강아지 산책 시키다

- **breeze** 상쾌한 바람
- **from time to time** 가끔

저는 종종 공기를 마시러 공원에 갑니다. 저는 가끔 공원에서 산책을 합니다. 가끔 개를 산책시키기도 합니다. 게다가, 저는 가끔 벤치에 앉아서 휴식을 취합니다. 가끔 상쾌한 바람도 즐깁니다. 또한 가끔 나무와 꽃을 즐깁니다. 공원에서 가끔 사진도 찍습니다. 이런 것들이 제가 주로 공원에서 하는 것들입니다.

주어진 한국어 핵심 문장을 읽고 빈칸에 들어갈 영어 표현을 작성하세요. 그 후, 문장을 반복해 말하는 연습을 통해 OPIc 핵심 패턴과 모범 답변을 익혀 보세요.

1. 저는 종종 공기를 마시러 공원에 갑니다.

I often _____ _____ _____ to _____ some _____.

2. 게다가, 저는 가끔 벤치에 앉아서 휴식을 취합니다.

Plus, I sometimes _____ _____ a _____ and _____.

3. 또한 가끔 나무와 꽃을 즐깁니다.

Plus, I sometimes just _____ _____ _____ and _____.

4. 공원에서 가끔 사진도 찍습니다.

Also, I _____ _____ at the park from _____ _____ _____.

Answer
1. go to parks / get / air
2. sit on / bench / relax
3. enjoy the trees / flowers
4. take pictures / time to time

 OPIc Magic Pattern 활용하기

학습한 Magic Pattern을 다른 주제에서도 활용해 보세요.

1. I often go to parks to get some air.
  - I often go to concerts because I love rock music.
    Music에 활용 저는 락 음악을 좋아하기 때문에 콘서트에 가주 갑니다.

  - I often go to mountains to hike in my free time.
    Free Time에 활용 저는 자유시간이 있을 때 등산을 하러 산에 가주 갑니다.

2. Also, I take pictures at the park from time to time.
  - Also, I take pictures using my smartphone from time to time.
    Phones에 활용 또한 저는 때때로 스마트폰을 사용하여 사진을 찍습니다.

  - Also, I take pictures and post them on my social media from time to time.
    Internet에 활용 또한 저는 때때로 사진을 찍어서 소셜 미디어에 올립니다.

3. So, these are the things I often do at parks.
  - So, these are the things I often do when I have vacations at home.
    Vacations at Home에 활용 그래서 이것이 제가 집에서 휴가를 보낼 때 자주 하는 것입니다.

  - So, these are the things I often do whenever I go to the beaches.
    Beaches에 활용 그래서 이것이 제가 해변에 갈 때마다 자주 하는 것입니다.

OPIc 질문에 대한 모범답변을 살펴본 후, 질문의 핵심 포인트를 파악하여 나만의 OPIc 답변을 만들어 보세요.

3-1 Tell me about the last time you went to a park. Which park was it? When was it 🎧 MP3 08_Q3-1
that you went? Tell me everything you did from the moment you arrived at the park to the
time you left.

최근 공원에 간 경험에 대해 말해 주세요. 어떤 공원인가요? 그곳에 간 것이 언제인가요? 공원에 도착한 순간부터 떠나기 전까지 한 모든 것을 말해 주세요.

3-2 Tell me about the last time you went for a walk. Where did you go to and what 🎧 MP3 08_Q3-2
happened? What did you do to prepare for the walk? What did you do after you were done?

최근 산책을 갔던 경험에 대해 말해 주세요. 어디로 갔고, 무슨 일이 있었나요? 산책 준비로 무엇을 했나요? 끝난 후에 무엇을 했나요?

	Structure	Idea
시작 문장	주제 문장 소개	I remember going to the park to take a walk recently.
본문	최근 공원에 가서 산책했던 경험 묘사	went there, after dinner, able to get, burn some calories, felt very good, parks, exercise
마무리 문장	나의 답변 마무리	So, this is what I did at the park recently.

Model Answer 🎧 MP3 08_A3

I remember going to the park to take a walk recently.

I ❶ went there with my family ❷ after dinner.

+ with my friend + with my co-worker + by myself

+ after lunch + in the evening

I ❸ was able to get some exercise and ❹ burn some

calories.

I felt very good after the walk.

I think parks are great places for exercise.

So, this is what I did at the park recently.

Tips for Better Answer

▶ ❶ = visited there, got there
공원인 것을 다시 언급할 필요 없이 부사 there
(그곳) 사용
Ex: I got there after watching the movie.
영화를 본 후에 그곳에 갔다.

❷ = 식후에, 식사 후에
함께 쓸 수 있는 표현
right after dinner: 저녁을 먹은 직후에
right before dinner: 저녁을 먹기 직전에

▶ ❸ 〈be able to + 동사 원형〉
조동사 can과 같은 의미이나 과거, 현재,
미래를 자유롭게 나타낼 수 있기 때문에 유용
Ex: I was able to eat alone.
나는 혼자서 먹을 수 있었다.
I am able to eat alone.
나는 혼자서 먹을 수 있다.
I will be able to eat alone.
나는 혼자서 먹을 수 있을 것이다.

▶ ❹ = 칼로리를 태우다
burn fat: 지방을 태우다
Ex: Jogging burns some calories and fat.
조깅은 칼로리와 지방을 태운다.

Key Expressions

- **recently** 최근에
- **take a walk** 산책하다
- **co-worker** 직장 동료

- **be able to** 할 수 있다
- **get exercise** 운동하다
- **burn calories** 칼로리를 태우다

최근에 산책하러 공원에 간 기억이 납니다. 저녁을 먹고 가족과 함께 갔습니다. (+ 친구와 + 직장 동료와 + 혼자 + 점심식사 후에 + 저녁에) 운동도 하고 칼로리도 태울 수 있었습니다. 산책하고 나서 기분이 아주 좋았습니다. 저는 공원이 운동을 하기에 좋은 장소라고 생각합니다. 이것이 제가 최근에 공원에서 했던 일입니다.

OPIc Pattern 익히기

주어진 한국어 핵심 문장을 읽고 빈칸에 들어갈 영어 표현을 작성하세요. 그 후, 문장을 반복해 말하는 연습을 통해 OPIc 핵심 패턴과 모범 답변을 익혀 보세요.

1. 최근에 산책하러 공원에 간 기억이 납니다.

   I _____ _____ to the _____ to _____ _____ _____ recently.

2. 운동도 하고 칼로리도 태울 수 있었습니다.

   I _____ _____ _____ get some _____ and _____ some _____.

3. 산책하고 나서 기분이 아주 좋았습니다. 저는 공원이 운동을 하기에 좋은 장소라고 생각합니다.

   I _____ very good after the _____. I think _____ are great _____ _____ _____.

4. 이것이 제가 최근에 공원에서 했던 일입니다.

   So, this is _____ _____ _____ at the _____ _____.

> **Answer**
> 1. remember going / park / take a walk
> 2. was able to / exercise / burn / calories
> 3. felt / walk / parks / places for exercise
> 4. what I did / park recently

OPIc Magic Pattern 활용하기

학습한 Magic Pattern을 다른 주제에서도 활용해 보세요.

1. I went there with my family after dinner.
   - I went to a movie theater with my family after having dinner because we were starving.
     Movies에 활용 우리는 너무 배가 고팠기 때문에 먼저 저녁 식사를 한 후에 가족들과 영화를 보러 갔습니다.

   - I went to a small live concert with my family after dinner.
     Music에 활용 저녁 식사를 한 후에 가족들과 작은 라이브 콘서트에 갔습니다.

2. I felt very good after the walk.
   - I felt very good after having quality time with my family.
     Family / Friends에 활용 가족들과 의미 있는 시간을 보낸 후에 기분이 매우 좋았습니다.

   - I felt very good after having dinner at the hotel. It was very delicious.
     Hotels에 활용 호텔에서 저녁 식사를 한 후에 기분이 매우 좋았습니다. 매우 맛있었습니다.

3. I think parks are great places for exercise.
   - I think hotels are great places for enjoying staycations.
     Hotels에 활용 제 생각에 호텔은 실내에서 휴가를 즐기기에 좋은 장소인 것 같습니다.

   - I think shopping centers are great places for killing time.
     Shopping에 활용 제 생각에 쇼핑센터는 시간을 때우기에 좋은 장소인 것 같습니다.

OPIc 질문에 대한 모범답변을 살펴본 후, 질문의 핵심 포인트를 파악하여 나만의 OPIc 답변을 만들어 보세요.

4 **Tell me about a memorable incident you had at the park.** 🎧 MP3 08_Q4
Maybe there was a special event going on, or maybe something unexpected happened. Start by giving me some background. And then, give me all the details about what happened.

공원에서 겪었던 기억에 남는 경험을 말해 주세요. 특별한 행사가 있었을 수도 있고, 예상치 못한 일이 발생했을 수도 있습니다. 사건의 배경에 대해 알려 주세요. 그리고 무슨 일이 일어났는지 자세히 말해 주세요.

	Structure		Idea
시작 문장	주제 문장 소개		I remember bumping into my neighbor at a park.
본문	공원에서 우연히 친구를 마주친 경험 묘사		taking a walk, exercise, suddenly, saw, happy to see, asked, catching up
마무리 문장	나의 답변 마무리		So, this was the incident I remember.

Model Answer 🎧 MP3 08_A4

I remember ❶ bumping into ❷ my neighbor at a park.

+ my co-worker + my boss + my friend + my ex-boyfriend

I ❸ was taking a walk to get some exercise.

❹ Suddenly, I saw my neighbor there. I went to him and said hi.

+ Suddenly, someone called my name. I looked back and saw my neighbor.

I was very ❺ happy to see him.

We asked how each other was doing and did some catching up.

So, this was the incident I remember.

Tips for Better Answer

▶ ❶ 〈bump into 명사〉
(누군가)와 우연히 마주치다 또는 (무언가에) 부딪히다
Ex: I bumped into my ex-boyfriend.
예전 남자 친구와 우연히 마주쳤다.
I bumped into walls.
벽에 부딪혔다.

▶ ❷ neighbor: 이웃 사람
= person living next door: 옆집에 사는 사람
neighborhood: 주변 환경, 동네

▶ ❸ 사건이 생기기 전 어떠한 행동을 하고 있던 중이었다는 것을 강조하기 위해 과거 진행형 사용
Ex: I was taking some pictures at the park.
나는 공원에서 사진을 찍고 있었다.

▶ ❹ 갑자기 사건이 발생했음을 알리는 부사
= unexpectedly: 갑자기, 예상외로
Ex: I bumped into my friend unexpectedly.
나는 우연치 않게 친구와 마주쳤다.

▶ ❺ 기쁜 감정에 쓸 수 있는 형용사
pleased: 기쁜
delighted: 매우 기쁜
excited: 신난
사람의 감정을 묘사할 때는 pleasing(-ing)이 아닌 pleased(-ed) 사용
Ex: The movie was exciting. 영화가 재미있었다.
I was excited. 내 기분이 신났다.

Key Expressions

- **bump into** 우연히 마주치다
- **co-worker** 직장 동료
- **neighbor** 이웃
- **look back** 뒤돌아보다
- **do catch up** 못다 한 이야기를 하다
- **incident** 사건

공원에서 이웃과 마주쳤던 기억이 납니다. (+ 동료 + 상사 + 친구 + 예전 남자 친구) 저는 운동을 위해 산책 중이었습니다. 갑자기, 그곳에서 제 이웃을 보았습니다. 그에게 가서 인사했습니다. (+ 갑자기 누군가 제 이름을 불렀습니다. 뒤를 돌아보니 이웃이 보였습니다.) 그를 만나서 매우 기뻤습니다. 우리는 서로 어떻게 지내는지 물어보고 못다 한 이야기를 했습니다. 이것이 제가 기억하는 사건입니다.

주어진 한국어 핵심 문장을 읽고 빈칸에 들어갈 영어 표현을 작성하세요. 그 후, 문장을 반복해 말하는 연습을 통해 OPIc 핵심 패턴과 모범 답변을 익혀 보세요.

1. 공원에서 이웃과 마주쳤던 기억이 납니다.

I remember _____ _____ my _____ _____ a _____.

2. 갑자기, 그곳에서 제 이웃을 보았습니다. 그에게 가서 인사했습니다.

_____, I _____ my _____ there. I _____ _____ him and _____ hi.

3. 우리는 서로 어떻게 지내는지 물어보고 못다 한 이야기를 했습니다.

We _____ _____ _____ _____ was _____ and did some _____ _____.

4. 이것이 제가 기억하는 사건입니다.

So, _____ _____ the _____ I _____.

 OPIc Magic Pattern 활용하기

학습한 Magic Pattern을 다른 주제에서도 활용해 보세요.

1. <u>I remember bumping into</u> my neighbor at a park.
- <u>I remember bumping into</u> my co-worker at the beach in Busan.
  Beaches에 활용 부산에 있는 해변에서 직장 동료를 우연히 만난 기억이 납니다.

- <u>I remember bumping into</u> my ex-girlfriend while I was opening a new account at the bank.
  Banks에 활용 은행에서 계좌를 새로 열고 있는데 헤어진 여자 친구를 우연히 만난 기억이 납니다.

2. <u>I was very happy to</u> see him.
- <u>I was very happy to</u> see the movie because the plot was so entertaining.
  Movies에 활용 줄거리가 너무 재미있었기 때문에 그 영화를 봐서 기뻤습니다.

- <u>I was very happy to</u> travel overseas with my family because it was our first time.
  Overseas Trips에 활용 처음으로 가족과 함께 해외여행을 해서 기뻤습니다.

3. <u>So, this was the incident I remember.</u>
- <u>So, this was the incident I remember</u> that happened during the holiday.
  Holidays에 활용 즉 이것이 휴일 기간에 발생한 기억에 남는 경험입니다.

- <u>So, this was the incident I remember</u> that happened in the train.
  Transportation에 활용 즉 이것이 기차에서 발생한 기억에 남는 경험입니다.

OPIc 질문에 대한 모범답변을 살펴본 후, 질문의 핵심 포인트를 파악하여 나만의 OPIc 답변을 만들어 보세요.

5-1 How did you first start going to parks? What made you visit parks in the first place? 🎧 MP3 08_Q5-1
Why do you go to parks now?
어떻게 처음 공원에 가기 시작했나요? 무엇 때문에 공원을 방문했나요? 지금은 왜 공원에 가나요?

5-2 Now, tell me why you started to take walks in the first place. 🎧 MP3 08_Q5-2
How has your interest in taking walks changed over the years? Why do you take walks now?
왜 산책을 시작하게 되었는지 말해 주세요. 그동안 산책에 대한 관심이 어떻게 바뀌었나요? 지금은 왜 산책을 하나요?

	Structure	Idea
시작 문장	주제 문장 소개	I first started to go to parks to get some air.
본문	처음 공원에 가서 한 일과 현재 공원에 가면 하는 일 비교	enjoy, trees, flowers, sit on, the breeze, but these days, get some exercise, take walks
마무리 문장	나의 답변 마무리	So, this is why I started to take walks at parks.

Model Answer 🎧 MP3 08_A5

I ❶ first ❷ started to go to parks to get some air.

I ❸ used to enjoy the trees and flowers there.

I used to sit on a bench to enjoy the breeze.

But these days, I go to parks to ❹ get some exercise.

I go there to take walks ❺ whenever I can.

I feel very good after I take walks.

So, this is why I started to take walks at parks.

Tips for Better Answer

▶❶ 처음으로 공원에 간 경험을 이야기하므로 first 사용
= for the first time: 처음으로
Ex: I went to the park for the first time when I was very young
내가 아주 어렸을 때 처음으로 공원에 갔다.

▶❷ 〈start to + 동사〉
(동사)하기 시작하다
공원에 간 계기를 설명하기 위해 동사 start 사용
Ex: I first went to the concert.
나는 처음 콘서트에 갔다.
(이후로 계속 갔는지 알 수 없음)
I first started to go to concerts.
나는 처음으로 콘서트에 가기 시작했다.
(이후로 계속 갔음)

▶❸ 〈used to enjoy〉 vs 〈enjoy + 동명사〉
Ex: I used to enjoy getting some fresh air.
나는 상쾌한 공기 마시는 것을 즐기고는 했었다. (반복 의미)
I enjoyed getting some fresh air.
나는 상쾌한 공기 마시는 것을 즐겼다.
(반복 여부 알 수 없음)

▶❹ = to work out: 운동하기 위해
to exercise: 운동하기 위해

▶❺ 〈whenever 주어 + 동사〉
(주어)가 (동사) 할 때는 언제든지
Ex: Whenever I have some time, I go to parks to walk my dog.
나는 시간이 있을 때마다 강아지를 산책 시키기 위해 공원에 간다.

저는 공기를 마시기 위해 처음 공원에 가기 시작했습니다. 그곳에서 나무와 꽃을 즐기곤 했습니다. 벤치에 앉아서 상쾌한 공기도 즐겼습니다. 하지만 요즘은 운동을 하러 공원에 갑니다. 저는 틈만 나면 산책을 하러 갑니다. 산책을 하고 나면 기분이 매우 좋습니다. 즉, 이것이 제가 공원에서 산책하기 시작한 이유입니다.

OPIc Pattern 익히기

주어진 한국어 핵심 문장을 읽고 빈칸에 들어갈 영어 표현을 작성하세요. 그 후, 문장을 반복해 말하는 연습을 통해 OPIc 핵심 패턴과 모범 답변을 익혀 보세요.

1. 저는 공기를 마시기 위해 처음 공원에 가기 시작했습니다.

   I _____ _____ to _____ _____ parks to _____ _____ _____.

2. 하지만 요즘은 운동을 하러 공원에 갑니다.

   But _____ _____, I _____ _____ _____ to _____ some _____.

3. 저는 틈만 나면 산책을 하러 갑니다.

   I go there to _____ _____ _____ I can.

4. 즉, 이것이 제가 공원에서 산책하기 시작한 이유입니다.

   So, this is _____ I _____ to _____ _____ at parks.

> **Answer**
> 1. first started / go to / get some air
> 2. these days / go to parks / get / exercise
> 3. take walks whenever
> 4. why / started / take walks

OPIc Magic Pattern 활용하기

학습한 Magic Pattern을 다른 주제에서도 활용해 보세요.

1. I first started to go to parks to get some air.
   - I first started to go to shopping centers to buy some clothes for myself.
     Shopping에 활용   저는 처음에 제 옷을 사기 위해 쇼핑센터에 가기 시작했습니다.
   - I first started to go to organic food stores for my health even though it was expensive.
     Health에 활용   제가 처음으로 유기농 식료품점에 가기 시작한 것은 비쌈에도 불구하고 제 건강을 위해서였습니다.

2. I used to enjoy the trees and flowers there.
   - I used to enjoy listening to rock music, but now, I listen to R&B.
     Music에 활용   예전에는 락 음악을 즐겨 듣고는 했는데 지금은 R&B를 듣습니다.
   - I used to enjoy watching horror movies but now, I watch superhero movies.
     Movies에 활용   예전에는 호러 영화를 즐겨 보고는 했는데 지금은 슈퍼히어로 영화를 봅니다.

Chapter 09

Housing

빈출 주제 파악하기

질문을 제대로 파악하는 것만으로도 성공적으로 시험을 치를 수 있습니다. OPIc에서 자주 출제되는 질문들을 알아보세요.

1 **I want to know where you live. Can you describe your home to me? What is it like? How many rooms does it have?**

어디에 사는지 알고 싶습니다. 집에 대해 묘사해 줄 수 있나요? 어떻게 생겼나요? 방이 몇 개인가요?

문항 유형	본인이 현재 살고 있는 집 묘사
문항 수준	Intermediate
핵심 포인트	• 현재 살고 있는 집을 현재형 시제 사용하여 묘사 • 방 안에 있는 가구 및 가전 제품을 주어 I, room 사용
중요도	★★★

2 What is your normal routine at home? Do you do housework every day? What do you usually do on weekdays and what do you do on weekends?

집에서 보통 하는 일상이 무엇인가요? 매일 집안일을 하나요? 평일에는 주로 무엇을 하고 주말에는 무엇을 하나요?

문항 유형	집에서의 본인 일과 / 집안일 묘사
문항 수준	Intermediate
핵심 포인트	• 평상시에 하는 집안일의 종류를 현재형 시제로 나열
	• 본인이 평소에 하는 집안일에 대한 내용이기 때문에 주어 I 사용
중요도	★★★

3 Describe the home you lived in as a child. How was it different from the home you live in now?

어렸을 때 살았던 집을 묘사하세요. 지금 살고 있는 집과 어떻게 달랐나요?

문항 유형	어렸을 때 살았던 집과 지금 집 비교
문항 수준	Advanced
핵심 포인트	• 집 주제의 '어렸을 때 살았던 동네 묘사'와 같은 답변 준비
	• 본인이 과거 살았던 집과 현재 살았던 집의 특징 및 주변 환경 비교
	• 본인의 집과 동네를 묘사하기 때문에 주어 I, there 사용
중요도	★★★★★

4 I want to know where you live. Talk about the different rooms in your home. Tell me about your favorite room in your home. What does it look like?

당신이 어디에 사는지 알고 싶습니다. 집에 있는 각각의 방들에 대해 말해 주세요. 가장 좋아하는 방에 대해 말해 주세요. 어떻게 생겼나요?

문항 유형	본인 집에서 가장 좋아하는 방 묘사
문항 수준	Intermediate
핵심 포인트	• 좋아하는 방 안에 있는 가구 나열 후 좋아하는 이유 설명
	• 침실에서 평소에 하는 일이기 때문에 현재형 시제와 주어 I 사용
중요도	★★★

5 Sometimes we want to change something in our home. Perhaps we get new furniture or do some painting or decorating. Talk about one change that you have made to your home. Tell me why you decided to make that change.

우리는 가끔 집에서 무언가를 바꾸고 싶어합니다. 새로운 가구를 사거나, 그림이나 장식을 하고 싶어 하기도 합니다. 집에 준 한 가지 변화에 대해 말해 주세요. 왜 그런 변화를 주기로 결심했는지 말해 주세요.

문항 유형	집에 준 변화 중 하나 자세히 묘사
문항 수준	Advanced
핵심 포인트	• 집에 준 변화로 집을 수리한 경험과 새로 가구 산 경험 묘사 • 과거의 경험이기 때문에 과거형 시제 사용하며 본인이 직접 준 변화이므로 주어 I 사용
중요도	★★★★★

6 Talk about the place you lived in and the surrounding area when you were a child. What do you remember about that place? Describe your home from your early childhood in detail.

어릴 때 살던 곳과 주변 지역에 대해 이야기해 주세요. 그 장소에 대해 무엇을 기억하나요? 어린 시절의 당신의 집을 자세히 묘사하세요.

문항 유형	어렸을 때 살았던 동네 묘사
문항 수준	Advanced
핵심 포인트	• 집 주제의 '어렸을 때 살았던 집과 지금 집 비교'와 같은 답변 준비 • 본인이 과거 살았던 집과 현재 살았던 집의 특징 및 주변 환경 비교 • 본인의 집과 동네를 묘사하기 때문에 주어 I, there 사용
중요도	★★★★★

7 Talk about a special memory you had at home with your family members. Perhaps you had guests over or had a party of some sort. Tell me about that experience in detail.

가족과 함께 집에서 가졌던 특별한 추억에 대해 이야기해 주세요. 아마도 당신은 손님들을 초대하거나 어떤 종류의 파티를 열었을 것입니다. 그 경험에 대해 자세히 말해 주세요.

문항 유형	집에서 가족들과 있었던 추억 묘사
문항 수준	Advanced
핵심 포인트	• 집에서 가족들과 생일 파티 했던 경험을 과거형 시제로 묘사 • 가족과 함께 한 일이기 때문에 주어 we 사용
중요도	★★★★★

8 There are always problems that happen in any home. Things break, projects do not go as planned, or people you live with do not cooperate. Tell me about some problems or issues that you had at your home.

어떤 집에서든 항상 일어나는 문제들이 있습니다. 물건이 깨지거나, 프로젝트가 계획대로 진행되지 않거나, 함께 사는 사람들이 협조하지 않을 수도 있습니다. 집에 있었던 문제나 이슈에 대해 말해 주세요.

문항 유형	본인 집에 생겼던 여러 문제점들 묘사
문항 수준	Advanced
핵심 포인트	• 기기 고장, 누수, 깨진 물건 등 집에서 발생할 수 있는 문제점을 현재형 시제로 나열 • 본인의 경험이므로 주어 I 사용
중요도	★★★★★

9 Pick one of those problems and explain everything that happened. When did it occur and what caused the problem? Explain in detail everything you did to resolve the situation.

그 문제들 중 하나를 골라 자세하게 설명해 주세요. 언제 발생했고 무엇이 문제의 원인이 되었나요? 문제 해결을 위해 당신이 한 모든 일을 상세히 설명해 주세요.

문항 유형	위의 문제 중 한 가지 구체적 묘사
문항 수준	Advanced
핵심 포인트	• 집에서 물건을 떨어뜨려 깨트린 경험을 과거형 시제로 묘사 • 과거에 본인에 의해 발생한 문제점에 대해 이야기하기 때문에 주어 I 사용
중요도	★★★

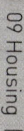

 OPIc 모범 답변 학습하기

OPIc 질문에 대한 모범답변을 살펴본 후, 질문의 핵심 포인트를 파악하여 나만의 OPIc 답변을 만들어 보세요.

1 **I want to know where you live. Can you describe your home to me?** MP3 09_Q1
What is it like? How many rooms does it have?

어디에 사는지 알고 싶습니다. 집에 대해 묘사해 줄 수 있나요? 어떻게 생겼나요? 방이 몇 개인가요?

	Structure		Idea
시작 문장	주제 문장 소개		I live in an apartment with my wife and children.
본문	현재 살고 있는 집에 있는 방들과 그 안의 가구 및 가전기기 나열		living room, kitchen, bedrooms, bathrooms, balconies, in the living room, furniture, home appliances, in the kitchen, sink, dining table, cabinets
마무리 문장	나의 답변 마무리		So, this is what my place is like.

Model Answer MP3 09_A1

I ❶ live in an apartment with my wife and children.

+ with my husband + with my parents + with my brother/sister

❷ There is a living room and a kitchen.

There are three bedrooms, two bathrooms and two balconies.

❸ In the living room, there are ❹ some furniture and home appliances.

❺ First, there is a sofa, a tea table, a cabinet and a mirror.

Also, ❻ there is a TV, an air conditioner and an air purifier.

In the kitchen, there is a sink, a dining table and some cabinets.

Plus, there is a fridge, a microwave and a gas stove.

Also, there is a water cooler, a rice cooker, a toaster and a coffee machine.

Next, there are pots, pans, dishes, and cooking utensils.

❼ So, this is what my place is like.

Tips for Better Answer

❶ = reside in: ~에 거주하다
   Ex: I reside in a small town.
        나는 작은 동네에 살고 있다.

❷ 〈there is a + 단수 명사〉, 〈there are + 복수 명사〉
   집에 있는 방과 그 안에 있는 가구를 나열할 때는 there is, there are로 시작하기

❸ 관사 the 사용
   living room이 이미 앞에 한 번 언급되었기 때문에 a가 아닌 the로 바꾸기

❹ furniture는 불가산 명사
   가구를 세고 싶을 때는 a piece of 또는 a type of를 사용

❺ 접속사
   = first, plus, next, also
   새로운 정보를 제공할 때 문장을 접속사로 시작하기
   Ex: Also, there is a study.
        또한 서재가 있다.

❻ 답변 양 확보를 위해 다양한 종류의 가구와 가전제품 나열하기
   이때 집에 한 개씩 있는 가구와 가전제품의 경우 관사 a 붙여서 말하기

❼ 특정한 장소를 묘사한 후 마무리 문장으로 유용한 문법 술집, 음식점의 주제에서도 활용 가능하기 때문에
   ★암기 필수!

데이터로 트렌드로 쉽게 취득하는 OPIc IM

200

- **bedroom** 침실
- **living room** 거실
- **kitchen** 주방
- **bathroom** 화장실
- **balcony** 발코니
- **furniture** 가구
- **home appliances** 가전제품
- **tea table** 소파 앞 작은 테이블 (차 테이블)
- **cabinet** 수납장
- **mirror** 거울

- **AC** 에어컨 (air-conditioner)
- **air-purifier** 공기청정기
- **sink** 싱크대
- **dining table** 식탁
- **fridge** 냉장고 (refrigerator)
- **microwave** 전자레인지
- **gas stove** 가스레인지
- **water cooler** 정수기
- **rice cooker** 밥솥

저는 아내와 아이들과 함께 아파트에 살고 있습니다. (+ 남편과 + 부모님과 + 형제/자매와) 저희 집에는 거실과 주방이 있습니다. 침실 3개, 화장실 2개, 발코니 2개가 있습니다. 거실에는 가구와 가전제품이 있습니다. 먼저 소파, 차 테이블, 수납장, 거울이 있습니다. 또한 TV, 에어컨, 공기청정기도 있습니다. 주방에는 싱크대, 식탁, 그리고 수납장이 있습니다. 냉장고, 전자레인지, 가스레인지도 있습니다. 또한, 정수기, 밥솥, 토스터, 커피 머신이 있습니다. 그리고 냄비, 프라이팬, 접시, 요리도구가 있습니다. 저의 집은 이렇게 생겼습니다.

주어진 한국어 핵심 문장을 읽고 빈칸에 들어갈 영어 표현을 작성하세요. 그 후, 문장을 반복해 말하는 연습을 통해 OPIc 핵심 패턴과 모범 답변을 익혀 보세요.

1. 저는 아내와 아이들과 함께 아파트에 살고 있습니다.

I _____ _____ _____ _____ with _____ _____ and _____.

2. 침실 3개, 화장실 2개, 발코니 2개가 있습니다.

_____ _____ three _____, two _____ and two _____.

3. 주방에는 싱크대, 식탁, 찬장이 있습니다. 냉장고, 전자레인지, 가스레인지도 있습니다.

In the _____, there is _____ _____, a _____ _____ and some _____. Plus, there is a _____, a _____ and a _____ _____.

4. 저의 집은 이렇게 생겼습니다.

So, this is _____ _____ _____ is _____.

Answer
1. live in an apartment / my wife / children
2. There are / bedrooms / bathrooms / balconies
3. kitchen / a sink / dining table / cabinets / fridge / microwave / gas stove
4. what my place / like.

OPIc Magic Pattern 활용하기

학습한 Magic Pattern을 다른 주제에서도 활용해 보세요.

1. <u>There are</u> three bedrooms, two bathrooms and two balconies.
- <u>There are</u> many beautiful places to visit in Korea.
  Domestic Trips에 활용 한국에는 방문할 수 있는 아름다운 곳이 많이 있습니다.
- <u>There are</u> many amazing places to visit in the world.
  Overseas Trips에 활용 세상에는 방문할 수 있는 멋진 곳이 많이 있습니다.

2. <u>So, this is what my</u> place <u>is like</u>.
- <u>So, this is what my</u> favorite restaurant <u>is like</u>.
  Restaurants에 활용 그래서 제가 제일 좋아하는 음식점은 이렇게 생겼습니다.
- <u>So, this is what my</u> favorite hotel <u>is like</u>.
  Hotels에 활용 그래서 제가 제일 좋아하는 호텔은 이렇게 생겼습니다.

OPIc 질문에 대한 모범답변을 살펴본 후, 질문의 핵심 포인트를 파악하여 나만의 OPIc 답변을 만들어 보세요.

2 I want to know where you live. Talk about the different rooms in your home. Tell me about your favorite room. What does it look like?

당신이 어디에 사는지 알고 싶습니다. 집에 있는 각각의 방들에 대해 말해 주세요. 가장 좋아하는 방에 대해 말해 주세요. 어떻게 생겼나요?

	Structure	Idea
시작 문장	주제 문장 소개	My favorite room at home is my bedroom.
본문	가장 좋아하는 방으로 침실을 선택한 후 그 안의 가구와 본인이 그곳에서 하는 일 묘사	kick back and relax, bedroom, desk, chair, computer, dressing table, do almost everything, surf the internet, listen to music, get some sleep, watch TV, movies
마무리 문장	나의 답변 마무리	Once again, my favorite room at home is my bedroom.

Model Answer   MP3 09_A2

❶ My favorite room at home is my bedroom. That's because I can ❷ kick back and relax in my room.

In my bedroom, ❸ I have a desk, a chair, a computer and a dressing table.

Plus, I have a bookshelf, a bed, a nightstand, a dresser and a closet.

I can do ❹ almost everything in my room.

I can surf the internet, listen to music or get some sleep.

Also, I can watch TV, ❺ read books or watch movies.

❻ Once again, my favorite room at home is my bedroom.

Tips for Better Answer

➤❶ 〈one of 소유격 대명사 + 복수 명사 + 단수 동사〉로 대체 가능
Ex: One of my favorite rooms is my bedroom.
내가 가장 좋아하는 방들 중 하나는 나의 침실이다.

➤❷ 긴장을 풀고 누워서 느긋하게 쉬다
= relax, rest, get some rest
* take a rest는 broken English이기 때문에 사용하지 않기!
Ex: I like to rest in my bedroom.
내 침실에서 쉬는 것을 좋아한다.

➤❸ 방에 하나씩 있는 가구를 나열할 때는 단수 명사 사용하며 앞에 관사 a 추가하기

➤❹ '거의'라는 의미의 부사
= nearly
= I can do nearly everything in my room.
내 방에서 거의 모든 것을 할 수 있다.

➤❺ 취미 생활에 대해 이야기할 때는 한 권 이상의 책을 읽고 한 편 이상의 영화를 보기 때문에 복수형 명사 사용
Ex: I read a book. (X)
I read books. (O)

➤❻ 문장을 마무리 할 때 유용한 표현
= so, anyway

- **desk** 책상
- **chair** 의자
- **dressing table** 화장대
- **bookshelf** 책꽂이
- **nightstand** 침실용 탁자
- **dresser** 옷 수납장

- **closet** 붙박이장
- **kick back** 긴장을 풀고 쉬다
- **relax** 쉬다
- **surf the internet** 인터넷을 검색하다
- **get some sleep** 잠을 자다

제가 집에서 가장 좋아하는 방은 제 침실입니다. 제 방은 긴장을 풀고 휴식을 취하기에 가장 좋은 곳이기 때문입니다. 제 침실에는 책상, 의자, 컴퓨터 그리고 화장대가 있습니다. 책꽂이, 침대, 침실용 탁자, 옷장, 붙박이장도 가지고 있습니다. 제 방에서 거의 모든 것을 다 할 수 있습니다. 저는 인터넷 서핑을 하거나 음악을 듣거나 잠을 잘 수 있습니다. 또한 TV를 보거나, 책을 읽거나, 영화를 볼 수 있습니다. 다시 한번 말하자면, 제가 가장 좋아하는 방은 제 침실입니다.

주어진 한국어 핵심 문장을 읽고 빈칸에 들어갈 영어 표현을 작성하세요. 그 후, 문장을 반복해 말하는 연습을 통해 OPIc 핵심 패턴과 모범 답변을 익혀 보세요.

1. 제 방은 긴장을 풀고 휴식을 취하기에 가장 좋은 곳이기 때문입니다.

That's _____ I can _____ _____ and _____ in my room.

2. 제 침실에는 책상, 의자, 컴퓨터 그리고 화장대가 있습니다.

In _____ _____, I _____ a _____, a _____, a _____ and a _____ _____.

3. 저는 인터넷 서핑을 하거나 음악을 듣거나 잠을 잘 수 있습니다.

I can _____ _____ _____, _____ to music or _____ _____ _____.

4. 다시 한번 말하자면, 제가 가장 좋아하는 방은 제 침실입니다.

_____ _____, my _____ _____ at home is my _____.

> **Answer**
> 1. because / kick back / relax
> 2. my bedroom / have / desk / chair / computer / dressing table
> 3. surf the internet, listen / get some sleep
> 4. Once again / favorite room / bedroom

학습한 Magic Pattern을 다른 주제에서도 활용해 보세요.

1. <u>My favorite</u> room at home is my bedroom.
  - <u>My favorite</u> café is Starbucks.
    Coffee Shops에 활용 제가 제일 좋아하는 카페는 스타벅스입니다.
  - <u>My favorite</u> vacation place in Korea is Jeju Island.
    Domestic Trips에 활용 제가 제일 좋아하는 국내 여행지는 제주도입니다.

2. <u>That's because I can kick back and relax</u> in my room.
  - <u>That's because I can kick back and relax</u> during the holiday.
    Holidays에 활용 휴일에는 제가 긴장을 풀고 쉴 수 있기 때문입니다.
  - <u>That's because I can kick back and relax</u> at a nice hotel.
    Hotels에 활용 멋진 호텔에서 제가 긴장을 풀고 쉴 수 있기 때문입니다.

3. I <u>can surf the internet, listen to music</u> or get some sleep.
  - I <u>can surf the internet, listen to music</u> using my smartphone.
    Phones에 활용 제 스마트폰으로 인터넷을 검색하고 음악을 들을 수 있습니다.
  - I <u>can surf the internet, listen to music</u> in my free time.
    Free Time에 활용 제 자유시간에 인터넷을 검색하고 음악을 들을 수 있습니다.

OPIc 질문에 대한 모범답변을 살펴본 후, 질문의 핵심 포인트를 파악하여 나만의 OPIc 답변을 만들어 보세요.

3 **What is your normal routine at home? Do you do housework every day?** 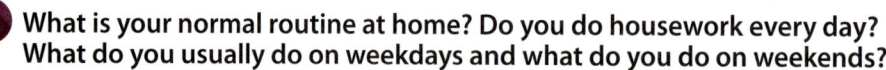 MP3 09_Q3
What do you usually do on weekdays and what do you do on weekends?
집에서 보통 하는 일상이 무엇인가요? 매일 집안일을 하나요? 평일에는 주로 무엇을 하고 주말에는 무엇을 하나요?

	Structure	Idea
시작 문장	주제 문장 소개	I try to clean my apartment whenever I can.
본문	집에서 하는 다양한 종류의 집안일 묘사	vacuum, mop the floors, dust, clean the bathroom, do the dishes, take out the garbage, do the laundry, wash my clothes, on the rack, fold the clothes, put, dressers
마무리 문장	나의 답변 마무리	So, this is the housework I do at home.

Model Answer 🎧 MP3 09_A3

I ❶ try to clean my apartment ❷ whenever I can.

First, I ❸ vacuum and mop the floors and dust the furniture.

Plus, I clean the bathroom and ❹ do the dishes.

Also, I ❺ take out the garbage.

❻ On weekends, I do the laundry.

First, I put my laundry in the washer and wash my clothes.

After that, I hang the laundry on the rack.

When they dry, I fold the clothes and put them in the dresser.

So, this is the ❼ housework I do at home.

Tips for Better Answer

❶ 〈try to 동사원형〉: (동사)하기 위해 노력하다
항상 하는 일이 아닌 지키기 위해 노력하는 일이므로 try 사용
Ex: I try to keep my house clean.
내 집을 깨끗하게 유지하려고 노력한다.

❷ 복합관계부사 〈whenever + 주어 + 동사〉
(주어)가 (동사)할 때는 언제든지
Ex: I do housework whenever I want to.
내가 원할 때 언제든지 집안일을 한다.

❸ 집안일 묘사를 위해 알아야 하는 표현
집안일 관련 동사를 많이 사용할수록 등급 업!

❹ = wash the dishes

❺ 재활용 주제에서 유용하게 쓰이는 문장이므로
★암기 필수!
= take the trash out

❻ 매 주말마다 하는 일임을 나타내기 위해 weekend가 아닌 복수 명사 weekends 사용
Ex: I clean the house on Mondays.
나는 월요일마다 집을 치운다.

❼ = house chores

Key Expressions

- **clean** 치우다
- **vacuum** 청소기 돌리다
- **mop the floors** 걸레질 하다
- **dust the furniture** 가구의 먼지를 털다
- **clean the bathroom** 화장실 청소하다
- **do the dishes** 설거지하다
- **take out the garbage** 쓰레기를 버리다

- **do the laundry** 빨래를 하다
- **put the laundry in the washer** 세탁기에 빨래를 넣다
- **wash clothes** 옷을 세탁하다
- **hang the laundry** 널어서 말리다
- **rack** 건조대
- **fold the clothes** 옷을 개다
- **dressers** 옷 서랍장

저는 틈만 나면 저의 집을 청소하려고 합니다. 먼저 진공청소기를 돌리고 바닥을 닦고 가구의 먼지를 털어냅니다. 그리고 저는 화장실을 청소하고 설거지를 합니다. 또한, 저는 쓰레기를 버립니다. 주말에는 빨래를 합니다. 먼저 세탁기에 빨래를 넣고 옷을 빱니다. 그 후, 빨래 선반에 빨래를 넙니다. 마르면 저는 옷을 접어서 옷장에 넣습니다. 이것들은 제가 집에서 하는 집안일 입니다.

OPIc Pattern 익히기

주어진 한국어 핵심 문장을 읽고 빈칸에 들어갈 영어 표현을 작성하세요. 그 후, 문장을 반복해 말하는 연습을 통해 OPIc 핵심 패턴과 모범 답변을 익혀 보세요.

1. 저는 틈만 나면 저의 집을 청소하려고 합니다.

I _____ _____ _____ my apartment _____ _____ _____.

2. 먼저 진공청소기를 돌리고 바닥을 닦고 가구의 먼지를 털어냅니다.

First, I _____ and _____ _____ _____ and _____ the _____.

3. 그리고 저는 화장실을 청소하고 설거지를 합니다.

Plus, I _____ the _____ and _____ the _____.

4. 먼저 세탁기에 빨래를 던져 넣고 옷을 빱니다.

First, I _____ my _____ in the _____ and _____ my clothes.

Answer
1. try to clean / whenever I can
2. vacuum / mop the floors/ dust / furniture
3. clean / bathroom / do / dishes
4. put / laundry / washer / wash

OPIc Magic Pattern 활용하기

학습한 Magic Pattern을 다른 주제에서도 활용해 보세요.

1. I try to clean my apartment whenever I can.

- I try to exercise whenever I can.

  Health에 활용   저는 할 수 있을 때마다 운동을 하려고 노력합니다.

- I try to eat healthy food whenever I can.

  Food에 활용   저는 할 수 있을 때마다 건강하게 먹으려고 노력합니다.

2. On weekends, I do the laundry.

- On weekends, I go to a small café near my house to enjoy coffee.

  Coffee Shops에 활용   주말마다 집 근처에 있는 카페에 가서 커피를 즐깁니다.

- On weekends, I go to a park to take walks.

  Parks에 활용   주말마다 집 근처에 있는 작은 공원에 갑니다.

3. So, this is the housework I do at home.

- So, this is the type of movies I like.

  Movies에 활용   그래서 이것은 제가 좋아하는 영화의 종류입니다.

- So, this is the type of music I like.

  Music에 활용   그래서 이것은 제가 좋아하는 음악의 종류입니다.

09 Housing |

207

OPIc 질문에 대한 모범답변을 살펴본 후, 질문의 핵심 포인트를 파악하여 나만의 OPIc 답변을 만들어 보세요.

4-1 Describe the home you lived in as a child.
How was it different from the home you live in now?   🎧 MP3 09_Q4-1

어렸을 때 살았던 집을 묘사하세요. 지금 살고 있는 집과 어떻게 달랐나요?

4-2 Talk about the place you lived in and the surrounding area when you were a child.   🎧 MP3 09_Q4-2
What do you remember about that place? Describe your home from your early childhood in detail.

어릴 때 살던 곳과 주변 지역에 대해 이야기해 주세요. 그 장소에 대해 무엇을 기억하나요? 어린 시절의 당신의 집을 자세히 묘사하세요.

Structure		Idea
시작 문장	주제 문장 소개	I remember living in a small apartment when I was a kid.
본문	과거에 살았던 집과 주변 환경 묘사 후 현재 사는 집과 주변 환경 묘사	playground, play there all the time with my friends, but now, spacious apartment, take walks, exercise, post office, police station, bakery, subway station, gym, convenience store, bookstore
마무리 문장	나의 답변 마무리	So, this is what my neighborhood is like.

Model Answer   🎧 MP3 09_A4

❶ I remember living in a small apartment
❷ when I was a kid.
There was a playground ❸ nearby.
I ❹ used to play there all the time with my friends.
❺ But now, I live in a more ❻ spacious apartment.
There is a small park nearby.
I can take walks or get some exercise there.
❼ Also, there are some restaurants, coffee shops and supermarkets.
Plus, there is a post office, a police station, a fire station, a bank and a bakery.
Also, there is a subway station, a bus stop, a gym and a library.
Next, there is a convenience store, dry cleaner's and a bookstore.
So, this is what my neighborhood is like.

Tips for Better Answer

* '어렸을 때 살았던 동네 묘사'와 함께 답변 대비

▶❶ 〈주어 + remember + 명사/동명사〉
(주어)는 (명사/동명사) 했던 것을 기억하다
Ex: I remember living in the countryside.
나는 시골에 살았던 것이 기억에 난다.

❷ 어렸을 때 살았던 집이라는 것을 표현하기 위해 필요한 시간 표현
= when I was young, when I was a child

▶❸ 정확히 어디 근처였는지 언급하고 싶을 때 near을 사용
near my house: 우리 집 근처
near my office: 사무실 근처

▶❹ 〈used to + 동사원형〉
과거에 반복하던 습관 또는 행동을 묘사할 때 가장 유용한 동사
Ex: I used to play with my friends every day.
나는 매일 친구들과 놀곤 했었다.

▶❺ 현재 살고 있는 집을 묘사하기 위해 필수로 나와야 하는 표현으로 but now 이후부터는 현재형 사용
Ex: But now, I live in a house with a garden.
하지만 지금은 정원이 있는 집에 산다.

▶❻ 장소 묘사에 유용하게 쓰이는 형용사로 ★암기 필수!

▶❼ 답변 양 확보를 위해 동네에 있는 다양한 시설 나열
동네에 한 개씩 있는 시설이면 단수 명사 사용,
여러 개 있으면 복수 명사 사용

데이티어 트렌드로 쉽게 취득하는 OPIc IM

- **playground** 놀이터
- **all the time** 항상
- **spacious** 넓은

- **apartment** 아파트
- **take walks** 산책하다

어렸을 때 살던 작은 아파트가 기억이 납니다. 아파트 근처에 놀이터가 있었습니다. 저는 그곳에서 항상 친구들과 놀곤 했습니다. 하지만 지금은 좀 더 넓은 아파트에 살고 있습니다. 동네에 작은 공원이 있습니다. 저는 그곳에서 산책이나 운동을 할 수 있습니다. 또한 레스토랑, 커피숍, 슈퍼마켓이 있습니다. 우체국, 경찰서, 소방서, 은행, 제과점도 있습니다. 또한 지하철역, 버스정류장, 체육관, 도서관도 있습니다. 그리고 편의점, 세탁소, 서점이 있습니다. 우리 동네는 이렇게 생겼습니다.

주어진 한국어 핵심 문장을 읽고 빈칸에 들어갈 영어 표현을 작성하세요. 그 후, 문장을 반복해 말하는 연습을 통해 OPIc 핵심 패턴과 모범 답변을 익혀 보세요.

1. 어렸을 때 살던 작은 아파트가 기억이 납니다.

   I _____ _____ _____ a small _____ when I was _____ _____.

2. 하지만 지금은 좀 더 넓은 아파트에 살고 있습니다.

   But now, I live in a _____ _____ _____.

3. 저는 그곳에서 산책이나 운동을 할 수 있습니다.

   I can _____ _____ or _____ _____ _____ there.

4. 또한 지하철역, 버스정류장, 체육관, 도서관도 있습니다. 그리고 편의점, 세탁소, 서점이 있습니다.

   Also, there is a _____ _____, a _____ _____, a _____ and a library.
   Next, there is a _____ _____, _____ _____ and a bookstore.

Answer
1. remember living in / apartment / a kid
2. more spacious apartment
3. take walks / get some exercise
4. subway station / bus stop / gym / convenience store, dry cleaner's

---

OPIc Magic Pattern 활용하기

학습한 Magic Pattern을 다른 주제에서도 활용해 보세요.

1. I remember living in a small apartment when I was a kid.
   - I remember visiting Jeju Island with my family when I was a kid.
     Domestic Trips에 활용 어렸을 때 가족과 제주도에 방문한 기억이 납니다.
   - I remember going to the beach with my family when I was a kid.
     Beaches에 활용 어렸을 때 가족과 해변에 간 기억이 납니다.

2. There was a playground nearby.
   - There was a beautiful café nearby.
     Coffee Shops에 활용 근처에 아름다운 커피숍이 있었습니다.
   - There was a fancy restaurant nearby.
     Restaurants에 활용 근처에 화사한 음식점이 있었습니다.

3. I used to play there all the time with my friends.
   - I used to drink there with my friends.
     Bars에 활용 그곳에서 친구들과 술을 마시고는 했습니다.
   - I used to play sports there with my friends.
     Parks에 활용 그곳에서 친구들과 운동을 하고는 했습니다.

OPIc 질문에 대한 모범답변을 살펴본 후, 질문의 핵심 포인트를 파악하여 나만의 OPIc 답변을 만들어 보세요.

5 Talk about a special memory you had at home with your family members. 🎧 MP3 09_Q5
Perhaps you had guests over or had a party of some sort.
Tell me about that experience in detail.

가족과 함께 집에서 가졌던 특별한 추억에 대해 이야기해 주세요. 아마도 당신은 손님들을 초대하거나 어떤 종류의 파티를 열었을
것입니다. 그 경험에 대해 자세히 말해 주세요.

	Structure	Idea
시작 문장	주제 문장 소개	I remember having my son's birthday party at home.
본문	집에 가족들을 초대해서 파티했던 경험 묘사	7th birthday, cooked some food for the party, ordered, tasted good, after the party, clean up
마무리 문장	나의 답변 마무리	Looking back, it was a very memorable birthday.

Model Answer 🎧 MP3 09_A5

I remember having my son's birthday party ❶ at home.

It was his 7th birthday.

+ dad's + mom's + daughter's + sister's + brother's + wife's + husband's + father-in-law's + mother-in-law's

We ❷ cooked some food for the party.

Plus, we ❸ ordered some fried chicken.

+ some pizza + some Chinese food + some raw fish

The food tasted ❹ good because I was so hungry.

After the party, I helped clean up.

❺ Looking back, it was a very memorable birthday.

Tips for Better Answer

❶ home 앞에 전치사 at이 나올 경우 소유격 대명사 my가 쓰이지 않음
Ex: I had a party at home. (O)
I had a party in my home. (O)
I had a party at house (X)
I had a party in my house. (O)
나는 집에서 파티를 했다.

❷ = prepared
Ex: We prepared some food.
우리가 음식을 준비했다.

❸ = order in
Ex: We ordered in some pizza.
우리가 피자를 배달 주문했다.

❹ good 앞에 쓰일 수 있는 부사
so, extra, super, extremely
Ex: The food tasted super good because I was hungry.
너무 배가 고팠기 때문에 음식이 정말 맛있었다.

❺ 즐거웠던 경험을 이야기한 후 사용하는 마무리 문장
★암기 필수!

Key Expressions

- **remember** 기억하다
- **cook** 요리하다
- **taste** 맛이 ~하다
- **hungry** 배고픈
- **clean up** 치우다
- **memorable** 기억에 남는

집에서 아들의 생일 파티를 했던 기억이 납니다. 그의 7번째 생일이었습니다. (+ 아버지의 + 어머니의 + 딸의 + 자매의 + 형제의 + 아내의 + 남편의 + 장인어른/시아버지의 + 장모님/시어머니의) 우리는 파티를 위해 음식을 요리했습니다. 게다가, 우리는 후라이드 치킨도 배달시켰습니다. (+ 피자 + 중국음식 + 회) 배가 고파서 음식이 더 맛있었습니다. 저는 파티가 끝나고 정리를 도왔습니다. 돌이켜 보면, 아주 기억에 남는 생일이었습니다.

주어진 한국어 핵심 문장을 읽고 빈칸에 들어갈 영어 표현을 작성하세요. 그 후, 문장을 반복해 말하는 연습을 통해 OPIc 핵심 패턴과 모범 답변을 익혀 보세요.

1. 집에서 아들의 생일 파티를 했던 기억이 납니다.

I _____ _____ my son's _____ _____ at home.

2. 우리는 파티를 위해 음식을 요리했습니다. 게다가, 우리는 후라이드 치킨도 배달시켰습니다.

We _____ _____ _____ for _____ _____. Plus, we _____ some fried chicken.

3. 배가 고파서 음식이 더 맛있었습니다.

The food _____ _____ because I _____ _____ _____.

4. 돌이켜 보면, 아주 기억에 남는 생일이었습니다.

_____ _____, it was a very _____ _____.

> **Answer**
> 1. remember having / birthday party
> 2. cooked some food / the party / ordered
> 3. tasted good / was so hungry
> 4. Looking back / memorable birthday

학습한 Magic Pattern을 다른 주제에서도 활용해 보세요.

1. <u>We cooked some food</u> for the party.
  - <u>We cooked some food</u> during the last holiday.
    Holidays에 활용 우리는 최근 휴일 때 요리를 조금 했습니다.
  - <u>We cooked some food</u> to have a housewarming party.
    Gatherings에 활용 우리는 집들이 파티를 하기 위해 요리를 조금 했습니다.

2. <u>The food tasted good because I was so hungry.</u>
  - I went to a famous restaurant. <u>The food tasted good because I was so hungry.</u>
    Restaurants에 활용 저는 유명한 음식점에 갔습니다. 배가 고파서 음식이 맛있었습니다.
  - I went out to eat in my free time. <u>The food tasted good because I was so hungry.</u>
    Free Time에 활용 저는 자유시간에 외식을 했습니다. 배가 고파서 음식이 맛있었습니다.

OPIc 질문에 대한 모범답변을 살펴본 후, 질문의 핵심 포인트를 파악하여 나만의 OPIc 답변을 만들어 보세요.

6 Sometimes we want to change something in our home. Perhaps we get new furniture or do some painting or decorating. Talk about one change that you have made to your home. Tell me why you decided to make that change. 🎧 MP3 09_Q6

우리는 가끔 집에서 무언가를 바꾸고 싶어합니다. 새로운 가구를 사거나, 그림이나 장식을 하고 싶어하기도 합니다. 집에 준 한 가지 변화에 대해 말해 주세요. 왜 그런 변화를 주기로 결심했는지 말해 주세요.

	Structure	Idea
시작 문장	주제 문장 소개	I remember redoing the living room at my place.
본문	집을 수리하고 가구 새로 산 경험에 대해 이야기	done, looked brand new, very happy with, getting some new furniture, got a new, rearranged the furniture
마무리 문장	나의 답변 마무리	So, these are the changes I remember.

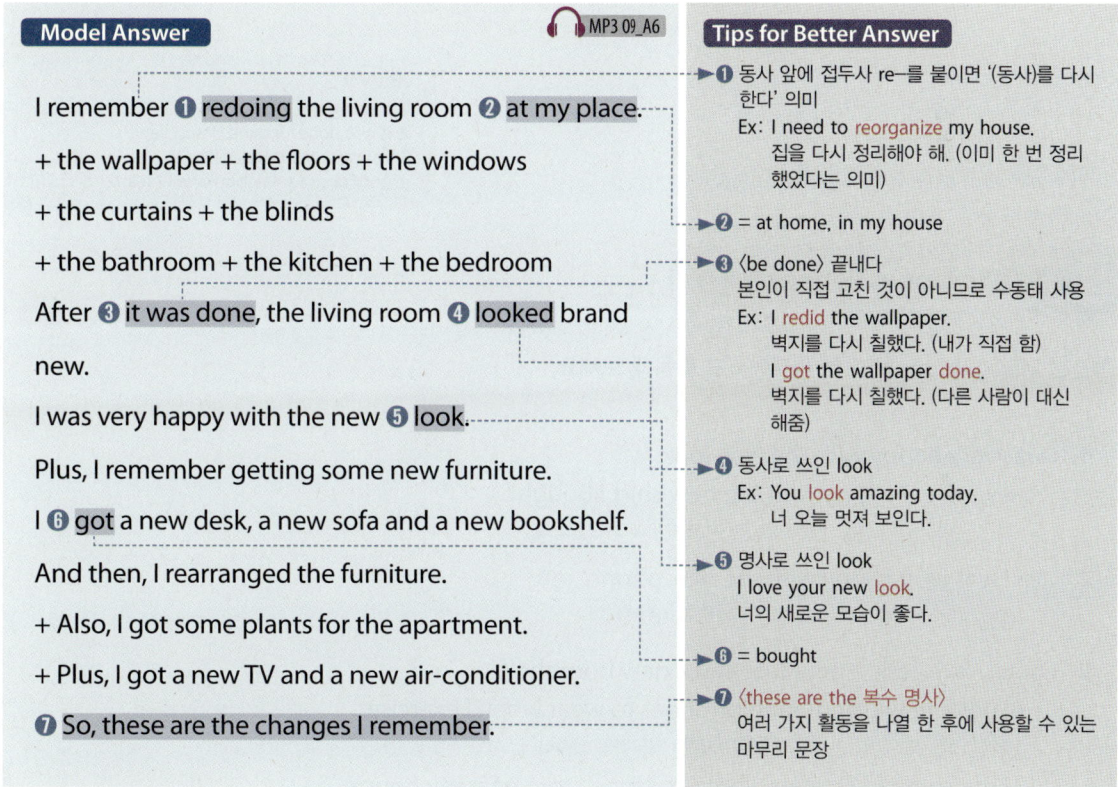

Model Answer 🎧 MP3 09_A6

I remember ❶ redoing the living room ❷ at my place.

+ the wallpaper + the floors + the windows

+ the curtains + the blinds

+ the bathroom + the kitchen + the bedroom

After ❸ it was done, the living room ❹ looked brand new.

I was very happy with the new ❺ look.

Plus, I remember getting some new furniture.

I ❻ got a new desk, a new sofa and a new bookshelf.

And then, I rearranged the furniture.

+ Also, I got some plants for the apartment.

+ Plus, I got a new TV and a new air-conditioner.

❼ So, these are the changes I remember.

Tips for Better Answer

❶ 동사 앞에 접두사 re—를 붙이면 '(동사)를 다시 한다' 의미
Ex: I need to reorganize my house.
집을 다시 정리해야 해. (이미 한 번 정리 했었다는 의미)

❷ = at home, in my house

❸ 〈be done〉 끝내다
본인이 직접 고친 것이 아니므로 수동태 사용
Ex: I redid the wallpaper.
벽지를 다시 칠했다. (내가 직접 함)
I got the wallpaper done.
벽지를 다시 칠했다. (다른 사람이 대신 해줌)

❹ 동사로 쓰인 look
Ex: You look amazing today.
너 오늘 멋져 보인다.

❺ 명사로 쓰인 look
I love your new look.
너의 새로운 모습이 좋다.

❻ = bought

❼ 〈these are the 복수 명사〉
여러 가지 활동을 나열 한 후에 사용할 수 있는 마무리 문장

Key Expressions

- **redo** 다시 하다, 개조하다
- **brand new** 완전 새것
- **furniture** 가구
- **rearrange** 재배치하다

집의 거실을 개조한 것이 기억에 납니다. (+ 벽지 + 바닥 + 창문 + 커튼 + 블라인드 + 화장실 + 주방 + 침실) 그 일이 끝난 후, 거실은 완전히 새 곳처럼 보였습니다. 저는 새로운 모습에 매우 기뻤습니다. 또한 저는 새 가구를 샀던 것을 기억합니다. 책상, 쇼파, 책장을 새로 샀습니다. 그리고 나서 가구를 재배치했습니다. (+ 또한, 아파트에 놓을 식물을 샀습니다. + 또한, TV와 에어컨을 새로 샀습니다.) 이것들이 제가 기억하는 변화입니다.

 **OPIc Pattern 익히기**

주어진 한국어 핵심 문장을 읽고 빈칸에 들어갈 영어 표현을 작성하세요. 그 후, 문장을 반복해 말하는 연습을 통해 OPIc 핵심 패턴과 모범 답변을 익혀 보세요.

1. 저의 집의 거실을 개조한 것이 기억에 납니다.

I remember _____ _____ _____ _____ at my _____.

2. 그 일이 끝난 후, 거실은 완전히 새 곳처럼 보였습니다.

After _____ _____ _____, the living room _____ _____ _____.

3. 저는 새로운 모습에 매우 기뻤습니다.

I was very _____ _____ the _____ _____.

4. 책상, 쇼파, 책장을 새로 샀습니다. 그리고 나서 가구를 재배치했습니다.

I _____ a new _____, a new _____ and a new _____.
And then, I _____ the _____.

Answer
1. redoing the living room / place
2. it was done / looked brand new
3. happy with / new look
4. got / desk / sofa / bookshelf / rearranged / furniture

 OPIc Magic Pattern 활용하기

학습한 Magic Pattern을 다른 주제에서도 활용해 보세요.

1. <u>I was very happy with</u> the new look.
- <u>I was very happy with</u> the new shirt I bought.
  Shopping에 활용 저는 새로 산 셔츠 때문에 기뻤습니다.
- <u>I was very happy with</u> the new phone.
  Phones에 활용 저는 새 휴대폰 때문에 기뻤습니다.

2. <u>I got</u> a new desk, a new sofa and a new bookshelf.
- <u>I got</u> a new pair of running shoes to wear when I exercise.
  Walking에 활용 운동할 때 신을 새로운 러닝화를 샀습니다.
- <u>I got</u> some fresh ingredients at a food store near my house.
  Food에 활용 집 근처 식료품점에서 신선한 재료를 조금 샀습니다.

3. <u>So, these are the</u> changes I remember.
- <u>So, these are the</u> things I do in my free time.
  Free time에 활용 그래서 이것이 저의 자유시간에 하는 일입니다.
- <u>So, these are the</u> things I do when I make an appointment.
  Appointment에 활용 그래서 이것이 제가 예약을 할 때 하는 일입니다.

데이터와 트렌드로 쉽게 취득하는 OPIc IM

OPIc 질문에 대한 모범답변을 살펴본 후, 질문의 핵심 포인트를 파악하여 나만의 OPIc 답변을 만들어 보세요.

7 There are always problems that happen in any home.
Things break, projects do not go as planned, or people you live with do not cooperate.
Tell me about some problems or issues you had at your home.   🎧 MP3 09_Q7

어떤 집에서든 항상 일어나는 문제들이 있습니다. 물건이 깨지거나, 프로젝트가 계획대로 진행되지 않거나, 함께 사는 사람들이 협조하지 않을 수도 있습니다. 집에 있었던 문제나 이슈에 대해 말해 주세요.

	Structure		Idea
시작 문장	주제 문장 소개		I remember when the TV broke down a few years ago.
본문	집에 있는 기기 고장 경험과 누수에 대해 이야기		called a person, fix, did not work, replace the batteries, water leaked, water cooler, wipe off, breaking a cup, mistake
마무리 문장	나의 답변 마무리		So, these were the problems I had at home.

Model Answer   🎧 MP3 09_A7

❶ I remember when the TV broke down a few years ago.

I could NOT watch TV because ❷ it was NOT working.

I called ❸ a person to fix the problem.

Plus, I remember when the clock did NOT work well.

+ the remote control + the door lock

I ❹ had to replace the batteries for the clock.

Also, I remember when water leaked from the water cooler.

I had to wipe off the water from the floor.

Plus, I remember breaking a cup ❺ by mistake.

So, these were the problems I had at home.

Tips for Better Answer

▶❶ 〈remember when 주어 + 동사〉
(주어)가 (동사)한 때를 기억하다
Ex: I remember when the air-conditioner broke down. (에어컨 고장)

▶❷ 물건에 문제가 발생했을 때 쓰는 표현
did not function: 기능을 제대로 하지 않았다
broke down: 고장 났다
did not work properly: 제대로 작동하지 않았다
Ex: The TV broke down.
TV가 고장 났다.
The refrigerator did not work properly.
냉장고가 제대로 작동하지 않았다.

▶❸ = a repair person

▶❹ 〈have to 동사〉 (동사)를 해야만 했다
하기 싫었는데 어쩔 수 없이 해야 한다는 느낌을 내포함
Ex: I bought a new car.
차를 새로 샀다. (원했는지 원하지 않았는지 알 수 없음)
I had to buy a new car.
새로 차를 사야만 했다. (어쩔 수 없이 사야 했음)

▶❺ = accidently, by accident

Key Expressions

- **break down** 고장 나다
- **fix** 고치다
- **do not work** 작동하지 않는다
- **replace** 교체하다

- **leak** 새다, 흐르다
- **water cooler** 정수기
- **wipe off** 닦다
- **by mistake** 실수로

저는 몇 년 전에 TV가 고장 났을 때가 기억납니다. 작동하지 않아서 TV를 볼 수 없었습니다. 그 문제를 해결하기 위해 사람을 불렀습니다. 또한, 시계가 잘 작동하지 않았을 때를 기억합니다. (+ 리모콘 + 문 자물쇠) 시계 배터리를 교체해야 했습니다. 또한, 정수기에서 물이 새어 나왔을 때가 기억납니다. 바닥의 물을 닦아내야 했습니다. 게다가 실수로 컵을 깨뜨린 적도 있습니다. 이런 것들이 제가 기억하는 집에서 발생한 문제들입니다.

OPIc Pattern 익히기

주어진 한국어 핵심 문장을 읽고 빈칸에 들어갈 영어 표현을 작성하세요. 그 후, 문장을 반복해 말하는 연습을 통해 OPIc 핵심 패턴과 모범 답변을 익혀 보세요.

1. 저는 몇 년 전에 TV가 고장 났을 때가 기억납니다. 작동하지 않아서 TV를 볼 수 없었습니다.

I remember _____ the TV _____ _____ a few years ago. I _____ _____ _____ TV because it was _____ _____.

2. 그 문제를 해결하기 위해 사람을 불렀습니다.

I _____ a person _____ _____ _____ _____.

3. 또한, 정수기에서 물이 새어 나왔을 때가 기억납니다.

Also, I remember when _____ _____ _____ the _____ _____.

4. 이런 것들이 제가 기억하는 집에서 발생한 문제들입니다.

So, _____ _____ the problems I _____ _____ _____.

> **Answer**
> 1. when / broke down / could NOT watch / NOT working
> 2. called / to fix the problem
> 3. water leaked from / water cooler
> 4. these were / had at home

OPIc Magic Pattern 활용하기

학습한 Magic Pattern을 다른 주제에서도 활용해 보세요.

1. <u>I remember when</u> the TV broke down a few years ago.
  - <u>I remember when</u> I bought a new smartphone which was very expensive.
    Phones에 활용 제가 매우 비싼 휴대폰을 새로 샀을 때가 기억납니다.

  - <u>I remember when</u> I bumped into my friend at a park while jogging.
    Parks에 활용 제가 공원에서 조깅 중에 친구를 우연히 마주쳤던 때가 기억납니다.

2. <u>I had to</u> replace the batteries for the clock.
  - <u>I had to</u> make another appointment.
    Appointment에 활용 저는 또 다른 예약을 해야 했습니다.

  - <u>I had to</u> get a physical check-up for my health.
    Health에 활용 저는 건강을 위해 건강검진을 받아야 했습니다.

OPIc 질문에 대한 모범답변을 살펴본 후, 질문의 핵심 포인트를 파악하여 나만의 OPIc 답변을 만들어 보세요.

8 **Pick one of those problems and explain everything that happened.**
When did it occur and what caused the problem?
Explain in detail everything you did to resolve the situation.  MP3 09_Q8

그 문제들 중 하나를 골라 자세하게 설명해 주세요. 언제 발생했고 무엇이 문제의 원인이 되었나요?
문제 해결을 위해 당신이 한 모든 일을 상세히 설명해 주세요.

Structure		Idea
시작 문장	주제 문장 소개	As I mentioned, I remember breaking a cup at home.
본문	접시를 깨트려서 치우려다 다친 경험 묘사	dropped, by accident, slippery, lost my grip, broke into, clean, picked up, vacuumed up, tried to be careful, cut my finger, bleeding, sore
마무리 문장	나의 답변 마무리	Since then, I try to be more careful.

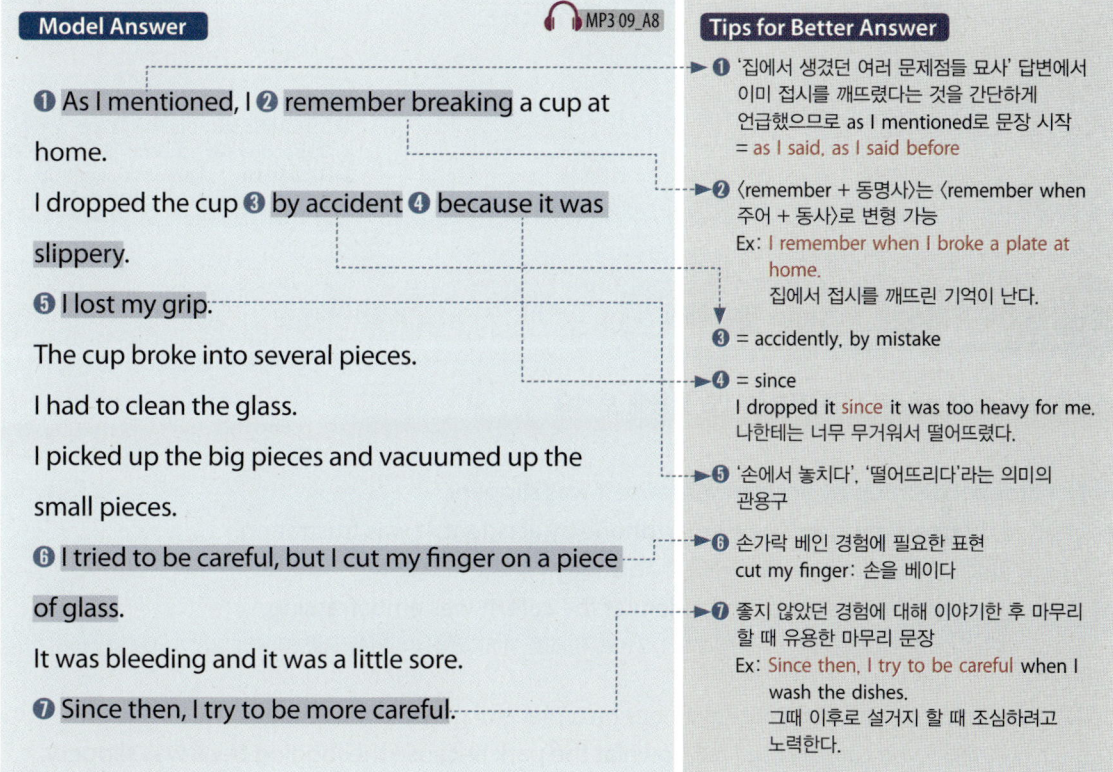

Model Answer MP3 09_A8

❶ As I mentioned, I ❷ remember breaking a cup at home.
I dropped the cup ❸ by accident ❹ because it was slippery.
❺ I lost my grip.
The cup broke into several pieces.
I had to clean the glass.
I picked up the big pieces and vacuumed up the small pieces.
❻ I tried to be careful, but I cut my finger on a piece of glass.
It was bleeding and it was a little sore.
❼ Since then, I try to be more careful.

Tips for Better Answer

❶ '집에서 생겼던 여러 문제점들 묘사' 답변에서 이미 접시를 깨트렸다는 것을 간단하게 언급했으므로 as I mentioned로 문장 시작
= as I said, as I said before

❷ 〈remember + 동명사〉는 〈remember when 주어 + 동사〉로 변형 가능
Ex: I remember when I broke a plate at home.
집에서 접시를 깨뜨린 기억이 난다.

❸ = accidently, by mistake

❹ = since
I dropped it since it was too heavy for me.
나한테는 너무 무거워서 떨어뜨렸다.

❺ '손에서 놓치다', '떨어뜨리다'라는 의미의 관용구

❻ 손가락 베인 경험에 필요한 표현
cut my finger: 손을 베이다

❼ 좋지 않았던 경험에 대해 이야기한 후 마무리 할 때 유용한 마무리 문장
Ex: Since then, I try to be careful when I wash the dishes.
그때 이후로 설거지 할 때 조심하려고 노력한다.

Key Expressions

- **break** 깨뜨리다
- **drop** 떨어뜨리다
- **by accident** 실수로
- **slippery** 미끄러운
- **lose grip** 손에서 놓치다
- **vacuum** 청소기 돌리다
- **cut hand** 손을 베이다
- **bleeding** 피가 나는
- **sore** 따가운, 아픈

제가 말했듯이, 집에서 컵을 깨뜨린 기억이 납니다. 컵이 미끄러워서 실수로 떨어뜨렸습니다. 손에서 놓쳤습니다. 컵이 여러 조각으로 깨졌습니다. 유리를 치워야 했습니다. 큰 조각들은 주웠고 작은 조각들은 진공청소기로 청소했습니다. 조심하려고 했지만 유리 조각에 손가락을 베였습니다. 피가 났고 약간 아팠습니다. 그 이후로, 저는 좀 더 조심하려고 노력합니다.

OPIc Pattern 익히기

주어진 한국어 핵심 문장을 읽고 빈칸에 들어갈 영어 표현을 작성하세요. 그 후, 문장을 반복해 말하는 연습을 통해 OPIc 핵심 패턴과 모범 답변을 익혀 보세요.

1. 제가 말했듯이, 집에서 컵을 깨뜨린 기억이 납니다.

As _____ _____, I remember _____ _____ _____ at home.

2. 컵이 미끄러워서 실수로 떨어뜨렸습니다. 손에서 놓쳤습니다.

I _____ the cup _____ _____ because it was _____. I _____ my _____.

3. 큰 조각들은 주웠고 작은 조각들은 진공청소기로 청소했습니다.

I _____ _____ the big _____ and _____ _____ the small _____.

4. 조심하려고 했지만 유리 조각에 손가락을 베였습니다.

I tried _____ _____ _____, but I _____ my finger on a _____ _____ _____.

Answer
1. I mentioned / breaking a cup
2. dropped / by accident / slippery / lost / grip
3. picked up / pieces / vacuumed up / pieces
4. to be careful / cut / piece of glass

OPIc Magic Pattern 활용하기

학습한 Magic Pattern을 다른 주제에서도 활용해 보세요.

1. I dropped the cup by accident because it was slippery.
- I dropped my brand new smartphone by accident. It was frustrating.
  Phones에 활용 저는 실수로 신제품인 휴대폰을 떨어뜨렸습니다. 짜증났습니다.
- I dropped a glass cup by accident at the café. It was embarrassing.
  Coffee Shops에 활용 저는 커피숍에서 실수로 유리잔을 떨어뜨렸습니다. 당황스러웠습니다.

2. I tried to be careful, but I cut my finger on a piece of glass.
- I tried to be careful, but I fell down at the park because the jogging track was slippery.
  Parks에 활용 조심하려고 했지만 조깅 트랙이 미끄러워서 공원에서 넘어졌습니다.
- I tried to be careful, but I twisted my ankle while walking.
  Walking에 활용 조심하려고 했지만 걷는 도중에 발목을 삐고 말았습니다.

3. Since then, I try to be more careful.
- Since then, I try to exercise regularly.
  Health에 활용 그때 이후로 저는 정기적으로 운동하려고 합니다.
- Since then, I try to eat healthy food.
  Food에 활용 그때 이후로 저는 건강하게 먹으려고 노력합니다.

데이터와 트렌드로 쉽게 취득하는 OPIc IM

Chapter 10

Furniture / Recycling

빈출 주제 파악하기

질문을 제대로 파악하는 것만으로도 성공적으로 시험을 치를 수 있습니다. OPIc에서 자주 출제되는 질문들을 알아보세요.

Furniture

1 Tell me about the furniture you have in your home. Is there a piece of furniture that is your favorite?

집에 있는 가구들에 대해 말해 주세요. 가장 좋아하는 가구가 있나요?

문항 유형	본인 집에 있는 가구, 가장 좋아하는 가구 묘사
문항 수준	Intermediate
핵심 포인트	• 집 주제의 '본인 집에 가장 좋아하는 방 묘사'의 표현 및 단어 활용
	• 현재 사용하는 가구의 종류를 현재형 시제 사용하여 나열
	• 본인의 집에 있는 가구이기 때문에 주어는 I 또는 room 사용
중요도	★

2 **Tell me about how you use your furniture on a typical day. What kinds of things do you do with your furniture?**

일상생활에서 가구를 어떻게 사용하는지 알려 주세요. 당신의 가구로 어떤 종류의 일을 하나요?

문항 유형	특정 가구들의 용도 묘사
문항 수준	Intermediate
핵심 포인트	• 평소 자주 사용하는 소파와 침대에 대해 현재형 시제로 묘사
	• 주어 I를 사용하여 그 가구로 본인이 주로 하는 일 나열
중요도	★

3 **Tell me about the furniture that you had at home when you were a child. How was it different from the furniture that you use today?**

어렸을 때 집에 가지고 있던 가구들에 대해 말해 주세요. 오늘날 사용하는 가구와 다른 점은 없었나요?

문항 유형	어렸을 때 쓰던 가구 지금 쓰는 가구 비교
문항 수준	Advanced
핵심 포인트	• 어렸을 때 사용했던 가구는 과거형 시제, 현재 사용하는 가구는 현재형 시제로 묘사
	• 본인이 사용한 가구에 대한 이야기이기 때문에 가구의 종류와 I를 주어로 사용
중요도	★

Recycling

4 **Recycling is a common practice in many places. Tell me about all the different kinds of items that you recycle.**

재활용은 흔한 습관입니다. 재활용하는 모든 종류의 물건들에 대해 말해 주세요.

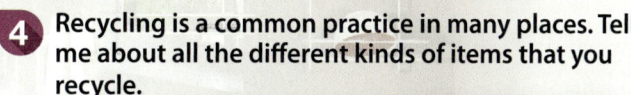

문항 유형	본인이 재활용하는 물건들 묘사
문항 수준	Intermediate
핵심 포인트	• 재활용 방법을 현재형 시제로 묘사
	• 본인이 재활용 하는 방법이기 때문에 주어 I, recycling 사용
중요도	★★

5 Tell me what recycling was like when you were a child. Was there a particular place to which you took out the recyclables? Describe what it was like and what you did in detail.

어렸을 때 재활용이 어땠는지 말해 주세요. 재활용품을 두는 특별한 장소가 있었나요? 어땠는지, 무엇을 했는지 자세히 설명해 주세요.

문항 유형	어렸을 때 했던 재활용 방법 묘사
문항 수준	Advanced
핵심 포인트	• 과거의 재활용 방법을 묘사할 때 과거형 시제 사용, 현재의 재활용 방법은 현재형 시제로 묘사
	• 나의 어렸을 때 재활용 방법을 묘사해야 하므로 주어는 recycling, I를 상황에 맞게 사용
중요도	★★★★

6 Problems sometimes occur while recycling. Perhaps, the pick-up service did not come as planned. Or, the items were too big for the containers. Tell me about a memorable experience you have had related to recycling.

재활용하는 동안 문제가 발생하는 경우가 있습니다. 아마도 수거가 계획대로 되지 않았을 것입니다. 아니면, 수거함에 비해 물건이 너무 컸을 수도 있습니다. 재활용과 관련하여 기억에 남는 것에 대해 말해 주세요.

문항 유형	재활용 관련된 예기치 않았던 에피소드 설명
문항 수준	Advanced
핵심 포인트	• 재활용 하던 중에 발생한 경험이기 때문에 주어는 I 위주로 사용
	• 과거의 사건을 묘사하기 때문에 과거형 시제 사용
중요도	★★★★

OPIc 질문에 대한 모범답변을 살펴본 후, 질문의 핵심 포인트를 파악하여 나만의 OPIc 답변을 만들어 보세요.

1 **Tell me about the furniture you have in your home.**
Is there a piece of furniture that is your favorite?

🎧 MP3 10_Q1

집에 있는 가구들에 대해 말해 주세요. 가장 좋아하는 가구가 있나요?

Structure		Idea
시작 문장	주제 문장 소개	There are various types of furniture in my apartment.
본문	집에 있는 가구의 종류 나열하기	living room, sofa, tea table, bedroom, bed, desk, nightstand, bookshelf, closet, favorite furniture, love to sleep, comfy, cozy
마무리 문장	나의 답변 마무리	So, these are the types of furniture I have at home.

Model Answer
🎧 MP3 10_A1

❶ There are ❷ various types of furniture in my apartment.

In the living room, ❸ there is a sofa, a tea table and a cabinet.

In my bedroom, I have a bed, a desk, a chair, a dresser and a nightstand.

❹ Plus, I have a bookshelf, a dressing table and a closet.

❺ My favorite furniture is my bed because I love to sleep.

It is a very ❻ comfy and cozy bed.

So, these are the types of furniture I have at home.

Tips for Better Answer

* 집 주제의 '본인 집에 가장 좋아하는 방 묘사'에 나온 어휘와 표현 그대로 활용

▶❶ 〈there are + 복수 명사〉: (명사)가 있다
다양한 물건을 나열할 때 시작 문장으로 추천 문법

▶❷ furniture은 불가산 명사이기 때문에 앞에 types of 또는 pieces of 사용
various 대신 a lot of, tons of, many 사용 가능
Ex: There are so many pieces of furniture in my house.
우리 집에는 가구가 매우 많이 있다.

▶❸ 답변 양 확보를 위해 각 방에 있는 가구 하나씩 나열
집에 하나씩 있는 가구는 단수 명사 사용
Ex: There is a king-sized bed and a dressing table in my bedroom.
내 방엔 킹사이즈 침대와 화장대가 있다.

▶❹ 여러 가지 정보를 나열 할 때는 접속사 사용하기
= next, also, besides, in addition

▶❺ 특정 공간을 좋아하는 이유를 말할 때는 because, since, as 사용
because I can relax there all by myself
혼자서 온전히 쉴 수 있기 때문에
since I like watching TV there
그곳에서 TV 보는 것을 좋아하기 때문에

▶❻ 가구뿐 아니라 장소의 분위기 묘사에 유용한 형용사
Ex: The café has comfy and cozy atmosphere.
그 카페의 분위기는 편안하고 안락하다.

Key Expressions

- **various** 다양한
- **cabinet** 수납장
- **desk** 책상
- **chair** 의자
- **nightstand** 침실용 탁자
- **bookshelf** 책꽂이
- **dressing table** 화장대
- **closet** 옷장
- **favorite** 가장 좋아하는
- **comfy** 편안한
- **cozy** 안락한

제 아파트에는 다양한 종류의 가구가 있습니다. 거실에는 소파, 차 테이블, 수납장이 있습니다. 침실에는 침대, 책상, 의자, 옷장 그리고 침실용 탁자가 있습니다. 책꽂이와 화장대, 그리고 옷장이 있습니다. 잠 자는 것을 좋아하기 때문에 제가 가장 좋아하는 가구는 침대입니다. 그것은 매우 편안하고 아늑합니다. 즉 이것이 저의 집에 있는 가구입니다.

주어진 한국어 핵심 문장을 읽고 빈칸에 들어갈 영어 표현을 작성하세요. 그 후, 문장을 반복해 말하는 연습을 통해 OPIc 핵심 패턴과 모범 답변을 익혀 보세요.

1. 제 아파트에는 다양한 종류의 가구가 있습니다.

There are _____ _____ _____ _____ in my apartment.

2. 침실에는 침대, 책상, 의자, 옷장 그리고 침실용 탁자가 있습니다.

In my _____, I have a _____, a _____, a _____, a _____ and a _____.

3. 잠 자는 것을 좋아하기 때문에 제가 가장 좋아하는 가구는 침대입니다.

My _____ _____ is my bed because I _____ _____ _____.

4. 그것은 매우 편안하고 아늑합니다.

It is a _____ _____ and _____ bed.

> **Answer**
> 1. various types of furniture
> 2. bedroom / bed / desk / chair / dresser / nightstand
> 3. favorite furniture / love to sleep
> 4. very comfy / cozy

학습한 Magic Pattern을 다른 주제에서도 활용해 보세요.

1. <u>There are various</u> types of furniture in my apartment.

- <u>There are various</u> things people can do at shopping centers.
  Shopping에 활용 쇼핑센터에서 사람들이 할 수 있는 다양한 것이 있습니다.

- <u>There are various</u> things people enjoy doing in their free time.
  Free Time에 활용 자유시간에 사람들이 즐길 수 있는 다양한 것이 있습니다.

2. My favorite furniture is my bed <u>because I love to sleep</u>.

- During the vacation, I stay at home <u>because I love to sleep</u>.
  Vacations at Home에 활용 저는 잠자는 것을 좋아하기 때문에 휴가 때 집에 있습니다.

- On holidays, I do not go anywhere <u>because I love to sleep</u> and do nothing.
  Holidays에 활용 저는 잠자고 아무것도 안 하는 것을 좋아하기 때문에 명절 때 다른 곳을 가지 않습니다.

3. It is a very <u>comfy and cozy</u> bed.

- The café has very <u>comfy and cozy</u> atmosphere.
  Coffee Shops에 활용 그 카페의 분위기는 편안하고 안락합니다.

- The restaurant has very <u>comfy and cozy</u> atmosphere.
  Restaurants에 활용 그 음식점의 분위기는 편안하고 안락합니다.

네이티어 트렌드로 쉽게 취득하는 OPIc IM

OPIc 모범 답변 학습하기

OPIc 질문에 대한 모범답변을 살펴본 후, 질문의 핵심 포인트를 파악하여 나만의 OPIc 답변을 만들어 보세요.

2 Tell me about how you use your furniture on a typical day. What kinds of things do you do with your furniture?  MP3 10_Q2

일상생활에서 가구를 어떻게 사용하는지 알려 주세요. 당신의 가구로 어떤 종류의 일을 하나요?

Structure		Idea
시작 문장	주제 문장 소개	I use the sofa in the living room almost every day.
본문	거실에서 사용하는 소파와 방의 침대에 대해 설명	sit on it, TV, lie down on it, take a nap, use my bed, every single day, good night's sleep, important
마무리 문장	나의 답변 마무리	I make my bed when I get up in the morning.

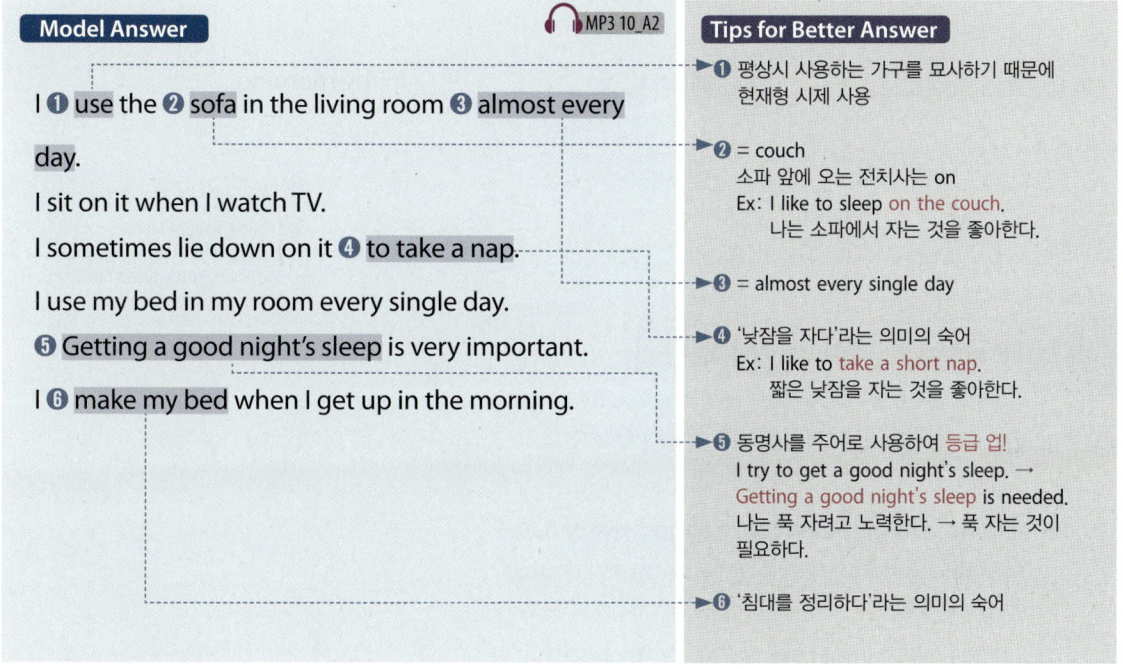

Model Answer MP3 10_A2

I ❶ use the ❷ sofa in the living room ❸ almost every day.

I sit on it when I watch TV.

I sometimes lie down on it ❹ to take a nap.

I use my bed in my room every single day.

❺ Getting a good night's sleep is very important.

I ❻ make my bed when I get up in the morning.

Tips for Better Answer

❶ 평상시 사용하는 가구를 묘사하기 때문에 현재형 시제 사용

❷ = couch
소파 앞에 오는 전치사는 on
Ex: I like to sleep on the couch.
나는 소파에서 자는 것을 좋아한다.

❸ = almost every single day

❹ '낮잠을 자다'라는 의미의 숙어
Ex: I like to take a short nap.
짧은 낮잠을 자는 것을 좋아한다.

❺ 동명사를 주어로 사용하여 등급 업!
I try to get a good night's sleep. →
Getting a good night's sleep is needed.
나는 푹 자려고 노력한다. → 푹 자는 것이 필요하다.

❻ '침대를 정리하다'라는 의미의 숙어

Key Expressions

• **sit on** ~에 앉다
• **lie down on** ~에 눕다
• **take a nap** 낮잠 자다
• **get a good night's sleep** 잠을 푹 자다

거실에 있는 쇼파를 거의 매일 사용합니다. TV를 볼 때 그 위에 앉습니다. 가끔 누워서 낮잠을 잡니다. 매일 방에 있는 침대를 사용합니다. 잠을 푹 자는 것은 매우 중요합니다. 아침에 일어나면 매일 침대를 정돈합니다.

주어진 한국어 핵심 문장을 읽고 빈칸에 들어갈 영어 표현을 작성하세요. 그 후, 문장을 반복해 말하는 연습을 통해 OPIc 핵심 패턴과 모범 답변을 익혀 보세요.

1. 거실에 있는 소파를 거의 매일 사용합니다.

I _____ _____ _____ in the _____ _____ almost every day.

2. 저는 TV를 볼 때 그 위에 앉습니다. 가끔 누워서 낮잠을 잡니다.

I _____ _____ _____ when I watch TV. I sometimes _____ _____ _____ it to

_____ _____ _____ .

3. 잠을 푹 자는 것은 매우 중요합니다.

Getting a _____ _____ _____ is very _____ .

4. 아침에 일어나면 매일 침대를 정돈합니다.

I _____ _____ _____ when I _____ _____ in the morning.

Answer
1. use the sofa / living room
2. sit on it / lie down on / take a nap
3. good night's sleep / important
4. make my bed / get up

학습한 Magic Pattern을 다른 주제에서도 활용해 보세요.

1. I use the sofa in the living room <u>almost every day</u>.
- I go to a park near my place <u>almost every day</u>.
Parks에 활용 저는 거의 매일 집 근처에 있는 공원에 갑니다.

- I take walks <u>almost every day</u> for my health.
Health에 활용 저는 건강을 위해 거의 매일 산책을 합니다.

2. I <u>sometimes</u> lie down on it <u>to take a nap</u>.
- I <u>sometimes</u> stay at home in my free time <u>to take a nap</u>.
Free Time에 활용 저는 자유시간에 가끔 집에 남아서 낮잠을 잡니다.

-During the vacation, I <u>sometimes</u> stay at home <u>to take a nap</u>.
Vacations at home에 활용 저는 휴가를 보낼 때 가끔 집에 남아서 낮잠을 잡니다.

3. Getting a good night's sleep <u>is very important</u>.
- Exercising regularly <u>is very important</u> to maintain my health.
Health에 활용 건강을 유지하려면 정기적으로 운동하는 것이 매우 중요합니다.

- Getting a regular physical check-up at the hospital <u>is very important</u>.
Appointment에 활용 병원에서 정기적으로 건강검진을 받는 것은 매우 중요합니다.

OPIc 질문에 대한 모범답변을 살펴본 후, 질문의 핵심 포인트를 파악하여 나만의 OPIc 답변을 만들어 보세요.

3 **Tell me about the furniture that you had at home when you were a child. How was it different from the furniture that you use today?** 🎧 MP3 10_Q3

어렸을 때 집에 가지고 있던 가구들에 대해 말해 주세요. 오늘날 사용하는 가구와 다른 점은 없었나요?

Structure		Idea
시작 문장	주제 문장 소개	When I was a kid, the furniture I had was a lot smaller.
본문	어렸을 때 사용했던 침대와 책장을 현재 사용하는 가구와 비교	bed, a single bed, children, a queen-sized bed, adults, color of the furniture, brighter, for example, bookshelf, light brown, dark brown
마무리 문장	나의 답변 마무리	So, the size and color of the furniture are the biggest differences.

Model Answer 🎧 MP3 10_A3

❶ When I was a kid, ❷ the furniture I had was ❸ a lot smaller.

For example, my bed was a single bed for children.

The bed I use now is a queen-sized bed for adults.

Next, the color of the furniture ❹ used to be brighter.

For example, my bookshelf was light brown when I was a kid.

The bookshelf I use now is dark brown.

❺ So, the size and color of the furniture are the biggest differences.

Tips for Better Answer

▶❶ 어렸을 때의 경험을 이야기하기 위해 반드시 나와야 하는 시간 표현
= when I was a child, when I was young

▶❷ 〈the furniture (which/that) I had〉 관계대명사 생략
Ex: The bed (which/that) I had was uncomfortable.
내가 가진 침대는 불편했다.

▶❸ 현재의 가구와 비교하기 위해 비교급 smaller 사용
a lot은 smaller를 꾸미는 부사의 역할
= much more
Ex: The bed I had was a lot more comfortable.
내 침대는 훨씬 더 편안했다.

▶❹ 〈used to be 형용사〉
과거에는 (형용사)였지만 더 이상은 아니다
Ex: My bed used to be uncomfortable.
내 침대는 불편했었다. (지금은 아니다.)

▶❺ 〈A and B are the biggest differences〉
'A와 B가 가장 큰 차이점이다'라는 의미로 차이점을 설명한 후 마무리 문장으로 추천!

* 추천 마무리 문장
So, there are many differences between the two.
그 둘 사이에 많은 차이점이 있었다.
So, there have been many changes.
많은 변화가 있었다.

Key Expressions

• **smaller** 더 작은
• **single bed** 싱글 사이즈 침대
• **queen-sized bed** 퀸 사이즈 침대
• **brighter** 더 밝은

• **light brown** 연한 갈색
• **dark brown** 진한 갈색
• **biggest difference** 가장 큰 차이점

제가 어렸을 때, 제가 가지고 있던 가구는 훨씬 작았습니다. 예를 들어, 제 침대는 아이용 싱글 침대였습니다. 제가 지금 사용하는 것은 성인용 퀸사이즈 침대입니다. 또한, 가구의 색은 더 밝았습니다. 예를 들어, 어렸을 때 제 책꽂이는 연한 갈색이었습니다. 제가 지금 사용하는 것은 짙은 갈색입니다. 그래서 가구 크기와 색깔이 가장 큰 차이점들입니다.

OPIc Pattern 익히기

주어진 한국어 핵심 문장을 읽고 빈칸에 들어갈 영어 표현을 작성하세요. 그 후, 문장을 반복해 말하는 연습을 통해 OPIc 핵심 패턴과 모범 답변을 익혀 보세요.

1. 제가 어렸을 때, 제가 가지고 있던 가구는 훨씬 작았습니다.

When I was _____ _____, the _____ _____ _____ was a lot _____.

2. 제가 지금 사용하는 것은 성인용 퀸사이즈 침대입니다.

The _____ _____ _____ now is a _____ _____ for _____.

3. 또한, 가구의 색은 더 밝았습니다.

Next, the _____ of the _____ _____ _____ be _____.

4. 그래서 가구 크기와 색깔이 가장 큰 차이점입니다.

So, the _____ and _____ of the _____ are the _____ _____.

> **Answer**
> 1. a kid / furniture I had / smaller
> 2. bed I use / queen-sized bed / adults
> 3. color / furniture used to / brighter
> 4. size / color / furniture / biggest differences

OPIc Magic Pattern 활용하기

학습한 Magic Pattern을 다른 주제에서도 활용해 보세요.

> **1.** <u>When I was a kid</u>, the furniture I had was a lot smaller.
> - <u>When I was a kid</u>, people did not travel that much.
>   Domestic Trips에 활용 제가 어렸을 때 사람들은 그렇게 많이 여행을 하지 않았습니다.
> - <u>When I was a kid</u>, people did not eat healthy food.
>   Food에 활용 제가 어렸을 때 사람들은 건강한 음식을 먹지 않았습니다.
>
> **2.** Next, the color of the furniture <u>used to be</u> brighter.
> - Movie theaters <u>used to be</u> smaller.
>   Movies에 활용 예전에는 극장이 더 작았습니다.
> - Trains <u>used to be</u> slow and dirty.
>   Transportation에 활용 예전에는 기차가 느리고 더러웠습니다.
>
> **3.** So, the size and color of the furniture <u>are the biggest differences</u>.
> - So, the prices and atmospheres of the restaurants <u>are the biggest differences</u>.
>   Restaurants에 활용 그래서 그 음식점들의 가격과 분위기가 가장 큰 차이점입니다.
> - So, the size and parking of the parks <u>are the biggest differences</u>.
>   Parks에 활용 그래서 그 공원들의 크기와 주차가 가장 큰 차이점입니다.

데이터와 트렌드로 쉽게 취득하는 OPIc IM

OPIc 질문에 대한 모범답변을 살펴본 후, 질문의 핵심 포인트를 파악하여 나만의 OPIc 답변을 만들어 보세요.

4 **Recycling is a common practice in many places.**
Tell me about all the different kinds of items that you recycle.
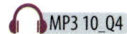
재활용은 흔한 습관입니다. 당신이 재활용하는 모든 종류의 물건들에 대해 말해 주세요.

Structure		Idea
시작 문장	주제 문장 소개	I gather the recyclables at home separately.
본문	재활용 하는 방법 묘사	put, bottles, plastics, paper, glass, in the recycling basket, take them out, on average, on my way out
마무리 문장	나의 답변 마무리	It helps us reuse our resources.

Model Answer 🎧 MP3 10_A4

I **❶** gather the recyclables at home separately.

I **❷** put cans, bottles, plastics, paper and glass

in the recycling basket.

I **❸** take them out once a week on average.

I often do that **❹** on my way out.

Recycling is **❺** good for the environment.

It helps us reuse our resources.

Tips for Better Answer

❶ 재활용 방법 묘사에 쓰이는 필수 표현 1
  Ex: First, I gather trash that I can recycle.
     내가 재활용할 수 있는 쓰레기를 모은다.
  = recyclable products: 재활용품
  일회용품은 the disposables 또는 disposable products

❷ 답변 양 확보를 위해 재활용 가능한 소재 또는 물품 나열하기

❸ 재활용 방법 묘사에 쓰이는 필수 표현 2
  Ex: Then, I take the trash out to the recycling area.
     재활용하는 공간으로 쓰레기를 가지고 나간다.

❹ 나가는 길에
  정확한 목적지를 말하고 싶을 때는 to 추가
  Ex: I take out the trash on my way out to work.
     나는 회사 가는 길에 쓰레기를 버린다.

❺ good 대신 사용할 수 있는 형용사
  beneficial: 혜택을 주는
  helpful: 도움이 되는

Key Expressions

- **gather** 모으다
- **separately** 따로
- **put** 넣다
- **bottles** 유리병
- **plastics** 플라스틱
- **recycling basket** 재활용 바구니

- **on average** 평균적으로
- **on my way out** 나가는 길에
- **environment** 환경
- **reuse** 재사용하다
- **resources** 자원

저는 재활용품들은 집에서 따로 모읍니다. 재활용 바구니에 캔, 병, 플라스틱, 종이, 유리를 넣었습니다. 평균적으로 일주일에 한 번은 가지고 나가 버립니다. 보통 나가는 길에 버립니다. 재활용은 환경에 좋습니다. 자원을 재사용하도록 돕습니다.

OPIc Pattern 익히기

주어진 한국어 핵심 문장을 읽고 빈칸에 들어갈 영어 표현을 작성하세요. 그 후, 문장을 반복해 말하는 연습을 통해 OPIc 핵심 패턴과 모범 답변을 익혀 보세요.

1. 저는 집에서 재활용품들을 따로 모읍니다.

I _____ the _____ at home _____.

2. 재활용 바구니에 캔, 병, 플라스틱, 종이, 유리를 넣었습니다.

I _____ cans, _____, _____, paper and glass in the _____ _____.

3. 일주일에 한 번은 가지고 나가 버립니다.

I _____ _____ _____ once a week _____ _____.

4. 재활용은 환경에 좋습니다. 자원을 재사용하도록 돕습니다.

_____ is _____ _____ the _____. It helps us _____ our _____.

Answer
1. gather / recyclables / separately
2. put / bottles, plastics / recycling basket
3. take them out / on average.
4. Recycling / good for / environment / reuse / resources

OPIc Magic Pattern 활용하기

학습한 Magic Pattern을 다른 주제에서도 활용해 보세요.

1. I take them out <u>once a week on average</u>.
- I go to a nice restaurant <u>once a week on average</u>.
  Restaurants에 활용　저는 평균적으로 일주일에 한 번 좋은 식당에 갑니다.
- I go to a nice bar <u>once a week on average</u>.
  Bars에 활용　저는 평균적으로 일주일에 한 번 좋은 술집에 갑니다.

2. <u>I often do that</u> on my way out.
- I like listen to speedy music. <u>I often do that</u> when I feel tired.
  Music에 활용　저는 빠른 음악 듣는 것을 좋아합니다. 피곤할 때 자주 그렇게 합니다.
- I like watching action movies. <u>I often do that</u> when I feel bored.
  Movies에 활용　저는 액션 영화 보는 것을 좋아합니다. 지겨울 때 자주 그렇게 합니다.

3. Recycling is <u>good for</u> the environment.
- Exercising is <u>good for</u> everyone's health.
  Health에 활용　운동은 모두의 건강에 좋습니다.
- Eating organic food is <u>good for</u> everyone's health.
  Food에 활용　유기농 음식을 먹는 것은 모두의 건강에 좋습니다.

OPIc 질문에 대한 모범답변을 살펴본 후, 질문의 핵심 포인트를 파악하여 나만의 OPIc 답변을 만들어 보세요.

5 Tell me what recycling was like when you were a child.  MP3 10_Q5
Was there a particular place to which you took out the recyclables?
Describe what it was like and what you did in detail.

어렸을 때 재활용이 어땠는지 말해 주세요. 재활용품을 두는 특별한 장소가 있었나요? 어땠는지, 무엇을 했는지 자세히 설명해 주세요.

	Structure	Idea
시작 문장	주제 문장 소개	When I was a kid, people did NOT recycle at their homes.
본문	재활용이 의무가 아니었던 과거와 잘 실행되고 있는 현재 비교	instead, used to be recycling days, take scrap paper, but these days, recycling, common practice at people's homes
마무리 문장	나의 답변 마무리	It is a daily routine in people's lives.

Model Answer 🎧 MP3 10_A5

❶ When I was a kid, ❷ people did NOT recycle at their homes.

❸ Instead, there used to be recycling days at schools.

Students ❹ used to take scrap paper to school.

+ I remember doing that myself when I was a kid.

❺ But these days, recycling is a common practice at people's homes.

It is a ❻ daily routine in people's lives.

Tips for Better Answer

▶❶ 어렸을 때 재활용 관습에 대해 설명하기 위해 과거를 나타내는 표현으로 문장 시작
= when I was very young

▶❷ 과거엔 재활용을 하지 않았다고 말하며 부정문 did NOT 강조
recycling을 명사로 바꿔 활용 가능
Ex: People did NOT do any recycling at home.
사람들은 집에서 재활용을 전혀 하지 않았다.

▶❸ 〈instead of 명사/동명사〉
Ex: Instead of recycling, people used fewer disposable products.
재활용 대신에 사람들은 일회용품을 덜 사용했다.

▶❹ 〈used to 동사〉
과거에 (동사)하고는 했었다
Ex: Students used to bring plastics to school.
학생들이 학교에 플라스틱을 가져가고는 했다.

▶❺ 현재의 습관을 묘사하기 위해 쓰이는 시간 표현 이 뒤에는 현재형 시제 사용
= but now, however these days

▶❻ = 일상적인 일
Ex: Working out is my daily routine.
운동하는 것은 내 하루 일과이다.

Key Expressions

- **recycling days** 재활용 하는 날
- **used to** ~하고는 했었다
- **scrap paper** 파지, 종이
- **common** 흔한
- **practice** 관습, 실행
- **daily routine** 일상적인 일, 일과

제가 어렸을 때, 사람들은 집에서 재활용을 하지 않았습니다. 대신, 예전에는 학교에서 재활용하는 날이 있었습니다. 학생들은 그날 학교에 파지를 가지고 가곤 했습니다. (+ 어렸을 때 직접 했던 기억이 납니다.) 하지만 요즘은 집에서도 재활용이 흔하게 시행되고 있습니다. 그것은 사람들의 생활에서 일상적인 일이 되었습니다.

주어진 한국어 핵심 문장을 읽고 빈칸에 들어갈 영어 표현을 작성하세요. 그 후, 문장을 반복해 말하는 연습을 통해 OPIc 핵심 패턴과 모범 답변을 익혀 보세요.

1. 대신, 예전에는 학교에서 재활용하는 날이 있었습니다.

_____, there _____ _____ be _____ _____ at schools.

2. 학생들은 그날 학교에 파지를 가지고 가곤 했습니다.

Students used to _____ _____ _____ to school.

3. 하지만 요즘은 사람들의 집에서도 재활용이 흔하게 시행되고 있습니다.

But _____ _____, recycling is a _____ _____ at _____ _____.

4. 그것은 사람들의 생활에서 일상적인 일이 되었습니다.

It is a _____ _____ in _____ _____.

> **Answer**
> 1. Instead / used to / recycling days
> 2. take scrap paper
> 3. these days / common practice / people's homes
> 4. daily routine / people's lives

학습한 Magic Pattern을 다른 주제에서도 활용해 보세요.

1. Instead, there used to be recycling days at schools.
- Instead, there used to be less free time when I was young.
  Free Time에 활용 대신에 제가 어렸을 때는 자유시간이 적었습니다.

- Instead, there used to be fewer places to go for gatherings.
  Gatherings에 활용 대신에 모임을 위해 갈 만한 장소가 거의 없었습니다.

2. But these days, recycling is a common practice at people's homes.
- But these days, traveling overseas is a common activity.
  Overseas Trips에 활용 하지만 지금은 해외여행이 흔한 활동입니다.

- But these days, staying at home for vacations is a common activity.
  Vacations at Home에 활용 하지만 지금은 휴가 때 집에 있는 것이 흔한 활동입니다.

3. It is a daily routine in people's lives.
- Going to exotic restaurants is a daily routine in people's lives.
  Restaurants에 활용 이국적인 음식점에 가는 것은 사람들 생활에서 일상적인 일입니다.

- Having gatherings is a daily routine in people's lives.
  Gatherings에 활용 모임을 가지는 것은 사람들 생활에서 일상적인 일입니다.

데이터로 트렌드로 쉽게 취득하는 OPIc IM

OPIc 질문에 대한 모범답변을 살펴본 후, 질문의 핵심 포인트를 파악하여 나만의 OPIc 답변을 만들어 보세요.

6 Problems sometimes occur while recycling. Perhaps, the pick-up service did not come as planned. Or, the items were too big for the containers. Tell me about a memorable experience you have had related to recycling. 🎧 MP3 10_Q6

재활용하는 동안 문제가 발생하는 경우가 있습니다. 아마도 수거가 계획대로 되지 않았을 것입니다. 아니면, 수거함에 비해 물건이 너무 컸을 수도 있습니다. 재활용과 관련하여 기억에 남는 것에 대해 말해 주세요.

Structure		Idea
시작 문장	주제 문장 소개	I remember taking out the recycling recently.
본문	재활용하다가 발생한 문제점 설명	some leftover, from, leaked out, hands became sticky, dirty, smelled, wash my hands
마무리 문장	나의 답변 마무리	Since then, I try to be more careful.

Model Answer   🎧 MP3 10_A6

I remember ❶ taking out the recycling recently.

However, ❷ some leftover beer from a can leaked out.

+ some leftover milk from a carton ❸ leaked out

+ some leftover juice from a bottle leaked out

+ some leftover oil from a container leaked out

My hands became sticky and dirty.

They also smelled ❹ pretty bad.

I had to wash my hands.

❺ Since then, I try to be more careful.

Tips for Better Answer

▶❶ take out은 '가지고 나가다'라는 의미로 '버리다'의 의미가 내포되어 있지 않음
throw out, throw away : '버리다' 의미 내포
Ex: I was throwing out some trash.
　　쓰레기를 버리고 있었다.

❷ 남은 음식이라는 의미로 쓰일 때는
the leftovers (복수 명사로 사용)
leftover가 beer와 같은 다른 명사 앞에 올 때는 단수 명사로 쓰임
I got some leftovers.
음식이 조금 남았다.
I got some leftover pasta.
남은 파스타가 있다.

▶❸ '밖으로 새어 나오다'라는 의미로 전치사 from과 함께 쓰임
Ex: The milk leaked out from the carton.
　　우유가 우유갑에서 새어 나왔다.

▶❹ pretty는 bad를 꾸미는 부사의 역할로 '꽤, 상당히'라는 의미
Ex: The taste was pretty good.
　　음식 맛이 꽤 괜찮았다.

▶❺ 좋지 않은 사건을 이야기한 후에 마무리 문장으로 추천
★암기 필수!

Key Expressions

- **take out** 가지고 나가다
- **recently** 최근에
- **leftover** 남은
- **leak out** 새다, 흐르다
- **sticky** 끈적이는
- **dirty** 더러운
- **pretty** 꽤, 상당히
- **wash** 씻다

최근에 재활용품을 버렸던 기억이 납니다. 하지만 캔에 남은 맥주 일부가 새어 나왔습니다. (+ 우유갑에 남은 우유 일부가 새어 나왔습니다. + 병에 남은 쥬스가 좀 새어 나왔습니다. + 용기에 남아 있는 기름이 새어 나왔습니다.) 손이 끈적거리고 더러워졌습니다. 냄새도 꽤 나빴습니다. 손을 씻어야 했습니다. 그 이후로, 저는 좀 더 조심하려고 노력합니다.

주어진 한국어 핵심 문장을 읽고 빈칸에 들어갈 영어 표현을 작성하세요. 그 후, 문장을 반복해 말하는 연습을 통해 OPIc 핵심 패턴과 모범 답변을 익혀 보세요.

1. 하지만 캔에 남은 맥주 일부가 새어 나왔습니다.

However, some _____ beer _____ a can _____ _____.

2. 용기에 남아 있는 오일이 새어 나왔습니다.

Some _____ _____ from a container _____ _____.

3. 손이 끈적거리고 더러워졌습니다. 냄새도 꽤 나빴습니다.

My hands became _____ and _____. They also _____ _____ _____.

4. 그 이후로, 저는 좀 더 조심하려고 노력합니다.

Since then, I _____ _____ _____ more _____.

Answer
1. leftover / from / leaked out
2. leftover oil / leaked out
3. sticky / dirty / smelled pretty bad
4. try to be / careful

OPIc Magic Pattern 활용하기

학습한 Magic Pattern을 다른 주제에서도 활용해 보세요.

1. I <u>remember</u> taking out the recycling <u>recently</u>.
- I <u>remember</u> travelling with my family <u>recently</u>. It was an enjoyable trip.
  Domestic Trips에 활용 제가 최근에 가족과 여행 간 기억이 납니다. 즐거운 여행이었습니다.

- I <u>remember</u> having a birthday party with my family <u>recently</u>. We had a great time.
  Gatherings에 활용 제가 최근에 가족과 생일 파티를 한 기억이 납니다. 우리는 즐거운 시간을 보냈습니다.

2. They also smelled <u>pretty bad</u>.
- The taste of the food was <u>pretty bad</u>. It was too salty.
  Restaurants에 활용 음식 맛이 상당히 나빴습니다. 너무 짰습니다.

- The weather was <u>pretty bad</u>. It rained a lot.
  Weather에 활용 날씨가 상당히 나빴습니다. 비가 많이 왔습니다.

네이티브 트렌드로 쉽게 취득하는 OPIc IM

Chapter 11

Movies

질문을 제대로 파악하는 것만으로도 성공적으로 시험을 치를 수 있습니다. OPIc에서 자주 출제되는 질문들을 알아보세요.

1 You indicated in the survey that you like to watch movies. What kinds of movies do you like to watch? Why do you like those types of movies?

당신은 영화 보는 것을 좋아한다고 말했습니다. 어떤 종류의 영화를 보는 것을 좋아하나요? 왜 그런 종류의 영화를 좋아하나요?

문항 유형	가장 좋아하는 영화 장르와 좋아하는 이유 묘사
문항 수준	Intermediate
핵심 포인트	• 좋아하는 영화 장르를 현재형 시제 사용하여 묘사 • 본인이 평소에 좋아하는 영화를 이야기하므로 주어 I, movies 사용
중요도	★★★

2 Tell me about when you went to the movies recently. Who did you go with and how was that day? What did you do before the movie and what did you do after?

최근에 영화 보러 간 경험에 대해 말해 주세요. 누구와 함께 갔으며 그날은 어땠나요? 영화 보기 전에는 무엇을 하고 그 후에는 무엇을 했나요?

문항 유형	최근 영화관에 영화 보러 가서 한 일들 설명
문항 수준	Advanced
핵심 포인트	• 영화 보러 가기 전과 후에 한 일을 과거형 시제로 구체적으로 묘사
	• '최근 음식점에 간 경험'의 답변과 함께 활용 가능
중요도	★★★

3 What was a memorable movie that you watched in the past? What was it about? What was special about that movie?

과거에 봤던 기억에 남는 영화에 대해 알려 주세요. 그것은 무엇에 관한 것이었나요? 그 영화의 특별한 점은 무엇이었나요?

문항 유형	기억에 남는 영화 자세히 설명
문항 수준	Advanced
핵심 포인트	• 기억에 남는 영화 하나를 선택하여 제목, 주인공, 내용 설명
	• 영화에 대한 감상을 다양한 형용사와 과거형 시제를 사용하여 묘사
중요도	★★★★★

OPIc 질문에 대한 모범답변을 살펴본 후, 질문의 핵심 포인트를 파악하여 나만의 OPIc 답변을 만들어 보세요.

1 You indicated in the survey that you like to watch movies.
What kinds of movies do you like to watch? Why do you like those types of movies? ♩MP3 11_Q1

당신은 영화 보는 것을 좋아한다고 말했습니다. 어떤 종류의 영화를 보는 것을 좋아하나요? 왜 그런 종류의 영화를 좋아하나요?

	Structure	Idea
시작 문장	주제 문장 소개	I think I watch all kinds of movies.
본문	평상시 자주 보는 영화의 종류를 나열하고 이유 설명	only types of, I do not like are, enjoy watching Korean movies, a lot better, fun, entertaining, doing very well at the box office, Korean movies are released overseas
마무리 문장	나의 답변 마무리	Once again, I think I watch all kinds of movies.

Model Answer ♩MP3 11_A1

I think I watch ❶ all kinds of movies.

❷ The only types of movies I do NOT like are animations and horror movies.

+ action movies + ❸ sci-fi movies + romantic comedies + fantasy movies

Plus, I enjoy watching Korean movies.

Korean movies are ❹ a lot better than in the past.

They are fun to watch and ❺ entertaining.

They also are ❻ doing very well at the box office.

Plus, some Korean movies are released overseas.

Once again, I think I watch all kinds of movies.

Tips for Better Answer

▶❶ = every type of movies: 모든 종류의 영화를
almost all kinds of movies: 거의 대부분의 영화 종류를
nearly all kinds of movies: 거의 대부분의 영화 종류를

▶❷ 답변 양 확보를 위해 좋아하는 장르 또는 싫어하는 장르 나열
The only type of music I do NOT like is classical music.
내가 유일하게 좋아하지 않는 음악 장르는 클래식 음악이다.

▶❸ SF는 원어민이 사용하는 표현이 아니므로 sci-fi 또는 science-fiction 사용

▶❹ = much better than in the past
better 대신 더 자세한 변화를 설명하는 형용사 사용 가능
much more developed: 훨씬 더 발전된
much more organized: 훨씬 더 잘 정돈된
much more interesting: 훨씬 더 재미있는

▶❺ 영화를 묘사하는 다양한 형용사
amusing: 재미있는
surprising: 놀라운
thrilling: 매우 신나는
predictable: 예측 가능한
cliché: 상투적인
unrealistic: 비현실적인

▶❻ do well: 잘하다, 성공하다
= do a great job

Key Expressions

- **sci-fi movies** SF(공상과학) 영화
- **entertaining** 재미있는
- **do very well** 선전하다, 잘하다
- **box office** 매표소, 박스오피스
- **be released** 출시하다, 개봉하다
- **overseas** 해외에서

저는 모든 종류의 영화를 보는 것 같습니다. 유일하게 제가 좋아하지 않는 영화 종류는 애니메이션과 공포 영화입니다. (+ 액션 영화 + 공상과학 영화 + 로맨틱 코미디 + 판타지 영화) 게다가, 저는 한국 영화 보는 것을 즐깁니다. 한국 영화는 과거보다 훨씬 좋아졌습니다. 한국 영화는 재미있습니다. 또한 박스오피스에서 매우 선전하고 있습니다. 게다가, 일부 한국 영화들이 해외에서 개봉되고 있습니다. 다시 한번 말하자면, 저는 모든 종류의 영화를 다 봅니다.

네이티브 트렌드로 쉽게 취득하는 OPIc IM

OPIc Pattern 익히기

주어진 한국어 핵심 문장을 읽고 빈칸에 들어갈 영어 표현을 작성하세요. 그 후, 문장을 반복해 말하는 연습을 통해 OPIc 핵심 패턴과 모범 답변을 익혀 보세요.

1. 유일하게 제가 좋아하지 않는 영화 종류는 애니메이션과 공포 영화입니다.

   The _____ _____ of _____ I do NOT like are _____ and _____ _____.

2. 게다가, 저는 한국 영화를 보는 것을 즐깁니다. 한국 영화는 과거보다 훨씬 좋아졌습니다.

   Plus, I _____ _____ Korean movies. Korean movies are a lot better _____ _____ _____ _____.

3. 또한 박스오피스에서 매우 선전하고 있습니다.

   They also are _____ very _____ at _____ _____ _____.

4. 게다가, 일부 한국 영화들이 해외에서 개봉되고 있습니다.

   Plus, some Korean movies _____ _____ _____.

> **Answer**
> 1. only types / movies / animations / horror movies
> 2. enjoy watching / than in the past
> 3. doing / well / the box office
> 4. are released overseas

OPIc Magic Pattern 활용하기

학습한 Magic Pattern을 다른 주제에서도 활용해 보세요.

1. I think I watch all kinds of movies.
   - I think I listen to all kinds of music on my smartphone.
     Phones에 활용 저는 제 스마트폰으로 모든 종류의 음악을 다 듣는 것 같습니다.
   - I think I eat all kinds of food because I am not a picky eater.
     Food에 활용 저는 편식을 하지 않기 때문에 모든 종류의 음식을 다 먹는 것 같습니다.

2. The only types of movies I do NOT like are animations and horror movies.
   - The only types of music I do not like are classical and jazz.
     Music에 활용 제가 좋아하지 않는 유일한 음악 종류는 클래식과 재즈입니다.
   - The only types of food I do not like are raw fish and spicy noodles.
     Food에 활용 제가 좋아하지 않는 유일한 음식 종류는 회와 매운 면요리입니다. .

3. Korean movies are a lot better than in the past.
   - The way of shopping in Korea is a lot better than in the past.
     Shopping에 활용 한국의 쇼핑 방식은 과거보다 훨씬 더 나아졌습니다.
   - Public transportation in Korea is a lot better than in the past.
     Transportation에 활용 한국의 대중교통은 과거보다 훨씬 더 나아졌습니다.

OPIc 질문에 대한 모범답변을 살펴본 후, 질문의 핵심 포인트를 파악하여 나만의 OPIc 답변을 만들어 보세요.

2 Tell me about when you went to the movies recently. Who did you go with and how was that day? What did you do before the movie and what did you do after? 🎧MP3 11_Q2

최근에 영화 보러 간 경험에 대해 말해 주세요. 누구와 함께 갔으며 그날은 어땠나요? 영화 보기 전에는 무엇을 하고 그 후에는 무엇을 했나요?

Structure		Idea
시작 문장	주제 문장 소개	I remember going to watch a movie with my friend recently.
본문	영화 보러 가기 전 한 일과 영화 본 후 방문한 식당에 대해 묘사	before watching, popcorn, soft drinks, after watching, food tasted, juicy, tender, had some beer
마무리 문장	나의 답변 마무리	Looking back, it was a very memorable dinner.

Model Answer 🎧MP3 11_A2

I remember ❶ going to watch a movie with my friend recently.
❷ Before watching the movie, we got some popcorn and soft drinks.
After watching the movie, we went to a ❸ great Mexican restaurant.
+ Italian + Thai + Japanese + Chinese + American + Vietnamese
They ❹ had the best tacos in town.
+ burgers + steak + pizza + pasta + Korean barbeque + rice noodles
The food tasted good because I was so hungry.
The ❺ shrimp I ordered was very juicy and tender.
+ fish + beef + pork + chicken + crab + lobster + squid + octopus
Plus, we had some beer with the meal.
+ red/white wine + soft drinks + cocktails
Looking back, it was a very ❻ memorable dinner.

Tips for Better Answer

* '최근 음식점에 간 경험'의 답변 활용 가능

▶❶ 영화를 보러 가다, 영화를 보다
= go to watch a movie
= watch a movie
= go for a movie
Ex: I remember watching a movie with my friend.
친구와 영화 본 기억이 난다.

▶❷ 답변 양 확보를 위해 영화 보러 가기 전에 한 일들 추가
Ex: Before watching the movie, we double checked the time and seat.
영화 보러 가기 전에 우리는 시간과 자리를 다시 한번 확인했다.

▶❸ 음식점을 꾸밀 수 있는 형용사
authentic: 정통
fancy: 화려한
newly-opened: 새로 개업한
Ex: After watching the movie, we went to a fancy restaurant.
영화를 보고 난 후 우리는 화려한 음식점에 갔다.

▶❹ = provide, offer, serve
Ex: They provide the best pizza.
그들은 최고의 피자를 제공한다.

▶❺ 〈명사 + (which/that) + 주어 + 동사〉
(주어)가 (동사)한 (명사)
관계대명사 which/that은 생략 가능
Ex: the beef (which/that) I ordered:
내가 주문한 소고기
the wine (which/that) they served:
그들이 제공한 와인

▶❻ = 기억에 남는
enjoyable: 즐거운
pleasing: 기분 좋은
Ex: It was a very enjoyable dinner.
기분 좋은 저녁식사였다.

데이터와 트렌드로 쉽게 취득하는 OPIc IM

- **recently** 최근에
- **get some popcorn** 팝콘을 사다
- **soft drinks** 탄산 음료
- **juicy** 즙이 많은
- **tender** 부드러운
- **memorable** 기억에 남는

최근에 친구들과 함께 영화를 보러 갔던 것이 기억에 납니다. 영화를 보기 전에 우리는 팝콘과 탄산음료를 샀습니다. 영화를 보고 나서 우리는 좋은 멕시칸 음식점에 갔습니다. (+ 이탈리아 + 태국 + 일본 + 중국 + 미국 + 베트남) 그곳은 동네에서 가장 맛있는 타코를 제공합니다. (+ 버거 + 스테이크 + 피자 + 파스타 + 한국식 바비큐 + 쌀국수) 배가 고파서 음식이 더 맛있었습니다. 우리가 주문한 새우는 육즙이 많고 부드러웠습니다. (+ 생선 + 소고기 + 돼지고기 + 닭고기 + 게 + 랍스터 + 오징어 + 문어) 또한, 우리는 식사와 함께 맥주를 좀 마셨습니다. (+ 레드/화이트 와인 + 탄산 음료 + 칵테일) 돌이켜 보면, 매우 기억에 남는 저녁 식사였습니다.

주어진 한국어 핵심 문장을 읽고 빈칸에 들어갈 영어 표현을 작성하세요. 그 후, 문장을 반복해 말하는 연습을 통해 OPIc 핵심 패턴과 모범 답변을 익혀 보세요.

1. 최근에 친구들과 함께 영화를 보러 갔던 것이 기억에 납니다.

   I _____ _____ to _____ a movie _____ _____ _____ recently.

2. 영화를 보기 전에 우리는 팝콘과 탄산음료를 샀습니다.

   _____ _____ the movie, we _____ some _____ and _____ _____.

3. 영화를 보고 나서 우리는 좋은 멕시칸 음식점에 갔습니다.

   _____ _____ the movie, we _____ _____ a great Mexican restaurant.

4. 배가 고파서 음식이 더 맛있었습니다. 우리가 주문한 새우는 육즙이 많고 부드러웠습니다.

   The _____ _____ _____ because I was so _____. The shrimp I _____ was very _____ and _____.

> **Answer**
> 1. remember going / watch / with my friend
> 2. Before watching / got / popcorn / soft drinks
> 3. After watching / went to
> 4. food tasted good / hungry / ordered / juicy / tender

OPIc Magic Pattern 활용하기

학습한 Magic Pattern을 다른 주제에서도 활용해 보세요.

1. After watching the movie, we went to a great Mexican restaurant.
   - After watching the movie, my friends and I went to a bar to have beer.
     Bars에 활용 영화를 보고 난 후에, 저는 친구들과 맥주를 마시러 술집에 갔습니다.
   - After watching the movie, we went to a park to take a walk.
     Parks / Walking에 활용 영화를 보고 난 후에, 우리는 산책을 하기 위해 공원에 갔습니다.

2. The shrimp I ordered was very juicy and tender.
   - The jacket I ordered was too big for me.
     Shopping에 활용 제가 주문한 자켓은 너무 컸습니다.
   - The ingredients I ordered online was very fresh.
     Food에 활용 제가 온라인으로 주문한 식재료는 매우 신선했습니다.

빅데이터 트렌드로 쉽게 취득하는 OPIc IM

OPIc 질문에 대한 모범답변을 살펴본 후, 질문의 핵심 포인트를 파악하여 나만의 OPIc 답변을 만들어 보세요.

3 **What was the memorable movie that you watched in the past. What was it about? What was special about that movie?** 🎧 MP3 11_Q3

과거에 봤던 기억에 남는 영화에 대해 알려 주세요. 그것은 무엇에 관한 것이었나요? 그 영화의 특별한 점은 무엇이었나요?

Structure		Idea
시작 문장	주제 문장 소개	I remember watching the Mission Impossible sequel recently.
본문	기억에 남는 영화의 제목, 줄거리 설명 후 감상 말하기	starred, my favorite actors, the movie was about, full of entertaining scenes, storyline, twist, acting, action, funny lines, killer movie, did very well at the box office, hit
마무리 문장	나의 답변 마무리	Looking back, it was a very memorable movie.

Model Answer 🎧 MP3 11_A3

I remember watching the Mission Impossible ❶ sequel recently.

It ❷ starred one of my favorite actors, Tom Cruise.

The ❸ movie was about Ethan Hunt and his team trying to prevent nuclear bombs from going off.

The movie was ❹ full of entertaining scenes.

+ touching + thrilling + romantic + exciting

❺ I liked the storyline and the twist at the end.

+ I liked the acting and the action scenes in the movie.

+ Plus, I liked the funny lines and the original soundtrack.

I think it was a killer movie.

The movie did very well at the box office in Korea.

It was a box-office hit.

Looking back, it was a very memorable movie.

Tips for Better Answer

▶❶ = 속편
prequel: 본편 이전의 사건을 다룬 영화

▶❷ star가 동사로 쓰일 때는 '주역을 맡다', '출연하다'라는 의미
Ex: Tom Cruise starred in Mission Impossible.
톰 크루즈는 미션 임파서블에 출연했다.

▶❸ 〈be about〉 ~에 관하여, ~에 관해서
영화의 줄거리에 대해 이야기할 때 사용할 수 있는 문법
Ex: The movie is about a conflict among friends.
친구들 사이의 갈등에 관한 영화다.
〈be about to 동사〉로 바뀌면 '~하려던 참이다'라는 의미로 바뀌기 때문에 유의하기
I was about to call you.
너한테 전화 하려던 참이었다.

▶❹ = packed with
Ex: The movie was packed with amazing scenes.
영화는 재미있는 장면들로 가득 차 있었다.

▶❺ 영화와 관련된 다양한 명사와 형용사 사용하여 감상 말하기
Ex: The plot of the movie was unpredictable.
그 영화의 줄거리는 예측을 할 수 없었다.
The original soundtrack of the movie was catchy.
영화의 배경음악은 귀를 사로잡았다.
There were many entertaining scenes.
재미있는 장면이 많았다.

Key Expressions

- **recently** 최근에
- **full of** 가득 차 있는
- **entertaining** 재미있는
- **storyline** 줄거리
- **twist** 반전

- **lines** 대사
- **killer movie** 대박 영화 (죽여주는 영화)
- **do well at the box office** 박스오피스에서 선전하다
- **hit** 흥행
- **memorable** 기억에 남는

저는 최근에 '미션 임파서블' 속편을 본 것을 기억합니다. 이 영화에는 제가 가장 좋아하는 배우 중 한 명인 톰 크루즈가 출연했습니다. 이 영화는 이든 헌트와 그의 팀이 핵폭탄이 터지는 것을 막으려고 하는 이야기입니다. 그 영화는 재미있는 장면들로 가득 차 있었습니다. (+ 감동적인 + 흥분되는 + 로맨틱한 + 신나는) 저는 줄거리와 마지막 반전이 좋았습니다. (+ 영화 속 연기 장면과 액션 장면이 좋았습니다. + 또한 재미있는 대사들과 배경음악이 좋았습니다.) 저는 그것이 대박 (죽여주는) 영화였다고 생각합니다. 그 영화는 한국 박스 오피스에서 매우 선전했습니다. 그것은 흥행에 성공했습니다. 돌이켜 보면, 그것은 제 인생에서 가장 기억에 남는 영화 중 하나입니다.

주어진 한국어 핵심 문장을 읽고 빈칸에 들어갈 영어 표현을 작성하세요. 그 후, 문장을 반복해 말하는 연습을 통해 OPIc 핵심 패턴과 모범 답변을 익혀 보세요.

1. 이 영화에는 제가 가장 좋아하는 배우 중 한 명인 톰 크루즈가 출연했습니다.

It _____ one of _____ _____ _____, Tom Cruise.

2. 그 영화는 재미있는 장면들로 가득 차 있었습니다.

The _____ was _____ _____ _____ _____.

3. 저는 줄거리와 마지막 반전이 좋았습니다.

I liked the _____ and the _____ _____ _____ _____.

4. 그 영화는 한국 박스 오피스에서 매우 선전했습니다. 그것은 흥행에 성공했습니다.

The movie _____ very _____ at the _____ _____ in Korea. It was a _____ _____.

 OPIc Magic Pattern 활용하기

학습한 Magic Pattern을 다른 주제에서도 활용해 보세요.

1. The movie was <u>full of entertaining</u> scenes.
- The hotel was <u>full of entertaining</u> facilities for both adults and children.

  Hotels에 활용 호텔은 어른들과 아이들을 위한 재미있는 시설들로 가득 차 있었습니다.

- The concert I saw was <u>full of entertaining</u> events for the audience.

  Music에 활용 제가 본 콘서트는 관객들을 위한 재미있는 이벤트로 가득 차 있었습니다.

2. It was <u>a box-office hit</u>.
- During the holiday, I watched a movie which was <u>a box-office hit</u>.

  Holidays에 활용 휴일 때 저는 흥행에 성공한 영화를 봤습니다.

- I watched a movie which was <u>a box-office hit</u> when I was staying at home for a vacation.

  Vacations at Home에 활용 집에서 휴가를 보냈을 때 저는 흥행에 성공한 영화를 봤습니다.

11 Movies |

245

Chapter **12**

Music

질문을 제대로 파악하는 것만으로도 성공적으로 시험을 치를 수 있습니다. OPIc에서 자주 출제되는 질문들을 알아보세요.

1 **You indicated in the survey that you listen to music. What kinds of music do you listen to? Who are some of your favorite musicians or composers?**

당신은 음악을 듣는다고 했습니다. 어떤 종류의 음악을 듣나요? 당신이 가장 좋아하는 음악이나 작곡가는 누구인가요?

문항 유형	좋아하는 음악 장르, 좋아하는 가수 묘사
문항 수준	Intermediate
핵심 포인트	• 본인의 취향이기 때문에 주어 I 사용 • 현재 좋아하는 음악을 묘사하기 때문에 현재형 시제 사용
중요도	★★★

2 When and where do you usually listen to music? Do you listen to the radio? Do you go to concerts? Tell me about the different ways you enjoy musics.

보통 언제 어디서 음악을 듣나요? 라디오를 듣나요? 콘서트에 가나요? 당신이 음악을 즐기는 방법에 대해 말해 주세요.

문항 유형	음악을 듣는 장소, 시간묘사
문항 수준	Intermediate
핵심 포인트	• 전화기 주제의 '전화통화 외에 전화기로 주로 하는 일들 묘사'의 답변 활용
	• 본인이 평소에 어떤 행동을 하면서 음악을 듣는지 현재형 시제와 주어 I를 사용하여 묘사
중요도	★★★

3 When did you first become interested in music? What kinds of music did you like at first? Tell me how your interest in music developed from your childhood until today.

언제 처음으로 음악에 관심을 갖게 되었나요? 처음에 어떤 종류의 음악을 좋아했나요? 어린 시절부터 오늘날까지 음악에 대한 당신의 관심이 어떻게 발전했는지 말해 주세요.

문항 유형	음악에 처음 관심 갖게 된 계기, 음악 취향 변화 설명
문항 수준	Advanced
핵심 포인트	• 과거에 좋아했던 음악은 과거형 시제 사용
	• 현재 좋아하는 음악은 현재형 또는 현재완료형 시제 사용
	• 본인의 취향이기 때문에 주어 I 사용
중요도	★★★★★

4 Could you think back to a particularly memorable time when you listened live music? When was it? Where were you? Who were you with? What happened that made that performance so memorable?

라이브 음악을 들었을 때 특히 기억에 남는 때가 있었나요? 그게 언제였나요? 어디에 있었나요? 누구와 함께 있었나요? 무슨 일이 있었기에 그 공연이 그렇게 기억에 남나요?

문항 유형	라이브 음악을 들었던 경험 묘사
문항 수준	Advanced
핵심 포인트	• 언제, 누구의 콘서트를 갔는지 자세하게 설명
	• 콘서트장의 분위기를 과거형 시제를 사용하여 묘사
	• 본인의 경험이기 때문에 주어 I 위주로 사용하나 콘서트 또는 관객을 묘사할 때는 it, they 등 상황에 맞게 다양한 주어 활용
중요도	★★★

OPIc 질문에 대한 모범답변을 살펴본 후, 질문의 핵심 포인트를 파악하여 나만의 OPIc 답변을 만들어 보세요.

1 **You indicated in the survey that you listen to music.** 🎧 MP3 12_Q1
What kinds of music do you listen to? Who are some of your favorite musicians or composers?
당신은 음악을 듣는다고 했습니다. 어떤 종류의 음악을 듣나요? 당신이 가장 좋아하는 음악가나 작곡가는 누구인가요?

Structure		Idea
시작 문장	주제 문장 소개	One of my favorite bands is Maroon 5.
본문	좋아하는 가수와 그 이유 설명	top bands in the world, amazing group, hit songs, my favorite, makes the crowd go crazy, sold-out
마무리 문장	나의 답변 마무리	So, this is the band I like the most.

Model Answer 🎧 MP3 12_A1

❶ One of my favorite ❷ bands is Maroon 5.
They are one of the top bands in the world.
They are an ❸ amazing group.
+ There are seven members in the group.
+ They have fans all over the world.
+ They ❹ released a new single recently. It
was a big hit.
+ It hit No.1 on music charts.
They have many hit songs.
Among them, Sugar is my favorite.
+ I really like the ❺ melody and the lyrics of
that song.
Maroon 5 ❻ makes the crowd go crazy at
their concerts.
All of their concerts get sold out.
So, this is the band I like the most.

Tips for Better Answer

▶❶ 〈one of my favorite + 복수 명사〉는 my favorite 대신 사용할 수 있는 표현
Ex: Lady GaGa is one of my favorite singers.
레이디 가가는 내가 좋아하는 가수 중 한 명이다.

❷ 아이돌은 broken English!
boy band, girl group이라고 표현

▶❸ 가수를 칭찬할 때 쓰이는 형용사
stunning: 놀라운
impressive: 인상적인
Ex: Their voice is impressive.
그들의 목소리는 인상적이다.

▶❹ 출시하다, 개봉하다, 발매하다
Ex: A new Disney movie will be released soon.
곧 새로운 디즈니 영화가 개봉할 것이다.

▶❺ melody와 lyrics를 묘사할 때 쓸 수 있는 형용사
melodious: 감미로운
soothing: 달래는, 위로하는
fast-paced: 속도가 빠른
Ex: Her music is melodious and soothing.
그녀의 음악은 감미롭고 위로가 된다.

▶❻ 〈make + 목적어 + 동사원형〉
(목적어)가 (동사)하게 만들다
make + 목적어 뒤에 동사가 나올 때는 to가 쓰이지 않음
Ex: They make the crowd to go crazy. (X)

Key Expressions

- **favorite** 가장 좋아하는
- **top band** 최고의 밴드
- **amazing** 멋진, 놀라운
- **release** 발매하다, 출시하다

- **lyrics** 가사
- **make the crowd go crazy** 관중을 열광하게 만들다
- **hit songs** 히트송
- **sold-out** 매진

제가 좋아하는 밴드는 마룬 5입니다. 그들은 세계 최고의 밴드 중 하나입니다. 그들은 멋진 그룹입니다. (+ 그룹에는 7명의 멤버가 있습니다. + 전 세계에 팬이 있습니다. + 최근에 새 싱글을 발매했습니다. 대성공이었습니다. + 음악차트에서 1위를 차지했습니다.) 그들은 많은 히트곡을 가지고 있습니다. 그중에서도 저는 Sugar라는 곡을 제일 좋아합니다. (+ 그 노래의 멜로디와 가사를 정말 좋아합니다.) 마룬 5는 관중들이 그들의 콘서트에 열광하게 만듭니다. 그들의 콘서트는 모두 매진됐습니다. 그래서 그들은 제가 제일 좋아하는 밴드입니다.

네이티브 트렌드로 쉽게 취득하는 OPIc IM

주어진 한국어 핵심 문장을 읽고 빈칸에 들어갈 영어 표현을 작성하세요. 그 후, 문장을 반복해 말하는 연습을 통해 OPIc 핵심 패턴과 모범 답변을 익혀 보세요.

1. 제가 좋아하는 밴드는 마룬 5입니다. 그들은 세계 최고의 밴드 중 하나입니다.

_____ of my _____ _____ is Maroon 5. They are one of the _____ _____ in the

_____.

2. 그들은 많은 히트곡을 가지고 있습니다.

_____ _____ many _____ _____.

3. 마룬 5는 관중들이 그들의 콘서트에 열광하게 만듭니다.

Maroon 5 _____ the _____ _____ _____ at their concerts.

4. 그들의 콘서트는 모두 매진됐습니다.

_____ of their concerts _____ _____ _____.

OPIc Magic Pattern 활용하기

학습한 Magic Pattern을 다른 주제에서도 활용해 보세요.

1. <u>One of my favorite</u> bands is Maroon 5.
  - <u>One of my favorite</u> movies is action because it is exciting.
    Movies에 활용 액션영화는 신나기 때문에 제가 제일 좋아하는 영화 중 하나입니다.

  - <u>One of my favorite</u> things to do in my free time is taking walks.
    Walking에 활용 제가 자유시간에 하는 것 중 제일 좋아하는 것은 산책입니다.

2. They are <u>one of the top</u> bands in the world.
  - He is <u>one of the top</u> movie stars in the world.
    Movies에 활용 그는 세계 최고의 영화 배우 중 한 명입니다.

  - Paris is <u>one of the top</u> cities in the world.
    Overseas Trips에 활용 파리는 세계 최고의 도시 중 하나입니다.

3. <u>So, this is the</u> band <u>I like the most</u>.
  - <u>So, this is the</u> type of movies <u>I like the most</u>.
    Movies에 활용 그래서 이것은 제가 제일 좋아하는 영화의 종류입니다.

  - <u>So, this is the</u> type of healthy food <u>I like the most</u>.
    Food에 활용 그래서 이것은 제가 제일 좋아하는 건강한 음식의 종류입니다.

OPIc 질문에 대한 모범답변을 살펴본 후, 질문의 핵심 포인트를 파악하여 나만의 OPIc 답변을 만들어 보세요.

2 When and where do you usually listen to music? Do you listen to the radio? 🎧 MP3 12_Q2
Do you go to concerts? Tell me about the different ways you enjoy musics.

보통 언제 어디서 음악을 듣나요? 라디오를 듣나요? 콘서트에 가나요? 당신이 음악을 즐기는 방법에 대해 말해 주세요.

	Structure	Idea
시작 문장	주제 문장 소개	I listen to music on my cell phone.
본문	어디에서 어떻게 음악을 듣는지 나열	on the subway, the bus, driving, walking down the street, working out, doing housework, feel gloomy, bored
마무리 문장	나의 답변 마무리	So, I listen to music on my phone whenever I want to.

Model Answer 🎧 MP3 12_A2

I listen to music ❶ on my cell phone.

So, I ❷ often listen to music ❸ on the go.

For example, I listen to music when I'm on the subway or the bus.

+ Plus, I listen to music ❹ when I'm driving.

+ Also, I listen to music when I'm walking down the street.

Also, I listen to music when I'm working out.

+ Plus, I listen to music when I'm doing housework.

+ Also, I listen to music when I feel gloomy.

+ Next, I listen to music when I'm bored.

So, I listen to music on my phone ❺ whenever I want to.

Tips for Better Answer

* 전화기 주제의 '전화통화 외에 전화기로 주로 하는 일들 묘사'의 답변 그대로 활용하기

▶❶ 기계, 기기 앞에 나오는 전치사는 on
Ex: I do many things on the internet.
나는 인터넷으로 많은 것을 한다.

▶❷ 일반화를 피하기 위해 빈도 부사 often 사용
= usually, normally
Ex: I usually listen to music in the bus.
나는 보통 버스 안에서 음악을 듣는다.

▶❸ '이동 중에'라는 의미의 숙어
'바쁜'이라는 의미도 있음
Ex: I am always on the go.
나는 항상 바쁘다.

▶❹ '어떠한 행동을 하는 중'이란 것을 강조하기 위해 현재형이 아닌 현재진행형 사용
while + 동명사로 대체 가능
Ex: I listen to music while exercising.
나는 운동 중에 음악을 듣는다.

❺ 〈whenever + 주어 + 동사〉
▲ (주어)가 (동사) 할 때는 언제든지
복합관계부사 사용으로 등급 업!
Ex: I can go there whenever I want to.
내가 원할 때는 언제든지 그곳에 갈 수 있다.

Key Expressions

- **on the go** 이동 중에
- **when I'm driving** 운전 중에
- **when I'm walking down the street** 길을 걷는 중에
- **when I'm working out** 운동 중에
- **feel gloomy** 우울하다, 울적하다
- **bored** 심심한, 지겨운

저는 휴대폰으로 음악을 듣습니다. 그래서 이동 중에 자주 음악을 듣습니다. 예를 들면, 저는 지하철이나 버스에서 음악을 듣습니다. (+ 또한, 운전할 때 음악을 듣습니다. + 길을 걸을 때도 음악을 듣습니다.) 또한, 운동을 할 때도 음악을 듣습니다. (+ 그리고, 집안일을 할 때 음악을 듣습니다. + 기분이 울적할 때 음악을 듣습니다. + 또한, 심심할 때 음악을 듣습니다.) 즉 저는 원할 때 언제든지 휴대폰으로 음악을 듣습니다.

주어진 한국어 핵심 문장을 읽고 빈칸에 들어갈 영어 표현을 작성하세요. 그 후, 문장을 반복해 말하는 연습을 통해 OPIc 핵심 패턴과 모범 답변을 익혀 보세요.

1. 저는 휴대폰으로 음악을 듣습니다. 그래서 이동 중에 자주 음악을 듣습니다.

I _____ _____ music _____ my _____ _____. So, I often listen to music _____ _____ _____.

2. 예를 들면, 저는 지하철이나 버스에서 음악을 듣습니다.

_____ _____, I listen to music when I'm _____ _____ _____ or _____ _____.

3. 기분이 울적할 때 음악을 듣습니다.

Also, I listen to music _____ _____ _____ _____.

4. 즉 저는 원할 때는 언제든지 휴대폰으로 음악을 듣습니다.

So, I listen to music _____ my phone _____ _____ _____ _____.

Answer
1. listen to / on / cell phone / on the go
2. For example / on the subway / the bus
3. when I feel gloomy
4. on / whenever I want to

 OPIc Magic Pattern 활용하기

학습한 Magic Pattern을 다른 주제에서도 활용해 보세요.

1. I listen to music <u>on my cell phone</u>.
- I do shopping <u>on my cell phone</u>, because it is convenient.
  Shopping에 활용 저는 편리하기 때문에 휴대폰으로 쇼핑을 합니다.

- I use mobile banking <u>on my cell phone</u>, because it is time-saving.
  Banks에 활용 저는 시간을 절약할 수 있기 때문에 휴대폰으로 모바일 뱅킹을 합니다.

2. Also, I listen to music <u>when I feel gloomy</u>.
- I watch action movies <u>when I feel gloomy</u>. It cheers me up.
  Movies에 활용 저는 우울할 때는 액션 영화를 봅니다. 기분을 좋게 해줍니다.

- I go to parks to take walks <u>when I feel gloomy</u>. I feel refreshed.
  Parks / Walking에 활용 저는 우울할 때는 공원에 가서 산책을 합니다. 기분이 상쾌합니다.

3. So, I listen to music on my phone <u>whenever I want to</u>.
- So, I watch movies at home <u>whenever I want to</u>.
  Movies에 활용 저는 제가 원할 때 언제든지 집에서 영화를 봅니다.

- So, I can travel in Korea <u>whenever I want to</u>.
  Domestic Trips에 활용 저는 제가 원할 때 언제든지 한국에서 여행을 할 수 있습니다.

OPIc 질문에 대한 모범답변을 살펴본 후, 질문의 핵심 포인트를 파악하여 나만의 OPIc 답변을 만들어 보세요.

3 When did you first become interested in music? What kinds of music did you like at first? Tell me how your interest in music developed from your childhood until today. 🎧MP3 12_Q3

언제 처음으로 음악에 관심을 갖게 되었나요? 처음에 어떤 종류의 음악을 좋아했나요? 어린 시절부터 오늘날까지 음악에 대한 당신의 관심이 어떻게 발전했는지 말해 주세요.

Structure		Idea
시작 문장	주제 문장 소개	I first became interested in music because of a group I liked when I was a kid.
본문	과거에 좋아했던 가수 묘사 후 현재 좋아하는 음악 장르 묘사	group, sensational, used to listen to, as I got older, started to listen, various, sometimes listen to, sometimes enjoy
마무리 문장	나의 답변 마무리	Once again, I listen to various (types of) music now.

Model Answer 🎧MP3 12_A3

I first ❶ became interested in music ❷ because of a group I liked when I was a kid.

I ❸ was crazy about a Korean group called GOD. They were ❹ sensational at that time.

I used to listen to their songs ❺ again and again.

❻ But as I got older, I started to listen to various (types of) music.
I sometimes listen to pop music, but I sometimes listen to hip hop music.
I sometimes enjoy Korean music, but I sometimes enjoy foreign music.
+ heavy metal + classical music + rock music + R&B music

❼ Once again, I listen to various (types of) music now.

Tips for Better Answer

❶ 〈become/be/get interested in 명사/동명사〉 (명사/동명사)에 관심을 가지다
Ex: I got interested in pop music.
팝 음악에 관심을 가지게 되었다.

❷ 〈because + 주어 + 동사〉= 〈because of + 명사/동명사〉
Ex: I got interested in music because I liked GOD.
GOD를 좋아했기 때문에 음악에 관심을 가지게 되었다.

❸ 〈be craze about 명사/동명사〉
'~에 빠지다, 미치다'라는 의미로 긍정적인 의미를 지님

❹ 가수의 재능을 묘사할 때 쓸 수 있는 형용사와 부사
versatile: 다재 다능한
talented: 재능 있는
extremely: 굉장하게
unbelievably 믿을 수 없게
Ex: They were unbelievably talented.
그들은 믿을 수 없을 정도로 재능이 많았다.

❺ 자주 듣는다는 것을 강조하기 위해 여러 번 반복
= all the time, over and over
Ex: I used to listen to it over and over again.
그것을 계속해서 듣고는 했었다.

❻ 현재의 음악 취향을 묘사하기 위해 나와야 하는 시간 표현
= but now, however these days

❼ 다양한 정보를 현재형으로 제시한 후에 마무리 문장은 once again으로 시작하기
= So

데이터와 트렌드로 쉽게 취득하는 OPIc IM

- **become interested** ~에 관심을 가지다
- **sensation** 선풍, 돌풍, 센세이션
- **as I get older** 나이가 들수록

- **various** 다양한
- **foreign** 외국의

저는 어렸을 때 좋아했던 그룹 때문에 처음 음악에 관심을 갖게 되었습니다. 지오디라는 한국 그룹을 정말 좋아했습니다. 당시 그들은 돌풍을 일으켰습니다. 저는 그 그룹의 노래를 반복해서 듣곤 했습니다. 하지만 나이가 들수록 다양한 종류의 음악을 듣기 시작했습니다. 저는 가끔 팝 음악을 듣지만, 때때로 힙합 음악을 듣습니다. 저는 한국 음악을 즐기지만, 때때로 외국 음악을 즐깁니다. (+ 헤비메탈 + 클래식 음악 + 락 음악 + R&B 음악) 다시 한번 말하자면 저는 지금 다양한 (종류의) 음악을 듣습니다.

주어진 한국어 핵심 문장을 읽고 빈칸에 들어갈 영어 표현을 작성하세요. 그 후, 문장을 반복해 말하는 연습을 통해 OPIc 핵심 패턴과 모범 답변을 익혀 보세요.

1. 제가 어렸을 때 좋아했던 그룹 때문에 처음 음악에 관심을 갖게 되었습니다.

I first became _____ _____ music _____ _____ a _____ I _____ when I was a kid.

2. 당시 그들은 돌풍을 일으켰습니다.

They were _____ _____ _____ _____.

3. 하지만 나이가 들수록 다양한 종류의 음악을 듣기 시작했습니다.

But _____ _____ _____ _____, I started to listen to _____ (types of) music.

4. 저는 한국 음악을 즐기지만, 때때로 외국 음악을 즐깁니다.

I sometimes _____ Korean music, but I sometimes _____ _____ music.

Answer
1. interested in / because of / group / liked
2. sensational at that time
3. as I got older / various
4. enjoy / enjoy foreign

OPIc Magic Pattern 활용하기

학습한 Magic Pattern을 다른 주제에서도 활용해 보세요.

1. I first became interested in music because of a group I liked when I was a kid.
 - I first became interested in travelling because of my friend who travelled very often.
   Demestic Trips에 활용 매우 자주 여행을 하던 친구 덕분에 처음 여행에 관심을 가지게 되었습니다.
 - I first became interested in taking walks because of my friend who liked jogging.
   Walking에 활용 조깅을 좋아하던 친구 덕분에 처음 산책에 관심을 가지게 되었습니다.

2. I was crazy about a Korean group called GOD.
 - I was crazy about jogging at the park.
   Parks에 활용 공원에서 조깅하는 것을 정말 좋아했습니다.
 - I was crazy about shopping on the internet.
   Shopping에 활용 인터넷으로 쇼핑하는 것을 정말 좋아했습니다.

3. But as I got older, I started to listen to various music.
 - But as I got older, the way I eat has changed.
   Food에 활용 하지만 나이가 들수록 제가 먹는 방식이 바뀌었습니다.
 - But as I got older, the way I buy things has changed.
   Shopping에 활용 하지만 나이가 들수록 제가 물건을 사는 방식이 바뀌었습니다.

데이터와 트렌드로 쉽게 취득하는 OPIc IM

OPIc 질문에 대한 모범답변을 살펴본 후, 질문의 핵심 포인트를 파악하여 나만의 OPIc 답변을 만들어 보세요.

4 Could you think back to a particularly memorable time when you listened live 🎧 MP3 12_Q4
music? When was it? Where were you? Who were you with? What happened that made that
performance so memorable?

라이브 음악을 들었을 때 특히 기억에 남는 때가 있었나요? 그게 언제였나요? 어디에 있었나요? 누구와 함께 있었나요? 무슨 일이
있었기에 그 공연이 그렇게 기억에 남나요?

	Structure	Idea
시작 문장	주제 문장 소개	I remember going to a concert a few years ago.
본문	콘서트에 가게 된 이유, 콘서트홀의 분위기와 감상 묘사	Korean singer called, completely sold-out, screaming during, sang along to, mood of the concert, lively, experience
마무리 문장	나의 답변 마무리	Looking back, it was a very memorable concert.

Model Answer 🎧 MP3 12_A4

I remember going to ❶ a concert a few years ago.

It was a concert by a Korean singer ❷ called PSY.

+ It was a concert ❸ during my college festival.

+ Many bands came to perform.

The concert was ❹ completely sold-out.

People were screaming during the concert.

They sang along to the songs.

The mood of the concert was very ❺ lively.

❻ It was quite an experience.

Looking back, it was a very memorable concert.

Tips for Better Answer

❶ 특정한 하나의 콘서트에 대해 이야기하므로 단수 명사 사용
  Ex: I like going to concerts.
  나는 콘서트에 가는 것을 좋아한다. (평소 자주 가기 때문에 복수 명사 사용)

❷ = named PSY
  관계대명사 who를 사용하여 PSY에 대한 추가 설명 가능
  Ex: I went to a concert of PSY who sang Gangnam Style.
  강남스타일을 부른 싸이의 콘서트에 다녀왔다.

❸ summer vacation과 같은 정해진 기간 앞에는 전치사 during 사용
  = during the holiday, during the vacation

❹ 완전 매진이 아닐 경우에는 almost sold-out

❺ 콘서트 분위기를 묘사할 수 있는 형용사
  amazing: 놀라운
  breathtaking: 숨이 멎을 듯한
  exciting: 신나는
  Ex: The atmosphere of the concert was exciting and amazing.
  콘서트의 분위기가 신나고 놀라웠다.

❻ 〈quite an experience〉는 good, excellent와 같은 형용사가 쓰이지 않아도 이미 '좋은, 색다른 경험'이라는 의미가 내포됨

저는 몇 년 전에 콘서트에 갔던 것을 기억합니다. 싸이라는 한국 가수의 콘서트였습니다. (+ 대학 축제 공연이었습니다. + 많은 밴드들이 공연을 하러 왔습니다.) 콘서트는 완전히 매진이었습니다. 콘서트 내내 사람들이 소리를 지르고 있었습니다. 그들이 노래를 따라 부르고 있었습니다. 콘서트의 분위기는 활기가 넘쳤습니다. 그것은 꽤 좋은 경험이었습니다. 돌이켜 보면, 그것은 기억에 많이 남는 콘서트였습니다.

OPIc Pattern 익히기

주어진 한국어 핵심 문장을 읽고 빈칸에 들어갈 영어 표현을 작성하세요. 그 후, 문장을 반복해 말하는 연습을 통해 OPIc 핵심 패턴과 모범 답변을 익혀 보세요.

1. 싸이라는 한국 가수의 콘서트였습니다.

   It was a _____ _____ a Korean _____ _____ PSY.

2. 콘서트 내내 사람들이 소리를 지르고 있었습니다.

   People were _____ _____ the _____.

3. 콘서트의 분위기는 활기가 넘쳤습니다 그것은 꽤 좋은 경험이었습니다.

   The _____ of the _____ was very _____. It was _____ an _____.

4. 돌이켜 보면, 그것은 기억에 많이 남는 콘서트였습니다.

   _____ _____, it was a very _____ concert.

> **Answer**
> 1. concert by / singer called
> 2. screaming during / concert
> 3. mood / concert / lively / quite / experience
> 4. Looking back / memorable

OPIc Magic Pattern 활용하기

학습한 Magic Pattern을 다른 주제에서도 활용해 보세요.

1. <u>I remember going to</u> a concert <u>a few years ago</u>.
   - <u>I remember going to</u> a newly opened shopping center <u>a few years ago</u>.
     shopping에 활용 몇 년 전에 새로 연 쇼핑센터에 간 기억이 납니다.
   - <u>I remember going to</u> a newly opened bar <u>a few years ago</u>.
     Bars에 활용 몇 년 전에 새로 개업한 술집에 간 기억이 납니다.

2. <u>The mood of</u> the concert was very lively.
   - <u>The mood of</u> the café was very cozy and relaxing.
     Coffee Shops에 활용 커피숍의 분위기가 매우 안락하고 편안했습니다.
   - <u>The mood of</u> the bar was very lively and dynamic.
     Bars에 활용 술집의 분위기가 매우 활기차고 역동적이었습니다.

3. <u>It was quite an experience</u>.
   - I went to Rome with my family. <u>It was quite an experience</u>.
     Overseas Trips에 활용 저는 가족과 로마에 갔습니다. 매우 좋은 경험이었습니다.
   - I went to New York during the last holiday. <u>It was quite an experience</u>.
     Holidays에 활용 저는 최근 휴일 때 뉴욕에 다녀왔습니다. 매우 좋은 경험이었습니다.

Chapter **13**

Internet / Phones / Technology

질문을 제대로 파악하는 것만으로도 성공적으로 시험을 치를 수 있습니다. OPIc에서 자주 출제되는 질문들을 알아보세요.

Internet

1 What do people normally do on the internet? Do they play games, watch television, or watch movies? Talk about all the things people do online.

사람들은 보통 인터넷에서 무엇을 하나요? 게임을 하거나, TV를 보거나 영화를 보나요? 사람들이 온라인에서 하는 모든 것에 대해 말해 주세요.

문항 유형	사람들이 주로 인터넷으로 하는 일들 묘사
문항 수준	Intermediate
핵심 포인트	• 사람들의 일반적인 습관을 서술하기 위해 주어 people과 3인칭 복수 they 사용
	• 인터넷 쇼핑, 온라인 뱅킹 이용 같이 사람들이 인터넷으로 주로 하는 일을 현재형 시제를 사용하여 순서대로 나열
중요도	★★★

2 **What do you usually do on the internet? Do you like to shop online? Do you like sharing videos with other people? Tell me about everything that you do online.**

인터넷으로 보통 무엇을 하시나요? 온라인 쇼핑을 즐겨하나요? 다른 사람들과 비디오를 공유하는 것을 좋아하나요? 당신이 온라인에서 하는 모든 것에 대해 말해 주세요.

문항 유형	본인이 주로 인터넷으로 하는 일들 묘사
문항 수준	Intermediate
핵심 포인트	• 본인이 하는 일을 묘사하기 때문에 주어 I 사용
	• 이메일 확인, 음악 듣기와 같이 본인이 평상시에 인터넷에서 주로 하는 일을 현재형 시제를 사용하여 순서대로 나열
중요도	★★★

3 **Tell me about your early experience of surfing the internet. What do you remember particularly about that experience?**

당신이 초기에 인터넷 서핑을 했던 경험에 대해 말해 주세요. 당신은 그 경험에 대해 특별히 기억하는 것이 있나요?

문항 유형	초창기 인터넷 서핑을 했던 경험 묘사
문항 수준	Advanced
핵심 포인트	• 본인의 경험을 묘사하기 때문에 주어 I 사용
	• 초창기 인터넷 사용했을 때 불편했던 점을 과거형 시제를 사용하여 묘사
	• 과거와 비교하여 나아진 인터넷 서비스에 대해 이야기할 때는 현재형 시제 사용
중요도	★★★★★

4 **Tell me about when you used the internet to get a project done. What was the project about? How did the internet help you do that project?**

당신이 어떠한 프로젝트를 끝내기 위해 인터넷을 사용한 경험에 대해 말해 주세요. 그 프로젝트는 무엇에 관한 것이었나요? 당신이 그 프로젝트를 하는 데 인터넷이 어떻게 도움이 됐나요?

문항 유형	인터넷을 이용해서 수행했던 과거 프로젝트 설명
문항 수준	Advanced
핵심 포인트	• 본인의 경험을 묘사하기 때문에 주어 I 사용
	• 인터넷을 사용하여 성공적으로 수행했던 프로젝트에 대해 과거형 시제를 사용하여 묘사
중요도	★★★★★

Phones

5 **What do you like most about your phone? Maybe you like the camera or maybe you like certain applications. Tell me why you like those features.**

당신의 전화기에서 가장 마음에 드는 것은 무엇인가요? 카메라를 좋아하거나 특정 어플리케이션을 좋아할 수도 있습니다. 왜 그런 기능들을 좋아하는지 말해 주세요.

문항 유형	전화기에서 가장 좋아하는 기능 묘사
문항 수준	Intermediate

핵심 포인트
- 본인이 휴대폰을 사용할 때 가장 좋아하는 기능을 서술하므로 주어는 I 사용
- 평상시 쓰는 기능을 묘사하므로 현재 시제 사용
- 인터넷 주제의 '내가 인터넷으로 주로 하는 일'에서 쓰인 스토리라인을 그대로 적용해서 말하기 연습

중요도 ★★★

6 **What do you do on your phone besides talking to people? Do you make updates on your social media page? Do you play games? Tell me what you typically do on your phone.**

당신은 사람들과 이야기하는 것 외에 전화로 무엇을 하나요? 소셜 미디어 페이지에 업데이트를 하나요? 게임을 하나요? 전화기로 주로 뭘 하는지 말해 주세요.

문항 유형	전화통화 외 전화기로 주로 하는 일들 묘사
문항 수준	Intermediate

핵심 포인트
- 본인의 일반적인 습관을 서술하기 위해 주어 I 사용
- 음악 듣기, 인터넷 검색 등 본인이 휴대폰으로 할 수 있는 다양한 일을 현재형 시제로 묘사
- 다양한 부사 및 접속사 사용하여 순서대로 나열

중요도 ★★★

7 **Tell me about the first phone you used. How was it different from the phone you use now?**

당신이 처음 사용한 전화기에 대해 말해 주세요. 지금 쓰고 있는 전화기와 어떻게 다른가요?

문항 유형	본인이 처음으로 썼던 첫 전화기와 지금 전화기 비교
문항 수준	Advanced

핵심 포인트
- 본인이 처음으로 사용했던 휴대폰에 대한 정보 묘사
- 과거와 현재 비교이므로 과거형, 현재형 시제 사용
- 주어 I 를 사용하여 지금 쓰고 있는 전화기와의 차이점 비교

중요도 ★★★★★

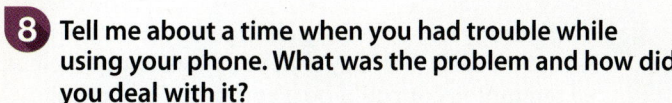

8 **Tell me about a time when you had trouble while using your phone. What was the problem and how did you deal with it?**

전화기를 사용하던 중 문제가 있었던 때에 대해 말해 주세요. 무엇이 문제였고 어떻게 대처했나요?

문항 유형	전화기 사용 중 문제 설명
문항 수준	Advanced
핵심 포인트	• 본인이 휴대폰에 문제가 생겨 겪었던 불편했던 점들 묘사 • 개인의 경험이니 주어 I와 과거형 시제 사용 • 그 경험으로 인해 바뀐 점 또는 배운 점 추가
중요도	★★★★★

Technology

9 **What kinds of technology do people typically use in your country? Do people use computers, cell phones or hand-held devices? What are some common forms of technology that people use?**

당신 나라 사람들은 보통 어떤 종류의 기술을 사용하나요? 사람들이 컴퓨터, 휴대폰 또는 휴대용 기기를 사용하나요? 사람들이 사용하는 일반적인 형태의 기술은 무엇인가요?

문항 유형	사람들이 가장 많이 사용하는 기술 묘사
문항 수준	Intermediate
핵심 포인트	• 사람들이 가장 자주 사용하는 기계로 스마트폰 묘사 • 한국 사람들이 주로 쓰는 기능 묘사를 위해 주어는 people, they 사용 • 인터넷 주제의 '사람들이 인터넷으로 주로 하는 일'의 스토리라인 활용
중요도	★

10 **What piece of technology do you use most often? Do you use computers or mobile phones? Tell me about the most typical type of technology you use every day.**

당신은 어떤 기계를 가장 자주 사용하나요? 컴퓨터나 휴대폰을 사용하나요? 당신이 매일 사용하는 가장 일반적인 기계에 대해 말해 주세요.

문항 유형	본인이 일상적으로 가장 많이 사용하는 기술 묘사
문항 수준	Intermediate
핵심 포인트	• 본인이 가장 좋아하는 기계로 스마트폰 선택 • 인터넷 주제의 '내가 인터넷으로 주로 하는 일'의 스토리라인 활용 • '사람들이 가장 좋아하는 기술 묘사'의 답변과 겹치지 않는 표현 사용
중요도	★

11 Technology has definitely changed over time. Tell me about an early memory that you have about a piece of technology. It could be a computer or a mobile phone from many years ago. How has that technology changed over time?

기술은 시간이 지남에 따라 확실히 바뀌었습니다. 당신이 가지고 있는 기술에 대한 예전 기억에 대해 말해 주세요. 수년 전의 컴퓨터나 휴대폰일 수 있습니다. 시간이 지남에 따라 그 기술은 어떻게 변했나요?

문항 유형	특정 기술의 변화 설명
문항 수준	Advanced
핵심 포인트	• 기술 비교로 휴대폰과 인터넷 속도를 선택하여 과거와 현재 비교 • 과거 휴대폰의 기능, 특징 묘사를 위해 과거형 시제 사용 • 현재의 휴대폰과 비교하기 위해 현재형과 현재완료형 사용 • 주어는 cell phones, smartphones, they 사용
중요도	★★★

12 Problems often come up because of our dependence on technology. Think about a time when you experienced a problem because some piece of technology was not working properly. Maybe your computer crashed or maybe your cell phone had no service. Tell me about a time when you had some kind of problem getting technology to work.

우리는 기계에 많이 의존하기 때문에 종종 문제가 발생합니다. 어떤 기계가 제대로 작동하지 않아 문제를 겪었던 때를 생각해 보세요. 컴퓨터가 고장 났거나 휴대폰이 고장 났을 수도 있습니다. 기계를 작동시키는 데 문제가 있었던 경험에 대해 말해 주세요.

문항 유형	어떤 기술에 문제가 있어서 겪은 불편 설명
문항 수준	Advanced
핵심 포인트	• 기계 관련 문제점으로 휴대폰 방전되었던 경험 묘사 • 휴대폰 방전으로 겪었던 불편했던 점 나열 • 나의 과거의 경험을 서술하므로 과거형 시제와 주어 I 사용
중요도	★★★

OPlc 질문에 대한 모범답변을 살펴본 후, 질문의 핵심 포인트를 파악하여 나만의 OPlc 답변을 만들어 보세요.

1 **What do people normally do on the internet? Do they play games, watch television, or watch movies? Talk about all the things people do online.** 🎧MP3 13_Q1

사람들은 보통 인터넷에서 무엇을 하나요? 게임을 하거나, TV를 보거나 영화를 보나요? 사람들이 온라인에서 하는 모든 것에 대해 말해 주세요.

Structure		Idea
시작 문장	주제 문장 소개	People do many things on the internet these days.
본문	인터넷에서 사람들이 하는 다양한 일 나열	send emails, check messages, shop online, online banking
마무리 문장	나의 답변 마무리	So, these are the things people do on the Internet.

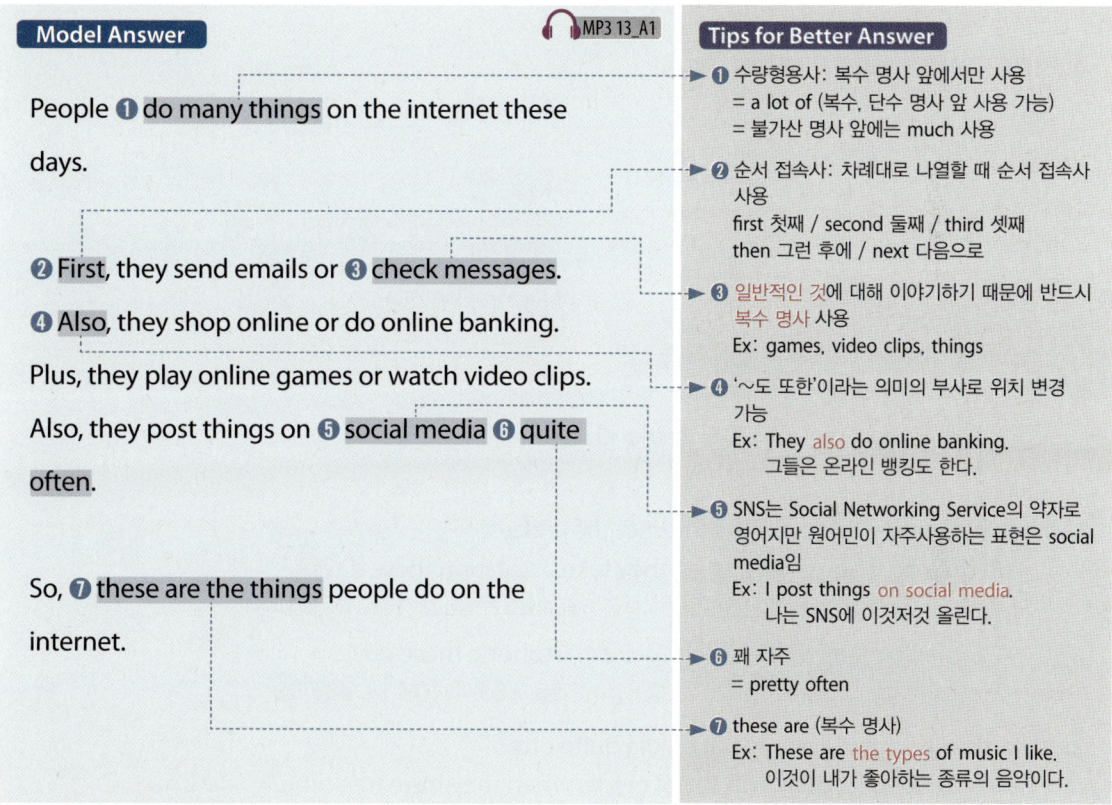

Model Answer 🎧MP3 13_A1

People ❶do many things on the internet these days.

❷First, they send emails or ❸check messages. ❹Also, they shop online or do online banking. Plus, they play online games or watch video clips. Also, they post things on ❺social media ❻quite often.

So, ❼these are the things people do on the internet.

Tips for Better Answer

▶ ❶ 수량형용사: 복수 명사 앞에서만 사용
= a lot of (복수, 단수 명사 앞 사용 가능)
= 불가산 명사 앞에는 much 사용

▶ ❷ 순서 접속사: 차례대로 나열할 때 순서 접속사 사용
first 첫째 / second 둘째 / third 셋째
then 그런 후에 / next 다음으로

▶ ❸ 일반적인 것에 대해 이야기하기 때문에 반드시 복수 명사 사용
Ex: games, video clips, things

▶ ❹ '~도 또한'이라는 의미의 부사로 위치 변경 가능
Ex: They also do online banking.
그들은 온라인 뱅킹도 한다.

▶ ❺ SNS는 Social Networking Service의 약자로 영어지만 원어민이 자주사용하는 표현은 social media임
Ex: I post things on social media.
나는 SNS에 이것저것 올린다.

▶ ❻ 꽤 자주
= pretty often

▶ ❼ these are (복수 명사)
Ex: These are the types of music I like.
이것이 내가 좋아하는 종류의 음악이다.

Key Expressions

- **many things** 수많은 것을 하다
- **these days** 요즘에는, 근래에는 (= nowadays, now)
- **send emails** 이메일을 보내다
- **check messages** 메시지를 확인하다
- **shop online** 온라인 쇼핑을 하다 (= do online shopping)
- **do online banking** 온라인 뱅킹을 하다
- **play online games** 온라인 게임을 하다
- **watch video clips** 동영상을 보다
- **post** (게시글을) 올리다
- **social media** 소셜 미디어, SNS

사람들은 요즘 인터넷에서 많은 일을 합니다. 첫째, 그들은 이메일을 보내거나 메시지를 체크합니다. 또한 그들은 온라인 쇼핑을 하거나 인터넷 뱅킹을 합니다. 게다가, 그들은 온라인 게임을 하거나 비디오를 보기도 합니다. 또한, 그들은 소셜 미디어에 자주 글을 올립니다. 사람들은 이러한 일들을 인터넷으로 합니다.

OPIc Pattern 익히기

주어진 한국어 핵심 문장을 읽고 빈칸에 들어갈 영어 표현을 작성하세요. 그 후, 문장을 반복해 말하는 연습을 통해 OPIc 핵심 패턴과 모범 답변을 익혀 보세요.

1. 요즘 사람들은 인터넷에서 많은 것들을 합니다.

People _____ _____ _____ on the internet _____ _____.

2. 첫째, 그들은 이메일을 보내거나 메시지를 체크합니다. 또한 그들은 온라인 쇼핑을 하거나 온라인 뱅킹을 합니다.

_____, they _____ _____ or _____ _____. Also, they _____ _____ or

_____ _____ _____.

3. 게다가, 그들은 온라인 게임을 하거나 비디오를 보기도 합니다. 또한, 그들은 소셜 미디어에 자주 글을 올립니다.

Plus, they _____ _____ _____ or _____ _____ _____. Also, they _____

_____ _____ social media quite often.

4. 사람들은 이러한 일들을 인터넷에서 합니다.

So, _____ _____ _____ _____ people do _____ the internet.

> **Answer**
> 1. do many things / these days.
> 2. First / send emails / check messages / shop online / do online banking
> 3. play online games / watch video clips / post things on
> 4. these are the things / on

OPIc Magic Pattern 활용하기

학습한 Magic Pattern을 다른 주제에서도 활용해 보세요.

> **1.** People <u>do many things</u> on the internet these days.
> - People <u>do many things</u> when they take a vacation these days.
>   Free time / Vacations at Home에 활용 요즘 사람들은 휴가 때 다양한 일들을 합니다.
>
> - People <u>do many things</u> using their smartphone these days.
>   Technology / Phones에 활용 사람들은 스마트폰을 활용하여 다양한 일들을 합니다.
>
> **2.** Also, they <u>post things on social media</u> quite often.
> - Also, they <u>post things on social media</u> when they have free time.
>   Free time에 활용 사람들은 자유시간이 있을 때마다 SNS에 게시글을 올립니다.
>
> - Also, they <u>post video clips on social media</u> often.
>   Technology / Phones에 활용 사람들은 SNS에 영상을 자주 올립니다.
>
> **3.** So, <u>these are the things people do</u> on the internet.
> - So, <u>these are the things people do</u> when they have free time.
>   Free time에 활용 사람들은 자유시간이 있을 때마다 이러한 일들을 합니다.
>
> - So, <u>these are the things I do</u> on my phone.
>   Technology / Phones에 활용 저는 휴대폰으로 이러한 일들을 합니다.

데이터에 트렌드로 쉽게 취득하는 OPIc IM

OPIc 질문에 대한 모범답변을 살펴본 후, 질문의 핵심 포인트를 파악하여 나만의 OPIc 답변을 만들어 보세요.

2 **What do you usually do on the internet? Do you like to shop online?** 🎧 MP3 13_Q2
Do you like sharing videos with other people? Tell me about everything that you do online.

인터넷으로 보통 무엇을 하시나요? 온라인 쇼핑을 즐겨하나요? 다른 사람들과 비디오를 공유하는 것을 좋아하나요? 당신이 온라인에서 하는 모든 것에 대해 말해 주세요.

Structure		Idea
시작 문장	주제 문장 소개	I do various things online these days.
본문	본인이 주로 인터넷으로 하는 일들 나열	get access to the internet, whenever I want to do online searches, chat with, stream music, leave messages
마무리 문장	나의 답변 마무리	These are the things I do on the internet.

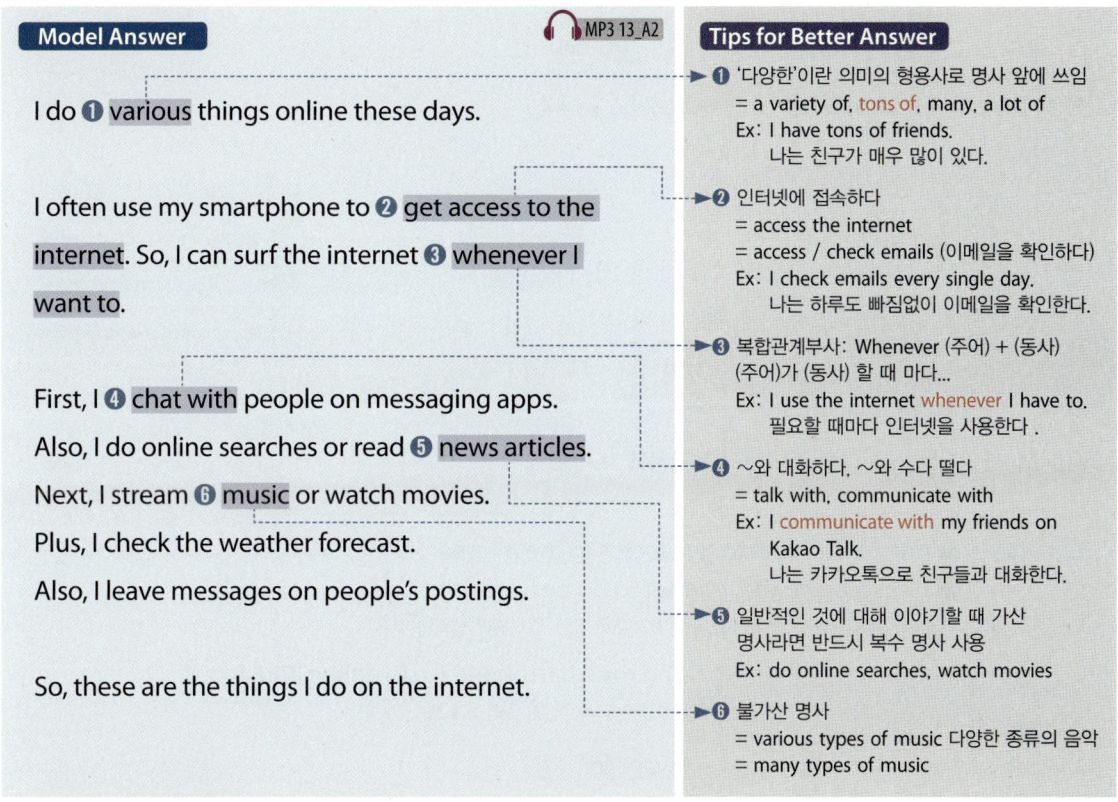

Model Answer 🎧 MP3 13_A2

I do ❶ various things online these days.

I often use my smartphone to ❷ get access to the internet. So, I can surf the internet ❸ whenever I want to.

First, I ❹ chat with people on messaging apps.
Also, I do online searches or read ❺ news articles.
Next, I stream ❻ music or watch movies.
Plus, I check the weather forecast.
Also, I leave messages on people's postings.

So, these are the things I do on the internet.

Tips for Better Answer

➤ ❶ '다양한'이란 의미의 형용사로 명사 앞에 쓰임
= a variety of, tons of, many, a lot of
Ex: I have tons of friends.
나는 친구가 매우 많이 있다.

➤ ❷ 인터넷에 접속하다
= access the internet
= access / check emails (이메일을 확인하다)
Ex: I check emails every single day.
나는 하루도 빠짐없이 이메일을 확인한다.

➤ ❸ 복합관계부사: Whenever (주어) + (동사)
(주어)가 (동사) 할 때 마다...
Ex: I use the internet whenever I have to.
필요할 때마다 인터넷을 사용한다.

➤ ❹ ~와 대화하다, ~와 수다 떨다
= talk with, communicate with
Ex: I communicate with my friends on Kakao Talk.
나는 카카오톡으로 친구들과 대화한다.

➤ ❺ 일반적인 것에 대해 이야기할 때 가산 명사라면 반드시 복수 명사 사용
Ex: do online searches, watch movies

➤ ❻ 불가산 명사
= various types of music 다양한 종류의 음악
= many types of music

Key Expressions

- **do various types of things** 다양한 것을 하다
- **get access to the internet** 인터넷에 접속하다
- **surf the internet** 인터넷 검색하다
- **whenever I want to** 내가 원할 때는 언제든지
- **chat with people** 사람들과 채팅하다, 수다 떨다
- **check the weather forecast** 일기예보를 확인하다
- **leave messages** 메시지를 남기다

저는 요즘 온라인에서 다양한 일을 합니다. 저는 주로 스마트폰을 사용하여 인터넷에 접속합니다. 그래서 저는 언제든지 인터넷을 사용할 수 있습니다. 첫 번째로, 저는 메신저 앱으로 사람들과 채팅을 합니다. 또한 온라인 검색을 하거나 뉴스 기사를 읽습니다. 다음에는 음악을 스트리밍하거나 영화를 보기도 합니다. 또한, 저는 일기예보를 확인합니다. 게다가 사람들의 게시물에 메시지를 달기도 합니다. 이러한 것들이 제가 인터넷에서 하는 것들입니다.

주어진 한국어 핵심 문장을 읽고 빈칸에 들어갈 영어 표현을 작성하세요. 그 후, 문장을 반복해 말하는 연습을 통해 OPic 핵심 패턴과 모범 답변을 익혀 보세요.

1. 저는 주로 스마트폰을 사용하여 인터넷에 접속합니다.

   I often _____ _____ _____ to _____ _____ to the internet.

2. 그래서 저는 언제든지 인터넷을 사용할 수 있습니다.

   So, I _____ _____ the internet _____ _____ _____ _____.

3. 첫 번째로, 저는 메신저 앱으로 사람들과 채팅을 합니다.

   First, I _____ _____ people _____ _____ _____.

4. 또한 온라인 검색을 하거나 뉴스 기사를 읽습니다.

   Also, I _____ _____ _____ or read _____ _____.

5. 다음에는 음악을 스트리밍하거나 영화를 보기도 합니다.

   Next, I _____ _____ or _____ _____.

Answer
1. use my smartphone / get access
2. can surf / whenever I want to.
3. chat with / on messaging apps.
4. do online searches / news articles.
5. stream music / watch movies.

OPic Magic Pattern 활용하기

학습한 Magic Pattern을 다른 주제에서도 활용해 보세요.

1. I often use my smartphone to <u>get access to the internet</u>.
 - I often <u>get access to the internet</u> to do online shopping.
   Shopping에 활용 저는 온라인 쇼핑을 하기 위해 자주 인터넷에 접속합니다.
 - I <u>get access to the internet</u> using my smartphone to do online banking.
   Banks에 활용 저는 온라인 뱅킹을 위해 휴대폰을 사용하여 인터넷에 접속합니다.

2. I can surf the internet <u>whenever I want to</u>.
 - I travel domestically <u>whenever I want to</u>.
   Domestic Trips에 활용 저는 제가 원할 때는 언제든지 국내 여행을 갑니다.
 - I listen to music using my smartphone <u>whenever I want to</u>.
   Music에 활용 저는 제가 원할 때는 언제든지 스마트폰을 활용해서 음악을 듣습니다.

3. I <u>chat with people</u> on messaging apps.
 - I <u>chat with people</u> whenever I feel bored.
   Free time에 활용 저는 지겨울 때마다 사람들과 수다를 떱니다.
 - I <u>chat with my friends</u> using my smartphone.
   Phone / Technology에 활용 저는 휴대폰을 사용해서 친구들과 수다를 떱니다.

데이터와 트렌드로 쉽게 취득하는 OPic IM

OPIc 질문에 대한 모범답변을 살펴본 후, 질문의 핵심 포인트를 파악하여 나만의 OPIc 답변을 만들어 보세요.

3 Tell me about your early experience of surfing the internet.
What do you remember particularly about that experience?

당신이 초기에 인터넷 서핑을 했던 경험에 대해 말해 주세요. 당신은 그 경험에 대해 특별히 기억하는 것이 있나요?

Structure		Idea
시작 문장	주제 문장 소개	In the past, internet connection was very slow.
본문	과거 인터넷 검색 때 불편했던 점 묘사	took me a long time, get access to the internet, but now, faster, takes much less time, surf, on the go
마무리 문장	나의 답변 마무리	So, internet surfing is a lot easier now thanks to smartphones.

Model Answer 🎧 MP3 13_A3

❶ In the past, internet connection was very slow.

It ❷ took me a long time to log on to websites. Plus, I mostly ❸ used my computer to get access to the internet.

❹ But now, the internet is a lot faster. It takes much less time now.

Also, I often ❺ surf the internet ❻ on my smartphone.

I can get access to the internet ❼ on the go. So, internet surfing is a lot easier now ❽ thanks to smartphones.

Tips for Better Answer

❶ 과거에는
= a long time ago, a few years ago, about a decade ago, back in the day

❷ take (시간/기간) to (동사) = (동사)하는 데 (시간/기간)이 걸리다
Ex: It took 5 minutes to download one movie.
영화 한 편을 다운받는 데 5분 걸렸다.

❸ use (명사): (명사)를 사용하다
Ex: I used my MP3 Player to listen to music.
나는 음악을 듣기 위해 내 MP3 플레이어를 사용했다.

❹ 하지만 지금은
= however, these days

❺ 인터넷을 서핑 (검색)하다
명사로 변경해서 사용 가능
Ex: I enjoy the internet surfing.
나는 인터넷 검색을 즐긴다.

❻ 기계 앞에는 전치사 on 사용
Ex: I always talk on the phone.
나는 항상 휴대폰으로 통화한다.

❼ 이동 중에도
= when I am moving
'끊임없이 일하는…'이란 의미도 있음
= I am usually on the go all day long.
나는 대개 하루 종일 바쁘다.

❽ 덕분에
= because of, due to

Key Expressions

- **internet connection** 인터넷 연결, 접속
- **log on to** 접속하다
- **get access to the internet** 인터넷에 접속하다
- **a lot faster** 훨씬 빠른
- **in the past** 과거에는
- **surf the internet** 인터넷 검색하다
- **on the go** 이동 중에도
- **thanks to** ~덕분에

과거에는 인터넷 연결이 매우 느렸습니다. 제가 웹사이트에 접속하는 데 오랜 시간이 걸렸습니다. 게다가, 저는 제 컴퓨터로 인터넷에 접속하곤 했습니다. 하지만 지금은 인터넷이 더 빨라졌습니다. 이제 시간이 훨씬 적게 걸립니다. 또한 저는 스마트폰으로 자주 인터넷 서핑을 합니다. 저는 이동 중에 인터넷에 접속할 수 있습니다. 그래서 스마트폰 덕분에 인터넷 검색이 훨씬 쉬워졌습니다.

주어진 한국어 핵심 문장을 읽고 빈칸에 들어갈 영어 표현을 작성하세요. 그 후, 문장을 반복해 말하는 연습을 통해 OPIc 핵심 패턴과 모범 답변을 익혀 보세요.

1. 과거에는 인터넷 연결이 매우 느렸습니다.

＿＿＿＿ ＿＿＿＿ ＿＿＿＿, internet connection was ＿＿＿＿ ＿＿＿＿.

2. 제가 웹사이트에 접속하는 데 오랜 시간이 걸렸습니다.

It ＿＿＿＿ ＿＿＿＿ a long time to ＿＿＿＿ ＿＿＿＿ ＿＿＿＿ websites.

3. 게다가, 저는 제 컴퓨터로 인터넷에 접속하곤 했습니다.

Plus, I ＿＿＿＿ ＿＿＿＿ my computer to ＿＿＿＿ ＿＿＿＿ ＿＿＿＿ the internet.

4. 하지만 지금은 인터넷이 더 빨라졌습니다. 이제 시간이 훨씬 적게 걸립니다.

＿＿＿＿ ＿＿＿＿, the internet is ＿＿＿＿ ＿＿＿＿ ＿＿＿＿. It takes ＿＿＿＿ ＿＿＿＿ ＿＿＿＿ now.

5. 그래서 스마트폰 덕분에 인터넷 검색이 훨씬 쉬워졌습니다.

So, ＿＿＿＿ ＿＿＿＿ is a lot easier now ＿＿＿＿ ＿＿＿＿ ＿＿＿＿.

Answer
1. In the past / very slow.
2. took me / log on to
3. mostly used / get access to
4. But now / a lot faster / much less time
5. internet surfing / thanks to smartphones

학습한 Magic Pattern을 다른 주제에서도 활용해 보세요.

1. It took me a long time to log on to websites.
   - It took me a long time to prepare for a trip.
     Domestic Trips에 활용 여행을 준비하는 데 오랜 시간이 걸렸습니다.

   - It took me a long time to download all the applications I was using.
     Phone / Technology에 활용 제가 사용하는 모든 앱을 다운받는 데 시간이 오래 걸렸습니다.

2. I mostly used my computer to get access to the internet.
   - I mostly used my smartphone to listen to music.
     Music에 활용 저는 음악을 듣기 위해 대부분 제 스마트폰을 사용했습니다.

   - I mostly used Google Map to find directions when traveling abroad.
     Overseas Trips에 활용 해외여행을 할 때 길을 찾기 위해 저는 대부분 구글 맵을 사용했습니다.

3. So, internet surfing is a lot easier now thanks to smartphones.
   - Transferring money is a lot easier now thanks to the mobile banking service.
     Banks에 활용 모바일 뱅킹 서비스 덕분에 돈을 이체 하는 것이 지금은 훨씬 쉬워졌습니다.

   - Having a gathering is a lot easier now thanks to social media.
     Gatherings에 활용 SNS 덕분에 모임을 가지는 것이 훨씬 쉬워졌습니다.

OPIc 질문에 대한 모범답변을 살펴본 후, 질문의 핵심 포인트를 파악하여 나만의 OPIc 답변을 만들어 보세요.

4 **Tell me about when you used the internet to get a project done.**
What was the project about? How did the internet help you do that project? 🎧 MP3 13_Q4

당신이 어떠한 프로젝트를 끝내기 위해 인터넷을 사용한 경험에 대해 말해 주세요. 그 프로젝트는 무엇에 관한 것이었나요?
당신이 그 프로젝트를 하는 데 인터넷이 어떻게 도움이 됐나요?

	Structure	Idea
시작 문장	주제 문장 소개	I remember doing a project at walk recently.
본문	인터넷을 사용하여 내가 맡은 프로젝트를 한 경험에 대한 묘사	had to write, did some searches, put them in my report, worth the time and energy
마무리 문장	나의 답변 마무리	The internet was very helpful when I was doing my project.

Model Answer 🎧 MP3 13_A4

I ❶ remember doing a project at work recently.

I ❷ had to write a report for the project.

I did ❸ some searches to find some information.

I gathered some data and ❹ put them in my report.

The report became better because there was a lot

of information.

It was ❺ worth the time and energy.

So, the internet was very helpful when I was doing

my project.

Tips for Better Answer

❶ remember (동명사): (동명사)에 대해 기억하다
= recall
Ex: I recall a trip to America.
미국으로 간 여행이 기억난다

❷ had to (동사): (동사) 해야만 했었다.
Ex: I had to prepare for a meeting.
미팅 준비를 해야만 했었다.

❸ search: 찾다 (동사)
= find, find out
searches: 찾다 (명사)
Ex: I needed to find out some information
on the internet.
인터넷으로 어떤 정보를 찾아야만 했다.

❹ put (명사1) in (명사2): (명사2)에 (명사1)을 두다, 넣다
Ex: I put some money in my wallet.
내 지갑에 돈을 넣었다.

❺ worth (명사/동명사): (명사/동명사) ~할 만한 가치가 있는
Ex: It was worth the money.
돈을 쓴 가치가 있었다.
It was worth the effort.
노력한 가치가 있었다.

Key Expressions

- **do a project** 프로젝트를 하다
- **recently** 최근에
- **write a report** 리포트를 쓰다
- **do some searches** 검색을 하다
- **gather** 모으다
- **put in my report** 리포트에 넣다
- **become better** 더 나아지다, 좋아지다
- **worth the time and energy** 시간과 힘을 쓴 가치가 있는
- **helpful** 도움이 된

최근 회사에서 프로젝트를 했던 것이 기억납니다. 저는 그 프로젝트에 대한 보고서를 써야 했습니다. 정보를 찾기 위해 검색을 했습니다. 저는 몇 가지 자료를 모아 제 보고서에 사용했습니다. 그 보고서에는 많은 정보가 들어가니 더 나아졌습니다. 시간과 힘을 들일 만한 가치가 있었습니다. 즉, 프로젝트를 할 때 인터넷 검색은 매우 도움이 되었습니다.

OPIc Pattern 익히기

주어진 한국어 핵심 문장을 읽고 빈칸에 들어갈 영어 표현을 작성하세요. 그 후, 문장을 반복해 말하는 연습을 통해 OPIc 핵심 패턴과 모범 답변을 익혀 보세요.

1. 제가 최근에 회사에서 프로젝트를 했던 것이 기억납니다. 저는 그 프로젝트에 대한 보고서를 써야 했습니다.

   I _____ _____ a project at work _____. I _____ _____ _____ a report for the project.

2. 저는 정보를 찾기 위해 검색을 했습니다.

   I _____ _____ _____ to _____ _____ _____.

3. 저는 몇 가지 자료를 모아 제 보고서에 사용했습니다.

   I _____ _____ _____ and _____ _____ _____ my report.

4. 그 보고서에는 많은 정보가 들어 있었기 때문에 더 나아졌습니다.

   The _____ _____ _____ because _____ _____ a lot of information.

5. 시간과 힘을 들일 만한 가치가 있었습니다.

   It was _____ _____ _____ and _____.

> **Answer**
> 1. remember doing / recently / had to write
> 2. did some searches / find some information.
> 3. gathered some data / put them in
> 4. report became better / there was
> 5. worth the time / energy.

OPIc Magic Pattern 활용하기

학습한 Magic Pattern을 다른 주제에서도 활용해 보세요.

1. I remember doing a project at work recently.
   - I remember shopping for some shoes recently.
     Shopping에 활용 최근 신발을 사기 위해 쇼핑을 한 기억이 납니다.
   - I remember going on a trip with my family.
     Domestic Trips에 활용 가족들과 여행 간 기억이 납니다.

2. I had to write a report for the project.
   - I had to change my phone.
     Phones에 활용 휴대폰을 바꿔야만 했습니다.
   - I had to cancel the trip due to the bad weather.
     Weather에 활용 좋지 않은 날씨 때문에 여행을 취소해야만 했습니다.

3. I did some searches to find some information.
   - I did some searches on my phone to get some information about my work.
     Work에 활용 제 일에 대한 정보를 얻기 위해 휴대폰으로 검색을 했습니다.
   - I did some searches online using my smartphone.
     Phones / Technology에 활용 제 휴대폰을 활용해서 검색을 했습니다.

OPIc 질문에 대한 모범답변을 살펴본 후, 질문의 핵심 포인트를 파악하여 나만의 OPIc 답변을 만들어 보세요.

5 What kinds of technology do people typically use in your country?
Do people use computers, cell phones or hand-held devices?
What are some common forms of technology that people use?

당신 나라 사람들은 보통 어떤 종류의 기술을 사용하나요? 사람들이 컴퓨터, 휴대폰 또는 휴대용 기기를 사용하나요?
사람들이 사용하는 일반적인 형태의 기술은 무엇인가요?

	Structure		Idea
시작 문장	주제 문장 소개		People do many things on their smartphones these days.
본문	사람들이 휴대폰을 쓸 때 주로 하는 일 나열		send emails, check messages, shop online, do online banking, post things on social media
마무리 문장	나의 답변 마무리		So, these are the things people do on their smartphones.

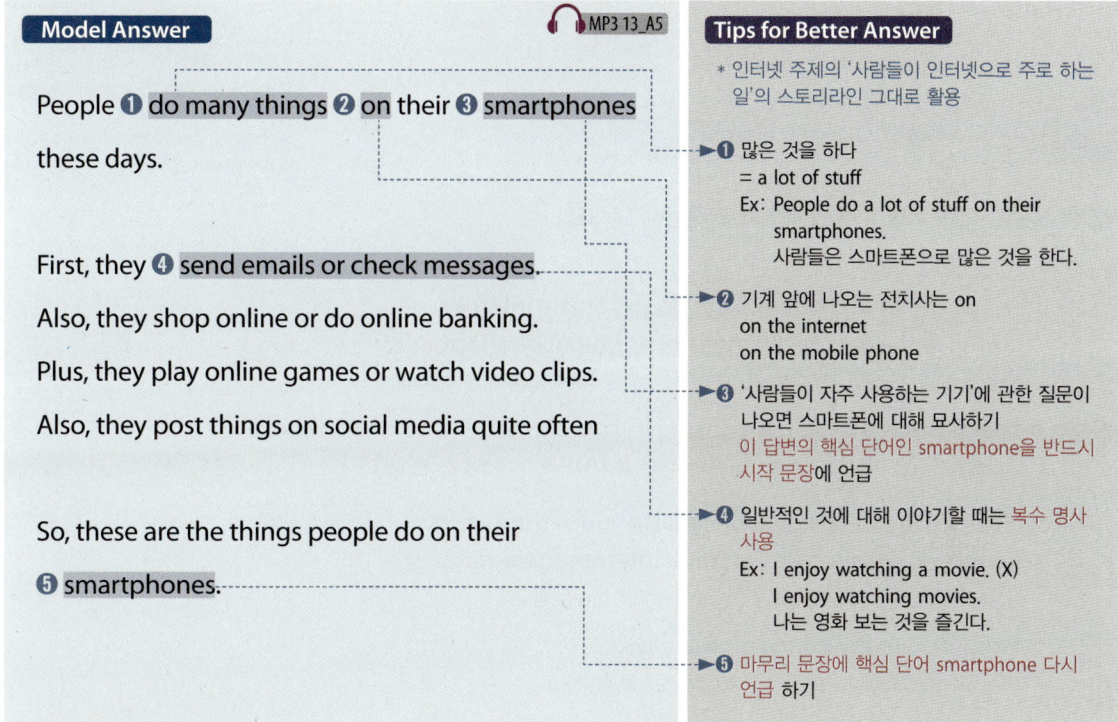

Model Answer MP3 13_A5

People ❶ do many things ❷ on their ❸ smartphones these days.

First, they ❹ send emails or check messages.
Also, they shop online or do online banking.
Plus, they play online games or watch video clips.
Also, they post things on social media quite often

So, these are the things people do on their ❺ smartphones.

Tips for Better Answer

* 인터넷 주제의 '사람들이 인터넷으로 주로 하는 일'의 스토리라인 그대로 활용

▶❶ 많은 것을 하다
= a lot of stuff
Ex: People do a lot of stuff on their smartphones.
사람들은 스마트폰으로 많은 것을 한다.

▶❷ 기계 앞에 나오는 전치사는 on
on the internet
on the mobile phone

▶❸ '사람들이 자주 사용하는 기기'에 관한 질문이 나오면 스마트폰에 대해 묘사하기
이 답변의 핵심 단어인 smartphone을 반드시 시작 문장에 언급

▶❹ 일반적인 것에 대해 이야기할 때는 복수 명사 사용
Ex: I enjoy watching a movie. (X)
I enjoy watching movies.
나는 영화 보는 것을 즐긴다.

▶❺ 마무리 문장에 핵심 단어 smartphone 다시 언급 하기

Key Expressions

- **do tons of things** 수많은 것을 하다
- **these days** 요즘에는, 근래에는
- **send emails** 이메일을 보내다
- **check messages** 메시지를 확인하다
- **social media** 소셜 미디어, SNS

- **play online games** 온라인 게임을 하다
- **watch video clips** 동영상을 보다
- **shop online** 온라인 쇼핑을 하다
- **do online banking** 온라인 뱅킹을 하다

요즘 사람들은 스마트폰으로 많은 것들을 합니다. 첫째, 그들은 이메일을 보내거나 메시지를 확인합니다. 또한, 그들은 온라인 쇼핑을 하거나 온라인 뱅킹을 합니다. 게다가 그들은 온라인 게임을 하거나 비디오를 봅니다. 또한 그들은 소셜 미디어에 자주 글을 올립니다. 즉, 사람들은 이런 것들을 스마트폰으로 합니다.

 **OPIc Pattern 익히기**

주어진 한국어 핵심 문장을 읽고 빈칸에 들어갈 영어 표현을 작성하세요. 그 후, 문장을 반복해 말하는 연습을 통해 OPIc 핵심 패턴과 모범 답변을 익혀 보세요.

1. 요즘 사람들은 그들의 스마트폰으로 많은 것들을 합니다.

People do _____ _____ on _____ _____ these days.

2. 그들은 이메일을 보내거나 메시지를 체크합니다.

They _____ _____ or _____ _____.

3. 그들은 온라인 쇼핑을 하거나 온라인 뱅킹을 합니다.

They _____ _____ or do _____ _____.

4. 즉 사람들은 이런 것들을 스마트폰으로 합니다.

These are the _____ _____ _____ on _____ _____.

Answer
1. many things / their smartphones
2. send emails / check messages.
3. shop online / online banking
4. things people do / their smartphones

 OPIc Magic Pattern 활용하기

학습한 Magic Pattern을 다른 주제에서도 활용해 보세요.

1. I often use my smartphone to <u>get access to the internet</u>.
   - I often <u>get access to the internet</u> to do online shopping.
     Shopping에 활용 저는 온라인 쇼핑을 하기 위해 자주 인터넷에 접속합니다.
   - I <u>get access to the internet</u> using my smartphone to do online banking.
     Banks에 활용 저는 온라인 뱅킹을 위해 휴대폰을 사용하여 인터넷에 접속합니다.

2. People <u>do many things on</u> their smartphones these days.
   - People <u>do many things on</u> their internet these days.
     Internet에 활용 요즘 사람들은 인터넷으로 많은 것들을 합니다.
   - People <u>do many things on</u> holidays.
     Holidays에 활용 사람들은 명절 때 많은 것들을 합니다.

3. They <u>play online games or watch video clips</u>.
   - I <u>play online games or watch video clips</u> when I have some free time.
     Free Time에 활용 저는 자유시간이 있을 때마다 온라인 게임을 하고 비디오 영상을 봅니다.
   - Many people <u>play online games or watch video clips</u> on holidays.
     Holidays에 활용 많은 사람들이 명절 때마다 온라인 게임을 하고 비디오 영상을 봅니다.

4. So, <u>these are the things people do</u> on their smartphones.
   - So, <u>these are the things people do</u> on the internet.
     Internet에 활용 즉, 사람들은 이런 것들을 인터넷으로 합니다.
   - So, <u>these are the things people do</u> whenever people have free time.
     Free Time에 활용 즉, 이것이 사람들이 자유시간이 있을 때마다 하는 것들입니다.

OPIc 질문에 대한 모범답변을 살펴본 후, 질문의 핵심 포인트를 파악하여 나만의 OPIc 답변을 만들어 보세요.

6-1 **What do you like most about your phone? Maybe you like the camera or maybe you like certain applications. Tell me why you like those features.** 🎧 MP3 13_Q6-1

당신의 전화기에서 가장 마음에 드는 것은 무엇인가요? 카메라를 좋아하거나 특정 어플리케이션을 좋아할 수도 있습니다. 왜 그런 기능들을 좋아하는지 말해 주세요.

6-2 **What piece of technology do you use most often? Do you use computers or mobile phones? Tell me about the most typical type of technology you use every day.** 🎧 MP3 13_Q6-2

당신은 어떤 기계를 가장 자주 사용하나요? 컴퓨터나 휴대폰을 사용하나요? 당신이 매일 사용하는 가장 일반적인 기계에 대해 말해 주세요.

Structure		Idea
시작 문장	주제 문장 소개	I use my cell phone every single day.
본문	자주 사용하는 기계인 휴대폰으로 평상시 하는 일 묘사	often get access to the internet, surf the internet, whenever I want to, chat with people, stream music, watch movies, check the weather forecast, leave messages
마무리 문장	나의 답변 마무리	So, these are the things I do on my phone.

Model Answer 🎧 MP3 13_A6

I use my cell phone ❶ every single day.

I ❷ often use my smartphone to get access to the internet.

So, I can surf the internet ❸ whenever I want to.

First, I chat with people on messaging apps.

Also, I do online searches or read news articles.

Next, I stream music or watch movies.

❹ Plus, I check the weather forecast.

Also, I leave messages on people's postings.

So, ❺ these are the things I do on my phone.

Tips for Better Answer

* 인터넷 주제의 '내가 인터넷으로 주로 하는 일' 모범 답변의 내용을 최대한 활용

* 어떤 기기를 사용하는지 묻는 질문이므로 cell phone 또는 smartphone을 반드시 시작 문장에 언급

▶❶ every day 강조하는 표현
Ex: I exercise every single day.
나는 매일 하루도 빠짐없이 운동을 한다.

▶❷ 빈도 부사
= usually, normally
빈도 부사로 문장을 시작할 수도 있고 주어 다음에 넣을 수 있음
Ex: Normally, I use the phone in the morning.
I normally use the phone in the morning.
보통 나는 아침에 휴대폰을 사용한다.

▶❸ 복합관계부사를 사용하여 다양한 문장 구조 만들기
whenever + 주어 + 동사: (주어)가 (동사)할 때는 언제든지
Ex: I can use the internet wherever I go.
어디를 가던지 인터넷을 사용할 수 있다.

▶❹ 접속사 및 부사
순서 상관없이 아이디어 나열할 때 사용
besides, furthermore, moreover:
뿐만 아니라, 더욱이, 게다가

▶❺ 사람들 또는 본인이 평소에 하는 일에 대한 답변 후 마무리 할 때 so, these are the things로 시작하기

- **do various types of things** 다양한 것을 하다
- **get access to the internet** 인터넷에 접속하다
- **surf the internet** 인터넷 서핑하다
- **whenever I want to** 내가 원할 때는 언제든지
- **chat with people** 사람들과 채팅하다, 수다 떨다
- **check the weather forecast** 일기예보를 확인하다
- **leave messages** 댓글, 메모를 남기다

저는 매일 휴대폰을 사용합니다. 주로 스마트폰을 사용하여 인터넷에 접속합니다. 그래서 저는 언제든지 인터넷을 할 수 있습니다. 첫째, 메신저 앱으로 사람들과 대화합니다. 또한 저는 온라인 검색을 하거나 뉴스 기사를 읽습니다. 다음에는 음악을 스트리밍해서 듣거나 영화를 봅니다. 게다가, 일기예보를 확인합니다. 또, 저는 사람들의 게시물에 메모를 남기기도 합니다. 즉, 이러한 것들이 제 폰으로 하는 것들입니다.

OPIc Pattern 익히기

주어진 한국어 핵심 문장을 읽고 빈칸에 들어갈 영어 표현을 작성하세요. 그 후, 문장을 반복해 말하는 연습을 통해 OPIc 핵심 패턴과 모범 답변을 익혀 보세요.

1. 저는 매일 휴대폰을 사용합니다.

I _____ my cell phone _____ _____ _____.

2. 저는 주로 스마트폰을 사용하여 인터넷에 접속합니다.

I _____ use my smartphone _____ _____ _____ _____ the internet.

3. 저는 언제든지 인터넷을 할 수 있습니다.

I _____ _____ the internet _____ _____ _____ _____.

4. 저는 사람들의 게시물에 메모를 남깁니다.

I _____ _____ on _____ _____.

OPIc Magic Pattern 활용하기

학습한 Magic Pattern을 다른 주제에서도 활용해 보세요.

1. I use my cell phone <u>every single day</u>.
- I go to a park to take a walk <u>every single day</u>.
  Parks / Walking에 활용 저는 하루도 빠짐없이 공원에 가서 산책을 합니다.
- I use the internet <u>every single day</u>.
  Internet에 활용 저는 하루도 빠짐없이 인터넷을 사용합니다.

2. I can surf the internet <u>whenever I want to</u>.
- I can wire transfer money <u>whenever I want to</u>.
  Banks에 활용 저는 제가 원할 때는 언제든지 돈을 이체할 수 있습니다.
- I can do online shopping <u>whenever I want to</u>.
  Shopping에 활용 저는 제가 원할 때는 언제든지 온라인 쇼핑을 할 수 있습니다.

3. I <u>stream music or watch movies</u>.
- I <u>stream music or watch movies</u> in my free time.
  Free Time에 활용 저는 자유시간이 있을 때 음악을 스트리밍해서 듣거나 영화를 봅니다.
- I <u>stream music or watch movies</u> during the holidays.
  Holidays에 활용 저는 명절 때 음악을 스트리밍해서 듣거나 영화를 봅니다.

OPIc 질문에 대한 모범답변을 살펴본 후, 질문의 핵심 포인트를 파악하여 나만의 OPIc 답변을 만들어 보세요.

7 What do you do on your phone besides talking to people?
Do you make updates on your social media page? Do you play games?
Tell me what you typically do on your phone. 🎧 MP3 13_Q7

당신은 사람들과 이야기하는 것 외에 전화로 무엇을 하나요? 소셜 미디어를 업데이트 하나요? 게임을 하나요? 전화기로 주로 뭘 하는지 말해 주세요.

	Structure		Idea
시작 문장	주제 문장 소개		Other than making phone calls, I listen to music on my phone.
본문	전화 외 음악 듣는 습관 묘사(언제, 어디서 주로 듣는 지)		on the go, on the subway or the bus, driving, walking down the street, doing housework, gloomy, bored
마무리 문장	나의 답변 마무리		So, I listen to music on my phone whenever I want to.

Model Answer 🎧 MP3 13_A7

❶ Other than making phone calls, I listen to music on my phone.

I often listen to music ❷ on the go.

For example, I listen to music when I'm on the subway or the bus.

+ Plus, I listen to music ❸ when I'm driving.

+ Plus, I listen to music when I'm ❹ walking down the street.

Also, I listen to music when I'm working out.

+ Also, I listen to music when I'm doing ❺ housework.

+ Plus, I listen to music when I ❻ feel gloomy.

+ Also, I listen to music when I'm bored.

So, I listen to music on my phone whenever I want to.

Tips for Better Answer

* 음악 축제의 '음악을 듣는 장소, 시간 묘사' 질문에도 활용 가능한 답변

▶❶ other than 명사, 동명사: (명사, 동명사) 외에도~
Ex: Other than listening to music, I also watch movies on my phone.
음악 듣는 것 외에도 나는 내 휴대폰으로 영화를 본다.

▶❷ = when I am moving

▶❸ 어떠한 행동을 하는 중인 것을 강조하기 위해 현재형이 아닌 현재 진행형 사용

▶❹ walking 와 working out 발음 유의
walk 워크 / work 월~크
R/L, F/P, TH/S와 같은 한국인이 많이 하는 발음 실수 최대한 줄이기

▶❺ 집안일
= house chores
= house responsibilities

▶❻ feel gloomy 기분이 우울하게 느껴지다
be gloomy 우울하다
= feel down
Ex: I don't know why but I feel down.
이유는 모르겠는데 기분이 우울하다.

Key Expressions

• **on the go** 이동 중에
• **when I'm driving** 운전 중에
• **when I'm walking down the street** 길을 걷는 중에
• **when I'm working out** 운동 중에

• **doing housework** 집안일 하는
• **gloomy** 우울하다, 침울하다
• **bored** 심심한, 지겨운

저는 전화통화 말고도 주로 휴대폰으로 음악을 듣습니다. 저는 이동 중일 때 음악을 듣습니다. 예를 들어 지하철이나 버스에서 음악을 듣습니다. (+ 또한, 운전할 때 차 안에서 음악을 듣습니다. + 또한, 길을 걸을 때 음악을 듣습니다.) 또한 운동을 할 때 음악을 듣습니다. (+ 또한, 저는 집안일을 할 때 음악을 듣습니다. + 그리고, 기분이 우울할 때 음악을 듣습니다. + 또한 심심할 때 음악을 듣습니다.) 그래서 저는 제가 원할 때 휴대폰으로 음악을 듣습니다.

주어진 한국어 핵심 문장을 읽고 빈칸에 들어갈 영어 표현을 작성하세요. 그 후, 문장을 반복해 말하는 연습을 통해 OPIc 핵심 패턴과 모범 답변을 익혀 보세요.

1. 저는 전화통화 말고도 주로 휴대폰으로 음악을 듣습니다.

_____ _____ _____ phone calls, I _____ _____ _____ on my phone.

2. 저는 이동 중일 때 음악을 듣습니다.

I _____ _____ _____ music _____ _____ _____.

3. 예를 들어, 지하철이나 버스에서 음악을 듣습니다.

_____ _____, I listen to music when I'm _____ _____ _____ or _____ _____.

4. 그래서 저는 제가 원할 때 휴대폰으로 음악을 듣습니다.

So, I listen _____ _____ _____ my phone _____ _____ _____ _____.

Answer
1. Other than making / listen to music
2. often listen to / on the go
3. For example / on the subway / the bus
4. to music on / whenever I want to

 OPIc Magic Pattern 활용하기

학습한 Magic Pattern을 다른 주제에서도 활용해 보세요.

1. <u>Other than</u> making phone calls, I listen to music on my phone.
  - <u>Other than</u> online surfing, I do online banking on my phone.
    Banks에 활용 온라인 검색하는 것 외에도 제 휴대폰으로 온라인 뱅킹을 합니다.

  - <u>Other than</u> eating healthy, I exercise regularly.
    Health에 활용 건강하게 먹는 것 외에도 저는 정기적으로 운동합니다.

2. I <u>often listen to music</u> on the go.
  - I <u>often listen to music</u> when I am doing housework.
    Housing에 활용 집에서 집안일을 할 때 자주 음악을 듣습니다.

  - I <u>often listen to music</u> in my free time.
    Free Time에 활용 자유시간이 있을 때 자주 음악을 듣습니다.

3. I listen to music <u>when I feel gloomy</u>.
  - I watch action movies <u>when I feel gloomy</u>.
    Movies에 활용 저는 기분이 우울할 때 액션 영화를 봅니다.

  - I visit beautiful cafés <u>when I feel gloomy</u>.
    Coffee Shops에 활용 저는 기분이 우울할 때 아름다운 카페에 갑니다.

OPIc 질문에 대한 모범답변을 살펴본 후, 질문의 핵심 포인트를 파악하여 나만의 OPIc 답변을 만들어 보세요.

8-1 Tell me about the first phone you used.
How was it different from the phone you use now?   🎧 MP3 13_Q8-1

당신이 처음 사용한 전화기에 대해 말해 주세요. 지금 쓰고 있는 전화기와 어떻게 다른가요?

8-2 Technology has definitely changed over time.
Tell me about an early memory that you have about a piece of technology.
It could be a computer or a mobile phone from many years ago.
How has that technology changed over time?   🎧 MP3 13_Q8-2

기술은 시간이 지남에 따라 확실히 바뀌었습니다. 당신이 가지고 있는 기술에 대한 예전 기억에 대해 말해 주세요. 수년 전의 컴퓨터나 휴대폰일 수 있습니다. 시간이 지남에 따라 그 기술은 어떻게 변했나요?

	Structure	Idea
시작 문장	주제 문장 소개	My first cell phone was just a phone.
본문	5년 전 휴대폰의 기능과 현재 휴대폰의 기능 차이 묘사	able to make phone calls, that was it, phones have changed, a lot better
마무리 문장	나의 답변 마무리	So, smartphones make a big difference in our lives.

Model Answer   🎧 MP3 13_A8

My first cell phone was ❶ just a phone.

I ❷ was able to just make phone calls, but ❸ that was it.

However, phones have changed a lot over the years.

They are a lot better than in the past.

I can do ❹ a lot more on my phone now.

I can get access to the internet whenever I want to.

So, smartphones ❺ make a big difference in our lives.

Tips for Better Answer

❶ 단순한 휴대폰
= a simple phone

❷ be able to 동사: (동사) 할 수 있다
조동사 can과 의미는 같지만 can과 다르게 미래 시제로도 사용할 수 있어서 사용 빈도가 높음
Ex: I will be able to buy a new phone.
새로운 휴대폰을 살 수 있게 될 것이다. (미래형)
I was able to buy a new phone.
새로운 휴대폰을 살 수 있었다. (과거형)

❸ 그것이 다였다.
더 이상 할 말이 없을 때 문장 또는 문단을 마무리할 수 있는 유용한 표현

❹ 비교급 more를 강조하는 표현
= much more
Ex: It is a lot more expensive than I expected.
내 예상보다 훨씬 더 비싸다.

❺ 과거와 현재를 비교하기 때문에 현재완료형으로 변경 가능
Ex: So, smartphones have made a big difference in our lives.
스마트폰은 우리 생활에 큰 변화를 가져왔다.

make 대신 bring 동사도 같은 의미
= So, smartphones have brought a big difference in our lives.

데이터와 트렌드로 쉽게 취득하는 OPIc IM

- **just** 그냥, 그저
- **be able to** ~을 할 수 있다
- **That is it.** 그게 다다. (= That is all.)
- **over the years** 지난 몇 년간
- **get access to the internet** 인터넷 접속, 연결하다
- **whenever I want to** 내가 원할 때는 언제든지
- **make a big difference** 큰 차이, 변화를 가져오다

저의 첫 번째 휴대폰은 그냥 전화기였습니다. 전화는 할 수 있었는데 그게 다였습니다. 하지만, 전화기는 몇 년 동안 많이 바뀌었습니다. 그것은 과거보다 훨씬 좋아졌습니다. 저는 지금 스마트폰으로 더 많은 것을 할 수 있습니다. 저는 제가 원할 때 언제든지 인터넷에 접속할 수 있습니다. 스마트폰은 우리 생활에 큰 변화를 가져왔습니다.

OPIc Pattern 익히기

주어진 한국어 핵심 문장을 읽고 빈칸에 들어갈 영어 표현을 작성하세요. 그 후, 문장을 반복해 말하는 연습을 통해 OPIc 핵심 패턴과 모범 답변을 익혀 보세요.

1. 전화는 할 수 있었는데 그게 다였습니다.

I was _____ _____ just _____ phone calls, but _____ _____ _____.

2. 전화기는 몇 년 동안 많이 바뀌었습니다.

Phones _____ _____ a lot _____ _____ _____.

3. 그것은 과거보다 훨씬 좋아졌습니다.

They are _____ _____ _____ _____ in the past.

4. 스마트폰은 우리 생활에 큰 변화를 가져왔습니다.

Smartphones _____ _____ _____ _____ in our lives.

Answer
1. able to / make / that was it
2. have changed / over the years
3. a lot better than
4. make a big difference

OPIc Magic Pattern 활용하기

학습한 Magic Pattern을 다른 주제에서도 활용해 보세요.

1. I <u>was able to</u> just make phone calls, but that was it.
  - I <u>was able to</u> clean the whole house in one day.
    Housing에 활용   하루 만에 집 전체를 다 치울 수 있었습니다.

  - I <u>was able to</u> lose weight because I went jogging every day.
    Health / Jogging에 활용   매일 조깅을 갔기 때문에 살을 뺄 수 있었습니다.

2. However, phones <u>have changed a lot over the years</u>.
  - The way of doing shopping <u>has changed a lot over the years</u>.
    Shopping에 활용   쇼핑하는 방식이 지난 몇 년간 많이 바뀌었습니다.

  - The way of traveling in Korea <u>has changed a lot over the years</u>.
    Domestic Trips에 활용   한국에서 여행하는 방식이 지난 몇 년간 많이 바뀌었습니다.

3. Smartphones <u>make a big difference in our lives</u>.
  - Online banking service <u>makes a big difference in our lives</u>.
    Banking에 활용   온라인 뱅킹 서비스는 우리 삶에 큰 변화를 가져옵니다.

  - Online shopping <u>makes a big difference in our lives</u>.
    Shopping에 활용   온라인 쇼핑은 우리 삶에 큰 변화를 가져옵니다.

OPIc 질문에 대한 모범답변을 살펴본 후, 질문의 핵심 포인트를 파악하여 나만의 OPIc 답변을 만들어 보세요.

9-1 **Tell me about a time when you had trouble while using your phone. What was the problem and how did you deal with it?** 🎧 MP3 13_Q9-1

전화기를 사용하던 중 문제가 있었던 때에 대해 말해 주세요. 무엇이 문제였고 어떻게 대처했나요?

9-2 **Problems often come up because of our dependence on technology.** 🎧 MP3 13_Q9-2
Think about a time when you experienced a problem because some piece of technology was not working properly. Maybe your computer crashed or maybe your cell phone had no service. Tell me about a time when you had some kind of problem getting technology to work.

우리는 기계에 많이 의존하기 때문에 종종 문제가 발생합니다. 어떤 기계가 제대로 작동하지 않아 문제를 겪었던 때를 생각해 보세요. 컴퓨터가 고장 났거나 휴대폰이 고장 났었을 수도 있습니다. 기계를 작동시키는 데 문제가 있었던 경험에 대해 말해 주세요.

Structure		Idea
시작 문장	주제 문장 소개	I use my phone all day, so it runs out of battery quite often.
본문	휴대폰 배터리가 나가서 불편했던 점들 나열	phone died, inconvenient, had to call, check some messages, checked my phone after I got home, charge my phone
마무리 문장	나의 답변 마무리	Since then, I often carry around my charger.

Model Answer 🎧 MP3 13_A9

I use my phone ❶ all day, so it ❷ runs out of battery quite often.

Once, my phone died when I was outside.

It was very ❸ inconvenient because my phone was dead.

I had to call someone, but I could NOT.

I had to check some messages, but I could NOT.

❹ In the end, I checked my phone after I got home.

+ I went to a coffee shop ❺ to charge my phone.

Since then, I often ❻ carry around my charger.

+ I often carry around my battery pack.

Tips for Better Answer

❶ 필수 표현: 하루 종일
= all day long, throughout the day
Ex: I kill my time using my phone throughout the day.
나는 내 휴대폰을 사용해서 시간을 보낸다.

❷ 방전되다
= died
Ex: My phone just died and there was no place to charge the phone.
내 휴대폰이 방금 방전됐는데 충전할 장소가 없었다.

❸ 불편한
= uncomfortable: 불편한
= annoying: 짜증나는
= bothering: 귀찮은

❹ 마침내, 결국에는
스토리의 마지막 문장으로 어울리는 동사
= finally, eventually
Ex: Finally, I checked all the missed calls.
드디어 부재 중 전화를 확인했다.

❺ 휴대폰을 충전하다
= get my phone charged

❻ carry: 들고 다니다. 휴대해서 다니다
carry around 들고 돌아다니다 (특정 목적지 없이 다니는 느낌을 줄 때 around 추가)
Ex: I walked. 걸었다.
I walked around. 그냥 돌아다녔다.

- **all day** 하루 종일
- **run out of battery** 방전되다, 배터리가 나가다
- **phone died, phone is dead** 방전되다, 배터리가 나가다
- **eventually** 결국에는, 드디어
- **carry around** 휴대하다, 가지고 다니다
- **battery pack** 외장형 충전기

저는 하루 종일 휴대폰을 사용하기 때문에 배터리가 꽤 자주 소모됩니다. 한번은, 제가 밖에 있을 때 전화기의 배터리가 나갔습니다. 전화기를 쓸 수 없어서 매우 불편했습니다. 누군가에게 전화를 해야 했지만 그럴 수 없었습니다. 메시지 몇 개를 확인해야 했지만 확인할 수 없었습니다. 결국, 집에 돌아온 후에 제 전화를 확인했습니다. (+ 휴대폰을 충전하러 커피숍에 갔습니다.) 그 이후로 저는 자주 충전기를 가지고 다닙니다. (+ 배터리 충전기는 항상 가지고 다닙니다.)

주어진 한국어 핵심 문장을 읽고 빈칸에 들어갈 영어 표현을 작성하세요. 그 후, 문장을 반복해 말하는 연습을 통해
OPIc 핵심 패턴과 모범 답변을 익혀 보세요.

1. 저는 하루 종일 휴대폰을 사용하기 때문에 배터리가 꽤 자주 소모됩니다.

I _____ my phone _____ _____, so it _____ _____ _____ _____ quite often.

2. 제가 밖에 있을 때 전화기의 배터리가 나갔습니다.

My _____ _____ when I _____ _____.

3. 전화기를 쓸 수 없어서 매우 불편했습니다.

It was very _____ _____ my phone _____ _____.

4. 그 이후로 저는 자주 충전기를 가지고 다닙니다.

_____ _____, I often _____ _____ my charger.

Answer
1. use / all day / runs out of battery
2. phone died / was outside
3. inconvenient because / was dead
4. Since then / carry around

🔍 **OPIc Magic Pattern 활용하기**

학습한 Magic Pattern을 다른 주제에서도 활용해 보세요.

1. I use my phone <u>all day</u>.
- I listen to music <u>all day</u>.
  Music에 활용 저는 하루 종일 음악을 듣습니다.

- I use the internet and do social media <u>all day</u>.
  Internet에 활용 저는 하루 종일 인터넷을 사용하고 소셜 미디어를 합니다.

2. <u>It was very inconvenient because</u> my phone was dead.
- <u>It was very inconvenient because</u> it rained a lot that day.
  Weather에 활용 그날 비가 많이 와서 매우 불편했습니다.

- <u>It was very inconvenient because</u> there were so many people at the department store.
  Shopping에 활용 그날 백화점에 사람이 너무 많아 매우 불편했습니다.

3. <u>Since then</u>, I often carry around my charger.
- <u>Since then</u>, I try to be careful when I eat something in summer.
  Food에 활용 그때 이후로 여름에 무엇을 먹을 때 조심하려고 노력합니다.

- <u>Since then</u>, I try to work out more often.
  Health에 활용 그때 이후로 너 자주 운동을 하려고 노력합니다.

Shopping / Fashion

빈출 주제 파악하기

질문을 제대로 파악하는 것만으로도 성공적으로 시험을 치를 수 있습니다. OPIc에서 자주 출제되는 질문들을 알아보세요.

Shopping

1 **You indicated in the survey that you like to go shopping. Talk about stores or shopping centers in your country. What are they like? Describe them in detail.**

당신은 쇼핑하는 것을 좋아한다고 했습니다. 당신의 나라의 상점이나 쇼핑센터에 대해 이야기해 보세요. 어떤 곳인가요? 자세히 묘사해 주세요.

문항 유형	우리나라 상점 / 쇼핑센터 묘사
문항 수준	Intermediate
핵심 포인트	• 술집, 카페, 음식점에 같이 사용할 수 있는 영업점 묘사 표현 활용 • 우리나라의 상점 묘사이기 때문에 주어 stores, they를 사용하며 현재형 시제로 묘사
중요도	★★★

2 **Where do you go when you go shopping for something? What do you buy when you go there? What is special about that place?**

당신은 쇼핑할 때 어디로 가나요? 가서 무엇을 사나요? 어떤 점이 특별한가요?

문항 유형	본인이 즐겨 가는 쇼핑 장소 묘사
문항 수준	Intermediate
핵심 포인트	• 쇼핑 주제의 '본인의 쇼핑 습관 묘사'와 같은 답변 활용 • 본인의 습관이기 때문에 주어 I 사용 • 온라인 쇼핑의 장점을 현재형 시제를 사용하여 나열
중요도	★★★

3 **Think of your early memories of shopping. Was there a store you remember from your childhood? What did it look like and what was your impression of that place?**

쇼핑에 대한 과거의 경험을 생각해 보세요. 어렸을 때 기억나는 가게가 있나요? 어떻게 생겼고 인상이 어땠나요? 자세히 설명해 주세요.

문항 유형	어렸을 때 쇼핑 추억 묘사
문항 수준	Advanced
핵심 포인트	• 어렸을 때 쇼핑 간 장소로 집 근처 슈퍼마켓에서 장 본 경험 묘사 • 과거의 본인 경험이기 때문에 주어 I와 과거형 시제 사용
중요도	★★★

4 **You indicated in the survey that you like to go shopping. I want to know about your shopping habits. How often do you go shopping? Where do you go when you shop?**

설문조사에서 당신은 쇼핑하는 것을 좋아한다고 했습니다. 당신의 쇼핑 습관에 대해 알고 싶습니다. 얼마나 자주 쇼핑을 가나요? 쇼핑하러 어디로 가나요?

문항 유형	본인의 쇼핑 습관 묘사
문항 수준	Intermediate
핵심 포인트	• 쇼핑 주제의 '본인이 즐겨 가는 쇼핑 장소 묘사'와 같은 답변 활용 • 본인의 습관이기 때문에 주어 I 사용 • 온라인 쇼핑의 장점을 현재형 시제를 사용하여 나열
중요도	★★★

5 **When was the last time you went to shop for something? Where did you go and what did you buy? Who did you go with? What was special about that shopping experience?**

마지막으로 물건을 사러 간 게 언제인가요? 어디에 가서 무엇을 샀나요? 누구와 같이 갔나요? 어떤 점이 특별했나요?

문항 유형	최근 쇼핑한 경험 묘사
문항 수준	Advanced
핵심 포인트	• 최근 가족과 함께 장보러 가서 구매한 물건 나열 • 과거의 경험이기 때문에 과거형 시제 사용 • 가족과 함께 갔기 때문에 주어 we 사용
중요도	★★★★★

6 **People sometimes go through difficulties while they are shopping. What were some problems you had to deal with while you were shopping?**

사람들은 때때로 쇼핑하는 동안 어려움을 겪습니다. 쇼핑하는 동안 직면해야 했던 문제들은 무엇이었나요?

문항 유형	본인이 쇼핑 중 겪었던 문제들 묘사
문항 수준	Advanced
핵심 포인트	• 마음에 드는 물건이 품절이었던 경험을 과거형 시제로 묘사 • 본인의 과거 경험이기 때문에 주어 I 사용
중요도	★★★★★

Fashion

7 **What kinds of clothes do people in your country typically wear? Are there different clothes for work and for play?**

당신 나라의 사람들은 보통 어떤 옷을 입나요? 일을 하거나 놀 때 다른 옷을 입나요?

문항 유형	우리나라 사람들의 패션묘사
문항 수준	Advanced
핵심 포인트	• 계절별로 다른 옷을 입기 때문에 한국의 사계절 언급 • 평소의 패션 묘사이기 때문에 주어 people, they를 사용하고 현재형 시제 사용
중요도	★★

8 **What kinds of clothes do you like to wear personally? What kind of fashion style do you like? What are you wearing today?**

개인적으로 어떤 옷을 입기를 좋아하세요? 어떤 패션 스타일을 좋아하세요? 오늘은 무엇을 입고 있나요?

문항 유형	본인이 좋아하는 옷 묘사
문항 수준	Intermediate
핵심 포인트	• 본인이 평소 좋아하는 옷을 현재형 시제로 묘사 • 겨울과 여름에 입는 옷을 주어 I를 사용하여 묘사
중요도	★★

9 **Fashion styles are always changing. Tell me about the kinds of clothes that were popular when you were younger. How were they different from what is popular now?**

패션 스타일은 항상 변합니다. 어렸을 때 유행했던 옷 종류에 대해 말해 주세요. 지금 인기 있는 스타일과는 어떻게 다른가요?

문항 유형	어렸을 때 주변에 유행했던 패션과 지금 패션 비교
문항 수준	Advanced
핵심 포인트	• 사람들의 과거 패션에 대해 이야기할 때는 과거형 시제 사용 • 현재의 패션에 대해 이야기할 때는 현재형 시제 사용 • 사람들의 패션 취향 변화에 관한 답변이기 때문에 주어 people, they 사용
중요도	★★★★

OPIc 질문에 대한 모범답변을 살펴본 후, 질문의 핵심 포인트를 파악하여 나만의 OPIc 답변을 만들어 보세요.

1 You indicated in the survey that you like to go shopping. Talk about stores or shopping centers in your country. What are they like? Describe them in detail.   🎧 MP3 14_Q1

당신은 쇼핑하는 것을 좋아한다고 했습니다. 당신 나라의 상점이나 쇼핑 센터에 대해 이야기해 보세요. 어떤 곳인가요? 자세히 묘사해 주세요.

Structure		Idea
시작 문장	주제 문장 소개	There are many stores in Korea.
본문	한국의 상점이나 쇼핑센터 묘사	busy streets, everywhere, outlet malls, discounts, get great deals, various, many restaurants, grab a bite, hungry
마무리 문장	나의 답변 마무리	Once again, there are many stores in Korea.

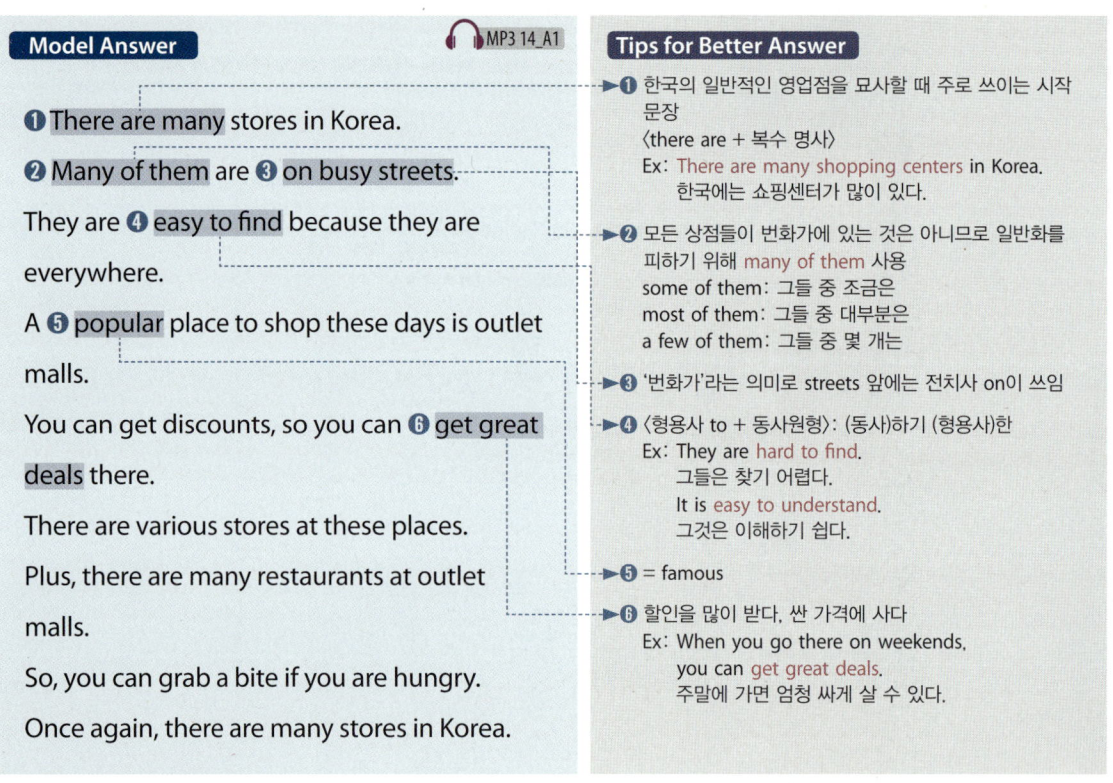

Model Answer   🎧 MP3 14_A1

❶ There are many stores in Korea.
❷ Many of them are ❸ on busy streets.
They are ❹ easy to find because they are everywhere.
A ❺ popular place to shop these days is outlet malls.
You can get discounts, so you can ❻ get great deals there.
There are various stores at these places.
Plus, there are many restaurants at outlet malls.
So, you can grab a bite if you are hungry.
Once again, there are many stores in Korea.

Tips for Better Answer

▶❶ 한국의 일반적인 영업점을 묘사할 때 주로 쓰이는 시작 문장
〈there are + 복수 명사〉
Ex: There are many shopping centers in Korea.
　　한국에는 쇼핑센터가 많이 있다.

▶❷ 모든 상점들이 번화가에 있는 것은 아니므로 일반화를 피하기 위해 many of them 사용
some of them: 그들 중 조금은
most of them: 그들 중 대부분은
a few of them: 그들 중 몇 개는

▶❸ '번화가'라는 의미로 streets 앞에는 전치사 on이 쓰임

▶❹ 〈형용사 to + 동사원형〉: (동사)하기 (형용사)한
Ex: They are hard to find.
　　그들은 찾기 어렵다.
　　It is easy to understand.
　　그것은 이해하기 쉽다.

▶❺ = famous

▶❻ 할인을 많이 받다, 싼 가격에 사다
Ex: When you go there on weekends, you can get great deals.
　　주말에 가면 엄청 싸게 살 수 있다.

Key Expressions

- **on busy streets** 번화가에
- **outlet malls** 아웃렛 쇼핑센터
- **easy to find** 찾기 쉬운
- **everywhere** 어디에든
- **various** 다양한
- **get discounts** 할인 받다
- **get great deals** 할인을 많이 받다, 싸게 사다
- **grab a bite** 간단히 먹다

한국에는 상점이 많습니다. 상점은 대부분 번화가에 있습니다. 어디에든 있기 때문에 쉽게 찾을 수 있습니다. 가장 인기 있는 곳 중 한 곳은 아웃렛입니다. 아웃렛에서는 할인을 받을 수 있기 때문에 싸게 살 수 있습니다. 그곳에는 다양한 상점들이 있습니다. 게다가 아웃렛에는 식당도 많습니다. 그래서, 배가 고프면 간단히 요기할 수 있습니다. 다시 한번 말하자면, 한국에는 상점이 아주 많습니다.

주어진 한국어 핵심 문장을 읽고 빈칸에 들어갈 영어 표현을 작성하세요. 그 후, 문장을 반복해 말하는 연습을 통해 OPIc 핵심 패턴과 모범 답변을 익혀 보세요.

1. 한국에는 상점이 많습니다. 상점은 대부분 번화가에 있습니다.

_____ _____ _____ _____ in Korea. Many of them are _____ _____ _____.

2. 어디에든 있기 때문에 쉽게 찾을 수 있습니다.

They are _____ _____ _____ because they are _____.

3. 아웃렛에서는 할인을 받을 수 있기 때문에 싸게 살 수 있습니다.

You can _____ _____, so you can _____ _____ _____ there.

4. 그래서, 배가 고프면 간단히 먹을 수 있습니다.

So, you can _____ _____ _____ _____ you are _____.

Answer
1. There are many stores / on busy streets
2. easy to find / everywhere
3. get discounts / get great deals
4. grab a bite if / hungry

OPIc Magic Pattern 활용하기

학습한 Magic Pattern을 다른 주제에서도 활용해 보세요.

1. There are many stores in Korea. Many of them are on busy streets.
  - There are many fancy bars in Korea. Many of them are on busy streets.
    Bars에 활용 한국에는 화려한 술집이 많습니다. 대부분 번화가에 있습니다.
  - There are many exotic restaurants in Korea. Many of them are on busy streets.
    Restaurants에 활용 한국에는 이국적인 음식점이 많습니다. 대부분 번화가에 있습니다.

2. A popular place to shop these days is outlet malls.
  - A popular place to travel these days is Busan which is on the south part of Korea.
    Domestic Trips에 활용 요즘 여행으로 인기 있는 장소는 한국의 남쪽에 있는 부산입니다.
  - A popular place to have drinks these days is wine bars.
    Bars에 활용 요즘 술 마시는 데 인기 있는 장소는 와인바입니다.

3. So, you can grab a bite if you are hungry.
  - There are so many affordable restaurants in the city. So, you can grab a bite if you are hungry.
    Restaurants에 활용 도시에는 가격이 적당한 음식점이 많이 있습니다. 그래서 배가 고프면 간단히 먹을 수 있습니다.
  - Cafes sell food these days. So, you can grab a bite if you are hungry.
    Coffee Shops에 활용 요즘은 커피숍에서 음식을 판매합니다. 그래서 배가 고프면 간단히 먹을 수 있습니다.

OPIc 질문에 대한 모범답변을 살펴본 후, 질문의 핵심 포인트를 파악하여 나만의 OPIc 답변을 만들어 보세요.

2-1 **Where do you go when you go shopping for something?**
What do you buy when you go there? What is special about that place? 🎧 MP3 14_Q2-1

당신은 쇼핑할 때 어디로 가나요? 가서 무엇을 사나요? 어떤 점이 특별한가요?

2-2 **You indicated in the survey that you like to go shopping.** 🎧 MP3 14_Q2-2
I want to know about your shopping habits. How often do you go shopping? Where do you
go when you shop?

설문조사에서 당신은 쇼핑하는 것을 좋아한다고 했습니다. 당신의 쇼핑 습관에 대해 알고 싶습니다. 얼마나 자주 쇼핑을 가나요?
쇼핑하러 어디로 가나요?

Structure		Idea
시작 문장	주제 문장 소개	I often go to outlet malls or department stores.
본문	온라인 쇼핑을 하는 방법과 주로 사는 물건 묘사	however, shop online, online shopping, convenient, less time and energy, easier than in the past
마무리 문장	나의 답변 마무리	Once again, I like to shop online quite often.

Model Answer 🎧 MP3 14_A2

I ❶ often go to ❷ outlet malls or department stores.

However, I also like to ❸ shop online.

Online shopping is ❹ very convenient.

❺ It takes much less time and energy to buy things.

Shopping is a lot easier than in the past.

I often get clothes or tickets on the internet.

❻ Plus, I sometimes get electronics or books online.

+ cosmetics + shoes + accessories + groceries + dog supplies + baby products

Once again, I like to shop online quite often.

Tips for Better Answer

❶ 자주 가는 쇼핑 장소에 대해 말하기 위해 빈도 부사 often 사용
  sometimes: 가끔
  from time to time: 때때로
  Ex: I sometimes to go department stores.
  　　나는 가끔 백화점에 간다.

❷ 하나의 특정한 쇼핑 장소가 아니기 때문에 outlet malls과 department stores처럼 복수 명사 사용

❸ = do online shopping

❹ 쇼핑 습관 묘사에 쓸 수 있는 형용사
  cost-saving: 비용이 절감되는
  time-saving: 시간이 절약되는
  Ex: Online shopping is cost-saving because you can compare prices easily.
  　　쉽게 가격을 비교할 수 있기 때문에 온라인 쇼핑은 비용이 절약된다.

❺ '시간과 힘이 덜 든다'라는 관용 문구로 활용도가 높기 때문에 ★암기 필수!
  Ex: It takes less effort.
  　　노력이 덜 든다.

❻ 답변 양 확보를 위해 온라인 쇼핑으로 구매할 수 있는 물품 나열
  Ex: Whenever I go there, I usually get some clothes and shoes.
  　　나는 그곳에 갈 때마다 보통 옷과 신발을 산다.

- **department stores** 백화점
- **shop online** 인터넷으로 쇼핑하다
- **convenient** 편리한
- **dog supplies** 애견 용품
- **electronics** 전자제품
- **cosmetics** 화장품
- **groceries** 식료품
- **baby products** 육아 용품

저는 아웃렛이나 백화점에 자주 쇼핑하러 갑니다. 하지만, 온라인 쇼핑도 좋아합니다. 온라인 쇼핑은 매우 편리합니다. 물건을 사는 데 시간과 힘이 훨씬 덜 듭니다. 쇼핑이 예전보다 훨씬 쉬워졌습니다. 저는 인터넷에서 옷 또는 티켓을 자주 삽니다. (+ 화장품 + 신발 + 액세서리 + 식료품 + 애견 용품 + 육아 용품) 다시 한번 말하자면, 저는 꽤 자주 온라인 쇼핑하는 것을 즐깁니다.

OPIc Pattern 익히기

주어진 한국어 핵심 문장을 읽고 빈칸에 들어갈 영어 표현을 작성하세요. 그 후, 문장을 반복해 말하는 연습을 통해 OPIc 핵심 패턴과 모범 답변을 익혀 보세요.

1. 저는 아웃렛이나 백화점에 자주 쇼핑하러 갑니다.

I _____ go to _____ _____ or _____ _____.

2. 온라인 쇼핑은 매우 편리합니다. 물건을 사는 데 시간과 힘이 훨씬 덜 듭니다.

_____ _____ is very _____. It takes _____ _____ _____ and _____ to buy things.

3. 쇼핑이 예전보다 훨씬 쉬워졌습니다.

Shopping is _____ _____ _____ _____ in the past.

4. 저는 인터넷에서 옷 또는 티켓을 자주 삽니다.

I often _____ _____ or _____ _____ _____ _____.

Answer
1. often / outlet malls / department stores
2. Online shopping / convenient / much less time / energy
3. a lot easier than
4. get clothes / tickets on the internet

OPIc Magic Pattern 활용하기

학습한 Magic Pattern을 다른 주제에서도 활용해 보세요.

1. Online shopping <u>is very convenient</u>.
- Online banking <u>is very convenient</u>, and time-saving.
  Banks에 활용 온라인 뱅킹은 매우 편리하고 시간을 절약할 수 있습니다.

- Eating out <u>is very convenient</u>, and cost-efficient.
  Restaurants에 활용 외식은 매우 편리하고 비용을 절감할 수 있습니다.

2. <u>It takes much less time and energy</u> to buy things.
- <u>It takes much less time and energy</u> to transfer money or open accounts.
  Banks에 활용 돈을 이체하거나 계좌를 여는 데 시간과 힘이 덜 듭니다.

- <u>It takes much less time and energy</u> to travel in Korea.
  Domestic Trips에 활용 한국을 여행하는 데 시간과 힘이 덜 듭니다.

3. Shopping <u>is a lot easier than in the past</u>.
- Taking care of banking work <u>is a lot easier than in the past</u>.
  Banks에 활용 은행 업무를 처리하는 것은 과거보다 훨씬 더 쉬워졌습니다.

- Traveling overseas <u>is a lot easier than in the past</u>, due to the development of the transportation.
  Overseas Trips에 활용 교통이 발전했기 때문에 해외여행하는 것은 과거보다 훨씬 더 쉬워졌습니다.

OPIc 모범 답변 학습하기

OPIc 질문에 대한 모범답변을 살펴본 후, 질문의 핵심 포인트를 파악하여 나만의 OPIc 답변을 만들어 보세요.

3 When was the last time you went to shop for something?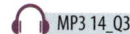
Where did you go and what did you buy? Who did you go with?
What was special about that shopping experience?

마지막으로 물건을 사러 간 게 언제인가요? 어디에 가서 무엇을 샀나요? 누구와 같이 갔나요? 어떤 점이 특별했나요?

Structure		Idea
시작 문장	주제 문장 소개	I remember getting groceries with my family recently.
본문	최근 가족들과 장보러 간 이야기 묘사	local supermarket, good prices, quality goods, able to get great deals, got some fish, chicken, pork, beef, instant noodles
마무리 문장	나의 답변 마무리	So, this was the last time I went shopping.

Model Answer MP3 14_A3

I remember ❶ getting groceries with my

family ❷ recently.

We ❸ went to a local supermarket.

They had good prices and ❹ quality goods.

So, we were able to get great deals there.

First, we ❺ got some fish and chicken.

+ Also, we got some rice, meat, and bread.

+ Next, we got some pork and beef.

+ Plus, we got some fruits and vegetables.

+ Also, we got some beer and wine.

+ Next, we got some instant noodles and

some snacks.

❻ So, this was the last time I went shopping.

Tips for Better Answer

▶❶ = do grocery shopping
　　Ex: I did grocery shopping yesterday.
　　　　나는 어제 장을 봤다.

▶❷ 최근 물건을 사러 간 경험에 대해 묻는 질문이기 때문에
　　recently를 시작 문장에 넣기

▶❸ = visited
　　일반적인 상점 묘사가 아닌 과거에 방문한 특정한 상점
　　하나에 대해 이야기하기 때문에 단수 명사
　　(a local supermarket) 사용
　　Ex: I go to a supermarket near the park.
　　　　나는 그 공원 근처에 있는 슈퍼마켓에 간다.
　　　　I go to big supermarkets on weekends.
　　　　나는 주말에 대형 슈퍼마켓에 간다.

▶❹ ⟨quality + goods⟩
　　'질 좋은 물건'이라는 의미로 goods 대신 products,
　　items, things로 대체 가능
　　⟨형용사 + quality goods⟩ (형용사)한 품질의 물건
　　best-quality: 최상 품질의
　　decent-quality: 꽤 괜찮은 품질의
　　Ex: I could easily get some decent-quality goods.
　　　　품질이 꽤 훌륭한 물건을 쉽게 살 수 있었다.

▶❺ 물건을 살 때 쓸 수 있는 동사는 get 또는 buy
　　Ex: I bought some pizza for my family.
　　　　나는 가족을 위해 피자를 샀다.

▶❻ 최근 경험에 대해 묘사 후 마무리 문장으로 유용
　　★암기 필수!
　　last time: 가장 최근의, 마지막의

Key Expressions

- **get groceries** 장 보다
- **local supermarket** 지역, 동네 슈퍼
- **good prices** 좋은 가격
- **quality goods** 좋은 품질의 물건

최근에 가족들과 식료품을 사러 간 기억이 납니다. 동네 슈퍼마켓에 갔습니다. 그곳은 합리적인 가격으로 좋은 품질의 상품을 팔았습니다. 그래서 우리는 저렴하게 구매할 수 있었습니다. 먼저 생선과 닭을 샀습니다. (+ 약간의 쌀, 고기, 빵도 샀습니다. + 돼지고기와 소고기도 샀습니다. + 과일, 채소도 샀습니다. + 맥주와 와인도 샀습니다. + 그리고 라면과 간식을 샀습니다.) 이것이 제가 무언가를 사러 간 최근 경험입니다.

주어진 한국어 핵심 문장을 읽고 빈칸에 들어갈 영어 표현을 작성하세요. 그 후, 문장을 반복해 말하는 연습을 통해 OPIc 핵심 패턴과 모범 답변을 익혀 보세요.

1. 최근에 가족들과 식료품을 사러 간 기억이 납니다.

I remember _____ _____ with my family _____.

2. 그곳은 합리적인 가격으로 좋은 품질의 상품을 팔았습니다.

They had _____ _____ and _____ _____.

3. 그래서 우리는 저렴하게 구매할 수 있었습니다.

So, we were _____ _____ _____ _____ _____ there.

4. 이것이 제가 무언가를 사러 간 최근 경험입니다.

So, this was the _____ _____ I _____ _____.

Answer
1. getting groceries / recently
2. good prices / quality goods
3. able to get great deals
4. last time / went shopping

 OPIc Magic Pattern 활용하기

학습한 Magic Pattern을 다른 주제에서도 활용해 보세요.

1. We <u>went to a local</u> supermarket.
- We <u>went to a local</u> bar to have drinks.
  Bars에 활용 우리는 술을 마시기 위해 동네 술집에 갔습니다.

- We <u>went to a local</u> restaurant to have a birthday party.
  Gatherings에 활용 우리는 생일 파티를 하기 위해 동네 음식점에 갔습니다.

2. So, we were <u>able to get great deals</u> there.
- I am a regular at the café, so I am <u>able to get great deals</u>.
  Coffee Shops에 활용 저는 그 커피숍의 단골이라 싸게 살 수 있습니다.

- I am a regular at the restaurant, so I am <u>able to get great deals</u>.
  Restaurants에 활용 저는 그 음식점의 단골이라 싸게 살 수 있습니다.

3. <u>So, this was the last time</u> I went shopping.
- <u>So, this was the last time</u> I went to the beach with my friends.
  Beaches에 활용 그래서 이것이 제가 최근에 친구들과 해변에 간 경험입니다.

- <u>So, this was the last time</u> I went on a trip with my family.
  Domestic Trips에 활용 그래서 이것이 제가 최근에 가족과 여행 간 경험입니다.

| 데이터와 트렌드로 쉽게 취득하는 OPIc IM

OPIc 질문에 대한 모범답변을 살펴본 후, 질문의 핵심 포인트를 파악하여 나만의 OPIc 답변을 만들어 보세요.

4 **Think of your early memories of shopping.**
Was there a store you remember from your childhood?
What did it look like and what was your impression of that place?

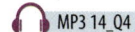 MP3 14_Q4

쇼핑에 대한 과거의 경험을 생각해 보세요. 어렸을 때 기억나는 가게가 있나요? 어떻게 생겼고 인상이 어땠나요? 자세히 설명해 주세요.

Structure		Idea
시작 문장	주제 문장 소개	I remember getting groceries with my family when I was a kid.
본문	어렸을 때 가족과 장 보러 슈퍼마켓에 간 경험 묘사	local supermarket, good prices, quality goods, were able to, great deals, used to get some
마무리 문장	나의 답변 마무리	So, this was my early memory of shopping.

Model Answer MP3 14_A4

I ❶ remember getting groceries with my

family when I was a kid.

We went to a local supermarket.

They had good prices and quality goods.

So, we ❷ were able to get great deals there.

We ❸ used to get ❹ some chips, cookies and

sweets.

+ Also, we used to get some ice cream, milk,

and cheese.

+ Plus, we used to get some drinks and

chocolates.

So, this was my early memory of shopping.

Tips for Better Answer

❶ 〈remember + 동명사/명사〉
과거의 경험에 대해 이야기할 때 시작 문장으로 가장 유용한 문법
Ex: I remember a small supermarket near my place.
집 근처 작은 슈퍼마켓이 기억난다.

❷ 〈be able to + 동사원형〉
조동사 can과 같은 의미이나 과거형, 현재형, 미래형으로 바꿀 수 있기 때문에 활용도 높음
과거의 경험 묘사에 유용한 문법
Ex: I will be able to go there to do shopping.
그곳에 가서 쇼핑할 수 있을 것이다.
I was able to go there to do shopping.
그곳에 가서 쇼핑할 수 있었다.

❸ 〈used to 동사〉
과거에 (동사)하고는 했었다
반복적으로 한 행동을 묘사할 때 쓰임
Ex: We used to go grocery shopping once a week.
우리는 일주일에 한 번씩 장 보러 갔었다.

❹ 답변 양 확보를 위해 장본 물건 나열하기
some은 가산 명사 (chips, cookies, sweets, drinks, chocolates)와 불가산 명사 (ice cream, milk, cheese) 앞에 올 수 있기 때문에 유용

Key Expressions

• **get groceries** 장 보다
• **local supermarket** 지역/동네 슈퍼
• **good prices** 좋은 가격

• **quality goods** 좋은 품질의 물건
• **sweets** 군것질, 단 음식
• **memory** 기억

어렸을 때 가족들과 식료품을 사러 간 기억이 납니다. 동네 슈퍼마켓에 갔습니다. 그곳은 합리적인 가격으로 좋은 품질의 상품을 팔았습니다. 그래서 우리는 저렴하게 구매할 수 있었습니다. 과자, 쿠키, 군것질거리를 사곤 했습니다. (+ 또한 아이스크림, 우유, 치즈도 사곤 했습니다. + 게다가 음료수와 초콜릿도 샀습니다.) 이것이 쇼핑에 대한 저의 예전 기억입니다.

14 Shopping / Fashion |

주어진 한국어 핵심 문장을 읽고 빈칸에 들어갈 영어 표현을 작성하세요. 그 후, 문장을 반복해 말하는 연습을 통해 OPIc 핵심 패턴과 모범 답변을 익혀 보세요.

1. 동네 슈퍼마켓에 갔습니다.

We _____ _____ a _____ _____.

2. 과자, 쿠키, 군것질거리를 사곤 했습니다.

We _____ _____ _____ _____ chips, cookies and _____.

3. 또한 아이스크림, 우유, 치즈도 사곤 했습니다.

Also, we _____ _____ _____ _____ ice cream, milk, and cheese.

4. 이것이 쇼핑에 대한 저의 예전 기억입니다.

So, this was my _____ _____ _____ _____.

> **Answer**
> 1. went to / local supermarket
> 2. used to get some / sweets
> 3. used to get some
> 4. early memory of shopping

 OPIc Magic Pattern 활용하기

학습한 Magic Pattern을 다른 주제에서도 활용해 보세요.

1. They had good prices and quality goods.
  - I like online shopping because they have good prices and quality goods.
    Internet에 활용 가격이 괜찮고 품질이 좋은 물건이 있기 때문에 저는 온라인 쇼핑을 좋아합니다.
  - I do a lot of shopping when I visit Europe. They have good prices and quality goods.
    Overseas Trips에 활용 저는 유럽에 가면 쇼핑을 많이 합니다. 가격이 좋고 품질이 좋은 물건이 있습니다.

2. We used to get some chips, cookies and sweets.
  - We used to get some seafood at the restaurant.
    Restaurants에 활용 우리는 그 식당에서 해산물을 먹고는 했습니다.
  - We used to get some beer at the bar.
    Bars에 활용 우리는 그 술집에서 맥주를 마시고는 했습니다.

3. So, this was my early memory of shopping.
  - So, this was my early memory of travelling in Korea.
    Domestic Trips에 활용 이것이 한국에서의 여행에 관한 제 예전 기억입니다.
  - So, this was my early memory of recycling.
    Recycling에 활용 이것이 재활용에 관한 제 예전 기억입니다.

OPIc 질문에 대한 모범답변을 살펴본 후, 질문의 핵심 포인트를 파악하여 나만의 OPIc 답변을 만들어 보세요.

5 People sometimes go through difficulties while they are shopping. 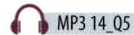 MP3 14_Q5
What were some problems you had to deal with while you were shopping?

사람들은 때때로 쇼핑하는 동안 어려움을 겪습니다. 쇼핑하는 동안 직면해야 했던 문제들은 무엇이었나요?

Structure		Idea
시작 문장	주제 문장 소개	I remember shopping for some running shoes recently.
본문	물건 교환 또는 환불한 경험 묘사	did not have my size, sold-out, plus, shirt online, tried it on, did not fit me, too tight and too short
마무리 문장	나의 답변 마무리	So, these are the problems I had while I was shopping.

Model Answer 🎧 MP3 14_A5

I remember ❶ shopping for some running shoes recently.

+ ❷ dress shoes + sandals + boots

There were a pair of shoes I really liked.

However, the store did NOT have my size ❸ in stock.

They were sold-out.

I could NOT get the shoes I wanted.

+ I ❹ had to get another pair of shoes.

+ I had to go to another store later on.

+ I had to get them online later on.

❺ Plus, I remember getting a shirt online.

+ a skirt + a jacket + a hoodie + some jeans + a puffer jacket

+ at a store + at an outlet mall + at a department store

❻ I tried it on at home, but it did NOT fit me.

+ It was too tight and too short.

+ It was too big and too long.

+ It did NOT look good on me.

I sent it back to get a refund.

+ I went back to get an exchange.

So, these are the problems I had while I was shopping.

Tips for Better Answer

▶❶ 〈shop for + 명사〉
(명사)를 사다
Ex: I shopped for a winter jacket.
나는 겨울 자켓을 샀다.
(명사)를 위해 사다
I shopped for my family.
나는 가족을 위해 샀다.

▶❷ dress는 정장 (formal)이라는 의미가 포함됨
dress shirts: 정장 셔츠
dress shoes: 정장 신발
dressy: 멋진 정장의, 멋지게 차려입은
dress up: 차려입다, 꾸며 입다

▶❸ out of stock: 재고 없음, 품절
Ex: However, my bag was out of stock.
하지만 내 가방은 품절이었다.

▶❹ 〈had to + 동사원형〉
조금 억지로 했다는 느낌을 주기 위해 have to 사용
Ex: I had to get another one. I was very disappointed.
나는 다른 걸 사야만 했다. 매우 실망스러웠다.

▶❺ 새로운 내용을 소개하기 위해 사용한 접속사 plus
= besides, in addition, also
Ex: Besides, I tried to buy a new skirt.
게다가 새로운 치마를 사려고 했었다.

▶❻ 옷의 문제점을 설명하는 다양한 표현
쇼핑 문제에 대비해 최소 2개 암기

최근에 런닝화를 사러 갔던 기억이 납니다. (+ 구두 + 샌들 + 부츠) 제가 사고 싶었던 신발이 있었습니다. 하지만, 가게에 제 사이즈가 없었습니다. 다 팔렸던 거죠. 제가 원하던 신발을 구할 수 없었습니다. (+ 다른 신발 한 켤레를 사야 했습니다. + 나중에 다른 가게에 가야 했습니다. + 나중에 온라인으로 사야 했습니다.) 뿐만 아니라, 온라인에서 셔츠를 산 기억이 납니다. (+ 치마 + 재킷 + 후드 + 청바지 + 패딩 + 가게에서 + 아웃렛에서 + 백화점에서) 하지만 집에서 입어보니 그렇게 잘 맞지 않았습니다. (+ 너무 끼고 짧았습니다. + 너무 크고 길었습니다. + 전혀 어울리지 않았습니다.) 결국 환불 받기 위해 반품했습니다. (+ 교환을 하러 다시 갔습니다.) 그래서 이것이 쇼핑할 때 제가 겪었던 문제입니다.

주어진 한국어 핵심 문장을 읽고 빈칸에 들어갈 영어 표현을 작성하세요. 그 후, 문장을 반복해 말하는 연습을 통해 OPIc 핵심 패턴과 모범 답변을 익혀 보세요.

1. 하지만, 가게에 제 사이즈가 없었습니다. 다 팔렸던 거죠.

However, the store _____ _____ _____ my size _____ _____.

2. 하지만 집에서 입어보니 그렇게 잘 맞지 않았습니다.

I _____ _____ _____ at home, but it did NOT _____ _____.

3. 결국 환불 받기 위해 반품했습니다.

I _____ _____ _____ to get _____ _____.

4. 그래서 이것들이 쇼핑할 때 제가 겪었던 문제들입니다.

So, these are the _____ I had _____ I _____ _____.

 OPIc Magic Pattern 활용하기

학습한 Magic Pattern을 다른 주제에서도 활용해 보세요.

1. <u>There</u> were a pair of shoes <u>I really liked</u>.
  - <u>There</u> was some draft beer <u>I really liked</u> at the bar near my office.
    Bars에 활용 회사 근처의 술집에 제가 좋아했던 생맥주가 있었습니다.
  - <u>There</u> was coffee <u>I really liked</u>.
    Coffee Shops에 활용 제가 좋아했던 커피가 있었습니다.

2. <u>Plus, I remember</u> getting a shirt <u>online</u>.
  - <u>Plus, I remember</u> booking flight tickets <u>online</u>.
    Overseas Trips에 활용 게다가 온라인으로 비행기표를 예약한 기억이 납니다.
  - <u>Plus, I remember</u> exchanging foreign currencies <u>online</u>. It was very convenient.
    Banks에 활용 게다가 온라인으로 환전을 한 기억이 납니다. 매우 편리했습니다.

3. <u>So, these are the problems I had</u> while I was shopping.
  - <u>So, these are the problems I had</u> while eating something.
    Restaurants에 활용 그래서 이것이 제가 무엇인가를 먹을 때 발생한 문제점들입니다.
  - <u>So, these are the problems I had</u> while travelling overseas.
    Overseas Trips에 활용 그래서 이것이 제가 외국에서 여행을 할 때 발생한 문제점들입니다.

OPIc 질문에 대한 모범답변을 살펴본 후, 질문의 핵심 포인트를 파악하여 나만의 OPIc 답변을 만들어 보세요.

6 What kinds of clothes do people in your country typically wear?
Are there different clothes for work and for play?

MP3 14_Q6

당신 나라의 사람들은 보통 어떤 옷을 입나요? 일을 하거나 놀 때 다른 옷을 입나요?

	Structure		Idea
시작 문장	주제 문장 소개		I think Koreans are very fashionable.
본문	계절에 따라 다른 우리나라 사람들의 패션 묘사		follow, latest fashion, distinct seasons, wear different clothes, fashion styles, seasonal
마무리 문장	나의 답변 마무리		Once again, I think Koreans are very stylish.

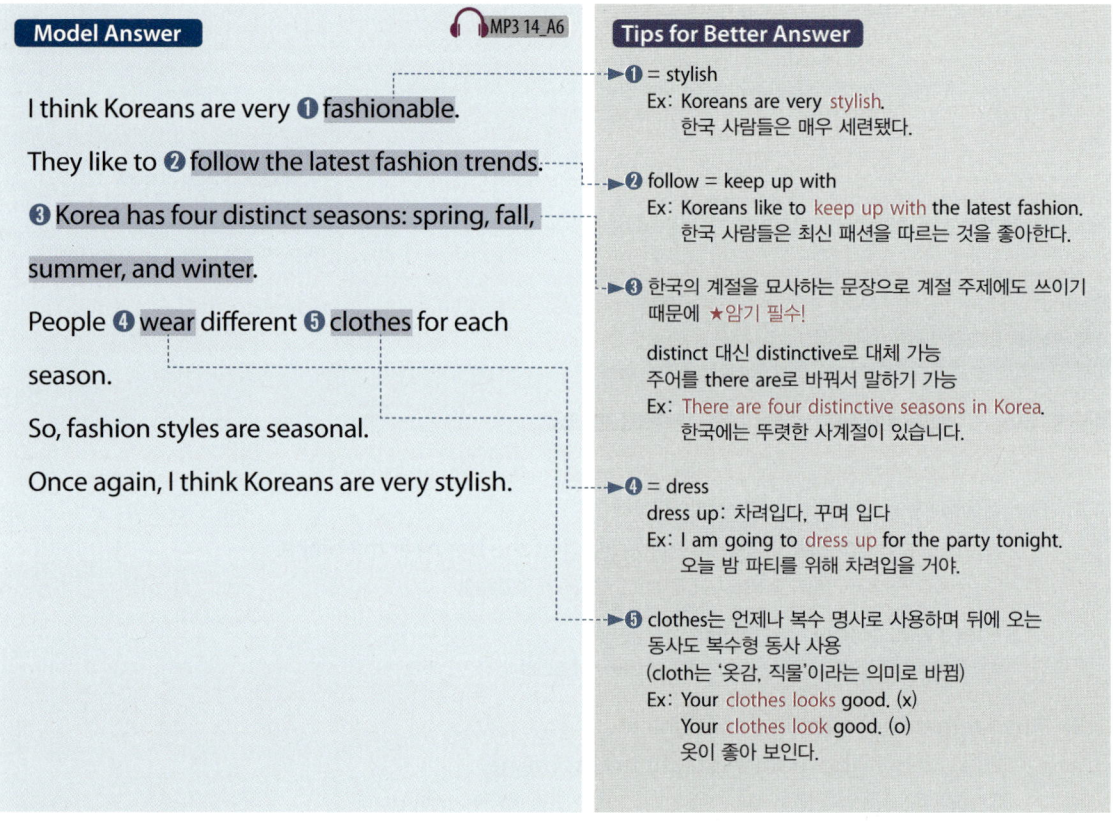

Model Answer

MP3 14_A6

I think Koreans are very ❶ fashionable.

They like to ❷ follow the latest fashion trends.

❸ Korea has four distinct seasons: spring, fall,

summer, and winter.

People ❹ wear different ❺ clothes for each

season.

So, fashion styles are seasonal.

Once again, I think Koreans are very stylish.

Tips for Better Answer

▶❶ = stylish
Ex: Koreans are very stylish.
한국 사람들은 매우 세련됐다.

▶❷ follow = keep up with
Ex: Koreans like to keep up with the latest fashion.
한국 사람들은 최신 패션을 따르는 것을 좋아한다.

▶❸ 한국의 계절을 묘사하는 문장으로 계절 주제에도 쓰이기 때문에 ★암기 필수!

distinct 대신 distinctive로 대체 가능
주어를 there are로 바꿔서 말하기 가능
Ex: There are four distinctive seasons in Korea.
한국에는 뚜렷한 사계절이 있습니다.

▶❹ = dress
dress up: 차려입다, 꾸며 입다
Ex: I am going to dress up for the party tonight.
오늘 밤 파티를 위해 차려입을 거야.

▶❺ clothes는 언제나 복수 명사로 사용하며 뒤에 오는 동사도 복수형 동사 사용
(cloth는 '옷감, 직물'이라는 의미로 바뀜)
Ex: Your clothes looks good. (x)
Your clothes look good. (o)
옷이 좋아 보인다.

Key Expressions

- **fashionable** 유행을 따르는, 스타일리시한
- **follow** 따르다
- **latest** 최근의, 최신의
- **distinct** 뚜렷한, 명확한
- **seasonal** 계절에 맞는
- **stylish** 세련된

제 생각에 한국인은 패션감각이 있습니다. 그들은 최신 패션 트렌드를 따르는 것을 좋아합니다. 한국에는 봄, 가을, 여름, 겨울, 네 가지 뚜렷한 계절이 있습니다. 사람들은 계절마다 다른 옷을 입습니다. 그래서 패션 스타일은 계절을 따라갑니다. 다시 한번 말하자면, 저는 한국인들이 매우 세련 됐다고 생각합니다.

OPIc Pattern 익히기

주어진 한국어 핵심 문장을 읽고 빈칸에 들어갈 영어 표현을 작성하세요. 그 후, 문장을 반복해 말하는 연습을 통해 OPIc 핵심 패턴과 모범 답변을 익혀 보세요.

1. 그들은 최신 패션 트렌드를 따르는 것을 좋아합니다.

   They _____ _____ _____ the _____ _____ _____.

2. 한국에는 봄, 가을, 여름, 겨울, 네 가지 뚜렷한 계절이 있습니다.

   Korea has four _____ _____ : _____, _____, _____, and _____.

3. 사람들은 계절마다 다른 옷을 입습니다. 그래서 패션 스타일은 계절을 따라갑니다.

   People _____ different clothes for _____ _____. So, _____ _____ are _____.

4. 다시 한번 말하자면, 저는 한국인들이 매우 패션감각이 있다고 생각합니다.

   _____ _____, I think Koreans are very _____.

Answer
1. like to follow / latest fashion trends
2. distinct seasons: spring, fall, summer / winter
3. wear / each season / fashion styles / seasonal
4. Once again / stylish

OPIc Magic Pattern 활용하기

학습한 Magic Pattern을 다른 주제에서도 활용해 보세요.

1. They like to follow the latest fashion trends.
   - They like to follow the latest technology trends, such as smartphones.
     Technology에 활용 그들은 스마트폰과 같은 최신 기기 트렌드를 따르는 것을 좋아합니다.
   - They like to follow the latest trends on social media.
     Internet에 활용 그들은 소셜 미디어에 있는 최신 트렌드를 따르는 것을 좋아합니다.

2. Once again, I think Koreans are very stylish.
   - Once again, I think Koreans do many things in their free time.
     Free Time에 활용 다시 한번 말하자면 제 생각에 한국인들은 자유시간에 다양한 일을 합니다.
   - Once again, I think Koreans enjoy going to parks.
     Parks에 활용 다시 한번 말하자면 제 생각에 한국인들은 공원에 가는 것을 즐깁니다.

OPIc 질문에 대한 모범답변을 살펴본 후, 질문의 핵심 포인트를 파악하여 나만의 OPIc 답변을 만들어 보세요.

7 **What kinds of clothes do you like to wear personally?**
What kind of fashion style do you like? What are you wearing today?  MP3 14_Q7

개인적으로 어떤 옷을 입기를 좋아하세요? 어떤 패션 스타일을 좋아하세요? 오늘은 무엇을 입고 있나요?

Structure		Idea
시작 문장	주제 문장 소개	I like to follow my own style.
본문	평상시에 본인이 입는 옷 묘사	wear things, look good on, darker, winter, brighter, summer, dress casually
마무리 문장	나의 답변 마무리	However, I pay attention to detail when I dress up.

Model Answer
MP3 14_A7

I ❶ like to follow my ❷ own style.

I just wear ❸ things that look good on me.

+ I like to wear darker colors in winter.

+ I like to wear brighter colors in summer.

I ❹ usually like to dress casually.

However, I ❺ pay attention to detail when I

dress up.

Tips for Better Answer

❶ 〈like to + 동사원형〉 = 〈like + 동명사〉
Ex: I like following my own style.
나는 최신 스타일 따르는 것을 좋아한다.

❷ '~의 것'을 강조하기 위해 own 사용
Ex: I follow my own style.
나는 나만의 스타일을 따른다.

❸ 〈things + that + 동사〉
'(동사)한 물건/것들'이라는 의미로 that은 바로 앞에 있는 명사 things를 수식
Ex: I like things that are affordable.
나는 가격이 적당한 물건을 좋아한다.

❹ 일반화를 피하기 위한 부사
Ex: I usually dress up on weekends.
나는 보통 주말에 옷을 차려입는다.

❺ 관심을 가지다, 주목을 하다, 신경 쓰다
pay attention 뒤에는 전치사 to 사용
Ex: I can't pay attention to anything. I am too tired.
나는 어디에도 신경을 쓸 수 없다. 너무 피곤하다.

Key Expressions

- **follow** 따르다, 쫓다
- **own** ~자신의
- **good on** 잘 어울리는
- **darker** 더 어두운
- **brighter** 더 밝은
- **casually** 편안하게
- **pay attention** 주의를 기울이다, 집중하다
- **detail** 사소한 것, 세부사항
- **dress up** 차려입다

저는 제 자신의 스타일을 따르는 것을 좋아합니다. 그냥 저에게 잘 어울리는 옷을 입습니다. (+ 겨울에는 어두운 색을 입는 편입니다. + 여름에는 밝은 색상을 입는 편입니다.) 저는 보통 편하게 입는 것을 좋아합니다. 하지만, 옷을 차려입을 때는 사소한 부분에도 주의를 기울입니다.

네이티브 트렌드로 쉽게 취득하는 OPIc IM

주어진 한국어 핵심 문장을 읽고 빈칸에 들어갈 영어 표현을 작성하세요. 그 후, 문장을 반복해 말하는 연습을 통해 OPIc 핵심 패턴과 모범 답변을 익혀 보세요.

1. 저는 제 자신의 스타일을 따르는 것을 좋아합니다.

I _____ _____ _____ my _____ _____.

2. 그냥 저에게 잘 어울리는 옷을 입습니다.

I just _____ _____ that _____ _____ _____ me.

3. 저는 보통 편하게 입는 것을 좋아합니다.

I _____ like to _____ _____.

4. 하지만, 옷을 차려입을 때는 사소한 부분에도 주의를 기울입니다.

However, I _____ _____ to _____ when I _____ _____.

Answer
1. like to follow / own style
2. wear things / look good on
3. usually / dress casually
4. pay attention / detail / dress up

 OPIc Magic Pattern 활용하기

학습한 Magic Pattern을 다른 주제에서도 활용해 보세요.

1. I <u>just</u> wear things <u>that</u> look good on me.
- I <u>just</u> buy things <u>that</u> are affordable.
  Shopping에 활용 저는 그냥 감당 가능한 물건을 삽니다.
- I <u>just</u> eat things <u>that</u> are healthy.
  Food에 활용 저는 그냥 건강한 음식을 먹습니다.

2. I <u>usually like to</u> dress casually.
- I <u>usually like to</u> travel by myself.
  Domestic Trips에 활용 저는 보통 혼자서 여행하는 것을 좋아합니다.
- I <u>usually like to</u> shop online.
  Shopping에 활용 저는 보통 온라인 쇼핑하는 것을 좋아합니다.

3. I <u>pay attention to</u> detail when I dress up.
- I <u>pay attention to</u> detail when I plan for a trip overseas.
  Overseas Trips에 활용 저는 해외여행을 계획할 때 사소한 부분에도 주의를 기울입니다.
- I <u>pay attention to</u> my family whenever I have some free time.
  Free Time에 활용 저는 자유시간이 있을 때마다 가족들에게 신경을 씁니다.

OPIc 질문에 대한 모범답변을 살펴본 후, 질문의 핵심 포인트를 파악하여 나만의 OPIc 답변을 만들어 보세요.

8 **Fashion styles are always changing.**
Tell me about the kinds of clothes that were popular when you were younger.
How were they different from what is popular now?

🎧 MP3 14_Q8

패션 스타일은 항상 변합니다. 어렸을 때 유행했던 옷 종류에 대해 말해 주세요. 지금 인기 있는 스타일과는 어떻게 다른가요?

Structure		Idea
시작 문장	주제 문장 소개	When I was a kid, fashion styles were NOT stylish.
본문	과거보다 더 세련된 현재 사람들의 패션 묘사	now, many online shopping malls, people, trends more easily, fashionable than in the past
마무리 문장	나의 답변 마무리	So, that is the difference between fashion trends in the past and now.

Model Answer
🎧 MP3 14_A8

❶ When I was a kid, fashion styles were ❷ NOT stylish. ❸ But now, there are many online shopping malls.

People can see new fashion trends more easily.

They are ❹ a lot more ❺ fashionable than in the past.

So, that is the difference between fashion trends in the past and now.

Tips for Better Answer

▶❶ when I was a kid와 같은 표현이 나온 후에는 반드시 과거형 시제 사용

▶❷ '그렇게까지…'이라는 의미
that은 형용사 stylish를 꾸미는 부사 역할
Ex: I was not interested in music.
　　나는 음악에 관심이 없었다.
　　I was not that interested in music.
　　나는 음악에 그렇게까지 관심 있지 않았다.

▶❸ 현재 패션에 대해 묘사하기 위해 필요한 시간 표현
= however now, but nowadays
　　이 표현 뒤에는 현재형 시제 사용

▶❹ = much more

▶❺ 패션을 묘사하는 다양한 형용사 사용
chic: 우아한, 세련된
trendy: 최신 유행의
dressy: 옷차림에 신경 쓴, 차려입은

Key Expressions

- **stylish** 세련된, 스타일리쉬한
- **easily** 쉽게
- **fashionable** 유행하는, 유행을 따르는
- **difference** 차이점

제가 어렸을 때, 패션 스타일은 그렇게 멋지지 않았습니다. 하지만 지금은 온라인 쇼핑몰이 아주 많습니다. 이제 사람들은 더 쉽게 새로운 패션 트렌드를 볼 수 있습니다. 사람들은 과거보다 훨씬 더 유행을 따릅니다. 그래서 이것이 과거와 현재 패션 트렌드의 차이입니다.

OPIc Pattern 익히기

주어진 한국어 핵심 문장을 읽고 빈칸에 들어갈 영어 표현을 작성하세요. 그 후, 문장을 반복해 말하는 연습을 통해 OPIc 핵심 패턴과 모범 답변을 익혀 보세요.

1. 제가 어렸을 때, 패션 스타일은 그렇게 멋지지 않았습니다.

_____ _____ _____ a kid, _____ _____ were NOT _____.

2. 이제 사람들은 더 쉽게 새로운 패션 트렌드를 볼 수 있습니다.

People can _____ new _____ _____ more _____.

3. 사람들은 과거보다 훨씬 더 유행을 따릅니다.

They are a lot _____ _____ than _____ _____ _____.

4. 그래서 이것이 과거와 현재 패션 트렌드의 차이입니다.

So, that is _____ _____ between _____ _____ in the _____ and _____.

> **Answer**
> 1. When I was / fashion styles / stylish
> 2. see / fashion trends / easily
> 3. more fashionable / in the past
> 4. the difference / fashion trends / past / now

OPIc Magic Pattern 활용하기

학습한 Magic Pattern을 다른 주제에서도 활용해 보세요.

1. <u>But now, there are many</u> online shopping malls.
- <u>But now, there are many</u> parks in the city.
  Parks에 활용 하지만 지금은 도시에 공원이 많습니다.
- <u>But now, there are many</u> movie theaters because people love watching movies.
  Movies에 활용 하지만 사람들이 영화 보는 것을 좋아하기 때문에 지금은 영화관이 많습니다.

2. People can see new fashion trends <u>more easily</u>.
- People can travel around <u>more easily</u>.
  Domestic Trips에 활용 사람들이 더 쉽게 여행 다닐 수 있습니다.
- People can buy things <u>more easily</u> thanks to the online shopping.
  Shopping에 활용 온라인 쇼핑 덕분에 사람들이 더 쉽게 물건을 살 수 있습니다.

3. <u>They are a lot</u> more fashionable <u>than in the past</u>.
- <u>They are a lot</u> faster <u>than in the past</u>, so I can download one song in 3 seconds.
  Internet에 활용 과거보다 훨씬 더 빨라서 노래 하나를 3초면 다운로드 받을 수 있습니다.
- <u>They are a lot</u> more comfortable <u>than in the past</u> due to the transportation development.
  Transportation에 활용 교통의 발전 덕분에 과거보다 훨씬 더 편안합니다.

Chapter 15

Weather / Transportation

질문을 제대로 파악하는 것만으로도 성공적으로 시험을 치를 수 있습니다. OPIc에서 자주 출제되는 질문들을 알아보세요.

Weather

1 **Tell me about the weather at where you live. What is the weather like in each season? Which season do you personally like?**

당신이 사는 곳의 날씨에 대해 말해 주세요. 각 계절의 날씨는 어떤가요? 개인적으로 어떤 계절을 좋아하나요?

문항 유형	우리나라 계절 묘사
문항 수준	Intermediate
핵심 포인트	• 각 계절의 특징을 현재형 시제로 묘사
	• 우리나라 계절 묘사이므로 주어 Korea, weather을 사용
중요도	★

2 How is the weather today at where you are? Is it cold, is it warm? Talk about today's weather in detail.

지금 있는 곳의 오늘 날씨는 어떤가요? 추운가요, 따뜻하나요? 오늘 날씨를 자세히 이야기해 보세요.

문항 유형	오늘 날씨 묘사
문항 수준	Intermediate
핵심 포인트	• 오늘의 날씨를 현재형으로 묘사
	• 주어는 weather, it 사용
중요도	★

3 Severe weather conditions can do a lot of damage. Tell me about an experience you had related to severe weather conditions. Perhaps a city was flooded, or maybe businesses or schools were closed due to heavy snow. What was the problem? How did people deal with the situation?

심각한 기상 조건으로 많은 피해가 발생할 수 있습니다. 심각한 날씨와 관련된 경험을 말해 주세요. 어쩌면 도시가 물에 잠겼거나, 폭설로 인해 가게나 학교가 문을 닫았을 수도 있습니다. 무엇이 문제였나요? 어떻게 그 상황에 대처했나요?

문항 유형	극단적 날씨 관련 경험 설명
문항 수준	Advanced
핵심 포인트	• 날씨와 사건에 관한 내용이므로 I, there, it 등 상황에 맞게 주어 사용
	• 과거에 날씨로 인해 발생한 사건을 과거형 시제로 묘사
중요도	★★★

4 How has the weather in your country changed over the years? What was the weather like when you were a child? How was it different from what it is now?

몇 년 동안 날씨는 어떻게 변했나요? 어렸을 때 날씨는 어땠나요? 지금 날씨와 어떻게 달랐나요?

문항 유형	어렸을 때 날씨와 최근 날씨 비교
문항 수준	Advanced
핵심 포인트	• 과거와 현재 달라진 날씨에 대해 과거형과 현재형 사용하여 묘사
	• 변화된 날씨에 대해 설명할 때는 현재완료형 사용
중요도	★

Transportation

5 Tell me about how people get around in your country. Do they drive their own cars or take trains? What are some typical means of transportation to get around?

당신 나라의 사람들이 어떻게 다니는지 말해 주세요. 자가용 운전을 하나요, 아니면 기차를 타나요? 전형적인 교통수단은 무엇인가요?

문항 유형	우리나라 사람들의 교통 수단 묘사
문항 수준	Intermediate
핵심 포인트	• 한국의 대중교통을 현재형 시제로 나열
	• 평소에 사람들이 주로 이용하는 교통수단이므로 주어 people, public transportation, they를 사용
중요도	★★

6 What means of transportation do you use to get around? Do you drive or take public transportation?

평소 어떤 교통수단을 이용하나요? 자가용을 운전하나요? 대중교통을 이용하나요?

문항 유형	본인이 자주 이용하는 교통 수단 묘사
문항 수준	Intermediate
핵심 포인트	• 평소에 자주 사용하는 교통수단을 현재형 시제로 묘사
	• 본인의 평소 경험이므로 주어 I 사용
중요도	★★

7 How did you travel when you were a child? How was transportation different back then? Describe how people used to get around in your city or town.

어렸을 때는 어떻게 여행했나요? 그 당시 교통수단은 달랐나요? 도시나 마을에서 사람들이 어떻게 이동했는지 설명해 주세요.

문항 유형	어렸을 때의 교통 수단 묘사
문항 수준	Advanced
핵심 포인트	• 어렸을 때와 다르게 발전된 현재의 교통수단을 현재형 시제로 묘사
	• 상황에 따라 plane tickets, trains 등 교통과 관련된 주어 사용
중요도	★★★★

8 Problems related to transportation often arise. Cars break down, trains run late, or traffic gets bad. Tell me about a problem that you once had related to transportation. What did you do to deal with the situation?

교통과 관련된 문제가 종종 발생합니다. 차가 고장 나거나, 기차가 연착되거나, 교통 체증이 생길 수 있습니다. 직접 겪었던 교통 문제에 대해 말해 주세요. 그 상황을 어떻게 대처했나요?

문항 유형	교통편 사용 중 겪은 문제 설명
문항 수준	Advanced
핵심 포인트	• 차가 많이 막혔던 경험을 과거형 시제로 묘사
	• 본인의 경험이므로 주어 I와 교통 상황 묘사를 위해 it 사용
중요도	★★

OPIc 질문에 대한 모범답변을 살펴본 후, 질문의 핵심 포인트를 파악하여 나만의 OPIc 답변을 만들어 보세요.

1 Tell me about the weather at where you live.
What is the weather like in each season?
Which season do you personally like most?

🎧 MP3 15_Q1

당신이 사는 곳의 날씨에 대해 말해 주세요. 각 계절의 날씨는 어떤가요? 개인적으로 어떤 계절을 좋아하나요?

	Structure	Idea
시작 문장	주제 문장 소개	Korea has four distinct seasons: spring, summer, fall, and winter.
본문	한국의 사계절 특징 묘사	weather, nice, spring, fall, temperatures, mild, great for outdoor activities, on the other hand, summer, humid and sticky, rainy season, pours, opposite
마무리 문장	나의 답변 마무리	It is freezing cold and we get a lot of snow in winter.

Model Answer 🎧 MP3 15_A1

Korea has four ❶ distinct seasons: spring, summer, fall, and winter.

❷ The weather is ❸ very nice ❹ in spring and fall.

The temperatures are very mild.

It is great for outdoor activities.

On the other hand, summer is ❺ extremely hot.

It is very ❻ humid and sticky.

We have the rainy season in summer and ❼ it pours.

Winter is the opposite.

It is freezing cold and we get a lot of snow in winter.

Tips for Better Answer

❶ = distinctive
주어 Korea 대신 there로 변경하여 문장 만들기 가능
〈there are + 복수 명사〉
Ex: There are four distinctive seasons in Korea.
한국에는 뚜렷한 사계절이 있다.

❷ 날씨는 불가산 명사이므로 단수 동사 is가 오며 언제나 관사 the와 함께 쓰임
Ex: A weather is nice. (X)
The weather is nice. (O)
날씨가 좋다.

❸ '매우'라는 의미의 부사
extremely: 매우, 엄청나게
super: 엄청나게
quite: 꽤
a little bit: 약간, 조금

❹ 계절 앞에 나오는 전치사는 언제나 in
단 계절 뒤에 vacation과 같은 다른 명사가 붙으면 전치사가 바뀔 수 있음
at summer (X)
in summer (O)
during the summer vacation (O)

❺ = scorching hot: 찌는 듯이 더운
sweltering: 후덥지근한
Ex: Summer in Korea is scorching hot.
한국의 여름은 찌는 듯이 덥다.

❻ 습하고 끈적한 날씨를 묘사하기 위해 필수로 쓰이는 형용사
★암기 필수!

❼ 날씨를 묘사할 때 쓰는 주어는 it
Ex: It is snowing. 눈이 온다.

- **distinct** 뚜렷한, 명확한
- **weather** 날씨
- **temperatures** 온도
- **mild** 온화한
- **outdoor activities** 야외활동
- **on the other hand** 그와 반면에
- **humid** 습한
- **sticky** 끈적이는
- **rainy season** 장마
- **pour** 쏟아지다
- **opposite** 반대
- **freezing cold** 매우 추운

한국은 봄, 여름, 가을, 겨울의 뚜렷한 사계절이 있습니다. 봄과 가을은 날씨가 매우 좋습니다. 기온이 매우 온화합니다. 야외 활동을 즐기기 좋습니다. 반면 여름은 매우 덥습니다. 매우 습하고 끈적거립니다. 여름에는 장마가 있고 이때는 비가 쏟아집니다. 겨울은 정반대입니다. 날씨가 몹시 춥고 눈이 많이 내립니다.

주어진 한국어 핵심 문장을 읽고 빈칸에 들어갈 영어 표현을 작성하세요. 그 후, 문장을 반복해 말하는 연습을 통해 OPIc 핵심 패턴과 모범 답변을 익혀 보세요.

1. 기온이 매우 온화합니다. 야외 활동을 즐기기 좋습니다.

The _____ are very _____. It is great for _____ _____.

2. 반면 여름은 매우 덥습니다. 매우 습하고 끈적거립니다.

On the other hand, summer is _____ _____. It is very, _____ and _____

3. 여름에는 장마가 있고 이때는 비가 쏟아집니다.

We have the _____ _____ in summer and _____ _____.

4. 날씨가 몹시 춥고 눈이 많이 내립니다.

It is _____ _____ and we get _____ _____ of _____ in winter.

Answer
1. temperatures / mild / outdoor activities
2. extremely hot / humid / sticky
3. rainy season / it pours
4. freezing cold / a lot / snow

 OPIc Magic Pattern 활용하기

학습한 Magic Pattern을 다른 주제에서도 활용해 보세요.

1. The weather is very nice in spring and fall.
  - I enjoy taking walks at parks when the weather is very nice.
    Parks / Walking에 활용 저는 날씨가 좋을 때 공원에서 산책하는 것을 즐깁니다.

  - I enjoy going to restaurants or coffee shops with outdoor seating when the weather is very nice.
    Restaurants / Coffee Shops에 활용 저는 날씨가 좋을 때 야외 좌석이 있는 음식점이나 커피숍에 가는 것을 즐깁니다.

2. On the other hand, summer is extremely hot.
  - Summer is extremely hot, so most Koreans go to the beaches.
    Beaches에 활용 여름은 매우 덥기 때문에 대부분의 한국인들은 해변에 갑니다.

  - Summer is extremely hot, so many people go to shopping centers on weekends.
    Shopping에 활용 여름은 매우 덥기 때문에 많은 사람들은 주말에 쇼핑센터에 갑니다.

OPIc 질문에 대한 모범답변을 살펴본 후, 질문의 핵심 포인트를 파악하여 나만의 OPIc 답변을 만들어 보세요.

2 **How is the weather today at where you are? Is it cold, is it warm?**  MP3 15_Q2
Talk about today's weather in detail.
지금 있는 곳의 오늘 날씨는 어떤가요? 추운가요, 따뜻하나요? 오늘 날씨를 자세히 이야기해 보세요.

Structure		Idea
시작 문장	주제 문장 소개	It is mid-fall here in Korea right now.
본문	현재 날씨 간단하게 묘사	sunny today, clear skies, the weather, getting cooler
마무리 문장	나의 답변 마무리	The weather forecast says it will rain tomorrow.

Model Answer 🎧 MP3 15_A2

It is ❶ mid-fall here in Korea right now.

+ early-winter + mid-spring + late-summer

It is very sunny today and we have ❷ clear skies.

+ ❸ It is very cool but it was a little chilly in the morning.

+ It is very hot and humid today.

+ It is quite warm today.

+ It is freezing cold today.

+ It is cloudy and windy today.

+ It is raining outside right now.

The weather is ❹ getting cooler every day.

+ colder + hotter + warmer

❺ The weather forecast says it will rain tomorrow.

Tips for Better Answer

➤ ❶ early: 초순
mid: 중순
late: 늦은

➤ ❷ clean vs clear
clean: 무엇인가를 깨끗하게 만들다
clear: 날씨가 개다, 없어지다
깨끗한 하늘을 묘사할 때는 clear 사용

➤ ❸ 날씨를 묘사하기 위해 각 계절에 맞는 형용사
★암기 필수!

봄: nice, clear skies, breezy
여름: hot, rainy, sunny, humid
가을: chilly, cool, quite warm, cloudy
겨울: freezing cold, snowy, windy
Ex: It is freezing cold today because it is winter.
겨울이라서 오늘은 엄청나게 춥다.

➤ ❹ 변화하고 있는 날씨 묘사를 위해 현재 진행형 is getting과 비교급 형용사 cooler 사용
Ex: Summer is getting hotter every year.
여름이 매년 더워지고 있다.

➤ ❺ 답변 양 확보를 위해 내일 날씨를 간략하게 언급하기
Ex: According to the weather forecast, it is going to rain a lot tomorrow.
일기예보에 따르면 내일은 비가 많이 내린다고 한다.

Key Expressions

• **early** 초반, 이른
• **mid** 중순
• **late** 늦은
• **sunny** 해가 쨍쨍한
• **cloudy** 구름 많은
• **windy** 바람 부는
• **humid** 습한
• **freezing cold** 매우 추운
• **weather forecast** 일기예보

한국은 가을 중순입니다. (+ 초겨울 + 봄 중순 + 늦여름) 오늘은 날씨가 매우 맑아서 하늘이 깨끗합니다. (+ 매우 시원하지만 아침에는 약간 쌀쌀했습니다. + 오늘은 매우 덥고 습합니다. + 오늘은 꽤 따뜻합니다. + 오늘은 몹시 춥습니다. + 오늘은 흐리고 바람이 붑니다. + 지금 밖에 비가 내리고 있습니다.) 날씨가 나날이 서늘해지고 있습니다. (+ 더 추워지다 + 더 더워지다 + 더 따뜻해지다) 일기예보에서 내일 비가 온다고 합니다.

주어진 한국어 핵심 문장을 읽고 빈칸에 들어갈 영어 표현을 작성하세요. 그 후, 문장을 반복해 말하는 연습을 통해 OPIc 핵심 패턴과 모범 답변을 익혀 보세요.

1. 한국은 가을 중순입니다. 오늘은 날씨가 매우 맑아서 하늘이 깨끗합니다.

It is _____ here _____ _____ right now. It is very _____ today and we have _____

_____.

2. 매우 시원하지만 아침에는 약간 쌀쌀했습니다.

It is very _____ but it was a _____ _____ in the morning.

3. 날씨가 나날이 서늘해지고 있습니다.

The _____ is _____ _____ every day.

4. 일기예보에서 내일 비가 온다고 합니다.

The _____ _____ says _____ _____ _____ tomorrow.

Answer
1. mid-fall / in Korea / sunny / clear skies
2. cool / little chilly
3. weather / getting cooler
4. weather forecast / it will rain

OPIc Magic Pattern 활용하기

학습한 Magic Pattern을 다른 주제에서도 활용해 보세요.

1. It is <u>very hot and humid</u> today.

- Travelling in Rome in July was horrible because it was <u>very hot and humid</u>.
Overseas Trips에 활용 너무 덥고 습해서 7월에 로마를 여행하는 것은 끔찍했습니다.

- Beaches are full of people because summer in Korea is <u>very hot and humid</u>.
Beaches에 활용 한국의 여름은 덥고 습해서 해변이 사람들로 꽉 차 있습니다.

2. The weather is <u>getting cooler</u> every day.

- I went shopping to buy clothes because it was <u>getting cooler</u>.
Shopping에 활용 날씨가 서늘해지고 있어서 옷을 사기 위해 쇼핑을 갔습니다.

- I took a walk for two hours at the park because it was <u>getting cooler</u>.
Parks / Walking에 활용 날씨가 시원해지고 있어서 공원에서 2시간 동안 산책했습니다.

OPIc 질문에 대한 모범답변을 살펴본 후, 질문의 핵심 포인트를 파악하여 나만의 OPIc 답변을 만들어 보세요.

3 How has the weather in your country changed over the years?
What was the weather like when you were a child?
How was it different from what it is now?

 MP3 15_Q3

몇 년 동안 날씨는 어떻게 변했나요? 어렸을 때 날씨는 어땠나요? 지금 날씨와 어떻게 달랐나요?

Structure		Idea
시작 문장	주제 문장 소개	We still have four distinct seasons in Korea.
본문	몇 년 전과 비교해서 바뀐 계절 묘사	spring, fall are shorter, on the other hand, summer, winter are longer, getting hotter and hotter
마무리 문장	나의 답변 마무리	So, these are the changes in weather conditions.

Model Answer
🎧 MP3 15_A3

❶ We still have four distinct seasons in Korea.

❷ However, spring and fall ❸ are shorter than in the past.

On the other hand, summer and winter are longer than in the past.

Plus, summer is ❹ getting hotter and hotter every year.

So, these are the changes in weather conditions.

Tips for Better Answer

* 과거와 현재의 비교를 묻는 질문에서 반드시 큰 변화가 있다고 답할 필요 없음

▶❶ '아직도'라는 의미인 still을 사용함으로써 과거와 현재 날씨 변화가 크게 없다는 것을 설명
Ex: There are still four seasons in Korea.
한국에는 아직 사계절이 있다.

▶❷ 약간의 변화를 설명하기 위해 접속사 however 사용
however: 하지만, 그러나
on the other hand: 그와 반면에
meanwhile: 한편으로는

▶❸ 변화를 묘사하기 위해 비교급 사용
shorter: 더 짧아진 / longer: 더 길어진
colder: 더 추워진 / hotter: 더 더워진
Ex: The fall has become hotter.
가을은 더 더워졌다.

▶❹ 변화를 강조하고 싶을 때는 비교급 두 번 사용
Ex: Winter is getting colder and colder.
겨울이 점점 더 추워지고 있다.

Key Expressions

- **still** 아직도
- **distinct** 뚜렷한, 명확한
- **on the other hand** 그와 반대로, 이와 반면에
- **condition** 상태

한국은 아직도 사계절이 뚜렷합니다. 하지만 봄과 가을은 짧아졌습니다. 반면 여름과 겨울은 더 길어졌습니다. 게다가 여름은 매년 점점 더 더워지고 있습니다. 즉, 이것이 날씨 상태의 변화입니다.

OPIc Pattern 익히기

주어진 한국어 핵심 문장을 읽고 빈칸에 들어갈 영어 표현을 작성하세요. 그 후, 문장을 반복해 말하는 연습을 통해 OPIc 핵심 패턴과 모범 답변을 익혀 보세요.

1. 한국은 아직도 사계절이 뚜렷합니다.

We _____ have _____ _____ _____ in Korea.

2. 반면 여름과 겨울은 더 길어졌습니다.

On the _____ _____, summer and winter are _____ _____ in the past.

3. 게다가 여름은 매년 점점 더 더워지고 있습니다.

Plus, summer is _____ _____ and _____ every year.

4. 즉, 이것이 날씨 상태의 변화입니다.

So, these are the _____ in _____ _____.

Answer
1. still / four distinct seasons
2. other hand / longer than
3. getting hotter / hotter
4. changes / weather conditions

OPIc Magic Pattern 활용하기

학습한 Magic Pattern을 다른 주제에서도 활용해 보세요.

1. We still have <u>four distinct seasons</u> in Korea.
   - Since there are <u>four distinct seasons</u> in Korea, fashion styles are also seasonal.
     Fashion에 활용 한국에는 뚜렷한 사계절이 있어서 패션스타일도 계절을 따라갑니다.

   - Since there are <u>four distinct seasons</u> in Korea, people enjoy various types of outdoor activities, such as swimming at the beaches.
     Beaches에 활용 한국에는 뚜렷한 사계절이 있어서 사람들은 해변에서 수영하는 것과 같이 다양한 종류의 야외 활동을 즐깁니다.

2. <u>On the other hand</u>, summer and winter are longer <u>than in the past</u>.
   - <u>On the other hand</u>, more and more people are travelling overseas <u>than in the past</u>.
     Overseas Trips에 활용 이와 반면에, 더 많은 사람들이 과거보다 해외여행을 많이 갑니다.

   - <u>On the other hand</u>, dining out at high-end restaurants is more expensive <u>than in the past</u>.
     Restaurants에 활용 이와 반면에, 고급 음식점에서 외식하는 것이 과거보다 더 비쌉니다.

데이터허 트렌드로 쉽게 취득하는 OPIc IM

OPIc 질문에 대한 모범답변을 살펴본 후, 질문의 핵심 포인트를 파악하여 나만의 OPIc 답변을 만들어 보세요.

4 **Severe weather conditions can do a lot of damage.**
Tell me about an experience you had related to severe weather conditions.
Perhaps a city was flooded, or maybe businesses or schools were closed due to heavy
snowfall. What was the problem? How did people deal with the situation?

🎧 MP3 15_Q4

심각한 기상 조건으로 많은 피해가 발생할 수 있습니다. 심각한 날씨와 관련된 경험을 말해 주세요. 어쩌면 도시가 물에 잠겼거나, 폭설로 인해 가게나 학교가 문을 닫았을 수도 있습니다. 무엇이 문제였나요? 어떻게 그 상황에 대처했나요?

	Structure	Idea
시작 문장	주제 문장 소개	I remember when a strong typhoon hit Korea this summer.
본문	날씨로 인해 발생한 다양한 사건과 사고 묘사	strong winds, heavy rainfalls, floods, went underwater, nerve-racking
마무리 문장	나의 답변 마무리	It took a long time to recover from the damage.

Model Answer　🎧 MP3 15_A4

❶ I remember when a strong typhoon hit Korea ❷ this summer.

There were strong winds and ❸ heavy rainfalls.
There were floods here and there.

❹ Many houses and cars went underwater.

It was very ❺ nerve-racking.
It took a long time to recover from ❻ the damage.

Tips for Better Answer

▶❶ 〈주어1 + remember + 주어2 + 동사〉
(주어2)가 (동사)한 것을 (주어1)이 기억하다
Ex: I remember when a strong typhoon hit Korea last year.
나는 작년에 강한 태풍이 한국을 강타한 것을 기억난다.

▶❷ 시간을 나타내는 표현 (month, year, season 등) 앞에 this가 쓰일 때는 전치사 in이 생략됨
Ex: I am going to exercise a lot in this year. (X)
I am going to exercise a lot this year. (O)
나는 올해 운동을 많이 할거야.

▶❸ rainfalls, floods 등의 날씨 관련 표현은 가산 명사 / 불가산 명사 둘 다 사용 가능
due to heavy rainfall (O)
due to heavy rainfalls (O)

▶❹ 답변 양 확보를 위해 자연재해로 인한 피해 나열
Ex: Due to the typhoon, many people lost their houses.
태풍으로 인해 많은 사람들이 집을 잃었다.

▶❺ 긴장되고 걱정되는 마음을 표현하는 형용사
= very nervous, extremely nervous
Ex: My first day at work was nerve-racking.
나는 처음 출근하는 날 매우 긴장했었다.

▶❻ damage: 피해, 손상 (명사)
damage: 피해주다 (동사/능동태)
be damaged: 피해를 입다 (동사/수동태)
Ex: The typhoon damaged the city.
태풍이 도시에 피해를 입혔다.

Key Expressions

- **typhoon** 태풍
- **heavy rainfall** 폭우
- **go underwater** 물 아래로 빠지다

- **nerve-racking** 긴장되는, 안절부절 못하게 되는
- **recover** 회복하다

저는 지난 여름 강력한 태풍이 한국을 강타했을 때가 기억납니다. 강한 바람과 폭우가 쏟아졌습니다. 곳곳에서 홍수가 났습니다. 많은 집과 차들이 물 속에 잠겼습니다. 매우 긴장되는 상황이었습니다. 피해 복구에 오랜 시간이 걸렸습니다.

OPIc Pattern 익히기

주어진 한국어 핵심 문장을 읽고 빈칸에 들어갈 영어 표현을 작성하세요. 그 후, 문장을 반복해 말하는 연습을 통해 OPIc 핵심 패턴과 모범 답변을 익혀 보세요.

1. 지난 여름 강력한 태풍이 한국을 강타했을 때를 기억합니다.

I remember when a _____ _____ _____ Korea this _____.

2. 강한 바람과 폭우가 쏟아졌습니다. 곳곳에서 홍수가 났습니다.

There were _____ _____ and _____ _____. There were _____ _____ and _____.

3. 많은 집과 차들이 물속에 잠겼습니다. 긴장됐습니다.

Many houses and cars _____ _____. It was very _____.

4. 피해 복구에 오랜 시간이 걸렸습니다.

It _____ a _____ _____ to _____ from the _____.

Answer
1. strong typhoon hit / summer
2. strong winds / heavy rainfalls / floods here / there
3. went underwater / nerve-racking
4. took / long time / recover / damage

OPIc Magic Pattern 활용하기

학습한 Magic Pattern을 다른 주제에서도 활용해 보세요.

1. There were strong winds and heavy rainfalls.
  - I could not go into the water because there were strong winds and heavy rainfalls.
    Beaches에 활용 강한 바람과 폭우가 쏟아져서 바다에 들어가지 못했습니다.

  - Since there were strong winds and heavy rainfalls, we just stayed at the hotel all day long.
    Hotels에 활용 강한 바람과 폭우가 쏟아져서 우리는 하루 종일 호텔에 머물렀습니다.

2. It was very nerve-racking.
  - I almost lost my passport while travelling overseas. It was very nerve-racking.
    Overseas Trips에 활용 저는 해외여행을 하던 중에 여권을 잃어버릴 뻔 했습니다. 매우 긴장됐습니다.

  - I almost missed my train to Busan. It was very nerve-racking.
    Transportation에 활용 저는 부산행 기차를 놓칠 뻔 했습니다. 매우 긴장됐습니다.

3. It took a long time to recover from the damage.
  - I had the flu during the staycation. It took a long time to get better.
    Vacations at Home에 활용 집에서 휴가를 보낼 때 독감에 걸렸습니다. 낫는 데 시간이 오래 걸렸습니다.

  - I ate something wrong and had an upset stomach. It took a long time to get better, so I had to cancel my trip.
    Domestic Trips에 활용 잘못된 것을 먹어서 복통이 생겼습니다. 낫는 데 시간이 오래 걸려서 여행을 취소해야만 했습니다.

OPIc 질문에 대한 모범답변을 살펴본 후, 질문의 핵심 포인트를 파악하여 나만의 OPIc 답변을 만들어 보세요.

5 Tell me about how people get around in your country.
Do they drive their own cars or take trains?
What are some typical means of transportation to get around?

당신 나라의 사람들이 어떻게 다니는지 말해 주세요. 자가용 운전을 하나요, 아니면 기차를 타나요? 전형적인 교통수단은 무엇인가요?

Structure		Idea
시작 문장	주제 문장 소개	People get around in various ways in Korea.
본문	한국의 다양한 대중교통 소개	public transportation, well-organized, take the bus, subway, drive their own cars, traffic gets, bad, parking can be
마무리 문장	나의 답변 마무리	So, people use public transportation or drive their own cars to get around.

Model Answer 🎧 MP3 15_A5

People **❶** get around in **❷** various ways in Korea.

Public transportation is very **❸** well-organized.

People **❹** take the bus or take the subway.

Plus, some people drive their **❺** own cars. However, traffic gets very bad sometimes. Parking can be a problem as well. So, people use public transportation or drive their own cars to get around.

Tips for Better Answer

❶ 돌아다니다, 움직이다
= move around, go around
Ex: People move around in many ways.
사람들은 다양한 방법으로 돌아다닌다.

❷ = diverse: 다양한
many: 많은
using various methods: 다양한 방법으로
using various types of transportation: 다양한 교통수단을 이용해서
Ex: People move around using various types of transportation.
사람들은 다양한 교통수단을 사용해서 돌아다닌다.

❸ 교통과 관련된 묘사에 사용할 수 있는 형용사
well-developed: 잘 발달된
clean: 깨끗한 / fast: 빠른 / punctual: 정확한
reliable: 믿을 수 있는
Ex: Public transportation in Korea is punctual.
한국의 대중교통은 정확하다.

❹ bus, subway와 같은 대중교통 단어 앞에 동사 take.
get on이 쓰이면 관사 the가 항상 함께 쓰임
Ex: I will take bus. (x)
I will take the bus. (o)
나 버스 탈 거야.

❺ 자신이 소유한 자동차라는 것을 강조하기 위해 own 사용
Ex: I am going to drive there.
거기 운전해서 갈 거야. (본인 차인지, 렌터카인지, 다른 사람의 차인지 정확히 알 수 없음)
I am going to drive my own car there.
내 차로 운전해서 갈 거야.

Key Expressions
- **get around** 돌아다니다
- **various** 다양한
- **public transportation** 대중교통
- **well-organized** 잘 짜여진, 잘 정돈된

한국에서 사람들은 다양한 방법으로 돌아다닙니다. 대중교통은 잘 정리되어 있습니다. 사람들은 버스를 타거나 지하철을 탑니다. 게다가 어떤 사람들은 자신의 차를 운전합니다. 하지만, 가끔은 차가 막힐 때가 있습니다. 주차도 문제가 될 수 있습니다. 결론적으로 사람들은 이동하기 위해 대중교통 또는 자가용을 이용합니다.

주어진 한국어 핵심 문장을 읽고 빈칸에 들어갈 영어 표현을 작성하세요. 그 후, 문장을 반복해 말하는 연습을 통해 OPIc 핵심 패턴과 모범 답변을 익혀 보세요.

1. 한국에서 사람들은 다양한 방법으로 돌아다닙니다.

   People _____ _____ in _____ _____ in Korea.

2. 대중교통은 잘 정리되어 있습니다. 사람들은 버스를 타거나 지하철을 탑니다.

   _____ _____ is very _____. People _____ the _____ or _____ the _____.

3. 게다가 어떤 사람들은 자신의 차를 운전합니다. 하지만, 종종 차가 막힐 때가 있습니다.

   Plus, some people _____ _____ _____ cars. However, _____ _____ very _____ sometimes.

4. 결론적으로 사람들은 이동하기 위해 대중교통 또는 자가용을 이용합니다.

   So, people _____ _____ _____ or _____ _____ _____ cars to _____ _____.

Answer
1. get around / various ways
2. Public transportation / well-organized / take / bus / take / subway
3. drive their own / traffic gets / bad
4. use public transportation / drive their own / get around

OPIc Magic Pattern 활용하기

학습한 Magic Pattern을 다른 주제에서도 활용해 보세요.

1. People <u>get around</u> in various ways in Korea.
   - When people travel in Korea, they <u>get around</u> in various ways do to sightseeing.
     Domestic Trips에 활용 한국에서는 사람들이 여행할 때 관광을 하기 위해 다양한 방식으로 돌아다닙니다.
   - Due to the heavy rainfall, it was impossible to <u>get around</u> for days.
     Weather에 활용 폭우 때문에 며칠 동안 돌아다니는 것이 불가능했습니다.

2. Public transportation is <u>very well-organized</u>.
   - Recycling in Korea is <u>very well-organized</u> because the recycling policies are very strict.
     Recycling에 활용 재활용 정책이 매우 엄격하기 때문에 한국의 재활용은 매우 잘 정리되어 있습니다.
   - My house is <u>very well-organized</u> because I do house chores every weekend.
     Housing에 활용 저는 주말마다 집안일을 하기 때문에 집이 매우 잘 정돈되어 있습니다.

3. However, traffic <u>gets very bad</u> sometimes.
   - During the holidays, traffic <u>gets very bad</u>, so some people take the train.
     Holidays에 활용 휴일 때면 교통이 매우 막히기 때문에 어떤 사람들은 기차를 탑니다.
   - During the raining season, the weather <u>gets very bad</u>, so people cannot enjoy any outdoor activities.
     Weather에 활용 장마 때면, 날씨가 매우 안 좋아지기 때문에 사람들은 야외 활동을 즐길 수 없습니다.

OPIc 질문에 대한 모범답변을 살펴본 후, 질문의 핵심 포인트를 파악하여 나만의 OPIc 답변을 만들어 보세요.

6 What means of transportation do you use to get around?
Do you drive or take public transportation?  MP3 15_Q6

평소 어떤 교통수단을 이용합니까? 자가용을 운전하나요? 대중교통을 이용하나요?

Structure		Idea
시작 문장	주제 문장 소개	I personally take the subway most often.
본문	본인이 평소 이용하는 교통수단 묘사	convenient, I can go wherever I want to, one of the cheapest, drive my own car, got my driver's license
마무리 문장	나의 답변 마무리	So, I mostly use public transportation to get around.

Model Answer
MP3 15_A6

I ❶ personally take the subway ❷ most often.

+ take the bus + take the train

It is very ❸ convenient because I can go

❹ wherever I want to.

It is one of the cheapest ways to get around.

Plus, I sometimes drive my own car.

I ❺ got my driver's license in 2002.

So, I mostly use public transportation to get

around.

+ I use public transportation or drive my own

car to get around.

Tips for Better Answer

▶ ❶ 본인의 개인적인 경험 또는 습관을 설명할 때 쓰는
부사로 일반적으로 주어 다음에 쓰임
= in my case, in case of me (문장의 제일 앞에 쓰임)
Ex: In my case, I take the subway most often.
나의 경우에는 지하철을 가장 많이 탄다.

▶ ❷ 항상 타는 것은 아니므로 빈도 부사 most often 사용
sometimes: 가끔
from time to time: 때때로
all the time: 항상
every single day: 하루도 빠짐없이 매일
Ex: I always take the subway because I get car sick
in the bus.
나는 버스에서는 멀미를 하기 때문에 항상 지하철을
탄다.

▶ ❸ 대중교통 묘사에 쓸 수 있는 형용사
time-saving: 시간을 절약하는
cost-efficient: 비용을 절약하는
foreigner-friendly: 외국인이 사용하기 편리한

▶ ❹ 복합관계부사 〈wherever + 주어 + 동사〉
(주어)가 어디에서 (동사)를 하든지
Ex: Wherever I go, I take the bus.
내가 어디를 가든지 나는 버스를 탄다.

▶ ❺ '자격증을 획득하다'로 가장 흔하게 쓰이는 동사는 get
= obtain: 획득하다, 얻다

Key Expressions

- **personally** 개인적으로
- **convenient** 편리한
- **cheap** 저렴한
- **driver's license** 운전면허증
- **public transportation** 대중교통

저는 개인적으로 지하철을 가장 자주 탑니다. (+ 버스를 탑니다 + 기차를 탑니다) 제가 원하는 곳은 어디든 갈 수 있기 때문에
매우 편리합니다. 가장 저렴한 교통수단 중 하나입니다. 가끔 제 차도 운전합니다. 저는 2002년에 운전면허를 땄습니다.
즉, 저는 주로 대중교통을 이용합니다. (+ 저는 대중교통을 이용하거나 차를 몰고 다닙니다.)

OPIc Pattern 익히기

주어진 한국어 핵심 문장을 읽고 빈칸에 들어갈 영어 표현을 작성하세요. 그 후, 문장을 반복해 말하는 연습을 통해 OPIc 핵심 패턴과 모범 답변을 익혀 보세요.

1. 저는 개인적으로 지하철을 가장 자주 탑니다.

I _____ _____ the _____ most often.

2. 제가 원하는 곳은 어디든 갈 수 있기 때문에 매우 편리합니다.

It is very _____ because I can go _____ _____ _____ to.

3. 돌아다닐 수 있는 가장 저렴한 교통수단 중 하나입니다.

It is _____ of the _____ _____ to _____ _____.

4. 가끔 제 차도 운전합니다. 2002년에 운전면허를 땄습니다.

Plus, I sometimes _____ my _____ _____. I _____ my _____ _____ in 2002.

> **Answer**
> 1. personally take / subway
> 2. convenient / wherever I want
> 3. one / cheapest ways / get around
> 4. drive / own car / got / driver's license

OPIc Magic Pattern 활용하기

학습한 Magic Pattern을 다른 주제에서도 활용해 보세요.

1. I <u>personally</u> take the subway most often.
   - I <u>personally</u> do not like horror movies because it is too creepy.
     Movies에 활용 너무 오싹해서 저는 개인적으로 호러 영화를 좋아하지 않습니다.

   - I <u>personally</u> do not like working out but I try to do it for my health.
     Health에 활용 저는 개인적으로 운동하는 것을 좋아하지 않지만 제 건강을 위해 하려고 노력합니다.

2. It <u>is very convenient because</u> I can go wherever I want to.
   - Travelling overseas <u>is very convenient because</u> of the translation app on the smartphone.
     Overseas Trips에 활용 스마트폰에 있는 번역 앱 덕분에 해외여행이 매우 편리합니다.

   - Exchanging foreign currencies <u>is very convenient because</u> of the mobile banking.
     Banks에 활용 모바일 뱅킹 덕분에 환전 하는 것이 매우 편리합니다.

3. It is <u>one of the cheapest ways</u> to get around.
   - Getting groceries online is <u>one of the cheapest ways</u> to buy organic food.
     Shopping에 활용 온라인으로 장을 보는 것은 유기농 음식을 살 수 있는 가장 저렴한 방법 중 하나입니다.

   - Travelling by bus is <u>one of the cheapest ways</u> to move around in Korea.
     Domestic Trips에 활용 버스로 여행하는 것은 한국에서 돌아다니는 방법 중 가장 저렴한 방법입니다.

데이터와 트렌드로 쉽게 취득하는 OPIc IM

OPIc 모범 답변 학습하기

OPIc 질문에 대한 모범답변을 살펴본 후, 질문의 핵심 포인트를 파악하여 나만의 OPIc 답변을 만들어 보세요.

7 How did you travel when you were a child?
How was transportation different back then?
Describe how people used to get around in your city or town.

 MP3 15_Q7

어렸을 때는 어떻게 여행했나요? 그 당시 교통수단은 달랐나요? 도시나 마을에서 사람들이 어떻게 이동했는지 설명해 주세요.

Structure		Idea
시작 문장	주제 문장 소개	When I was a kid, trains used to be slower.
본문	과거에 비해 좋아진 현재의 교통수단 묘사	but now, bullet trains called the KTX and SRT, plane tickets used to be, a lot cheaper thanks to, people used to use paper maps, much easier, GPS, tells, where to go
마무리 문장	나의 답변 마무리	So, transportation is a lot better now.

Model Answer   MP3 15_A7

When I was a kid, trains ❶ used to be slower.

❷ But now, trains are ❸ much faster.

Korea has bullet trains called the KTX and SRT.

+ ❹ It takes half the time now.

Plus, when I was a kid, plane tickets used to be

very ❺ pricey.

But now, plane tickets are a lot cheaper thanks

to low-cost carriers.

+ ❻ Some flights only cost half the price.

Next, when I was a kid, people used to use

paper maps.

But these days, driving is much easier because

we now have GPS.

+ The GPS tells us where to go.

So, transportation is a lot better now.

Tips for Better Answer

▶ ❶ 〈주어 + used to be + 형용사〉
(주어)가 (형용사)이고는 했었다
(주어)가 가진 과거의 특징을 설명할 때 가장 유용한 문법
Ex: Back in the day, trains used to be slow.
과거에는 기차가 느렸었다.

▶ ❷ = however these days: 하지만 지금은
but nowadays: 하지만 요즘은

▶ ❸ 대중교통의 변화를 묘사하기 위해 비교급 사용
faster: 더 빨라진
more developed: 더 발전된
more organized: 더 정돈된
more reliable: 더 믿을 수 있는
better: 더 나아진

▶ ❹ '시간이 반밖에 안 걸렸다'의 의미로 과거와 현재 비교에
유용하게 사용 가능(★암기 필수!!)
Ex: It takes half the time to move around in the city.
도심에서 돌아다니는 데 시간이 반밖에 안 걸린다.

▶ ❺ = expensive
affordable: 감당할 수 있는
cheap: 저렴한
Ex: Even express trains are affordable.
고속 열차조차도 감당할 만 하다.

▶ ❻ 절감된 비용을 예시로 들고 싶을 때 유용한 문장
Ex: Some hotels only cost half the price.
어떤 호텔은 반값밖에 안 한다.

15 Weather / Transportation |

323

Key Expressions

- **used to be** ~하곤 했었다
- **bullet train** 고속열차
- **take half the time** 원래 걸리는 시간의 반이 걸리다
- **pricey** 비싼
- **low-cost carriers** 저가 항공사
- **cost half the price** 원래 비용의 반만 들다
- **paper map** 종이 지도
- **GPS** 내비게이션

제가 어렸을 때, 기차는 지금보다 느렸습니다. 하지만 이제 기차는 훨씬 빨라졌습니다. 한국에는 KTX와 SRT라고 불리는 고속열차가 있습니다. (+ 지금은 시간이 절반밖에 안 걸립니다.) 게다가, 제가 어렸을 때 비행기표는 매우 비쌌습니다. 하지만 지금은 저가 항공사들 덕분에 비행기표 값도 훨씬 저렴해졌습니다. (+ 일부 항공편은 반값밖에 안 합니다.) 또한 제가 어렸을 때는 사람들이 종이 지도를 보고 운전을 했습니다. 하지만 요즘은 내비게이션을 사용하기 때문에 운전이 훨씬 더 쉬워졌습니다. (+ 내비게이션이 어디로 가야 하는지 알려줍니다.) 그래서 지금은 교통수단이 훨씬 좋아졌습니다.

OPIc Pattern 익히기

주어진 한국어 핵심 문장을 읽고 빈칸에 들어갈 영어 표현을 작성하세요. 그 후, 문장을 반복해 말하는 연습을 통해 OPIc 핵심 패턴과 모범 답변을 익혀 보세요.

1. 제가 어렸을 때, 기차는 지금보다 느렸습니다. 하지만 이제 기차는 훨씬 빨라졌습니다.

   When I was a kid, trains _____ _____ _____ _____. But now, trains are _____ _____.

2. 게다가, 제가 어렸을 때 비행기표는 매우 비쌌습니다.

   Plus, when I was a kid, _____ _____ _____ _____ be very _____.

3. 하지만 지금은 저가 항공사들 덕분에 비행기표 값도 훨씬 저렴해졌습니다.

   But now, plane tickets are _____ _____ _____ thanks to _____ _____.

4. 또한 제가 어렸을 때는 사람들이 종이 지도를 보고 운전을 했습니다.

   Next, when I was a kid, people _____ _____ use _____ _____.

Answer
1. used to be slower / much faster
2. plane tickets used to / pricey
3. a lot cheaper / low-cost carriers
4. used to / paper maps

OPIc Magic Pattern 활용하기

학습한 Magic Pattern을 다른 주제에서도 활용해 보세요.

1. Plus, when I was a kid, plane tickets <u>used to be very pricey</u>.
   - Organic food <u>used to be very pricey</u>, but not anymore.
     Food에 활용 유기농 음식이 예전에는 매우 비쌌지만 더 이상 그렇지 않습니다.

   - Travelling overseas <u>used to be very pricey</u>, but not anymore.
     Overseas Trips에 활용 해외여행이 예전에는 매우 비쌌지만 더 이상 그렇지 않습니다.

2. But these days, driving <u>is much easier because</u> we now have GPS.
   - Buying all kinds of products <u>is much easier because</u> of online shopping.
     Shopping에 활용 온라인 쇼핑 덕분에 모든 종류의 물건을 사는 것이 훨씬 더 쉬워졌습니다.

   - Keeping in touch with people <u>is much easier because</u> of smartphones and social media.
     Phones에 활용 스마트폰과 소셜 미디어 덕분에 사람들과 연락을 유지하는 것이 훨씬 더 쉬워졌습니다.

3. So, transportation <u>is a lot better now</u>.
   - The speed of the internet <u>is a lot better now</u>.
     Internet에 활용 인터넷의 속도가 지금은 훨씬 나아졌습니다.

   - The types of food people eat <u>are a lot better now</u> because they care about their health.
     Food에 활용 이제 사람들이 건강에 신경을 쓰기 때문에 그들이 먹는 음식의 종류가 훨씬 나아졌습니다.

OPIc 질문에 대한 모범답변을 살펴본 후, 질문의 핵심 포인트를 파악하여 나만의 OPIc 답변을 만들어 보세요.

8 Problems related to transportation often arise.
Cars break down, trains run late, or traffic gets bad. Tell me about a problem that you once had related to transportation. What did you do to deal with the situation?

🎧 MP3 15_Q8

교통과 관련된 문제가 종종 발생합니다. 차가 고장 나거나, 기차가 연착되거나, 교통 체증이 생길 수 있습니다. 직접 겪었던 교통 문제에 대해 말해 주세요. 그 상황을 어떻게 대처했나요?

Structure		Idea
시작 문장	주제 문장 소개	I remember when I was stuck in traffic during the holidays.
본문	교통 체증으로 인하여 고생했던 경험 묘사	heading to, took, much longer than usual, to get to my destination
마무리 문장	나의 답변 마무리	Since then, I always check traffic updates during the holidays.

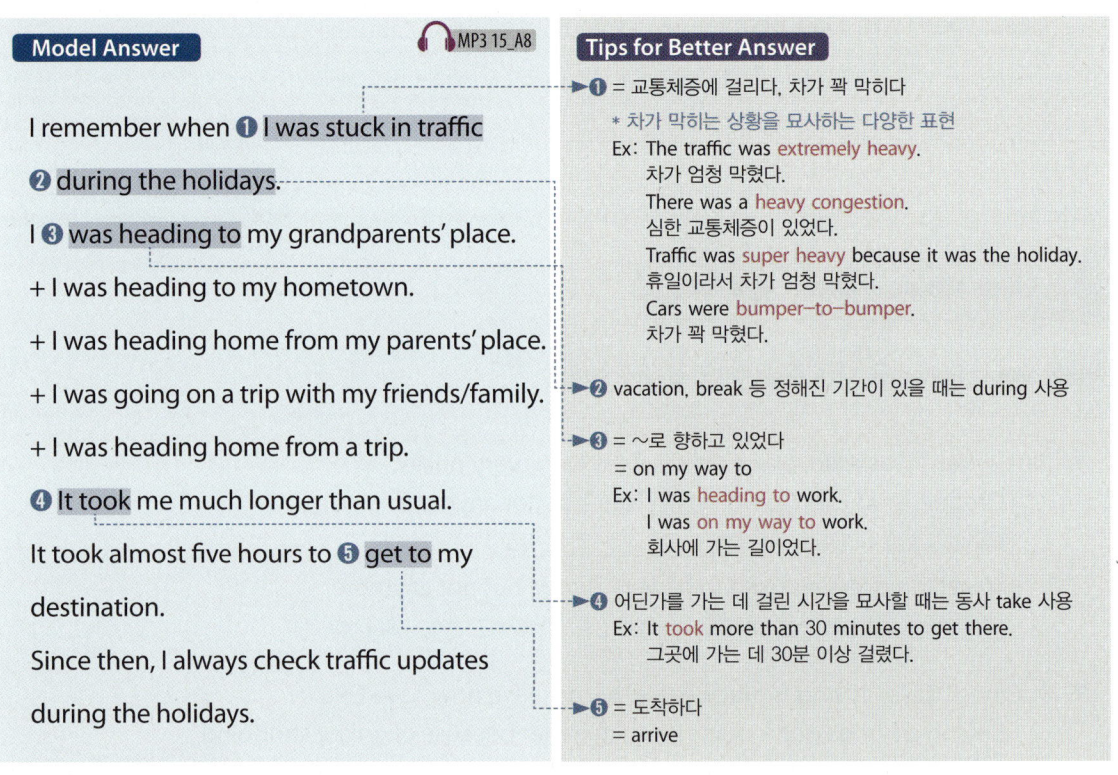

Model Answer 🎧 MP3 15_A8

I remember when ❶ I was stuck in traffic

❷ during the holidays.

I ❸ was heading to my grandparents' place.

+ I was heading to my hometown.

+ I was heading home from my parents' place.

+ I was going on a trip with my friends/family.

+ I was heading home from a trip.

❹ It took me much longer than usual.

It took almost five hours to ❺ get to my

destination.

Since then, I always check traffic updates

during the holidays.

Tips for Better Answer

▶❶ = 교통체증에 걸리다, 차가 꽉 막히다
 * 차가 막히는 상황을 묘사하는 다양한 표현
Ex: The traffic was extremely heavy.
    차가 엄청 막혔다.
    There was a heavy congestion.
    심한 교통체증이 있었다.
    Traffic was super heavy because it was the holiday.
    휴일이라서 차가 엄청 막혔다.
    Cars were bumper-to-bumper.
    차가 꽉 막혔다.

▶❷ vacation, break 등 정해진 기간이 있을 때는 during 사용

▶❸ = ~로 향하고 있었다
 = on my way to
Ex: I was heading to work.
    I was on my way to work.
    회사에 가는 길이었다.

▶❹ 어딘가를 가는 데 걸린 시간을 묘사할 때는 동사 take 사용
Ex: It took more than 30 minutes to get there.
    그곳에 가는 데 30분 이상 걸렸다.

▶❺ = 도착하다
 = arrive

Key Expressions

• **stuck in traffic** 교통체증에 시달리다
• **head to** ~로 향하다
• **go on a trip** 여행 가다

• **destination** 목적지
• **check** 확인하다
• **traffic updates** 교통 정보

연휴기간에 교통체증에 시달렸던 기억이 납니다. 조부모님 댁으로 가는 길이었습니다. (+ 고향으로 가고 있었습니다. + 부모님 댁에서 집으로 가고 있었습니다. + 친구/가족과 함께 여행을 가고 있었습니다. + 여행 후 집으로 가고 있었습니다.) 평소보다 훨씬 오래 걸렸습니다. 목적지까지 거의 5시간이나 걸렸습니다. 그때 이후로, 저는 연휴기간에는 항상 교통 정보를 확인합니다.

데이터와 트렌드로 쉽게 취득하는 OPIc IM

주어진 한국어 핵심 문장을 읽고 빈칸에 들어갈 영어 표현을 작성하세요. 그 후, 문장을 반복해 말하는 연습을 통해 OPIc 핵심 패턴과 모범 답변을 익혀 보세요.

1. 연휴기간에 교통체증에 시달렸던 기억이 납니다.

I remember when I was _____ _____ _____ during the _____.

2. 조부모님 댁으로 가는 길이었습니다.

I was _____ _____ my grandparents' _____.

3. 평소보다 훨씬 오래 걸렸습니다. 목적지까지 거의 5시간이나 걸렸습니다.

It _____ me _____ _____ than _____. It _____ almost five hours to _____ _____ my _____.

4. 그때 이후로, 저는 연휴기간엔 항상 교통 정보를 확인합니다.

Since then, I always _____ _____ _____ during the holidays.

Answer
1. stuck in traffic / holidays
2. heading to / place
3. took / much longer / usual / took / get to / destination
4. check traffic updates

학습한 Magic Pattern을 다른 주제에서도 활용해 보세요.

1. I remember when <u>I was stuck in traffic</u> during the holidays.
- <u>I was stuck in traffic</u>, so I had to cancel my doctor's appointment.
  Appointment에 활용 교통체증 때문에 병원 예약을 취소해야만 했습니다.

- I made a reservation at a very popular restaurant. But <u>I was stuck in traffic</u>, so I could not go there on time.
  Restaurants에 활용 저는 매우 인기 있는 음식점을 예약했습니다. 하지만 교통체증 때문에 제 시간에 갈 수 없었습니다.

2. <u>It took almost</u> five <u>hours to</u> get to my destination.
- <u>It took almost</u> 11 <u>hours to</u> get to Germany. I had jet lag, so I could not enjoy sightseeing on the first day.
  Overseas Trips에 활용 독일까지 가는 데 거의 11시간이 걸렸습니다. 시차 때문에 첫째 날에는 관광을 즐길 수 없었습니다.

- <u>It took almost</u> 6 <u>hours to</u> get to my parents' place on the last holiday. It was extremely exhausting.
  Holidays에 활용 휴일에 부모님 댁에 가는 데 거의 6시간이 걸렸습니다. 매우 피곤했습니다.

Chapter 16

Appointment / Free Time

질문을 제대로 파악하는 것만으로도 성공적으로 시험을 치를 수 있습니다. OPIc에서 자주 출제되는 질문들을 알아보세요.

Appointment

1 **What kinds of appointments do you make in your life? Where do you go to make your appointments?**

평소에 어떤 예약을 하나요? 예약을 하러 어디로 가나요?

문항 유형	본인이 평소에 하는 예약 종류들 묘사
문항 수준	Intermediate
핵심 포인트	• 병원, 치과, 미용실 예약 하는 방법을 현재형 시제로 묘사 • 본인이 주로 하는 예약이므로 주어 I 사용
중요도	★

2 What kinds of things do you do when you make appointments? Tell me what you do exactly when you make these appointments.

예약을 할 때 어떤 일들을 하나요? 예약할 때 정확히 무엇을 하는지 말해 주세요.

문항 유형	본인이 평소에 예약을 하는 방법 구체적으로 묘사
문항 수준	Advanced
핵심 포인트	• 특정한 장소에 예약하기 전 그 장소를 어떻게 찾는지 현재형 시제로 묘사 • 본인의 이야기이므로 주어 I 사용
중요도	★★★

3 Talk about an appointment you made as a child. What was the appointment for? Was it for a doctor, a dentist or a new school? What did you do and what happened when you got to your appointment?

어릴 때 했던 예약에 대해 말해 주세요. 무슨 예약이었나요? 병원, 치과, 새로운 학교를 위한 것이었나요? 약속 장소에 도착했을 때 당신은 무엇을 했고 어떤 일이 발생했나요?

문항 유형	어렸을 때 했던 예약 경험 묘사
문항 수준	Advanced
핵심 포인트	• 어렸을 때 미용실에 간 경험을 과거형 시제로 묘사 • 나의 경험이므로 주어 I 사용
중요도	★

4 Unexpected things can happen when you make an appointment. Talk about a memorable incident regarding an appointment. What exactly happened and how did you deal with the situation?

예약을 할 때 예상치 못한 일이 생길 수 있습니다. 예약과 관련하여 기억에 남는 사건에 대해 말해 주세요. 정확히 무슨 일이 일어났고 어떻게 그 상황을 처리했나요?

문항 유형	예약 관련 기억에 남는 에피소드 설명
문항 수준	Advanced
핵심 포인트	• 예약을 했는데 갑자기 못 가게 된 경험을 과거형 시제로 묘사 • 본인의 경험이므로 주어 I 사용
중요도	★★★

Free Time

5 Where do people in your country go to in their free time? Do they go to beaches? Do they go to parks or any other places? What are some popular locations that people go to in their free time?

당신 나라의 사람들은 자유시간에 어디를 가나요? 해변에 가나요? 공원이나 다른 곳에 가나요? 사람들이 자유시간에 방문하기 좋아하는 인기 있는 장소는 어디인가요?

문항 유형	우리나라 사람들이 자유시간에 가는 장소 묘사
문항 수준	Intermediate
핵심 포인트	• 자유시간 주제의 '우리나라 사람들이 자유시간에 하는 일들 묘사'와 같은 답변 대비 • 술집 주제의 '술집에 주로 언제 가고 무엇을 하는지 묘사'의 답변 그대로 활용 • 사람들이 하는 일이므로 주어 people, they 사용하며 현재형 시제로 묘사
중요도	★

6 Talk about your free time in the past. Did you have more free time or less free time? How was it different from your free time now?

과거 당신의 자유시간은 어땠나요? 그때는 자유시간이 더 많았나요, 아니면 부족했었나요? 지금의 자유시간과 어떻게 달랐나요?

문항 유형	과거 자유시간이 어떠하였는지 묘사
문항 수준	Advanced
핵심 포인트	• 집 주제의 '어렸을 때 본인의 책임 묘사'의 답변 그대로 활용
	• 어렸을 때 한 일을 묘사하므로 주어 I와 과거형 시제 사용
중요도	★

7 Can you tell me about the last time you had some free time? When was this? What did you do? Who did you spend time with?

최근 가졌던 자유시간에 대해 말해 주세요. 언제였나요? 무엇을 했나요? 누구와 시간을 보냈나요?

문항 유형	기억에 남는 최근 자유시간에 한 일 설명
문항 수준	Advanced
핵심 포인트	• 가족/친구 주제의 '가족/친구와 최근에 했던 일 묘사'의 답변 그대로 활용
	• 영화를 본 후 음식점에 간 이야기를 과거형 시제와 주어 we를 사용하여 묘사
중요도	★

8 What do people typically do in their free time? What is special about those activities?

사람들은 보통 자유시간에 무엇을 하나요? 그 활동들이 특별한 점은 무엇인가요?

문항 유형	우리나라 사람들이 자유시간에 하는 일들 묘사
문항 수준	Intermediate
핵심 포인트	• 자유시간 주제의 '우리나라 사람들이 자유시간에 가는 장소 묘사'와 같은 답변 대비
	• 사람들이 술집에서 하는 일을 현재형 시제로 묘사
	• 사람들이 하는 일이므로 주어 people, they 사용
중요도	★

OPIc 질문에 대한 모범답변을 살펴본 후, 질문의 핵심 포인트를 파악하여 나만의 OPIc 답변을 만들어 보세요.

1 What kinds of appointments do you make in your life? Where do you go to make your appointments?

평소에 어떤 예약을 하나요? 예약을 하러 어디로 가나요?

	Structure	Idea
시작 문장	주제 문장 소개	I make various types of appointments in my life.
본문	평상시에 정기적으로 예약하는 장소인 병원, 치과, 미용실에 대해 묘사	make doctor appointments, when I am sick, dentist appointments, toothache, appointments, haircut, get a perm
마무리 문장	나의 답변 마무리	So, these are the appointments I make in my life.

Model Answer MP3 16_A1

I make various types of ❶ appointments in my life.

First, I ❷ make doctor appointments.

I do that when I am sick.

Also, I make dentist appointments.

I do that when I have a toothache.

Plus, I make hair appointments.

I do that when I need to ❸ get a haircut or get a perm.

So, these are the appointments I make in my life.

Tips for Better Answer

❶ appointment는 특정 서비스를 받기 위해 정확한 시간과 날짜를 정해서 서비스 제공자를 만날 때 사용
hospitals, dentist clinics, massage shops, hair shops
* 친구들, 직장 동료와 만나는 약속은 appointment 쓰지 않기
〈사적인 만남을 묘사할 때 쓰는 표현〉
meet: 만나다
meet up: 만나다
hang out with: 어울리다
have dinner: 식사를 하다
* reservation은 특정 서비스가 아닌 공간, 테이블, 방 같은 장소를 예약할 때 주로 쓰임
Ex: I made a reservation at a nice restaurant.
나의 근사한 식당을 예약했다.

❷ '예약을 하다'에 주로 쓰이는 동사는 have, make
본인이 직접 예약을 했다는 것을 언급하고 싶을 때 make
단순히 예약이 있다고만 말하고 싶을 때 have
Ex: I made an appointment at the hospital.
내가 병원에 예약했다. (직접 예약함)
I have a dentist appointment tomorrow.
내일 치과 예약이 있다. (누가 예약을 잡았는지 정확히 알 수 없음)

❸ 〈get + 명사〉
치과, 병원, 미용실 등 다른 사람이 제공하는 서비스에 대해 이야기할 때 쓰는 문법
Ex: I cut my hair.
(내가 직접) 머리 잘랐다.
I got a haircut.
(다른 사람이) 머리 잘랐다.

Key Expressions

- **various** 다양한
- **appointment** 예약
- **doctor appointment** 병원 예약
- **dentist appointment** 치과 예약
- **toothache** 치통
- **hair appointment** 미용실 예약
- **get a perm** 파마하다

저는 다양한 종류의 예약을 합니다. 먼저, 병원 예약을 합니다. 아플 때 그렇게 합니다. 또, 치과 예약을 합니다. 치통이 있을 때 그렇게 합니다. 그리고 저는 미용실 예약을 합니다. 머리 손질이나 파마를 해야 할 때 합니다. 이러한 것들이 제가 하는 예약입니다.

OPIc Pattern 익히기

주어진 한국어 핵심 문장을 읽고 빈칸에 들어갈 영어 표현을 작성하세요. 그 후, 문장을 반복해 말하는 연습을 통해 OPIc 핵심 패턴과 모범 답변을 익혀 보세요.

1. 저는 다양한 종류의 예약을 합니다.

I _____ _____ _____ of _____ in my life.

2. 먼저, 병원 예약을 합니다. 아플 때 그렇게 합니다.

First, I _____ _____ _____. I do that when I am _____.

3. 또, 치과 예약을 합니다. 치통이 있을 때 그렇게 합니다.

Also, I _____ _____ _____. I do that when I _____ a _____.

4. 머리 손질이나 파마를 해야할 때 합니다.

I do that when I need to _____ _____ _____ or _____ _____ _____.

OPIc Magic Pattern 활용하기

학습한 Magic Pattern을 다른 주제에서도 활용해 보세요.

1. I make <u>various types of</u> appointments in my life.

- I listen to <u>various types of</u> music including rock music and R&B.

  Music에 활용 저는 락 뮤직과 R&B를 포함해서 다양한 종류의 음악을 듣습니다.

- I watch <u>various types of</u> movies including animations.

  Movies에 활용 저는 애니메이션을 포함해서 다양한 종류의 영화를 봅니다.

2. I <u>do that when</u> I am sick.

- I exercise at the park. <u>I do that when</u> I have some free time.

  Free Time에 활용 저는 공원에서 운동을 합니다. 저는 자유시간이 조금 있을 때 그렇게 합니다.

- I sometimes go to the beaches. <u>I do that when</u> the weather is nice.

  Beaches에 활용 저는 가끔 해변에 갑니다. 저는 날씨가 좋을 때 그렇게 합니다.

데이터화된 트렌드로 쉽게 취득하는 OPIc IM

OPIc 질문에 대한 모범답변을 살펴본 후, 질문의 핵심 포인트를 파악하여 나만의 OPIc 답변을 만들어 보세요.

2 **What kinds of things do you do when you make appointments?**
Tell me what you do exactly when you make these appointments. 🎧 MP3 16_Q2

예약을 할 때 어떤 일들을 하나요? 예약할 때 정확히 무엇을 하는지 말해 주세요.

Structure		Idea
시작 문장	주제 문장 소개	When I have to make appointments, I first look for a phone number.
본문	전화하기, 시간 정하기 등 예약할 때 해야 하는 행동 묘사	have it on, do a search, then, make a phone call to, tell them, when I want to visit, hang up
마무리 문장	나의 답변 마무리	So, this is what I do when I make appointments.

Model Answer 🎧 MP3 16_A2

When I have to ❶ make appointments, I first ❷ look for a phone number.

I sometimes have it ❸ on my phone.
❹ If not, I have to do a search online.

And then, I ❺ make a phone call to make an appointment.
I tell them when I want to visit and hang up.

I often get a ❻ text confirming my appointment.
So, this is what I do when I make appointments.

Tips for Better Answer

▶❶ 평상시에 자주 하는 예약은 복수 명사 appointments 사용
Ex: I make appointments whenever I visit hospitals or hair salons.
나는 병원이나 미용실에 갈 때마다 예약을 한다.

▶❷ = find: 찾다
search for: 검색하다, 찾다
look up: 찾아보다
Ex: To make an appointment, I look up a phone number on the website.
예약을 하기 위해 나는 웹사이트에서 전화번호를 찾는다.

▶❸ 기기, 기계 앞에는 전치사 on 사용
Ex: There are a lot of pictures on my phone.
내 휴대폰에는 사진이 많이 있다.

▶❹ 〈if not, 주어 + 동사〉
= 그렇지 않다면, (주어)가 (동사)하다
다른 의견이나 반대되는 내용을 제시할 때 사용
Ex: If not, I have to ask my friend.
안 된다면 친구에게 물어봐야 한다.

▶❺ = call to

▶❻ 관계대명사 which is가 생략된 문법
= text (which is) confirming

Key Expressions

- **look for** 찾다
- **phone number** 전화번호
- **have it on** ~에 있다

- **hang up** 전화를 끊다
- **text** 문자, 문자를 보내다
- **confirm** 확인하다

예약을 해야 할 때 저는 먼저 전화번호를 찾습니다. 그 번호가 가끔 제 휴대폰에 있을 때가 있습니다. 없으면 온라인으로 검색을 해야 합니다. 그리고 나서, 저는 예약을 하기 위해 전화를 합니다. 제가 언제 가고 싶은지 얘기하고 전화를 끊습니다. 보통 예약 확인 문자를 받습니다. 이것이 제가 예약하는 방법입니다.

 **OPIc Pattern 익히기**

주어진 한국어 핵심 문장을 읽고 빈칸에 들어갈 영어 표현을 작성하세요. 그 후, 문장을 반복해 말하는 연습을 통해 OPIc 핵심 패턴과 모범 답변을 익혀 보세요.

1. 예약을 해야 할 때 저는 먼저 전화번호를 찾습니다.

When I have to _____ _____, I first _____ _____ a _____ _____.

2. 그 번호가 가끔 제 휴대폰에 있을 때가 있습니다. 없으면 온라인으로 검색을 해야 합니다.

I sometimes _____ _____ _____ my phone. If not, I have to _____ a _____ _____.

3. 그리고 나서, 저는 예약을 하기 위해 전화를 합니다.

And then, I _____ a _____ _____ to _____ an _____.

4. 보통 예약 확인 문자를 받습니다.

I often _____ a _____ _____ my appointment.

Answer
1. make appointments / look for / phone number
2. have it on / do / search online
3. make / phone call / make / appointment
4. get / text confirming

OPIc Magic Pattern 활용하기

학습한 Magic Pattern을 다른 주제에서도 활용해 보세요.

1. <u>When</u> I have to make appointments, <u>I first</u> look for a phone number.
- <u>When</u> I want to watch a movie, <u>I first</u> read reviews.
   Movies에 활용 저는 영화를 보고 싶을 때 우선 리뷰를 읽습니다.
- <u>When</u> I am hungry during the staycation, <u>I first</u> order in some pizza.
   Vacations at Home에 활용 저는 집에서 휴가를 즐길 때 우선 피자를 포장 주문합니다.

2. If not, I have to <u>do a search online</u>.
- When I want to go somewhere for a vacation, I first <u>do a search online</u>.
   Domestic Trips에 활용 휴가로 어딘가를 가고 싶을 때 저는 우선 온라인으로 검색을 합니다.
- When I want to find a geographically unique place, I first <u>do a search online</u>.
   Geography에 활용 지리적으로 독특한 곳을 찾고 싶을 때 저는 우선 온라인으로 검색을 합니다.

데이터로 트렌드로 쉽게 취득하는 OPIc IM

OPIc 질문에 대한 모범답변을 살펴본 후, 질문의 핵심 포인트를 파악하여 나만의 OPIc 답변을 만들어 보세요.

3 Talk about an appointment you made as a child. What was the appointment for? 🎧MP3 16_Q3
Was it for a doctor, a dentist or a new school?
What did you do and what happened when you got to your appointment?

어릴 때 했던 예약에 대해 말해 주세요. 무슨 예약이었나요? 병원, 치과, 새로운 학교를 위한 것이었나요?
약속 장소에 도착했을 때 당신은 무엇을 했고 어떤 일이 발생했나요?

	Structure		Idea
시작 문장	주제 문장 소개		I remember making a hair appointment when I was a kid.
본문	최근 미용실에 가서 머리한 경험 묘사		needed to get my hair done, went to, on time, first, shampooed, hair stylist cut, shampooed my hair again, dried and styled
마무리 문장	나의 답변 마무리		I was happy with the new look.

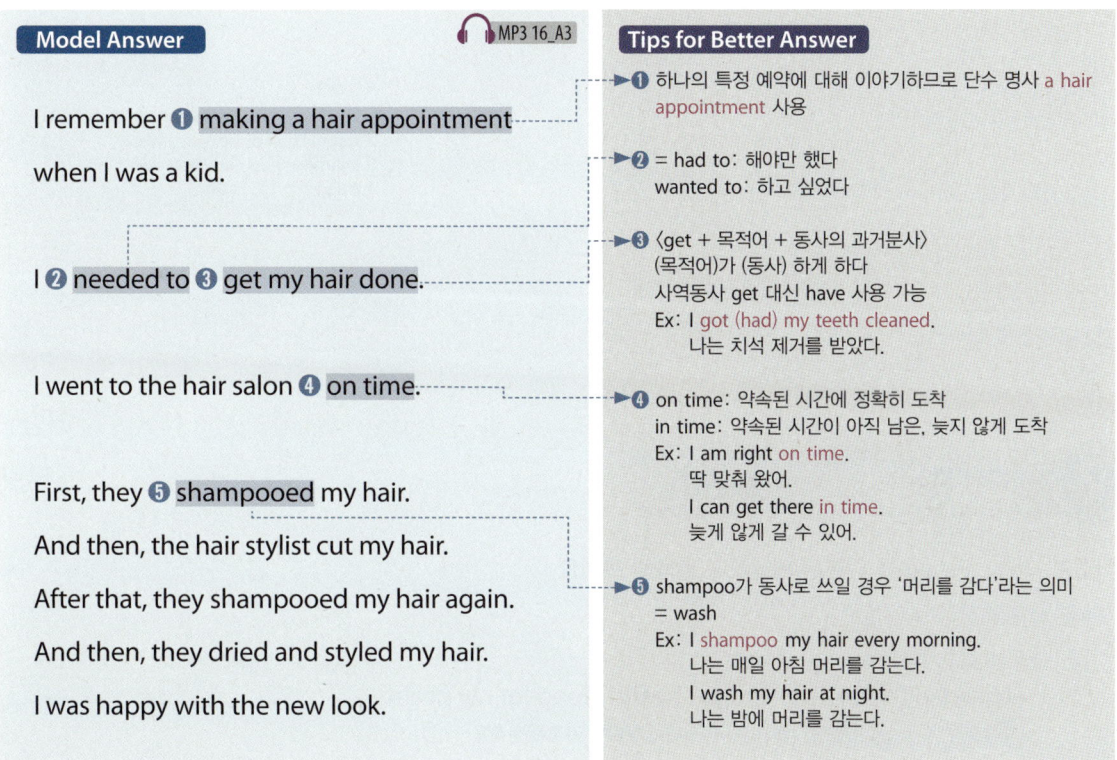

Model Answer 🎧MP3 16_A3

I remember ❶ making a hair appointment when I was a kid.

I ❷ needed to ❸ get my hair done.

I went to the hair salon ❹ on time.

First, they ❺ shampooed my hair.

And then, the hair stylist cut my hair.

After that, they shampooed my hair again.

And then, they dried and styled my hair.

I was happy with the new look.

Tips for Better Answer

▶❶ 하나의 특정 예약에 대해 이야기하므로 단수 명사 a hair appointment 사용

▶❷ = had to: 해야만 했다
wanted to: 하고 싶었다

▶❸ 〈get + 목적어 + 동사의 과거분사〉
(목적어)가 (동사) 하게 하다
사역동사 get 대신 have 사용 가능
Ex: I got (had) my teeth cleaned.
나는 치석 제거를 받았다.

▶❹ on time: 약속된 시간에 정확히 도착
in time: 약속된 시간이 아직 남은, 늦지 않게 도착
Ex: I am right on time.
딱 맞춰 왔어.
I can get there in time.
늦게 않게 갈 수 있어.

▶❺ shampoo가 동사로 쓰일 경우 '머리를 감다'라는 의미
= wash
Ex: I shampoo my hair every morning.
나는 매일 아침 머리를 감는다.
I wash my hair at night.
나는 밤에 머리를 감는다.

Key Expressions

- **get my hair done** 머리 하러 가다
- **on time** 제 시간에
- **shampoo** 머리 감다

- **cut hair** 머리 자르다
- **dry** (머리) 말리다
- **new look** 새로운 모습

어렸을 때 미용실 예약을 했던 기억이 납니다. 머리 손질이 필요했습니다. 예약 시간에 맞춰 미용실에 갔습니다. 먼저, 미용사가 머리를 감겨 주었습니다. 그 후, 머리를 잘랐습니다. 그리고 다시 머리를 감겨 주었습니다. 그리고 나서, 머리를 말리고 스타일링을 해 주었습니다. 저는 새로운 모습에 만족했습니다.

주어진 한국어 핵심 문장을 읽고 빈칸에 들어갈 영어 표현을 작성하세요. 그 후, 문장을 반복해 말하는 연습을 통해
OPIc 핵심 패턴과 모범 답변을 익혀 보세요.

1. 어렸을 때 미용실 예약을 했던 기억이 납니다.

I remember _____ a _____ _____ _____ I _____ a _____.

2. 머리 손질이 필요했습니다. 예약 시간에 맞춰 미용실에 갔습니다.

I needed to _____ _____ _____ _____. I went to the hair salon _____ _____.

3. 먼저, 미용사가 머리를 감겨 주었습니다. 그 후, 머리를 잘랐습니다.

First, they _____ my _____. And then, the _____ _____ _____ my _____.

4. 그리고 나서, 머리를 말리고 스타일링 해주었습니다.

And then, they _____ and _____ my _____.

> **Answer**
> 1. making / hair appointment when / was / kid
> 2. get my hair done / on time
> 3. shampooed / hair / hair stylist cut / hair
> 4. dried / styled / hair

 OPIc Magic Pattern 활용하기

학습한 Magic Pattern을 다른 주제에서도 활용해 보세요.

1. I needed to get my hair done.
  - I needed to work out and eat healthy food for my health.
    Health/Food에 활용 저의 건강을 위해 운동하고 건강한 음식을 먹어야 했습니다.
  - I needed to book a flight and accommodations for my trip to France.
    Overseas Trips에 활용 프랑스로 여행을 가기 위해 비행기와 숙소를 예약해야 했습니다.

2. I went to the hair salon on time.
  - I cancelled the reservation at the restaurant because I could not get there on time.
    Restaurants에 활용 제 시간에 그곳에 갈 수 없어서 레스토랑 예약을 취소했습니다.
  - I got to the concert on time, and enjoyed it for 2 hours.
    Music에 활용 제 시간에 콘서트에 가서 2시간 동안 즐겼습니다.

데이터와 트렌드로 쉽게 취득하는 OPIc IM

OPIc 질문에 대한 모범답변을 살펴본 후, 질문의 핵심 포인트를 파악하여 나만의 OPIc 답변을 만들어 보세요.

4 Unexpected things can happen when you make an appointment. Talk about a memorable incident regarding an appointment. What exactly happened and how did you deal with the situation?

 MP3 16_Q4

예약을 할 때 예상치 못한 일이 생길 수 있습니다. 예약과 관련하여 기억에 남는 사건에 대해 말해 주세요. 정확히 무슨 일이 일어났고 어떻게 그 상황을 처리했나요?

	Structure	Idea
시작 문장	주제 문장 소개	I remember making a hair appointment recently.
본문	예약을 한 장소와 이유를 말한 후 왜 못 가게 되었는지 사건 묘사	making, appointment, however, something came up, called the hair salon, told them, could not go
마무리 문장	나의 답변 마무리	In the end, I made a new appointment and went another time.

Model Answer

MP3 16_A4

I remember making a hair appointment recently.

+ making a doctor's appointment

+ making a dentist appointment

However, ❶ something came up suddenly.

I called ❷ the hair salon and told them that

❸ I could NOT go.

+ the clinic + the hospital + the dentist

❹ In the end, I made a new appointment and

went another ❺ time.

Tips for Better Answer

➤❶ come up: 발생하다, 생기다
= happen: 일이 생기다, 발생하다
무슨 일이 발생했는지 정확히 묘사할 필요 없을 때
유용한 표현
〈something + 형용사 + 동사〉
(형용사)한 무언가가 (동사)했다
Ex: Something important came up.
    뭔가 중요한 일이 생겼다.
    Something urgent happened.
    급한 일이 발생했다.

➤❷ 이미 앞에 hair appointment가 한번 언급되었으므로
이후부터는 관사 the 사용

➤❸ = could not be there: 그곳에 못 간다
= could not make it: 가지 못한다
약속을 지킬 수 있을 때는 I can make it.
약속을 지키지 못할 때는 I can't make it.

➤❹ = 마침내, 결국에는
= finally

➤❺ 시간을 이야기할 때 time은 불가산 명사
횟수를 이야기할 때 time은 가산 명사
Ex: I don't have enough time.
    나 시간이 충분히 없어.
    I have been there many times.
    나 거기 여러 번 가 봤어.

Key Expressions

• **hair appointment** 미용실 예약
• **doctor appointment** 병원 예약
• **dentist appointment** 치과 예약

• **come up** 발생하다, 생기다
• **clinic** 작은 병원, 개인 병원
• **in the end** 결국에는, 마침내

최근에 미용실 예약을 했던 기억이 납니다. (+ 병원 예약 한 것 + 치과 예약 한 것) 그런데 갑자기 일이 생겼습니다. 미용실에 전화해서 못 간다고 했습니다. (+ 클리닉 + 병원 + 치과) 결국 다시 예약을 하고 다른 시간에 갔습니다.

OPIc Pattern 익히기

주어진 한국어 핵심 문장을 읽고 빈칸에 들어갈 영어 표현을 작성하세요. 그 후, 문장을 반복해 말하는 연습을 통해 OPIc 핵심 패턴과 모범 답변을 익혀 보세요.

1. 최근에 미용실 예약을 했던 기억이 납니다.

I remember _____ a _____ _____ _____.

2. 그런데 갑자기 일이 생겼습니다.

However, _____ _____ _____ suddenly.

3. 미용실에 전화해서 못 간다고 했습니다.

I _____ the _____ _____ and _____ them that I _____ _____ _____.

4. 결국 다시 예약을 하고 다른 시간에 갔습니다.

In the end, I _____ a new _____ and went _____ _____.

Answer
1. making / hair appointment recently
2. something came up
3. called / hair salon / told / could NOT go
4. made / appointment / another time

OPIc Magic Pattern 활용하기

학습한 Magic Pattern을 다른 주제에서도 활용해 보세요.

1. I remember making a hair appointment recently.

- I remember making a doctor's appointment because I had something wrong at the restaurant.
  Restaurants에 활용 음식점에서 상한 음식을 먹어서 병원 예약한 기억이 납니다.

- I remember making a hair appointment because I had some free time.
  Free Time에 활용 자유시간이 조금 있어서 미용실 예약한 기억이 납니다.

2. However, something came up suddenly.

- Something came up suddenly, so I could not attend the gathering.
  Gatherings에 활용 갑자기 일이 생겨서 모임에 참석하지 못했습니다.

- Something came up suddenly, so I had to take a day off from work.
  Work에 활용 갑자기 일이 생겨서 회사에서 하루 휴가를 내야 했습니다.

OPIc 질문에 대한 모범답변을 살펴본 후, 질문의 핵심 포인트를 파악하여 나만의 OPIc 답변을 만들어 보세요.

5-1 **Where do people in your country go to in their free time?** 🎧 MP3 16_Q5-1
Do they go to beaches? Do they go to parks or any other places?
What are some popular locations that people go to in their free time?

당신 나라의 사람들은 자유시간에 어디를 가나요? 해변에 가나요? 공원이나 다른 곳에 가나요? 사람들이 자유시간에 방문하기 좋아하는 인기 있는 장소는 어디인가요?

5-2 **What do people typically do in their free time? What is special about those activities?** 🎧 MP3 16_Q5-2

사람들은 보통 자유시간에 무엇을 하나요? 그 활동들이 특별한 점은 무엇인가요?

Structure		Idea
시작 문장	주제 문장 소개	People often go to bars in their free time.
본문	평상시 자유시간에 어디에 가는지, 가서 무엇을 하는지 묘사	grab some drinks, break the ice, drinking games, several rounds, staff-dinners, bond with, special occasions
마무리 문장	나의 답변 마무리	Once again, people often go to bars in their free time.

Model Answer 🎧 MP3 16_A5

People often go to bars ❶ in their free time.

People often go to bars for ❷ social gatherings.

They ❸ grab some drinks with their friends.

❹ Drinks break the ice and make the mood better.

+ They sometimes play drinking games.

+ They sometimes do several rounds.

Plus, people sometimes go to bars for ❺ staff-dinners.

It is a good ❻ chance to ❼ bond with co-workers.

Next, people sometimes go to bars for special occasions such as birthday parties.

Once again, people often go to bars in their free time.

Tips for Better Answer

* 술집 주제의 '술집에 주로 언제 가고 무엇을 하는지 묘사'의 답변 그대로 활용

▶❶ = when they have free time: 그들이 자유시간이 있을 때
when they have some spare time: 그들이 남는 시간이 있을 때

▶❷ 답변 양 확보를 위해 social gatherings의 종류 나열 가능
Ex: People often go to bars for social gatherings such as housewarming parties.
사람들은 집들이와 같은 사교모임을 위해 술집에 자주 간다.

▶❸ 술을 마시다
= have drinks with
Ex: I often have drinks with my co-workers.
나는 직장 동료들과 자주 술을 마신다.
* 일반적으로 have drinks는 '술을 마신다'는 의미
술이 아닌 다른 음료일 경우 정확하게 언급하기
Ex: I want to drink/have some juice.
나는 주스 조금 마시고 싶어.

▶❹ 술자리를 묘사하는 관용 문구
break the ice: 어색함을 없애다
make the mood better: 분위기를 더 좋게 하다

▶❺ 회식
= company dinners

▶❻ 기회
= opportunity

▶❼ 친해지다
= get close with
Ex: I like company dinners because it is a great opportunity to get close with my co-workers.
직장 동료와 친해질 수 있는 좋은 기회라서 나는 회식을 좋아한다.

- **social gathering** 사교 모임
- **grab drinks** 술을 조금 마시다
- **break the ice** 어색함을 깨다
- **do several rounds** 몇 차례 마시다

- **staff-dinners** 회식
- **bond with** ~와 친해지다, 유대감이 형성되다
- **special occasions** 특별한 경우

사람들은 자유시간이 있을 때 종종 술집에 갑니다. 주로 친목 도모를 위해 술집에 갑니다. 그들은 친구들과 술을 마십니다. 술은 어색함을 깨고 분위기를 더 좋게 합니다. (+ 그들은 가끔 술 게임을 합니다. + 가끔 몇 차까지 마십니다.) 또한, 그들은 가끔 회식을 위해 술집에 갑니다. 동료들과 친해질 수 있는 좋은 기회입니다. 또한 생일 파티 같이 특별한 날에는 가끔 술집에 갑니다. 즉,.사람들은 자유시간이 있을 때 종종 술집에 갑니다.

📖 OPIc Pattern 익히기

주어진 한국어 핵심 문장을 읽고 빈칸에 들어갈 영어 표현을 작성하세요. 그 후, 문장을 반복해 말하는 연습을 통해 OPIc 핵심 패턴과 모범 답변을 익혀 보세요.

1. 주로 친목 도모를 위해 술집에 갑니다. 그들은 친구들과 술을 마십니다.

People often _____ _____ _____ for _____ _____. They _____ some _____ with their friends.

2. 술은 어색함을 깨고 분위기를 더 좋게 합니다.

Drinks _____ _____ _____ and _____ the _____ _____.

3. 또한, 그들은 가끔 회식을 위해 술집에 갑니다. 동료들과 친해질 수 있는 좋은 기회입니다.

Plus, people sometimes go to _____ for _____. It is a _____ _____ to _____ with _____.

4. 또한 생일 파티 같이 특별한 날에는 가끔 술집에 갑니다.

Next, people sometimes go to _____ for _____ _____ such as _____ _____.

Answer
1. go to bars / social gatherings /grab / drinks
2. break the ice / make / mood better
3. bars / staff-dinners / good chance / bond / co-workers
4. bars /special occasions / birthday parties

🔍 OPIc Magic Pattern 활용하기

학습한 Magic Pattern을 다른 주제에서도 활용해 보세요.

1. <u>People often go to</u> bars in their free time.
  - <u>People often go to</u> mountains because 70% of Korea is made up of mountains.
    Geography에 활용 한국의 70%는 산으로 이루어져 있어서 사람들은 산에 자주 갑니다.
  - <u>People often go to</u> shopping centers to hang out with their friends when they have some time.
    Shopping에 활용 사람들은 시간이 조금 있으면 친구들과 어울려 놀기 위해 쇼핑센터에 자주 갑니다.

2. It is a <u>good chance to bond with</u> co-workers.
  - Travelling is a <u>good chance to bond with</u> friends.
    Domestic Trips에 활용 여행은 친구들과 친해질 수 있는 좋은 기회입니다.
  - Doing social media is a <u>good chance to bond with</u> friends who live in other countries.
    Internet에 활용 소셜 미디어를 하는 것은 외국에 사는 친구들과 친해질 수 있는 좋은 기회입니다.

OPIc 질문에 대한 모범답변을 살펴본 후, 질문의 핵심 포인트를 파악하여 나만의 OPIc 답변을 만들어 보세요.

6 Talk about your free time in the past. Did you have more free time or less free time? 🎧 MP3 16_Q6
How was it different from your free time now?

과거 당신의 자유시간은 어땠나요? 그때는 자유시간이 더 많았나요, 아니면 부족했었나요?
지금의 자유시간과 어떻게 달랐나요?

	Structure	Idea
시작 문장	주제 문장 소개	I did NOT have much free time when I was a kid.
본문	어렸을 때 주로 공부를 해서 부족했던 자유시간 묘사	went to school, came back, late at night, cram schools, online courses, private tutoring, college entrance exam
마무리 문장	나의 답변 마무리	Once again, I did NOT have much free time when I was a kid.

Model Answer 🎧 MP3 16_A6

I ❶ did NOT have much free time when I was a kid.

I ❷ had to study ❸ day and night.

I ❹ went to school early in the morning and came back home late at night.

❺ + I also went to cram schools after class.

+ I also took online courses for exams.

+ I also got some private tutoring.

I especially did NOT have much free time when I was a high school senior.

+ I had to study for the college entrance exam.

Once again, I did NOT have much free time when I was a kid.

Tips for Better Answer

* 집 주제의 '어렸을 때 본인의 책임 묘사' 답변 그대로 활용

▶❶ 자유시간이 얼마만큼 있었는지 묘사할 수 있는 유용한 문법
I did not have any free time.
자유시간이 전혀 없었다.
I did not have THAT much free time.
자유시간이 그렇게 많지는 않았다.
I had much free time.
자유시간이 많았다.
I did not have enough free time.
자유시간이 충분하지 않았다.

▶❷ ⟨have to + 동사⟩
하기 싫은 일을 억지로 했다는 느낌을 주는 동사
Ex: I had to study every single day.
매일 공부해야만 했다.

▶❸ 주야로, 끊임없이
= 24/7: 하루 24시간 1주 7일 동안 / 1년 내내
twenty four seven이라고 읽음
Ex: I had to study 24/7.
나는 1년 내내 항상 공부해야 했다.

▶❹ go to school: 등교하다
come home from school: 하교하다

▶❺ 공부를 위해 한 다양한 활동 나열하기
가산 명사일 경우 복수형으로 사용
(cram schools, online classes, exams)
불가산 명사일 경우 부사 some 사용
(some private tutoring)

Key Expressions

- **go to school** 학교 가다
- **cram schools** 학원 (입시 준비 학원)
- **take online classes** 온라인 수업 듣다
- **get private tutoring** 개인 과외 받다
- **day and night** 밤낮으로
- **college entrance exam** 대학 입학 시험

제가 어렸을 때는 그렇게 많은 자유시간을 갖지 못했습니다. 밤낮으로 공부해야 했습니다. 아침 일찍 학교에 갔다가 밤늦게 집에 돌아왔습니다. (+ 수업이 끝난 후 학원도 다녀왔습니다. + 또한 시험을 위해 온라인 강좌를 들었습니다. + 과외를 받았습니다.) 저는 특히 고등학교 3학년 때 자유시간이 많지 않았습니다. (+ 저는 대학 입학 시험 공부를 하느라 바빴습니다.) 다시 한번 말하자면, 저는 어렸을 때 그렇게 많은 자유시간을 갖지 못했습니다.

데이터와 트렌드로 쉽게 취득하는 OPIc IM

주어진 한국어 핵심 문장을 읽고 빈칸에 들어갈 영어 표현을 작성하세요. 그 후, 문장을 반복해 말하는 연습을 통해 OPIc 핵심 패턴과 모범 답변을 익혀 보세요.

1. 제가 어렸을 때는 그렇게 많은 자유시간을 갖지 못했습니다. 밤낮으로 공부해야 했습니다.

   I did NOT have _____ _____ _____ when I was a kid. I had to _____ _____ and _____.

2. 아침 일찍 학교에 갔다가 밤늦게 집에 돌아왔습니다.

   I went to _____ _____ in the morning and _____ _____ home _____ at _____.

3. 저는 특히 고등학교 3학년 때 자유시간이 많지 않았습니다.

   I especially did NOT have _____ _____ _____ when I was a _____ _____ _____.

4. 저는 대학 입학 시험 공부를 하느라 바빴습니다.

   I _____ to _____ for the _____ _____ _____.

 OPIc Magic Pattern 활용하기

학습한 Magic Pattern을 다른 주제에서도 활용해 보세요.

1. I did NOT have much free time when I was a kid.
   - I did NOT have any interest in listening to music when I was a kid.
     Music에 활용 제가 어렸을 때 음악 듣는 것에 큰 관심이 없었습니다.

   - I did NOT have any interest in watching Korean movies when I was a kid.
     Movies에 활용 제가 어렸을 때 한국 영화 보는 것에 큰 관심이 없었습니다.

2. I had to study day and night.
   - When I first got the job, I had to work day and night.
     Work에 활용 처음 일을 구했을 때 밤낮으로 일해야 했습니다.

   - During the staycation, I binge watched dramas day and night.
     Vacations at Home에 활용 집에서 휴가를 보내는 동안 밤낮으로 드라마를 몰아서 봤습니다.

OPIc 질문에 대한 모범답변을 살펴본 후, 질문의 핵심 포인트를 파악하여 나만의 OPIc 답변을 만들어 보세요.

7 Can you tell me about the last time you had some free time? When was this? What did you do? Who did you spend time with?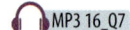

최근 가졌던 자유시간에 대해 말해 주세요. 언제였나요? 무엇을 했나요? 누구와 시간을 보냈나요?

Structure		Idea
시작 문장	주제 문장 소개	I remember watching a movie with my family recently.
본문	최근 자유시간 때 영화 본 후 식당에 간 경험 묘사	watching the movie, popcorn, soft drinks, restaurant, best, in town, food tasted, juicy, tender
마무리 문장	나의 답변 마무리	Looking back, it was a very memorable dinner.

Model Answer 🎧 MP3 16_A7

I remember ❶ watching a movie with my family ❷ recently.

❸ Before watching the movie, we got some popcorn and soft drinks.

After watching the movie, we went to a great Mexican restaurant.

+ Italian + Thai + Japanese + Chinese

+ American + Vietnamese

They ❹ had the best tacos in town.

+ burgers + steak + pizza + pasta

+ Korean barbeque + rice noodles

The food tasted good because I was ❺ so hungry.

The shrimp I ordered was very juicy and tender.

+ fish + beef + pork + chicken + crab + lobster

+ squid + octopus

Plus, we had some beer with the ❻ meal.

+ red/white wine + soft drinks + cocktails

Looking back, it was a very memorable dinner.

Tips for Better Answer

* 자유시간이 있었을 때 한 일을 묘사하므로 영화 보기, 식당 가기, 술집 가기 등 다른 주제의 답변 활용 가능

▶❶ 영화를 한 편만 봤기 때문에 단수 명사를 사용하며 관사 a 추가
영화 보는 취미에 대해 이야기할 때는 반드시 복수 명사 사용
I like watching a movie. (X)
I like watching movies. (O)
I watched a movie. (O) 한 편만 봤음
I watched movies. (O) 여러 편 봤음

▶❷ 부사 recently의 위치 변경 가능
Ex: Recently, I took a day off to watch a movie.
최근에 하루 휴가를 내서 나는 영화를 봤다.

▶❸ 영화 주제의 '최근 영화관에 영화 보러 가서 한 일들 설명' 내용 그대로 활용

▶❹ = serve, offer: 제공하다
Ex: They serve the best Italian food.
가장 맛있는 이탈리안 음식을 제공한다.

▶❺ hungry 앞에 올 수 있는 부사
super: 엄청
extremely: 매우
Ex: I was super hungry.
진짜 배가 고팠다.

▶❻ '식사, 끼니'라는 의미로 breakfast, lunch, dinner 대신 사용
가산 명사이기 때문에 식습관 묘사할 때 유용
Ex: I try to have regular meals.
규칙적인 식사를 하려고 노력한다.

- **soft drinks** 탄산음료
- **hungry** 배고픈
- **juicy** 즙이 많은

- **tender** 부드러운
- **meal** 식사, 끼니
- **memorable** 기억에 남는

제가 최근에 가족과 함께 영화를 보러 갔던 것이 기억에 납니다. 영화를 보기 전에 우리는 팝콘과 탄산음료를 샀습니다. 영화를 보고 나서 우리는 괜찮은 멕시칸 음식점으로 갔습니다. (+ 이탈리아 + 태국 + 일본 + 중국 + 미국 + 베트남) 그곳은 동네에서 가장 맛있는 타코를 제공합니다. (+ 버거 + 스테이크 + 피자 + 한국식 바비큐 + 쌀국수) 배가 고파서 음식이 더 맛있었습니다. 우리가 주문한 새우는 육즙이 많고 부드러웠습니다. (+ 생선 + 소고기 + 돼지고기 + 닭고기 + 게 + 랍스터 + 오징어 + 문어) 또한, 우리는 식사와 함께 맥주를 좀 마셨습니다. (+ 레드/화이트 와인 + 탄산 음료 + 칵테일) 돌이켜 보면, 매우 기억에 남는 저녁 식사였습니다.

주어진 한국어 핵심 문장을 읽고 빈칸에 들어갈 영어 표현을 작성하세요. 그 후, 문장을 반복해 말하는 연습을 통해
OPIc 핵심 패턴과 모범 답변을 익혀 보세요.

1. 영화를 보기 전에 우리는 팝콘과 탄산음료를 샀습니다.

   _____ _____ the _____, we _____ some _____ and _____ _____.

2. 그곳은 동네에서 가장 맛있는 타코를 제공합니다. 배가 고파서 음식이 더 맛있었습니다.

   They _____ the _____ tacos _____ _____. The food _____ _____ because I was
   so _____.

3. 우리가 주문한 새우는 육즙이 많고 부드러웠습니다. 또한, 우리는 식사와 함께 맥주를 좀 마셨습니다.

   The shrimp I _____ was very _____ and _____. Plus, we _____ some _____ _____
   the _____.

4. 돌이켜 보면, 매우 기억에 남는 저녁 식사였습니다.

   _____ _____, it was a very _____ _____.

Answer
1. Before watching / movie / got / popcorn / soft drinks
2. had / best / in town / tasted good / hungry
3. ordered / juicy / tender / had / beer with / meal
4. Looking back / memorable dinner

학습한 Magic Pattern을 다른 주제에서도 활용해 보세요.

1. Before watching the movie, we got some popcorn <u>and soft drinks</u>.
   - When I watch movies, I always get nachos <u>and soft drinks</u>.
     Movies에 활용 영화를 볼 때 저는 항상 나쵸와 탄산음료를 삽니다.

   - Whenever I go to the beaches, I always pack some snacks <u>and soft drinks</u>.
     Beaches에 활용 해변에 갈 때마다 저는 항상 간식과 탄산음료를 가져갑니다.

2. The food <u>tasted good because</u> I was so hungry.
   -The steak I had at the restaurant <u>tasted good because</u> it was tender.
     Restaurants에 활용 음식점에서 먹은 스테이크는 부드러워서 맛이 좋았습니다.
   -The snack I had after jogging at the park <u>tasted good because</u> I was hungry.
     Parks에 활용 너무 배고팠기 때문에 공원에서 조깅 후에 먹은 간식은 맛이 좋았습니다.

네이티브 트렌디로 쉽게 취득하는 OPIc IM

Chapter 17

Holidays / Family, Friends

질문을 제대로 파악하는 것만으로도 성공적으로 시험을 치를 수 있습니다. OPIc에서 자주 출제되는 질문들을 알아보세요.

Holidays

1 Tell me about some popular holidays in your country. Where do people typically celebrate these holidays? What kinds of things do they do to celebrate?

당신 나라에서 유명한 휴일(명절)에 대해 말해 주세요. 사람들은 전형적으로 이런 휴일을 어디에서 보내나요? 기념하기 위해 무엇을 하나요?

문항 유형	우리나라 사람들이 휴일(명절)을 보내는 장소 / 활동 묘사
문항 수준	Intermediate
핵심 포인트	• 한국의 휴일을 묘사하기 때문에 주어는 Korea, family, people 등 상황에 맞게 사용
	• 현재형 시제 사용
중요도	★★★

2 **Talk about a holiday memory from your childhood. Tell me where you were and what that place was like. Tell me everything that you remember from that holiday scene.**

어린 시절 기억에 남는 휴일에 대해 이야기해 보세요. 어디에 있었고 그곳이 어떻게 생겼었는지 말해 주세요. 그 휴일에 대해 기억나는 모든 것을 말해 주세요.

문항 유형	어렸을 때 휴일을 보냈던 장소 / 추억 묘사
문항 수준	Advanced
핵심 포인트	• 식중독 때문에 고생한 에피소드 활용 • 과거의 본인 경험이기 때문에 주어 I 사용하며 과거형 시제로 묘사
중요도	★★★

3 **Talk about the most recent holiday you celebrated. Was there anything special about that day? Talk about why that holiday was particularly unforgettable.**

가장 최근에 보낸 휴일에 대해 이야기해 보세요. 왜 그 휴일이 기억에 남나요? 특별한 일이 있었나요? 왜 특별히 기억에 남는지 이야기해 보세요.

문항 유형	가장 최근 휴일에 있었던 일 설명
문항 수준	Advanced
핵심 포인트	• 영화, 음식점, 술집, 해변 여행 등 다양한 주제에서 활용된 '최근 음식점에 간 경험'의 답변 사용 • 최근 가족과 함께 한 경험에 대해 이야기하기 때문에 주어는 I, we 사용 • 과거의 경험이기 때문에 과거형 시제로 묘사
중요도	★

Family / Friends

4 **Describe a family member or a friend you have. What is he or she like? What is special about that person?**

가족이나 친구를 묘사하세요. 어떤 사람인가요? 그 사람의 특별한 점은 무엇인가요?

문항 유형	가족/친구 묘사
문항 수준	Intermediate
핵심 포인트	• 부모님의 성격과 취미 생활 비교 • 두 명을 비교하기 때문에 주어 he, she, they 등 상황에 맞게 다양하게 사용 • 평상시 모습이기 때문에 현재형 시제로 묘사
중요도	★

5 **Tell me about what you do with your friends or family members when you get together with them.**

친구나 가족과 함께 모였을 때 무엇을 자주 하는지 말해 주세요.

문항 유형	가족/친구를 만나면 주로 하는 일들 묘사
문항 수준	Intermediate
핵심 포인트	• 모임 주제의 '사람들이 가는 보편적인 모임들 묘사'의 답변 활용
	• 평상시에 본인이 하는 행동이기 때문에 주어 I와 현재형 시제 사용하여 묘사
중요도	★

6 **Talk about what you did with your family members or friends recently. Tell me about the activities you did with them.**

최근에 가족이나 친구들과 무엇을 했는지 이야기해 보세요. 그들과 함께 한 활동에 대해 말해 주세요.

문항 유형	가족/친구와 최근에 했던 일 묘사
문항 수준	Advanced
핵심 포인트	• 휴일 주제의 '가장 최근 휴일에 있었던 일 설명'의 답변 활용
	• 가족 또는 친구들과 과거에 한 일을 묘사하기 때문에 주어 I, we 사용
	• 과거의 경험이기 때문에 과거형 시제 사용
중요도	★

7 **Talk about a time when you visited a friend or a family member. What did you do when you visited them? What was memorable about that visit? Tell me everything from beginning to end.**

최근에 친구나 가족을 방문했던 경험에 대해 이야기해 보세요. 당신은 그곳에 가서 무엇을 했나요? 그 방문에서 기억에 남는 것은 무엇인가요? 처음부터 끝까지 자세하게 말해 주세요.

문항 유형	가족/친구 집에 최근 방문했던 경험 설명
문항 수준	Advanced
핵심 포인트	• 친구 집에 방문해서 술에 취한 경험 묘사
	• 본인의 과거 경험이기 때문에 주어 I와 과거형 시제 사용
중요도	★

데이터로 트렌드로 쉽게 취득하는 OPIc IM

8 **Tell me about when you visiting a friend's or a family member's house. What do you normally do when you go there?**

친구 집이나 가족의 집에 방문한 경험에 대해 말해 주세요. 당신은 그곳에 가서 보통 무엇을 하나요?

문항 유형	가족/친구의 집에 방문해서 주로 하는 일 묘사
문항 수준	Intermediate
핵심 포인트	• 휴일 주제의 '우리나라 사람들이 휴일을 보내는 장소 · 활동 묘사'의 답변 활용 • 평상시 휴일에 하는 일을 묘사하기 때문에 주어 we 사용하며 현재형 시제로 묘사
중요도	★

9 **Talk about a visit to a friend or a family member from your childhood. Who did you visit and whom did you go with? What do you remember about that visit? What made the visit special?**

어렸을 때 친구나 가족을 방문했던 경험에 대해 이야기해 보세요. 누구를 방문했고 누구와 갔나요? 그 방문에서 기억에 남는 것은 무엇인가요? 왜 기억에 남나요?

문항 유형	가족/친구 집에 어렸을 때 방문했던 경험 설명
문항 수준	Advanced
핵심 포인트	• 할머니네 집에 방문해서 음식 때문에 체한 경험 묘사 • 과거에 본인이 한 경험이므로 과거형 시제와 주어 I 사용
중요도	★

OPIc 질문에 대한 모범답변을 살펴본 후, 질문의 핵심 포인트를 파악하여 나만의 OPIc 답변을 만들어 보세요.

1 Tell me about some popular holidays in your country. Where do people typically celebrate these holidays? What kinds of things do they do to celebrate? 🎧 MP3 17_Q1

당신 나라에서 유명한 휴일(명절)에 대해 말해 주세요. 사람들은 전형적으로 이런 휴일을 어디에서 보내나요? 기념하기 위해 무엇을 하나요?

Structure		Idea
시작 문장	주제 문장 소개	There are two big family holidays in Korea.
본문	휴일에 사람들이 하는 일 묘사	New Year's Day, Korean Thanksgiving, family, get together, celebrate these holidays, ask how each other, do some catching up, cook holiday food, enjoy meals, exchange, presents
마무리 문장	나의 답변 마무리	So, these are the two big family holidays in Korea.

Model Answer 🎧 MP3 17_A1

There are two big ❶ family holidays in Korea.

One is New Year's Day and the other is Korean Thanksgiving.

Family members ❷ get together to celebrate these holidays.

We ask how each other is doing and do ❸ some catching up.

We cook ❹ holiday food and enjoy meals together.

Plus, we exchange a lot of presents.

So, these are the two big family holidays in Korea.

Tips for Better Answer

❶ holidays는 휴일, 명절 등 다양한 의미를 지님
  family holidays: 가족과 보내는 휴일
  adventure holiday: 모험을 즐기러 가는 휴일
  honeymoon holiday: 신혼여행
  package holiday: 패키지 여행
  * 법적으로 정해진 휴일은 national holidays라고 표현
  〈national holidays의 종류〉
  New Year's Day: 1월 1일
  Independence Day: 독립기념일
  Thanksgiving Day: 추석
  Christmas: 크리스마스
  Ex: Korean people celebrate New Year's Day and Korean Thanksgiving Day.
      한국 사람들은 설날과 추석을 기념한다.

❷ 〈get together to 동사〉
  (동사)를 하기 위해 모이다
  Ex: We got together to celebrate his birthday.
      우리는 그의 생일을 축하하기 위해 모였다.

❸ 못다 한 이야기 (명사)
  catch up: 못다 한 이야기를 하다 (동사)
  Ex: We met because we wanted to catch up.
      우리는 그동안 못한 이야기를 하고 싶어서 만났다.

❹ 휴일에 주로 하는 음식은 holiday food
  한국의 전통 음식은 traditional food

Key Expressions

• **family holiday** 가족 휴일, 가족들이 함께 보내는 휴일
• **New Year's Day** 설날
• **Thanksgiving** 추수감사절
• **get together** 모이다

• **celebrate** 축하하다
• **catch up** 따라잡다, 못다 한 이야기를 하다
• **holiday food** 휴일 음식
• **exchange** 교환하다

한국에는 두 종류의 대 명절이 있습니다. 설날과 추석입니다. 가족들은 명절을 기념하기 위해 모입니다. 서로의 안부를 묻고 못다 한 이야기를 합니다. 사람들은 명절 음식을 요리하고 함께 식사를 즐깁니다. 사람들은 선물도 교환합니다. 이것이 한국의 두 종류의 대 명절입니다.

네이티어 트렌드로 쉽게 취득하는 OPIc IM

주어진 한국어 핵심 문장을 읽고 빈칸에 들어갈 영어 표현을 작성하세요. 그 후, 문장을 반복해 말하는 연습을 통해 OPIc 핵심 패턴과 모범 답변을 익혀 보세요.

1. 한국에는 두 종류의 대 명절이 있습니다.

There are _____ big _____ _____ in Korea.

2. 가족들은 명절을 기념하기 위해 모입니다.

Family members _____ _____ to _____ these _____.

3. 서로의 안부를 묻고 못다 한 이야기를 합니다.

We ask _____ _____ _____ is _____ and do some _____ _____.

4. 사람들은 명절 음식을 요리하고 함께 식사를 즐깁니다.

We _____ _____ _____ and _____ _____ together.

Answer
1. two / family holidays
2. get together / celebrate / holidays
3. how each other / doing / catching up
4. cook holiday food / enjoy meals

 OPIc Magic Pattern 활용하기

학습한 Magic Pattern을 다른 주제에서도 활용해 보세요.

1. Family members <u>get together</u> to celebrate these holidays.
  - People <u>get together</u> whenever there are special events.
    Gatherings에 활용 사람들은 특별한 이벤트가 있을 때마다 모입니다.
  - I like to <u>get together</u> with my friends when I have some free time.
    Free Time에 활용 저는 자유시간이 있을 때 친구들과 모이는 것을 좋아합니다.

2. <u>So, these are the</u> two big family holidays in Korea.
  - <u>So, these are the</u> things I buy whenever I go to food stores.
    Shopping에 활용 즉, 이것이 제가 식료품점에 갈 때마다 사는 것입니다.
  - <u>So, these are the</u> things I do whenever I have vacations at home.
    Vacations at Home에 활용 즉, 이것이 제가 집에서 휴가를 보낼 때마다 하는 것입니다.

17 Holidays / Family, Friends |

OPIc 질문에 대한 모범답변을 살펴본 후, 질문의 핵심 포인트를 파악하여 나만의 OPIc 답변을 만들어 보세요.

2 **Talk about a holiday memory from your childhood. Tell me where you were and what that place was like. Tell me everything that you remember from that holiday scene.** 🎧MP3 17_Q2

어린 시절 기억에 남는 휴일에 대해 이야기해 보세요. 어디에 있었고 그곳이 어떻게 생겼었는지 말해 주세요. 그 휴일에 대해 기억나는 모든 것을 말해 주세요.

Structure		Idea
시작 문장	주제 문장 소개	I remember eating something that went bad during the holidays when I was a kid.
본문	휴일에 음식 때문에 고생한 경험 묘사	food poisoning, pretty bad, upset stomach, took some medicine to get better, stay inside, get a lot of rest
마무리 문장	나의 답변 마무리	Since then, I try to be more careful.

Model Answer 🎧 MP3 17_A2

I ❶ remember eating something that ❷ went bad during the holidays when I was a kid.

+ eating too fast + eating too much

+ eating too much spicy food

+ eating food that was undercooked

I ❸ got food poisoning and it was pretty bad.

+ got indigestion + got enteritis

I had an ❹ upset stomach.

+ I got rashes and my body was itchy.

+ I had heartburn and had a stomachache.

+ I had a fever and I felt light-headed.

+ I went to the bathroom again and again

because I had the runs.

I took some medicine to get better.

I had to stay inside and ❺ get a lot of rest.

Since then, I try to be more careful.

Tips for Better Answer

＊ '식중독에 걸린 에피소드'의 답변 그대로 활용

▶❶ 〈remember + 동명사〉
〈동명사〉한 기억이 난다
Ex : I remember visiting a nice restaurant last week.
저번 주에 멋진 식당에 간 기억이 난다.

▶❷ 상하다
go stale: 상하다
smell stale: 상한 냄새가 나다
spoil: 상하다
Ex: Uncooked food goes bad easily.
안 익힌 음식은 쉽게 상한다.

▶❸ 식중독에 걸리다
= had food poisoning

▶❹ 복통이 있다
= had a stomachache
had a pain in stomach

▶❺ 쉬다
= get enough rest: 충분하게 쉬다
get some rest: 조금 쉬다
rest: 쉬다
take a rest는 broken English! 절대 사용하지 않기

데이터와 트렌드로 쉽게 취득하는 OPIc IM

- **go bad** 상하다
- **food poisoning** 식중독
- **stomach** 배
- **upset** 아픈
- **rashes** 두드러기

- **itchy** 간지러운
- **heartburn** 속쓰림
- **light-headed** 머리가 어지러운
- **have a fever** 열이 나다
- **had the runs** 설사하다

어렸을 때 명절 동안 상한 음식을 먹은 기억이 납니다. (+ 너무 빨리 먹어서 + 너무 많이 먹어서 + 너무 매운 음식을 먹어서 + 덜 익힌 음식을 먹어서) 식중독에 걸렸는데 꽤 심했습니다. (+ 소화불량 + 장염) 배가 아팠습니다. (+ 두드러기가 나서 몸이 간지러웠습니다. + 속이 쓰리고 배가 아팠습니다. + 열이 나서 머리가 어지러웠습니다. + 설사 때문에 화장실을 들락날락했습니다.) 낫기 위해 약을 먹었습니다. 실내에 있으면서 많이 쉬어야 했습니다. 그 이후로, 저는 더 조심하려고 노력합니다.

주어진 한국어 핵심 문장을 읽고 빈칸에 들어갈 영어 표현을 작성하세요. 그 후, 문장을 반복해 말하는 연습을 통해 OPIc 핵심 패턴과 모범 답변을 익혀 보세요.

1. 어렸을 때 명절 동안 상한 음식을 먹은 기억이 납니다.

   I _____ _____ something that _____ _____ _____ the _____ when I was a kid.

2. 식중독에 걸렸는데 꽤 심했습니다. 배가 아팠습니다.

   I _____ _____ _____ and it was _____ _____. I had an _____ _____.

3. 낫기 위해 약을 먹었습니다.

   I _____ some _____ to _____ _____.

4. 실내에 있으면서 많이 쉬어야 했습니다. 그 이후로, 저는 더 조심하려고 노력합니다.

   I had to _____ _____ and _____ _____ _____ of _____. Since then,

   I _____ _____ _____ more _____.

OPIc Magic Pattern 활용하기

학습한 Magic Pattern을 다른 주제에서도 활용해 보세요.

1. I took some medicine to get better.
   - Because of the flu, I saw a doctor to get better.
     Appointment에 활용 독감 때문에 낫기 위해 병원에 갔습니다.
   - I heard the weather was going to get better soon. So, we can go to the beach.
     Weather/Beaches에 활용 곧 날씨가 좋아질 거라고 들었습니다. 그래서 우리는 해변에 갈 수 있습니다.

2. Since then, I try to be more careful.
   - Since then, I try to be more careful when I drive on rainy days.
     Weather에 활용 그때 이후로 저는 비가 오는 날 운전할 때 더 조심하려고 노력합니다.
   - Since then, I try to be more careful when I go hiking in my free time.
     Free Time에 활용 그때 이후로 저는 자유시간에 등산을 갈 때 더 조심하려고 노력합니다.

데이터와 트렌드로 쉽게 취득하는 OPIc IM

OPIc 모범 답변 학습하기

OPIc 질문에 대한 모범답변을 살펴본 후, 질문의 핵심 포인트를 파악하여 나만의 OPIc 답변을 만들어 보세요.

3 **Talk about the most recent holiday you celebrated. Was there anything special about that day? Talk about why that holiday was particularly unforgettable.** 🎧MP3 17_Q3

가장 최근에 보낸 휴일에 대해 이야기해 보세요. 왜 그 휴일이 기억에 남나요? 특별한 일이 있었나요? 왜 특별히 기억에 남는지 이야기해 보세요.

Structure		Idea
시작 문장	주제 문장 소개	I remember watching a movie with my family recently.
본문	휴일 때 영화 본 후 식당에 간 경험 묘사	watching the movie, some popcorn, soft drinks, after watching the movie, went to, restaurant, best, in town, food tasted, I ordered, juicy, tender, had some beer
마무리 문장	나의 답변 마무리	Looking back, it was a very memorable dinner.

Model Answer 🎧MP3 17_A3

I remember watching a movie ❶ with my family ❷ recently.

❸ Before watching the movie, we got some popcorn and soft drinks.

After watching the movie, we went to a ❹ great Mexican restaurant.

+ Italian + Thai + Japanese + Chinese

+ American + Vietnamese

They had the best tacos in town.

+ burgers + steak + pizza + pasta + Korean barbeque + rice noodles

The food tasted good because I was so hungry.

The shrimp I ordered was very ❺ juicy and tender.

+ fish + beef + pork + chicken + crab + lobster + squid + octopus

Plus, we had some beer with the meal.

+ red/white wine + soft drinks + cocktails

Looking back, it was a very memorable dinner.

Tips for Better Answer

* '영화 보기, 해변 가기, 식당 가기, 여행 가기' 등 다른 주제에 사용된 답변 활용 가능

▶❶ 누군가와 함께 한 행동에 대해 이야기할 때는 항상 전치사 with 사용
Ex: I watched a movie with my friend.
나는 친구와 영화를 봤다.

▶❷ recently 대신 조금 더 정확한 시간을 언급하는 것도 좋은 방법
last Saturday: 저번 주 토요일에
three days ago: 3일 전에
Ex: I watched a movie last Sunday.
저번 주 일요일에 영화를 봤다.

▶❸ 영화 주제의 '최근 영화관에 영화 보러 가서 한 일들 설명'의 내용 그대로 활용

▶❹ 음식점 묘사에 쓰일 수 있는 형용사
small local restaurant: 작은 동네 식당
traditional Korean restaurant: 전통 한식당
newly-opened restaurant: 새로 개업한 식당
한 음식점에 대해 이야기하기 때문에 단수 명사 사용
Ex: We went to a small local restaurant.
우리는 작은 동네 식당에 다녀왔다.

▶❺ 〈맛 묘사에 쓰이는 형용사〉
savory: 풍미가 좋은
rich: 맛이 진한
bland: 싱거운

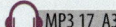

최근에 가족과 함께 영화를 보러 갔던 것이 기억에 납니다. 영화를 보기 전에 우리는 팝콘과 탄산음료를 샀습니다. 영화를 보고 나서 우리는 괜찮은 멕시칸 음식점으로 갔습니다. (+ 이탈리아 + 태국 + 일본 + 중국 + 미국 + 베트남) 그곳은 동네에서 가장 맛있는 타코를 제공합니다. (+ 버거 + 스테이크 + 피자 + 한국식 바비큐 + 쌀국수) 배가 고파서 음식이 더 맛있었습니다. 우리가 주문한 새우는 육즙이 많고 부드러웠습니다. (+ 생선 + 소고기 + 돼지고기 + 닭고기 + 게 + 랍스터 + 오징어 + 문어) 또한, 우리는 식사와 함께 맥주를 좀 마셨습니다. (+ 레드/화이트 와인 + 탄산 음료 + 칵테일) 돌이켜 보면, 매우 기억에 남는 저녁 식사였습니다.

OPIc Pattern 익히기

주어진 한국어 핵심 문장을 읽고 빈칸에 들어갈 영어 표현을 작성하세요. 그 후, 문장을 반복해 말하는 연습을 통해 OPIc 핵심 패턴과 모범 답변을 익혀 보세요.

1. 영화를 보기 전에 우리는 팝콘과 탄산음료를 샀습니다.

_____ _____ the _____, we _____ some _____ and _____ _____.

2. 영화를 보고 나서 우리는 괜찮은 멕시칸 음식점으로 갔습니다.

_____ _____ the _____, we _____ _____ a great Mexican restaurant.

3. 그곳은 동네에서 가장 맛있는 타코를 제공합니다. 배가 고파서 음식이 더 맛있었습니다.

They _____ the _____ tacos _____ _____. The _____ _____ good _____ I was so hungry.

4. 우리가 주문한 새우는 육즙이 많고 부드러웠습니다. 또한, 우리는 식사와 함께 맥주를 좀 마셨습니다.

The _____ I _____ was very _____ and _____. Plus, we _____ some _____ _____ the _____.

> **Answer**
> 1. Before watching / movie / got / popcorn / soft drinks
> 2. After watching / movie / went to
> 3. had / best / in town / food tasted / because
> 4. shrimp / ordered / juicy / tender / had / beer with / meal

OPIc Magic Pattern 활용하기

학습한 Magic Pattern을 다른 주제에서도 활용해 보세요.

1. <u>Before watching</u> the movie, we got some popcorn and soft drinks.
- I did some shopping at the shopping center near the movie theater <u>before watching</u> the movie.
  > Shopping에 활용 영화 보기 전에 극장 근처에 있는 쇼핑센터에서 쇼핑을 조금 했습니다.
- I did some house chores <u>before watching</u> the movie.
  > Housing에 활용 영화 보기 전에 집안일을 조금 했습니다.

2. <u>After watching the movie</u>, we went to a great Mexican restaurant.
- <u>After watching the movie</u>, we went to a park to get some fresh air.
  > Parks에 활용 영화를 보고 난 후에 우리는 상쾌한 공기를 마시기 위해 공원에 갔습니다.
- <u>After watching the movie</u>, I got on the taxi to go to my friend's place.
  > Transportation에 활용 영화를 보고 난 후에 저는 택시를 타고 친구네 집으로 갔습니다.

17 Holidays / Family, Friends |

OPIc 모범 답변 학습하기

OPIc 질문에 대한 모범답변을 살펴본 후, 질문의 핵심 포인트를 파악하여 나만의 OPIc 답변을 만들어 보세요.

4 Describe a family member or a friend you have. What is he or she like? What is special about that person?

가족이나 친구를 묘사하세요. 어떤 사람인가요? 그 사람의 특별한 점은 무엇인가요?

	Structure	Idea
시작 문장	주제 문장 소개	Let me tell you about my parents.
본문	가족 중 두 명을 선택한 후 성격과 취미 생활 묘사	mom, dad, similar, family gatherings, active, outdoor activities, hiking, go on trips, different in some ways, animals
마무리 문장	나의 답변 마무리	So, this is what my mom and dad are like.

Model Answer ▶ MP3 17_A4

❶ Let me ❷ tell you about my parents.

My mom and dad are ❸ similar ❹ in some ways.

First, my parents care about family very much.

They like to have family gatherings.

Plus, they are both very ❺ active.

+ They like to do outdoor activities.

+ They like to go hiking and play golf.

+ They like to go on trips.

❻ On the other hand, my mom and dad are

different in some ways.

My mom likes animals, but my dad does NOT.

+ drinking + travelling + sports + seafood

+ coffee

So, this is what my mom and dad are like.

Tips for Better Answer

❶ let me 대신 I want to / I will 사용 가능
Ex: I will talk about my parents.
나의 부모님에 대해 이야기할게.

❷ tell 대신 talk 사용 가능
tell 뒤에는 항상 이야기를 듣는 사람이 누구인지(목적어) 나오나 talk 뒤에는 나오지 않아도 됨
Ex: I want to tell you about my parents.
너에게 나의 부모님에 대해 이야기할게.
I want to talk about my parents.
나의 부모님에 대해 이야기할게. (누구에게 이야기하는지는 중요하지 않음)

❸ different와 similar 앞에는 the가 붙지 않지만 same을 쓸 경우에는 관사 the가 필요
Ex: We are very different. 우리는 매우 다르다.
We are very similar. 우리는 매우 비슷하다.
We are the same. 우리는 똑같다.

❹ some 대신 many, a few로 바꿔서 말하기 가능
Ex: They are similar in many ways.
그들은 많은 면에서 비슷하다.

❺ 활기찬
outgoing: 활동적인
extrovert: 외향적인

❻ 공통점 설명 후 차이점도 묘사하고 싶을 때 쓰는 문장
Ex: On the other hand, there are differences between them.
이와 반면에, 그들 사이에는 차이점이 있다.

Key Expressions

- **similar** 비슷한
- **in some ways** 어떤 면에서는
- **care about** 신경 쓰다, 아끼다
- **family gatherings** 가족 모임
- **active** 활동적인
- **outdoor activities** 야외활동

나의 부모님에 대해 말해 보겠습니다. 어머니와 아버지는 어떤 면에서는 비슷합니다. 첫째, 나의 부모님은 가족을 매우 아낍니다. 그들은 가족 모임 갖는 것을 좋아합니다. 게다가, 두 분 다 매우 활동적입니다. (+ 야외 활동을 좋아합니다. + 하이킹과 골프를 좋아합니다. + 여행가는 것을 좋아합니다.) 반면에 어머니와 아버지는 어떤 면에서는 다릅니다. 어머니는 동물을 좋아하지만 아버지는 좋아하지 않습니다. (+ 술 + 여행 + 스포츠 + 해산물 + 커피) 저의 어머니와 아버지는 이렇습니다.

OPIc Pattern 익히기

주어진 한국어 핵심 문장을 읽고 빈칸에 들어갈 영어 표현을 작성하세요. 그 후, 문장을 반복해 말하는 연습을 통해 OPIc 핵심 패턴과 모범 답변을 익혀 보세요.

1. 나의 부모님에 대해 말하겠습니다. 어머니와 아버지는 어떤 면에서는 비슷합니다.

Let _____ _____ you _____ my parents. My mom and dad are _____ in _____

_____.

2. 그들은 가족 모임 갖는 것을 좋아합니다. 게다가, 두 분 다 매우 활동적입니다.

They _____ to _____ family _____. Plus, they are _____ very _____.

3. 반면에 어머니와 아버지는 어떤 면에서는 다릅니다.

_____ the _____ _____, my mom and dad are _____ _____ _____ _____.

4. 저의 어머니와 아버지는 이렇습니다.

So, _____ _____ _____ my mom and dad _____ _____.

Answer
1. me tell / about / similar / some ways
2. like / have / gatherings / both / active
3. On / other hand / different in some ways
4. this is what / are like

OPIc Magic Pattern 활용하기

학습한 Magic Pattern을 다른 주제에서도 활용해 보세요.

1. My mom and dad are similar <u>in some ways</u>.
- The way people travel has changed <u>in some ways</u>.
  Domestic Trips에 활용 사람들이 여행하는 방식이 어떤 면으로는 바뀌었습니다.

- The way people buy food has changed <u>in some ways</u>.
  Food에 활용 사람들이 음식을 구매하는 방식이 어떤 면으로는 바뀌었습니다.

2. First, my parents <u>care about</u> family very much.
- I always do recycling because I <u>care about</u> the environment.
  Recycling에 활용 저는 환경을 신경 쓰기 때문에 재활용을 합니다.

- I try to work out regularly because I <u>care about</u> my health.
  Health에 활용 저는 건강을 신경 쓰기 때문에 주기적으로 운동을 합니다.

3. Plus, they are both <u>very active</u>.
- Whenever I have free time, I enjoy outdoor activities because I am <u>very active</u>.
  Free Time에 활용 저는 매우 활동적이기 때문에 자유시간이 있을 때마다 야외활동을 즐깁니다.

- When I travel abroad, I do a lot of activities because I am <u>very active</u>.
  Overseas Trips에 활용 저는 매우 활동적이기 때문에 해외여행을 가면 다양한 활동을 합니다.

OPIc 질문에 대한 모범답변을 살펴본 후, 질문의 핵심 포인트를 파악하여 나만의 OPIc 답변을 만들어 보세요.

5 **Tell me about what you do with your friends or family members when you get together with them.**

친구나 가족과 함께 모였을 때 무엇을 자주 하는지 말해 주세요.

Structure		Idea
시작 문장	주제 문장 소개	I often go to bars for social gatherings.
본문	평상시 친구들과 술집에 가서 하는 일 설명	break the ice, drinking games, several rounds, special occasions
마무리 문장	나의 답변 마무리	So, I often go to bars to hang out with my friends.

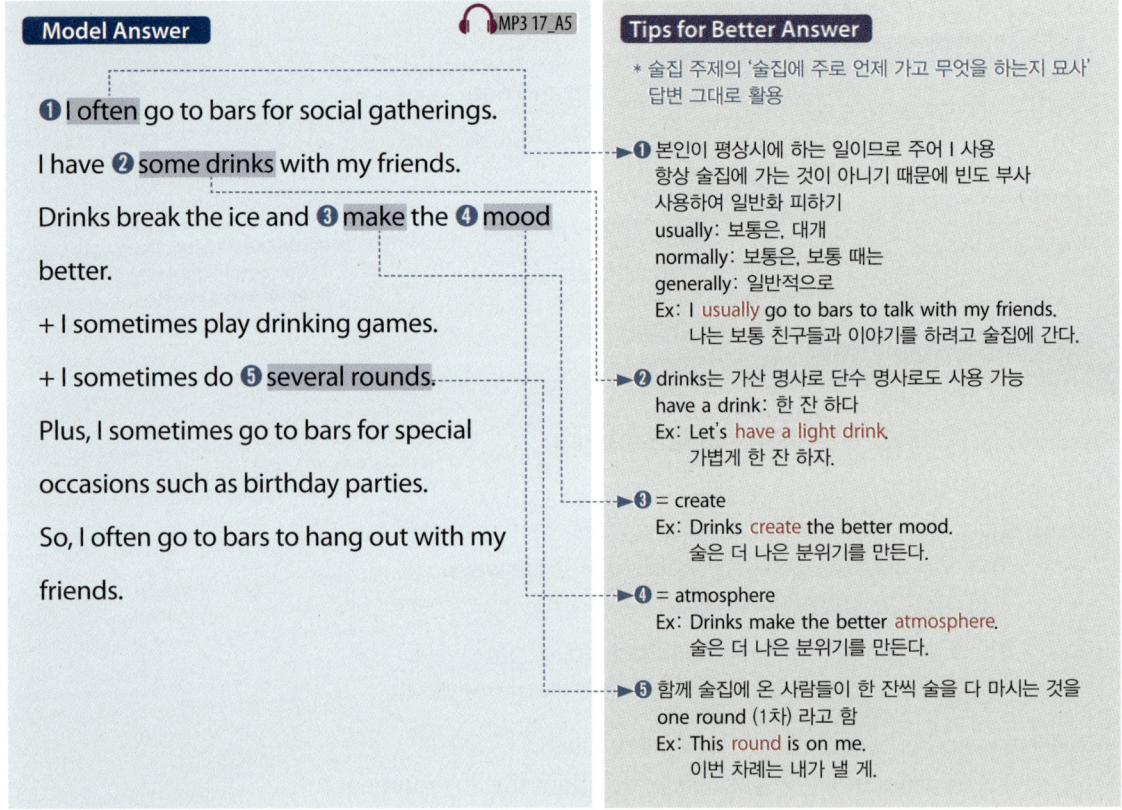

Model Answer MP3 17_A5

❶ I often go to bars for social gatherings.

I have ❷ some drinks with my friends.

Drinks break the ice and ❸ make the ❹ mood

better.

+ I sometimes play drinking games.

+ I sometimes do ❺ several rounds.

Plus, I sometimes go to bars for special

occasions such as birthday parties.

So, I often go to bars to hang out with my

friends.

Tips for Better Answer

* 술집 주제의 '술집에 주로 언제 가고 무엇을 하는지 묘사' 답변 그대로 활용

▶❶ 본인이 평상시에 하는 일이므로 주어 I 사용
항상 술집에 가는 것이 아니기 때문에 빈도 부사 사용하여 일반화 피하기
usually: 보통은, 대개
normally: 보통은, 보통 때는
generally: 일반적으로
Ex: I usually go to bars to talk with my friends.
나는 보통 친구들과 이야기를 하려고 술집에 간다.

▶❷ drinks는 가산 명사로 단수 명사로도 사용 가능
have a drink: 한 잔 하다
Ex: Let's have a light drink.
가볍게 한 잔 하자.

▶❸ = create
Ex: Drinks create the better mood.
술은 더 나은 분위기를 만든다.

▶❹ = atmosphere
Ex: Drinks make the better atmosphere.
술은 더 나은 분위기를 만든다.

▶❺ 함께 술집에 온 사람들이 한 잔씩 술을 다 마시는 것을 one round (1차) 라고 함
Ex: This round is on me.
이번 차례는 내가 낼 게.

Key Expressions

- **social gathering** 사교 모임
- **break the ice** 어색함을 깨다
- **do several rounds** 몇 차례 마시다
- **special occasions** 특별한 경우

저는 주로 친목 도모를 위해 술집에 갑니다. 친구들과 술을 마십니다. 술은 어색함을 깨고 분위기를 더 좋게 합니다. (+ 우리는 가끔 술 게임을 합니다. + 가끔 몇 차까지 마십니다.) 또한, 생일 파티 같은 특별한 날에도 술집에 갑니다. 즉, 저는 주로 친구들과 어울리기 위해 술집에 갑니다.

데이터와 트렌드로 쉽게 취득하는 OPIc IM

주어진 한국어 핵심 문장을 읽고 빈칸에 들어갈 영어 표현을 작성하세요. 그 후, 문장을 반복해 말하는 연습을 통해 OPIc 핵심 패턴과 모범 답변을 익혀 보세요.

1. 저는 주로 친목 도모를 위해 술집에 갑니다. 친구들과 술을 마십니다.

I often _____ _____ _____ for _____ _____. I _____ some _____ with my friends.

2. 술은 어색함을 깨고 분위기를 더 좋게 합니다. 우리는 가끔 술 게임을 합니다.

Drinks _____ _____ _____ and make the _____ _____. I sometimes play _____ _____.

3. 또한, 생일 파티 같은 특별한 날에도 술집에 갑니다.

Plus, I sometimes _____ _____ _____ for _____ _____ such as _____ _____.

4. 저는 주로 친구들과 어울리기 위해 술집에 갑니다.

So, I often _____ _____ _____ to _____ _____ with my friends.

> **Answer**
> 1. go to bars / social gatherings / have / drinks
> 2. break the ice / mood better / drinking games
> 3. go to bars / special occasions / birthday parties
> 4. go to bars / hang out

🔍 **OPIc Magic Pattern 활용하기**

학습한 Magic Pattern을 다른 주제에서도 활용해 보세요.

1. I have some drinks <u>with my friends</u>.
   - I went on a backpacking trip to Europe <u>with my friends</u> for one month.
     Overseas Trips에 활용 저는 친구들과 한 달 동안 유럽으로 배낭여행을 다녀왔습니다.

   - I went to a very famous singer's concert <u>with my friends</u> last Saturday.
     Music에 활용 저는 저번 주 친구들과 유명한 가수의 콘서트에 다녀왔습니다.

2. Drinks break the ice and <u>make the mood better</u>.
   - Having some wine while dining <u>makes the mood better</u>.
     Restaurants에 활용 식사를 하면서 와인을 마시는 것은 분위기를 더 좋게 만듭니다.

   - People always drink when they have gatherings because drinks <u>make the mood better</u>.
     Gatherings에 활용 술은 분위기를 더 좋게 만들기 때문에 사람들은 모임을 하면 항상 술을 마십니다.

17 Holidays / Family, Friends |

OPIc 질문에 대한 모범답변을 살펴본 후, 질문의 핵심 포인트를 파악하여 나만의 OPIc 답변을 만들어 보세요.

6 **Talk about what you did with your family members or friends recently. Tell me about the activities you did with them.** MP3 17_Q6

최근에 가족이나 친구들과 무엇을 했는지 이야기해 보세요. 그들과 함께 한 활동에 대해 말해 주세요.

Structure		Idea
시작 문장	주제 문장 소개	I remember watching a movie with my family recently.
본문	최근 모임 때 영화 본 후 음식점에 간 경험 묘사	watching the movie, popcorn, soft drinks, restaurant, best, in town, food tasted, juicy, tender
마무리 문장	나의 답변 마무리	Looking back, it was a very memorable dinner.

Model Answer 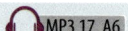MP3 17_A6

I remember watching a movie ❶ with my family recently.
❷ Before watching the movie, we got some popcorn and ❸ soft drinks.
After watching the movie, we went to a great Mexican restaurant.
+ Italian + Thai + Japanese + Chinese
+ American + Vietnamese
They had the best tacos in town.
+ burgers + steak + pizza + pasta
+ Korean barbeque + rice noodles
The food ❹ tasted good because I was so hungry.
The ❺ shrimp I ordered was very juicy and tender.
+ fish + beef + pork + chicken + crab + lobster
+ squid + octopus
Plus, we had some beer with the meal.
+ red/white wine + soft drinks + cocktails
Looking back, it was a very memorable dinner.

Tips for Better Answer

* 휴일 주제의 '가장 최근 휴일에 있었던 일 설명'의 답변 활용

▶❶ 가족 또는 친구들과 한 일에 대해 이야기하기 위해 시작 문장에 누구와 갔는지 전치사 with 사용하여 언급하기

▶❷ 〈before + 동명사〉= 〈before + 주어 + 동사〉
  Ex: Before we watched the movie, we got some popcorn.
  우리는 영화 보기 전에 팝콘을 조금 샀다.

▶❸ 〈탄산음료를 의미하는 다양한 단어〉
  • sodas: 미국 북동(northeast), 남서(southwest) 지역의 사람들이 주로 쓰는 단어
  • pops: 미국 중서(Midwest), 북서(northwest) 지역의 사람들이 주로 쓰는 단어
  • coke: 미국 남부(south) 지역의 사람들은 탄산음료의 브랜드에 상관없이 coke라고 부름

▶❹ 동사 taste 대신 be 사용 가능
  Ex: It tasted amazing.
  It was amazing.
  너무 맛있었다.

▶❺ shrimp (which/that) I ordered
  (목적격 관계대명사 생략 가능)
  Ex: The fish I ordered was so tender.
  내가 주문한 생선은 매우 부드러웠다.

- **soft drinks** 탄산음료
- **taste** 맛이 ~하다
- **hungry** 배고픈
- **juicy** 즙이 많은
- **tender** 부드러운
- **meal** 끼니, 식사
- **look back** 돌이켜 보면
- **memorable** 기억에 남는

최근에 가족과 함께 영화를 보러 갔던 것이 기억에 납니다. 영화를 보기 전에 우리는 팝콘과 탄산음료를 샀습니다. 영화를 보고 나서 우리는 괜찮은 멕시칸 음식점으로 갔습니다. (+ 이탈리아 + 태국 + 일본 + 중국 + 미국 + 베트남) 그곳은 동네에서 가장 맛있는 타코를 제공합니다. (+ 버거 + 스테이크 + 피자 + 한국식 바비큐 + 쌀국수) 배가 고파서 음식이 더 맛있었습니다. 우리가 주문한 새우는 육즙이 많고 부드러웠습니다. (+ 생선 + 소고기 + 돼지고기 + 닭고기 + 게 + 랍스터 + 오징어 + 문어) 또한, 우리는 식사와 함께 맥주를 좀 마셨습니다. (+ 레드/화이트 와인 + 탄산 음료 + 칵테일) 돌이켜 보면, 매우 기억에 남는 저녁 식사였습니다.

주어진 한국어 핵심 문장을 읽고 빈칸에 들어갈 영어 표현을 작성하세요. 그 후, 문장을 반복해 말하는 연습을 통해 OPIc 핵심 패턴과 모범 답변을 익혀 보세요.

1. 최근에 가족과 함께 영화를 보러 갔던 것이 기억에 납니다.

   I _____ _____ a _____ with my family _____.

2. 그곳은 동네에서 가장 맛있는 타코를 제공합니다.

   They _____ the _____ tacos _____ _____.

3. 우리가 주문한 새우는 육즙이 많고 부드러웠습니다.

   The _____ _____ _____ was very _____ _____ _____.

4. 돌이켜 보면, 매우 기억에 남는 저녁 식사였습니다.

   _____ _____, it was a very _____ _____.

Answer
1. remember watching / movie / recently
2. had / best / in town.
3. shrimp I ordered / juicy and tender.
4. Looking back / memorable dinner

학습한 Magic Pattern을 다른 주제에서도 활용해 보세요.

1. The food tasted good <u>because I was so hungry</u>.
   - I could not do much sightseeing <u>because I was so hungry</u>.
     Domestic Trips에 활용 너무 배가 고파서 관광을 많이 하지 못했습니다.
   - I grabbed a bite after working overtime <u>because I was so hungry</u>.
     Work에 활용 야간 근무를 한 후에 너무 배가 고파서 간단하게 먹었습니다.

2. <u>Looking back</u>, it was a very memorable dinner.
   - <u>Looking back</u>, it was the most geographically unique place.
     Geography에 활용 돌이켜 보면, 그곳이 지형적으로 가장 독특한 장소였습니다.
   - <u>Looking back</u>, it was the worst holiday I had in my life.
     Holidays에 활용 돌이켜 보면, 제 인생에서 가장 최악의 휴일이었습니다.

OPIc 질문에 대한 모범답변을 살펴본 후, 질문의 핵심 포인트를 파악하여 나만의 OPIc 답변을 만들어 보세요.

7 **Tell me about when you visiting a friend's or a family member's house. What do you normally do when you go there?**  MP3 17_Q7

친구나 가족의 집에 방문한 경험에 대해 말해 주세요. 그곳에 가서 보통 무엇을 하나요?

Structure		Idea
시작 문장	주제 문장 소개	I always go to my grandparents' place during the family holidays.
본문	휴일에 가족과 한 일 묘사	New Year's Day, Korean Thanksgiving, get together, celebrate these holidays, ask how each other, catching up, cook holiday food, meals together, exchange
마무리 문장	나의 답변 마무리	So, these are the things I do when I go to my grandparents' place.

Model Answer 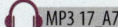 MP3 17_A7

I always go to my grandparents' place ❶ during the family holidays.
+ my parents' place + my uncle's place + my aunt's place
❷ There are two big family holidays in Korea.
One is New Year's Day and the other is Korean Thanksgiving.
Family members get together to celebrate these holidays.
We ask how each other is doing and do some catching up.
We ❸ cook holiday food and enjoy meals together.
Plus, we ❹ exchange a lot of presents.
❺ So, these are the things I do when I go to my grandparents' place.

Tips for Better Answer

* 휴일 주제의 '우리나라 사람들이 휴일을 보내는 장소 / 활동 묘사' 답변 그대로 활용

▶❶ 정해진 기간이 있는 휴일이므로 전치사 during 사용
이때 holiday와 season이 함께 쓰이는 경우가 많음
Ex: During the holiday season, we cooked a lot.
휴일 기간에 우리는 요리를 많이 했다.

일반적인 휴일을 묘사할 때는 전치사 on 주로 사용
Ex: I met my friend when we were on holiday in China.
우리가 중국에서 휴일을 보내고 있을 때 친구를 만났다.

▶❷ 우리나라의 휴일을 설명하는 유용한 문장으로 ★암기 필수!

▶❸ = prepare: 준비하다
Ex: We prepare some traditional Korean food.
우리는 전통 한국 음식을 준비한다.

▶❹ = share: 나누다
Ex: We share gifts with each other.
우리는 서로 선물을 나눈다.

▶❺ 〈there are the things + 주어 + 동사〉
(주어)가 (동사)하는 것들이다
유용한 마무리 문장으로 ★암기 필수!

Ex: So, these are the things I like.
이것이 내가 좋아하는 것들이다.

- **family holiday** 가족 휴일, 가족이 함께 보내는 휴일
- **New Year's Day** 설날
- **Thanksgiving** 추수감사절
- **get together** 모이다

- **celebrate** 축하하다
- **catch up** 따라잡다, 못다 한 이야기를 하다
- **holiday food** 휴일 음식
- **exchange** 교환하다

저는 가족과 휴일(명절)을 보낼 때 항상 조부모님 댁에 갑니다. (+ 부모님 댁 + 삼촌댁 + 이모댁) 한국에는 두 종류의 대 명절이 있습니다. 설날과 추석입니다. 가족은 명절을 기념하기 위해 한 곳에 모입니다. 서로의 안부를 묻고 못다 한 이야기를 합니다. 우리는 휴일(명절) 음식을 요리하고 함께 식사를 즐깁니다. 우리는 많은 선물도 교환합니다. 그래서 저는 조부모님 댁에 갈 때 이런 일을 합니다.

OPIc Pattern 익히기

주어진 한국어 핵심 문장을 읽고 빈칸에 들어갈 영어 표현을 작성하세요. 그 후, 문장을 반복해 말하는 연습을 통해 OPIc 핵심 패턴과 모범 답변을 익혀 보세요.

1. 한국에는 두 종류의 대 명절이 있습니다. 설날과 추석입니다.

There are _____ big _____ _____ in Korea. One is _____ _____ _____ and the other is _____ _____.

2. 가족은 명절을 기념하기 위해 한 곳에 모입니다.

Family _____ _____ _____ to _____ these holidays.

3. 우리는 휴일 음식을 요리하고 함께 식사를 즐깁니다. 우리는 많은 선물도 교환합니다.

We _____ _____ _____ and _____ _____ together. Plus, we _____ a lot of _____.

4. 그래서 저는 조부모님 댁에 갈 때 이런 일을 합니다.

So, these are the things I _____ when I _____ _____ my _____ _____.

Answer
1. two / family holidays / New Year's Day / Korean Thanksgiving
2. members get together / celebrate
3. cook holiday food / enjoy meals / exchange / presents
4. do / go to / grandparents' place

OPIc Magic Pattern 활용하기

학습한 Magic Pattern을 다른 주제에서도 활용해 보세요.

1. Plus, we <u>exchange a lot of presents</u>.
   - Whenever I travel overseas, I buy <u>a lot of presents</u> for my friends and family.
   Overseas Trips에 활용 저는 해외여행을 갈 때마다 친구들과 가족들을 위해 많은 선물을 삽니다.

   - I get <u>a lot of presents</u> for my nieces and nephews on holidays.
   Holidays에 활용 저는 명절 때 조카들을 위해 많은 선물을 삽니다.

2. So, <u>these are the things I do</u> when I go to my grandparents' place.
   - <u>These are the things I do</u> when I visit nice hotels during the vacation.
   Hotels에 활용 이것이 제가 휴가 때 좋은 호텔에 가면 하는 일입니다.

   - <u>These are the things I do</u> when make appointments at hospitals or hair shops.
   Appointment에 활용 이것이 제가 병원이나 미용실에 예약을 할 때 하는 일입니다.

17 Holidays / Family, Friends |

OPIc 질문에 대한 모범답변을 살펴본 후, 질문의 핵심 포인트를 파악하여 나만의 OPIc 답변을 만들어 보세요.

8 Talk about a visit to a friend or a family member from your childhood. 🎧 MP3 17_Q8
Who did you visit and whom did you go with? What do you remember about that visit?
What made the visit special?

어렸을 때 친구나 가족을 방문했던 경험에 대해 이야기해 보세요. 누구를 방문했고 누구와 갔나요? 그 방문에서 기억에 남는 것은 무엇인가요? 왜 기억에 남나요?

Structure		Idea
시작 문장	주제 문장 소개	I remember going to my grandmother's place when I was a kid.
본문	음식 때문에 체한 경험 묘사	dinner together, too fast, indigestion, pretty bad, stomach, upset, light-headed, took some medicine, get a lot of rest
마무리 문장	나의 답변 마무리	Since then, I try to be more careful.

Model Answer 🎧 MP3 17_A8

I remember going to ❶ my grandmother's place when I was a kid.

We ❷ had dinner together.

However, I think I ate too ❸ fast.

I ❹ got indigestion and it was pretty bad.

I had an upset stomach.

I had a fever and I felt light-headed.

I ❺ took some medicine to ❻ get better.

I had to stay inside and get a lot of rest.

Since then, I try to be more careful.

Tips for Better Answer

▶ ❶ 친구/가족을 방문했을 때 생긴 경험을 이야기하므로 어디에 방문했는지 언급하기 (my grandmother's place)

▶ ❷ dinner 앞에 주로 쓰이는 동사는 have
eat은 특정한 음식에 대해 이야기할 때 주로 사용하는 동사
Ex: I had breakfast. I ate bacon.
   나 아침식사 먹었어. 베이컨 먹었어.

▶ ❸ fast의 부사는 fast
I ate too fastly. (X)

▶ ❹ get 대신 have 사용 가능
Ex: I had indigestion. 소화불량에 걸렸다.

▶ ❺ medicine과 함께 쓰이는 동사는 take, have
Ex: I had some medicine. 나는 약을 먹었다.

▶ ❻ get better: (몸이) 나아지다
get better는 몸의 상태가 아닌 성적, 실력 등이 향상될 때도 사용 가능
Ex: My English got better. 내 영어 실력이 나아졌다.
feel better: 기분이 나아지다, 호전되다
feel better는 나아진 기분에 대해 이야기할 때와 호전된 몸의 상태를 이야기할 때 사용 가능
Ex: I hope you feel better soon. 곧 호전되기를 바란다.
   I am feeling better today. 나 오늘 기분이 더 좋아졌어.

Key Expressions

- **indigestion** 소화불량
- **stomach** 배
- **upset** 아픈
- **light-headed** 머리가 어지러운
- **have a fever** 열이 나다

- **get better** 나아지다, 호전되다
- **celebrate** 축하하다
- **catch up** 따라잡다, 못다 한 이야기를 하다
- **holiday food** 휴일 음식
- **exchange** 교환하다

어렸을 때 할머니 댁에 갔던 기억이 납니다. 우리는 함께 저녁을 먹었습니다. 하지만, 너무 빨리 먹었던 것 같습니다. 소화불량에 걸렸는데 꽤 심했습니다. 속이 쓰렸습니다. 열이 나서 머리가 어지러웠습니다. 낫기 위해 약을 먹었습니다. 실내에 있으면서 많이 쉬어야 했습니다. 그 이후로, 저는 더 조심하려고 노력합니다.

OPIc Pattern 익히기

주어진 한국어 핵심 문장을 읽고 빈칸에 들어갈 영어 표현을 작성하세요. 그 후, 문장을 반복해 말하는 연습을 통해 OPIc 핵심 패턴과 모범 답변을 익혀 보세요.

1. 우리는 함께 저녁을 먹었습니다. 하지만, 너무 빨리 먹은 것 같습니다.

We _____ _____ together. However, I think I _____ _____ _____.

2. 소화불량에 걸렸는데 꽤 심했습니다.

I _____ _____ and it was _____ _____.

3. 속이 쓰렸습니다. 열이 나서 머리가 어지러웠습니다.

I had an _____ _____. I had a _____ and I _____ _____.

4. 실내에 있으면서 많이 쉬어야 했습니다. 그 이후로, 저는 더 조심하려고 노력합니다.

I had to _____ _____ and _____ _____ _____ of rest. Since then, I try to be

_____ _____.

Answer
1. had dinner / ate too fast
2. got indigestion / pretty bad
3. upset stomach / fever / felt light-headed
4. stay inside / get a lot / more careful

OPIc Magic Pattern 활용하기

학습한 Magic Pattern을 다른 주제에서도 활용해 보세요.

1. We <u>had dinner together</u>.
- After watching the movie, we <u>had dinner together</u> at the food court nearby.
  Movies에 활용 영화를 보고 난 후에 우리는 근처에 있는 푸드코트에서 함께 저녁식사를 했습니다.

- We did a lot of shopping and then <u>had dinner together</u> at the shopping center.
  Shopping에 활용 우리는 쇼핑을 잔뜩 한 후에 쇼핑센터에서 함께 저녁식사를 했습니다.

2. <u>I had a fever and I felt light-headed</u>.
- I made a doctor's appointment because <u>I had a fever and I felt light-headed</u>.
  Appointment에 활용 저는 열이 나고 어지러워서 병원 예약을 했습니다.

- I had to take a day off from work because <u>I had a fever and I felt light-headed</u>.
  Work에 활용 저는 열이 나고 어지러워서 회사에서 하루 휴가를 내야 했습니다.

OPIc 질문에 대한 모범답변을 살펴본 후, 질문의 핵심 포인트를 파악하여 나만의 OPIc 답변을 만들어 보세요.

9 Talk about a time when you visited a friend or a family member. What did you do when you visited them? What was memorable about that visit? Tell me everything from beginning to end.　　🎧 MP3 17_Q9

최근에 친구나 가족을 방문했던 경험에 대해 이야기해 보세요. 그곳에 가서 무엇을 했나요? 그 방문에서 기억에 남는 것은 무엇인가요? 처음부터 끝까지 자세하게 말해 주세요.

Structure		Idea
시작 문장	주제 문장 소개	I remember going to my friend's house a few years ago.
본문	친구네 집에 방문해서 술 마신 경험 묘사	dinner together, had some drinks, got very drunk, dizzy, hangover, sober up
마무리 문장	나의 답변 마무리	Since then, I try to be more careful.

Model Answer　　🎧 MP3 17_A9

I remember going to ❶ my friend's house a few years ago.

We had dinner together and had some drinks.

However, we ❷ drank a lot that day.

I got very drunk because I drank too much.

I ❸ felt like throwing up.

Plus, I felt dizzy and ❹ I could NOT walk straight.

I had a ❺ hangover the next day.

It took me a long time to ❻ sober up.

Since then, I try to be more careful.

Tips for Better Answer

➊ 친구/가족을 방문했을 때 생긴 경험을 이야기하므로 어디에 방문했는지 언급하기 (my friend's house)

➋ = drink too much: 너무 많이 마시다
　　have one too many: 조금 많이 마시다
　　Ex: We had one too many.
　　　　우리는 조금 많이 마셨다.

➌ 〈feel like + 동명사〉
　　(동명사) 할 것 같다
　　Ex: I feel like vomiting.
　　　　토할 것 같다.

➍ 술 취한 상태를 묘사할 수 있는 표현
　　Ex: I could not even walk by myself.
　　　　혼자서 걷지도 못했다.
　　I could not even get up.
　　　　일어날 수도 없었다.

➎ hangover food: 숙취를 해소하기 위해 먹는 음식

➏ sober up: 술에서 깨다 (동사)
　　sober: 술에 취하지 않은 상태 (형용사)
　　Ex: I am sober.
　　　　나 지금 멀쩡해.

Key Expressions

• **get drunk** 술에 취하다
• **dizzy** 어지러운

• **hangover** 숙취
• **sober up** 술에서 깨다

몇 년 전에 친구 집에 갔던 기억이 납니다. 저녁도 같이 먹고 술도 좀 마셨습니다. 결국 그날 술을 꽤 많이 마셨습니다. 술을 너무 많이 마셔서 완전히 취했습니다. 토할 것 같았습니다. 게다가 현기증이 나서 똑바로 걸을 수가 없었습니다. 다음날 숙취에 시달렸습니다. 술이 깨는 데 꽤 오래 걸렸습니다. 그 이후로, 저는 더 조심하려고 노력합니다.

OPIc Pattern 익히기

주어진 한국어 핵심 문장을 읽고 빈칸에 들어갈 영어 표현을 작성하세요. 그 후, 문장을 반복해 말하는 연습을 통해 OPIc 핵심 패턴과 모범 답변을 익혀 보세요.

1. 저녁도 같이 먹고 술도 좀 마셨습니다. 결국 그날 술을 꽤 많이 마셨습니다.

We _____ _____ together and _____ some _____.

However, we _____ _____ _____ that day.

2. 술을 너무 많이 마셔서 완전히 취했습니다. 토할 것 같았습니다.

I _____ very _____ because I _____ _____ _____. I felt like _____ _____.

3. 게다가 현기증이 나서 똑바로 걸을 수가 없었습니다.

Plus, I _____ _____ and I could NOT _____ _____.

4. 다음날 숙취에 시달렸습니다. 술이 깨는 데 꽤 오래 걸렸습니다.

I _____ a _____ the next day. It _____ _____ a long time to _____ _____.

Answer

1. had dinner / had / drinks / drank a lot
2. got / drunk / drank too much / throwing up
3. felt dizzy / walk straight
4. had / hangover / took me / sober up

OPIc Magic Pattern 활용하기

학습한 Magic Pattern을 다른 주제에서도 활용해 보세요.

1. I remember going to my friend's house a few years ago.

- I remember getting stuck in traffic when I got on the bus a few years ago.
  Transportation에 활용 몇 년 전 버스를 탔을 때 교통체증에 걸린 기억이 납니다.

- I remember losing my phone at the bank a few years ago.
  Banks에 활용 몇 년 전 은행에서 휴대폰을 잃어버린 기억이 납니다.

2. It took me a long time to sober up.

- It took me a long time to get used to the new smartphone.
  Phones에 활용 새 스마트폰에 익숙해지는 데 시간이 오래 걸렸습니다.

- It took me a long time to develop the habit of eating healthy.
  Health에 활용 건강하게 먹는 습관을 가지는 데 시간이 오래 걸렸습니다.

Chapter 18

Banks / Hotels

빈출 주제 파악하기

질문을 제대로 파악하는 것만으로도 성공적으로 시험을 치를 수 있습니다. OPIc에서 자주 출제되는 질문들을 알아보세요.

Banks

1 **Tell me about the banks in your country. What do they typically look like? Where are they usually located?**

당신 나라의 은행에 대해 말해 주세요. 일반적으로 어떻게 생겼나요? 보통 어디에 위치해 있나요?

문항 유형	우리나라 보편적인 은행들 묘사
문항 수준	Intermediate
핵심 포인트	• 한국의 보편적인 은행을 현재형 시제로 묘사 • 은행 묘사이므로 주어는 banks, they 사용
중요도	★★

데이터와 트렌드로 쉽게 취득하는 OPIc IM

2 **Tell me about the things you do when you visit the bank. What do you do from the moment you walk in until you walk out?**

은행에 방문할 때 무슨 일을 하는지 말해 주세요. 은행에 들어가는 순간부터 걸어나갈 때까지 무엇을 하나요?

문항 유형	본인이 은행에 가서 하는 업무 묘사
문항 수준	Intermediate
핵심 포인트	• 본인이 은행에 가서 하는 일을 주어 I 로 묘사
	• 은행에 가서 하는 업무를 현재형 시제 사용하여 나열
중요도	★★★★

3 **Banks have definitely changed over time. Tell me about a bank you remember from your childhood. What was it like? How was it different from banks today?**

은행은 시간이 지남에 따라 확실히 변했습니다. 어릴 적 기억나는 은행에 대해 말해 주세요. 은행은 어떻게 생겼었나요? 오늘날의 은행과는 어떻게 달랐나요?

문항 유형	어렸을 때 은행과 지금 은행과의 비교
문항 수준	Advanced
핵심 포인트	• 본인의 어렸을 때 은행과 현재 가는 은행을 묘사하므로 주어 I, banks 사용
	• 예전의 모습을 이야기할 때는 과거형, 현재 온라인 뱅킹에 대해 이야기할 때는 현재형 시제 사용
중요도	★★★★

4 **Sometimes, problems can rise when you are at the bank. Tell me about a problem you have experienced that involved your bank. Maybe the bank was closed or perhaps the bank might have made some kind of mistake. Tell me about how you solved that problem.**

때로는 은행에 있을 때 문제가 발생할 수 있습니다. 은행과 관련된 문제에 대해 말해 주세요. 은행이 문을 닫았거나, 어쩌면 은행이 실수를 했을 수도 있습니다. 그 문제를 어떻게 처리했는지 말해 주세요.

문항 유형	은행 업무 중 있었던 문제 설명
문항 수준	Advanced
핵심 포인트	• 은행에 사람이 많아서 오래 기다렸던 경험 묘사
	• 본인의 과거 경험이므로 주어 I와 과거형 시제 사용
중요도	★★

Hotels

5 Tell me about the hotels in your country. What are they like?

당신 나라의 호텔에 대해 말해 주세요. 어떻게 생겼나요?

문항 유형	우리나라의 보편적인 호텔들 묘사
문항 수준	Intermediate
핵심 포인트	• 보편적인 한국 호텔의 모습을 현재형 시제로 묘사 • 한국 호텔을 묘사하므로 주어는 hotels, they 사용
중요도	★★

6 People often have memories of especially beautiful and interesting hotels. Tell me about a hotel that you remember for some reason. Where was it? What was it like? Describe it for me in as much detail as possible.

사람들은 종종 아름답고 재미있었던 호텔에 대한 추억을 가지고 있습니다. 기억나는 호텔에 대해 말해 주세요. 어디에 있었고 어땠나요? 가능한 한 그 호텔을 자세히 설명해 주세요.

문항 유형	기억에 남는 호텔 묘사, 기억에 남는 이유 설명
문항 수준	Advanced
핵심 포인트	• 즐거운 경험을 했던 호텔을 과거형으로 묘사 • 본인의 과거 경험이므로 주어 I 사용
중요도	★★★★

7 When was the last time you stayed at a hotel? Where was it and why were you there? Tell me the whole story from beginning to end.

언제 마지막으로 호텔에 묵었나요? 어디에 있었고 왜 그곳에 갔었나요? 처음부터 끝까지 자세히 말해 주세요.

문항 유형	최근에 갔었던 호텔에 묵은 경험 설명
문항 수준	Advanced
핵심 포인트	• 최근 호텔에서 체크인 한 순간부터 방에 들어가서 한 일까지 순서대로 나열 • 본인의 과거 경험이므로 주어 I와 과거형 시제 사용
중요도	★★

OPIc 모범 답변 학습하기

OPIc 질문에 대한 모범답변을 살펴본 후, 질문의 핵심 포인트를 파악하여 나만의 OPIc 답변을 만들어 보세요.

1 **Tell me about the banks in your country. What do they typically look like? Where are they usually located?**  MP3 18_Q1

당신 나라의 은행에 대해 말해 주세요. 일반적으로 어떻게 생겼나요? 보통 어디에 위치해 있나요?

Structure		Idea
시작 문장	주제 문장 소개	There are many banks in Korea.
본문	한국의 일반적인 은행 모습 묘사	busy streets, easy to find, everywhere, tellers at the counter, sofas, sit and wait, ATMs, get cash
마무리 문장	나의 답변 마무리	So, this is what banks in Korea are like.

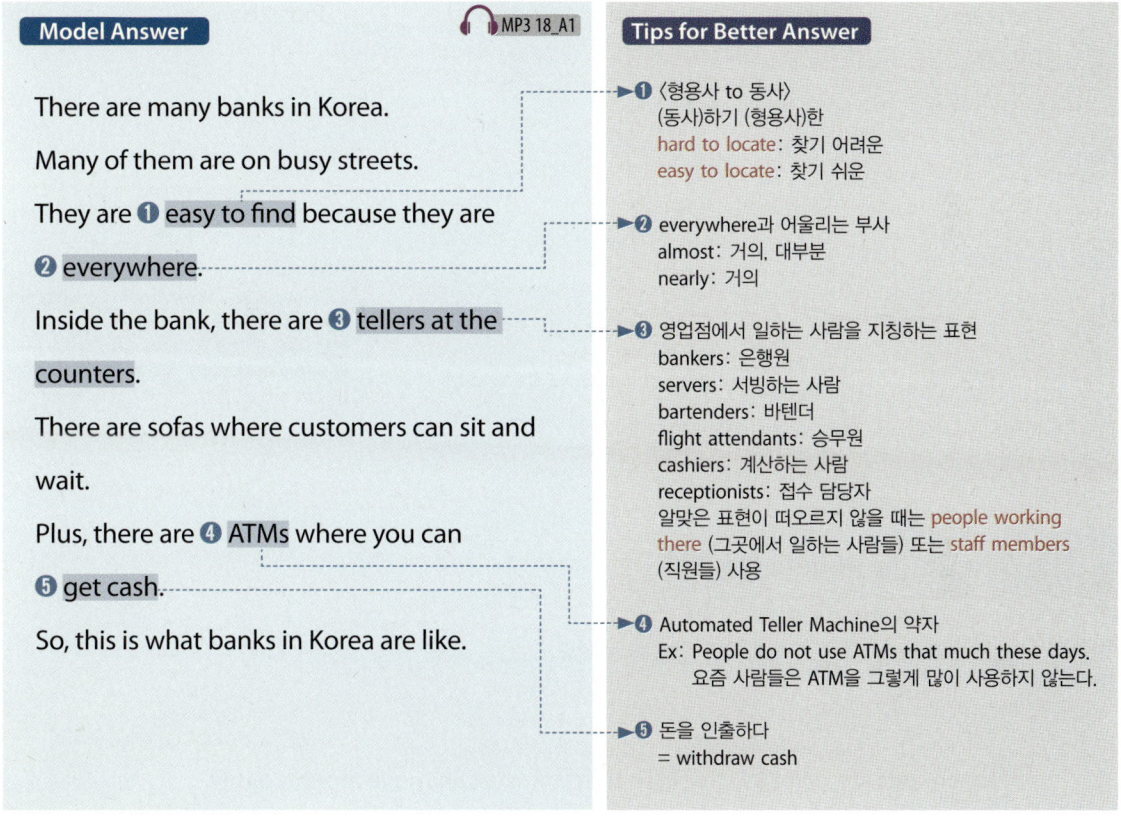

Model Answer MP3 18_A1

There are many banks in Korea.

Many of them are on busy streets.

They are ❶ easy to find because they are ❷ everywhere.

Inside the bank, there are ❸ tellers at the counters.

There are sofas where customers can sit and wait.

Plus, there are ❹ ATMs where you can ❺ get cash.

So, this is what banks in Korea are like.

Tips for Better Answer

▶❶ 〈형용사 to 동사〉
(동사)하기 (형용사)한
hard to locate: 찾기 어려운
easy to locate: 찾기 쉬운

▶❷ everywhere과 어울리는 부사
almost: 거의, 대부분
nearly: 거의

▶❸ 영업점에서 일하는 사람을 지칭하는 표현
bankers: 은행원
servers: 서빙하는 사람
bartenders: 바텐더
flight attendants: 승무원
cashiers: 계산하는 사람
receptionists: 접수 담당자
알맞은 표현이 떠오르지 않을 때는 people working there (그곳에서 일하는 사람들) 또는 staff members (직원들) 사용

▶❹ Automated Teller Machine의 약자
Ex: People do not use ATMs that much these days.
요즘 사람들은 ATM을 그렇게 많이 사용하지 않는다.

▶❺ 돈을 인출하다
= withdraw cash

Key Expressions

- **busy streets** 번화가
- **easy to find** 찾기 쉬운
- **teller** 은행 창구 직원
- **sofa** 소파
- **ATM** 현금인출기
- **get cash** 현금 인출하다

한국에는 은행이 많습니다. 은행은 대부분 번화가에 있습니다. 어디에나 있기 때문에 쉽게 찾을 수 있습니다. 은행 안에 있는 카운터에는 창구 직원이 있습니다. 고객들이 앉아서 기다릴 수 있는 소파들이 있습니다. 또한 현금인출기가 있어서 돈을 인출할 수 있습니다. 즉, 한국의 은행들은 이렇게 생겼습니다.

 **OPIc Pattern 익히기**

주어진 한국어 핵심 문장을 읽고 빈칸에 들어갈 영어 표현을 작성하세요. 그 후, 문장을 반복해 말하는 연습을 통해 OPIc 핵심 패턴과 모범 답변을 익혀 보세요.

1. 한국에는 은행이 많습니다. 은행은 대부분 번화가에 있습니다.

   There are _____ _____ in Korea. _____ of _____ are on _____ _____.

2. 어디에나 있기 때문에 쉽게 찾을 수 있습니다.

   They are _____ _____ _____ because they are _____.

3. 은행 안에 있는 카운터에는 창구 직원이 있습니다.

   _____ the bank, there are _____ at the _____.

4. 고객들이 앉아서 기다릴 수 있는 소파들이 있습니다. 또한 현금인출기가 있어서 돈을 인출할 수 있습니다.

   There are _____ where _____ can _____ and _____. Plus, there are _____ where you can _____ _____.

Answer
1. many banks / Many / them / busy streets
2. easy to find / everywhere
3. Inside / tellers / counters
4. sofas / customers / sit / wait / ATMs / get cash

 **OPIc Magic Pattern 활용하기**

학습한 Magic Pattern을 다른 주제에서도 활용해 보세요.

1. Many of them are <u>on busy streets</u>.
   - Most hotels are <u>on busy streets</u> so that tourists can move around easily.
     Hotels에 활용 관광객들이 더 쉽게 돌아다닐 수 있도록 대부분의 호텔은 번화가에 있습니다.
   - Most shopping centers are <u>on busy streets</u> so it is easy to get there by public transportation.
     Shopping에 활용 대부분의 쇼핑센터는 번화가에 있어서 대중교통으로 가기 쉽습니다.

2. <u>Inside the</u> bank, <u>there are</u> tellers at the counters.
   - <u>Inside the</u> bar, <u>there are</u> bartenders working behind the counter.
     Bars에 활용 술집 안에는 카운터 뒤에서 일하는 바텐더들이 있습니다.
   - <u>Inside the</u> house, <u>there are</u> a lot of home appliances.
     Housing에 활용 집 안에는 가전제품이 많이 있습니다.

OPIc 모범 답변 학습하기

OPIc 질문에 대한 모범답변을 살펴본 후, 질문의 핵심 포인트를 파악하여 나만의 OPIc 답변을 만들어 보세요.

2 Tell me about the things you do when you visit the bank. 🎧 MP3 18_Q2
What do you do from the moment you walk in until you walk out?

은행에 방문할 때 무슨 일을 하는지 말해 주세요. 은행에 들어가는 순간부터 걸어나갈 때까지 무엇을 하나요?

Structure		Idea
시작 문장	주제 문장 소개	When I go to banks, I first pull out a number and wait for my turn.
본문	은행에 가서 하는 다양한 업무 나열	call my number, teller, take care of my business, often check, wire money, deposit, withdraw, pay a bill, traffic tickets, exchange currency, get a loan, get a card issued, open, account,
마무리 문장	나의 답변 마무리	So, these are things I do when I go to banks.

Model Answer 🎧 MP3 18_A2

When I go to banks, ❶ I first ❷ pull out a number and ❸ wait for my turn.

When they call my number, I go to the teller and ❹ take care of my business.

I often check my balance or wire money.

❺ + Plus, I sometimes deposit or withdraw money.

+ Plus, I sometimes pay a bill or a traffic ticket.

+ Also, I sometimes exchange currency.

+ Also, I sometimes get a loan.

+ Plus, I sometimes get a card issued.

+ Plus, I sometimes open or close an account.

So, these are things I do when I go to banks.

Tips for Better Answer

❶ 은행에 가서 하는 일을 순서대로 나열하기 위해 다양한 접속사 활용
  Ex: First, I go there and wait for my turn. And then, they call my name.
  첫 번째로 그곳에 가서 내 차례를 기다린다. 그 후 그들이 내 이름을 부른다.

❷ 번호표를 뽑다
  = take a number
    ticket dispenser: 번호표 뽑는 기계
  Ex: I take a number from a ticket dispenser.
    번호표 뽑는 기계에서 번호표를 뽑는다.

❸ ⟨wait for + 명사⟩
  turn: 차례, 순서
  Ex: I had to wait 1 hour for my turn.
    내 순서가 올 때까지 한 시간 동안 기다려야 했다.

❹ 정확히 은행에서 어떤 일을 했는지 언급할 필요 없을 때 사용하는 표현
  Ex: I took care of my banking business and left the bank.
    내 은행 업무를 처리한 후에 은행을 나왔다.

❺ 답변 양 확보를 위해 은행에서 할 수 있는 일 나열
  항상 하는 일은 아니므로 빈도 부사 sometimes 사용
  usually: 일반적으로
  from time to time: 때때로

Key Expressions

- **pull out** 뽑다
- **turn** 차례
- **teller** 은행원, 창구 직원
- **take care of** 돌보다, 처리하다
- **check balance** 계좌 잔고 확인하다
- **bill** 청구서
- **traffic tickets** 과태료
- **deposit** 입금하다
- **exchange currency** 환전하다
- **get a loan** 대출받다

은행에 가면 먼저 번호를 뽑고 제 차례를 기다립니다. 제 번호가 불리면, 창구 직원에게 가서 은행 업무를 처리합니다. 저는 주로 잔고를 확인하거나 송금을 합니다. (+ 가끔 돈을 입금하거나 인출합니다. + 또한, 가끔 청구서나 과태료를 지불합니다. + 그리고 가끔 환전을 합니다. + 대출도 받습니다. + 카드를 발급받기도 합니다. + 가끔 새 계좌를 열거나 닫습니다.) 즉, 저는 은행에 가서 이러한 일들을 처리합니다.

주어진 한국어 핵심 문장을 읽고 빈칸에 들어갈 영어 표현을 작성하세요. 그 후, 문장을 반복해 말하는 연습을 통해 OPIc 핵심 패턴과 모범 답변을 익혀 보세요.

1. 은행에 가면 먼저 번호를 뽑고 제 차례를 기다립니다.

    When I go to banks, I first _____ _____ a _____ and wait for _____ _____.

2. 제 번호가 불리면, 창구 직원에게 가서 은행 업무를 처리합니다.

    When they _____ _____ _____, I go to the _____ and _____ _____ of my

    _____.

3. 저는 주로 잔고를 확인하거나 송금을 합니다. 가끔 돈을 입금하거나 인출합니다.

    I often _____ _____ _____ or _____ _____. Plus, I sometimes _____ or

    _____ money.

4. 카드를 발급받기도 합니다. 가끔 새 계좌를 열거나 닫습니다.

    Plus, I sometimes _____ a _____ _____. Plus, I sometimes _____ or _____ an

    _____.

OPIc Magic Pattern 활용하기

학습한 Magic Pattern을 다른 주제에서도 활용해 보세요.

1. **When I go to** banks, I **first** pull out a number and wait for my turn.
    - **When I go to** hotels, I **first** check in at the counter.
      Hotels에 활용 호텔에 가면 저는 우선 카운터에서 체크인을 합니다.

    - **When I go to** the beaches, I **first** do warm-up exercises.
      Beaches에 활용 해변에 가면 저는 우선 준비운동을 합니다.

2. **When** they call my number, **I go to** the teller and take care of my business.
    - **When** the weather is nice, **I go to** the park to get some fresh air.
      Weather에 활용 날씨가 좋을 때 저는 상쾌한 공기를 마시러 공원에 갑니다.

    - **When** I want to make a small change, **I go to** a hair shop near my place.
      Appointment에 활용 작은 변화를 주고 싶을 때 저는 집 근처에 있는 미용실에 갑니다.

OPIc 질문에 대한 모범답변을 살펴본 후, 질문의 핵심 포인트를 파악하여 나만의 OPIc 답변을 만들어 보세요.

③ Banks have definitely changed over time.
Tell me about a bank you remember from your childhood. What was it like?
How was it different from banks today?

 MP3 18_Q3

은행은 시간이 지남에 따라 확실히 변했습니다. 어릴 적 기억나는 은행에 대해 말해 주세요. 은행은 어떻게 생겼었나요? 오늘날의 은행과는 어떻게 달랐나요?

	Structure	Idea
시작 문장	주제 문장 소개	Banking is a lot easier than in the past.
본문	인터넷 뱅킹이 생긴 후 편해진 은행 업무 처리 방법 묘사	do mobile banking, takes much less time and energy, need a password, security card, wire money, through mobile banking
마무리 문장	나의 답변 마무리	So, mobile banking is the biggest change.

Model Answer 🎧 MP3 18_A3

Banking is ❶ a lot easier than in the past.

When I was a kid, I had to go to ❷ actual banks to do banking.

But now, I can do ❸ mobile banking whenever I want to.

❹ It takes much less time and energy.

To do mobile banking, I need a password and a security card.

I ❺ wire money most often through mobile banking.

So, mobile banking is the biggest change.

Tips for Better Answer

▶❶ 은행의 과거와 현재를 비교하기 위해 비교급 easier 사용
a lot은 비교급을 꾸며주는 강조 표현
a lot: 많이, 훨씬
much: 많이, 많은
Ex: Banking is much easier now.
　　이제 은행 일은 훨씬 쉽다.
easier 대신 사용할 수 있는 비교급
much more time-saving: 훨씬 더 시간 절약이 가능한
much simpler: 훨씬 더 간단한
much faster: 훨씬 더 빠른
Ex: Banking has become much simpler than in the past.
　　은행 업무가 과거보다 훨씬 더 간단해졌다.

▶❷ '실제 은행에 갔다'라는 의미로 actual banks 사용
banks in person으로 대체 가능
Ex: I had to go to banks in person to do banking.
　　나는 은행 업무를 보기 위해 직접 은행에 가야만 했다.

▶❸ = internet banking: 인터넷 뱅킹
use online banking service: 인터넷 뱅킹 서비스를 사용하다

▶❹ ⟨It takes much less + 불가산 명사⟩
Ex: It takes much less effort.
　　노력이 훨씬 덜 든다.

▶❺ = transfer money: 돈을 이체하다
send money: 돈을 보내다

Key Expressions

• **actual bank** 실제 은행
• **do mobile banking** 모바일 뱅킹 하다
• **take** ~가 걸리다, 들다
• **password** 비밀번호
• **security card** 보안카드
• **wire** 이체하다, 송금하다

은행 업무는 과거보다 훨씬 쉽습니다. 제가 어렸을 때 은행 업무를 보기 위해서는 은행에 직접 가야 했습니다. 하지만 요즘은 언제든지 모바일 뱅킹으로 은행 업무를 처리할 수 있습니다. 시간과 힘이 적게 듭니다. 모바일 뱅킹을 하기 위해서는 비밀번호와 보안카드가 필요합니다. 저는 송금할 때 모바일 뱅킹을 가장 많이 합니다. 그래서 모바일 뱅킹이 가장 큰 변화 중 하나입니다.

OPIc Pattern 익히기

주어진 한국어 핵심 문장을 읽고 빈칸에 들어갈 영어 표현을 작성하세요. 그 후, 문장을 반복해 말하는 연습을 통해 OPIc 핵심 패턴과 모범 답변을 익혀 보세요.

1. 제가 어렸을 때 은행 업무를 보기 위해서는 은행에 직접 가야 했습니다.

   When I was a kid, I _____ _____ _____ to _____ _____ to do _____.

2. 하지만 요즘은 언제든지 모바일 뱅킹으로 은행 업무를 처리할 수 있습니다.

   But now, I can do _____ _____. _____ I _____ _____.

3. 모바일 뱅킹을 하기 위해서는 비밀번호와 보안카드가 필요합니다.

   To do _____ _____, I need a _____ and a _____ _____.

4. 저는 모바일 뱅킹으로 송금을 제일 많이 합니다.

   I _____ _____ most often through _____ _____.

> **Answer**
> 1. had to go / actual banks / banking
> 2. mobile banking whenever / want to
> 3. mobile banking /password / security card
> 4. wire money / mobile banking

OPIc Magic Pattern 활용하기

학습한 Magic Pattern을 다른 주제에서도 활용해 보세요.

1. Banking is <u>a lot easier than in the past</u>.
   - Travelling around the world is <u>a lot easier than in the past</u> thanks to cheap flights.
     Overseas Trips에 활용 저렴한 비행기표 덕분에 해외여행이 과거보다 훨씬 더 쉬워졌습니다.
   - Eating out is <u>a lot easier than in the past</u> because there are many cheap restaurants.
     Restaurants에 활용 저렴한 음식점이 많아서 외식이 예전보다 훨씬 더 쉬워졌습니다.

2. So, mobile banking <u>is the biggest change</u>.
   - So, the development of express trains <u>is the biggest change</u>.
     Transportation에 활용 즉 고속열차의 발전이 가장 큰 변화입니다.
   - So, the development of smartphones <u>is the biggest change</u>, and I cannot imagine living without it.
     Phones에 활용 즉 스마트폰의 발전이 가장 큰 변화이며 이것 없는 삶은 상상할 수도 없습니다.

데이터와 트렌드로 쉽게 취득하는 OPIc IM

OPIc 질문에 대한 모범답변을 살펴본 후, 질문의 핵심 포인트를 파악하여 나만의 OPIc 답변을 만들어 보세요.

4 Sometimes, problems can rise when you are at the bank.
Tell me about a problem you have experienced that involved your bank.
Maybe the bank was closed or perhaps the bank might have made some kind of mistake.
Tell me about how you solved that problem.

🎧 MP3 18_Q4

때로는 은행에 있을 때 문제가 발생할 수 있습니다. 은행과 관련된 문제에 대해 말해 주세요. 은행이 문을 닫았거나, 어쩌면 은행이 실수를 했을 수도 있습니다. 그 문제를 어떻게 처리했는지 말해 주세요.

	Structure	Idea
시작 문장	주제 문장 소개	I remember going to the bank to pay a bill.
본문	은행에 사람이 너무 많아 업무 처리를 못한 경험 묘사	so many people, pulled out a number, people waiting in front of, waited, still not my turn, leave
마무리 문장	나의 답변 마무리	Since then, I try to avoid busy hours at the bank.

Model Answer 🎧 MP3 18_A4

I ❶ remember going to the bank to ❷ pay a bill.

However, there were so ❸ many people at the bank.

I first pulled out a number.

However, there were many people waiting in front of me.

I ❹ waited and waited, but it was still NOT my turn.

I ❺ just had to leave the bank.

Since then, I try to ❻ avoid busy hours at the bank.

Tips for Better Answer

▶❶ 〈remember+동명사〉를 〈remember+주어+동사〉로 변경 가능
　Ex: I remember that I went to a bank to open a new account.
　　　새 계좌를 열기 위해 은행에 간 기억이 난다.

▶❷ 고지서, 청구서, 계산서 등 상황에 따라 의미가 바뀜
　Ex: I had to pay for the hotel bill.
　　　호텔 숙박비를 지불해야 했다.

▶❸ = too many people: 너무 많은 사람들
　　a lot of people: 많은 사람들

▶❹ 특정한 행동이 반복 또는 지속되었다는 것을 강조할 때는 동사 2번 이상 반복
　Ex: I tried and tried but I failed.
　　　계속 노력했지만 실패했다.
　　　I cried and cried because it was so sad.
　　　너무 슬퍼서 계속 울었다.

▶❺ just가 쓰이면 '어쩔 수 없이' 또는 '그냥'이라는 느낌을 포함
　Ex: I left the café. 카페를 나왔다.
　　　I just left the café.
　　　카페를 그냥 나왔다. ('방금'이라는 의미로도 쓰임)

▶❻ 〈avoid + 명사〉, 〈avoid + 동명사〉
　Ex: I try to avoid going there in the morning.
　　　그곳에 아침에 가는 것은 피하려고 한다.

Key Expressions

- **pay a bill** 청구서 내다, 공과금 내다
- **pull out** 뽑다
- **in front of** 앞에
- **turn** 차례
- **leave** 떠나다, 나가다
- **avoid** 피하다
- **busy hours** 바쁜 시간

공과금을 내러 은행에 갔던 기억이 납니다. 하지만, 은행에 사람들이 많았습니다. 우선 번호를 뽑았습니다. 하지만 제 앞에 많은 사람들이 기다리고 있었습니다. 기다리고 기다렸지만 여전히 제 차례가 오지 않았습니다. 그냥 은행을 나와야만 했습니다. 그 이후로, 저는 은행이 붐빌 때는 가지 않으려고 노력합니다.

OPIc Pattern 익히기

주어진 한국어 핵심 문장을 읽고 빈칸에 들어갈 영어 표현을 작성하세요. 그 후, 문장을 반복해 말하는 연습을 통해 OPIc 핵심 패턴과 모범 답변을 익혀 보세요.

1. 공과금을 내러 은행에 갔던 기억이 납니다.

I _____ _____ to the bank to _____ _____ _____.

2. 하지만 제 앞에 많은 사람들이 기다리고 있었습니다.

However, there were many _____ _____ in _____ of _____.

3. 기다리고 기다렸지만 여전히 제 차례가 오지 않았습니다.

I _____ and _____, but it was _____ _____ my _____.

4. 그 이후로, 저는 은행이 붐빌 때는 가지 않으려고 노력합니다.

Since then, I try to _____ _____ _____ at the bank.

Answer
1. remember going / pay a bill
2. people waiting / front / me
3. waited / waited / still NOT / turn
4. avoid busy hours

OPIc Magic Pattern 활용하기

학습한 Magic Pattern을 다른 주제에서도 활용해 보세요.

1. However, <u>there were so many people</u> at the bank.

- I went to the beach but <u>there were so many people</u>. I could not enjoy swimming.
  Beaches에 활용 해변에 갔는데 사람들이 너무 많았습니다. 수영을 즐길 수 없었습니다.

- I went to the concert, but <u>there were so many people</u>. It was exhausting.
  Music에 활용 콘서트에 갔는데 사람들이 너무 많았습니다. 너무 피곤했습니다.

2. <u>Since then, I try to avoid</u> busy hours at the bank.

- <u>Since then, I try to avoid</u> driving on holidays.
  Holidays에 활용 그때 이후로 저는 휴일 때 운전하는 것을 피하려고 합니다.

- <u>Since then, I try to avoid</u> drinking too much when I have gatherings.
  Gatherings에 활용 그때 이후로 저는 모임이 있을 때 술을 많이 마시는 것을 피하려고 합니다.

OPIc 질문에 대한 모범답변을 살펴본 후, 질문의 핵심 포인트를 파악하여 나만의 OPIc 답변을 만들어 보세요.

5 **Tell me about the hotels in your country. What are they like?** 🎧 MP3 18_Q5

당신 나라의 호텔에 대해 말해 주세요. 어떻게 생겼나요?

Structure		Idea
시작 문장	주제 문장 소개	There are many hotels in Korea.
본문	한국의 일반적인 호텔 모습 묘사	on busy streets, everywhere, popular vacation spots, get very crowded during the peak season, charge higher rates, hundreds of guest rooms, small
마무리 문장	나의 답변 마무리	So, this is what hotels in Korea are like.

Model Answer 🎧 MP3 18_A5

There are many hotels in Korea.

❶ Many of them are on busy streets.

They are easy to find ❷ because they are everywhere.

Plus, there are many hotels at popular vacation spots.

They get very crowded during ❸ the peak season.

They ❹ charge higher ❺ rates.

Some hotels are very large.

They have hundreds of guest rooms.

On the other hand, some hotels are small.

So, this is what hotels in Korea are like.

Tips for Better Answer

▶❶ 〈many of + 명사〉
= 명사 중에 많은 것들이 / 이들이 (복수 명사만 사용 가능)
Ex: Many guests like the hotel.
많은 손님들이 호텔을 좋아한다.
Many of the guests like the hotel.
손님들 중 많은 이들이 호텔을 좋아한다.

▶❷ because 대신 이유를 언급할 때 쓸 수 있는 표현
since: ~이기 때문에
as: ~라서
문장의 제일 앞으로 올 수 있음
Ex: Since they are everywhere, they are easy to find.
그것은 어디에든 있어서 찾기 쉽다.

▶❸ = high season, busy season: 성수기
off-season, slow season: 비수기

▶❹ 돈을 부과하다
pay a charge: 돈을 내다
Ex: The hotel charges an extra fee for pets.
호텔은 애완동물에 추가 비용을 부과한다.
I paid an extra charge for my pet.
내 애완동물을 위해 추가 비용을 냈다.

▶❺ 호텔의 숙박비에 대해 이야기할 때는 price, cost보다 rate을 주로 사용
Ex: The rates on weekends are much higher.
주말의 숙박비는 훨씬 더 높다.

Key Expressions

• **busy streets** 번화가
• **popular** 인기 있는
• **vacation spots** 휴양지, 휴가 장소
• **get crowded** 사람들로 북적거리다

• **peak season** 성수기
• **charge** 부과하다
• **rates** 요금

한국에는 호텔이 많습니다. 호텔들은 대부분 번화가에 있습니다. 어디에든 있기 때문에 쉽게 찾을 수 있습니다. 또한 유명한 휴양지에도 호텔이 많습니다. 성수기 동안 매우 붐빕니다. 더 높은 요금을 부과합니다. 어떤 호텔은 매우 큽니다. 수백 개의 객실을 가지고 있습니다. 반면에 어떤 호텔들은 작습니다. 즉, 한국의 호텔은 이렇습니다.

OPIc Pattern 익히기

주어진 한국어 핵심 문장을 읽고 빈칸에 들어갈 영어 표현을 작성하세요. 그 후, 문장을 반복해 말하는 연습을 통해 OPIc 핵심 패턴과 모범 답변을 익혀 보세요.

1. 호텔들은 대부분 번화가에 있습니다. 어디에든 있기 때문에 쉽게 찾을 수 있습니다.

Many of them are _____ _____ _____. They are _____ _____ _____ because they are _____.

2. 또한 유명한 휴양지에도 호텔이 많습니다.

Plus, there are many _____ at _____ _____ _____.

3. 성수기 동안 매우 붐빕니다. 더 높은 요금을 부과합니다.

They _____ very _____ during the _____ _____. They _____ higher _____.

4. 수백 개의 객실을 가지고 있습니다. 반면에 어떤 호텔들은 작습니다.

They have _____ of _____ _____. On the other hand, _____ _____ are _____.

Answer
1. on busy streets / easy to find / everywhere
2. hotels / popular vacation spots
3. get / crowded / peak season / charge / rates
4. hundreds / guest rooms / some hotels / small

OPIc Magic Pattern 활용하기

학습한 Magic Pattern을 다른 주제에서도 활용해 보세요.

1. They <u>get very crowded</u> during the peak season.

- Popular tourist attractions <u>get very crowded</u> during the peak season.
  Domestic Trips에 활용 인기 있는 관광명소는 성수기 때 매우 붐빕니다.

- Movie theaters <u>get very crowded</u> during the holidays.
  Holidays에 활용 휴일에는 영화관이 매우 붐빕니다.

2. <u>On the other hand</u>, some hotels are small.

- <u>On the other hand</u>, some parks have a lot of sports facilities.
  Parks에 활용 그와 반면에 어떤 공원은 많은 스포츠 시설을 가지고 있습니다.

- <u>On the other hand</u>, my sister is very active and extrovert.
  Family/Friends에 활용 그와 반면에 제 여동생은 매우 활동적이며 외향적입니다.

OPIc 질문에 대한 모범답변을 살펴본 후, 질문의 핵심 포인트를 파악하여 나만의 OPIc 답변을 만들어 보세요.

6 People often have memories of especially beautiful and interesting hotels. 🎧 MP3 18_Q6
Tell me about a hotel that you remember for some reason. Where was it?
What was it like? Describe it for me in as much detail as possible.

사람들은 종종 아름답고 재미있었던 호텔에 대한 추억을 가지고 있습니다. 기억나는 호텔에 대해 말해 주세요. 어디에 있었고 어땠나요?
가능한 한 그 호텔을 자세히 설명해 주세요.

Structure		Idea
시작 문장	주제 문장 소개	I remember staying at a beachside hotel a few years ago.
본문	방문했던 호텔 중 제일 좋았던 호텔과 그곳에서 한 일 묘사	view, see the sunrise, sunset, tasted amazing, got a massage, went swimming
마무리 문장	나의 답변 마무리	Looking back, it was a very memorable hotel.

Model Answer 🎧 MP3 18_A6

I remember staying at a beachside ❶ hotel

❷ a few years ago.

+ riverside + lakeside + mountainside

The ❸ view from the room was incredible.

I could see ❹ the sunrise and the sunset from

the window.

❺ Plus, the food at the hotel tasted amazing.

+ I also got a massage at the spa.

+ I also went swimming in the swimming

pool.

+ I also ate at some restaurants in the hotel.

Looking back, it was a very memorable hotel.

Tips for Better Answer

❶ 다양한 호텔의 종류
budget and value hotel: 저렴하지만 가격대비 괜찮은 호텔
resort hotel: 리조트 호텔
business hotel: 비즈니스 호텔
bed and breakfast: 민박 (간단한 잠자리와 식사를 제공)
chain hotels: 체인 호텔
Ex: I stayed at a resort hotel.
　　나는 리조트 호텔에 머물렀다.

❷ 〈과거임을 나타내는 표현〉
several years ago: 몇 년 전에
a couple of years ago: 2년쯤 전에
many years ago: 오래 전에
Ex: I stayed at an expensive hotel several years ago.
　　나는 몇 년 전에 비싼 호텔에 머물렀다.

❸ = scenery: 경치
Ex: The scenery from the room was amazing.
　　방에서 본 경치가 멋졌다.

❹ 어느 호텔에서 있었던 일인지 명확하므로 처음 언급하는 단어 (sunrise, sunset, window)라도 관사 a가 아닌 the 사용

❺ 답변 양 확보를 위해 호텔에서 한 일들 자세히 묘사
Ex: I went to a gym and worked out for one hour.
　　나는 헬스장에서 한 시간 동안 운동했다.

Key Expressions

- **stay** 머무르다
- **incredible** 엄청난
- **sunrise** 일출
- **sunset** 일몰
- **amazing** 멋진
- **memorable** 기억에 남는

몇 년 전에 해변가에 있는 호텔에 묵었던 기억이 납니다. (+ 강가 + 호숫가 + 산 중턱) 방에서 본 경치는 정말 놀라웠습니다.
창가에서 일출과 일몰을 볼 수 있었습니다. 게다가 호텔에 있는 음식도 정말 맛있었습니다. (+ 또한 스파에서 마사지도
받았습니다. + 또한 수영장에서 수영도 했습니다. + 호텔에 있는 식당에서 식사를 했습니다.) 돌이켜 보면, 매우 기억에 남는
호텔이었습니다.

주어진 한국어 핵심 문장을 읽고 빈칸에 들어갈 영어 표현을 작성하세요. 그 후, 문장을 반복해 말하는 연습을 통해
OPIc 핵심 패턴과 모범 답변을 익혀 보세요.

1. 몇 년 전에 해변가에 있는 호텔에 묵었던 기억이 납니다.

I remember _____ at a _____ _____ a few years ago.

2. 방에서 본 경치는 정말 놀라웠습니다.

The _____ _____ the _____ was _____.

3. 창가에서 일출과 일몰을 볼 수 있었습니다.

I could _____ the _____ and the _____ from the _____.

4. 돌이켜 보면, 매우 기억에 남는 호텔이었습니다.

_____ _____, it was a very _____ _____.

OPIc Magic Pattern 활용하기

학습한 Magic Pattern을 다른 주제에서도 활용해 보세요.

1. The view from the room was incredible.
- I went hiking for my health. The view from the mountain was incredible.
  Health에 활용 건강을 위해 등산을 다녀왔습니다. 산에서 본 경치는 놀라웠습니다.
- I went to the beach with my family. The view from the beach was incredible.
  Beaches에 활용 가족들과 해변에 다녀왔습니다. 해변에서 본 경치는 놀라웠습니다.

2. I could see the sunrise and the sunset from the window.
- I could see a lot of people taking a walk at the riverside park.
  Parks에 활용 강가에 있는 공원에서 걷고 있는 많은 사람들을 봤습니다.
- I could see a lot of people singing along to his songs at the concert.
  Music에 활용 콘서트에서 그의 노래를 따라 부르는 많은 사람들을 봤습니다.

데이터와 트렌드로 쉽게 취득하는 OPIc IM

OPIc 질문에 대한 모범답변을 살펴본 후, 질문의 핵심 포인트를 파악하여 나만의 OPIc 답변을 만들어 보세요.

7 **When was the last time you stayed at a hotel?**
Where was it and why were you there? Tell me the whole story from beginning to end. MP3 18_Q7

언제 마지막으로 호텔에 묵었나요? 어디에 있었고 왜 그곳에 갔었나요? 처음부터 끝까지 자세히 말해 주세요.

Structure		Idea
시작 문장	주제 문장 소개	I remember staying at a beachside hotel recently.
본문	최근 호텔에 가서 한 일을 체크인부터 나열	arrived at the hotel, went to the front desk, gave, name, credit card, got my room key, got to, first looked around, unpacked, changed into some comfortable clothes
마무리 문장	나의 답변 마무리	So, this was the last time I stayed at a hotel.

Model Answer   🎧 MP3 18_A7

I remember staying at a beachside hotel recently.

+ riverside + lakeside + mountainside

I was ❶ on a vacation with my family.

When I ❷ arrived at the hotel, I first went to the front desk to ❸ check in.

I gave them my name and my credit card.

I ❹ got my room key and went to my room.

When I got to my room, I first looked around.

And then, I unpacked my things.

After that, I changed into some comfortable clothes.

❺ So, this was the last time I stayed at a hotel.

Tips for Better Answer

❶ 휴가 중인 것을 나타내는 표현
= take a vacation: 휴가를 내다
take time off: 쉬다
Ex: I was taking a short vacation.
나는 짧은 휴가를 즐기고 있었다.

❷ 도착하다
= get to
Ex: I got to the hotel early in the morning.
나는 아침 일찍 호텔에 도착했다.

❸ check in: 수속하다, 체크인 하다 (동사)
check-in: 투숙, 숙박, 수속 절차 (명사)
Ex: I wanted to check in early but the check-in counter was crowded.
일찍 체크인하고 싶었지만 체크인 카운터가 붐볐다.

❹ 받다
= receive
Ex: I received the key first.
우선 키를 받았다.

❺ 최근 경험에 대한 마무리 답변으로 좋은 문장
〈this was the last time + 주어 + 동사〉
(주어)가 마지막으로 (동사)한 경험이다
Ex: So, this was the last time I went to the bank in person.
이것이 내가 직접 은행에 간 마지막 경험이다.

Key Expressions

- **beachside** 해안가의
- **on vacation** 휴가 중에
- **arrive at** 도착하다
- **check in** 체크인하다
- **credit card** 신용카드

- **get to** ~에 도착하다
- **look around** 둘러보다
- **unpack** 짐을 풀다
- **change into** 갈아입다
- **comfortable** 편안한

최근에 해변가에 있는 호텔에 묵었던 기억이 납니다. (+ 강가 + 호숫가 + 산 중턱) 가족과 휴가 중이었습니다. 호텔에 도착했을 때, 먼저 체크인하기 위해 프런트로 갔습니다. 이름을 알려 주고 신용카드를 주었습니다. 방 열쇠를 가지고 방으로 향했습니다. 방에 도착했을 때, 먼저 주위를 둘러보았습니다. 그 후에, 짐을 풀었습니다. 그리고 나서 편안한 옷으로 갈아입었습니다. 이것이 제가 호텔에 머문 마지막 경험이었습니다.

주어진 한국어 핵심 문장을 읽고 빈칸에 들어갈 영어 표현을 작성하세요. 그 후, 문장을 반복해 말하는 연습을 통해 OPIc 핵심 패턴과 모범 답변을 익혀 보세요.

1. 호텔에 도착했을 때, 먼저 체크인하기 위해 프런트로 갔습니다.

When I _____ at the hotel, I first _____ _____ the _____ _____ to _____

_____.

2. 이름을 알려주고 신용카드를 주었습니다.

I _____ them my _____ and my _____ _____.

3. 방에 도착했을 때, 먼저 주위를 둘러보았습니다.

When I _____ _____ my room, I first _____ _____.

4. 그리고 나서 편안한 옷으로 갈아입었습니다.

After that, I _____ _____ some _____ _____.

Answer
1. arrived / went to / front desk / check in
2. gave / name / credit card
3. got to / looked around
4. changed into / comfortable clothes

OPIc Magic Pattern 활용하기

학습한 Magic Pattern을 다른 주제에서도 활용해 보세요.

1. <u>I was on a vacation</u> with my family.

- When <u>I was on a vacation</u>, I travelled in Europe.

Overseas Trips에 활용 제가 휴가 중이었을 때 유럽을 여행했습니다.

- When <u>I was on a vacation</u>, I went to Hawaii which is geographically unique.

Geography에 활용 제가 휴가 중이었을 때 지형적으로 독특한 하와이에 갔습니다.

2. When I got to my room, I first <u>looked around</u>.

- When I visited Busan, I <u>looked around</u> the city on the first day.

Domestic Trips에 활용 부산에 방문했을 때 첫째 날 도시를 둘러봤습니다.

- I <u>looked around</u> my place because I wanted to make some kind of change.

Housing에 활용 어떤 변화를 주고 싶어서 집을 둘러봤습니다.

3. After that, I <u>changed into some comfortable clothes</u>.

- I go home right after work and <u>change into some comfortable clothes</u>.

Work에 활용 저는 일 끝난 후 바로 집에 가서 편안한 옷으로 갈아입습니다.

- As soon as I arrived at my parents' place on the last holiday, I <u>change into some comfortable clothes</u>.

Holidays에 활용 지난 휴일에 부모님 집에 도착하자마자 저는 편안한 옷으로 갈아입었습니다.

Chapter 19

Work

빈출 주제 파악하기

질문을 제대로 파악하는 것만으로도 성공적으로 시험을 치를 수 있습니다. OPIc에서 자주 출제되는 질문들을 알아보세요.

1 **You indicated that you work. I want to know about your company. What kind of company is it? What products or services does it offer?**

설문조사에서 당신은 일을 하고 있다고 했습니다. 그 회사에 대해 알고 싶습니다. 어떤 회사인가요? 어떤 제품이나 서비스를 제공하나요?

문항 유형	본인이 다니는 회사 소개
문항 수준	Intermediate
핵심 포인트	• 현재 근무하는 회사에 대한 정보를 현재형 시제로 나열 • 회사에 대한 이야기이므로 주어는 company, it 사용
중요도	★

2 **Tell me about your daily routine at work. What do you do when you arrive at the office? Tell me everything about your day at work.**

직장에서의 당신의 일상에 대해 말해 주세요. 사무실에 도착하자마자 주로 무엇을 하나요? 근무시간에 대한 모든 것을 말해 주세요.

문항 유형	회사에서 본인이 하는 업무 일과 묘사
문항 수준	Intermediate
핵심 포인트	• 현재 회사에서 맡고 있는 업무와 하루 일과를 현재형 시제로 묘사 • 본인의 평상시 일상을 이야기하므로 주어 I 사용
중요도	★

3 **Now, tell me about a project you did at work recently. What kind of project was it? What did you have to do for the project?**

지난 주에 회사에서 했던 프로젝트에 대해 말해 주세요. 어떤 프로젝트였나요? 그 프로젝트를 위해 무엇을 해야 했나요?

문항 유형	최근에 진행했던 업무 자세히 설명
문항 수준	Advanced
핵심 포인트	• 진행한 프로젝트가 무엇인지 자세하게 설명하지 않아도 됨 • 프로젝트를 위해 한 노력을 과거형 시제로 나열
중요도	★

OPIc 질문에 대한 모범답변을 살펴본 후, 질문의 핵심 포인트를 파악하여 나만의 OPIc 답변을 만들어 보세요.

 You indicated that you work. I want to know about your company. What kind of company is it? What products or services does it offer?

설문조사에서 당신은 일을 하고 있다고 했습니다. 그 회사에 대해 알고 싶습니다. 어떤 회사인가요? 어떤 제품이나 서비스를 제공하나요?

Structure		Idea
시작 문장	주제 문장 소개	I work for a large electronics company.
본문	근무하는 회사에 대해 묘사	have worked, years, a global company, a market leader, was founded in, small, first, huge enterprise, headquarters is in, R&D centers, production lines
마무리 문장	나의 답변 마무리	So, this is the company I work for.

Model Answer　　MP3 19_A1

I ❶ work for a ❷ large electronics company.

I ❸ have worked here for ten years now.

Our company is a ❹ global company.

It is a market leader in semi-conductors and

mobile devices.

Our company ❺ was founded in the 1970s.

It was small at first. But now, it is a huge

enterprise.

Our company headquarters is in Seoul, Korea.

But we also have R&D centers and production

lines in other cities.

So, this is the company I work for.

Tips for Better Answer

▶❶ 실제 근무하고 있는 회사의 이름 또는 업계 소개
　Ex: I work for a marketing company.
　　　나는 마케팅 회사에서 일한다.

▶❷ = huge, big

▶❸ 일한 기간에 대해 말 할 때는 have worked 사용 (지금도 일하고 있을 경우)
　Ex: I worked there for 3 years.
　　　그곳에서 3년을 일했다. (지금은 일하고 있지 않음)
　　　I have worked in the fashion field for the last 3 years.
　　　지난 3년 간 패션 분야에서 일해왔다. (지금도 일하고 있음)

▶❹ 〈글로벌 기업을 나타내는 다양한 표현〉
　international company
　international corporation
　global enterprise
　multinational company

▶❺ 〈be founded by〉 ～에 의해 설립되다
　〈be founded in〉 (언제) 설립되다
　Ex: The company was founded in 1966 by a renowned scientist.
　　　회사는 1966년에 저명한 과학자에 의해 설립됐다.

Key Expressions

- **electronics company** 전자 회사
- **global company** 글로벌 기업
- **market leader** 선도 업체
- **be founded** 설립되다

- **enterprise** 기업
- **headquarters** 본사
- **R&D centers** 연구개발 센터
- **production lines** 생산라인

저는 대형 전자 회사에서 일하고 있습니다. 여기서 10년째 일하고 있습니다. 우리 회사는 글로벌 기업입니다. 반도체와 모바일 기기 시장의 선도업체입니다. 우리 회사는 1970년대에 설립되었습니다. 처음엔 작았습니다. 하지만 이제, 이곳은 거대한 기업입니다. 저희 회사 본사는 한국의 서울에 있습니다. 다른 여러 도시에 연구개발 센터와 생산라인이 있습니다. 이곳이 제가 일하는 회사입니다.

주어진 한국어 핵심 문장을 읽고 빈칸에 들어갈 영어 표현을 작성하세요. 그 후, 문장을 반복해 말하는 연습을 통해
OPIc 핵심 패턴과 모범 답변을 익혀 보세요.

1. 저는 대형 전자 회사에서 일하고 있습니다. 여기서 10년째 일하고 있습니다.

I _____ _____ a _____ electronics _____ . I _____ _____ here _____ ten
_____ _____ .

2. 반도체와 모바일 기기 시장의 선도업체입니다. 우리 회사는 1970년대에 설립되었습니다.

It is a _____ _____ _____ semi-conductors and mobile devices. Our company _____
_____ _____ the 1970s.

3. 처음엔 작았습니다. 하지만 이제, 이곳은 거대한 기업입니다.

It was _____ _____ _____ . But now, it is a _____ _____ .

4. 저희 회사 본사는 한국의 서울에 있습니다.

Our _____ _____ is _____ Seoul, Korea.

Answer
1. work for / large / company / have worked / for / years now
2. market leader in / was founded in
3. small at first / huge enterprise
4. company headquarters / in

학습한 Magic Pattern을 다른 주제에서도 활용해 보세요.

1. I work for a large electronics company.

- I am interested in fashion and shopping because I work for a large clothing company.

  Fashion에 활용 저는 큰 의류 회사에서 일하기 때문에 패션과 쇼핑에 매우 관심이 있습니다.

- I work for a large electronics company, so I am always interested in newly released electronic goods.

  Technology에 활용 저는 큰 전자 회사에서 일하기 때문에 새로 출시된 전자제품에 항상 관심이 있습니다.

2. It was small at first. But now, it is a huge enterprise.

- The hotel I often visit was small at first. But now, it is one of the biggest hotels in Korea.

  Hotels에 활용 제가 자주 가는 호텔은 처음에는 작았습니다. 하지만 지금은 한국에서 가장 큰 호텔 중 하나입니다.

- The Seoul Train Station was small at first. But now, it is much bigger than before.

  Transportation에 활용 서울역은 처음에는 작았습니다. 하지만 지금은 예전보다 훨씬 더 커졌습니다.

OPIc 질문에 대한 모범답변을 살펴본 후, 질문의 핵심 포인트를 파악하여 나만의 OPIc 답변을 만들어 보세요.

2 Tell me about your daily routine at work.
What do you do when you arrive at the office? Tell me everything about your day at work.   🎧 ▶MP3 19_Q2

직장에서의 당신의 일상에 대해 말해 주세요. 사무실에 도착하자마자 주로 무엇을 하나요? 근무시간에 대한 모든 것을 말해 주세요.

Structure		Idea
시작 문장	주제 문장 소개	I currently work in the planning department.
본문	출근 후부터 퇴근 때까지 주로 하는 업무 묘사	in the morning, paperwork, have regular meetings, ad-hoc meetings, get off at, have to work late
마무리 문장	나의 답변 마무리	So, these are the things I do at work.

Model Answer   🎧 ▶MP3 19_A2

I ❶ currently work in the planning department.

I usually ❷ get to work at eight or nine in the morning.

I do ❸ a lot of paperwork at work.

Plus, I have ❹ regular meetings with my team.

We sometimes have ❺ ad-hoc meetings when there are new issues.
I get off at four or five every day.

However, I sometimes have to ❻ work late.
So, these are the things I do at work.

Tips for Better Answer

▶ ❶ = 현재는
presently: 현재는
now: 지금은

▶ ❷ 출근하다: arrive at work, go to work
퇴근하다: get off work
Ex: I go to work at 7 and I get off work at 4 pm.
나는 7시까지 출근하고, 4시에 퇴근한다.

▶ ❸ 서류 작업을 의미하는 paperwork는 불가산 명사이므로 a lot of 사용
'작품'을 의미하는 work는 가산 명사로 바뀜
Ex: Picasso's works are amazing.
피카소의 작품은 놀랍다.

▶ ❹ regular: 정기적인, 규칙적인 (형용사)
a regular: 단골 (명사)
regularly: 정기적으로, 규칙적으로 (부사)
Ex: I went to the café regularly, so I became a regular.
주기적으로 카페에 가서 단골이 되었다.

▶ ❺ '즉석'이라는 의미의 형용사
= improvised: 즉흥의, 즉석에서
ad-hoc-meetings는 '임시 미팅'이라는 의미의 합성어

▶ ❻ = 야근하다
work overtime: 야근하다, 추가근무하다
do overtime: 야근하다, 추가근무하다

Key Expressions

• **get to work** 출근하다
• **do paperwork** 서류 작업 하다
• **regular meeting** 정기 회의

• **ad-hoc meeting** 즉석, 임시 회의
• **get off work** 퇴근하다
• **work late** 야근하다

현재 저는 기획부에서 일하고 있습니다. 저는 보통 아침 8시나 9시쯤에 출근합니다. 저는 서류 작업을 많이 합니다. 게다가, 저는 우리 팀과 정기적으로 회의를 합니다. 우리는 가끔 새로운 문제가 있을 때 임시 회의를 합니다. 보통 매일 4시나 5시쯤에 퇴근합니다. 하지만, 늦게까지 일해야 할 때가 있습니다. 이것들이 제가 직장에서 하는 일입니다.

주어진 한국어 핵심 문장을 읽고 빈칸에 들어갈 영어 표현을 작성하세요. 그 후, 문장을 반복해 말하는 연습을 통해 OPIc 핵심 패턴과 모범 답변을 익혀 보세요.

1. 현재 저는 기획부에서 일하고 있습니다. 저는 보통 아침 8시나 9시쯤에 출근합니다.

   I _____ _____ _____ the planning _____. I usually _____ _____ _____ at eight or nine in the morning.

2. 저는 서류 작업을 많이 합니다. 게다가, 저는 우리 팀과 정기적으로 회의를 합니다.

   I _____ _____ _____ of _____ at work. Plus, I _____ _____ _____ with my team.

3. 우리는 가끔 새로운 문제가 있을 때 임시 회의를 합니다.

   We sometimes _____ _____ _____ when there are _____ _____.

4. 보통 매일 4시나 5시쯤에 퇴근합니다. 하지만, 늦게까지 일해야 할 때가 있습니다.

   I _____ _____ _____ four or five every day. However, I sometimes _____ _____ _____ _____.

Answer
1. currently work in / department / get to work
2. do a lot / paperwork / have regular meetings
3. have ad-hoc meetings / new issues
4. get off at / have to work late

학습한 Magic Pattern을 다른 주제에서도 활용해 보세요.

1. I usually get to work at eight or nine in the morning.
   - I usually have light breakfast in the morning because I am not that hungry.
     Food에 활용 배가 별로 고프지 않기 때문에 저는 보통 아침에 가볍게 식사를 합니다.
   - I usually work out in the company gym for one hour in the morning.
     Health에 활용 저는 보통 회사에 있는 헬스클럽에서 아침에 한 시간 동안 운동합니다.

2. However, I sometimes have to work late.
   - However, I sometimes have to do the recycling on weekends.
     Recycling에 활용 하지만 저는 가끔 주말에 재활용을 해야 합니다.
   - However, I sometimes have to clean the whole house during the holidays.
     Housing에 활용 하지만 저는 가끔 휴일에 집안 대청소를 해야 합니다.

OPIc 모범 답변 학습하기

OPIc 질문에 대한 모범답변을 살펴본 후, 질문의 핵심 포인트를 파악하여 나만의 OPIc 답변을 만들어 보세요.

3 Now, tell me about a project you did at work recently.
What kind of project was it? What did you have to do for the project? 🎧 MP3 19_Q3

지난주에 회사에서 했던 프로젝트에 대해 말해 주세요. 어떤 프로젝트였나요? 그 프로젝트를 위해 무엇을 해야 했나요?

	Structure	Idea
시작 문장	주제 문장 소개	I had to do a project at work recently.
본문	최근 회사에서 맡은 프로젝트로 인해 바빴던 경험 묘사	lots of things to take care of, make phone calls, attend back-to-back meetings, give briefings, supervisor, some ups and downs, turned out okay
마무리 문장	나의 답변 마무리	So, this is what I did at work recently.

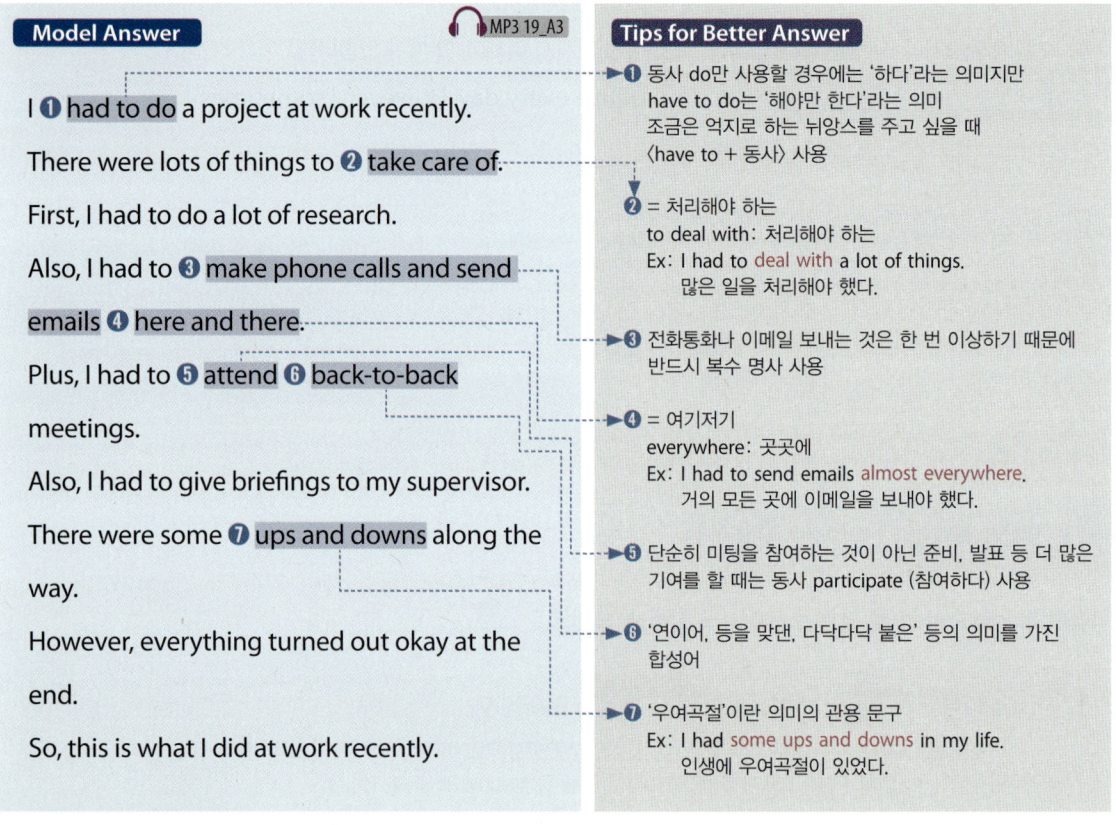

Model Answer 🎧 MP3 19_A3

I ❶ had to do a project at work recently.

There were lots of things to ❷ take care of.

First, I had to do a lot of research.

Also, I had to ❸ make phone calls and send emails ❹ here and there.

Plus, I had to ❺ attend ❻ back-to-back meetings.

Also, I had to give briefings to my supervisor.

There were some ❼ ups and downs along the way.

However, everything turned out okay at the end.

So, this is what I did at work recently.

Tips for Better Answer

❶ 동사 do만 사용할 경우에는 '하다'라는 의미지만 have to do는 '해야만 한다'라는 의미 조금은 억지로 하는 뉘앙스를 주고 싶을 때 〈have to + 동사〉 사용

❷ = 처리해야 하는
to deal with: 처리해야 하는
Ex: I had to deal with a lot of things.
많은 일을 처리해야 했다.

❸ 전화통화나 이메일 보내는 것은 한 번 이상하기 때문에 반드시 복수 명사 사용

❹ = 여기저기
everywhere: 곳곳에
Ex: I had to send emails almost everywhere.
거의 모든 곳에 이메일을 보내야 했다.

❺ 단순히 미팅을 참여하는 것이 아닌 준비, 발표 등 더 많은 기여를 할 때 동사 participate (참여하다) 사용

❻ '연이어, 등을 맞댄, 다닥다닥 붙은' 등의 의미를 가진 합성어

❼ '우여곡절'이란 의미의 관용 문구
Ex: I had some ups and downs in my life.
인생에 우여곡절이 있었다.

Key Expressions
- **take care of** 처리하다
- **back-to-back meetings** 연속 회의
- **briefings** 브리핑 (정보나 지식 전달하는 회의)
- **supervisor** 상사
- **ups and downs** 우여곡절
- **turned out** 결국 ~게 되다

저는 최근에 프로젝트를 진행해야 했습니다. 처리해야 할 일이 너무 많았습니다. 우선, 저는 많은 연구를 해야 했습니다. 또 여기저기에 전화도 하고 이메일도 보내야 했습니다. 게다가 연속 회의에 참석해야 했습니다. 또한, 저는 상사에게 브리핑을 해야 했습니다. 도중에 약간의 우여곡절이 있었습니다. 하지만 결국 모든 것이 잘 되었습니다. 이것이 제가 최근에 회사에서 한 일입니다.

398

주어진 한국어 핵심 문장을 읽고 빈칸에 들어갈 영어 표현을 작성하세요. 그 후, 문장을 반복해 말하는 연습을 통해 OPIc 핵심 패턴과 모범 답변을 익혀 보세요.

1. 저는 최근에 프로젝트를 진행해야 했습니다. 처리해야 할 일이 너무 많았습니다.

I had to _____ _____ _____ at work recently. There were _____ of things to _____ _____ _____.

2. 또 여기저기에 전화도 하고 이메일도 보내야 했습니다.

Also, I had to _____ _____ _____ and _____ _____ _____ and _____.

3. 도중에 약간의 우여곡절이 있었습니다.

There were some _____ and _____ _____ the _____.

4. 하지만 결국 모든 것이 잘 되었습니다.

However, everything _____ _____ _____ at the end.

> **Answer**
> 1. do a project / lots / take care of
> 2. make phone calls / send emails here / there
> 3. ups / downs along / way
> 4. turned out okay

 **OPIc Magic Pattern 활용하기**

학습한 Magic Pattern을 다른 주제에서도 활용해 보세요.

1. There were lots of things to take care of.
- It was my first time travelling with my parents. There were so lots of things to take care of.
  Domestic Trips에 활용 처음으로 부모님과 여행을 갔던 것입니다. 신경 써야 할 일이 너무 많았습니다.
- I had a housewarming party at home. There were a lot of things to take care of.
  Gatherings에 활용 집에서 집들이 파티를 했습니다. 신경 써야 할 일이 너무 많았습니다.

2. However, everything turned out okay at the end.
- I lost my wallet while travelling abroad but everything turned out okay at the end.
  Overseas Trips에 활용 해외여행 중에 지갑을 잃어버렸지만 결국 모든 것이 괜찮아졌습니다.
- I was very sick during the vacation at home, but everything turned out okay at the end.
  Vacations at Home에 활용 집에서 휴가를 보내는 중에 매우 아팠지만 결국 모든 것이 괜찮아졌습니다.

Role Play

20 [역으로 질문하기] Master Key 템플릿

IM 등급에서 반드시 출제되는 역으로 질문하기 문제 유형입니다. 자주 출제되는 질문 유형을 알아보고 유형별, 주제별로 다양하게 사용할 수 있는 Master Key 템플릿을 학습해 보세요.

문제 유형	
14번 질문 (문항 수준: Intermediate) 본인의 성향 묘사 OR 장소 묘사	일반 주제 각 세트의 첫 번째 문제 • Ex: 우리나라 보편적인 음식점 묘사 • Ex: 본인이 가장 좋아하는 영화 장르와 좋아하는 이유 설명
15번 질문 (문항 수준: Intermediate) 해당 주제에 대해 상대방에게 질문 3~4개 하기	유형 1: 취향 / 장소에 대한 질문 • Ex: 내가 좋아하는 음식점들에 대해 질문을 하라 유형 2: 최근 경험에 대한 질문 • Ex: 내가 최근에 본 영화에 대해 질문을 하라
공통형 주제 중 역으로 질문하기	음식점 / 음식 / 건강 / 인터넷 / 전화기 / 기술 / 패션 / 교통 / 휴일
선택형 주제 중 역으로 질문하기	집 / 술집 / 커피숍 / 여행 / 공원 / 영화 / 음악

- '역으로 질문하기' 유형은 응시자가 상대방에게 질문을 하는 것이므로 주어는 언제나 you를 사용합니다.
- 유형 1 (취향/장소에 대한 문의)의 경우 평상시 취향 (습관) / 장소에 대해 질문을 해야 하므로 현재형 시제를 사용합니다.
- 유형 2 (최근 경험에 대한 질문)의 경우 최근 경험에 대해 질문을 해야 하므로 과거형 시제를 사용합니다.
- 답변을 풍부하게 만들기 위해 다양한 접속사 (also / next / and / plus)를 사용하여 여러 개의 질문을 자연스럽게 연결하여 말하도록 합니다.

 취향/장소 유형 알아보기

1) Master Key 표현

* 평상시 취향에 대해 묻기 때문에 반드시 현재형 시제로 질문하기

	필수 표현
종류	What <u>kinds of</u> restaurants do you like? 어떤 음식점을 좋아하나요? What <u>kind of</u> house do you live in? 어떤 집에 살고 있나요? What is your <u>favorite</u> dish? Can you <u>recommend</u> anything? 가장 좋아하는 음식이 무엇인가요? 추천해 주실 수 있나요? **핵심포인트** • 종류를 물을 때 가장 유용하게 쓸 수 있는 표현은 <kind of> • 불가산 명사가 나올 경우에는 <what is your favorite + 명사> 사용

선호도	I like seafood restaurants. How about you? 저는 해산물 음식점을 좋아합니다. 당신은 어떤가요? I like to travel overseas. How about you? 저는 해외여행을 좋아합니다. 당신은 어떤가요? Do you like seafood restaurants? 해산물 음식점을 좋아하나요? Do you like your house? 당신의 집을 좋아하나요? Why or why not? 왜 또는 왜 아닌가요? **핵심포인트** • 상대방의 선호도를 묻기 전에 본인이 좋아하는 것에 대해 먼저 현재형 시제로 말하기 • 상대방의 의견을 물을 때 쓸 수 있는 가장 유용한 질문은 \<how about you?\>, \<what about you?\>이며 문장의 마지막에 붙이기
빈도	How often do you eat out? 얼마나 자주 외식을 하나요? How often do you go on trips? 얼마나 자주 여행을 가나요? **핵심포인트** • 빈도를 물을 때는 의문사 how와 빈도 부사 often 함께 사용 • how often 뒤에는 \<do you + 동사원형\>이 나옴
위치	Where is the restaurant? 음식점이 어디에 있나요? Where is your house? 당신의 집은 어디에 있나요? Is it in a busy area? 번화가에 있나요? **핵심포인트** • 위치를 물을 때는 의문사 where 사용하며 뒤에는 \<be + 명사\>가 나옴 • 조금 더 정확한 위치를 묻고 싶을 때는 \<is it in + 장소?\> 사용
사람	Who do you often eat out with? 누구와 자주 외식을 하나요? Who do you often go on trips with? 누구와 자주 여행을 가나요? Who do you live with? 누구와 함께 사나요? **핵심포인트** • 누구와 특정 행동을 했는지 물을 때는 \<who do you + 동사\> 사용 • 행동을 함께 한 사람에 대해 이야기할 때는 전치사 with 사용

2) 자주 출제되는 질문

• 음식점

취향/장소 질문	
14번 (문항 수준: Intermediate) 우리나라 보편적인 음식점	I want to know about restaurants in your country. What are typical restaurants like? 당신 나라의 음식점에 대해 알고 싶습니다. 일반적인 음식점들은 어떻게 생겼나요?
15번 (문항 수준: Intermediate) 내가 좋아하는 음식점들에 대해 질문하라	I enjoy eating at restaurants as well. Ask me three to four questions about the places I like to eat at. 저도 음식점에서 식사하는 것을 즐깁니다. 제가 좋아하는 곳에 대해 서너 가지 질문을 해보세요.

• 집

취향/장소 질문	
14번 (문항 수준: Intermediate) 본인이 현재 살고 있는 집 묘사	I want to know where you live. Can you describe your home to me? What is it like? How many rooms does it have? 당신이 어디에 사는지 알고 싶습니다. 집에 대해 묘사해 줄 수 있나요? 어떻게 생겼나요? 방이 몇 개인가요?
15번 (문항 수준: Intermediate) 나의 새 집에 대해서 질문하라	I moved into a new house recently. Ask me three to four questions about my new house. 저는 최근 새 집으로 이사를 왔습니다. 새 집에 관해 서너 가지의 질문을 해보세요.

OPIc 15번 질문에서 출제되는 역으로 질문하기의 답변 템플릿을 학습하여 핵심 표현을 익혀보세요.

1 I enjoy eating at restaurants as well.
Ask me three to four questions about the places I like to eat at.
🎧 MP3 20_Q1

저도 음식점에서 식사하는 것을 즐깁니다. 제가 좋아하는 곳에 대해 서너 가지 질문을 해보세요.

Model Answer 🎧 MP3 20_A1

❶ What kinds of restaurants do you like?

I ❷ like seafood restaurants. ❸ How about you?

What is your favorite dish? Can you recommend anything?

Also, how often do you ❹ eat out?

+ Do you do that once a week?

Where is the restaurant? Is it in a busy area?

Who do you often eat out with?

+ Do you do that with your family?

+ Do you do that by yourself?

Tips for Better Answer

▶❶ 〈what kinds of + 복수 명사 do you like?〉
〈what kind of kind of + 단수 명사 do you like?〉
상대방이 좋아하는 (명사)의 종류를 물을 때 사용
Ex: What kinds of foods do you like?
어떤 종류의 음식을 좋아하나요?

▶❷ 평상시 좋아하는 것에 대해 이야기할 때는 현재형 시제 사용
〈like + 명사/동명사〉 대신 〈enjoy + 동명사〉 사용 가능
Ex: I enjoy going to seafood restaurants.
나는 해산물 음식점에 즐겨 간다.

▶❸ 본인의 취향을 언급 한 후 상대방의 취향을 물을 때 유용한 표현
= What about you? 당신은 어떤가요?

▶❹ 외식하다
= go out to eat
Ex: I go out to eat with my family twice a week.
일주일에 두 번 가족들과 외식한다.
* '~와 함께'를 추가하고 싶을 경우에는 전치사 with 사용

Key Expressions

- **kind of** ~의 종류
- **like** 좋아하다
- **favorite** 가장 좋아하는
- **recommend** 추천하다

- **eat out** 외식하다
- **once a week** 일주일에 한 번
- **busy area** 번화가

어떤 종류의 음식점을 좋아하나요? 저는 해산물 음식점을 좋아합니다. 당신은 어떤가요? 당신이 가장 좋아하는 요리는 무엇인가요? 추천할 만한 것이 있나요? 또한, 얼마나 자주 외식을 하나요? (+ 일주일에 한 번 그렇게 하나요?)
식당이 어디에 있나요? 번화가에 있나요? 누구와 자주 외식을 하나요? (+ 가족과 그렇게 하나요 + 혼자서 그렇게 하나요?)

I moved into a new house recently.
Ask me three to four questions about my new house.

저는 최근 새 집으로 이사를 왔습니다. 새 집에 관해 서너 가지의 질문을 해보세요.

MP3 20_Q2

Model Answer 🎧 MP3 20_A2

What kind of house do you ❶ live in?

+ How many rooms do you have?

+ How many ❷ bathrooms do you have?

+ ❸ How big is your house?

+ Do you have a balcony?

Where is your house? Is it in a busy area?

Who do you live with?

+ Do you live with your family?

+ Do you live ❹ by yourself?

Plus, do you like your house? Why or why not?

Tips for Better Answer

▶❶ 살다
= reside in 거주하다
Ex: What kind of apartment do you reside in?
어떤 종류의 아파트에 거주하나요?

▶❷ 일반적으로 집에 있는 화장실은 bathroom이라고 부르나 공공장소에 있는 화장실은 restroom, bathroom, ladies'/men's room 등 다양한 표현 사용 가능
Ex: I live in a house with three bedrooms and two bathrooms.
침실 3개와 화장실 2개 있는 집에 산다.

▶❸ 〈how + 형용사 + be 동사 + 명사〉 (명사)가 얼마나 (형용사)한 지
Ex: How big is your bedroom?
침실이 얼마나 큰가요?

▶❹ '~와 함께' 살 때는 전치사 with가 쓰이나 yourself/myself와 같이 '혼자/스스로'라는 의미가 있으면 by 사용
Ex: I live by myself. 혼자 산다.

Key Expressions

- **live in** ~에 살다
- **room (bedroom)** 침실
- **bathroom** 화장실

- **big** 큰
- **balcony** 발코니
- **busy area** 번화가

어떤 종류의 집에 살고 있나요? (+ 집에 방이 몇 개 있나요? + 화장실은 몇 개 있나요? + 집이 얼마나 큰가요? + 발코니가 있나요?)
집이 어디에 있나요? 번화가에 있나요? 누구와 살고 있나요? (+ 가족과 함께 사나요? + 혼자 사나요?) 또한 당신의 집을 좋아하나요? 왜 또는 왜 그렇지 않나요?

최근 경험에 대한 질문 유형 알아보기

1) Master Key 표현

* 최근 경험에 대해 묻기 때문에 반드시 과거형 시제로 질문하기

필수 표현	
종류	What <u>kind of</u> movie did you watch? 어떤 종류의 영화를 봤나요? What <u>kinds of</u> things did you buy? 어떤 종류의 물건을 구매했나요? What <u>kind of</u> bar did you go to? 어떤 종류의 술집에 갔나요? **핵심포인트** • 최근 상대방이 했던 행동의 종류에 대해 물을 때는 과거형 시제 사용 • <what kind of + 명사 + did you + 동사> 문법을 사용하며 복수 명사일 경우 kinds로 바꾸기
위치와 이동 수단	<u>Where</u> was the shopping mall? 쇼핑센터가 어디에 있었나요? <u>Where</u> was the movie theater? 영화관이 어디에 있었나요? Was it <u>in a busy area</u>? 번화가에 있었나요? <u>How did you get there</u>? 그곳엔 어떻게 갔나요? Did you <u>drive or walk</u>? 운전해서 갔나요 아니면 걸어서 갔나요? **핵심포인트** • 최근 방문한 장소의 위치를 물을 때는 <where + be동사 + 명사> 문법 사용 • 이동 수단에 대해 물을 때는 <how did you + 동사> 사용
사람	<u>Who</u> did you go with? 누구와 갔나요? Did you <u>go with your friends</u>? 친구들과 갔나요? **핵심포인트** • 누구와 함께 특정 행동을 했는지 물을 때는 <who did you + 동사> 문법 사용 • 함께한 사람에 대해 이야기할 때는 전치사 with 사용
기타 소감	<u>What else</u> did you do there? 그곳에서 또 무엇을 했나요? Did you <u>have a good time</u>? 좋은 시간을 보냈나요? **핵심포인트** • 이미 앞에 언급했으나 한번 더 묻고 싶을 때는 의문사 (what) 뒤에 else 붙이기 • 과거에 한 경험에 대해 묻기 때문에 과거형 시제 유지하며 질문

2) 자주 출제되는 질문

• 영화

최근 경험 질문	
14번 (문항 수준: Intermediate) 본인이 가장 좋아하는 영화 장르와 좋아하는 이유 설명	You indicated in the survey that you like to watch movies. What kinds of movies do you like to watch? Why do you like those types of movies? 영화 보는 것을 좋아한다고 말했습니다. 어떤 종류의 영화를 보는 것을 좋아하나요? 왜 그런 종류의 영화를 좋아하나요?
15번 (문항 수준: Intermediate) 내가 최근에 본 영화에 대해 질문하라	I like to watch movies as well. Ask me three to four questions about the movie I recently watched. 저도 영화 보는 것을 좋아합니다. 제가 최근에 본 영화에 대해 서너 개의 질문을 해보세요.

• 쇼핑

최근 경험 질문	
14번 (문항 수준: Intermediate) 본인의 쇼핑 습관 묘사	You indicated in the survey that you like to go shopping. I want to know about your shopping habits. How often do you go shopping? Where do you go when you shop? 쇼핑하는 것을 좋아한다고 했습니다. 당신의 쇼핑 습관에 대해 알고 싶습니다. 얼마나 자주 쇼핑을 가나요? 쇼핑하러 어디로 가나요?
15번 (문항 수준: Intermediate) 나의 최근 쇼핑 경험에 대해 준비하라	I like to go shopping as well. Ask me three to four questions about my recent shopping experience. 저도 쇼핑하는 것을 좋아합니다. 제가 최근에 한 쇼핑 경험에 대해 서너 개의 질문을 해보세요.

OPIc 15번 질문에서 출제되는 역으로 질문하기의 답변 템플릿을 학습하여 핵심 표현을 익혀보세요.

3 I like to watch movies as well.
Ask me three to four questions about the movie I recently watched.

🎧 MP3 20_A3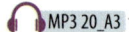

저도 영화 보는 것을 좋아합니다. 제가 최근에 본 영화에 대해 서너 개의 질문을 해보세요.

Model Answer 🎧 MP3 20_A3

What kind of movie did you ❶ watch?

+ Was it an action movie or a romantic comedy?

Where was the movie theater?

Was it in a busy area?

How did you ❷ get there?

Did you ❸ drive or walk?

Also, who did you go with?

Did you go with your friends?

Plus, what else did you do there?

Did you have ❹ a good time?

Tips for Better Answer

▶❶ 무언가를 집중해서 볼 때는 watch
지나가듯이 가볍게 본 경우에는 see 사용
Ex: I saw my friend watching a movie at the theater. 영화관에서 영화 보고 있는 친구를 봤다.

▶❷ 목적지에 도착한 방법을 물을 때 사용하는 문장
= How did you go there?

▶❸ 차로 가거나 걸어서 가다
= go there by car or on foot
* 교통수단 앞에는 전치사 by가 쓰이지만 도보를 의미할 경우에는 on이 쓰임

▶❹ 일반적으로 시간을 의미하는 time은 불가산 명사 하지만 '특정한 시간/때'를 의미할 경우 가산 명사로 바뀌어 관사 a와 함께 쓰일 수 있음
Ex: I had a great time last weekend.
저번 주말에 즐거운 시간 (때)을 보냈다.

Key Expressions

• **watch** 보다
• **movie theater** 영화관
• **busy area** 번화가

• **drive** 운전하다
• **walk** 걷다
• **a good time** 좋은 시간

어떤 종류의 영화를 봤나요? (+ 액션 영화 아니면 로맨틱 코미디 였나요?) 영화관이 어디에 있었나요? 번화가에 있었나요? 그곳엔 어떻게 갔나요? 운전해서 갔나요 아니면 걸어서 갔나요? 또한 누구와 갔나요? 친구들과 갔나요? 게다가 그곳에서 또 무엇을 했나요? 좋은 시간을 보냈나요?

4 **I like to go shopping as well.**
Ask me three to four questions about my recent shopping experience
저도 쇼핑하는 것을 좋아합니다. 제게 최근에 한 쇼핑 경험에 대해 서너 개의 질문을 해보세요.

Model Answer
🎧 MP3 20_A4

What kinds of **❶** things did you buy?

+ Did you buy **❷** some clothes or shoes?

Where was the shopping mall?

Was it **❸** in a busy area?

How did you get there?

Did you drive or walk?

Also, who did you go with?

Did you go with your friends?

Plus, what **❹** else did you do there?

Did you have a good time?

Tips for Better Answer

▶**❶** 정확히 어떤 물건인지 모를 때 유용한 명사
= stuff
buy 대신 get 사용 가능
Ex: What kind of stuff did you get?
어떤 종류의 물건을 샀어?

▶**❷** 불가산 명사인 clothes와 shoes 앞에는 한정사 some,
a lot of 사용 가능
신발을 세고 싶을 때는 a pair of 활용
Ex: I got a new pair of shoes.
새 신발 한 켤레 샀어.

▶**❸** area/space와 같은 넓은 공간 앞에는 전치사 in 사용
street 앞에는 on 사용
Ex: Was it on a main street?
번화가에 있었어?

▶**❹** '그 밖에' '또 다른'이란 의미로 앞에 이미 언급된 것에
추가로 덧붙여 묻고 싶을 때 유용
what뿐만 아니라 who와도 함께 사용 가능
Ex: Who else did you go with?
그 밖에 또 누구랑 갔어?

Key Expressions

- **buy** 사다
- **clothes** 옷
- **shoes** 신발
- **shopping mall** 쇼핑센터

- **busy area** 번화가
- **drive** 운전하다
- **walk** 걷다
- **a good time** 좋은 시간

어떤 종류의 물건을 구매했나요? (+ 옷이나 신발을 구매했나요?) 쇼핑센터가 어디에 있었나요? 번화가에 있었나요?
그곳엔 어떻게 갔나요? 운전해서 갔나요 아니면 걸어서 갔나요? 또한 누구와 갔나요? 친구들과 갔나요?
게다가 그곳에서 또 무엇을 했나요? 좋은 시간을 보냈나요?

21 Role Play Master Key 템플릿

롤플레이에서 자주 출제되는 질문 유형을 알아보고 유형별, 주제별로 다양하게 사용할 수 있는 Master Key 템플릿을 학습해 보세요.

 **Role Play 문제 유형 1**

영업점 (제품) – 교환/환불 요청

(예) 휴대폰 대리점, 가구점, 상점, 음식점, 커피숍, 렌터카 회사, 영화관

11. 제품 문의 (전화/현장)	**영업점 메시지 시작 (전화)**
	- Hello, I'm <u>calling to ask about</u> tonight's movie. I <u>want to</u> get two tickets.
	   여보세요. 오늘 밤 영화에 대해 문의하려고 전화 드립니다. 티켓 2장을 구매하고 싶습니다.
	- Hello, I'm <u>calling to ask about</u> your coffee shop. I <u>want to</u> go there with my friends.
	   여보세요. 커피숍에 대해 문의하려고 전화 드립니다. 친구들과 그곳에 가고 싶습니다.
	
	영업점 메시지 시작 (현장)
	- Hello, I <u>want to</u> get some new clothes. 안녕하세요. 새 옷을 구매하고 싶습니다.
	- Hello, I <u>want to</u> ask about the sale. 안녕하세요. 세일에 대해 문의하고 싶습니다.
	
	영업점 메시지 마무리 (전화)
	- Give me a call when you get this. Thanks. 이 메시지 받으면 전화 주세요. 고맙습니다.

12. 제품 문제점 설명 +
교환/환불요청 (전화)
	영업점 메시지 시작 (전화/현장)
	- Hello, I'm <u>a person who</u> got a new bed at your store.
	   안녕하세요. 상점에서 새 침대를 사간 사람입니다.
	- Hello, I'm <u>a person who</u> booked a package trip.
	   안녕하세요. 패키지 여행을 예약한 사람입니다.
	- Hello, I'm <u>a person who</u> went to your restaurant last night.
	   어젯밤에 당신의 음식점에 갔던 사람입니다.
	
	영업점 메시지 마무리 (전화)
	- Give me a call when you get this. Thanks. 이 메시지 받으면 전화 주세요. 고맙습니다.

데이터로 트렌드로 쉽게 취득하는 OPIc IM

영업점 교환/환불 요청

- There is <u>something wrong with</u> the bed.

  I think I <u>got the wrong bed</u>.

  I want to <u>get an exchange</u>.

  Can I <u>get a refund</u> if I want to?

  Would that be possible?

  I'm sorry for the trouble.

  When can I <u>visit your store</u>?

  What are your <u>business hours</u>?

  How late are you open?

안타깝지만, 가구에 문제가 있는 것 같습니다. 가구가 잘못 온 것 같습니다. 교환을 받고 싶습니다. 제가 원하면 환불을 받을 수 있나요? 그게 가능할까요? 번거롭게 해드려 죄송합니다. 언제 상점에 방문해도 되나요? 영업 시간이 언제인가요? 몇 시까지 영업을 하나요?

13. 본인 유사 경험 묘사	- 새로운 제품/기술이 마음에 들지 않았던 경험 - 본인의 과거 계획 취소 경험 (식중독에 걸린 경험 활용) - 본인의 구매 물건 혹은 받은 서비스 불만 경험 묘사 (물건 교환/환불한 경험 활용) - 고장이 나거나 손상된 물건을 구매했던 경험 설명 - 기억에 남는 본인 쇼핑 경험 묘사 (물건 교환/환불한 경험 활용) - 본인이 가는 식료품점에 대한 설명 - 사전 주문해 놓은 것이 가보니 없었던 경험 설명 - 최근에 간 음식점에서 한 일 묘사 - 술집에서 있었던 기억에 남는 에피소드 묘사 (술에 취한 경험 활용) - 본인이 가장 좋아하는 술집 묘사 - 인터넷을 이용해서 최근에 한 프로젝트 묘사 - 주문한 가구에 문제가 있었던 경험 묘사 - 본인의 집에 뭔가 깨져 있거나, 깨 본 경험 설명 (접시 깨트린 경험 활용)

영업점 (서비스) – 일정 변경 요청

(예) 여행사, 병원, 회사 면접, 피트니스센터, 헬스클럽

11. 서비스/일정 문의 (전화/현장)	**영업점 일반 질문** - (상품 종류) <u>What kinds of</u> beds are there? 어떤 종류의 침대가 있나요? - (상품 종류) <u>What kinds of</u> phones are there? 어떤 종류의 휴대폰이 있나요? - (상품 종류) <u>What kinds of</u> package trips are there? 어떤 종류의 여행 상품이 있나요? - (가격) How much are they? 얼마인가요? - (추천) Can you recommend anything? 뭐 추천해 주실 거 있나요? - (홈페이지) Is there a website I can see? 제가 볼 수 있는 홈페이지가 있나요? - (프로모션) Are there any promotions? 프로모션이 있나요?
12. 서비스 일정 변경 요청 (전화)	**영업점 일정 변경 요청** - I <u>DON'T think I can make it</u> to my trip. <u>Something has come up suddenly.</u> I want to <u>reschedule</u> my trip. Would that be possible? I'm sorry for the trouble. When can I <u>visit your office</u>? What are your <u>business hours</u>? How late are you open? 여행에 갈 수 없을 것 같습니다. 갑자기 일이 생겼습니다. 여행 일정을 재조정하고 싶습니다. 그게 가능할까요? 번거롭게 해드려 죄송합니다. 언제 사무실에 방문해도 되나요? 업무 시간이 언제인가요? 몇 시까지 영업을 하나요?
13. 본인 유사 경험 묘사	- 중요한 약속이나 미팅 취소한 경험 묘사 - 본인이 건강을 위해 한 일들 묘사 - 중요한 예약을 놓치거나 혹은 늦은 경험 묘사

영업점 (제품/서비스) – 분실물 도움 요청

(예) 상점, 식료품점, 음식점, 택시 회사

11. 제품/서비스 문의 (전화)	**영업점 위치 질문** - Can you <u>give me directions</u> to your office? 사무실까지 가는 길을 알려주시겠어요? - Is it <u>close to</u> the subway station? 지하철역에서 가깝나요? - <u>How long does it take</u> on foot? 걸어서 갈 수 있는 거리에 있나요?
12. 분실물 도움 요청 (전화)	**영업점 분실물 도움 요청** - <u>I think I left</u> my credit card <u>at</u> your restaurant. 　+ It's a white VISA card. Could you please <u>check if you have</u> my credit card? If so, I'll <u>go there to get it</u> right away. Would that be possible? I'm sorry for the trouble. When can I <u>visit your restaurant</u>? What are your <u>business hours</u>? How late are you open? 제 신용카드를 음식점에 두고 온 것 같습니다. (+ 흰색 비자 카드입니다.) 제 신용카드가 있는지 확인해 주시겠어요? 만약 있다면, 바로 찾으러 가겠습니다. 그게 가능할까요? 번거롭게 해드려 죄송합니다. 언제 음식점에 방문해도 될까요? 영업 시간이 언제인가요? 몇 시까지 영업을 하나요?
13. 본인 유사 경험 묘사	- 본인이 무엇인가를 어디에 두고 온 경험 묘사 (우산 두고 온 경험 활용) - 은행 계좌나 신용카드 사용 중 문제 설명 - 카드나 ATM 사용 중 문제가 생겼던 에피소드 설명

영업점 문의 + 지인에게 문제 상황 설명 + 대안 제시

(예) 공연장, 호텔, 여행사

11. 영업점에 문의 (전화)	**호텔** - Are there <u>any vacancies</u> for tonight? 오늘 저녁에 남는 방 있나요? - <u>What kinds of rooms</u> are there? 어떤 종류의 방이 있나요? - <u>What kinds of tours</u> are there? 어떤 종류의 투어가 있나요? **여행사** - <u>What kinds of package trips</u> are there? 어떤 종류의 패키지 여행이 있나요? **기차역, 공연장** - <u>What kinds of tickets</u> are there? 어떤 종류의 티켓이 있나요?

12. 지인에게 문제 상황 설명 + 대안 제시 (전화)	**지인 메시지 시작**
	- Hello, Peter. This is Paul/Kate. <u>I have some bad news</u>.
	  안녕, 피터. 폴/케이트야. 나쁜 소식이 있어.
	
	문제상황 설명 내용
	(예약이 차 있을 경우) It is fully booked. 예약이 꽉 차 있습니다.
	(장소에 불만족스러운 경우)
	- It is not cleaned properly. 제대로 치워지지 않았습니다.
	- It is smaller than I thought. 제 생각보다 더 작습니다.
	(아픈 경우) I am very sick right now. 지금 제가 너무 아픕니다.
	
	대안 제시
	- Why don't we find another hotel?
	  우리 다른 호텔 찾아 보는 게 어때?
	- I think we should get a refund and go to another place.
	  환불을 받고 다른 곳으로 가야 한다고 생각해.
	- Should we just cancel the tickets and do something else?
	  우리 그냥 티켓 취소하고 다른 거 할까?
	
	지인 메시지 마무리
	- What do you think? <u>I'm fine with whatever you decide</u>.
	  어떻게 생각해? 네가 어떻게 결정하던지 나는 다 괜찮아.
	- <u>Call me back</u> when you get this. Thanks. 이 메시지 받으면 전화 줘. 고마워.

13. 본인 유사 경험 묘사	- 여행을 계획하는 단계에서 겪어본 어려움 묘사 (식중독에 걸린 경험 활용) - 여행 중에 있었던 특이했던 에피소드 자세히 묘사 (식중독에 걸린 경험 활용) - 본인이 여행 중 교통편을 놓쳐서 생긴 문제점 - 외국 국가와 우리나라와 지형적 특징 비교 - 여행 계획이 뜻대로 되지 않은 경험 묘사 (식중독에 걸린 경험 활용) - 본인이 무엇인가를 어디에 두고 온 경험 묘사 (우산 두고 온 경험 활용) - 호텔에서 기억에 남는 에피소드 묘사 (식중독에 걸린 경험 활용) - 예상치 못한 날씨로 인한 본인 에피소드 묘사 (우산 두고 온 경험 활용) - 본인이 인터넷을 하면서 겪은 불편 묘사

지인 – 불참/지각 통보 + 대안 제시

(예) 해변, 공원, 친구 약속, 술집 (생일 파티)

11. 지인에게 질문 (전화)	**지인과 만날 시간 약속 질문** - <u>When do you want to</u> go/meet? 언제 가고 (만나고) 싶어? - <u>I'm free</u> on Saturday. 나는 토요일에 시간 돼. - <u>Do you have time</u> that day? 그날 너 시간 돼? - If not, I can <u>make some time</u> on Sunday. 안 된다면, 일요일에 시간을 조금 낼 수 있어. **지인과 하고 싶은 일 질문** - <u>What do you want to do?</u> 무엇을 하고 싶어? - <u>Do you want</u> to go on a picnic? 소풍 가고 싶어? - <u>Do you want</u> to get some sandwiches? 샌드위치 만들어 가고 싶어?
12. 지인에게 불참/지각 통보 + 대안 제시 (전화)	**지인에게 약속 불참/지각 통보** - I <u>DON'T think I can make</u> it to your birthday party. 네 생일 파티에 못 갈 것 같아. - I <u>DON'T think I can make</u> it to your place on time. 제 시간에 너네 집에 못 갈 것 같아. - <u>Something came up suddenly.</u> 갑자기 일이 생겼어. **지인에게 대안 제시** 불참 - What do you want to do? 어떻게 하고 싶어? - <u>Why DON'T we</u> go next time? 다음 번에 가는 건 어때? - <u>How about</u> we go next week? 다음 주에 가는 건 어때? - Or, <u>maybe we could go</u> another time. 아니면 다른 때에 가도 돼. 지각 - What do you want to do? 어떻게 하고 싶어? - <u>Why DON'T you</u> have dinner by yourself? 너 혼자서 저녁 식사 하는 건 어때? - <u>How about</u> we have some drinks later on? 나중에 같이 술 마시는 건 어떨까? - Or, <u>maybe we could</u> just have coffee. 아니면 그냥 커피를 마셔도 돼.
13. 본인 유사 경험 묘사	- 나쁜 날씨 때문에 해변 여행을 취소한 경험 묘사 - 해변에서 예기치 않았던 사건 묘사 (식중독에 걸린 경험 활용) - 공원에서 있었던 본인 에피소드 묘사 (지인 만난 경험 활용)

지인 – 문제 상황 설명 + 대안 제시

(예) MP3, 자전거, 친척집, 재활용

---

11. 지인에게 질문 (전화)

지인 메시지 시작

- Hi there, Jim. This is Liz.
  안녕. 짐. 리즈야.
- I'm calling to ask about your birthday party.
  너의 생일 파티에 대해 물어보려고 전화했어.
- I'm calling to ask about your MP3 Player.
  너의 MP3 플레이어에 대해 물어보려고 전화했어.
- I'm calling to ask about the new store.
  새 상점에 대해 물어보려고 전화했어.
- I'm calling to ask about going to the beach.
  해변 가는 것에 대해 물어보려고 전화했어.

지인 메시지 마무리

- Give me a call when you get this. Thanks. 이거 받으면 연락 줘. 고마워.

---

12. 지인에게 특수 상황에 대한 문제 설명 + 대안 제시 (전화)

상황 설명

입주했는데 창문이 깨져 있는 상황
- I found out that one of the windows is broken.
  창문 중 하나가 깨져 있는 것을 발견했어요.

친척 집의 열쇠를 못 찾는 상황
- I cannot find the keys to the house and I cannot get in.
  집 열쇠를 찾을 수가 없어서 들어갈 수가 없어요.

새 입주자에게 재활용 정책에 대해 설명하는 상황
- People are very upset because you are not recycling properly.
  당신이 제대로 재활용을 하지 않아서 사람들이 매우 화가 나 있어요.

빌린 MP3 Player 고장 낸 상황
- I broke your MP3 Player by mistake. I dropped it on the street and a truck ran over it.
  내가 실수로 네 MP3 플레이어를 고장 냈어. 길에 떨어트렸는데 트럭이 밟고 지나갔어.

빌린 자전거 고장 낸 상황
- I parked your bike at the shopping mall, but a truck ran over it.
  네 자전거를 쇼핑몰에 주차했는데 트럭이 밟고 지나갔어.

	대안 제시 - Would you please get my window fixed as soon as possible? 최대한 빨리 창문을 고쳐 주시겠어요? - I can buy you a new MP 3 Player. 내가 새 MP3 플레이어 사줄 수 있어. - Should I give you money instead? 대신 돈으로 줄까? - Do you have any spare key? 여분의 열쇠가 있어? - You need to do recycling properly. 재활용을 제대로 해야 해.
13. 본인 유사 경험 묘사	- 가족이나 친구와의 약속 못 지켰던 경험 묘사 (식중독에 걸린 경험 활용) - 어렸을 때 재활용 경험 설명 - 본인이 재활용 중 있었던 문제 설명 - 본인의 기계 / 기기 고장 경험 설명 - 자전거나 다른 교통수단 관련 겪은 어려움 묘사 (교통체증에 걸린 경험 활용)

22 Role Play　전화기 / 공연 / 영화

롤플레이 답변 시에 활용할 수 있는 주제별 Key Patterns을 학습해 보세요.

1. 휴대전화 대리점 / 극장 / 공연장에 전화한 목적 말하는 방법

〈be calling to ask about + 명사/동명사〉 (명사/동명사)에 대해 문의하기 위해 전화하다
- I am calling to ask about new cell phones. 새 전화기에 대해 문의하기 위해 전화했습니다.
- I am calling to ask about tonight's performance. 오늘 밤 공연에 대해 문의하기 위해 전화했습니다.
- * ask about 대신 사용할 수 있는 동사
〈inquire about〉 ~에 대해 물어보다 (문의하다)
- I am calling to inquire about tonight's movie. 오늘 밤 영화에 대해 물어보기 위해 전화했습니다.

2. 전화기 / 티켓 구매 시 프로모션이 있는지 물을 때 사용하는 표현

〈are there + 복수 명사〉〈is there + 단수 명사〉 (명사)가 있나요?
- Are there any promotions? 프로모션이 있나요?
- It there an ongoing promotion? 현재 진행되고 있는 프로모션이 있나요?
- * ongoing은 '계속 진행 중'이라는 의미의 형용사로 주로 명사 앞에 쓰임

3. 전화기 / 티켓 구매 시 할인이 있는지 물을 때 사용하는 표현

〈offer/provide + 명사〉 (명사)를 제공하나요?
- Do you offer any discounts? 할인을 제공하나요?
- Do you provide any discounts for regular customers? 단골 고객을 위해 할인을 제공하나요?
- * regular: 형용사로 쓰일 때는 '규칙적인'이라는 의미 / 명사로 쓰일 때는 '단골'이라는 의미

4. 원하는 영화/공연을 예매할 때 사용하는 표현

〈want to get/buy+ 숫자 + tickets〉 (숫자)장의 티켓을 사고 싶다
- I want to get two tickets. 티켓 2장을 사고 싶습니다.
- * '언제'라는 정보를 제공하고 싶을 때는 문장의 마지막에 전치사 for 추가
- I want to get two tickets for tonight's movie. 오늘 저녁 영화 티켓 2장을 사고 싶습니다.
- * 조금 더 정중하게 묻고 싶을 때는 〈would like to + 동사〉 사용
- I would like to get two tickets for tonight. 오늘 밤 티켓 2장을 사고 싶습니다.

5. 영화/공연 예약 시 추천을 받고 싶을 때 사용하는 표현

〈recommend anything〉 아무거나 추천하다
- Can you recommend anything? 추천해 줄 수 있나요?
- Would you please recommend anything? 추천해 주실 수 있나요? (조금 더 정중한 표현)

데이터와 트렌드로 쉽게 취득하는 OPIc IM

* anything 대신 something 사용 가능
- Can you recommend something? 무엇인가 추천해 줄 수 있나요?

6. 본인의 과거 계획 취소 경험에 대해 이야기할 때 사용하는 표현

〈be supposed to + 동사〉 (동사) 하기로 되어 있다

* 결국에는 가지 못했다는 의미가 내포되어 있음
- I was supposed to have a gathering with my friends. 친구들과 모임을 가지기로 되어 있었다.

7. 약속에 못 나가게 된 이유 설명할 때 사용하는 표현

〈get / be sick〉 아프다, 병에 걸리다
- I am very sick right now. 내가 지금 너무 아파.
- I got sick because I ate something that went bad. 상한 뭔가를 먹어서 탈이 났습니다.

* 현재 아픈 상태를 강조하고 싶을 때는 〈be sick〉, 아프게 된 원인을 설명하고 싶을 때는 〈get sick〉이 더 어울리는 동사

8. 공연에 못 가게 되어 친구에게 다른 제안을 할 때 사용할 수 있는 표현

〈why don't + 주어 + 동사〉 (주어)가 (동사) 하는 게 어떨까?
- Why don't we go next time? 다음에 가는 게 어떨까?

* 시간을 나타내는 명사 (time, month, hour) 앞에 next / last / this가 올 때는 전치사 on / in이 나오지 않음
- Why don't we go on next week? (X)

9. 새로운 제품/기술이 마음에 들지 않았던 경험에 대해 이야기할 때 쓰이는 표현

〈get a new phone〉 새로운 전화기를 사다 / 〈run out of battery〉 배터리가 닳다 / 〈inconvenient〉 불편한
- I got a new phone, but it ran out of battery so fast. It was very inconvenient.
  새로운 휴대폰을 샀는데 배터리가 너무 빨리 닳았습니다. 매우 불편했습니다.

OPIc 질문에 대한 모범답변을 살펴본 후, 질문의 핵심 포인트를 파악하여 나만의 OPIc 답변을 만들어 보세요.
또한 모범 답변에 하이라이트 된 필수 문장은 반드시 암기하여 나만의 답변에 활용하세요.

Telephoning 전화기

1 I'd like to give you a situation and ask you to act it out. 🎧 MP3 22_Q1
You would like to buy a new cell phone.
Call a store and ask three or four questions about a new phone you would like to purchase.

상황을 하나 드릴 테니 연기해 보세요. 당신은 새 전화기를 사려고 합니다.
상점에 전화를 걸어 구입하고 싶은 새 전화기에 대해 서너 가지 질문을 하세요.

문항 유형	휴대전화 대리점에 신규 휴대전화 구매 문의
문항 수준	Intermediate
핵심 포인트	• 휴대전화 대리점에 전화 • 구매하고 싶은 전화기에 관해 질문 • 전화기의 종류, 비용, 할인 방법에 대해 문의
중요도	★★★

Model Answer 🎧 MP3 22_A1

Hello, I'm calling to ask about new cell phones.

I want to get a new phone.

What kinds of phones are there?

How much are they?

Can you recommend anything?

Is there a website I can see?

Are there any promotions?

Plus, can you give me directions to your store?

Is it close to the subway station?

How long does it take on foot?

Give me a call when you get this. Thanks.

Translation

여보세요, 새로운 전화기에 대해 문의하려고 전화 드렸습니다.
새 전화기를 사고 싶습니다.
어떤 종류의 전화기가 있나요?
얼마인가요?
추천해 줄 것이 있나요?
제가 볼 수 있는 웹사이트가 있나요?
프로모션이 있나요?
그리고, 상점으로 가는 길 좀 알려 주시겠어요?
지하철역에서 가깝나요?
걸어서 가면 얼마나 걸리나요?
이 메시지를 받으면 전화 주세요. 고맙습니다.

Key Expressions

- **ask about** ~에 대해 물어보다
- **recommend** 추천하다
- **promotion** 프로모션
- **direction** 위치, 찾아가는 방법

2 I'm sorry, but there is a problem I need you to resolve.
You have received the new phone but the features are not what you expected.
You would like to return it to get a new phone. Call the store, explain the situation and make arrangements to get a new product.

🎧 MP3 22_Q2

안타깝지만 당신이 해결해야 하는 문제가 생겼습니다. 새 전화기를 받았지만 기능이 예상과 다릅니다. 새 전화기를 받기 위해 반품을 하려고 합니다. 상점에 전화해서 상황을 설명하고 새 전화기를 받을 수 있도록 합의를 하세요.

문항 유형	구매한 휴대전화 기능 마음에 들지 않아 교환 요청
문항 수준	Advanced
핵심 포인트	• 휴대전화 대리점에 전화 • 생각과 다른 전화기를 받은 문제 상황 설명 • 대안으로 교환 또는 환불을 제시하며 이를 위해 영업점의 위치와 운영 시간 문의
중요도	★★★

Model Answer

🎧 MP3 22_A2

Hello, I'm a person who got a new phone at your store.

There is something wrong with my phone.

I think I got the wrong phone.

I want to get an exchange.

Can I get a refund if I want to?

Would that be possible?

I'm sorry for the trouble.

When can I visit your store?

What are your business hours? How late are you open?

Give me a call when you get this. Thanks.

Translation

여보세요, 저는 당신의 상점에서 새 전화기를 구매한 사람입니다.

제 전화기에 문제가 있습니다.

잘못된 전화기를 받은 것 같습니다.

교환을 받고 싶습니다.

제가 원하면 환불을 받을 수 있나요?

그게 가능할까요?

번거롭게 해드려 죄송합니다.

언제 상점에 방문 할 수 있나요?

영업 시간이 언제인가요? 몇 시까지 영업을 하나요?

이 메시지를 받으면 전화 주세요. 고맙습니다.

Key Expressions

- **wrong** 잘못된
- **get an exchange** 교환 받다
- **get a refund** 환불 받다

- **possible** 가능한
- **trouble** 문제점, 골칫거리
- **business hours** 영업 시간

22 Role Play 전화기 / 공연 / 영화

3 **That's the end of the situation.**
Have you ever bought a piece of technology which was not what you wanted or different from what you had expected? Was the feature not what you wanted or did it just not work properly? Tell me about a time when you bought some new technology.

상황이 종료되었습니다. 원했던 것과 다르거나 기대했던 것과 다른 제품/기술을 구매한 적이 있나요?
원하는 기능이 아니었거나 제대로 작동하지 않았나요? 새로운 제품/기술을 산 경험에 대해 말해 주세요.

문항 유형	새로운 제품/기술이 마음에 들지 않았던 경험
문항 수준	Advanced
핵심 포인트	• 전화기의 배터리가 없어서 고생한 경험 묘사하기 • 본인의 과거 경험이므로 주어 I와 과거형 시제 사용
중요도	★★★

Model Answer
MP3 22_A3

I remember getting a new phone a few years ago.

However, the phone ran out of battery too fast.

Once, my phone died when I was outside.

It was very inconvenient because my phone was dead.

I had to call someone, but I could NOT.

I had to check some messages, but I could NOT.

In the end, I checked my phone after I got home.

+ I went to a coffee shop to charge my phone.

Since then, I often carry around my charger.

+ I often carry around my battery pack.

Translation

몇 년 전에 새 전화기를 샀던 기억이 납니다.
하지만, 전화기의 배터리가 너무 빨리 닳았습니다.
한 번은, 밖에 있을 때 전화기가 꺼졌습니다.
전화기가 꺼져서 많이 불편했습니다.
누군가에게 전화를 해야 했지만, 할 수 없었습니다.
메시지 몇 개를 확인해야 했지만, 확인할 수 없었습니다.
결국, 집에 돌아온 후 전화기를 확인했습니다.
(+ 전화기를 충전하러 커피숍에 갔습니다.)
그 이후로, 저는 자주 충전기를 가지고 다닙니다.
(+ 보조배터리를 자주 휴대합니다.)

Key Expressions

- **run out of** 다 써버리다, 소모하다
- **phone died / phone is dead** 배터리가 없다, 닳았다
- **inconvenient** 불편한
- **check message** 메시지를 확인하다

- **get phone charged** 전화기를 충전하다
- **carry around** 들고 다니다
- **charger** 충전기
- **(portable) batter pack** 보조 배터리

4 I'd like to give you a situation and ask you to act it out.  MP3 22_Q4
You want to get two tickets to see a performance during your vacation.
Call the box office and ask three or four questions to get tickets.

상황을 하나 드릴 테니 연기해 보세요. 당신은 휴가 동안 공연을 보기 위해 두 장의 티켓을 구매하려고 합니다.
매표소에 전화해서 티켓을 구매하기 위해 서너 가지 질문을 하세요.

문항 유형	공연장에 공연 티켓 구매 문의
문항 수준	Intermediate
핵심 포인트	• 공연장에 전화
	• 보고 싶은 공연의 티켓에 관해 문의
	• 공연 티켓의 종류, 비용, 할인 방법에 대해 질문
중요도	★★★

Model Answer 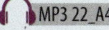 MP3 22_A4

Hello, I'm calling to ask about tonight's performance.

I want to get two tickets.

What kinds of tickets are there?

How much are they?

Can you recommend anything?

Is there a website I can see?

Are there any promotions?

Plus, can you give me directions to your theater?

Is it close to the subway station?

How long does it take on foot?

Give me a call when you get this. Thanks.

Translation

여보세요, 오늘 밤 공연에 대해 문의하려고 전화 드렸습니다.

티켓 두 장을 사고 싶습니다.

어떤 종류의 티켓이 있나요?

얼마인가요?

추천해 줄 것이 있나요?

제가 볼 수 있는 웹사이트가 있나요?

프로모션이 있나요?

그리고, 공연장으로 가는 길 좀 알려 주시겠어요?

지하철역에서 가깝나요?

걸어서 가면 얼마나 걸리나요?

이 메시지를 받으면 전화 주세요. 고맙습니다.

Key Expressions

- **performance** 공연
- **recommend** 추천하다
- **promotion** 프로모션
- **direction** 위치, 찾아가는 방법

5 I'm sorry, but there is a problem I need you to resolve.
On the day of the performance, you are very sick.
Call your friend and explain the situation and offer two different options to resolve this situation.

 MP3 22_Q5

안타깝지만 당신이 해결해야 하는 문제가 생겼습니다. 공연 당일 날 당신은 매우 아픕니다.
친구에게 전화를 걸어 상황을 설명하고 이 상황을 해결하기 위한 두 가지 다른 방법을 제시하세요.

문항 유형	친구에게 아파서 공연을 못 가게 된 상황 설명
문항 수준	Advanced
핵심 포인트	• 친구에게 전화 • 아파서 공연에 못 가게 된 문제 상황 설명 • 공연에 못 가는 대신 다른 때에 다시 만날 약속 정하기
중요도	★★★

Model Answer

MP3 22_A5

Hello, Jim. This is Peter.

I have some bad news.

I DON'T think I can make it to the performance tonight.

I am very sick right now.

What do you want to do?

Why DON'T we go next time?

How about we go next week?

Or, maybe we could go another time.

What do you think? I'm fine with whatever you decide.

Call me back when you get this. Thanks.

Translation

여보세요. 짐. 피터야.

나쁜 소식이 있어.

오늘 밤 공연에 나는 못 갈 것 같아.

내가 지금 많이 아파.

어떻게 하고 싶어?

다음에 가는 게 어떨까?

다음 주에 가는 건 어때?

아니면, 우리 다른 때에 가자.

어떻게 생각해? 네가 어떤 결정을 내리든 난 다 괜찮아.

이 메시지를 받으면 다시 전화 줘. 고마워.

Key Expressions

• **bad news** 나쁜 소식
• **make it** 해내다, 성공하다
• **sick** 아픈
• **performance** 공연

• **another time** 다른 때에, 다음 번에
• **whatever** 무엇이든지
• **decide** 결정하다
• **call back** 다시 전화하다

네이티브 트렌드로 쉽게 취득하는 OPIc IM

6 **That's the end of the situation.**
Have you ever bought concert tickets or made plans for a trip, or made plans for other things, but had to cancel because you could not make it? When was it? What happened? Tell me everything that you did to resolve it.

상황이 종료되었습니다. 콘서트 티켓을 사거나 여행 계획을 세우거나, 다른 계획들을 세웠는데 마지막 순간에 갈 수 없어서 취소해야만 했던 적이 있나요? 언제였나요? 무슨 일이 있었나요? 문제 해결을 위해 당신이 한 모든 일을 말해 주세요.

문항 유형	본인의 과거 계획 취소 경험
문항 수준	Advanced
핵심 포인트	• 식중독 때문에 모임 취소한 경험 설명
	• 본인의 경험으로 과거에 발생한 사건이므로 과거형 시제, 주어 I 사용
중요도	★★★★★

Model Answer
🎧 MP3 22_A6

I remember when I was supposed to have a gathering with my friends.
However, I got sick because I ate something that went bad.
I got food poisoning.
I had an upset stomach.
I went to the bathroom again and again because I had the runs.
I felt bad about missing the gathering, but there was nothing I could do.
I told my friends that I could NOT go and said I was sorry.
Looking back, I regret missing the gathering that time.

Translation

친구들과 함께 모임을 가지기로 했던 때가 생각납니다.
하지만 제가 무언가 상한 것을 먹어서 아팠습니다.
식중독에 걸렸습니다.
배탈이 났습니다.
설사를 해서 화장실에 계속 가야 했습니다.
모임을 못 가서 아쉬웠지만 어쩔 수 없었습니다.
친구들에게 못 간다고 말하고 미안하다고 했습니다.
돌이켜 보면, 그때 모임을 못 간 것이 후회됩니다.

Key Expressions

- **be supposed to** ~하기로 되어 있다
- **have a gathering** 모임을 가지다
- **get sick** 아프다
- **go bad** 상하다
- **food poisoning** 식중독
- **stomach** 배, 복부

- **upset** 아픈
- **have the runs** 설사하다
- **feel bad** 미안함을 느끼다
- **miss** 놓치다
- **make it** 성공하다, 해내다
- **regret** 후회하다

7 I'd like to give you a situation and ask you to act it out. MP3 22_Q7
You want to take your friend to the movies.
Call the movie theater and ask two to three questions to get tickets for you and your friend.

상황을 하나 드릴 테니 연기해 보세요. 친구와 함께 영화를 보러 가고 싶습니다. 극장에 전화해서 당신과 친구를 위한 티켓을 구하기 위해
두 세 가지의 질문을 하세요.

문항 유형 영화관에 친구와 함께 볼 영화표 구매 전화 문의
문항 수준 Intermediate
핵심 포인트 • 영화관에 전화
　　　　　• 보고 싶은 영화의 티켓에 관해 문의
　　　　　• 영화 티켓의 종류, 비용, 할인 방법에 대해 질문
중요도 ★★★

Model Answer MP3 22_A7

Hello, I'm calling to ask about tonight's movie.

I want to get two tickets.

What kinds of tickets are there?

How much are they?

Can you recommend anything?

Is there a website I can see?

Are there any promotions?

Plus, can you give me directions to your

theater?

Is it close to the subway station?

How long does it take on foot?

Give me a call when you get this. Thanks.

Translation

여보세요. 오늘 밤 영화에 대해 문의하려고 전화
드렸습니다.
티켓 두 장을 사고 싶습니다.
어떤 종류의 티켓이 있나요?
얼마인가요?
추천해 줄 것이 있나요?
제가 볼 수 있는 웹사이트가 있나요?
프로모션이 있나요?
그리고, 극장으로 가는 길 좀 알려 주시겠어요?
지하철역에서 가깝나요?
걸어서 가면 얼마나 걸리나요?
이 메시지를 받으면 전화 주세요. 고맙습니다.

Key Expressions

• **ask about** ~에 대해 묻다
• **recommend** 추천하다
• **promotion** 프로모션
• **direction** 위치, 찾아가는 방법

8 I'm sorry, but there is a problem I need you to resolve.
When you and your friend arrive at the theater, you discover that they've sold the wrong tickets to you. Explain the situation to the ticket seller at the booth.
Offer two or three alternatives to solve the problem.

안타깝지만 당신이 해결해야 하는 문제가 생겼습니다. 친구들과 극장에 도착했을 때, 그들이 당신에게 잘못된 티켓을 팔았다는 것을 알게 되었습니다. 부스 매표원에게 상황을 설명하세요. 문제를 해결하기 위해 두세 가지 대안을 제시하세요.

문항 유형	영화관 현장에서 잘못 판매한 표 설명, 문제 해결
문항 수준	Advanced
핵심 포인트	• 영화관의 직원에게 문제 상황 설명 • 잘못된 영화 티켓을 받은 상황 설명 • 대안으로 교환 또는 환불 제시
중요도	★★★

Model Answer 🎧 MP3 22_A8

Hello, I'm a person who got tickets for tonight's movie.

There is something wrong with my tickets.

I think I got the wrong tickets.

I want to get an exchange.

Can I get a refund if I want to?

Would that be possible?

I'm sorry for the trouble.

Translation

안녕하세요, 저는 오늘 밤 영화 티켓을 산 사람입니다.

제 티켓에 문제가 있습니다.

티켓을 잘못 받은 거 같습니다.

교환을 받고 싶습니다.

제가 원하면 환불을 받을 수 있나요?

그게 가능할까요?

번거롭게 해드려 죄송합니다.

Key Expressions

- **wrong** 잘못된
- **get an exchange** 교환 받다
- **get a refund** 환불 받다
- **trouble** 문제점, 골칫거리

9 **That's the end of the situation.**
Have you ever bought concert tickets or made plans for a trip, or made plans for other things,
but had to cancel because you could not make it? When was it? What happened?
Tell me everything that you did to resolve it.

상황이 종료되었습니다. 콘서트 티켓을 사거나 여행 계획을 세우거나, 다른 계획들을 세웠는데 마지막 순간에 갈 수 없어서 취소해야만
했던 적이 있나요? 언제였나요? 무슨 일이 있었나요? 문제 해결을 위해 당신이 한 모든 일을 말해 주세요.

문항 유형	본인의 과거 계획 취소 경험 설명
문항 수준	Advanced
핵심 포인트	• 식중독 때문에 모임 취소한 경험 설명
	• 본인의 경험으로 과거에 발생한 사건이기 때문에 주어 I, 과거형 시제 사용
중요도	★★★

Model Answer 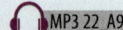MP3 22_A9

I remember when I was supposed to have a gathering with my friends.
However, I got sick because I ate something that went bad.
I got food poisoning.
I had an upset stomach.
I went to the bathroom again and again because I had the runs.
I felt bad about missing the gathering, but there was nothing I could do.
I told my friends that I could NOT go and said I was sorry.
Looking back, I regret missing the gathering that time.

Translation

친구들과 함께 모임을 가지기로 했던 때가 생각납니다.
하지만 제가 무언가 상한 것을 먹어서 아팠습니다.
식중독에 걸렸습니다.
배탈이 났습니다.
설사를 해서 화장실에 계속 가야 했습니다.
모임을 못 가서 아쉬웠지만 어쩔 수 없었습니다.
친구들에게 못 간다고 말하고 미안하다고 했습니다.
돌이켜 보면, 그때 모임을 못간 것이 후회됩니다.

Key Expressions

- **be supposed to** ~하기로 되어 있다
- **have a gathering** 모임을 가지다
- **get sick** 아프다
- **go bad** 상하다
- **food poisoning** 식중독
- **stomach** 배, 복부
- **upset** 아픈
- **have the runs** 설사하다
- **feel bad** 미안함을 느끼다
- **miss** 놓치다
- **make it** 성공하다, 해내다
- **regret** 후회하다

데이터테어 트렌드로 쉽게 취득하는 OPIc IM

23 Role Play　상점

롤플레이 답변 시에 활용할 수 있는 주제별 Key Patterns을 학습해보세요.

1. 질문을 듣고 상점을 직접 방문 (go to the store) 하는지, 상점 또는 친구와 통화 (call the store / call your friend) 하는 건지 파악한 후 적절한 인사말 하기

- Excuse me. 실례합니다. (방문)
- Hello. (전화)

방문할 때나 전화로 대화할 때 모두 무난하게 사용할 수 있는 인사말: Hello, how are you?

* 어떤 상황인지 정확히 파악이 되지 않을 경우에는 hello로 답변 시작하기

2. 원하는 물건이 무엇인지 말할 때 사용하는 표현

〈주어 + want to + 동사원형〉 (주어)는 (동사)하기를 원한다

* 물건을 구매할 때 사용하는 동사는 get과 have

조금 더 격식 차린 표현을 사용하고 싶을 때는 〈would like to + 동사원형〉 사용

- I want to buy a new shirt.
- I would like to get a new shirt.
  저는 새로운 셔츠를 사고 싶습니다.

3. 구매하고 싶은 물건의 종류를 물을 때 사용하는 표현

〈what kind of + 명사〉, 〈what kinds of + 명사〉 어떤 종류인지 구체적으로 물을 때 사용
명사는 가산 명사와 불가산 명사 모두 사용 됨

- What kind of shirts do you have?
- What kinds of shirts do you have?
  어떤 종류의 셔츠가 있나요?

4. 구매하고 싶은 물건의 가격을 물을 때 사용하는 표현

- How much is it? 이것이 얼마인가요? (물건이 하나인 경우)
- How much are these? 이것들이 얼마인가요? (물건이 여러 개인 경우)
- How much are they? 그들은 얼마인가요? (물건이 여러 개인 경우)

5. 문제 있는 물건을 교환/환불하기 위해 상점에 전화/방문 시 자신을 소개하는 방법

〈I am a person + 관계대명사 who + got / bought + 명사〉 저는 (명사)를 구매한 사람입니다.
- I am a person who got some new clothes at your store. 저는 당신의 상점에서 옷을 구매한 사람입니다.
- I am a person who got groceries at your store. 저는 당신의 상점에서 식료품을 구매한 사람입니다.

6. **물건을 두고 왔다고 할 때** 사용하는 표현

〈leave + 명사 + at 장소〉 (장소)에 (명사)를 두고 오다
- I think I left my shirt at your store. 제 생각에 당신의 상점에 옷을 두고 온 것 같습니다.
- I think I left my wallet at your store. 제 생각에 당신의 상점에 지갑을 두고 온 것 같습니다.

(100% 확신이 없기 때문에 I think로 문장 시작 / 확실한 경우에는 I am sure)

7. **물건이 있는지 확인을 부탁할 때** 사용하는 표현

〈could / would / can + you please check if + 주어 + 동사〉 (주어)가 (동사)한지 당신이 확인해 줄 수 있나요?
- Could you please check if you have my shirt? 제 옷이 있는지 당신이 확인해 줄 수 있나요?
- Could you please check if you have my groceries? 제 식료품이 있는지 당신이 확인해 줄 수 있나요?

8. **물건을 찾으러 갈 때** 사용하는 표현

〈go there to get it〉 찾으러 그곳에 가다
go there 대신 go to the store, get it 대신 pick it up 사용 가능
- I will go there to get it right away. 바로 찾으러 가겠습니다.
- I will go to the store to pick it up right away. 바로 가지러 상점으로 가겠습니다.

9. **물건이 품절되었던 경험**과 **구매한 물건을 환불해야 했던 경험**에 대해 이야기할 때 사용하는 표현

〈send back〉 돌려 보내다 / 〈get a refund〉 환불 받다
- I bought a new shirt, but it did not fit me. I had to send it back to get a refund.
  새로운 셔츠를 샀는데 잘 맞지 않았습니다. 환불 받기 위해 돌려 보내야 했습니다.

OPIc 질문에 대한 모범답변을 살펴본 후, 질문의 핵심 포인트를 파악하여 나만의 OPIc 답변을 만들어 보세요.
또한 모범 답변에 하이라이트 된 필수 문장은 반드시 암기하여 나만의 답변에 활용하세요.

Clothing Store 옷가게

MP3 23_Q1

1 I'd like to give you a situation and ask you to act it out.
You are at a clothing store and need to get some clothes.
Ask two to three questions about the clothes you would like to buy.

상황을 하나 드릴 테니 연기해 보세요. 당신이 옷가게에 있는데 옷을 사야 합니다. 사고 싶은 옷에 대해 두세 개의 질문을 하세요.

문항 유형	옷가게 현장 직원에게 옷 구매에 대해 문의
문항 수준	Intermediate
핵심 포인트	• 옷가게에서 근무하는 직원에게 가서 질문
	• 구매하고 싶은 옷의 종류 설명
	• 옷의 비용과 구매 방법에 대해 문의
중요도	★★★★★

Model Answer
MP3 23_A1

Hello, I want to get some new clothes.

I want to get a new shirt.

What kinds of shirts are there?

How much are they?

Can you recommend anything?

Is there a website I can see?

Are there any promotions?

Translation

안녕하세요, 새 옷을 사고 싶습니다.

새 셔츠를 사고 싶습니다.

어떤 종류의 셔츠를 살 수 있나요?

얼마인가요?

다른 것을 추천해 주실 수 있나요?

제가 볼 수 있는 웹사이트가 있나요?

프로모션이 있나요?

Key Expressions

- **want to** ~를 하고 싶다
- **clothes** 옷
- **recommend** 추천하다
- **promotion** 프로모션

2 I'm sorry, but there is a problem I need you to resolve.  MP3 23_Q2
The clothes you have ordered have arrived, but one of the shirts has a problem.
Call the clothing store and explain the problem.
Give two to three alternatives to solve the problem.

안타깝지만 당신이 해결해야 하는 문제가 생겼습니다. 당신이 주문한 옷이 도착했는데 셔츠 중 하나에 문제가 있습니다.
옷가게에 전화해서 문제를 설명하세요. 그 문제를 해결하기 위해 두세 가지의 대안을 제시하세요.

문항 유형	배달된 여러 옷 중 문제가 생긴 셔츠에 대해 전화로 문제 해결
문항 수준	Advanced
핵심 포인트	• 옷가게에 전화하기 • 받은 옷의 문제점이 무엇인지 과거형 시제로 설명 • 대안으로 교환과 환불 제시하며 현재형 시제 사용
중요도	★★★★★

Model Answer MP3 23_A2

Hello, I'm a person who got some new clothes at your store.

There is something wrong with my shirt.

I think I got the wrong shirt.

I want to get an exchange.

Can I get a refund if I want to?

Would that be possible?

I'm sorry for the trouble.

When can I visit your store?

What are your business hours? How late are you open?

Give me a call when you get this. Thanks.

Translation

여보세요. 저는 당신의 상점에서 새 옷을 샀던 사람입니다.
제 셔츠에 문제가 있는 것 같습니다.
셔츠가 잘못 온 것 같습니다.
교환을 받고 싶습니다.
제가 원하면 환불을 받을 수 있나요?
그게 가능할까요?
번거롭게 해드려 죄송합니다.
제가 언제 상점에 방문해도 되나요?
영업 시간이 언제인가요? 몇 시까지 영업을 하나요?
이 메시지를 받으면 전화 주세요. 고맙습니다.

Key Expressions

- **wrong** 잘못된
- **get an exchange** 교환 받다
- **get a refund** 환불 받다
- **trouble** 문제점, 골칫거리
- **business hours** 영업 시간
- **how late** 얼마나 늦게

3 **That's the end of the situation.** 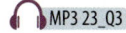🎧MP3 23_Q3
Have you ever been unhappy with something that you bought or some service you received?
What was the problem? How did you deal with the situation? Tell me everything in detail.

상황이 종료되었습니다. 당신은 구매한 물건이나 받았던 서비스에 불만이었던 경험이 있나요? 무엇이 문제였나요?
그 상황을 어떻게 해결했나요? 모든 것에 대해 자세히 말해 주세요.

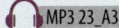

문항 유형	본인의 구매 물건 혹은 받은 서비스 불만 경험 묘사
문항 수준	Advanced
핵심 포인트	• 구매하려고 했던 물건이 품절이었던 경험 또는 이미 구매한 물건을 환불한 경험 묘사
	• 과거의 본인 경험이므로 주어 I 사용, 과거형 시제로 묘사
중요도	★★★

Model Answer 🎧MP3 23_A3

I remember shopping for some running shoes recently.

+ dress shoes + sandals + boots

There were a pair of shoes I really liked.

However, the store did NOT have my size in stock.

They were sold out.

I could NOT get the shoes I wanted.

+ I had to get them online later on.

Plus, I remember getting a shirt online.

I tried it on at home, but it did NOT fit me.

+ It was too tight and too short.

+ It did NOT look good on me.

I sent it back to get a refund.

Translation

최근에 러닝화를 사러 갔던 기억이 납니다.

(+ 정장용 신발 + 샌들 + 부츠)

제가 정말 마음에 들었던 신발 한 켤레가 있었습니다.

하지만, 상점에 제 사이즈가 없었습니다.

다 팔렸던 겁니다.

제가 원하던 신발을 구할 수 없었습니다.

(+ 나중에 온라인으로 사야 했습니다.)

뿐만 아니라, 온라인에서 셔츠를 산 기억이 납니다.

집에서 입어보니 잘 맞지 않았습니다.

(+ 너무 끼고 짧았습니다.

+ 저에게 어울리지 않았습니다.)

환불 받기 위해 반품했습니다.

Key Expressions

- **running shoes** 운동화
- **a pair of** 한 쌍의
- **in stock** 재고에
- **sold-out** 품절
- **later on** 나중에

- **try on** 입어보다
- **fit** 잘 맞다
- **tight** 끼는
- **send back** 돌려보내다
- **refund** 환불

4 I'd like to give you a situation and ask you to act it out.
You see a sign at your favorite store that says that they are having a big sale.
Go to the store and ask three or four questions to get as much information as possible about the sale.

🎧 MP3 23_Q4

상황을 하나 드릴 테니 연기해 보세요. 당신이 가장 좋아하는 가게에 큰 세일을 한다는 간판이 있습니다.
매장에 가서 세일에 관한 정보를 얻기 위해 서너 개의 질문을 하세요.

문항 유형	좋아하는 상점에 직접 가서 세일 관련 질문
문항 수준	Intermediate
핵심 포인트	• 옷가게에서 근무하는 직원에게 가서 질문
	• 세일 중인 옷의 종류, 비용, 구매 방법에 대해 문의하기
중요도	★★★

Model Answer
🎧 MP3 23_A4

Hello, I want to ask about the sale.

I want to get a new shirt.

What kinds of shirts are there?

How much are they?

Can you recommend anything?

Is there a website I can see?

Are there any promotions?

Translation

안녕하세요. 세일에 대해 묻고 싶습니다.
새 셔츠를 사고 싶습니다.
어떤 종류의 셔츠를 살 수 있나요?
얼마인가요?
추천해 주실 것이 있나요?
제가 볼 수 있는 웹사이트가 있나요?
프로모션이 있나요?

Key Expressions

• **want to** ~를 하고 싶다
• **clothes** 옷

• **recommend** 추천하다
• **promotion** 프로모션

5 I'm sorry, but there is a problem I need you to resolve. 🎧 MP3 23_Q5
Once you get home with an item you bought, you realize that the item is damaged.
Call the store and explain the situation and state what you want to do to resolve the situation.

안타깝지만 당신이 해결해야 하는 문제가 생겼습니다. 구입한 물건을 가지고 집에 돌아온 후에 물건이 파손된 것을 알게 되었습니다. 매장에 전화를 걸어 상황을 설명하고, 문제 해결을 위해 무엇을 하고 싶은지 설명하세요.

문항 유형	구매한 물품이 손상되어 있어 상점에 전화로 문제 해결
문항 수준	Advanced
핵심 포인트	• 옷가게에 전화하기 • 받은 옷에 생긴 문제를 과거형 시제로 설명 • 대안으로 교환과 환불 제시하며 현재형 시제 사용
중요도	★★★

Model Answer 🎧 MP3 23_A5

Hello, I'm a person who got a shirt at your store.

There is something wrong with my shirt.

There is a rip on the left sleeve.

I want to get an exchange.

Can I get a refund if I want to?

Would that be possible?

I'm sorry for the trouble.

When can I visit your store?

What are your business hours? How late are you open?

Give me a call when you get this. Thanks.

Translation

여보세요. 저는 당신의 상점에서 셔츠를 산 사람입니다.

제 셔츠에 문제가 있습니다.

왼쪽 소매가 찢어졌습니다.

교환을 받고 싶습니다.

제가 원하면 환불을 받을 수 있나요?

그게 가능할까요?

번거롭게 해드려 죄송합니다.

제가 언제 상점에 방문해도 되나요?

영업 시간이 언제인가요? 몇 시까지 영업을 하나요?

이 메시지를 받으면 전화 주세요. 고맙습니다.

Key Expressions

- **wrong** 잘못된
- **rip** 찢어진
- **sleeve** 소매
- **get an exchange** 교환 받다
- **get a refund** 환불 받다
- **trouble** 문제점, 골칫거리
- **business hours** 영업 시간

6 **That's the end of the situation.**
Have you ever bought something that did not work or was damaged?
Explain what the item was, what was wrong and what you did to resolve the situation.

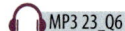 MP3 23_Q6

상황이 종료되었습니다. 제대로 작동하지 않거나 손상된 물건을 산 적이 있나요? 그 물건이 무엇이었는지, 무엇이 문제였는지, 그리고 상황을 해결하기 위해 무엇을 했는지 설명해 주세요.

문항 유형	고장이 나거나 손상된 물건을 구매했던 경험 설명
문항 수준	Advanced
핵심 포인트	• 고장이 나거나 손상된 물건을 구매했던 경험이 없다고 답하기 • 그러한 경험이 있다면 손상된 물건을 받은 경험과 해결 방법 설명 • 본인의 과거 경험이므로 과거형 시제와 주어 I 사용
중요도	★★★

Model Answer

Answer 1 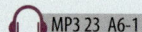 MP3 23_A6-1

Frankly, I have never had that kind of experience.

I think I was lucky.

So, I really don't have much to say about this topic.

Answer 2 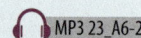 MP3 23_A6-2

A few weeks ago, I bought a new phone online.

However, the screen was cracked.

Something must have happened during the delivery.

I asked for an exchange right away.

I had to wait another week to get another phone.

It was very frustrating.

So, this was my experience of getting something damaged.

Translation

Answer 1

솔직히 말해서, 저는 그런 경험을 한 적이 없습니다.
아주 운이 좋은 것 같습니다.
그래서, 저는 이 주제에 대해 별로 할 말이 없습니다.

Answer 2

몇 주 전에 저는 온라인으로 새 휴대폰을 구매했습니다.
하지만 스크린에 이미 금이 가 있었습니다.
배송 도중에 무슨 일이 생긴 것이 분명했습니다.
바로 교환 신청을 했습니다.
다른 휴대폰을 받기 위해 한 주를 더 기다려야 했습니다.
매우 짜증이 났습니다.
즉, 이것이 제가 손상된 물건을 받은 경험입니다.

Key Expressions

- **to be honest** 솔직히 말해서
- **experience** 경험
- **lucky** 운이 좋은
- **screen** 화면
- **crack** 금이 가다
- **delivery** 배송
- **exchange** 교환
- **frustrating** 짜증나는
- **damage** 손상

7 I'd like to give you a situation and ask you to act it out.

There is a newly opened store. Call your friend who knows about the new store and ask some questions about the store to get some information.

상황을 하나 드릴 테니 연기해 보세요. 새로 문을 연 상점이 있습니다. 새 상점에 대해 알고 있는 친구에게 전화를 걸어 그 상점에 대한 정보를 얻기 위해 몇 가지 질문을 하세요.

문항 유형	새로 오픈한 상점에 대해 친구에게 전화로 질문
문항 수준	Intermediate
핵심 포인트	• 친구에게 전화로 질문 • 새로 오픈 한 상점에서 파는 물건이 무엇인지 물어보기 • 구매 가능한 물건의 가격, 할인 방법, 상점의 위치 등에 대해 질문
중요도	★★★★★

Model Answer   ∩ MP3 23_A7

Hello, Liz. This is Peter.

I'm calling to ask about the new store.

I want to get some new clothes.

What kinds of clothes are there?

How much are they?

Can you recommend anything?

Is there a website I can see?

Are there any promotions?

Plus, can you give me directions to the store?

Is it close to the subway station?

How long does it take on foot?

Give me a call then you get this. Thanks.

Translation

여보세요, 리즈. 피터야.

새로 생긴 상점에 대해 물어보려고 전화했어.

나는 새 옷을 사고 싶어.

거긴 어떤 종류의 옷이 있어?

얼마야?

다른 것도 추천해 줄 수 있어?

내가 볼 수 있는 웹사이트가 있어?

프로모션이 있어?

그리고, 상점으로 가는 길 좀 알려 줄래?

지하철역에서 가까워?

도보로 얼마나 걸려?

이 메시지를 받으면 전화 줘. 고마워.

Key Expressions

- **clothes** 옷
- **recommend** 추천하다
- **promotion** 프로모션
- **direction** 위치, 찾아가는 방법

- **close** 가까운
- **subway station** 지하철역
- **on foot** 도보로, 걸어서
- **give a call** 전화하다, 전화를 주다

8 🎧 MP3 23_Q8

I'm sorry, but there is a problem I need you to resolve.
You got some items from the store, but you accidentally left one item behind.
Call the store and explain the situation. Ask them when you can visit the store to get your missing item.

안타깝지만 당신이 해결해야 하는 문제가 생겼습니다. 당신이 상점에서 물건을 몇 개 샀는데 실수로 한 개를 두고 왔습니다.
상점에 전화해서 상황을 설명하세요. 잃어버린 물건을 가지러 언제 상점에 갈 수 있는지 물어보세요.

문항 유형	구매한 물건 중 하나를 상점에 두고 와서 전화로 도움 요청
문항 수준	Advanced
핵심 포인트	• 상점에 전화하기 • 상점에 옷을 두고 온 문제에 대해 상황 설명 • 물건을 가지러 가기 위해 영업시간과 찾으러 가는 방법에 대해 질문
중요도	★★★

Model Answer
🎧 MP3 23_A8

Hello, I'm a person who got some clothes at your store.

I think I left my new shirt at your store.

+ It's a black T shirt.

Could you please check if you have my shirt?

If so, I'll go there to get it right away.

Would that be possible?

I'm sorry for the trouble.

When can I visit your store?

What are your business hours? How late are you open?

Give me a call when you get this. Thanks.

Translation

여보세요, 저는 당신의 상점에서 새 옷을 샀던 사람입니다.
새로 산 셔츠를 당신 상점에 두고 온 것 같습니다.
(+ 블랙 셔츠입니다.)
제 셔츠가 거기에 있는지 확인해 주실 수 있나요?
만약 그렇다면 제가 바로 그곳에 가겠습니다.
그게 가능할까요?
번거롭게 해드려 죄송합니다.
제가 언제 상점에 방문해도 되나요?
영업 시간이 언제인가요? 몇 시까지 영업을 하나요?
이것을 받으면 전화를 주세요. 고맙습니다.

Key Expressions
- **leave** 남기고 오다, 두고 오다
- **check** 확인하다
- **right away** 바로
- **trouble** 문제점, 골칫거리
- **business hours** 영업 시간
- **give a call** 전화를 주다

9 **That's the end of the situation. What was a memorable shopping incident you had?** 🎧MP3 23_Q9
You might have gotten something as a gift for someone. What did you get?
Who did you go with? Tell me about that shopping experience in detail.

상황이 종료되었습니다. 기억에 남는 쇼핑 관련 사건은 무엇인가요? 아마도 누군가를 위한 선물로 무언가를 구매 했을지도 모릅니다. 무엇을 샀나요? 누구와 같이 갔나요? 그 쇼핑 경험에 대해 자세히 말해 주세요.

문항 유형	기억에 남는 본인 쇼핑 경험 묘사
문항 수준	Advanced
핵심 포인트	• 구매하려고 했던 물건이 품절이었던 경험 묘사
	• 또한 이미 구매한 물건에 문제가 생겨 환불 받아야 했던 경험 묘사
	• 본인의 과거 경험이므로 과거형 시제와 주로 I 사용
중요도	★★★

Model Answer 🎧MP3 23_A9

I remember shopping for some running shoes recently.

+ dress shoes + sandals + boots

There were a pair of shoes I really liked.

However, the store did NOT have my size in stock.

They were sold-out.

I could NOT get the shoes I wanted.

+ I had to get them online later on.

Plus, I remember getting a shirt online.

I tried it on at home, but it did NOT fit me.

+ It was too tight and too short.

+ It did NOT look good on me.

I sent it back to get a refund.

Translation

최근에 러닝화를 사러 갔던 기억이 납니다.
(+ 정장용 신발 + 샌들 + 부츠)
제가 정말 마음에 들었던 신발 한 켤레가 있었습니다.
하지만, 상점에 제 사이즈가 없었습니다.
다 팔렸던 겁니다.
제가 원하던 신발을 구할 수 없었습니다.
(+ 나중에 온라인으로 사야 했습니다.)
뿐만 아니라, 온라인에서 셔츠를 산 기억이 납니다.
집에서 입어보니 잘 맞지 않았습니다.
(+ 너무 끼고 짧았습니다.
+ 저에게 전혀 어울리지 않았습니다.)
환불 받기 위해 반품했습니다.

Key Expressions

- **running shoes** 운동화
- **a pair of** 한 쌍의
- **in stock** 재고에
- **sold-out** 품절
- **later on** 나중에

- **try on** 입어보다
- **fit** 잘 맞다
- **tight** 끼는
- **send back** 돌려보내다
- **refund** 환불

10 I'd like to give you a situation and ask you to act it out.
There is a newly opened store. Call your friend who knows about the new store and ask some questions about the store to get some information.

🎧 MP3 23_Q10

상황을 하나 드릴 테니 연기해 보세요. 새로 문을 연 상점이 있습니다. 새 상점에 대해 알고 있는 친구에게 전화를 걸어 그 상점에 대한 정보를 얻기 위해 몇 가지 질문을 하세요.

문항 유형	새로 오픈한 상점에 대해 친구에게 전화로 질문
문항 수준	Intermediate
핵심 포인트	• 친구에게 전화로 질문 • 새로 오픈한 상점에서 판매하는 물건에 대해 문의하기 • 구매 가능한 물건의 비용, 할인 받는 방법, 상점의 위치 등에 대해 질문
중요도	★★★★★

Model Answer
🎧 MP3 23_A10

Hello, Liz. This is Peter.

I'm calling to ask about the new store.

I want to get some new clothes.

What kinds of clothes are there?

How much are they?

Can you recommend anything?

Is there a website I can see?

Are there any promotions?

Plus, can you give me directions to the store?

Is it close to the subway station?

How long does it take on foot?

Give me a call then you get this. Thanks.

Translation

여보세요, 리즈. 피터야.

새로 생긴 상점에 대해 물어보려고 전화했어.

나는 새 옷을 사고 싶어.

거긴 어떤 종류의 옷이 있어?

얼마야?

추천해 줄 것이 있어?

내가 볼 수 있는 웹사이트가 있어?

프로모션이 있어?

그리고, 상점으로 가는 길 좀 알려 줄래?

지하철역에서 가까워?

도보로 얼마나 걸려?

이 메시지를 받으면 전화 줘. 고마워.

Key Expressions

- **clothes** 옷
- **recommend** 추천하다
- **promotion** 프로모션
- **direction** 위치, 찾아가는 방법
- **close** 가까운
- **subway station** 지하철역
- **on foot** 도보로, 걸어서
- **give a call** 전화하다, 전화를 주다

11 I'm sorry, but there is a problem I need you to resolve.
You left your wallet behind at the store. Call the store and explain the situation.
Give several alternatives to solve the problem.

안타깝지만 당신이 해결해야 하는 문제가 생겼습니다. 상점에 당신의 지갑을 두고 왔습니다. 상점에 전화해서 상황을 설명하세요.
문제를 해결하기 위해 몇 가지 대안을 제시하세요.

문항 유형	지갑을 상점에 두고 와서 전화로 도움 요청
문항 수준	Advanced
핵심 포인트	• 상점에 전화하기
	• 상점에 지갑을 두고 왔다는 문제 상황 설명
	• 물건을 가지러 가기 위해 영업시간과 찾으러 가는 방법에 대해 질문
중요도	★★★★★

Model Answer MP3 23_A11

Hello, I'm a person who got some clothes at your store.

I think I left my wallet at your store.

+ It's a black leather wallet.

Could you please check if you have my wallet?

If so, I'll go there to get it right away.

Would that be possible?

I'm sorry for the trouble.

When can I visit your store?

What are your business hours? How late are you open?

Give me a call when you get this. Thanks.

Translation

안녕하세요, 저는 당신의 상점에서 새 옷을 샀던 사람입니다.

제 지갑을 당신 상점에 두고 온 것 같습니다.

(+ 블랙 가죽 지갑입니다.)

제 지갑이 거기에 있는지 확인해 주시겠어요?

만약 있다면, 바로 찾으러 가겠습니다.

그게 가능할까요?

번거롭게 해드려 죄송합니다.

제가 언제 상점에 방문해도 되나요?

영업 시간이 언제인가요? 얼마나 늦게까지 여나요?

이것을 받으면 전화를 주세요. 고맙습니다.

Key Expressions

- **leave** 남기고 오다, 두고 오다
- **wallet** 지갑
- **right away** 바로

- **trouble** 문제점, 골칫거리
- **business hours** 영업 시간
- **give a call** 전화를 주다

That's the end of the situation. Have you ever left something at a restaurant or  **at a store? It could be your wallet, your cell phone or anything that was important. Give me all the details.**

상황이 종료되었습니다. 식당이나 상점에 무언가를 두고 간 적이 있나요? 지갑, 휴대폰이나 다른 중요한 물건이었을 수도 있습니다. 자세하게 말해 주세요.

문항 유형	본인이 무엇인가를 어디에 두고 온 경험 묘사
문항 수준	Advanced
핵심 포인트	• 비오는 날 상점에 우산 두고 온 경험 묘사 • 본인의 과거 경험이므로 주어 I와 과거형 시제 사용
중요도	★★★★★

Model Answer 🎧 MP3 23_A12

I remember when I left my umbrella at a store.

+ at a restaurant + on the subway

+ on the bus + in a taxi + at home

I completely forgot to pack it when I left the store.

+ I got off the subway + I got off the bus + I left home

It was pouring outside and I got a little wet.

Since then, I try to be more careful.

Translation

상점에 우산을 놓고 왔을 때가 생각납니다.
(+ 레스토랑에서 + 지하철에서 + 버스에서 + 택시에서 + 집에서)
상점을 나서면서 짐을 챙기는 것을 완전히 잊어버렸습니다.
(+ 지하철에서 내렸습니다. + 버스에서 내렸습니다. + 집에서 나왔습니다.)
밖에 비가 쏟아져서 조금 젖었습니다.
그 이후로, 저는 조금 더 조심하려고 노력합니다.

Key Expressions

- **leave** 두고 가다, 떠나다
- **completely** 완전히
- **forget** 잊어버리다
- **pack** 싸다, 챙기다
- **get off** 내리다
- **pour** 비가 쏟아지다
- **wet** 젖다
- **careful** 조심하는

I'd like to give you a situation and ask you to act it out.
Your friend told you about a food store that he or she goes to.
Call your friend and ask about the food store to get some information.

상황을 하나 드릴 테니 연기해 보세요. 친구가 다니는 식료품점에 대해 알려 줬습니다. 친구에게 전화해서 그 식료품점에 대해 물어보세요.

문항 유형	친구가 말한 식료품점에 대해 전화 질문
문항 수준	Advanced
핵심 포인트	• 친구에게 전화로 질문 • 친구가 소개한 식료품점에서 파는 음식 종류에 대해 문의 • 식재료의 가격, 할인 방법, 그리고 매장 위치에 대해 묻기
중요도	★★★

Model Answer 🎧 MP3 23_A13

Hello, Liz. This is Peter.

I'm calling to ask about the food store you talked about.

I want to get groceries there.

What kinds of groceries are there?

How much are they?

Can you recommend anything?

Is there a website I can see?

Are there any promotions?

Plus, can you give me directions to the store?

Is it close to the subway station?

How long does it take on foot?

Give me a call then you get this. Thanks.

Translation

여보세요. 리즈. 피터야.

네가 그때 말한 식료품점에 대해 물어보려고 전화했어.

나는 거기서 장을 보고 싶어.

거긴 어떤 종류의 식료품이 있어?

얼마야?

다른 것도 추천해 줄 수 있어?

내가 볼 수 있는 웹사이트가 있어?

프로모션이 있어?

그리고, 상점으로 가는 길 좀 알려 줄래?

지하철역에서 가까워?

도보로 얼마나 걸려?

이 메시지를 받으면 전화 줘. 고마워.

Key Expressions

- **get groceries** 장을 보다
- **recommend** 추천하다
- **promotion** 프로모션
- **direction** 위치, 찾아가는 방법

- **close** 가까운
- **subway station** 지하철역
- **on foot** 도보로, 걸어서
- **give a call** 전화하다, 전화를 주다

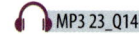
안타깝지만 당신이 해결해야 하는 문제가 생겼습니다. 당신이 구매한 식료품을 실수로 식료품점에 두고 왔습니다. 식료품점에 전화해서 문제를 설명하세요. 그 문제를 해결하기 위해 두세 가지의 대안을 제시하세요.

문항 유형	식료품점에 구매한 물품 두고 와서 전화 도움 요청
문항 수준	Advanced
핵심 포인트	• 식료품점에 전화하기 • 장 본 물건을 식료품점에 두고 온 문제 상황 설명 • 물건을 가지러 가기 위해 영업 시간에 대해 질문
중요도	★★★

Model Answer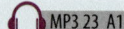

Hello, I'm a person who got groceries at your store.

I think I left my groceries at your store.

+ I got some bread, meat, and some wine.

Could you please check if you have my groceries?

If so, I'll go there to get it right away.

Would that be possible?

I'm sorry for the trouble.

When can I visit your store?

What are your business hours? How late are you open?

Give me a call when you get this. Thanks.

Translation

안녕하세요. 저는 당신 상점에서 식료품을 사온 사람입니다.

당신 상점에 저의 식료품을 두고 온 것 같습니다.

(+ 빵과 고기 그리고 와인을 좀 샀습니다.)

제 식료품이 있는지 확인해 주시겠어요?

만약 있다면 바로 가지러 가겠습니다.

그게 가능할까요?

번거롭게 해드려 죄송합니다.

제가 언제 상점에 방문하면 되나요?

영업 시간이 언제인가요? 얼마나 늦게까지 여나요?

이것을 받으면 전화 주세요. 고맙습니다.

Key Expressions

- **leave** 남기고 오다, 두고 오다
- **groceries** 식료품
- **check** 확인하다
- **right away** 바로
- **possible** 가능한
- **trouble** 문제점, 골칫거리
- **business hours** 영업 시간
- **as soon as possible** 가능한 한 빨리

That's the end of the situation. Talk about the food store you go to. How did you first go there? What was special about that place?

상황이 종료되었습니다. 당신이 가는 식료품점에 대해 이야기해 보세요. 어떻게 처음 그곳에 가게 되었나요? 그 상점의 어떤 점이 특별했나요?

문항 유형	본인이 가는 식료품점에 대한 설명
문항 수준	Advanced
핵심 포인트	• 본인이 가는 식료품점을 묘사해야 하므로 주어 I, they 사용
	• 평상시 가는 곳이므로 현재형 시제로 묘사
중요도	★★★

Model Answer   MP3 23_A15

I get groceries at a local supermarket.

I go there because it is close to my house.

They have good prices and quality goods.

I can get great deals there.

I am a regular there.

I think I go there once a month on average.

Translation

저는 동네 슈퍼마켓에서 식료품을 삽니다.

그곳이 집에서 가까워서 갑니다.

좋은 가격과 좋은 품질의 상품을 가지고 있었습니다.

거기서 많은 할인을 받을 수 있었습니다.

저는 그곳의 단골입니다.

저는 평균적으로 한 달에 한 번은 그곳에 가는 것 같습니다.

Key Expressions

- **get groceries** 장을 보다
- **local supermarket** 동네 슈퍼마켓
- **good prices** 좋은 가격
- **quality goods** 좋은 품질의 물건
- **regular** 단골
- **on average** 평균적으로

24 Role Play   여행

롤플레이 답변 시에 활용할 수 있는 주제별 Key Patterns을 학습해보세요.

1. 여행사에 전화해서 자신을 소개할 때 사용하는 표현

⟨a person + 관계대명사 who + 동사⟩ (동사)한 사람

· I am a person who got a plane ticket at your travel agency. 당신의 여행사에서 비행기표를 산 사람입니다.

* 티켓 구매 후 다시 전화를 거는 상황이기 때문에 과거형 동사 사용

· I am a person who booked a package trip. 패키지 여행을 예약한 사람입니다.

2. 여행 상품에 대해 문의할 때 사용하는 표현

⟨want to + 동사⟩ (동사)하고 싶다

· I want to go on a vacation. 휴가를 가고 싶습니다.

· I want to book a package trip. 패키지 여행을 예약하고 싶습니다.

* 조금 더 정중하게 묻고 싶을 때 ⟨would like to + 동사⟩,
  여행에 대한 확신이 없는 경우 ⟨think of + 명사/동명사⟩ 사용

· I would like to book flights. 항공편을 예약하고 싶습니다.

· I am thinking of going on a trip. 여행을 갈까 생각 중입니다.

3. 종류에 관해 물을 때 사용하는 표현

⟨kind of + 명사⟩ (명사)의 종류

· What kinds of package trips are there? 어떤 종류의 패키지 여행이 있나요?

* ⟨types of + 명사⟩도 같은 의미

· What types of tickets are there? 어떤 종류의 티켓이 있나요?

4. 비용에 관해 물을 때 사용하는 표현

⟨how much⟩ 얼마인지

· How much is it? 얼마인가요? (물건/상품이 하나일 때)

· How much are they? 얼마인가요? (물건/상품이 두 개 이상일 때)

* 간접적으로 비용에 대해 묻는 방법

· Please tell me how much it is. 얼마인지 말해 주세요.

· Please let me know how much they are. 얼마인지 알려 주세요.

5. 여행사에 방문하기 위해 필요한 정보 요청하는 방법

〈시각을 묻는 의문사 when〉

· When can I visit your office? 언제 제가 사무실에 방문해도 되나요?

· When do you open? 몇 시에 여나요?

〈위치를 묻는 의문사 where〉

· Where is your office? 사무실이 어디에 있나요?

· Where should I go to get help? 제가 도움을 받기 위해 어디로 가야 하나요?

6. 여행/약속에 못 가게 됐을 때 사용하는 표현

〈be fully booked〉 예약이 꽉 차다

· The package trip is fully booked. 패키지 여행 예약이 꽉 찼어.

〈miss + 명사〉 (명사)를 놓치다

· I just missed the train I had to take. 내가 타야 하는 기차를 놓쳤어.

〈come up〉 생기다, 발생하다

· Something came up suddenly. I cannot make it to my trip. 일이 갑자기 생겼어. 여행에 못 가게 됐어.

〈be canceled〉 취소되다

· My flight has been canceled. Other flights are also completely booked.

내 항공편이 취소됐어. 다른 항공편도 예약이 꽉 찼어.

* fully 대신 completely 사용 가능

7. 여행 일정을 다시 잡을 때 사용하는 표현

〈reschedule〉 일정을 다시 잡다

· I want to reschedule my trip. 여행 일정을 다시 잡고 싶습니다.

* 동사 앞에 re-가 붙으면 다시 한다는 것을 의미

book: 예약하다 / rebook: 다시 예약하다

8. 여행을 계획하는 단계에서 겪어본 어려움 묘사할 때 사용하는 표현

〈be supposed to〉 원래 ～하려고 하다 / 〈go on a trip〉 여행 가다 / 〈get sick〉 아프다

· I was supposed to go on a trip. However, I got sick. 원래 여행에 가려고 했습니다. 그런데 갑자기 아팠습니다.

〈miss the trip〉 여행을 빠지다, 못 가다

· I regretted missing the trip. 여행에 빠진 것을 후회했습니다.

9. 외국 국가와 우리나라의 지형적 특징 비교할 때 사용하는 추가 표현

〈neighboring countries〉 이웃국가 / 〈when it comes to〉 ～에 관한 한

· Japan is one of our closest neighboring countries. It is very similar to Korea when it comes to its geography.

일본은 가장 가까운 이웃 국가들 중 하나입니다. 지형에 관한 한 한국과 매우 비슷합니다.

OPIc 모범 답변 학습하기

OPIc 질문에 대한 모범답변을 살펴본 후, 질문의 핵심 포인트를 파악하여 나만의 OPIc 답변을 만들어 보세요.
또한 모범 답변에 하이라이트 된 필수 문장은 반드시 암기하여 나만의 답변에 활용하세요.

Travel Agency 여행사

🎧 MP3 24_Q1

1 I'd like to give you a situation and ask you to act it out. You are planning on going on a trip. Call a travel agency and ask three or four questions about the trip you want to go on.

상황을 하나 드릴 테니 연기해 보세요. 당신은 여행 갈 계획을 하고 있습니다.
여행사에 전화해서 가고 싶은 여행에 대해 서너 가지 질문을 하세요.

문항 유형	여행사에 전화해서 여행 상품 문의
문항 수준	Intermediate
핵심 포인트	• 여행사에 전화 • 패키지 여행의 종류에 대해 문의 • 패키지 여행의 비용, 할인 방법, 여행사의 위치에 대해 질문
중요도	★★★

Model Answer 🎧 MP3 24_A1

Hello, I'm calling to ask about package trips.

I want to go on a vacation.

What kinds of package trips are there?

How much are they?

Can you recommend anything?

Is there a website I can see?

Are there any promotions?

Plus, can you give me directions to your

office?

Is it close to the subway station?

How long does it take on foot?

Give me a call when you get this. Thanks.

Translation

여보세요. 패키지 여행에 대해 문의하려고
전화 드렸습니다.
저는 휴가를 가고 싶습니다.
어떤 종류의 패키지 여행이 있나요?
얼마인가요?
추천해 주실 것이 있나요?
제가 볼 수 있는 웹사이트가 있나요?
프로모션이 있나요?
그리고, 사무실로 가는 길 좀 알려 주시겠어요?
지하철역에서 가깝나요?
걸어서 가면 얼마나 걸리나요?
이 메시지를 받으면 전화 주세요. 고맙습니다.

Key Expressions

- **package trip** 패키지 여행
- **go on a vacation** 휴가를 가다
- **recommend** 추천하다
- **promotion** 프로모션
- **direction** 위치, 찾아가는 방법
- **subway station** 지하철역

데이터와 트렌드로 쉽게 취득하는 OPIc IM

448

2 I'm sorry, but there is a problem I need you to resolve.
You got a phone call from a travel agent and you have been informed that there is a problem with the trip that you wanted to go on and it is not available now.
Call your friend, explain the situation and then give two to three alternatives.

안타깝지만 당신이 해결해야 하는 문제가 생겼습니다. 여행사 직원으로부터 전화를 받았는데, 당신이 가고자 했던 여행에 문제가 있어서 지금 이용할 수 없다는 연락을 받았습니다. 친구에게 전화해서 상황을 설명하고 두세 가지 대안을 제시하세요.

문항 유형	친구에게 여행 상품 문제 설명, 대안 제시
문항 수준	Advanced
핵심 포인트	• 친구에게 전화 • 패키지 여행이 꽉 차서 여행에 갈 수 없게 된 문제 상황 설명 • 대안으로 여행 일정 변경 제안
중요도	★★★

Model Answer MP3 24_A2

Hello, Jim. This is Peter.

I have some bad news.

I just talked to the travel agency.

They told me that the package trip is fully

booked.

What do you want to do?

Why DON'T we go next time?

How about we go next week?

Or, maybe we could go another time.

What do you think? I'm fine with whatever

you decide.

Give me a call when you get this. Thanks.

Translation

여보세요, 짐. 피터야.

나쁜 소식이 있어.

방금 여행사와 통화했어.

패키지 여행 예약이 꽉 찼다고 하네.

어떻게 하고 싶어?

다음에 가는 게 어떨까?

다음 주에 가는 건 어때?

아니면, 다음에 갈 수 있을 때 가자.

어떻게 생각해? 네가 어떤 결정을 내리든 난 다 괜찮아.

이 메시지를 받으면 전화 줘. 고마워.

Key Expressions

- **bad news** 나쁜 소식
- **travel agency** 여행사
- **package trip** 패키지 여행
- **fully booked** 예약이 꽉 차다

- **another time** 다음 번에
- **whatever** 무엇이든지
- **decide** 결정하다
- **give a call** 전화하다

3 🎧 MP3 24_Q3

I'm sorry, but there is a problem I need you to resolve.
You have booked a non-refundable plane ticket. However, something has happened that prevents you from going. Call the travel agent, explain what has happened, and offer two or three alternatives to resolve the problem.

안타깝지만 당신이 해결해야 하는 문제가 생겼습니다. 환불되지 않는 비행기 표를 예약했습니다. 하지만, 여행을 가지 못하게 되는 일이 생겼습니다. 여행사 직원에게 전화를 걸어 상황을 설명하고 문제를 해결하기 위해 두세 가지 대안을 제시하세요.

문항 유형	여행 계획 변경 필요로 여행사 전화해서 대안 제시
문항 수준	Advanced
핵심 포인트	• 여행사에 전화
	• 환불되지 않은 표를 예약했는데 갑자기 일이 생겨 갈 수 없게 된 상황 설명
	• 문제 해결을 위해 여행 일정 변경 제안
중요도	★★★★★

Model Answer 🎧 MP3 24_A3

Hello, I'm a person who booked a package trip.

However, I DON'T think I can make it to my trip.

Something came up suddenly.

I want to reschedule my trip.

Would that be possible?

I'm sorry for the trouble.

When can I visit your office?

What are your business hours? How late are you open?

Give me a call when you get this. Thanks.

Translation

여보세요, 패키지 여행을 예약한 사람입니다.

하지만, 제가 여행에 갈 수 없을 것 같습니다.

갑자기 일이 생겼습니다.

여행 일정을 재조정하고 싶습니다.

그게 가능할까요?

번거롭게 해드려 죄송합니다.

제가 언제 사무실에 방문해도 되나요?

업무 시간이 언제인가요? 얼마나 늦게까지 여나요?

이 메시지를 받으면 전화 주세요. 고맙습니다.

Key Expressions

- **book** 예약하다
- **package trip** 패키지 여행
- **make it** 성공하다, 해내다
- **come up** 생기다, 발생하다
- **suddenly** 갑자기
- **reschedule** 일정을 변경하다
- **trouble** 문제점, 골칫거리
- **business hours** 영업 시간

4 I'm sorry, but there is a problem I need you to resolve.
When you arrived at the airport, you were told that your flight is canceled and other flights are completely booked. Call your travel agency, explain the situation, and make two or three suggestions to resolve the situation.

MP3 24_Q4

안타깝지만, 당신이 해결해야 하는 문제가 생겼습니다. 공항에 도착했을 때, 비행기가 취소되고 다른 항공편은 모두 만석이라고 들었습니다. 여행사에 전화해서 상황을 설명하고 두세 가지 제안을 해서 상황을 해결하세요.

문항 유형	공항 도착했는데 항공편이 취소되어 여행사에 전화로 문제 해결
문항 수준	Advanced
핵심 포인트	• 여행사에 전화 • 항공편이 취소되고 다른 항공편은 이미 예약이 꽉 찬 문제 상황 설명 • 일정 조정하여 항공편 다시 예약
중요도	★★★

Model Answer
MP3 24_A4

Hello, I'm a person who got a plane ticket at your travel agency.

I have some bad news.

I have arrived at the airport, but my flight has been canceled.

Other flights are fully booked as well.

I want to reschedule my trip.

Would that be possible?

I'm sorry for the trouble.

When can I visit your office?

What are your business hours? How late are you open?

Give me a call when you get this. Thanks.

Translation

여보세요, 저는 당신의 여행사에서 항공편을 구매한 사람입니다.

나쁜 소식이 있습니다.

공항에 도착했는데 제 항공편이 취소됐습니다.

다른 항공편도 예약이 꽉 찼습니다.

여행 일정을 재조정하고 싶습니다.

그게 가능할까요?

번거롭게 해드려 죄송합니다.

제가 언제 사무실에 방문해도 되나요?

업무 시간이 언제인가요? 얼마나 늦게까지 여나요?

이 메시지를 받으면 전화 주세요. 고맙습니다.

Key Expressions

- **plane ticket** 항공편
- **travel agency** 여행사
- **bad news** 나쁜 소식
- **arrive** 도착하다
- **flight** 항공, 비행기

- **cancel** 취소하다
- **fully booked** 예약이 꽉 찬
- **reschedule** 일정을 변경하다
- **trouble** 문제점, 골칫거리
- **business hours** 영업 시간

24 Role Play 여행 |

451

That's the end of the situation.
You may have had problems while you were planning a trip. What was the problem and how did you deal with the situation?

 MP3 24_Q5

상황이 종료되었습니다. 여행을 계획하는 동안 문제가 생겼을 수도 있습니다. 어떤 점이 문제였고 상황에 어떻게 대처했나요?

문항 유형	여행을 계획하는 단계에서 겪어본 어려움 묘사
문항 수준	Advanced
핵심 포인트	• 식중독 때문에 모임 취소한 경험 설명
	• 본인의 과거에 발생한 경험이므로 주어 I, 과거형 시제 사용
중요도	★★★

Model Answer

🎧 MP3 24_A5

I remember when I was supposed to go on a trip with my friends.

However, I got sick because I ate something that went bad.

I got food poisoning.

I had an upset stomach.

I went to the bathroom again and again because I had the runs.

I felt bad about missing the trip, but there was nothing I could do.

I told my friends that I could NOT go and said I was sorry.

Looking back, I regret missing the trip that time.

Translation

친구들과 함께 여행을 가기로 했던 때가 생각납니다.
하지만 제가 상한 음식을 먹어서 아팠습니다.
식중독에 걸렸습니다.
배탈이 났습니다.
설사 때문에 화장실을 몇 번이고 들락날락했습니다.
여행을 놓쳐 아쉬웠지만 어쩔 수 없었습니다.
친구들에게 못 간다고 말하고 미안하다고 했습니다.
돌이켜 보면, 그때 여행을 놓친 것이 후회됩니다.

Key Expressions

- **be supposed to** ~하기로 되어 있다
- **go on a trip** 여행 가다
- **get sick** 아프다
- **go bad** 상하다
- **food poisoning** 식중독
- **stomach** 배, 복부
- **upset** 아픈
- **have the runs** 설사하다
- **feel bad** 미안함을 느끼다
- **miss** 놓치다
- **make it** 성공하다, 해내다
- **regret** 후회하다

데이터어 트렌드로 쉽게 취득하는 OPIc IM

6 **That's the end of the situation.**
There are times when something out of the ordinary happens while traveling. I wonder if you have ever experienced anything surprising, unexpected or unusual during a trip. Tell me the story of that experience in detail.

상황이 종료되었습니다. 여행하다 보면 특이한 일이 생길 때가 있습니다.
여행 중에 놀라운 일, 예상치 못한 일, 특이한 일을 경험한 적이 있는지 궁금합니다. 그 경험에 대해 자세히 말해 주세요.

문항 유형	여행 중에 있었던 특이했던 에피소드 자세히 묘사
문항 수준	Advanced
핵심 포인트	• 식중독 때문에 모임 취소한 경험 설명
	• 본인이 겪은 과거에 발생한 사건이므로 주어 I, 과거형 시제 사용
중요도	★★★

Model Answer
MP3 24_A6

I remember eating something that went bad during a trip.

+ eating too fast + eating too much

+ eating too much spicy food

+ eating food that was undercooked

I got food poisoning and it was pretty bad.

+ got indigestion + got enteritis

I had an upset stomach.

+ I got rashes and my body was itchy.

+ I had heartburn and had a stomachache.

+ I had a fever and I felt light headed.

+ I went to the bathroom again and again because I had the runs.

I took some medicine to get better.

I had to stay inside and get a lot of rest.

Since then, I try to be more careful.

Translation

최근에 뭔가 상한 걸 먹은 기억이 납니다.
(+ 너무 빨리 먹었습니다.
 + 너무 많이 먹었습니다.
 + 너무 매운 음식을 많이 먹었습니다.
 + 덜 익힌 것을 먹었습니다.)
식중독에 걸렸는데 꽤 심했습니다.
(+ 소화불량 + 장염)
복통이 심했습니다.
(+ 발진이 나서 몸이 가려웠습니다.
 + 속이 쓰리고 복통이 심했습니다.
 + 열이 나고 머리가 어지러웠습니다.
 + 설사 때문에 화장실을 몇 번이고 들락날락 했습니다.)
낫기 위해 약을 먹었습니다.
실내에 있으면서 많이 쉬어야 했습니다.
그 이후로, 저는 더 조심하려고 노력합니다.

Key Expressions

- **go bad** 상하다
- **spicy food** 매운 음식
- **undercooked** 덜 익은
- **food poisoning** 식중독
- **indigestion** 소화불량
- **enteritis** 장염
- **stomach** 배
- **upset** 아픈

- **light-headed** 머리가 어지러운
- **have a fever** 열이 나다
- **heartburn** (소화불량에 의한) 속 쓰림
- **stomachache** 복통
- **get rashes** 두드러기 나다
- **itchy** 간지럽다
- **had the runs** 설사하다

7 That's the end of the situation.

Have you ever had to deal with problems caused by canceled flights? Describe that experience in detail. Tell me when and where this took place and what exactly happened. Talk about that story from beginning to end.

🎧 MP3 24_Q7

상황이 종료되었습니다. 항공편 취소로 인한 불편을 겪어본 적이 있나요? 그 경험을 자세히 설명해 보세요. 언제 어디서 일이 일어났고 정확히 무슨 일이 생겼는지 말해 주세요. 그 경험에 대해 처음부터 끝까지 이야기해 주세요.

문항 유형	항공편이 취소되어 본인이 겪은 불편 설명
문항 수준	Advanced
핵심 포인트	• 항공편이 취소된 적이 없다고 말하기 • 본인의 경험이 아닌 다른 사람의 경험을 과거형 시제로 설명 • 다른 사람의 경험이기 때문에 주어 he/she 사용
중요도	★★★

Model Answer

Answer 1　🎧 MP3 24_A7-1

Frankly, I have never had that kind of experience.
I think I was lucky.
So, I really don't have much to say about this topic.

Answer 2　🎧 MP3 24_A7-2

I have never had that kind of experience but my friend was in trouble because of the canceled flights.
She booked a flight ticket to Europe last year.
However, the airline was on strike, so her flight was canceled.
She had to find other ways to get there.
Fortunately, she got another flight ticket and she could enjoy her trip in Europe.

Translation

Answer 1

솔직히 그런 경험은 겪은 적이 없습니다.
아주 운이 좋은 것 같습니다.
그래서, 저는 이 주제에 대해 별로 할 말이 없습니다.

Answer 2

저는 그런 경험을 한 적이 없지만 제 친구가 취소된 항공편으로 인해 어려움을 겪은 적이 있습니다.
그녀는 작년에 유럽으로 가는 항공편을 예약했습니다.
하지만 항공사가 파업을 해서 항공편이 취소되었습니다.
그녀는 그곳에 갈 다른 방법을 찾아야 했습니다.
다행히 다른 항공편을 구해서 유럽 여행을 즐길 수 있었습니다.

Key Expressions

- **experience** 경험
- **trouble** 문제점
- **cancel** 취소하다
- **flight** 항공
- **book** 예약하다
- **on strike** 파업 중
- **fortunately** 다행히도

데이터와 트렌드로 쉽게 취득하는 OPIc IM

8 **I'd like to give you a situation and ask you to act it out.** 🎧 MP3 24_Q8
You need to buy a train ticket to go visit your friend this weekend.
Go to the ticket counter at the train station and ask three or four questions to get the information you need to book a ticket.

상황을 하나 드릴 테니 연기해 보세요. 이번 주말에 친구를 방문하기 위해 기차표를 사야 합니다.
기차역 창구에 가서 예매에 필요한 정보를 얻기 위해 서너 가지 질문을 하세요.

문항 유형	기차역 창구에 가서 기차표 사는 방법 문의
문항 수준	Intermediate
핵심 포인트	• 기차역 창구에 있는 직원에게 문의 • 타야 하는 기차표의 종류에 대해 질문 • 기차 시간, 가격 및 할인 방법에 대해 묻기
중요도	★★★

Model Answer 🎧 MP3 23_A8

Hello, I want to get a ticket.

I want to get on the 7 o'clock train.

What kinds of tickets are there?

How much are they?

Can you recommend anything?

Is there a website I can see?

Are there any promotions?

Translation

안녕하세요, 저는 티켓을 사고 싶습니다.

7시 기차를 타고 싶습니다.

어떤 종류의 티켓이 있나요?

얼마인가요?

추천해 주실 것이 있나요?

제가 볼 수 있는 웹사이트가 있나요?

프로모션이 있나요?

Key Expressions

• **want to** ~를 하고 싶다
• **get on** 타다

• **recommend** 추천하다
• **promotion** 프로모션

9 I'm sorry, but there is a problem I need you to resolve.
When you get to the train station, you miss your train and will be late to meet your friend.
Call your friend, explain your situation and offer some alternatives.

🎧 MP3 24_Q9

안타깝지만 당신이 해결해 주셔야 할 문제가 생겼습니다. 기차역에 도착했는데 기차를 놓쳐서 친구를 만나는 데 늦게 되었습니다. 친구에게 전화해서 상황을 설명하고 대안을 제시하세요.

문항 유형	기차를 놓쳐서 친구와의 약속을 늦게 된 상황 설명 및 대안 제시
문항 수준	Advanced
핵심 포인트	• 친구에게 전화
	• 기차를 놓쳐서 약속 시간까지 갈 수 없게 된 문제 상황 설명
	• 대안으로 다른 약속을 잡기 위한 문의
중요도	★★★

Model Answer

🎧 MP3 23_A9

Hello, Jim. This is Peter.

I have some bad news.

DON'T think I can make it to your place on time today.

I just missed the train I had to take.

What do you want to do?

Why DON'T you have dinner by yourself?

How about we have some drinks later on?

Or, maybe we could just have coffee.

What do you think? I'm fine with whatever you decide.

Call me back when you get this. Thanks.

Translation

여보세요, 짐. 피터야.

나쁜 소식이 있어.

오늘 너희 집에 제 시간에 도착할 수 없을 것 같아.

내가 타야 할 기차를 방금 놓쳤어.

어떻게 하고 싶어?

너 혼자 저녁 식사 하는 건 어때?

이따가 술 한잔 하는 게 어떨까?

아니면 그냥 커피라도 마셔도 돼.

어떻게 생각해? 네가 어떤 결정을 내리든 난 다 괜찮아.

이 메시지를 받으면 전화 줘. 고마워.

Key Expressions

- **make it** 성공하다, 해내다
- **on time** 제 시간에
- **miss** 놓치다
- **have dinner** 저녁 식사 하다
- **grab drinks** 술을 마시다
- **have coffee** 커피를 마시다
- **whatever** 무엇이든지
- **decide** 결정하다
- **call back** 다시 전화하다

10 That's the end of the situation. Have you ever traveled somewhere but missed a bus, a train or a plane? Tell me about an experience you have had when you had difficulty getting to your destination. Start by telling me where you were going and why that happened. Then, tell me what you had to do to finally get to your destination.

🎧 MP3 24_Q10

상황이 종료되었습니다. 어딘가를 여행하다가 버스, 기차 또는 비행기를 놓친 적이 있나요?
목적지에 도착하는 데 어려움을 겪었던 경험에 대해 말해 주세요. 어디를 가고 있었는지, 왜 그 일이 생겼는지 말해 주세요.
그리고, 목적지에 도착하기 위해 무엇을 해야 했는지 말해 주세요.

문항 유형 본인이 여행 중 교통편을 놓쳐서 생긴 문제 설명

문항 수준 Advanced

핵심 포인트 • 교통편을 놓친 경험이 없다고 말하기
• 본인의 경험이 아닌 다른 사람의 경험을 과거형 시제로 설명
• 다른 사람의 경험이므로 주어 he/she 사용

중요도 ★★★

Model Answer

Answer 1 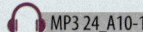 MP3 24_A10-1

Frankly, I have never had that kind of experience.
I think I was lucky.
So, I really don't have much to say about this topic.

Answer 2 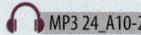 MP3 24_A10-2

I have never had that kind of experience but my friend was in trouble because of the canceled flights.
She booked a flight ticket to Europe last year.
However, the airline was on strike, so her flight was canceled.
She had to find other ways to get there.
Fortunately, she got another flight ticket and she could enjoy her trip in Europe.

Translation

Answer 1

솔직히 그런 경험은 겪은 적이 없습니다.
아주 운이 좋은 것 같습니다.
그래서, 저는 이 주제에 대해 별로 할 말이 없습니다.

Answer 2

저는 그런 경험을 한 적이 없지만 제 친구가 취소된 항공편으로 인해 어려움을 겪은 적이 있습니다.
그녀는 작년에 유럽으로 가는 항공편을 예약했습니다.
하지만 항공사가 파업을 해서 항공편이 취소되었습니다.
그녀는 그곳에 갈 다른 방법을 찾아야 했습니다.
다행히 다른 항공편을 구해서 유럽 여행을 즐길 수 있었습니다.

Key Expressions

• **experience** 경험
• **trouble** 문제점
• **cancel** 취소하다
• **flight** 항공

• **book** 예약하다
• **on strike** 파업 중
• **fortunately** 다행히도

11 I'd like to give you a situation and ask you to act it out.
You are planning on going on a trip to a country where your friend lives.
Call your friend and ask about the geography there. And then, ask two or three more questions regarding your travel plans.

🎧 MP3 24_Q11

상황을 하나 드릴 테니 연기해 보세요. 친구가 사는 나라로 여행을 갈 계획을 하고 있습니다.
친구에게 전화해서 그곳의 지형에 대해 물어보세요. 그리고 나서, 여행 계획에 관련된 두세 가지 질문을 하세요.

문항 유형	해외 친구를 방문할 계획으로 현지 지형/계획 전화로 질문
문항 수준	Intermediate
핵심 포인트	• 외국에 사는 친구에게 전화로 질문
	• 친구가 사는 곳의 지형에 대해 문의
	• 산과 바다에서 할 수 있는 활동 제안
중요도	★★★

Model Answer
🎧 MP3 24_A11

Hello, Liz. This is Jim.

I'm calling to ask about my trip.

I want to ask about the geography.

First, are there any mountains?

If so, why DON'T we go hiking or camping?

Next, are there any beaches?

If so, maybe we could go on a picnic.

What do you think? I'm fine with whatever

you decide.

Call me back when you get this. Thanks.

Translation

여보세요. 리즈. 짐이야.
내 여행에 대해 물어보려고 전화했어.
지형에 대해 묻고 싶어.
우선. 그곳에 산이 있어?
만약 그렇다면. 우리 하이킹이나 캠핑을 가는 거 어때?
그리고 거기에 해변이 있어?
만약 그렇다면, 같이 피크닉을 가도 되겠다.
어떻게 생각해? 네가 어떤 결정을 내리든 난 다 괜찮아.
이 메시지를 받으면 다시 전화 줘. 고마워.

Key Expressions

- **ask about** ~에 대해 묻다
- **geography** 지형
- **go hiking** 등산가다
- **go camping** 캠핑가다
- **maybe** 아마도
- **go on a picnic** 피크닉을 가다
- **fine with** ~와 괜찮은
- **whatever** 무엇이든
- **decide** 결정하다
- **call back** 다시 전화 주다

12 **I'm sorry, but there is a problem I need you to resolve.**
You cannot go on the trip because of some reason.
Call your friend and explain the situation. Give two to three alternatives.

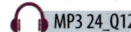

안타깝지만, 당신이 해결해야 하는 문제가 생겼습니다. 어떤 이유 때문에 여행을 갈 수 없게 되었습니다.
친구에게 전화해서 상황을 설명하세요. 두세 가지의 대안을 제시하세요.

문항 유형	문제가 생겨 여행을 못 가게 되어 전화로 대안 제시
문항 수준	Advanced
핵심 포인트	• 외국에 사는 친구에게 전화
	• 갑자기 일이 생겨 친구네 방문할 수 없게 된 문제 상황 설명
	• 다시 방문할 날짜 정하기
중요도	★★★

Model Answer
MP3 24_A12

Hello, Liz. This is Jim.

I have some bad news.

I DON'T think I can make it to my trip.

Something came up suddenly.

I want to reschedule my trip.

Would that be possible?

I'm sorry for the trouble.

What do you think? I'm fine with whatever

you decide.

Call me back when you get this. Thanks.

Translation

여보세요, 리즈. 짐이야.

나쁜 소식이 있어.

나 여행을 못 갈 것 같아.

갑자기 일이 생겼어.

여행 일정을 다시 조정하고 싶어.

그게 가능할까?

번거롭게 해서 미안해.

어떻게 생각해? 네가 어떤 결정을 내리든 난 다 괜찮아.

이 메시지를 받으면 다시 전화 줘. 고마워.

Key Expressions

- **bad news** 나쁜 소식
- **make it** 성공하다, 해내다
- **come up** 발생하다, 생기다
- **suddenly** 갑자기

- **reschedule** 일정을 변경하다
- **whatever** 무엇이든지
- **decide** 결정하다
- **call back** 다시 전화하다

13 **That's the end of the situation. Have you ever been on a trip to another country? How is the geography there different from your country's?**

상황이 종료되었습니다. 다른 나라로 여행을 간 적이 있나요? 그곳의 지형이 당신의 나라와 어떻게 다른가요?

문항 유형	외국 국가와 우리나라의 지형적 특징 비교
문항 수준	Advanced
핵심 포인트	• 한국과 일본의 지형을 현재형 시제로 비교하기 • 주어 Korea, Japan, there 등 상황에 맞게 사용하기
중요도	★★★

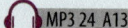

Model Answer

Japan is one of our closest neighboring countries.

It is very similar to Korea when it comes to its geography.

There are many mountains in Japan.

In fact, half of Japan is mountains.

Also, there are many beaches in Japan.

Some beaches are popular vacation spots.

The coastline is very scenic.

Translation

일본은 가장 가까운 이웃 국가들 중 하나입니다.
지리적으로 볼 때 한국과 매우 비슷합니다.
일본에는 산이 많습니다.
사실, 일본의 절반은 산입니다.
또한 일본에는 해변이 많습니다.
몇몇 해변은 유명한 휴양지입니다.
해안선은 매우 경치가 좋습니다.

Key Expressions

- **closest** 가장 가까운
- **neighboring** 이웃의
- **similar to** ~와 비슷한
- **when it comes to** ~에 관한 한
- **geography** 지리, 지형
- **in fact** 사실은
- **vacation spots** 휴양지
- **coastline** 해안선
- **scenic** 경치가 좋은

25 Role Play　호텔

롤플레이 답변 시에 활용할 수 있는 주제별 Key Patterns을 학습해보세요.

1. 호텔에 빈 객실이 있는지 문의 시 사용하는 표현

〈any vacancies for 원하는 때〉 (원하는 때)의 빈 객실

- Are there any vacancies for this weekend? 이번 주말에 빈 객실이 있나요?

＊ 조금 더 정중하게 묻고 싶을 경우

〈would like to know if + 주어 + 동사〉 (주어)가 (동사)한지 알고 싶다

〈wonder if + 주어+ 동사〉 (주어)가 (동사)한지 궁금하다

- I would like to know if there are any vacancies. 빈 객실이 있는지 알고 싶습니다.
- I wonder if there are any vacancies for tonight. 오늘 저녁에 빈 객실이 있나 궁금합니다.
- Do you have any vacancies for three adults? 어른 3명이 머물 빈 객실이 있나요?

2. 호텔에 본인의 숙박 정보를 제공할 때 사용하는 표현

〈stay for 기간〉 ～동안 머물다 / 〈check in at 시간〉 ～시에 체크인하다

- I want to stay for two nights. I will check in at 3 pm. 저는 이틀 밤을 묵고 싶습니다. 3시에 체크인 하겠습니다.

＊ 정확한 시간을 모를 때는 around / about 사용

- I want to check in around 6 pm. 6시 정도에 체크인 하겠습니다.

3. 호텔이 만실일 때 사용하는 표현

〈be fully booked〉 예약이 꽉 차다

＊ fully 대신 completely 사용 가능

- The hotel is fully booked. 호텔이 만실입니다.
- They told me that the hotel is completely booked. 그들은 저에게 호텔이 만실이라고 말했습니다.

4. 일정을 바꿀 수 있도록 의견 제시하는 방법

〈why don't + 주어 + 동사?〉 (주어)가 (동사) 하는 건 어때?

- Why don't we go next time? 우리가 다음에 가는 건 어때?

〈how about + 주어 + 동사〉 (주어)가 (동사) 하는 건 어때?

- How about we go another time? 우리가 다음 번에 가는 건 어때?

5. 만족스럽지 못한 객실 상태에 대해 이야기할 때 사용하는 표현

〈be not cleaned up〉 치워져 있지 않다

* 제대로 치워져 있지 않았을 경우 properly / 하나도 치워져 있지 않았을 경우 at all 사용

- The hotel room is not cleaned up properly. 호텔 객실이 제대로 치워져 있지 않았습니다.
- It is not cleaned up at all. 하나도 치워져 있지 않았습니다.

〈be smaller than〉 ~보다 작다

- it is much smaller than I thought.

  제 생각보다 훨씬 작습니다.

6. 택시에 가방을 두고 내려서 찾으러 갈 때 사용하는 표현

〈leave A〉 A를 두고 가다 / 〈go there to get it〉 찾으러 그곳에 가다 / 〈right away〉 즉시, 바로

- I left my bag in the taxi. I will go there to get it right away.

  제가 택시에 가방을 두고 내렸습니다. 찾으러 바로 그곳으로 가겠습니다.

7. 호텔에 전화해서 현지 날씨 물을 때 사용하는 표현

〈is it + 날씨 형용사〉 날씨 묘사에 어울리는 주어는 it

- Is it hot and humid? 덥고 습하나요?
- Is it rainy or windy? 비가 오거나 바람이 부나요?

8. 무언가를 어디에 두고 온 경험과 예상치 못한 날씨로 인한 에피소드에 대해 이야기할 때 쓰이는 표현

〈leave umbrella〉 우산을 두고 오다 / 〈be pouring〉 폭우가 오다 / 〈get wet〉 젖다

- I left my umbrella at home. However, it was suddenly pouring, so I got wet.

  집에 우산을 두고 나왔습니다. 하지만 갑자기 폭우가 와서 젖었습니다.

〈completely forget〉 완전히 잊다

- I left my wallet at the store because I completely forgot about it.

  완전히 잊어버려서 상점에 지갑을 두고 왔습니다.

OPIc 질문에 대한 모범답변을 살펴본 후, 질문의 핵심 포인트를 파악하여 나만의 OPIc 답변을 만들어 보세요.
또한 모범 답변에 하이라이트 된 필수 문장은 반드시 암기하여 나만의 답변에 활용하세요.

Hotel 호텔 현장 문의

1 I'd like to give you a situation and ask you to act it out.
You have arrived in a new city and you're trying to find a hotel the night.
Go to the reception desk of the hotel. Describe the room you want and ask three or four questions to get information about what is available.

🎧 MP3 25_Q1

상황을 하나 드릴 테니 연기해 보세요. 당신은 새로운 도시에 도착했고 하룻밤 묵을 호텔을 찾고 있습니다.
호텔의 프런트에 가서 원하는 룸에 대해 설명하고 이용 가능한 룸에 대한 정보를 얻기 위해 서너 가지 질문을 하세요.

문항 유형	예약 없이 호텔 프런트에 가서 숙박 문의
문항 수준	Intermediate
핵심 포인트	• 호텔 프런트의 직원에게 문의 • 이용할 수 있는 객실이 있는지 질문 • 객실의 종류, 비용, 할인 방법에 대해 문의
중요도	★★★

Model Answer 🎧 MP3 25_A1

Hello, I want to stay at this hotel.

Are there any vacancies for tonight?

I want to stay for two nights.

I want to check in around 6pm.

What kinds of rooms are there?

How much are they?

Can you recommend anything?

Is there a website I can see?

Are there any promotions?

Translation

안녕하세요, 저는 이 호텔에 묵고 싶습니다.

오늘 밤 빈 객실이 있나요?

이틀 밤을 묵고 싶습니다.

오후 6시쯤에 체크인하고 싶습니다.

어떤 종류의 객실이 있나요?

얼마인가요?

추천해 주실 것이 있나요?

제가 볼 수 있는 웹사이트가 있나요?

프로모션이 있나요?

Key Expressions

• **stay** 머무르다
• **vacancy** 빈 객실
• **check in** 체크인하다

• **around** 대략, 약
• **recommend** 추천하다
• **promotion** 프로모션

2 I'm sorry, but there is a problem I need you to resolve.  MP3 25_Q2
You've learned that there are no rooms available in this hotel.
Call your travel companions to let them know about the situation. Leave a message to describe the situation and propose alternative solutions to the problem.

안타깝지만 당신이 해결해야 하는 문제가 생겼습니다. 이 호텔에는 이용 가능한 객실이 없다는 것을 알게 되었습니다.
여행 동료들에게 전화를 걸어 상황을 알려 주세요. 메시지를 남겨 상황을 설명하고 문제에 대한 몇 가지 대안을 제안하세요.

문항 유형	여행 일행들에게 호텔 만실 알리고 대안 제시
문항 수준	Advanced
핵심 포인트	• 여행 일행들에게 메시지를 남기기 • 호텔이 만실로 인해 머물 수 없는 문제 상황 설명 • 대안으로 다른 호텔 찾는 방법 제시
중요도	★★★

Model Answer
MP3 25_A2

Hello, guys. I have some bad news.

I just talked to the hotel.

They told me that the hotel is fully booked.

What do you want to do?

Why DON'T we go next time?

How about we go next week?

Or, maybe we could go another time.

What do you think? I'm fine with whatever you decide.

Give me a call when you get this. Thanks.

Translation

여보세요, 얘들아. 나쁜 소식이 있어.

방금 호텔과 얘기했어.

호텔 예약이 꽉 찼다고 하네.

어떻게 하고 싶어?

다음에 가는 게 어떨까?

다음 주에 가는 건 어때?

아니면, 다음에 갈 수 있을 때 가자.

어떻게 생각해? 네가 어떤 결정을 내리든 난 다 괜찮아.

이 메시지를 받으면 전화 줘. 고마워.

Key Expressions

- **bad news** 나쁜 소식
- **fully booked** 예약이 꽉 차다
- **another time** 다음 번에
- **whatever** 무엇이든지
- **decide** 결정하다
- **give a call** 전화하다

데이터와 트렌드로 쉽게 취득하는 OPIc IM

3 That's the end of the situation.

Think about a time when your travel plans did not work out as expected.

Tell me all about the circumstances, what you and the others did, and how the situation was finally resolved.

🎧 MP3 25_Q3

상황이 종료되었습니다. 여행 계획이 예상대로 잘 되지 않았던 때를 생각해 보세요.

당시의 상황, 당신과 다른 사람들이 한 일, 그리고 상황이 최종적으로 어떻게 해결 됐는지 말해 주세요.

문항 유형	여행 계획이 뜻대로 되지 않은 경험 묘사
문항 수준	Advanced
핵심 포인트	• 식중독 때문에 모임 취소한 경험 설명 • 본인이 경험한 과거에 발생한 사건이므로 주어 I, 과거형 시제 사용
중요도	★★★

Model Answer

🎧 MP3 25_A3

I remember when I was supposed to go on a trip with my friends.

However, I got sick because I ate something that went bad.

I got food poisoning. I had an upset stomach.

I went to the bathroom again and again because I had the runs.

I felt bad about missing the trip, but there was nothing I could do.

I told my friends that I could NOT go and said I was sorry.

Looking back, I regret missing the trip that time.

Translation

친구들과 함께 여행을 가기로 했던 때가 생각납니다.

하지만 제가 무언가 상한 것을 먹어서 아팠습니다.

식중독에 걸렸습니다. 배탈이 났습니다. 설사 때문에 화장실을 들락날락 했습니다.

여행을 놓쳐 아쉬웠지만 어쩔 수 없었습니다.

친구들에게 못 간다고 말하고 미안하다고 했습니다.

돌이켜 보면, 그때 여행을 놓친 것이 후회됩니다.

Key Expressions

- **be supposed to** ~하기로 되어 있다
- **go on a trip** 여행 가다
- **get sick** 아프다
- **go bad** 상하다
- **food poisoning** 식중독
- **stomach** 배, 복부

- **upset** 아픈
- **have the runs** 설사하다
- **feel bad** 미안함을 느끼다
- **miss** 놓치다
- **make it** 성공하다, 해내다
- **regret** 후회하다

4 **I'd like to give you a situation and ask you to act it out.**
You are staying at a hotel and have a free day to explore the city.
Go to the front desk and ask three or four questions about what to do.

상황을 하나 드릴 테니 연기해 보세요. 호텔에 머물고 있는데 도시를 탐험할 수 있는 하루의 자유시간이 생겼습니다.
프런트 데스크로 가서 무엇을 해야 할지 서너 가지 질문을 하세요.

문항 유형	호텔 프론트에 가서 자유시간에 할 수 있는 활동 문의
문항 수준	Intermediate
핵심 포인트	• 호텔 프론트의 직원에게 문의 • 자유시간에 할 수 있는 투어의 종류에 대해 질문 • 투어의 비용과 할인 받을 수 있는 방법에 대해 문의
중요도	★★★

Model Answer 〔MP3 25_A4〕

Hello, I want to do something in my free time.

I have a free day to explore the city.

I want to go on a city tour.

What kinds of tours are there?

How much are they?

Can you recommend anything?

Is there a website I can see?

Are there any promotions?

Translation

안녕하세요. 저는 자유시간에 뭔가를 하고 싶습니다.

도시를 여행할 수 있는 자유시간이 있습니다.

시티 투어를 하고 싶습니다.

어떤 종류의 투어가 있나요?

얼마인가요? 추천해 주실 것이 있나요?

제가 볼 수 있는 웹사이트가 있나요?

프로모션이 있나요?

Key Expressions

- **free time** 자유시간
- **explore** 탐험하다
- **city tour** 시티 투어
- **recommend** 추천하다
- **promotion** 프로모션

5 I'm sorry, but there is a problem I need you to resolve.
You left your bag in the taxi that brought you back to the hotel.
Call the taxi company and explain what happened. Ask them how you can get it back.

🎧 MP3 25_Q5

안타깝지만 당신이 해결해야 하는 문제가 생겼습니다. 호텔로 돌아오는 길에 택시에 가방을 두고 내렸습니다.
택시 회사에 전화해서 무슨 일이 있었는지 설명하세요. 어떻게 해야 가방을 되찾을 수 있는지 물어보세요.

문항 유형	택시에 가방을 두고 내려 택시 회사에 전화로 도움 요청
문항 수준	Advanced
핵심 포인트	• 택시 회사에 전화
	• 택시에 가방을 두고 온 문제 상황 설명
	• 직접 찾으러 갈 수 있도록 택시 회사의 위치와 영업 시간에 대해 문의
중요도	★★★★★

Model Answer
🎧 MP3 25_A5

Hello, I'm a person who took one of your taxis.

I think I left my bag in the taxi.

+ It's a black leather bag.

Could you please check if you have my bag?

If so, I'll go there to get it right away.

Would that be possible?

I'm sorry for the trouble.

When can I visit your office?

What are your business hours? How late are
you open?

Give me a call when you get this. Thanks.

Translation

여보세요. 저는 당신의 택시를 탔던 사람입니다.

제가 택시에 가방을 두고 내린 것 같습니다.

(+ 검정색 가죽 가방입니다.)

제 가방을 가지고 계신지 확인해 주시겠어요?

만약 그렇다면, 바로 찾으러 그곳에 가겠습니다.

그게 가능할까요?

번거롭게 해드려 죄송합니다.

제가 언제 사무실에 방문해도 되나요?

업무 시간이 언제인가요? 얼마나 늦게까지 여나요?

이 메시지를 받으면 전화 주세요. 고맙습니다.

Key Expressions

• **take taxi** 택시를 타다
• **leave** 두고 내리다
• **check** 확인하다
• **right away** 즉시, 바로

• **possible** 가능한
• **trouble** 문제점, 골칫거리
• **business hours** 영업 시간

6 That's the end of the situation.

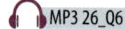

Have you ever lost something somewhere or could not find something important?
Tell me about when you lost or forgot something important.

상황이 종료되었습니다. 어딘가에서 무언가를 잃어버린 적이 있거나 중요한 것을 찾지 못한 적이 있나요?
중요한 것을 잃어버렸거나 잊어버렸던 때에 대해 말해 주세요.

문항 유형	본인이 무엇인가를 어디에 두고 온 본인 경험 묘사
문항 수준	Advanced
핵심 포인트	• 비 오는 날 상점에 우산 두고 간 경험 묘사 • 본인의 과거 경험이므로 주어 I와 과거형 시제 사용
중요도	★★★

Model Answer

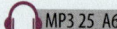

I remember when I left my umbrella at a store.

+ at a restaurant + on the subway + on the

bus + in a taxi + at home

I completely forgot to pack it when I left the

store.

+ I got off the subway + I got off the bus + I

left home

It was pouring outside and I got a little wet.

Since then, I try to be more careful.

Translation

상점에 우산을 놓고 왔을 때가 생각납니다.
(+ 레스토랑에서 + 지하철에서 + 버스에서 + 택시에서
+ 집에서)
상점을 나서면서 짐을 챙기는 것을 완전히
잊어버렸습니다.
(+ 지하철에서 내리면서 + 버스에서 내리면서
+ 집에서 나오면서)
밖에 비가 쏟아져서 조금 젖었습니다.
그 이후로, 저는 조금 더 조심하려고 노력합니다.

Key Expressions

- **leave** 두고 오다, 떠나다
- **completely** 완전히
- **forget** 잊어버리다
- **pack** 싸다, 챙기다

- **get off** 내리다
- **pour** 비가 쏟아지다
- **wet** 젖은
- **careful** 조심하는

7 I'd like to give you a situation and ask you to act it out.
You are visiting a new city and need a hotel room for the night.
Call a hotel and ask three or four questions to find out about its rooms and services.

 MP3 25_Q7

상황을 하나 드릴 테니 연기해 보세요. 당신은 새로운 도시를 방문 중이고 숙박을 위한 호텔 객실이 필요합니다.
호텔에 전화해서 호텔 객실과 서비스에 대해 알아보기 위해 서너 가지 질문을 하세요.

문항 유형   호텔 투숙 전화 문의
문항 수준   Intermediate
핵심 포인트 • 호텔 프런트의 직원에게 문의
          • 이용 할 수 있는 객실이 있는지 질문
          • 객실의 종류, 비용, 할인 방법에 대해 문의
중요도   ★★★

Model Answer MP3 25_A7

Hello, I'm calling to ask about staying at your hotel.

I want to stay there for my vacation.

Are there any vacancies for this weekend?

I want to stay for two nights. I want to check in around 6pm.

What kinds of rooms are there? How much are they?

Can you recommend anything?

Is there a website I can see?

Are there any promotions?

Give me a call when you get this. Thanks.

Translation

여보세요. 저는 호텔에 묵는 것에 대해 문의하려고 전화 드렸습니다.
휴가를 위해 그곳에 머물고 싶습니다.
이번 주말에 빈 객실이 있나요?
이틀 밤을 묵고 싶습니다. 오후 6시쯤에 체크인하고 싶습니다.
어떤 종류의 객실이 있나요? 얼마인가요?
추천해 주실 것이 있나요?
제가 볼 수 있는 웹사이트가 있나요?
프로모션이 있나요?
이 메시지를 받으면 전화 주세요. 고맙습니다.

Key Expressions

- **stay** 머무르다
- **vacancy** 빈 객실
- **check in** 체크인하다

- **around** 대략, 약
- **recommend** 추천하다
- **promotion** 프로모션

8 I'm sorry, but there is a problem I need you to resolve.
When you get to your hotel room, it is very small and not clean at all.
Call the front desk and describe what you have found in detail. Then make some suggestions as to how you can resolve the situation.

안타깝지만 당신이 해결해야 하는 문제가 생겼습니다. 호텔 객실에 도착했는데, 객실이 매우 작고 전혀 깨끗하지 않습니다. 프런트 데스크에 전화를 걸어 당신이 무엇을 찾았는지 자세히 설명해 주세요. 그 후, 이 상황을 어떻게 해결할 수 있는지에 대해 몇 가지 제안을 하세요.

문항 유형	호텔 객실 작고 지저분하여 전화로 문제 해결
문항 수준	Advanced
핵심 포인트	• 호텔 프런트 직원에게 전화
	• 객실이 작고 깨끗하지 않은 문제 상황 설명
	• 대안으로 객실 교환 또는 환불 요청
중요도	★★★

Model Answer
MP3 25_A8

Hello, I'm a person who is staying at this hotel.

There is something wrong with my room.

+ The room is NOT cleaned properly.

+ It is also smaller than I thought.

I want to get an exchange. Can I get a refund if I want to?

Would that be possible?

I'm sorry for the trouble.

Give me a call when you get this. Thanks.

Translation

여보세요, 저는 지금 호텔에 묵고 있는 사람입니다.

객실에 문제가 있습니다.

(+ 제대로 정리되지 않았습니다.

 + 또한 제 생각보다 작습니다.)

교환을 받고 싶습니다. 제가 원하면 환불을 받을 수 있나요?

그게 가능할까요?

번거롭게 해드려 죄송합니다.

이 메시지를 받으면 전화 주세요. 고맙습니다.

Key Expressions

- **something wrong** 무엇인가 잘못된
- **clean up** 치우다
- **properly** 제대로
- **smaller than** ~보다 작다
- **get an exchange** 교환 받다
- **get a refund** 환불 받다
- **possible** 가능한
- **trouble** 문제점, 골칫거리

9 **That's the end of the situation.**
Sometimes, surprising or unexpected things can happen when you stay at a hotel.
Tell me about a memorable experience you had while staying at a hotel.

상황이 종료되었습니다. 때때로, 호텔에 머물 때 놀라거나 예상치 못한 일들이 일어날 수 있습니다.
호텔에서 지내면서 겪었던 기억에 남는 경험을 말해 주세요.

문항 유형	호텔에서 기억에 남는 에피소드 묘사
문항 수준	Advanced
핵심 포인트	• 식중독 때문에 모임 취소한 경험 설명 • 본인의 과거 경험이므로 주어 I, 과거형 시제 사용
중요도	★★★

Model Answer
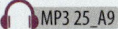MP3 25_A9

I remember eating something that went bad
at a hotel. + eating too fast + eating too much
+ eating too much spicy food
+ eating food that was undercooked
I got food poisoning and it was pretty bad.
+ got indigestion + got enteritis
I had an upset stomach.
+ I got rashes and my body was itchy.
+ I had heartburn and had a stomachache.
+ I had a fever and I felt light-headed.
+ I went to the bathroom again and again
because I had the runs.
I took some medicine to get better.
I had to stay inside and get a lot of rest.
Since then, I try to be more careful.

Translation

호텔에서 뭔가 상한 걸 먹은 기억이 납니다.
(+ 너무 빨리 먹었습니다. + 너무 많이 먹었습니다.
+ 너무 매운 음식을 많이 먹었습니다.
+ 덜 익힌 것을 먹었습니다.)
식중독에 걸렸는데 꽤 심했습니다.
(+ 소화불량 + 장염)
복통이 심했습니다.
(+ 발진이 나서 몸이 가려웠습니다.
+ 속이 쓰리고 복통이 심했습니다.
+ 열이 나고 머리가 어지러웠습니다.
+ 설사 때문에 화장실을 몇 번이고 들락날락
  했습니다.)
낫기 위해 약을 먹었습니다.
실내에 있으면서 많이 쉬어야 했습니다.
그 이후로, 저는 더 조심하려고 노력합니다.

Key Expressions

- **go bad** 상하다
- **spicy food** 매운 음식
- **undercooked** 덜 익은
- **food poisoning** 식중독
- **indigestion** 소화불량
- **enteritis** 장염
- **stomach** 배
- **upset** 아픈

- **light-headed** 머리가 어지러운
- **have a fever** 열이 나다
- **heartburn** (소화불량에 의한) 속 쓰림
- **stomachache** 복통
- **get rashes** 두드러기 나다
- **itchy** 간지럽다
- **have the runs** 설사하다

10 **I'd like to give you a situation and ask you to act it out.**
You are going on a vacation to another country.
You want to know what clothes you should bring on your trip. Call a hotel in that country and ask two or three more questions about what the weather is like there.

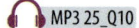 MP3 25_Q10

상황을 하나 드릴 테니 연기해 보세요. 다른 나라로 휴가를 가게 되었습니다. 당신은 여행할 때 어떤 옷을 가져가야 하는지 알고 싶습니다. 그 나라의 호텔에 전화해서 그곳의 날씨가 어떤지 물어보기 위해 두세 가지 질문을 하세요.

문항 유형	호텔에 전화해서 현지 날씨 문의
문항 수준	Intermediate
핵심 포인트	• 호텔 프론트 데스크에 전화 • 현지 날씨가 어떤지 문의 • 날씨에 맞게 가져가야 하는 옷에 대해 질문
중요도	★★★

Model Answer 🎧 MP3 25_A10

Hello, I'm calling to ask about the weather near the hotel.

What are the temperatures like?

Is it hot and humid?

Is it sunny and warm?

Is it rainy or windy?

I want to know what clothes I should take.

Can you recommend anything?

Give me a call when you get this. Thanks.

Translation

여보세요, 호텔 근처 날씨에 대해 문의하려고 전화 드렸습니다.
온도는 어떤가요?
덥고 습하나요?
화창하고 따뜻하나요?
비가 오거나 바람이 부나요?
어떤 옷을 가져가야 하는지 알고 싶습니다.
추천해 주실 수 있나요?
이 메시지를 받으면 전화 주세요. 고맙습니다.

Key Expressions

- **weather** 날씨
- **temperature** 온도
- **hot** 더운
- **humid** 습한
- **sunny** 화창한
- **warm** 따뜻한
- **rainy** 비 오는
- **windy** 바람이 부는
- **take** 가져가다
- **recommend** 추천하다

11 **I'm sorry but there is a problem I need you to resolve. The clothes that you have brought with you on your vacation are not suitable for the weather. Call a clothing store and explain the situation. Ask two or three questions about the kinds of clothes they have on sale.**

안타깝지만, 해결해야 하는 문제가 생겼습니다. 휴가 때 가지고 온 옷이 날씨에 적합하지 않습니다.
옷가게에 전화해서 상황을 설명하세요. 세일 중인 옷의 종류에 대해 두세 가지 질문을 하세요.

문항 유형	현지 옷가게에 전화 문의
문항 수준	Advanced
핵심 포인트	• 옷가게에서 근무하고 있는 직원에게 전화 • 구매하고 싶은 옷의 종류 설명 • 옷의 비용과 구매 방법에 대해 문의
중요도	★★★

Model Answer 🎧 MP3 25_A11

Hello, I'm calling to ask about some new clothes.

I want to get some new clothes.

What kinds of clothes are there?

How much are they?

Can you recommend anything?

Is there a website I can see?

Are there any promotions?

Plus, can you give me directions to your store?

Is it close to the subway station?

How long does it take on foot?

Give me a call when you get this. Thanks.

Translation

여보세요. 새 옷에 대해 문의하려고 전화 드렸습니다.

저는 새 옷을 사고 싶습니다.

어떤 종류의 옷이 있나요?

얼마인가요?

추천해 주실 것이 있나요?

제가 볼 수 있는 웹사이트가 있나요?

프로모션이 있나요?

또한, 상점으로 가는 길 좀 알려 주실래요?

지하철역에서 가깝나요?

걸어서 가면 얼마나 걸리나요?

이 메시지를 받으면 전화 주세요. 고맙습니다.

Key Expressions

- **clothes** 옷
- **get** 사다
- **recommend** 추천하다
- **promotion** 프로모션
- **direction** 위치, 찾아가는 방법
- **subway station** 지하철역

That's the end of the situation.
Have you ever had any trouble due to unexpected weather?
Tell me everything about what happened due to the unexpected weather.

그것으로 상황은 끝입니다. 예상치 못한 날씨로 인해 어려움을 겪은 적이 있나요?
예상치 못한 날씨로 인해 무슨 일이 있었는지 자세히 말해 주세요.

문항 유형	예상치 못한 날씨로 인한 본인 에피소드 묘사
문항 수준	Advanced
핵심 포인트	• 상점에 우산 두고 온 경험 묘사
	• 본인의 과거 경험이므로 과거형 시제와 주어 I 사용
중요도	★★★

Model Answer 🎧 MP3 22_A12

I remember when I left my umbrella at a store.
+ at a restaurant + on the subway
+ on the bus + in a taxi + at home
I completely forgot to pack it when I left the store.
+ I got off the subway + I got off the bus
+ I left home
It was pouring outside and I got a little wet.
Since then, I try to be more careful.

Translation

상점에 우산을 놓고 왔을 때가 생각납니다.
(+ 레스토랑에서 + 지하철에서 + 버스에서 + 택시에서
+ 집에서)
상점을 나서면서 짐을 챙기는 것을 완전히
잊어버렸습니다.
(+ 지하철에서 내리면서 + 버스에서 내리면서
+ 집에서 나오면서)
밖에 비가 쏟아져서 좀 젖었습니다.
그 이후로, 저는 조금 더 조심하려고 노력합니다.

Key Expressions

- **leave** 두고 오다, 떠나다
- **completely** 완전히
- **forget** 잊어버리다
- **pack** 싸다, 챙기다
- **get off** 내리다
- **pour** 비가 쏟아지다
- **wet** 젖은
- **careful** 조심하는

데이터와 트렌드로 쉽게 취득하는 OPIc IM

26 Role Play 커피숍 / 음식점 / 술집

롤플레이 답변 시에 활용할 수 있는 주제별 Key Patterns을 학습해보세요.

1. 커피숍/음식점/술집에 방문/전화한 목적을 이야기할 때 사용하는 표현

(커피숍) I want to go there with my friends. 친구들과 그곳에 가고 싶습니다.

(음식점) I want to order some food for a party. 파티를 위해 음식을 주문하고 싶습니다.

(술집) I want to go there for a gathering. 모임을 위해 그곳에 가고 싶습니다.

* want to 대신 〈thinking of + 동명사〉 사용 가능

・I am thinking of going to a bar to have drinks. 술을 마시러 술집에 갈까 생각 중입니다.

2. 커피숍/음식점/술집에서 판매하는 음료/음식에 대해 이야기할 때 사용하는 표현

〈kinds of + 복수 명사〉 어떤 종류의 (명사)

・What kinds of drinks are there? (술집/커피숍) 어떤 종류의 술/음료가 있나요?

・What kinds of menus are there? (음식점) 어떤 종류의 메뉴가 있나요?

* 동사 provide 사용하여 문장 만들기 가능

・What kinds of drinks do you provide? 어떤 종류의 음료를 제공하나요?

3. 커피숍/술집/음식점에 가는 법을 물을 때 사용하는 표현

〈give + 목적어 + directions to + 장소〉 (목적어)에게 (장소)로 가는 길을 알려 주다

・Can you give me directions to the bar? 술집으로 가는 길을 알려 주실래요?

* 조금 더 정중하게 묻고 싶을 때는 〈would you please〉 사용

・Would you please give me directions to the restaurant? 음식점으로 가는 길을 알려 주실래요?

4. 커피숍/술집/음식점의 정확한 위치에 대해 물을 때 사용하는 표현

〈close to A〉 A에 가까운 / 〈nearby〉 근처에

・Is it close to the subway station? 지하철역에서 가깝나요?

・Is there a bus stop nearby? 근처에 버스 정류장이 있나요?

〈on foot〉 도보로, 걸어서

・How long does it take on foot? 걸어서 얼마나 걸리나요?

5. 잘못 나온 커피/음식을 받았을 때 사용하는 표현

〈something wrong with〉 ～이 무언가 잘못된

・There is something wrong with my coffee. 제 커피에 뭔가 잘못 되었습니다.

・There is something wrong with my order. 제 주문이 뭔가 잘못 되었습니다.

〈get the wrong + 명사〉 잘못된 (명사)를 받다

· I got the wrong menu. 잘못된 메뉴를 받았습니다.
· I got the wrong coffee. I did not order this. 잘못된 커피를 받았습니다. 저는 이것을 주문하지 않았습니다.
* get 대신 receive 사용 가능
· I received the wrong drink. 잘못된 음료를 받았습니다.

6. 교환/환불 요청할 때 사용하는 표현

〈get an exchange〉 교환 받다 / 〈get a refund〉 환불 받다

· I want to get an exchange. Can I get a refund if I want to?
  교환을 받고 싶습니다. 제가 원하면 환불을 받을 수 있나요?
* 본인이 직접 exchange/refund를 할 수 없고 영업점에서 해줘야 하기 때문에 〈I exchange: 내가 교환한다〉가
  아닌 〈I get an exchange: 내가 교환 받는다〉 사용
exchange는 동사/명사로 쓰임

7. 파티가 열리는 장소에 대해 묘사할 때 사용하는 표현

〈be held at 장소〉 (장소)에서 열리다

· I heard it is going to be held at a bar. 술집에서 열린다고 들었습니다.
· Where is it going to be held at? 어디에서 열리나요?

8. 시험 때문에 술집에서 열리는 생일 파티에 못 가게 되었을 때 사용하는 표현

〈a test coming up〉 곧 봐야 하는 시험

· I have a test coming up tomorrow. 나 내일 봐야 하는 시험이 있어.
〈make it up to 목적어〉 (목적어)에게 보상하다, 갚다
· I want to make it up to you. I will buy you a gift. 내가 너에게 보상할게. 선물을 사줄게.

9. 술집/음식점에서 돈을 지불할 수 없을 때 사용하는 표현

〈do not have any cash on〉 ~에게 현금이 하나도 없다

· I do not have any cash on me right now. 지금 저에게 현금이 하나도 없습니다.
〈pay for〉 지불하다 / 〈stop by〉 들르다
· I cannot pay for the meal. Can I stop by on my way home?
  식사값을 낼 수가 없습니다. 집에 가는 길에 들려도 될까요?

10. 술집에서 있었던 기억에 남는 일에 대해 이야기할 때 쓰이는 표현

〈go to a gathering〉 모임에 가다 / 〈be held at〉 ~에서 열리다

· I went to a gathering which was held at a bar. 술집에서 열린 모임에 갔습니다.
〈get very drunk〉 많이 취하다 / 〈get blacked out〉 기억을 잃다
· I got very drunk because I drank too much. 너무 많이 마셔서 술에 취했습니다.
· I cannot remember how I got home because I got blacked out.
  기억을 잃어서 집에 어떻게 갔는지 기억이 나지 않습니다.

OPIc 질문에 대한 모범답변을 살펴본 후, 질문의 핵심 포인트를 파악하여 나만의 OPIc 답변을 만들어 보세요.
또한 모범 답변에 하이라이트 된 필수 문장은 반드시 암기하여 나만의 답변에 활용하세요.

Coffee Shops 커피숍

 MP3 26_Q1

1 **You have heard about a new cafe in your neighborhood. Call the cafe and ask three or four questions to find out all about it.**

동네에 새로 커피숍이 생겼다고 들었습니다. 커피숍에 전화해서 그곳에 대해 알기 위해 서너 가지 질문을 하세요.

문항 유형	커피숍에 전화로 메뉴 문의
문항 수준	Intermediate
핵심 포인트	• 커피숍의 일하는 직원에게 전화 • 커피숍에서 판매하는 음료 종류에 대해 문의 • 음료의 가격, 할인 방법 그리고 커피숍의 위치 등에 대해 질문
중요도	★

Model Answer
 MP3 26_A1

Hello, I'm calling to ask about your coffee shop.

I want to go there with my friends.

What kinds of drinks are there?

How much are they?

Can you recommend anything?

Is there a website I can see?

Are there any promotions?

Plus, can you give me directions to your coffee shop?

Is it close to the subway station?

How long does it take on foot?

Give me a call when you get this. Thanks.

Translation

여보세요, 커피숍에 대해 문의하려고 전화 드렸습니다.
그곳에 친구들과 가고 싶습니다.
어떤 종류의 음료가 있나요?
얼마인가요?
추천해 주실 것이 있나요?
제가 볼 수 있는 웹사이트가 있나요?
프로모션이 있나요?
또한, 커피숍으로 가는 길 좀 알려 주실래요?
지하철역에서 가깝나요?
걸어서 가면 얼마나 걸리나요?
이 메시지를 받으면 전화 주세요. 고맙습니다.

Key Expressions

• **go with** ~와 가다
• **drinks** 음료, 술
• **recommend** 추천하다

• **promotion** 프로모션
• **direction** 위치, 찾아가는 방법

2 You placed an order for a delivery from a new cafe.
When the order arrives, you realize that it is not the right order.
Call the cafe and explain what happened and suggest two or three possible solutions to the problem.

 MP3 26_Q2

당신은 새 커피숍에서 배달 주문을 했습니다. 주문이 도착했는데 당신이 주문한 것이 아님을 알게 되었습니다.
커피숍에 전화해서 무슨 일이 있었는지 설명하고 문제를 해결할 수 있는 두세 가지 해결책을 제시하세요.

문항 유형	잘못 배달된 커피를 전화로 문제 해결
문항 수준	Advanced
핵심 포인트	• 커피숍에 근무하는 직원에게 전화
	• 배달 받은 메뉴가 주문한 메뉴와 다른 문제에 대한 상황 설명
	• 대안으로 교환 및 환불 요청
중요도	★

Model Answer
MP3 26_A2

Hello, I'm a person who ordered coffee from your coffee shop.

There is something wrong with my coffee.

I think I got the wrong drink.

+ I ordered iced coffee, but the one I got is hot.

I want to get an exchange.

Can I get a refund if I want to?

Would that be possible?

I'm sorry for the trouble.

Give me a call when you get this. Thanks.

Translation

여보세요, 저는 당신의 커피숍에서 커피를 주문했던 사람입니다.

제 커피에 문제가 있습니다.

잘못된 커피를 받은 것 같습니다.

(+ 아이스 커피를 주문했는데 제가 받은 건 뜨거운 커피입니다.)

교환을 받고 싶습니다.

제가 원하면 환불을 받을 수 있나요?

그게 가능할까요?

번거롭게 해드려 죄송합니다.

이 메시지를 받으면 전화 주세요. 고맙습니다.

Key Expressions

- **order** 주문하다
- **wrong** 잘못된
- **get an exchange** 교환 받다
- **get a refund** 환불 받다
- **possible** 가능한
- **trouble** 문제점, 골칫거리

3 Have you ever been in a situation where you had ordered something in advance but when you arrived, it wasn't available? What did you order? Why wasn't it ready? What happened in the end?

 MP3 26_Q3

미리 무언가를 주문했지만 도착했을 때 준비되어 있지 않았던 상황에 처해 본 적이 있나요? 무엇을 주문했나요? 왜 준비되어 있지 않았나요? 결국 어떻게 되었나요?

문항 유형	사전 주문해 놓은 것이 가보니 없었던 경험 설명
문항 수준	Advanced
핵심 포인트	• 그런 경험이 없다고 답하기 • 다른 사람이 겪은 경험을 주어 he/she 사용하여 묘사 • 과거의 경험이므로 과거형 시제 사용
중요도	★

Model Answer

Answer 1 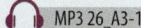 MP3 26_A3-1

Frankly, I have never had that kind of experience.
I think I was lucky.
So, I really don't have much to say about this topic.

Answer 2 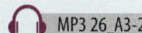 MP3 26_A3-2

I have never had that kind of experience but my friend had a similar experience.
He ordered 20 Americanos at a café near his company for his clients.
He went to the café to pick them up, but coffees were not ready.
It turned out that the staff who received the order forgot about it.
He had to cancel the order and go to another café.

Translation

Answer 1

솔직히 그런 경험은 겪은 적이 없습니다.
아주 운이 좋은 것 같습니다.
그래서, 저는 이 주제에 대해 별로 할 말이 없습니다.

Answer 2

저는 그런 경험을 한 적이 없지만 제 친구가 비슷한 경험을 했습니다.
그는 고객들을 위해 회사 근처에 있는 커피숍에서 아메리카노 20잔을 준비했습니다.
커피를 가지러 커피숍에 갔는데 준비되어 있지 않았습니다.
알고 보니 주문을 받은 직원이 그것을 잊어버린 것입니다.
그는 주문을 취소하고 다른 카페에 가야만 했습니다.

Key Expressions

- **experience** 경험
- **similar** 비슷한
- **order** 주문하다
- **client** 고객, 손님
- **pick up** 가지러 가다
- **ready** 준비된
- **turn out** 밝혀지다
- **staff** 직원
- **receive the order** 주문을 받다
- **forget** 잊어버리다
- **cancel** 취소하다

4 **I'd like to give you a situation and ask you to act it out.
Your friend's family member opened a new restaurant.
Call your friend and ask three or four questions to find out whether you want to order food from that place.**

MP3 26_Q4

상황을 하나 드릴 테니 연기해 보세요. 친구의 가족이 새로운 음식점을 개업했습니다.
당신은 그곳에서 음식을 주문하기 위해 친구에게 전화해서 서너 가지 질문을 하세요.

문항 유형	친구의 가족분이 새로 오픈한 음식점에 대해 질문
문항 수준	Intermediate
핵심 포인트	• 친구에게 전화해서 질문하기
	• 음식점에서 판매하는 메뉴의 종류에 대해 문의
	• 메뉴의 가격, 할인 방법 그리고 음식점의 위치 등에 대해 질문
중요도	★

Model Answer MP3 26_A4

Hello, Jim. This is Peter.

I'm calling to ask about your uncle's new restaurant.

I want to order some food for a party.

What kinds of menus are there?

How much are they?

Can you recommend anything?

Is there a website I can see?

Are there any promotions?

Plus, can you give me directions to the restaurant?

Is it close to the subway station?

How long does it take on foot?

Give me a call when you get this. Thanks.

Translation

여보세요, 짐. 피터야.

네 삼촌의 새 음식점에 대해 물어보려고 전화했어.

파티를 위해 음식을 주문하고 싶어.

어떤 종류의 메뉴가 있어?

얼마야?

추천해 줄 것이 있어?

내가 볼 수 있는 웹사이트가 있어?

프로모션이 있어?

그리고, 음식점으로 가는 길 좀 알려 줄래?

지하철역에서 가까워?

걸어서 가면 얼마나 걸려?

이 메시지를 받으면 전화 줘. 고마워.

Key Expressions

• **order** 주문하다
• **recommend** 추천하다

• **promotion** 프로모션
• **direction** 위치, 찾아가는 방법

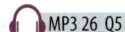

5 **I'm sorry, but there is a problem I need you to resolve.**
You have ordered lunch for a lunch meeting at your office.
However, the delivery person brought you someone else's lunch box.
Call the manager of the restaurant, explain the situation, and give two to three solutions to the problem.

안타깝지만 당신이 해결해야 하는 문제가 생겼습니다. 사무실에서 점심 미팅을 위해 점심식사를 주문했습니다. 하지만 배달원이 다른 사람의 도시락을 가져왔습니다. 음식점의 지배인에게 전화를 걸어 상황을 설명하고 문제에 대한 두세 가지 해결 방법을 제시하세요.

문항 유형	잘못 배달된 점심 도시락 전화해서 문제 해결
문항 수준	Advanced
핵심 포인트	• 음식점에 근무하는 직원에게 전화 • 주문을 했는데 음식이 잘못 온 문제 상황 설명 • 대안으로 교환 및 환불 요청
중요도	★

Model Answer   MP3 26_A5

Hello, I'm a person who ordered lunch from your restaurant.

There is something wrong with my lunch.

I think I got the wrong menu.

+ I ordered a chicken salad, but the one I got is a seafood salad.

I want to get an exchange.

Can I get a refund if I want to?

Would that be possible?

I'm sorry for the trouble.

Give me a call when you get this. Thanks.

Translation

여보세요, 저는 당신의 음식점에서 점심을 주문한 사람입니다.

점심에 문제가 있습니다.

잘못된 메뉴를 받은 것 같습니다.

(+ 치킨 샐러드를 주문했는데, 제가 받은 것은 해산물 샐러드입니다.)

교환을 받고 싶습니다.

제가 원하면 환불을 받을 수 있나요?

그게 가능할까요?

번거롭게 해드려 죄송합니다.

이 메시지를 받으면 전화 주세요. 고맙습니다.

Key Expressions

- **order** 주문하다
- **wrong** 잘못된
- **get an exchange** 교환하다

- **refund** 환불
- **possible** 가능한
- **trouble** 문제점, 골칫거리

6 That's the end of the situation.
Talk about a recent time you went out to eat with your friends or family.
Where did you go and who did you go with? What did you eat?
Tell me everything about that experience.

상황이 종료되었습니다. 최근에 친구나 가족과 함께 외식하러 나갔던 때를 이야기해 보세요.
어디로 갔으며 누구와 함께 갔으며 무엇을 먹었나요? 그 경험에 대한 모든 것을 말해 주세요.

문항 유형	최근에 간 음식점에서 한 일 묘사
문항 수준	Advanced
핵심 포인트	• 최근 친구들과 음식점에 간 경험 이야기 • 과거의 경험이므로 과거형 시제로 묘사 • 친구들과 본인이 함께 겪은 경험이기 때문에 주어는 we, they, I 등 상황에 맞게 다양하게 사용
중요도	★

Model Answer MP3 26_A6

My family and I had dinner last weekend.
+ My friends and I had lunch a few weeks ago.
+ My co-workers and I had a staff dinner a few days ago.
We went to a great Mexican restaurant.
+ Italian + Thai + Japanese + Chinese
+ American + Vietnamese
They had the best tacos in town.
+ burgers + steak + pizza + pasta
+ Korean barbeque + rice noodles
The food tasted good because I was so hungry.
The shrimp I ordered was very juicy and tender.
+ fish + beef + pork + chicken + crab + lobster
+ squid + octopus
Plus, we had some beer with the meal.
+ red/white wine + soft drinks + cocktails
It was a very memorable dinner.

Translation

가족들과 저는 지난 주말에 저녁 식사를 했습니다.
(+ 친구들과 저는 몇 주 전에 점심 식사를 했습니다.
+ 며칠 전 직장 동료들과 저는 회식을 했습니다.)
우리는 훌륭한 멕시코 음식점에 갔습니다.
(+ 이탈리아 + 태국 + 일본 + 중국 + 미국 + 베트남)
그곳은 동네에서 가장 맛있는 타코를 제공합니다.
(+ 버거 + 스테이크 + 피자 + 파스타 + 한국식 바비큐
+ 쌀국수)
배가 고파서 음식이 더 맛있었습니다.
제가 주문한 새우는 육즙이 많고 부드러웠습니다.
(+ 생선 + 소고기 + 돼지고기 + 닭고기 + 게 + 랍스터
+ 오징어 + 문어)
또한, 우리는 식사와 함께 맥주를 조금 마셨습니다.
(+ 레드/화이트 와인 + 탄산음료 + 칵테일)
매우 기억에 남는 저녁 식사였습니다.

Key Expressions

- **co-workers** 직장 동료
- **staff-dinner** 회식
- **taste** 맛이 ~하다
- **hungry** 배고픈

- **juicy** 즙이 많은
- **tender** 부드러운
- **order** 주문하다
- **memorable** 기억에 남는

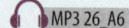

데이터어 트렌드로 쉽게 취득하는 OPIc IM

Bar 술집

7 **I'd like to give you a situation and ask you to act it out.**
A friend of yours has told you that a new bar is opening.
Call your friend and ask three or four questions to find out more about the bar.

🎧 MP3 26_Q7

상황을 하나 드릴 테니 연기해 보세요. 친구가 새로운 술집이 생겼다고 말했습니다.
친구에게 전화해서 그 술집에 대해 더 알아보기 위해 서너 가지 질문을 하세요.

문항 유형 새로 오픈한 술집에 대해 친구에게 전화 질문
문항 수준 Intermediate
핵심 포인트 • 친구에게 전화로 질문
• 새로 오픈한 술집의 술 종류에 대해 문의
• 술 가격과 할인 방법, 술집의 위치와 영업시간에 대해 질문
중요도 ★

Model Answer 🎧 MP3 26_A7

Hello, Jim. This is Peter.

I'm calling to ask about the new bar.

I want to go there with my friends.

What kinds of drinks are there?

How much are they?

Can you recommend anything?

Is there a website I can see?

Are there any promotions?

Plus, can you give me directions to the bar?

Is it close to the subway station?

How long does it take on foot?

Call me back when you get this. Thanks.

Translation

여보세요, 짐. 피터야.

새 술집에 대해 물어보려고 전화했어.

친구들과 그곳에 가고 싶어.

어떤 종류의 술이 있어?

얼마야?

추천해 줄 것이 있어?

내가 볼 수 있는 웹사이트가 있어?

프로모션이 있어?

그리고, 술집으로 가는 길 좀 알려 줄래?

지하철역에서 가까워?

걸어서 가면 얼마나 걸려?

이 메시지를 받으면 전화 줘. 고마워.

Key Expressions

• **ask about** ~에 대해 묻다
• **recommend** 추천하다

• **promotion** 프로모션
• **direction** 위치, 찾아가는 방법

26 Role Play 카페숍 / 음식점 / 술집 |

483

8 **I'm sorry, but there is a problem I need you to resolve.** 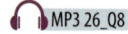 MP3 26_Q8
You are supposed to meet your friend at this new bar tonight, but you are not feeling well. Call your friend, explain the situation, and make two or three suggestions to go to a bar another time.

안타깝지만 당신이 해결해야 하는 문제가 생겼습니다. 오늘 밤 새 술집에서 친구를 만나기로 했는데, 몸이 좋지 않습니다. 친구에게 전화해서 상황을 설명하고 다음에 술집에 가기 위해 두세 가지 제안을 하세요.

문항 유형	친구에게 아파서 술집에 못 가게 된 상황 설명, 대안 제시
문항 수준	Advanced
핵심 포인트	• 만나기로 했던 친구에게 전화
	• 아파서 술집에 갈 수 없게 된 문제 상황 설명
	• 대안으로 새로 만날 약속을 잡기 위해 가능한 일정 제시
중요도	★

Model Answer   MP3 26_A8

Hello, Jim. This is Peter.

I have some bad news.

I DON'T think I can make it to the bar tonight.

I am very sick right now.

What do you want to do?

Why DON'T we go next time?

How about we go next week?

Or, maybe we could go another time.

What do you think? I'm fine with whatever you decide.

Call me back when you get this. Thanks.

Translation

여보세요. 짐. 피터야.

나쁜 소식이 있어.

나 오늘 밤에 술집에 못 갈 것 같아.

내가 지금 너무 아파.

어떻게 하고 싶어?

다음에 가는 게 어떨까?

다음 주에 가는 건 어때?

아니면, 다음에 갈 수 있을 때 가자.

어떻게 생각해? 네가 어떤 결정을 내리든 난 다 괜찮아.

이 메시지를 받으면 전화 줘. 고마워.

Key Expressions

- **bad news** 나쁜 소식
- **make it** 성공하다, 해내다
- **get sick** 아프다
- **another time** 다음 번에

- **whatever** 무엇이든지
- **decide** 결정하다
- **call back** 다시 전화하다

9 That's the end of the situation. We all remember specific bar or pub visits.
Tell me all about the bar visit that was particularly memorable.
Who was there? What happened? Describe that evening in detail.

🎧 MP3 26_Q9

상황이 종료되었습니다. 우리는 모두 특정한 술집이나 맥주집 방문을 기억합니다. 특히 기억에 남는 술집 방문에 대해 말해 주세요. 그곳에 누가 있었나요? 무슨 일이 있었나요? 그날 저녁의 일을 자세히 설명해 주세요.

문항 유형	술집에서 있었던 기억에 남는 에피소드 묘사
문항 수준	Advanced
핵심 포인트	• 술집에서 술에 취한 경험을 구체적으로 묘사 • 본인의 과거 경험이므로 주어 I와 과거형 시제 사용
중요도	★

Model Answer 🎧 MP3 26_A9

I remember going to a gathering recently.
+ a staff dinner + a birthday party
It was held at a Korean bar and we drank beer there.
However, I drank a lot that day.
I got very drunk because I drank too much.
+ I drank too fast + I drank on an empty stomach
+ I mixed drinks
I felt like throwing up.
Plus, I felt dizzy and I could NOT walk straight.
+ I got wasted and blacked out.
+ I do NOT even remember how I got home.
I had a hangover the next day. It took me a long time to sober up.
Since then, I try to be more careful.

Translation

최근에 모임에 갔던 기억이 납니다.
(+ 회식 + 생일 파티)
한국식 술집이었고 우리는 거기서 맥주를 마셨습니다.
그런데 그날 술을 많이 마셨습니다.
술을 너무 많이 마셔서 많이 취했습니다.
(+ 너무 빨리 마셔서 + 빈속에 마셔서 + 섞어 마셔서)
속이 너무 안 좋았습니다.
게다가, 현기증이 나고 똑바로 걸을 수가 없었습니다.
(+ 완전히 취해서 정신을 잃었습니다.
 + 집에 어떻게 왔는지 기억도 나지 않습니다.)
다음날 숙취에 시달렸습니다. 술이 깨는 데 꽤 오래 걸렸습니다.
그 이후로, 저는 더 조심하려고 노력합니다.

Key Expressions

- **gathering** 모임
- **get drunk** 술에 취하다
- **empty stomach** 빈속
- **dizzy** 어지러운

- **get wasted** 만취하다
- **get blacked out** 정신을 잃다
- **hangover** 숙취
- **sober up** 술이 깨다

10 I'd like to give you a situation and ask you to act it out.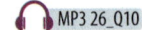
You have been invited to a friend's birthday party.
The party will be held at a bar. Call your friend and ask three or four questions about the place that the party is going to be held at.

상황을 하나 드릴 테니 연기해 보세요. 친구의 생일 파티에 초대되었습니다. 파티는 술집에서 열릴 예정입니다.
친구에게 전화해서 파티가 열릴 술집에 대해 서너 가지 질문을 하세요.

문항 유형	친구한테 생일 파티를 하게 될 술집에 대해 질문
문항 수준	Intermediate
핵심 포인트	• 생일 파티를 여는 친구에게 전화로 질문
	• 파티가 열리는 술집의 정확한 위치에 대해 문의
	• 술집에서 제공하는 술의 종류와 가격에 대해 질문
중요도	★

Model Answer MP3 26_A10

Hello, Jim. This is Peter.

Happy Birthday!

Thanks for inviting me to your party.

I heard it is going to be held at a bar.

What kinds of drinks are there?

How much are they?

Plus, can you give me directions to the bar?

Is it close to the subway station?

How long does it take on foot?

Call me back when you get this. Thanks.

Translation

여보세요, 짐. 피터야.

생일 축하해!

파티에 초대해 줘서 고마워.

술집에서 열린다고 들었어.

어떤 종류의 술이 있어?

얼마야?

그리고, 술집으로 가는 길 좀 알려 줄래?

지하철역에서 가까워?

걸어서 가면 얼마나 걸려?

이 메시지를 받으면 전화 줘. 고마워.

Key Expressions

• **invite** 초대하다
• **be held** ~에서 열리다

• **direction** 위치, 찾아가는 방법
• **on foot** 도보로

데이터와 트렌드로 쉽게 취득하는 OPIc IM

11 **I'm sorry, but there is a problem I need you to resolve.**
You have a test coming up tomorrow and cannot make it to the birthday party.
Call your friend, explain the situation, and give two to three alternatives regarding the situation.  MP3 26_Q11

안타깝지만 당신이 해결해야 하는 문제가 생겼습니다. 내일 시험이 있어서 친구 생일 파티에 갈 수 없습니다.
친구에게 전화해서 상황을 설명하고 문제에 대한 두세 가지 대안을 제시하세요.

문항 유형	시험 때문에 친구 생일 파티 불참을 전화로 설명
문항 수준	Advanced
핵심 포인트	• 생일 파티에 초대한 친구에게 전화
	• 시험 때문에 파티에 참석하지 못하게 된 문제 상황 설명
	• 다시 만날 약속 정하기 위해 일정 제안
중요도	★

Model Answer 🎧 MP3 26_A11

Hello, Jim. This is Peter.

I have some bad news.

I DON'T think I can make it to your birthday party.

I have a test coming up tomorrow.

I am so sorry. I want to make it up to you later on.

When do you want to meet?

I'm free on Saturday.

Do you have time that day?

If not, I can make some time on Sunday.

Anyway, please have fun at the party.

Happy birthday once again!

Translation

여보세요. 짐. 피터야.

나쁜 소식이 있어.

네 생일 파티에 못 갈 것 같아.

내일 시험이 있어.

정말 미안해. 나중에 꼭 갚고 싶어.

언제 만나고 싶어?

나는 토요일에 시간 돼.

너는 그날 시간 돼?

안 된다면 일요일에 시간을 낼 수 있어.

어쨌든, 파티에서 즐거운 시간을 보내.

다시 한번 생일 축하해.

Key Expressions

• **make it** 성공하다, 해내다
• **come up** 생기다, 다가오다
• **make it up** 보상하다, 갚다
• **have fun** 즐거운 시간 보내다

12 **I'm sorry, but there is a problem I need you to resolve.** 🎧 MP3 26_Q12
You want to pay for the drinks at a bar, but you find out that you DON'T have your wallet with you. Explain your situation to the clerk and give several alternatives to solve the problem.

안타깝지만 당신이 해결해야 하는 문제가 생겼습니다. 술집에서 술값을 내려고 하는 데 지갑이 없다는 걸 알게 되었습니다. 직원에게 상황을 설명하고 문제를 해결할 수 있는 몇 가지 대안을 제시하세요.

문항 유형	술집에서 지갑이 없어서 현장 직원에게 외상 요청
문항 수준	Advanced
핵심 포인트	• 술집에서 근무하는 직원에게 문제 상황 설명 • 술값을 낼 수 없는 이유 설명 • 술값을 지불할 수 있는 다른 대안 방법 제시
중요도	★

Model Answer 🎧 MP3 26_A12

Hello, I'm so sorry but I cannot find my wallet.

I think I left it at home.

I do NOT have any cash on me right now.

So, I do NOT think I can pay for the drinks.

Can I pay tomorrow?

I will stop by on my way home.

Would that be possible?

I'm sorry for the trouble.

I will give you my phone number.

Here is my business card.

Translation

안녕하세요, 정말 죄송하지만 제 지갑을 찾을 수가 없습니다.

집에 두고 온 것 같습니다.

지금 저한테 현금이 하나도 없습니다.

그래서, 제가 술값을 지불할 수 없을 것 같습니다.

내일 결제해도 되나요?

집에 가는 길에 들리겠습니다.

그게 가능할까요?

번거롭게 해드려 죄송합니다.

제 전화번호를 알려드리겠습니다.

제 명함 여기 있습니다.

Key Expressions

- **leave** 두고 오다
- **pay for** 지불하다
- **stop by** 들르다
- **trouble** 문제점, 골칫거리
- **phone number** 전화번호
- **business card** 명함

13 **That's the end of the situation. Talk about a bar you like to go to.**
Why do you like to go to that bar? What is special about that place?
상황이 종료되었습니다. 당신이 가고 싶은 술집에 대해 이야기하세요. 왜 그 술집에 가고 싶나요? 그곳이 뭐가 특별한가요?

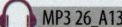

문항 유형	본인이 가장 좋아하는 술집 묘사
문항 수준	Intermediate
핵심 포인트	• 본인이 좋아하는 술집에 대해 묘사 • 현재형 시제와 주어 I, bars, they 등 상황에 맞게 사용
중요도	★

Model Answer 🎧 MP3 26_A13

There are many bars in Korea.

Many of them are on busy streets.

They are easy to find because they are everywhere.

Personally, I like going to a pub near my office (house).

+ It is a nice pub that serves various beer.

+ It is a local pub that serves draft beer.

I like that place because I like the food and the mood.

+ Plus, it is close to my office (house).

+ Also, the staff are very friendly.

+ Plus, it is cheaper than other pubs.

I am a regular there. I think I go there once a month on average.

So, this is what my favorite bar is like.

Translation

한국에는 술집이 많습니다.

술집은 대부분 번화가에 있습니다.

어디에나 있기 때문에 쉽게 찾을 수 있습니다.

개인적으로 사무실 (집) 근처에 있는 맥주집에 가는 것을 좋아합니다.

(+ 다양한 종류의 맥주를 제공하는 멋진 맥주집입니다.

+ 생맥주를 파는 동네 맥주집입니다.)

음식과 분위기가 좋아서 그곳을 좋아합니다.

(+ 또한, 제 사무실 (집)과 가깝습니다.

+ 게다가 직원들도 매우 친절합니다.

+ 또한 다른 맥주집보다 저렴합니다.)

저는 단골입니다. 평균적으로 한 달에 한 번은 가는 것 같습니다.

즉, 제가 좋아하는 술집은 이렇습니다.

Key Expressions

- **on busy streets** 번화가
- **easy to find** 찾기 쉬운
- **serve** 제공하는
- **draft beer** 생맥주

- **mood** 분위기
- **staff** 직원
- **regular** 단골
- **on average** 평균적으로

14 **That's the end of the situation.**
Talk about a memorable incident that happened at a bar.
Why was that incident unforgettable? Give me all the details.

🎧 MP3 26_Q14

상황이 종료되었습니다. 술집에서 생긴 기억에 남는 사건에 대해 말해 주세요. 그 일이 왜 기억에 남나요? 자세히 설명해 주세요.

문항 유형	술집에서 있었던 기억에 남는 에피소드 묘사
문항 수준	Advanced
핵심 포인트	• 술집에서 술에 취한 경험 묘사
	• 본인의 과거 경험이므로 주어 I와 과거형 시제 사용
중요도	★

Model Answer 🎧 MP3 26_A14

I remember going to a gathering recently.

+ a staff dinner + a birthday party

It was held at a Korean bar and we drank beer there.

I drank a lot that day.

I got very drunk because I drank too much.

+ I drank too fast + I drank on an empty stomach + I mixed drinks

I felt like throwing up.

Plus, I felt dizzy and I could NOT walk straight.

+ I got wasted and blacked out.

+ I do NOT even remember how I got home.

I had a hangover the next day. It took me a long time to sober up.

Since then, I try to be more careful.

Translation

최근에 모임에 갔던 기억이 납니다.

(+ 회식 + 생일 파티)

한국식 술집이었고 우리는 거기서 맥주를 마셨습니다.

그날 술을 많이 마셨습니다.

술을 너무 많이 마셔서 많이 취했습니다.

(+ 너무 빨리 마셔서 + 빈속에 마셔서 + 섞어 마셔서)

속이 너무 안 좋았습니다.

게다가, 현기증이 나고 똑바로 걸을 수가 없었습니다.

(+ 완전히 취해서 정신을 잃었습니다.

+ 집에 어떻게 왔는지 기억도 나지 않습니다.)

다음날 숙취에 시달렸습니다. 술이 깨는 데 꽤 오래 걸렸습니다.

그 이후로, 저는 더 조심하려고 노력합니다.

Key Expressions

- **gathering** 모임
- **get drunk** 술에 취하다
- **empty stomach** 빈속
- **dizzy** 어지러운

- **get wasted** 만취하다
- **get blacked out** 정신을 잃다
- **hangover** 숙취
- **sober up** 술이 깨다

27 Role Play 인터넷 / 면접 / 피트니스

롤플레이 답변 시에 활용할 수 있는 주제별 Key Patterns을 학습해보세요.

1. 친구가 찾은 웹사이트에 대해 물을 때 사용하는 표현

- What kind of site it is? 어떤 종류의 사이트야?
- Is it a social networking site? SNS야?
- Can I post pictures or video clips? 사진이나 영상을 올릴 수 있어?
- Can I leave messages? 메시지 남길 수 있어?

2. 인터넷 문제로 인해 도움 요청할 때 사용하는 표현

〈get some help〉 도움을 받다

- I want to get some help. 도움을 받고 싶습니다.
- I really need to get some help ASAP. 가능한 한 빨리 도움이 필요합니다.

* 의문문으로 바꾸어 도움 요청하는 방법

〈help (목적어) out〉 도움을 주다

- Can you help me out? 도와주실 수 있나요?
- Would you please help me out? 도와주실래요?

3. 인터넷을 하면서 겪은 불편에 대해 이야기할 때 쓰이는 표현

〈get spam mail〉 스팸 메일을 받다 / 〈block someone〉 누군가를 차단하다 / 〈send spam mail〉 스팸 메일을 보내다 / 〈annoying〉 짜증나는 / 〈on the internet〉 인터넷에서

* 기기/기계 앞에는 전치사 on 사용

* spam mail은 spam messages로 바꿔 말하기 가능

4. 면접이 잡힌 회사에 대한 정보를 요청할 때 사용하는 표현

- What are some employee benefits? 직원들의 복리후생이 무엇인가요?

〈pay〉 돈을 내다 / 〈get paid〉 돈을 받다

- How much do people get paid? 사람들이 얼만큼 버나요?
- How long are the vacations? 휴가가 얼마나 있나요?

5. 약속/예약을 못 지키는 이유 설명할 때 사용하는 표현

〈come up〉 발생하다, 생기다 / 〈suddenly〉 갑자기 / 〈urgent〉 급한

• Something urgent came up suddenly. 갑자기 급한 일이 생겼습니다.

* urgent 대신에 다른 형용사 사용 가능

〈something + 형용사〉 (형용사)한 무언가

something serious: 심각한 무언가 / something important: 중요한 무언가

• Something important came up, so I have to go right now. 뭔가 중요한 일이 생겨서 바로 가야 합니다.

6. 약속/예약을 다시 잡을 때 사용하는 표현

〈want to + 동사〉 (동사)하기 원하다

〈reschedule〉 새로 일정을 잡다

• I want to reschedule my session. 세션 일정을 다시 잡고 싶습니다.

〈be possible〉 가능하다

• I want to reschedule my interview. Is it possible? 인터뷰 일정을 다시 잡고 싶습니다. 가능한가요?

• Is it possible to reschedule my interview? 인터뷰 일정을 다시 잡는 것이 가능한가요?

7. 본인의 건강을 위해 먹은 음식에 대해 이야기할 때 쓰이는 표현

〈eat healthy〉 건강하게 먹다

• I try to eat healthy for my health. 저는 건강을 위해 건강하게 먹으려고 노력합니다.

〈contain〉 포함하다 / 〈rich in〉 ~풍부하다

• Fruits contain a lot of vitamins and they are rich in fiber.
과일은 비타민이 많이 포함되어 있고 섬유질이 풍부합니다.

OPIc 질문에 대한 모범답변을 살펴본 후, 질문의 핵심 포인트를 파악하여 나만의 OPIc 답변을 만들어 보세요.
또한 모범 답변에 하이라이트 된 필수 문장은 반드시 암기하여 나만의 답변에 활용하세요.

Internet 인터넷

 MP3 27_Q1

1 I'd like to give you a situation and ask you to act it out. Your friend has found a cool website. Call your friend and ask three or four questions about the website he/she has found.

상황을 하나 드릴 테니 연기해 보세요. 당신의 친구가 멋진 웹사이트를 찾았습니다.
친구에게 전화해서 그/그녀가 발견한 웹사이트에 대해 서너 가지 질문을 하세요.

문항 유형	친구가 찾은 웹사이트에 대해 전화로 질문
문항 수준	Intermediate
핵심 포인트	• 웹사이트 찾은 친구에게 전화 • 친구가 찾은 웹사이트의 종류에 대해 문의 • 웹사이트에서 할 수 있는 일이 무엇인지 묻기
중요도	★★

Model Answer MP3 27_A1

Hello, Peter. This is John.

I'm calling to ask about the website you talked about.

I want to check it out.

What kind of site is it?

Is it a social networking site?

Can I "friend" or "follow" people?

Can I post pictures or video clips?

Can I leave messages?

I really want to check out that website.

Give me a call when you get this. Thanks.

Translation

여보세요, 피터. 존이야.
네가 말한 웹사이트에 대해 물어보고 싶어서 전화했어.
확인해 보고 싶어.
어떤 사이트야?
SNS야?
"친구추가"나 "팔로우"를 할 수 있어?
사진이나 동영상을 올릴 수 있어?
메시지를 남길 수 있어?
정말로 그 웹사이트를 확인해 보고 싶어.
이 메시지를 받으면 전화 줘. 고마워.

Key Expressions

- **check out** 확인하다, 살펴보다
- **social networking site** SNS, 소셜 미디어
- **post** 올리다, 게시하다
- **video clip** 비디오 영상
- **leave message** 메시지를 남기다

2 I'm sorry, but there is a problem I need you to resolve.
You have tried to log on to that website, but there is something wrong with your web browser. Call the internet help desk and ask for help. Explain why you need to get help as soon as possible.

안타깝지만 당신이 해결해야 하는 문제가 생겼습니다 그 웹사이트에 접속하려고 했지만 웹 브라우저에 뭔가가 잘못 되었습니다. 업무지원센터에 전화해서 도움을 요청하세요. 가능한 한 빨리 도움을 받아야 하는 이유를 설명하세요.

문항 유형	웹 브라우저의 문제 발생으로 인터넷 회사 전화 도움 요청
문항 수준	Advanced
핵심 포인트	• 인터넷 회사에 전화
	• 사이트에 접속 할 수 없는 문제 상황 설명
	• 문제 해결을 위해 회사 방문을 제안한 후 회사의 위치와 영업 시간에 대해 묻기
중요도	★★

Model Answer MP3 27_A2

Hello, I'm calling to ask for some help.

There is something wrong with my web browser.

I am having some connection problems.

I want to get some help.

When can I visit your office?

What are your business hours?

How late are you open?

Give me a call when you get this. Thanks.

Translation

여보세요, 도움이 필요해서 전화 드렸습니다.

제 웹 브라우저에 뭔가가 잘못되었습니다.

접속하는 데 문제가 좀 있습니다.

도움을 받고 싶습니다.

제가 언제 사무실에 방문해도 되나요?

영업 시간이 언제인가요?

얼마나 늦게까지 여나요?

이 메시지를 받으면 전화 주세요. 고맙습니다.

Key Expressions

• **ask for** 요청하다
• **connection problem** 연결 문제, 접속 문제
• **business hours** 영업 시간
• **give a call** 전화 주다

3 I'm sorry, but there is a problem I need you to resolve.
You have tried to check out that website, but it is not available.
Call your friend, explain the situation and make some suggestions to solve the problem.

🎧 MP3 27_Q3

안타깝지만 당신이 해결해야 하는 문제가 생겼습니다 그 웹 사이트를 살펴 보려고 했지만 이용이 불가능했습니다.
친구에게 전화해서 상황을 설명하고 문제를 해결하기 위해 몇 가지 제안을 하세요.

문항 유형	사이트에 접속이 안 되어 친구에게 도움 요청
문항 수준	Advanced
핵심 포인트	• 사이트에 대해 알려 준 친구에게 전화
	• 사이트에 로그인을 할 수 없는 문제 상황 설명
	• 친구에게 도움 요청한 후 만날 약속 정하기
중요도	★★

Model Answer 🎧 MP3 27_A3

Hello, Peter. This is John.

I have some bad news.

I am having trouble logging on to the website.

Can you help me out?

Why don't we meet up?

When do you want to meet?

I'm free on Saturday.

Do you have time that day?

If not, I can make some time on Sunday.

Give me a call when you get this. Thanks.

Translation

여보세요, 피터 존이야.

나쁜 소식이 있어.

웹사이트에 로그인하는 데 어려움을 겪고 있어.

나 좀 도와 줄 수 있어?

우리 만나는 게 어때?

언제 만나고 싶어?

나 토요일에 시간 돼.

그날 시간 있어?

안 된다면, 일요일에 시간을 조금 낼 수 있어.

이 메시지를 받으면 전화 줘. 고마워.

Key Expressions

- **trouble** 문제점, 골칫거리
- **log on to the website** 사이트에 로그인하다, 접속하다
- **help out** 도와주다
- **meet up** 만나다
- **make time** 시간을 내다, 시간을 만들다
- **give a call** 전화 주다

4 **That's the end of the situation.**
How did you use the internet to get a project done in the past?
When was it? What was the project about? Give me all the details.

상황이 종료되었습니다. 과거에 프로젝트를 끝내기 위해 인터넷을 어떻게 사용했나요? 그것이 언제였나요?
그 프로젝트는 무엇에 관한 것이었나요? 자세하게 다 말해 주세요.

문항 유형	인터넷을 이용해서 최근에 한 프로젝트 묘사
문항 수준	Advanced
핵심 포인트	• 인터넷을 사용하여 회사 프로젝트 한 경험 묘사
	• 과거에 한 본인의 경험이기 때문에 과거형 시제, 주어 I 사용
중요도	★★

Model Answer
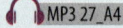MP3 27_A4

I remember doing a project at work recently.

I had to write a report for the project.

I surfed the internet and did some searches.

I gathered some data and used them in my report.

The report became better because there was a lot of information in it.

It was worth the time and energy.

So, surfing the internet was very helpful when I was doing my project.

Translation

제가 최근에 회사에서 프로젝트를 했던 것이 기억납니다.

저는 그 프로젝트에 대한 보고서를 써야 했습니다.

인터넷 서핑을 하고 검색을 조금 했습니다.

저는 몇 가지 자료를 모아 제 보고서에 사용했습니다.

그 보고서에는 많은 정보가 들어 있었기 때문에 더 나아졌습니다.

시간과 힘을 들일 만한 가치가 있었습니다.

그래서 프로젝트를 할 때 인터넷 서핑은 매우 도움이 되었습니다.

Key Expressions

- **do a project** 프로젝트를 하다
- **recently** 최근에
- **write a report** 리포트를 쓰다
- **do searches** 조사를 하다
- **gather data** 정보를 모으다
- **become better** 더 나아지다, 좋아지다
- **worth the time and energy** 시간과 힘이 아깝지 않은
- **helpful** 도움이 되는

5 That's the end of the situation. Have you ever had any trouble on the internet?  MP3 27_Q5
Perhaps, you had difficulty using a website or you lost internet connection.
What was the exact problem and how did you deal with the situation?

상황이 종료되었습니다. 인터넷에 문제가 생긴 적이 있나요? 웹 사이트 사용에 어려움이 있거나 인터넷 연결이 끊겼을 수 있습니다. 정확한 문제점은 무엇이었고 상황에 어떻게 대처했습니까?

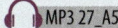

문항 유형	본인이 인터넷을 하면서 겪은 불편 묘사
문항 수준	Advanced
핵심 포인트	• 스팸 메일 차단한 경험 묘사 • 과거에 발생한 본인의 경험이므로 과거형 시제, 주어 I 사용
중요도	★★

Model Answer　MP3 27_A5

I get so many spam mails these days.
I always block people who send me spam
mails.
They are so annoying.
So, this is the problem I had on the internet.

Translation

요즘 스팸 메일이 너무 많이 옵니다.
저는 항상 스팸 메일을 보내는 사람들을 차단합니다.
그것은 매우 짜증납니다.
이것이 제가 인터넷에서 겪었던 문제입니다.

Key Expressions

- **spam mail** 스팸 메일
- **block** 차단하다
- **send** 보내다
- **annoying** 짜증나는

6 **I'd like to give you a situation and ask you to act it out.**
You have an interview at a company.
Call the company and ask three or four questions about the company.

상황을 하나 드릴 테니 연기해 보세요. 당신은 회사에서 면접이 있습니다. 회사에 전화해서 회사에 대해 서너 가지 질문을 하세요.

문항 유형	인터뷰를 보러 가야 하는 회사에 대한 질문
문항 수준	Intermediate
핵심 포인트	• 인터뷰가 잡혀 있는 회사에 전화 • 회사 위치 및 가는 방법에 대해 문의 • 회사의 복리후생에 대해 질문
중요도	★

Model Answer MP3 27_A6

Hello, my name is Richard Lee.

I have an interview there.

I want to ask about your company.

First, what are some employee benefits?

Also, how much do people get paid?

Next, how long are the vacations?

Plus, can you give me directions to your company?

Is it close to the subway station?

How long does it take on foot?

Give me a call when you get this. Thanks.

Translation

여보세요, 제 이름은 리차드 리입니다.

그곳에서 면접이 있습니다.

회사에 대해 여쭤보고 싶습니다.

먼저 어떤 직원 복리후생이 있나요?

다음으로, 사람들은 얼마를 받나요?

게다가, 휴가는 얼마간 받을 수 있나요?

그리고, 회사 가는 길을 알려 주실 수 있나요?

지하철역에서 가깝나요?

걸어서 가면 얼마나 걸리나요?

이 메시지를 받으면 전화 주세요. 고맙습니다.

Key Expressions

• **employee benefit** 직원 복리후생
• **get paid** 돈을 받다
• **vacation** 휴가

• **direction** 길, 위치
• **close to** ~에서 가깝다
• **on foot** 도보로

7 **I'm sorry, but there is a problem I need you to resolve.**
There is an emergency and you cannot make it to the interview.
Call the company and explain the situation.
Give some alternatives to make arrangements for a schedule change.

안타깝지만 당신이 해결해야 하는 문제가 생겼습니다. 급한 일이 있어서 인터뷰에 참석할 수 없습니다. 회사에 전화해서 상황을 설명하세요. 스케줄 변경을 위해 몇 가지 대안을 제시해서 일정을 조정하세요.

문항 유형	인터뷰 못 가는 긴급 상황을 전화로 설명하고 대안 제시
문항 수준	Advanced
핵심 포인트	• 인터뷰 잡힌 회사에 전화
	• 긴급한 일이 생겨 인터뷰가 가지 못하게 된 문제 상황 설명
	• 새로운 인터뷰 날짜 잡기 위해 일정 제안
중요도	★

Model Answer 🎧 MP3 27_A7

Hello, my name is Richard Lee.

I have an interview there.

However, I DON'T think I can make it to my interview.

Something urgent came up suddenly.

I want to reschedule my interview.

Would that be possible?

I'm sorry for the trouble.

Give me a call when you get this. Thanks.

Translation

여보세요, 제 이름은 리차드 리입니다.

그곳에서 인터뷰가 있습니다.

하지만 저는 인터뷰에 못 갈 것 같습니다.

갑자기 급한 일이 생겼습니다.

면접 일정을 재조정하고 싶습니다.

그게 가능할까요?

번거롭게 해드려 죄송합니다.

이 메시지를 받으면 전화 주세요. 고맙습니다.

Key Expressions

- **make it** 성공하다, 해내다
- **urgent** 급한
- **come up** 생기다, 발생하다
- **suddenly** 갑자기
- **reschedule** 일정을 변경하다
- **possible** 가능한
- **trouble** 문제점, 골칫거리
- **give a call** 전화 주다

27 Role Play 인터넷 / 면접 / 파트너스 |

8 That's the end of the situation. Have you ever cancelled an appointment or a meeting for any reason? Why did you have to do that and how did you deal with the situation?

🎧 MP3 27_Q8

상황이 종료되었습니다. 어떤 이유로 예약이나 회의를 취소한 적이 있나요? 왜 그렇게 해야 했으며 어떻게 상황에 대처했나요?

문항 유형	중요한 약속이나 미팅 취소한 경험 묘사
문항 수준	Advanced
핵심 포인트	• 갑자기 약속을 취소해야 했던 경험 묘사 • 과거에 생긴 본인의 경험이므로 주어 I, 과거형 시제 사용
중요도	★

Model Answer 🎧 MP3 27_A8-1

Answer 1

Frankly, I have never had that kind of experience.

I think I was lucky.

So, I really don't have much to say about this topic.

Answer 2 🎧 MP3 27_A8-2

I remember making a doctor appointment recently.

However, something came up suddenly.

I could NOT make it to my appointment.

I called the clinic and told them that I could NOT go.

Eventually, I made a new appointment and went another time.

Translation

Answer 1

솔직히 말해서, 저는 그런 경험을 한 적이 없습니다.
아주 운이 좋은 것 같습니다.
그래서, 저는 이 주제에 대해 별로 할 말이 없습니다.

Answer 2

최근에 병원 예약을 했던 기억이 납니다.
그런데 갑자기 일이 생겼습니다.
예약 시간에 맞게 갈 수 없었습니다.
병원에 전화해서 갈 수 없다고 말했습니다.
결국 새로운 예약을 하고 다른 때에 갔습니다.

Key Expressions

- **doctor appointment** 병원 예약
- **recently** 최근에
- **come up** 생기다, 발생하다
- **suddenly** 갑자기
- **make it** 성공하다, 해내다
- **eventually** 결국에는

| 데이터와 트렌드로 쉽게 취득하는 OPIc IM

9 I'd like to give you a situation and ask you to act it out.
You want to enroll for a class at a fitness center.
Call the fitness center and ask questions about their programs.

🎧 MP3 27_Q9

상황을 하나 드릴 테니 연기해 보세요. 당신은 피트니스 센터 수업에 등록하기를 원합니다.
피트니스 센터에 전화해서 그들의 프로그램에 대해 질문하세요.

문항 유형 피트니스 센터 강습 전화 문의
문항 수준 Intermediate
핵심 포인트 • 등록하고 싶은 피트니스 센터 전화
• 운동 프로그램 종류에 대해 질문
• 비용, 할인 여부, 피트니스 센터의 위치 등에 대해 문의
중요도 ★

Model Answer 🎧 MP3 27_A9

Hello, I'm calling to ask about your fitness center.

I want to sign up for a membership.

What kinds of programs are there?

How much are they?

Can you recommend anything?

Is there a website I can see?

Are there any promotions?

Plus, can you give me directions to your fitness center?

Is it close to the subway station?

How long does it take on foot?

Give me a call when you get this. Thanks.

Translation

여보세요, 피트니스 센터에 대해 문의하려고
전화 드렸습니다.
회원 가입을 하고 싶습니다.
어떤 종류의 프로그램이 있나요?
얼마인가요?
추천해 주실 것이 있나요?
제가 볼 수 있는 웹사이트가 있나요?
프로모션이 있나요?
그리고, 피트니스 센터로 가는 길 좀 알려 주시겠어요?
지하철역에서 가깝나요?
걸어서 가면 얼마나 걸리나요?
이 메시지를 받으면 전화 주세요. 고맙습니다.

Key Expressions

• **sign up** 등록하다, 가입하다
• **membership** 회원
• **recommend** 추천하다

• **promotion** 프로모션
• **direction** 위치, 찾아가는 방법
• **on foot** 도보로

10 I'm sorry, but there is a problem I need you to resolve.
There is an emergency and you cannot make it to the session with your personal trainer.
Call your trainer and explain the situation.
Give some alternatives to make arrangements for a schedule change.

 MP3 27_Q10

안타깝지만 당신이 해결해야 하는 문제가 생겼습니다. 긴급 상황이 발생하여 개인 트레이너와의 세션에 참석할 수 없습니다.
트레이너에게 전화해서 상황을 설명하세요. 스케줄 변경을 위해 몇 가지 대안을 제시해서 일정을 조정하세요.

문항 유형	트레이너에게 긴급 상황으로 수업 참석 불가 설명 및 대안 제시
문항 수준	Advanced
핵심 포인트	• 약속을 잡은 트레이너에게 전화
	• 갑작스럽게 가지 못하게 된 문제 상황 설명
	• 새로운 약속 잡기 위해 일정 재조정
중요도	★

Model Answer
MP3 27_A10

Hello, my name is Richard Kim.

I have a training session there.

However, I DON'T think I can make it to the session.

Something urgent has come up suddenly.

I want to reschedule my session.

Would that be possible?

I'm sorry for the trouble.

Give me a call when you get this. Thanks.

Translation

여보세요, 제 이름은 리처드 김입니다.

그곳에서 트레이닝 세션이 있습니다.

하지만 제가 세션에 못 갈 것 같습니다.

갑자기 급한 일이 생겼습니다.

세션 일정을 재조정하고 싶습니다.

그게 가능할까요?

번거롭게 해드려 죄송합니다.

이 메시지를 받으면 전화 주세요. 고맙습니다.

Key Expressions

- **make it** 성공하다, 해내다
- **urgent** 급한
- **come up** 생기다, 발생하다
- **suddenly** 갑자기
- **reschedule** 일정을 변경하다
- **trouble** 문제점, 골칫거리

That's the end of the situation.
Have you ever tried anything to become healthier?
Tell me everything that you did to improve your health.

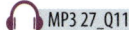

상황이 종료되었습니다. 건강해지기 위해 어떤 것을 시도해 본 적이 있나요? 건강을 증진시키기 위해 노력한 모든 것을 말해 주세요.

문항 유형	본인이 건강을 위해 한 일들 묘사
문항 수준	Advanced
핵심 포인트	• 건강을 위해 시도한 일 나열 • 과거에 본인이 한 일이므로 과거형 시제와 주어 I 사용
중요도	★

Model Answer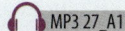

Eating healthy helped me stay healthy and lose some weight.

First, I tried to eat vegetables and fruits as often as I could.

They contain a lot of vitamins and fiber.

Plus, I tried to eat fish and chicken breasts as much as I could.

+ beans + tofu + beef + pork

They are rich in healthy protein.

Also, I tried to eat organic food whenever I could.

They are NOT grown with chemicals, so they are much healthier.

Once again, eating healthy helped me stay healthy and lose some weight.

Translation

건강하게 먹는 것은 건강을 유지하고 살을 뺄 수 있게 해주었습니다.

우선 채소와 과일을 최대한 자주 먹으려고 노력했습니다.

비타민과 섬유질을 많이 포함하고 있습니다.

또한, 생선과 닭가슴살도 최대한 많이 먹으려고 했습니다.

(+ 콩 + 두부 + 소고기 + 돼지고기)

이러한 음식들은 건강한 단백질이 풍부합니다

또한 유기농 음식을 먹으려고 틈틈이 노력했습니다.

화학약품을 사용하지 않았기 때문에 훨씬 더 건강합니다.

다시 한번 말하자면, 건강하게 먹으니 건강을 유지하고 살을 뺄 수 있었습니다.

Key Expressions

- **healthy** 건강한
- **lose weight** 살이 빠지다
- **contain** 가지고 있다, 포함하고 있다
- **vitamin** 비타민
- **fiber** 섬유질

- **chicken breast** 닭가슴살
- **rich in** ~가 풍부한
- **protein** 단백질
- **organic food** 유기농 음식
- **grow with chemicals** 화학약품을 써서 키우다

28 Role Play   은행 / 병원 / 가구점

롤플레이 답변 시에 활용할 수 있는 주제별 Key Patterns을 학습해보세요.

1. 은행에 정보 요청 시 사용하는 표현

(계좌의 종류)

· What kinds of accounts are there? 어떤 종류의 계좌가 있나요?
· Do you have savings accounts or checking accounts? 예금 계좌나 당좌 예금 계좌가 있나요?

(계좌 개설 비용)

· Are there any fees to open a new account? 새로운 계좌를 개설하는 데 수수료가 있나요?
· If so, how much is it? 그렇다면 얼마인가요?

2. 병원 예약 시 사용하는 표현

· I need to make a doctor's appointment. 병원 예약을 해야 합니다.
· I want to see the doctor. 병원에 가야 합니다. (진찰을 받아야 합니다.)

* see the doctor에는 항상 관사 the가 쓰임
'의사를 보다'가 아닌 '병원에 가다/진찰을 받다'라는 의미

3. 병원 예약을 위해 증상 설명할 때 사용하는 표현

· I think I ate something wrong. 제가 뭔가 잘못된 걸 먹은 것 같습니다.
· I got food poisoning and it is pretty bad. 식중독에 걸렸는데 꽤 좋지 않습니다.
· I have an upset stomach. 복통이 있습니다.

  * 질병 앞에 쓰이는 동사는 have와 get

4. 은행/병원/가구점까지 가는 데 걸리는 시간에 대해 문의 시 사용하는 표현

〈how long〉 얼마나 오래 + 〈from 장소〉, 〈by 수단〉

· How long does it take from the subway station? 지하철역에서 가는 데 얼마나 오래 걸리나요?
· How long does it take by car? 차로 가면 얼마나 오래 걸리나요?

  * by 다음에 교통수단 bus, car, train, subway가 올 때는 관사 the/a 사용하지 않음
  * 도보로 갈 때는 전치사 by가 아닌 on foot

· How long does it take on foot? 걸어서 얼마나 걸리나요?

5. 받은 카드/가구에 문제가 있을 때 사용하는 표현

〈get the wrong + 명사〉 잘못된/잘못 온 (명사)를 받다.

· I got the wrong bed. 잘못된 침대를 받았습니다.
· I got the wrong credit card. 잘못된 신용카드를 받았습니다.

* get 대신 receive 사용 가능 / 보낸 사람을 강조하고 싶을 때는 동사 send 사용

- I received the wrong bed. 잘못 온 침대를 받았습니다.
- The furniture store sent me the wrong bed. 가구점에서 잘못된 침대를 보냈습니다.

6. 은행/병원/가구점에 다시 방문하고 싶을 때 사용하는 표현

- When can I visit your store/bank/clinic? 상점/병원/클리닉에 언제 방문할 수 있나요?
- What are your business hours? 업무 시간이 어떻게 되나요?
- How late are you open? 몇 시까지 여나요?

7. 은행 계좌/신용 카드 사용 중 발생한 문제점에 대해 이야기할 때 쓰이는 표현

〈be rejected〉 거절당하다, 사용 거부되다 / 〈max out credit card〉 신용카드 한도를 다 쓰다
- My credit card was rejected because I maxed out the card. 신용카드 한도를 다 써서 사용 거부되었습니다.

〈lose credit card〉 신용카드를 잃어버리다 / 〈cancel credit card〉 신용카드를 취소하다
- I lost my credit card, so I had to cancel it. 신용카드를 잃어버려서 취소해야 했습니다.

8. 중요한 예약을 놓치거나 늦은 경험에 대해 이야기할 때 쓰이는 표현

〈make an appointment〉 미용실 예약을 하다 / 〈something come up suddenly〉 갑자기 일이 생기다
- I made a hair appointment, but something came up suddenly. So, I had to cancel the appointment.
  나는 미용실 예약을 했습니다. 하지만 갑자기 다른 일이 발생하여 나는 예약을 취소했습니다.

OPIc 질문에 대한 모범답변을 살펴본 후, 질문의 핵심 포인트를 파악하여 나만의 OPIc 답변을 만들어 보세요.
또한 모범 답변에 하이라이트 된 필수 문장은 반드시 암기하여 나만의 답변에 활용하세요.

Bank 은행

1 I'd like to give you a situation and ask you to act it out. 🎧 MP3 28_Q1
You need to open a new bank account.
Go to the bank and ask the bank representative three or four questions to learn everything about you need to do to open an account.

상황을 하나 드릴 테니 연기해 보세요. 새 은행 계좌를 개설해야 합니다.
은행에 가서 계좌 개설을 위해 알아야 할 것을 파악하기 위해 은행 담당자에게 서너 가지 질문을 하세요.

문항 유형	은행지점에 가서 창구 직원에게 은행 계좌 개설 문의
문항 수준	Intermediate
핵심 포인트	• 은행에 근무하는 직원에게 질문
	• 계좌의 종류에 대해 질문
	• 계좌 개설에 필요한 서류, 수수료 등의 정보 요청
중요도	★

Model Answer 🎧 MP3 28_A1

Hello, I want to open a new account.

What kinds of accounts are there?

Do you have savings accounts or checking accounts?

Can you recommend anything?

Are there any fees to open a new account?

If so, how much is it?

Also, I want to get a debit card.

How long will it take to get one?

Translation

안녕하세요, 계좌를 새로 개설하고 싶습니다.

어떤 종류의 계좌가 있나요?

예금 계좌나 당좌 예금 계좌가 있나요?

추천해 주실 것이 있나요?

계좌를 개설하는 데 수수료가 있나요?

만약 있다면, 얼마인가요?

또한 체크카드를 발급 받고 싶습니다.

받는 데 얼마나 걸리나요?

Key Expressions

- **account** 계좌
- **savings account** 예금 계좌
- **checking accounts** 당좌 예금 계좌
- **recommend** 추천하다
- **fee** 수수료
- **debit card** 체크카드

2 I'm sorry, but there is a problem I need you to resolve.
You have left your new bank card at the restaurant where you had dinner.
Call the restaurant and explain what happened.
Describe your card and make suggestions to get the card back.

🎧 MP3 28_Q2

안타깝지만 당신이 해결해야 하는 문제가 생겼습니다. 저녁 식사를 한 음식점에 새로 만든 은행 카드를 두고 왔습니다. 음식점에 전화해서 무슨 일이 있었는지 설명하세요. 카드를 묘사하고 돌려 받을 수 있는 방법을 제안하세요.

문항 유형	카드를 음식점에 두고 와서 전화로 도움 요청
문항 수준	Advanced
핵심 포인트	• 식사를 했던 음식점에 전화
	• 음식점에 카드를 두고 온 문제 상황 설명
	• 카드를 가지러 가기 위해 음식점의 영업시간에 대해 문의
중요도	★

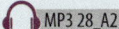

Model Answer
🎧 MP3 28_A2

Hello, I am a person who went to your restaurant.

I think I left my credit card at your restaurant.

+ It's a red Master card.

Could you please check if you have my card?

If so, I'll go there to get it right away.

Would that be possible?

I'm sorry for the trouble.

When can I visit your restaurant?

What are your business hours? How late are you open?

Give me a call when you get this. Thanks.

Translation

여보세요, 저는 당신의 음식점에 갔던 사람입니다.

제 신용카드를 음식점에 두고 온 것 같습니다.

(+ 빨간색 마스터 카드입니다.)

제 카드가 있는지 확인해 주시겠어요?

만약 있다면, 바로 찾으러 가겠습니다.

그게 가능할까요?

번거롭게 해드려 죄송합니다.

제가 언제 음식점에 방문해도 되나요?

영업 시간이 언제인가요? 몇 시까지 영업을 하나요?

이 메시지를 받으면 전화 주세요. 고맙습니다.

Key Expressions

- **leave** 두고 오다
- **credit card** 신용 카드

- **trouble** 문제점, 골칫거리
- **business hours** 영업 시간

3 That's the end of the situation. 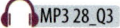 MP3 28_Q3
Can you remember a time when you had problems with a bank account, a credit card, or an ATM card? Perhaps, you lost your card or the card would not work.
Tell me about that experience you had in as much detail as you can.

상황이 종료되었습니다. 당신은 은행 계좌, 신용카드 또는 ATM 카드와 관련된 문제를 기억하나요?
카드를 잃어버렸거나 카드가 사용 불가였을 수도 있습니다. 당신이 겪은 그 경험에 대해 최대한 자세히 말해 주세요.

문항 유형	은행 계좌나 신용카드 사용 중 문제 설명
문항 수준	Advanced
핵심 포인트	• 신용카드 한도가 초과되었거나 손상 또는 분실했던 경험 묘사
	• 본인의 과거 경험이므로 과거형 시제와 주어 I 사용
중요도	★

Model Answer 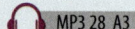 MP3 28_A3

I remember having some problems with my credit card.

Once, my credit card was rejected.

That was because I maxed out my credit card.

Also, I remember when the IC card was damaged.

I had to get a new card.

Plus, I remember when I lost my credit card.

I had to cancel my credit card and get a new one.

So, these are the problems I had with my credit card.

Translation

신용카드에 몇 가지 문제가 있었던 기억이 납니다.
한번은 제 신용카드가 사용 거부됐습니다.
제가 신용카드 한도를 다 써버렸기 때문입니다.
또한 IC카드가 훼손 됐을 때를 기억합니다.
새 카드를 발급받아야 했습니다.
게다가 신용카드를 잃어버렸을 때도 기억이 납니다.
신용카드를 취소하고 새 카드를 받아야 했습니다.
이것이 제가 신용카드와 관련되어 겪은 문제들입니다.

Key Expressions

- **credit card** 신용카드
- **be rejected** 거부당하다
- **max out** 최대 한도를 쓰다
- **be damage** 손상되다
- **lose** 잃어버리다
- **cancel** 취소하다

4 **I'd like to give you a situation and ask you to act it out.**
You need to open a new bank account.
Call the bank and ask the teller three to four questions about opening a new account.

상황을 하나 드릴 테니 연기해 보세요. 새 은행 계좌를 개설해야 합니다.
은행에 전화해서 은행 창구 직원에게 새 계좌를 개설하는 것에 대해 서너 가지 질문을 하세요.

문항 유형	은행에 전화해서 계좌 개설 관련 질문
문항 수준	Intermediate
핵심 포인트	• 은행에 근무하는 직원에게 전화
	• 계좌 종류에 대해 질문
	• 계좌 개설에 필요한 서류, 수수료 등의 정보 요청
중요도	★

Model Answer MP3 28_A4

Hello, I'm calling to ask about bank accounts.

I want to open a new account.

What kinds of accounts are there?

Do you have savings accounts or checking accounts?

Can you recommend anything?

Are there any fees to open a new account?

If so, how much is it?

Also, I want to get a debit card.

How long will it take to get one?

Give me a call when you get this. Thanks.

Translation

여보세요, 계좌에 대해 문의하려고 전화했습니다.

계좌를 새로 개설하고 싶습니다.

어떤 종류의 계좌가 있나요?

예금 계좌나 당좌 예금 계좌가 있나요?

추천해 주실 것이 있나요?

계좌를 개설하는 데 수수료가 있나요?

만약 있다면, 얼마인가요?

또한 체크카드를 발급 받고 싶습니다.

받는 데 얼마나 걸리나요?

이 메시지를 받으면 전화 주세요. 고맙습니다.

Key Expressions

- **account** 계좌
- **savings account** 예금 계좌
- **checking accounts** 당좌 예금 계좌
- **recommend** 추천하다
- **fee** 수수료
- **debit card** 체크카드

5 I'm sorry, but there is a problem I need you to resolve. MP3 28_Q5
You just got your credit card, but found out that there is something wrong with it.
Call the bank, explain the situation and solve the problem.

안타깝지만 당신이 해결해야 하는 문제가 생겼습니다. 방금 신용카드를 받았는데 뭔가 문제가 있다는 것을 알게 되었습니다.
은행에 전화해서 상황을 설명하고 문제를 해결하세요.

문항 유형	카드 받았는데 문제가 있음을 발견하고 전화해서 해결
문항 수준	Advanced
핵심 포인트	• 카드를 발급한 은행에 전화 • 잘못된 카드가 온 문제 상황 설명 • 교환을 위해 은행 방문 제안 후 은행의 영업시간에 대해 문의
중요도	★

Model Answer
MP3 28_A5

Hello, I'm a person who got a credit card from your bank.

There is something wrong with my credit card.

I think I got the wrong card.

I want to get a new card.

Would that be possible?

I'm sorry for the trouble.

When can I visit your bank?

What are your business hours? How late are you open?

Give me a call when you get this. Thanks.

Translation

여보세요. 저는 당신의 은행에서 신용카드를 발급한 사람입니다.

신용카드에 문제가 있습니다.

카드가 잘못 온 것 같습니다.

새 카드를 받고 싶습니다.

그게 가능할까요?

번거롭게 해드려 죄송합니다.

제가 언제 은행에 방문하면 되나요?

영업 시간이 언제인가요? 몇 시까지 영업을 하나요?

이 메시지를 받으면 전화 주세요. 고맙습니다.

Key Expressions

• **credit card** 신용카드
• **wrong** 잘못된
• **possible** 가능한
• **business hours** 영업 시간

네이티브 트렌드로 쉽게 취득하는 OPIc IM

6 **That's the end of the situation.**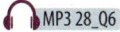
Have you ever had any problems with your bank card or had trouble while using banking machines or ATMs? Describe the problem you had in detail.

상황이 종료되었습니다. 당신은 은행 카드에 문제가 있거나 은행 기계나 ATM을 사용하는 동안 문제가 발생한 적이 있나요? 그 문제에 대해 자세히 설명해 주세요.

문항 유형	카드나 ATM 사용 중 문제가 생겼던 에피소드 설명
문항 수준	Advanced
핵심 포인트	• 신용카드 한도가 초과되었거나 손상 또는 분실했던 경험 묘사
	• 본인의 과거 경험이므로 과거형 시제와 주어 I 사용
중요도	★

Model Answer

I remember having some problems with my credit card.

Once, my credit card was rejected.

That was because I maxed out my credit card.

Also, I remember when the IC card was damaged.

I had to get a new card.

Plus, I remember when I lost my credit card.

I had to cancel my credit card and get a new one.

So, these are the problems I had with my credit card.

Translation

신용카드에 몇 가지 문제가 있었던 기억이 납니다.
한 번은 제 신용카드가 사용 거부됐습니다.
제가 신용카드 한도를 다 써버렸기 때문입니다.
또한 IC카드가 훼손 됐을 때를 기억합니다.
새 카드를 발급받아야 했습니다.
게다가 신용카드를 잃어버렸을 때도 기억이 납니다.
신용카드를 취소하고 새 카드를 받아야 했습니다.
이것이 제가 신용카드와 관련되어 겪은 문제들입니다.

Key Expressions

- **credit card** 신용카드
- **be rejected** 거부당하다
- **max out** 최대 한도를 쓰다
- **be damage** 손상되다
- **lose** 잃어버리다
- **cancel** 취소하다

7 I'd like to give you a situation and ask you to act it out. 🎧 MP3 28_Q7
You would like to make an appointment to see the doctor.
Call the doctor's office and ask three or four questions about things you need to know.
And then, set a time to go see the doctor.

상황을 하나 드릴 테니 연기해 보세요. 당신은 병원 진료 예약을 하고 싶습니다.
병원에 전화해서 알아야 할 것에 대해 서너 가지 질문을 하세요. 그리고 나서, 진료 시간을 정하세요.

문항 유형	병원 진료 예약 전화 문의
문항 수준	Intermediate
핵심 포인트	• 방문하고 싶은 병원에 전화
	• 진료 예약을 위해 방문 목적 설명
	• 병원의 위치와 영업 시간에 대해 문의
중요도	★

Model Answer 🎧 MP3 28_A7

Hello, I'm calling to make a doctor
appointment.
I want to see the doctor.
I think I ate something wrong.
I have food poisoning and it is pretty bad.
I have an upset stomach.
I had to go to the bathroom again and again
because I had the runs.
Can you give me directions to your clinic?
Is it close to the subway station?
How long does it take on foot?
Give me a call when you get this. Thanks.

Translation

여보세요. 진료 예약을 하려고 전화 드렸습니다.
진찰을 받고 싶습니다.
제가 뭔가 잘못된 걸 먹은 것 같습니다.
식중독에 걸렸는데 꽤 좋지 않습니다.
복통이 있습니다.
설사를 해서 화장실에 몇 번이고 갔다 와야 했습니다.
진료소로 가는 길을 알려 주실 수 있나요?
지하철역에서 가깝나요?
걸어서 가면 얼마나 걸리나요?
이 메시지를 받으면 전화 주세요. 고맙습니다.

Key Expressions

- **something wrong** 무언가 잘못된
- **food poisoning** 식중독
- **pretty** 꽤
- **stomach** 배
- **upset** 아픈
- **have the runs** 설사하다
- **direction** 위치, 찾아가는 방법

데이터와 트렌드로 쉽게 취득하는 OPIc IM

8 I'm sorry, but there is a problem I need you to resolve.
Something has come up that prevents you from going in to see the doctor.
Call the doctor's office and explain the situation.
Give two to three alternatives to make a new appointment with the doctor.

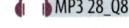 MP3 28_Q8

안타깝지만 당신이 해결해야 하는 문제가 생겼습니다. 무언가 일이 생겨서 병원에 갈 수 없게 되었습니다.
병원에 전화하여 상황을 설명하세요. 새로운 진료 예약을 할 수 있도록 두세 가지 대안을 제시하세요.

문항 유형	병원 진료 예약 일정을 전화로 변경
문항 수준	Advanced
핵심 포인트	• 예약한 병원에 전화
	• 갑자기 일이 생겨 예약 시간에 못 가게 된 문제 상황 설명
	• 새로운 진료 예약을 잡기 위해 일정 제안
중요도	★

Model Answer
MP3 28_A8

Hello, I'm a person who made an appointment.
I DON'T think I can make it to my appointment.
Something came up suddenly.
I want to reschedule my appointment.
Would that be possible?
I'm sorry for the trouble.
When can I visit your clinic?
What are your business hours? How late are you open?
Give me a call when you get this. Thanks.

Translation

여보세요, 저는 예약을 한 사람입니다.
제가 예약 시간에 맞춰 갈 수 없을 것 같습니다.
갑자기 일이 생겼습니다.
예약 일정을 재조정하고 싶습니다.
그게 가능할까요?
번거롭게 해드려 죄송합니다.
제가 언제 클리닉에 방문하면 되나요?
업무 시간이 언제인가요? 얼마나 늦게까지 여나요?
이 메시지를 받으면 전화 주세요. 고맙습니다.

Key Expressions

- **appointment** 예약하다
- **make it** 성공하다, 하다
- **come up** 생기다, 발생하다
- **suddenly** 갑자기

- **reschedule** 일정을 변경하다
- **trouble** 문제점, 골칫거리
- **business hours** 영업 시간

9 That's the end of the situation.
Have you ever missed an important appointment or was late for it?
What happened and what did you do? Give me all the details about that experience.

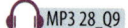

상황이 종료되었습니다. 중요한 예약을 못 가거나 늦은 적이 있나요? 무슨 일이 있었고 어떻게 했나요?
그 경험에 대해 자세히 말해 주세요.

문항 유형	중요한 예약을 놓치거나 혹은 늦은 경험 묘사
문항 수준	Advanced
핵심 포인트	• 갑자기 예약 취소한 경험 묘사 • 본인의 과거 경험이므로 과거형 시제와 주어 I 사용
중요도	★

Model Answer

MP3 29_A9

I remember making a hair appointment recently.

\+ making a doctor's appointment

\+ making a dentist appointment

However, something came up suddenly.

So, I could NOT make it to my appointment.

I called the hair salon and told them that I could NOT go.

\+ the clinic + the hospital + the dentist

In the end, I made a new appointment and went another time.

Translation

최근에 미용실 예약을 했던 기억이 납니다.

(+ 병원 예약하다 + 치과 예약하다)

그런데 갑자기 일이 생겼습니다.

그래서 예약 시간에 맞게 갈 수 없었습니다.

미용실에 전화해서 갈 수 없다고 말했습니다.

(+ 클리닉 + 병원 + 치과)

결국 새로운 예약을 하고 다른 때에 갔습니다.

Key Expressions

- **appointment** 병원 예약
- **recently** 최근에
- **come up** 생기다, 발생하다
- **suddenly** 갑자기
- **make it** 성공하다, 해내다
- **in the end** 결국에는

10 **I'd like to give you a situation and ask you to act it out.**
You are at a store and you see a piece of furniture that you like.
Go to the clerk and ask three or four questions about the furniture you want to buy.

🎧 MP3 28_Q10

상황을 하나 드릴 테니 연기해 보세요. 상점에 있는데 마음에 드는 가구를 찾았습니다.
직원에게 사고 싶은 가구에 대해 서너 가지 질문을 하세요.

문항 유형	가구점 직원에게 사고 싶은 가구에 대해 현장 문의
문항 수준	Intermediate
핵심 포인트	• 가구점에서 근무하는 직원에게 문의
	• 구매 하고 싶은 가구의 종류에 대해 질문
	• 가구의 비용, 할인 방법, 가구점의 위치와 영업점에 대해 질문
중요도	★★★

Model Answer
🎧 MP3 28_A10

Hello, I want to get some new furniture.

I want to get a new bed.

What kinds of beds are there?

How much are they?

Can you recommend anything?

Is there a website I can see?

Are there any promotions?

Translation

안녕하세요, 새 가구를 사고 싶습니다.

새 침대를 사고 싶습니다.

어떤 종류의 침대가 있나요?

얼마인가요?

추천해 주실 것이 있나요?

제가 볼 수 있는 웹사이트가 있나요?

프로모션이 있나요?

Key Expressions

- **furniture** 가구
- **get** 사다
- **recommend** 추천하다
- **promotion** 프로모션

11 **I'm sorry, but there is a problem I need you to resolve.**
When you receive the furniture at home, there is a serious problem with it.
Call the store, explain the situation and offer two to three alternatives to solve the problem.

🎧 MP3 28_Q11

안타깝지만 당신이 해결해야 하는 문제가 생겼습니다. 집에서 가구를 받았는데 심각한 문제가 있습니다.
상점에 전화를 걸어 상황을 설명하고 문제를 해결하기 위해 두세 가지 대안을 제시하세요.

문항 유형	도착한 가구에 문제가 있어 전화로 문제 해결
문항 수준	Advanced
핵심 포인트	• 가구를 구매한 가구점에 전화
	• 잘못된 가구가 배달된 문제 상황 설명
	• 대안으로 교환과 환불 제시
중요도	★★★

Model Answer
🎧 MP3 28_A11

Hello, I'm a person who got some new furniture at your store.

There is something wrong with my bed.

I think I got the wrong bed.

I want to get an exchange.

Can I get a refund if I want to?

Would that be possible?

I'm sorry for the trouble.

When can I visit your store?

What are your business hours? How late are you open?

Give me a call when you get this. Thanks.

Translation

여보세요, 저는 당신의 상점에서 새 가구를 산 사람입니다.
침대에 무언가 잘못되었습니다.
잘못된 침대를 받은 것 같습니다.
교환을 받고 싶습니다.
제가 원하면 환불을 받을 수 있나요?
그게 가능할까요?
번거롭게 해드려 죄송합니다.
제가 언제 상점에 방문해도 되나요?
영업 시간이 언제인가요? 몇 시까지 영업을 하나요?
이 메시지를 받으면 전화 주세요. 고맙습니다.

Key Expressions

- **furniture** 가구
- **wrong** 잘못된
- **get an exchange** 교환 받다
- **get a refund** 환불 받다
- **trouble** 문제점, 골칫거리
- **business hours** 영업 시간

That's the end of the situation.
Have you ever bought furniture but had a problem when you got it?
What was the problem and how did you deal with the situation?

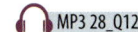

상황이 종료되었습니다. 받았을 때 문제가 있었던 가구를 산 적이 있나요? 무엇이 문제였고 어떻게 그 상황에 대처했나요?

문항 유형	주문한 가구에 문제가 있었던 경험 묘사
문항 수준	Advanced
핵심 포인트	• 그런 경험이 없다고 답하기 • 만약 있다면 가구를 교환/환불한 경험을 과거형 시제와 주어 I 사용하여 묘사
중요도	★★★

Model Answer

Answer 1

Frankly, I have never had that kind of experience.
I think I was lucky.
So, I really don't have much to say about this topic.

Answer 2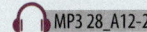

A few months ago, I went to a furniture store near my place to buy a new bed.
However, I ordered a double-sized bed, but they sent me a single-sized one.
I had to return it to get an exchange, and it was extremely bothering.
It took more than one week to get the new bed.

Translation

Answer 1

솔직히 말해서, 저는 그런 경험을 한 적이 없습니다.
아주 운이 좋은 것 같습니다.
그래서, 저는 이 주제에 대해 별로 할 말이 없습니다.

Answer 2

몇 달 전에, 새 침대를 사기 위해 집 근처에 있는 가구점에 갔습니다.
하지만 더블 사이즈 침대를 주문했는데 그들이 싱글 사이즈 침대를 보냈습니다.
교환을 받기 위해 돌려보내야 했고 매우 귀찮았습니다.
새 침대를 받는 데 일주일 이상 걸렸습니다.

Key Expressions

- **furniture store** 가구점
- **order** 주문하다
- **double-sized / single-sized bed** 더블/싱글 사이즈 침대
- **return** 돌려보내다
- **exchange** 교환
- **extremely** 매우
- **bothering** 귀찮은

29 Role Play 부동산 / 친척집 / 재활용

롤플레이 답변 시에 활용할 수 있는 주제별 Key Patterns을 학습해보세요.

1. 부동산을 볼 수 있는 웹사이트에 대해 물을 때 사용하는 표현

〈website (that/which) I can see〉 내가 볼 수 있는 웹사이트

* 관계대명사 that/which는 생략 가능

· Is there perhaps a website I can see? 혹시 제가 볼 수 있는 웹사이트가 있나요?

* see 대신 browse 사용 가능 / perhaps 대신 by any chance 사용 가능

· Is there a website (that/which) I can browse by any chance? 혹시 제가 둘러볼 수 있는 웹사이트가 있나요?

2. 아파트에 대한 기본 정보 문의 시 사용하는 표현

· What kinds of apartments are there? 어떤 종류의 아파트가 있나요?

* 아파트의 방/화장실의 개수를 묻고 싶을 때는 〈how many〉 사용

· How many bedrooms does it have? 방이 몇 개 있나요?

· How many bathrooms does it have? 화장실이 몇 개 있나요?

3. 아파트의 위치에 대해 문의 시 사용하는 표현

〈close to A〉 A에 가까운

· Is it close to the subway station? 지하철역에서 가깝나요?

* 아파트 주위의 시설에 대해 물을 때는 〈is there / are there + 명사〉 사용

· Is there a subway station nearby? 근처에 지하철역이 있나요?

· Is there a park near the apartment? 아파트 근처에 공원이 있나요?

· Are there big supermarkets nearby? 근처에 큰 슈퍼마켓이 있나요?

4. 아파트의 렌트비에 대해 문의 할 때 사용하는 표현

〈how much〉 얼마인지

· How much are they? 얼마인가요?

· Can you tell me how much they are? 얼마인지 말해 주실 수 있나요?

* 렌트비에 포함된 것이 무엇인지 묻고 싶을 때는 동사 include 사용

· What does it include? 무엇이 포함인가요?

· Does it include utilities? 공공요금이 포함인가요?

· Does it include parking? 주차가 포함인가요?

데이터와 트렌드로 쉽게 취득하는 OPIc IM

5. <mark>아파트 창문에 문제가 발생 했을 때</mark> 사용하는 표현

〈come in through〉 ~을 통해 들어오다
- There are mosquitoes coming in through the window. 창문을 통해 모기가 들어오다.
- The wind is coming in through the window. 창문을 통해 바람이 들어오다.

6. <mark>재활용 방법 묘사할 때 쓰이는 필수 표현</mark>

〈recycle〉 재활용하다
〈divide garbage〉 쓰레기를 나누다
〈take out separately〉 쓰레기를 나눠서 따로 버리다
〈gather plastics, bottles, cans, paper, and glass〉 플라스틱, 병, 캔, 종이, 유리를 모으다

7. <mark>재활용할 때를 묘사하는 유용한 표현</mark>

- When I can take out the recyclables? 언제 재활용품을 버려야 하나요?
- Can I do it anytime? 아무 때나 해도 되나요?
- You have to do that on Wednesdays. 수요일마다 해야 합니다.

8. <mark>집에서 깨진 물건에 대해</mark> 이야기할 때 쓰이는 표현

〈break〉 깨다 / 〈drop〉 떨어뜨리다
- I broke a cup because I dropped it on the floor. 바닥에 컵을 떨어뜨려서 깨졌습니다.
〈break into several pieces〉 몇 조각으로 깨지다 / 〈clean up〉 (~을) 치우다
- The cup was broken into several pieces, so I had to clean up. 컵이 몇 조각으로 깨져서 치워야만 했습니다.

OPIc 질문에 대한 모범답변을 살펴본 후, 질문의 핵심 포인트를 파악하여 나만의 OPIc 답변을 만들어 보세요.
또한 모범 답변에 하이라이트 된 필수 문장은 반드시 암기하여 나만의 답변에 활용하세요.

Management Office 부동산

1 I'd like to give you a situation and ask you to act it out.
You would like to find a house to live in. Call a management office and ask three or four questions about getting a house to live in.

MP3 29_Q1

상황을 하나 드릴 테니 연기해 보세요. 당신은 살 집을 찾고 싶습니다.
관리사무소(부동산)에 전화해서 살 집을 구하기 위해 서너 가지 질문을 하세요.

문항 유형	부동산에 구하고 싶은 집에 대한 문의
문항 수준	Intermediate
핵심 포인트	• 집을 구하기 위해 부동산에 전화 • 구할 수 있는 집의 종류에 대해 문의 • 렌트비, 할인 여부, 집의 위치 등에 대해 질문
중요도	★★

Model Answer
MP3 29_A1

Hello, I'm calling to ask about getting an apartment.
I want to get a three-bedroom apartment.
What kinds of apartments are there?
How much are they?
Can you recommend anything?
Is there a website I can see?
Are there any promotions?
Plus, can you give me directions to your office?
Is it close to the subway station?
How long does it take on foot?
Give me a call when you get this. Thanks.

Translation

여보세요. 집을 구하는 것에 대해 문의하려고 전화 드렸습니다.
침실 3개짜리 아파트를 구하고 싶습니다.
어떤 종류의 아파트가 있나요?
얼마인가요?
추천해 줄 것이 있나요?
제가 볼 수 있는 웹사이트가 있나요?
프로모션이 있나요?
그리고, 사무실로 가는 길 좀 알려 주실래요?
지하철역에서 가깝나요?
걸어서 얼마나 걸리나요?
이 메시지를 받으면 전화 주세요. 고맙습니다.

Key Expressions

- **get** 구하다
- **kind of** ~의 종류
- **recommend** 추천하다
- **promotion** 프로모션
- **direction** 위치, 찾아가는 방법
- **subway station** 지하철역

2 **I'm sorry, but there is a problem I need you to resolve.** 🎧 MP3 29_Q2
You have moved in to the new house but found out that one of the windows in your apartment is broken. Call the repair shop and explain why you have to get a new window as soon as possible.

안타깝지만 당신이 해결해야 하는 문제가 생겼습니다. 새 집으로 이사를 했는데 아파트의 창문 중 하나가 깨져 있다는 것을 알게 되었습니다. 수리점에 전화를 해서 가능한 한 빨리 새 창문으로 바꿔야 하는 이유를 설명하세요.

문항 유형	입주했는데 창문 깨져 있어 수리점에 수리 요청
문항 수준	Advanced
핵심 포인트	• 수리점에 전화
	• 아파트 창문이 깨진 문제 상황 설명
	• 창문을 꼭 고쳐야 하는 이유를 말한 후 대안 제시
중요도	★★

Model Answer 🎧 MP3 29_A2

Hello, I'm a person who just moved in.

However, I found out that one of the windows is broken.

I need to get a new window.

+ There are mosquitoes coming in through the window.

+ The wind is coming in and it's quite cold at night.

What kinds of windows are there?

How much are they?

Give me a call when you get this. Thanks.

Translation

여보세요, 저는 방금 이사온 사람입니다.

그런데 창문 하나가 깨져있는 것을 알게 되었습니다.

새 창문을 사야 합니다.

(+ 창문을 통해 모기가 들어오고 있습니다.

+ 바람이 들어와서 밤에는 꽤 춥습니다.)

어떤 종류의 창문이 있나요?

얼마인가요?

이 메시지를 받으면 전화 주세요. 고맙습니다.

Key Expressions

- **move in** 이사 오다
- **find out** 알아내다
- **be broken** 깨지다
- **mosquito** 모기

- **come in** 들어오다
- **through** ~을 통해서
- **quite** 꽤

3 That's the end of the situation.
Tell me about a time when you broke something at home.
What exactly happened and how did you solve the problem? Give me all the details from beginning to end.

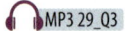

상황이 종료되었습니다. 당신이 집에서 뭔가를 깨뜨렸던 때를 말해 주세요. 정확히 무슨 일이 일어났고 어떻게 문제를 해결했나요? 처음부터 끝까지 자세히 말해 주세요.

문항 유형	본인의 집에 뭔가 깨져 있거나, 깨 본 경험 설명
문항 수준	Advanced
핵심 포인트	• 집에서 접시 깨뜨린 경험 설명
	• 본인의 과거 경험이므로 과거형 시제와 주어 I 사용
중요도	★★

Model Answer 🎧 MP3 29_A3

I remember breaking a cup at home.

I dropped the cup by accident because it was slippery.

I lost my grip.

The cup broke into several pieces.

I had to clean the glass.

I picked up the big pieces and vacuumed up the small pieces.

I tried to be careful, but I cut my finger on a piece of glass.

It was bleeding and it was a little sore.

Since then, I try to be more careful.

Translation

집에서 컵을 깨뜨린 기억이 납니다.
컵이 미끄러워서 실수로 떨어뜨렸습니다.
손에서 놓쳤습니다.
컵이 여러 조각으로 깨졌습니다.
유리를 치워야 했습니다.
큰 조각들은 주웠고 작은 조각들은 진공청소기로 청소했습니다.
조심하려고 했지만 유리 조각에 손가락을 베였습니다.
피가 났고 약간 아팠습니다.
그 이후로, 저는 좀 더 조심하려고 노력합니다.

Key Expressions

- **break** 깨뜨리다
- **drop** 떨어뜨리다
- **by accident** 실수로
- **slippery** 미끄러운
- **lose grip** 손에서 놓치다
- **vacuum** 청소기 돌리다
- **bleeding** 피가 나는
- **sore** 따가운, 아픈
- **careful** 조심하는

데이터야 트렌드를 쉽게 취득하는 OPIc IM

4 **I'd like to give you a situation and ask you to act it out.** 🎧 MP3 29_Q4
Someone in your family is going on a vacation and you have agreed to take care of his or her responsibilities at home. Call your relative and ask three or four questions to get all the information you need.

상황을 하나 드릴 테니 연기해 보세요. 가족 중 누군가가 휴가를 가야 해서 당신이 그/그녀의 집에서 해야 할 일을 대신 해주기로 동의했습니다. 필요한 정보를 얻기 위해 친척에게 전화하여 서너 가지 질문을 하세요.

문항 유형	휴가 가는 친척집을 봐주기로 해서 전화로 질문
문항 수준	Intermediate
핵심 포인트	• 휴가 가기로 되어 있는 친척에게 전화
	• 집에서 대신 해주기로 한 일을 재활용으로 문의
	• 재활용하는 방법에 대해 자세하게 문의
중요도	★★★

Model Answer 🎧 MP3 29_A4

Hello, uncle Joe. This is Jim.

I'm calling to ask about watching your house.

I want to take out the recycling.

What are the things I should recycle?

Where do I take out the recycling to?

Can you give me some directions?

When can I take out the recycling?

Can I do that anytime?

Give me a call when you get this. Thanks.

Translation

여보세요, 조 삼촌. 짐입니다.

삼촌네 집 봐주는 거에 대해 여쭤 보려고 전화했어요.

재활용품을 버리고 싶어요.

재활용해야 할 것들이 뭔가요?

재활용품을 어디에 버려야 하나요?

길을 좀 가르쳐 주실래요?

언제 재활용품을 버릴 수 있나요?

언제든지 할 수 있나요?

이 메시지를 받으면 전화 주세요. 고맙습니다.

Key Expressions

- **watch house** 집을 봐주다
- **take out** 가지고 나가다
- **recycle** 재활용하다

- **direction** 가는 길, 위치
- **anytime** 언제든지

5 I'm sorry, but there is a problem I need you to resolve. 🎧 MP3 29_Q5
When you arrive at your relative's house, the door is locked and the key is not where it is supposed to be. Call your relative's hotel and leave a message explaining the situation. Give two or three options to resolve the problem.

안타깝지만 당신이 해결해야 하는 문제가 생겼습니다. 친척 집에 도착했는데 문은 잠겨 있고 열쇠는 있어야 할 곳에 있지 않습니다. 친척이 머물고 있는 호텔에 전화해서 상황을 설명하는 메시지를 남기세요. 문제를 해결할 수 있는 두세 가지 대안을 제안하세요.

문항 유형	친척집에 도착했는데 열쇠를 찾을 수 없어 전화로 상황 설명하고 도움 요청
문항 수준	Advanced
핵심 포인트	• 친척이 머물고 있는 호텔에 메시지 남기기 • 열쇠가 없어서 집에 들어갈 수 없는 문제 상황 설명 • 여분의 열쇠가 있는지, 없다면 문을 열수 있는 다른 방법이 있는지 문의
중요도	★★★

Model Answer 🎧 MP3 29_A5

Hello, uncle Joe. This is Jim.

I have some bad news.

I cannot find the keys to the house and I cannot get in.

Do you have a spare key somewhere?

If not, is there a door that's NOT locked?

Or, is there a window that's NOT locked?

If so, maybe I could get in through the window.

Give me a call when you get this. Thanks.

Translation

여보세요, 조 삼촌. 짐입니다.

나쁜 소식이 있습니다.

집 열쇠를 찾을 수가 없어서 집에 들어갈 수가 없어요.

어딘가에 여분의 열쇠가 있나요?

없다면 혹시 잠겨 있지 않은 문이 있나요?

아니면 잠겨 있지 않은 창문이 있나요?

만약 그렇다면, 창문을 통해 들어갈 수 있을 거예요.

이 메시지를 받으면 전화 주세요. 고맙습니다.

Key Expressions

- **find** 찾다
- **get in** 들어가다
- **spare key** 여분의 열쇠
- **lock** 잠그다
- **through** ~를 통해서

6 That's the end of the situation.

Have you ever been in a situation where you agreed to do something for friends or family members and then couldn't do it? Give me all the details about what you agreed to do, what happened, and how the situation resolved.

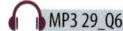

상황이 종료되었습니다. 친구나 가족을 위해 무언가를 해주기로 동의했는데 그것을 할 수 없는 상황에 처해 본 적이 있나요? 해주기로 동의한 것이 무엇인지, 무슨 일이 일어났는지, 그리고 상황이 어떻게 해결되었는지 자세하게 말해 주세요.

문항 유형	가족이나 친구와의 약속을 못 지켰던 경험 묘사
문항 수준	Advanced
핵심 포인트	• 식중독 때문에 모임 취소한 경험 설명 • 본인의 과거에 경험한 사건이므로 주어 I, 과거형 시제 사용
중요도	★★★

Model Answer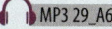

I remember when I was supposed to have a gathering with my friends.
However, I got sick because I ate something that went bad.
I got food poisoning.
I had an upset stomach.
I went to the bathroom again and again because I had the runs.
I felt bad about missing the gathering, but there was nothing I could do.
I told my friends that I could NOT go and said I was sorry.
Looking back, I regret missing the gathering that time.

Translation

친구들과 함께 모임을 하기로 했던 때가 생각납니다.
하지만 제가 상한 뭔가를 먹어서 아팠습니다.
식중독에 걸렸습니다.
배탈이 났습니다.
설사를 해서 화장실에 계속 가야 했습니다.
모임에 빠져 아쉬웠지만 어쩔 수 없었습니다.
친구들에게 못 간다고 말하고 미안하다고 했습니다.
돌이켜 보면, 그때 모임을 빠진 것이 후회됩니다.

Key Expressions

- **be supposed to** ~하기로 되어 있다
- **gathering** 모임
- **get sick** 아프다
- **food poisoning** 식중독
- **stomach** 배, 복부
- **upset** 아픈
- **have the runs** 설사하다
- **feel bad** 미안함을 느끼다
- **miss** 놓치다
- **regret** 후회하다

29 Role Play 부동산 / 친척집 / 재활용

525

7-1 Suppose that you have moved into a new building.
Call the manager of the building and ask three or four questions about recycling.

🎧 MP3 29_Q7-1

당신이 새 건물로 이사했다고 가정해 보세요. 건물 관리인에게 전화를 걸어 재활용에 대해 서너 가지 질문을 하세요.

7-2 Suppose you just moved to a big apartment building.
Call the person at the front desk and ask three to four questions about the building's recycling policy.

🎧 MP3 29_Q7-2

당신이 큰 아파트로 이사했다고 가정해 보세요. 프런트에 있는 사람에게 전화를 걸어 건물의 재활용 정책에 대해 서너 가지 질문을 하세요.

문항 유형	새로 입주한 건물에 재활용 방법 관리인에게 전화 문의
문항 수준	Intermediate
핵심 포인트	• 새로 입주한 건물의 관리인에게 전화
	• 재활용할 수 있는 날짜와 장소에 대해 질문
	• 재활용 해야 하는 물품에 대해 문의
중요도	★

Model Answer 🎧 MP3 29_A7

Hi, there. I'm calling to ask about recycling in the building.

I want to take out the recycling.

What are the things I should recycle?

Where do I take out the recycling to?

Can you give me some directions?

When can I take out the recycling?

Can I do that anytime?

Give me a call when you get this. Thanks.

Translation

여보세요. 건물의 재활용에 대해 문의하려고 전화했습니다.
재활용품을 버리고 싶습니다.
재활용해야 할 것들이 뭔가요?
재활용품을 어디에 버려야 하나요?
길을 좀 가르쳐 주실래요?
언제 재활용품을 버려도 되나요?
언제든지 할 수 있나요?
이 메시지를 받으면 전화 주세요. 고맙습니다.

Key Expressions

• **recycling** 재활용
• **take out** 가지고 나가다, 버리다

• **direction** 가는 길, 위치
• **anytime** 언제든지

8 A new resident from abroad has just moved in.
However, he is throwing away garbage in the recycling bin.
Other residents are very upset about that. Go to the new resident, explain the situation and
tell him in detail about the recycling policy.

외국에서 온 새 거주자가 방금 이사를 왔습니다. 하지만, 그는 재활용 수거함에 쓰레기를 버리고 있었습니다. 다른 주민들은 그것에 대해
매우 화가 나 있습니다. 새로 온 주민에게 가서 상황을 설명하고 재활용 정책에 대해 자세히 말해 주세요.

문항 유형	해외에서 온 새 입주자에게 재활용 정책 설명
문항 수준	Advanced
핵심 포인트	• 해외에서 온 새 입주자를 방문
	• 재활용을 제대로 하지 않아 생긴 갈등에 대해 설명
	• 재활용하는 방법 구체적으로 설명
중요도	★

Model Answer

Hello, I'm a person living next door.

I have some bad news.

People are very upset because you are NOT recycling properly.

You threw away garbage in the recycling bin.

You have to gather plastics, bottles, cans, paper and glass.

And then, you have to take them out separately.

You have to do that on Wednesdays.

Once again, you have to recycle properly.

Translation

안녕하세요. 저는 옆집 사는 사람입니다.

안좋은 소식이 있습니다.

입주민들이 당신이 재활용 정책을 따르지 않아 굉장히
화가 나 있습니다.

당신은 쓰레기를 재활용 수거함에 버렸습니다.

집에서 플라스틱과 병, 캔, 종이와 유리를 모아야
합니다.

그리고 나눠서 버려야 합니다.

그것을 수요일에 해야 하고요.

다시 한번 말하자면, 당신은 재활용을 제대로 해야
합니다.

Key Expressions

- **next door** 옆집
- **upset** 화난
- **properly** 제대로
- **throw away** 버리다

- **recycling bin** 재활용품 수거함
- **gather** 모으다
- **take out** 가지고 나가다, 버리다
- **separately** 따로

9 You often host large parties and take out most of the recycling and garbage the next day. However, other residents in your building are not happy about it, and one of them has come to complain to you. Explain the situation and offer some suggestions to resolve the problem.

🎧 MP3 29_Q9

당신은 종종 큰 파티를 열고 다음날 대부분의 재활용품과 쓰레기를 버립니다. 하지만, 같은 건물에 사는 다른 주민들은 그것을 달갑게 여기지 않아서 그들 중 한 명이 당신에게 불평을 하러 왔습니다. 상황을 설명하고 문제를 해결하기 위한 몇 가지 대안을 제시하세요.

문항 유형	본인의 쓰레기 처리에 불만이 있는 주민에게 대안 제시
문항 수준	Advanced
핵심 포인트	• 파티 후 많은 양의 쓰레기로 인해 발생한 문제 상황 설명
	• 쓰레기 처리 할 수 있는 다른 방법 제안
중요도	★

Model Answer
🎧 MP3 29_A9

I understand that some people are upset because of my garbage.

I have a lot of garbage when I have large parties at my place.

Why don't I take out the garbage at night?

How about I divide my garbage and take them out separately?

Or, maybe I could try to reduce the amount of garbage.

What do you think?

I'm fine with whatever you decide.

Translation

쓰레기 때문에 화가 난 사람들이 있는 것으로 알고 있습니다.

제가 집에서 큰 파티를 할 때는 쓰레기가 많습니다.

밤에 쓰레기를 버리는 건 어떨까요?

쓰레기를 나눠서 따로 버리는 건 어때요?

아니면 쓰레기 양을 줄여보도록 노력할게요.

어떻게 생각하시나요?

어떤 결정을 내리시든 저는 다 괜찮습니다.

Key Expressions

• **upset** 화난
• **garbage** 쓰레기
• **take out** 버리다, 가지고 나가다
• **divide** 나누다

• **separately** 나눠서
• **reduce** 줄이다
• **amount** 양
• **decide** 결정하다

10 Tell me what recycling was like when you were a child.
Was there a particular place you took out the recyclables to?
How was recycling back then different from what you are doing now?

당신이 어렸을 때 재활용이 어땠는지 말해 주세요. 재활용품을 버리는 특별한 장소가 있었나요? 현재 재활용 하는 방식과 과거의 재활용 방식이 어떻게 다른지 설명해 주세요.

문항 유형	어렸을 때 재활용 경험 설명
문항 수준	Advanced
핵심 포인트	• 과거의 재활용 방법과 현재의 재활용 방법 비교 • 과거형과 현재형 시제 사용하여 재활용 방법 설명하기 • 본인의 경험이므로 주어 I 사용하나 재활용에 대해 이야기할 때는 recycling 사용
중요도	★

Model Answer
MP3 29_A10

When I was a kid, people did NOT recycle at their homes.

Instead, there used to be recycling days at schools.

Students used to take scrap paper to school.

+ I remember doing that myself when I was a kid.

But these days, recycling is a common practice at people's homes.

It is a daily routine in people's lives.

Translation

제가 어렸을 때, 사람들은 집에서 재활용을 하지 않았습니다.

대신, 학교에서 재활용하는 날이 있었습니다.

학생들은 학교에 파지를 가지고 가곤 했습니다.

(+ 제가 어렸을 때 직접 했던 기억이 납니다.)

하지만 요즘은 집에서도 재활용이 일반적으로 실천되고 있습니다.

그것은 사람들의 생활에서 일상적인 일입니다.

Key Expressions

• **recycling days** 재활용 하는 날
• **scrap paper** 파지, 종이

• **common practice** 일반적인 습관, 실천
• **daily routine** 일상생활

29 Role Play 부동산 / 친척집 / 재활용

529

11 Describe a specific time in which you had trouble with recycling. It may have been a situation where you moved to a new place and did not know the rules, or you put the materials in the wrong containers. Describe what happened from beginning to end. MP3 29_Q11

재활용 때문에 겪었던 어려움에 대해 설명하세요. 새로운 곳으로 옮겨가 규칙을 모르거나, 잘못된 수거함에 물건을 넣은 상황이었을 수도 있습니다. 처음부터 끝까지 무슨 일이 있었는지 설명해 주세요.

문항 유형	본인이 재활용 중 있었던 문제 설명
문항 수준	Advanced
핵심 포인트	• 재활용 하던 중에 발생한 경험 묘사
	• 본인이 겪은 과거의 사건을 묘사하므로 과거형 시제와 주어 I 사용
중요도	★

Model Answer
MP3 29_A11

I remember taking out the recycling recently.

However, some leftover beer from a can leaked out.

+ some leftover milk from a carton leaked out.

+ some leftover juice from a bottle leaked out.

+ some leftover oil from a container leaked out.

My hands became sticky and dirty.

They also smelled pretty bad.

I had to wash my hands.

Since then, I try to be more careful.

Translation

최근에 재활용품을 버렸던 기억이 납니다.

하지만 캔에 남은 맥주 일부가 새어 나왔습니다.

(+ 우유갑에 남은 우유 일부가 새어 나왔습니다.

+ 병에 남은 쥬스가 좀 새어 나왔습니다.

+ 용기에 남아 있는 기름이 새어 나왔습니다.)

손이 끈적거리고 더러워졌습니다.

냄새도 꽤 나빴습니다.

손을 씻어야 했습니다.

그 이후로, 저는 좀 더 조심하려고 노력합니다.

Key Expressions

- **take out** 가지고 나가다
- **recently** 최근에
- **leftover** 남은
- **leak out** 새다, 흐르다
- **sticky** 끈적이는
- **dirty** 더러운
- **pretty** 꽤, 상당히
- **wash** 씻다

30 Role Play   MP3 플레이어 / 자전거 / 해변 / 공원

롤플레이 답변 시에 활용할 수 있는 주제별 Key Patterns을 학습해보세요.

1. 친구의 MP 플레이어에 대해 질문할 때 사용하는 표현

(가격) 〈how much〉 얼마인지 / 〈expensive〉 비싼

· How much was it? Was it expensive? 얼마였어? 비쌌어?

* expensive 대신 pricey 사용 가능

(구매 시기) 〈when〉 언제

· When did you buy it? 언제 샀어?

(구매 장소) 〈where〉 어디에서

· Where did you buy it? Did you buy it online or offline?
어디에서 샀어? 온라인에서 샀어 아니면 오프라인에서 샀어?

2. 자전거를 빌려달라고 부탁할 때 사용하는 표현

〈ask a favor〉 부탁하다

· I am calling to ask you a favor. 네게 부탁하려고 전화했어.

〈borrow〉 빌리다

· Can I borrow your bike? 네 자전거를 빌려도 돼?

3. 자전거를 받고 돌려주기 위한 약속을 정할 때 사용하는 표현

〈pick up〉 가지러 가다

· When can I pick up your bike? Where is it parked? 언제 자전거 가지러 가도 돼? 어디에 주차되어 있어?

* 자전거도 자동차와 마찬가지로 '주차하다'라는 의미의 park 사용

〈need it back〉 다시 필요하다

· When do you need it back? 언제까지 다시 필요해?

〈bring〉 가져오다 / 〈bring back〉 다시 가져오다

· Can I bring it back on Monday? 월요일에 다시 가져와도 돼?

* 요일 (Monday) 앞에는 전치사 on 사용 / 하지만 요일 앞에 next, last, this가 나올 때는 전치사 빼기

· Can I bring it back this Sunday? 이번 주 일요일에 다시 가져와도 돼?

4. MP3 플레이어/자전거가 고장 났을 때 사용하는 표현

〈break〉 고장 내다 / 〈by mistake〉 실수로

· I broke your MP3 Player by mistake. 내가 실수로 네 MP3 플레이어를 고장 냈어.

* by mistake 대신 accidently로 바꿔서 사용 가능

⟨drop⟩ 떨어뜨리다 / ⟨run over⟩ 밟고 지나가다

- I dropped your MP3 Player on the street and a truck ran over it.
  네 MP3 플레이어를 떨어뜨렸는데 트럭이 밟고 지나갔어.

- I parked your bike at the shopping mall, but a track ran over it.
  쇼핑몰에 네 자전거를 세웠는데 트럭이 밟고 지나갔어.

5. 해변/공원에 가기 위해 만날 날짜 잡을 때 사용하는 표현

⟨be free on⟩ 시간 되다, 할 일이 없다 / ⟨have time⟩ 시간이 있다 / ⟨make time⟩ 시간을 내다, 시간을 만들다

- I am free on Saturday. Do you have time that day? 나는 토요일에 시간이 있어. 너는 그날 시간 있어?
- I can make some time on Sunday. 나는 일요일에 시간을 조금 낼 수 있어.

6. 약속을 못 지킨 이유를 설명할 때 사용하는 표현

(해변) The weather will be bad today. The weather forecast says it will rain on the weekend.
오늘 날씨가 좋지 않을 거야. 기상예보에 따르면 주말에 비가 올 예정이래.

(공원) I heard the park will be closed this weekend. 이번 주말에 공원이 열지 않는다고 들었어.

(정확한 이유를 말할 수 없을 때) Something came up suddenly. 갑자기 일이 생겼어.

7. 다양한 의견을 제공한 후 자연스러운 마무리를 위해 필요한 표현

⟨whatever you decide⟩ 네가 무엇을 결정하든지
I am fine with whatever you decide. 네가 무엇을 결정하든지 나는 다 괜찮아.

8. 기계/기기 고장 났을 때 사용하는 표현

⟨do not work (well)⟩ (잘) 작동하지 않다

- The clock did not work well. 시계가 작동을 잘 안 했어.
- TV was not working. TV가 작동을 안 했어.

9. 자전거나 다른 교통수단 관련 겪은 어려움에 대해 이야기할 때 쓰는 표현

⟨stuck in traffic⟩ 교통체증에 걸리다 / ⟨be heading to⟩ ~로 향하는 중이다

- I was stuck in traffic when I was heading to my parents' place. 부모님 댁에 가는 길에 교통체증에 걸렸습니다.

⟨check traffic updates⟩ 교통상황을 확인하다

- I check traffic updates especially on holidays. 특히 명절 때 교통상황을 확인합니다.

OPIc 질문에 대한 모범답변을 살펴본 후, 질문의 핵심 포인트를 파악하여 나만의 OPIc 답변을 만들어 보세요.
또한 모범 답변에 하이라이트 된 필수 문장은 반드시 암기하여 나만의 답변에 활용하세요.

MP3 Player MP3플레이어

🎧 MP3 30_Q1

1 I'd like to give you a situation and ask you to act it out. You would like to buy an MP3 Player. Call your friend and ask about the MP3 Player he/she is using. Ask three or four questions that will help you decide whether you want to buy the product your friend is using.

상황을 하나 드릴 테니 연기해 보세요. MP3 플레이어를 구입하려고 합니다. 친구에게 전화를 걸어 그/그녀가 사용 중인 MP3 플레이어에 대해 물어보세요. 친구가 사용하고 있는 제품을 구입할 것인지 여부를 결정하는 데 도움이 될 서너 가지 질문을 하세요.

문항 유형	친구가 쓰는 MP3 플레이어에 대해 전화로 질문
문항 수준	Intermediate
핵심 포인트	• 현재 사용하고 있는 MP3 플레이어의 종류에 대해 묻기 • MP3 플레이어의 가격, 구매한 장소 및 시기에 대해 질문
중요도	★★★

Model Answer 🎧 MP3 30_A1

Hello, Jim. This is Jane.

I'm calling to ask about your MP3 Player.

How much was it? Was it expensive?

Next, when did you buy it?

Plus, where did you buy it?

Did you buy it online or offline?

If you got it online, which site was it?

If you got it offline, where was the store?

Give me a call when you get this. Thanks.

Translation

여보세요, 짐. 제인이야.

너의 MP3 플레이어에 대해 물어보려고 전화했어.

얼마 줬어? 비쌌어?

그리고, 언제 샀어?

또한 어디에서 샀어?

온라인에서 샀어, 아니면 오프라인에서 샀어?

온라인에서 샀다면 어느 사이트야?

오프라인에서 샀다면 상점이 어디에 있어?

이 메시지를 받으면 전화 줘. 고마워.

Key Expressions

• **ask about** ~에 대해 묻다
• **expensive** 비싼

• **get** 사다
• **give a call** 전화 주다

2 I'm sorry, but there is a problem I need you to resolve.
You have borrowed your friend's MP3 Player but broke it by accident.
Call your friend and explain how you broke it and what its current condition is like. And then, give two or three alternatives in order to get another working MP3 Player for your friend.

🎧 MP3 30_Q2

안타깝지만 당신이 해결해야 하는 문제가 생겼습니다 친구의 MP3 플레이어를 빌렸는데 실수로 망가뜨렸습니다.
친구에게 전화해서 어떻게 하다가 망가졌는지, 그리고 현재 상태가 어떤지 설명하세요.
그리고 나서, 친구에게 다른 작동하는 MP3 플레이어를 줄 수 있도록 두세 가지 대안을 제시하세요.

문항 유형	친구의 MP3 플레이어 빌렸다가 고장이 나서 대안 제시
문항 수준	Advanced
핵심 포인트	• MP3 플레이어 빌려준 친구에게 전화
	• 빌린 MP3 플레이어를 떨어트려서 고장 난 문제 상황 설명
	• 대안으로 새로운 MP3 플레이어 구매 또는 현금 제안
중요도	★★★

Model Answer

🎧 MP3 30_A2

Hello, Jim. This is Jane.

I have some bad news.

I broke your MP3 Player by mistake.

I dropped it on the street and a truck ran over it.

I am so sorry about what happened.

Why DON'T I buy you a new one?

Or, why DON'T I pay you money instead?

What do you think? I'm fine with whatever you decide.

Call me back when you get this. Thanks.

Translation

여보세요. 짐. 제인이야.

나쁜 소식이 있어.

실수로 너의 MP3 플레이어를 망가뜨렸어.

길에 떨어뜨렸는데 트럭이 그 위를 밟고 지나갔어.

이런 일이 생겨서 정말 미안해.

내가 너에게 새 것을 사주는 게 어떨까?

아니면 내가 대신 돈을 주는 건 어때?

어떻게 생각해? 네가 어떤 결정을 내리든 난 다 괜찮아.

이 메시지를 받으면 다시 전화 줘. 고마워.

Key Expressions

• **break** 고장 내다
• **by mistake** 실수로
• **drop** 떨어뜨리다
• **run over** 밟고 지나가다

• **instead** 대신에
• **whatever** 무엇이든지
• **decide** 결정하다
• **call back** 다시 전화하다

③ **That's the end of the situation.**
Tell me about a time when a piece of equipment broke.
What exactly happened and how did you fix the problem?
Tell me everything about that experience.

상황이 종료되었습니다. 기계/기기가 부서진 때에 대해 말해 주세요. 정확히 무슨 일이 일어났고 어떻게 문제를 해결했나요? 그 경험에 대해 전부 말해 주세요.

문항 유형	본인의 기계/기기 고장 경험 설명
문항 수준	Advanced
핵심 포인트	• 집에 있던 기계/기기 고장 난 경험 설명 • 본인의 과거 경험으로 과거형 시제와 주어 I 사용
중요도	★★★

Model Answer

MP3 30_A3

I remember when the TV broke down a few years ago.

I could NOT watch TV because it was NOT working.

I called a person to fix the problem.

Plus, I remember when the clock did NOT work well.

+ the remote control + the door lock

I had to replace the batteries for the clock.

Also, I remember when water leaked from the water cooler.

I had to wipe off the water from the floor.

So, these were the problems I had at home.

Translation

몇 년 전에 TV가 고장 났을 때를 기억합니다.
작동을 하지 않아서 TV를 볼 수 없었습니다.
그 문제를 고치기 위해 사람을 불러야 했습니다.
또한, 시계가 잘 작동하지 않았을 때를 기억합니다.
(+ 리모콘 + 문 자물쇠)
시계의 배터리를 교체해야 했습니다.
또한, 정수기에서 물이 새어 나왔을 때가 기억납니다.
바닥의 물을 닦아내야 했습니다.
이런 것들이 제가 집에서 겪은 문제들입니다.

Key Expressions

- **break down** 고장나다
- **fix** 고치다
- **work well** 잘 작동하다
- **replace** 교체하다
- **leak** 새다, 흐르다
- **wipe off** 닦다

4 I'd like to give you a situation and ask you to act it out.
You want to borrow a bike from your friend to go to a shopping mall.
Call your friend and ask three or four questions as to whether you can borrow the bike.

🎧 MP3 30_Q4

상황을 하나 드릴 테니 연기해 보세요. 쇼핑몰에 가기 위해 친구의 자전거를 빌리고 싶습니다.
친구에게 전화를 걸어 자전거를 빌릴 수 있을지 서너 가지 질문을 하세요.

문항 유형 쇼핑몰에 가기 위해 친구에게 자전거 빌리는 전화
문항 수준 Intermediate
핵심 포인트 • 자전거 빌려 줄 수 있는 지 여부 묻기
 • 자전거를 받을 수 있는 장소 및 시간에 대해 문의
중요도 ★

Model Answer 🎧 MP3 30_A4

Hello, Tim. This is Blake.

I'm calling to ask you a favor.

Can I borrow your bike?

I want to go to the shopping mall.

When can I pick up your bike?

Where is it parked?

Also, when do you need it back?

Can I bring it back on Monday?

Give me a call when you get this. Thanks.

Translation

여보세요. 팀. 블레이크야.

부탁이 있어서 전화했어.

네 자전거를 빌릴 수 있을까?

쇼핑몰에 가고 싶거든.

네 자전거를 언제 가지러 가면 될까?

어디에 주차되어 있어?

또한, 언제까지 돌려줘야 해?

월요일에 가져와도 될까?

이 메시지를 받으면 전화 줘. 고마워.

Key Expressions

• **ask a favor** 부탁하다
• **borrow** 빌리다
• **shopping mall** 쇼핑센터

• **pick up** 집다, 가지러 가다
• **bring back** 가지고 오다
• **give a call** 전화 주다

5 **I'm sorry, but there is a problem I need you to resolve.**
You parked the bike that you borrowed outside the shopping mall,
but the bike was run over by a truck. Call your friend and explain the situation.
Give two or three alternatives to your friends.

안타깝지만 당신이 해결해야 하는 문제가 생겼습니다 빌린 자전거를 쇼핑몰 밖에 주차했는데 자전거가 트럭에 치이고 말았습니다. 친구에게 전화해서 상황을 설명하세요. 친구에게 두세 가지 제안을 하세요.

문항 유형	친구에게 빌린 자전거가 트럭에 치여 고장이 나서 전화로 상황 설명 후 대안 제시
문항 수준	Advanced
핵심 포인트	• 자전거 빌려준 친구에게 전화
	• 빌린 자전거가 고장 난 문제 상황 설명
	• 대안으로 새로운 자전거 구매 또는 현금 제안
중요도	★

Model Answer 🎧 MP3 30_A5

Hello, Tim. This is Blake.

I have some bad news.

I parked your bike at the shopping mall, but a truck ran over it.

I am so sorry about what happened.

Why DON'T I buy you a new one?

Or, why DON'T I pay you money instead?

What do you think? I'm fine with whatever you decide.

Call me back when you get this. Thanks.

Translation

여보세요, 팀. 블레이크야.

나쁜 소식이 있어.

네 자전거를 쇼핑몰에 주차했는데 트럭이 그 위를 밟고 지나갔어.

이런 일이 생겨서 정말 미안해.

내가 너에게 새 것을 사주는 게 어떨까?

아니면 내가 대신 돈을 주는 건 어때?

어떻게 생각해? 네가 어떤 결정을 내리든 난 다 괜찮아.

이 메시지를 받으면 다시 전화 줘. 고마워.

Key Expressions

• **park** 주차하다
• **shopping mall** 쇼핑센터
• **run over** 밟고 지나가다
• **instead** 대신에
• **whatever** 무엇이든지
• **decide** 결정하다

6 That's the end of the situation. Now, tell me about a time when you had a problem  while using a bike or any other type of transportation.
What happened and how did you deal with the problem?

상황이 종료되었습니다. 자전거나 다른 교통수단을 이용하다가 겪은 어려움에 대해 말해 주세요.
무슨 일이 일어났고 그 문제를 어떻게 처리 했나요?

문항 유형	자전거나 다른 교통수단 관련 겪은 어려움 묘사
문항 수준	Advanced
핵심 포인트	• 교통체증 때문에 고생한 경험 묘사
	• 본인의 과거의 경험이므로 과거형 시제와 주어 I 사용
중요도	★

Model Answer MP3 30_A6

I remember when I was stuck in traffic during the holidays.

I was heading to my grandparents' place.

+ I was heading to my hometown.

+ I was heading home from my parents' place.

+ I was going on a trip with my friends/family.

+ I was heading home from a trip.

It took me much longer than usual.

It took almost five hours to get to my destination.

Since then, I always check traffic updates during the holidays.

Translation

연휴 기간에 교통체증에 시달렸던 기억이 납니다.
조부모님 댁으로 가는 길이었습니다.
(+ 고향으로 가고 있었습니다.
 + 부모님 댁에서 집으로 가고 있었습니다.
 + 친구/가족과 함께 여행을 가고 있었습니다.
 + 여행 후 집으로 가고 있었습니다.)
평소보다 훨씬 오래 걸렸습니다.
목적지까지 거의 5시간이나 걸렸습니다.
그때 이후로, 저는 연휴 기간에는 항상 교통정보를 확인합니다.

Key Expressions

- **stuck in traffic** 교통체증에 시달리다
- **head to** ~로 향하다
- **usual** 평소보다
- **destination** 목적지
- **check** 확인하다
- **traffic update** 교통정보

Beach 해변

7 **I'd like to give you a situation and ask you to act it out.**
You want to invite your friend to the beach.
Call your friend and ask three to four questions regarding the trip you are planning.

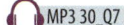 MP3 30_Q7

상황을 하나 드릴 테니 연기해 보세요. 당신은 친구를 해변에 초대하고 싶습니다.
친구에게 전화해서 계획 중인 여행에 대해 서너 가지 질문을 하세요.

문항 유형	친구에게 해변 가자고 전화로 제안
문항 수준	Intermediate
핵심 포인트	• 해변 같이 갈 친구에게 전화 • 함께 해변 갈 날짜 정하기 • 해변에 가서 할 일 정하기
중요도	★

Model Answer
MP3 30_A7

Hello, Jim. This is Tom.

I'm calling to ask about going to the beach.

When do you want to go?

I'm free on Saturday.

Do you have time that day?

If not, I can make some time on Sunday.

Next, what do you want to do?

Why DON'T we have lunch near the beach?

How about we get some sandwiches?

Give me a call when you get this. Thanks.

Translation

여보세요. 짐. 톰이야.

해변에 가는 것에 대해 물어보려고 전화했어.

언제 가고 싶어?

나는 토요일에 한가해.

그날 시간 돼?

안 된다면, 일요일에 시간을 낼 수 있어.

그리고 무엇을 하고 싶어?

해변 근처에서 점심 먹는 건 어때?

샌드위치 사가는 건 어떨까?

이 메시지를 받으면 전화 줘. 고마워.

Key Expressions

• **ask about** ~에 대해 묻다
• **be free** 한가하다, 시간 있다
• **make time** 시간을 내다, 시간을 만들다
• **give a call** 전화 하다

8 **I'm sorry, but there is a problem I need you to resolve. On the day of your beach trip, the weather is terrible. Call your friend and explain the situation. And then, offer several suggestions as to when you can make your trip in near future.** MP3 30_Q8

안타깝지만 당신이 해결해야 하는 문제가 생겼습니다. 해변 여행을 가는 당일에 날씨가 좋지 않습니다.
친구에게 전화해서 상황을 설명하세요. 그리고 나서, 가까운 미래에 언제 여행을 갈 수 있는지 몇 가지 제안을 하세요.

문항 유형	날씨 때문에 해변 계획 다음으로 연기 후 대안 제시
문항 수준	Advanced
핵심 포인트	• 함께 해변에 가기로 한 친구에게 전화
	• 좋지 않은 날씨로 인해 해변에 갈 수 없게 된 문제 상황 설명
	• 해변에 가기 위해 새로운 일정 잡기
중요도	★

Model Answer MP3 30_A8

Hello, Jim. This is Tom.

I have some bad news.

The weather will be bad today.

The weather forecast says it will rain on the weekend.

What do you want to do?

Why DON'T we go next time?

How about we go next week?

Or, maybe we could go another time.

What do you think? I'm fine with whatever you decide.

Call me back when you get this. Thanks.

Translation

여보세요. 짐. 톰이야.

나쁜 소식이 있어.

오늘 날씨가 좋지 않을 거야.

기상예보에 따르면 주말에 비가 온다고 하네.

어떻게 하고 싶어?

다음에 가는 게 어떨까?

다음 주에 가는 건 어때?

아니면, 다음에 갈 수 있을 때 가자.

어떻게 생각해? 네가 어떤 결정을 내리든 난 다 괜찮아.

이 메시지를 받으면 전화 줘. 고마워.

Key Expressions

• **bad news** 나쁜 소식
• **weather** 날씨
• **be bad** 나쁘다
• **weather forecast** 기상예보

• **another time** 다른 때에
• **whatever** 무엇이든지
• **decide** 결정하다
• **call back** 다시 전화하다

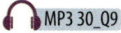

9 **That's the end of the situation.**
Was there a time when you couldn't make to a trip to the beach because of the bad weather?
What was the weather like and what was the alternative to the situation?

상황이 종료되었습니다. 날씨가 좋지 않아서 해변 여행을 하지 못했던 때가 있었나요? 날씨는 어땠으며 그 상황의 대안은 무엇이었나요?

문항 유형 나쁜 날씨 때문에 해변 여행을 취소한 경험 묘사

문항 수준 Advanced

핵심 포인트 • 그런 경험이 없다고 말하기
• 있다면 날씨 때문에 취소한 여행에 대해 과거형 시제로 묘사
• 본인의 경험이므로 주어 I 사용

중요도 ★

Model Answer

Answer 1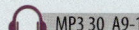

Frankly, I have never had that kind of experience.
I think I was lucky.
So, I really don't have much to say about this topic.

Answer 2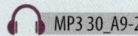

A few years ago, my friend and I went to the Philippines to enjoy snorkeling at the beach.
However, a strong typhoon hit the Philippines when we were there.
We could not even go into the water for three days because it was too dangerous.
It was one of the worst vacations I had in my life.

Translation

Answer 1

솔직히 그런 경험은 겪은 적이 없습니다.
아주 운이 좋은 것 같습니다.
그래서, 저는 이 주제에 대해 별로 할 말이 없습니다.

Answer 2

몇 년 전에 저와 제 친구는 해변에서 스노쿨링을 즐기기 위해 필리핀에 갔습니다.
하지만 우리가 거기에 있을 때 강한 태풍이 필리핀에 왔습니다.
너무 위험했기 때문에 3일 내내 바다에 들어가지조차 못했습니다.
제 인생에서 최악의 휴가였습니다.

Key Expressions

• **experience** 경험
• **enjoy** 즐기다
• **strong** 강한
• **typhoon** 태풍

• **hit** 오다, 치다
• **dangerous** 위험한
• **worst** 최악의

30 Role Play MP3 플레이어 / 자전거 / 해변 / 공원 |

10 I'd like to give you a situation and ask you to act it out.
A friend wants to go to the park with you this weekend.
Call your friend and ask three or four questions to find out all you need to know.

🎧 MP3 30_Q10

상황을 하나 드릴 테니 연기해 보세요. 친구가 이번 주말에 당신과 함께 공원에 가고 싶어 합니다.
친구에게 전화해서 알아야 할 모든 것을 알아내기 위해 서너 가지 질문을 하세요.

문항 유형	친구에게 이번 주말에 공원 가는 것에 대한 질문
문항 수준	Intermediate
핵심 포인트	• 주말에 공원에 같이 갈 친구에게 전화
	• 함께 공원 갈 정확한 날짜 정하기
	• 공원에 가서 할 일 정하기
중요도	★

Model Answer 🎧 MP3 30_A10

Hello, Jake. This is Brian.

I'm calling to ask about going to the park this weekend.

When do you want to go?

I'm free on Saturday.

Do you have time that day?

If not, I can make some time on Sunday.

Next, what do you want to do?

Why DON'T we have lunch near the park?

How about we get some sandwiches?

Give me a call when you get this. Thanks.

Translation

여보세요, 제이크. 브라이언이야.

이번 주말에 공원에 가는 것에 대해 물어 보려고 전화했어.

언제 가고 싶어?

나는 토요일에 시간 돼.

그날 시간 돼?

안 된다면, 일요일에 시간을 낼 수 있어.

그리고 무엇을 하고 싶어?

공원 근처에서 점심 먹는 건 어때?

샌드위치 사가는 건 어떨까?

이 메시지를 받으면 전화 줘. 고마워.

Key Expressions

• **ask about** ~에 대해 묻다
• **be free** 한가하다, 시간 있다
• **make time** 시간을 내다, 시간을 만들다
• **give a call** 전화 하다

11 I'm sorry, but there is a problem I need you to resolve.
You are supposed to pick your friend up in an hour to go to the park together.
However, you have a problem and cannot go to the park.
Call your friend and explain the situation. Give two or three alternatives about what to do.

안타깝지만 당신이 해결해야 하는 문제가 생겼습니다. 함께 공원에 가기 위해 한 시간 안에 친구를 데리러 가야 합니다. 하지만, 문제가 생겨서 공원에 갈 수 없게 되었습니다. 친구에게 전화해서 상황을 설명하세요. 어떻게 해야 할지 두세 가지 대안을 제시하세요.

문항 유형	공원에 가기 위해 친구 픽업하기로 했으나 못 가게 되어 전화로 설명
문항 수준	Advanced
핵심 포인트	• 함께 공원에 가기로 한 친구에게 전화 • 갑작스러운 일로 공원에 갈 수 없게 된 문제 상황 설명 • 공원에 가기 위해 새로운 일정 잡기
중요도	★

Model Answer
MP3 30_A11

Hello, Jake. This is Brian.

I have some bad news.

I DON'T think I can make it to the park.

Something came up suddenly.

What do you want to do?

Why DON'T we go next time?

How about we go next week?

Or, maybe we could go another time.

What do you think? I'm fine with whatever

you decide.

Call me back when you get this. Thanks.

Translation

여보세요, 제이크. 브라이언이야.

나쁜 소식이 있어.

내가 공원에 못 갈 것 같아.

갑자기 일이 생겼어.

어떻게 하고 싶어?

다음에 가는 게 어떨까?

다음 주에 가는 건 어때?

아니면, 다음에 갈 수 있을 때 가자.

어떻게 생각해? 네가 어떤 결정을 내리든 난 다 괜찮아.

이 메시지를 받으면 전화 줘. 고마워.

Key Expressions

- **bad news** 나쁜 소식
- **make it** 성공하다, 해내다
- **come up** 생기다, 발생하다
- **suddenly** 갑자기

- **another time** 다른 때에
- **whatever** 무엇이든지
- **decide** 결정하다
- **call back** 다시 전화하다

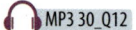

12 **I'm sorry, but there is a problem I need you to resolve.**
You've just learned on the news that the park you are planning to visit will be closed this weekend. Call your friend, explain the situation, and offer two or three alternatives to the problem.

안타깝지만 당신이 해결해야 하는 문제가 생겼습니다. 방문하려던 공원이 이번 주말에 문을 열지 않는다는 것을 뉴스를 통해 방금 들었습니다. 친구에게 전화해서 상황을 설명하고 문제에 대한 두세 가지 대안을 제시하세요.

문항 유형	약속한 날짜에 공원이 열지 않는다는 상황을 친구에게 전화로 설명하고 대안 제시
문항 수준	Advanced
핵심 포인트	• 함께 공원에 가기로 한 친구에게 전화 • 약속 날 공원이 개방하지 않아 갈 수 없게 된 문제 상황 설명 • 공원에 가기 위해 새로운 일정 잡기
중요도	★

Model Answer   MP3 30_A12

Hello, Jake. This is Brian.

I have some bad news.

I heard the park will be closed this weekend.

What do you want to do?

Why DON'T we go next time?

How about we go next week?

Or, maybe we could go another time.

What do you think? I'm fine with whatever you decide.

Call me back when you get this. Thanks.

Translation

여보세요, 제이크. 브라이언이야.

나쁜 소식이 있어.

이번 주말에 공원이 열지 않는다는 소식을 들었어.

어떻게 하고 싶어?

다음에 가는 게 어떨까?

다음 주에 가는 건 어때?

아니면, 다음에 갈 수 있을 때 가자.

어떻게 생각해? 네가 어떤 결정을 내리든 난 다 괜찮아.

이 메시지를 받으면 전화 줘. 고마워.

Key Expressions

- **bad news** 나쁜 소식
- **hear** 듣다
- **next time** 다음 번에
- **another time** 다른 때에
- **whatever** 무엇이든지
- **decide** 결정하다

13 That's the end of the situation.
Tell me the story of one very memorable experience you had while visiting a park. Maybe something funny, unexpected, or wonderful happened. Start by giving me some background about when and where this took place. And then, tell me why it was so unforgettable or special.

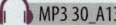 MP3 30_Q13

상황이 종료되었습니다. 공원을 방문했을 때 겪었던 기억에 남는 경험에 대해 말해 주세요. 어쩌면 웃기거나, 예상치 못했거나 놀라운 일이 일어났을지도 모릅니다. 언제 어디서 이런 일이 일어났는지에 대해 먼저 이야기하세요. 그리고 나서, 왜 그것이 잊을 수 없거나 특별한지 말해 주세요.

문항 유형	공원에서 있었던 본인 에피소드 묘사
문항 수준	Advanced
핵심 포인트	• 공원에서 우연히 친구 만난 경험 묘사 • 본인의 과거 경험이므로 과거형 시제와 주어 I 사용
중요도	★

Model Answer

MP3 30_A13

I remember bumping into my neighbor at a park.
+ my co-worker + my boss + my friend
+ my ex-boyfriend
I was taking a walk to get some exercise.
Suddenly, I saw my neighbor there. I went to him and said hi.
+ Suddenly, someone called my name. I looked back and saw my neighbor.
I was very happy to see him.
We asked how each other was doing and did some catching up.
So, this was the incident I remember.

Translation

공원에서 이웃과 마주쳤던 기억이 납니다.
(+ 직장 동료 + 상사 + 친구 + 예전 남자 친구)
운동을 하기 위해 산책을 하고 있었습니다.
갑자기, 그곳에서 제 이웃을 보았습니다. 그에게 가서 인사했습니다.
(+ 갑자기 누군가 제 이름을 불렀습니다. 뒤를 돌아보니 이웃이 보였습니다.)
그를 만나서 매우 기뻤습니다.
우리는 서로 어떻게 지내는지 물어보고 못다 한 이야기를 했습니다.
그래서, 이것이 제가 기억하는 사건입니다.

Key Expressions

- **bump into** 우연히 마주치다
- **neighbor** 이웃
- **co-worker** 직장 동료
- **look back** 뒤돌아보다
- **do catch up** 못다 한 이야기하다
- **incident** 사건

OPIc 대비 멀티캠퍼스 Best 온라인 과정

OPIc 등급공략과정
빅데이터 분석 및 최신 출제 트렌드 완벽 커버로 단기 OPIc 등급 취득 완성 과정

트렌드, 히스토리
100% 오픽을 해체하다.

데이터와 트렌드로
쉽게 취득하는 OPIc IL

데이터와 트렌드로 쉽게
취득하는 OPIc IM

데이터와 트렌드로 쉽게
취득하는 OPIc IH Step 1, 2

데이터와 트렌드로 쉽게
취득하는 OPIc AL Step 1, 2

OPIc 막판뒤집기과정
시험장 가기 전에 꼭 봐야 하는 OPIc 전문강사의 생생한 전문 특강 과정

[막판뒤집기] OPIc IM Pass

[막판뒤집기] OPIc IH Pass

OPIc 전략과정
한국인의 말하기 취약점 분석 기반의 OPIc 전략과정

한국인의 말하기
특징 분석 IL공략

한국인의 말하기
특징 분석 IM공략
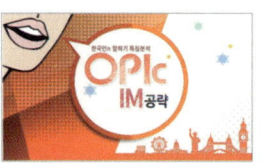

한국인의 말하기
특징 분석 IH공략

한국인의 말하기
특징 분석 AL공략

OPIc 등급공략과정
OPIc 주관사 멀티캠퍼스에서 제시하는 레벨별 맞춤 공략 과정

New OPIc 첫걸음

New OPIc SOS Start

New OPIc SOS IM공략

New OPIc의 정석! IH공략

중국어 대비 멀티캠퍼스 Best 온라인 과정

TSC 전략 과정

단시간 레벨 UP!을 위한 유형별 공략법과 막판 핵심 족집게 전략을 제시하는
국내 최고의 TSC 대비 과정

| 한달에 끝내는 TSC 첫걸음 3급공략 | 초단기 TSC 4급공략 | 초단기 TSC 4급공략 실전테스트 | [막판뒤집기] TSC 3급 Pass | [막판뒤집기] TSC 4급 Pass |

비즈니스 중국어 회화 과정

삼성 해외 주재원 집중과정 교재 기반, 진정한 중국通이 되기 위한
중국어 실무 과정

직장에서 당장 써먹는 중국어 회화(上)　　　직장에서 당장 써먹는 중국어 회화(下)

OPIc중국어 전략과정

OPIc 평가 주관사 멀티캠퍼스에서 개발한 국내 유일무이한 OPIc 중국어 대비 과정

New OPIc 중국어 첫걸음　　　OPIc 중국어의 정석! IM공략　　　OPIc 중국어의 정석! IH공략

 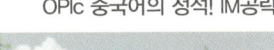  

新BCT 전략과정

새롭게 바뀐 BCT 문제 유형 분석을 통한 시험 완벽 대비 및 비즈니스 중국어
회화 능력을 향상할 수 있는 과정

초단기 新BCT Speaking 공략　　초단기 新BCT Speaking 실전테스트　　新BCT 첫걸음 A형 공략　　新BCT 첫걸음 B형 공략

데이터와 트렌드로
쉽게 취득하는
OPIc IM